启东年鉴

2015

中共启东市委、启东市人民政府　主办
启东市地方志编纂委员会办公室　编

方志出版社

图书在版编目(CIP)数据

启东年鉴.2015/启东市地方志编纂委员会办公室编.—北京:方志出版社,2015.9
ISBN 978-7-5144-1724-1

Ⅰ.①启… Ⅱ.①启… Ⅲ.①启东市—2015—年鉴
Ⅳ.①Z525.34

中国版本图书馆CIP数据核字(2015)第241297号

启东年鉴(2015)

编　　者:启东市地方志编纂委员会办公室
责任编辑:徐　宏

出 版 人:冀祥德
出 版 者:方 志 出 版 社
地址　北京市朝阳区潘家园东里9号(国家方志馆4层)
邮编　100021
网址　http://www.fzph.org
发　　行:方志出版社发行中心
电话　(010)67110500
经　　销:各地新华书店
印　　刷:南京四彩印刷有限公司

开　　本:889×1194　1/16
印　　张:24.5
字　　数:1040千字
版　　次:2015年9月第1版　2015年9月第1次印刷
印　　数:0001~1000册

ISBN 978-7-5144-1724-1　　定价:198.00元

启东市地方志编纂委员会

主　　任	徐　锋
副 主 任	黄卫锋　汤　雄　姜　平　龚心明　张建新 张卫生　倪春元　汤　枫　唐海兵　许瑞华 黄翠芳
委　　员	王裕兵　何卫东　顾永辉　许锦飞　茅炎生 周　辉　张海兵　施启兵　张建昌　陈　飞 赵凯旋　陈　玲　杜文华　杨新超　朱洪新 陆建新　沈俊涛　郁丽春　钮伟钢　沈冬云 龚　健　张生华　陆忠华　陆　健　黄海荣 陶卫新　黄豪杰　潘双林　姚赛花　王　珹 茅永杰　薛　海
办公室主任	黄翠芳
办公室副主任	钮伟钢　沈冬云

《启东年鉴(2015)》编审人员

主　　编	黄翠芳
副 主 编	钮伟钢　沈冬云　黄亦美
文案编辑	(以姓氏笔画为序) 沈冬云　陆金红　徐　婷　曹军华　黄亦美
彩页编辑	钮伟钢　曹军华　施建平
校　　对	(以姓氏笔画为序) 沈冬云　陈广辉　陈思品　陆金红　钮伟钢 唐　玲　徐　婷　曹军华　黄亦美

中共启东市委党史办公室、启东市地方志办公室
地址:启东市世纪大道1288号行政中心　　邮编:226200
电话:0513—83313432　　电子信箱:jsqddsb@163.com

部门和单位主审人员

(排名以首次出现文稿先后为序)

沈衍冰	唐卫卫	顾永辉	朱震宇	郁丽春	何卫东	沈向东
高永华	周红丹	陈张贤	陈晓燕	施启兵	倪玮蔚	黄翠芳
张建昌	吴风云	赵凯旋	秦启明	张东霞	陈　慧	王必伟
薛　峰	龚　健	蔡晓荣	陈鹤雷	龚觉海	许瑞华	王裕兵
陈春柳	陈天明	杨海燕	朱咏梅	钮永能	陈健梅	李新勇
蔡建平	周　辉	郭海健	邢　健	瞿　忠	周东瑞	姜莉莉
陈延祥	王季林	张海兵	朱洪新	王振宇	顾　冲	石光辉
陆燕飞	朱新球	陆建新	高红宇	华　伟	王春华	黄松涛
徐永辉	黄卫斌	陈　兵	樊天勇	周惠锋	陆雪平	郁继东
曾卫民	储琼富	杨新超	丁晓明	吴胜昔	马　军	周惠锋
张红霞	陆　杰	黄素娟	戴建秋	倪晓辉	刘　浩	陆　辉
陈如海	杜文华	张春雷	沈春慧	王　凯	樊雄辉	王　忠
黄　飞	王能斌	龚炳康	宋卫军	谢忠涛	陈洪伟	王　东
单卫红	陈卫兵	刘俊武	郭赛红	朱启舟	袁晓春	李胜龙
高文凯	盛　伟	袁骁骅	黄亚平	沈　强	瞿鸣辉	孙裕平
周　键	王　栋	顾健红	张海荣	倪　伟	潘炜华	邓卫星
季新斌	茅石彬	蔡　兵	黄　诚	黄稼新	黄一彬	沈　杰
金　香	邱永涛	沈俊涛	陈　玲	顾林忠	周嘉生	季卫东
徐　菊	陈　庄	袁裕丽	樊泽伟	朱海荣	陆红琴	汤　辉
朱卫忠	陆静涛	陈红飞	殷丽华	施元凯	吴永东	李红燕
李荣昌	王峰华	龚磊磊				

保密专审:徐建军

2015年1月7日,中共启东市委十二届八次全体(扩大)会议在市党员干部学习教育中心举行。（潘 杨/摄）

市委书记徐锋作题为《顺应新常态、谋求新跨越,奋力谱写全面小康社会建设新篇章》的工作报告。（徐 昕/摄）

2015年全市工作总体思路

全面贯彻党的十八大和十八届三中、四中全会精神,以邓小平理论、"三个代表"重要思想、科学发展观为指导,深入贯彻习近平总书记系列重要讲话精神,按照总书记对江苏工作的最新要求,围绕"迈上新台阶、建设新江苏"发展定位,主动把握和积极适应经济发展新常态,坚持稳中求进工作总基调,以改革创新为动力,以法治建设为基石,以从严治党为保障,统筹推进深化改革、沿海开发、产业转型、城乡统筹、民生改善、生态建设等各项重点工作,立足新起点、抢抓新机遇,顺应新常态、谋求新跨越,促进经济平稳健康发展和社会和谐稳定,奋力谱写全面小康社会建设新篇章。

2015 年 1 月 15 日，启东市第十六届人大第四次会议在市会议中心开幕。
（潘　杨 / 摄）

2015年政府工作的指导思想

全面贯彻党的十八大和十八届三中、四中全会精神，以邓小平理论、“三个代表”重要思想、科学发展观为指导，深入落实习近平总书记系列重要讲话精神和对江苏工作的最新要求，按照中央、省、南通和启东市委的决策部署，坚持稳中求进、改革创新，顺应新常态、谋求新跨域，统筹做好稳增长、调结构、促改革、强政治、重生态、惠民生等各项工作，保持经济持续健康发展与社会和谐稳定，谱写全面小康社会建设新篇章。

市委副书记、市长黄卫锋作《政府工作报告》　（徐　昕 / 摄）

2015 年 1 月 14 日，政协启东市第十四届委员会第四次会议在市会议中心开幕。
（潘　杨 / 摄）

2014年6月19日，中共中央政治局委员、国务院副总理马凯到启东调研海工产业，勉励企业“放大核心技术优势，推动海工产业持续健康发展”。
（市新闻信息中心／提供）

2014年11月18日，江苏省省长李学勇到启东调研考察沿海开发、陆海统筹、江海联动开发新进展。图为省长李学勇（右三）在韩华新能源有限公司调研。
（市新闻信息中心／提供）

陈宇翱发表获奖感言

2014年3月29日,“影响世界华人盛典2013~2014”落幕。启东籍科学家、中国科技大学近代物理系教授陈宇翱荣获“2013~2014年度影响世界华人”大奖。（照片来源凤凰网）

盛典结束后众嘉宾合影

3 月 2 日，启东市 “志愿服务进社区 党员干部当先锋” 志愿服务集中行动启动仪式在市人民公园广场举行。（郁卫兵 / 摄）

12 月 2 日，2014 年 “全国交通安全日” 暨启东市安全文明交通集中志愿行动启动仪式在市人民公园广场举行（黄佳惠 潘 杨 / 摄）

吕四国家级中心渔港新港区正式启用。集渔船停泊、装卸、补给等于一体，深受渔民青睐。图为10月4日渔船进港场景。
（郁卫兵　潘　杨 / 摄）

新渔港环抱式港池重要配套工程——防沙引流堤工程（2道），全长8002米，总投资8亿元。
（郁卫兵　潘　杨 / 摄）

2014年4月9日，长三角旅游摄影总会和启东市摄影家协会的40多名摄影爱好者在吕四渔港采风。此次乐游启东摄影大赛采风活动由市旅游局组织，4月9~10日分别在惠萍镇集园村、江天生态园和吕四渔港等地，用相机记录启东美好风光。
（郁卫兵　茅双双 / 摄）

5月14日上午11时，为期3天的“2014环崇明岛女子国际公路自行车赛”在市滨海工业园鸣枪开赛。 （郁卫兵/摄）

2014年5月14日上午11时，为期3天的2014年环崇明岛女子国际公路自行车赛在市滨海工业园鸣枪，来自14个国家和地区的17支参赛队91名运动员参加。

环崇明岛女子国际公路自行车赛是洲际女子最高等级赛事，由国际自行车联盟、国家体育总局和上海市人民政府共同举办，中国自行车运动协会、上海市体育局、江苏省体育局、上海市崇明县人民政府、江苏省启东市人民政府共同承办。此次赛事最大的看点是增加启东市的部分赛段，即将原来的“环崇北赛段”改为“上海崇明—江苏启东赛段”，冠名为“上海东滩·陈家镇杯”。起点设在启东市滨海工业园区，终点在崇明新城公园。这也是该项赛事举办12年来首次走出上海，走进江苏。

经过3个多小时的激烈角逐，来自捷安特禧马诺的荷兰选手吉尔斯顿·瓦尔德夺得冠军。她同时成为个人总积分和个人总成绩领先的运动员。获得亚洲最佳个人总成绩第一名的是来自韩国国家队的孙银珠。

2014 年 6 月 26 日，国内首座 WORKHORSE 级别的自升式钻井平台“凯旋 1 号”（N407），在中远船务（启东）海洋工程有限公司建成命名，是迄今为止中国建造的自升式钻井平台中规格最高的平台之一，技术水平和建造质量处于全球领先水平。“凯旋 1 号”自升式钻井平台型长 69.49 米、型宽 67.06 米、型深 7.92 米，工作水深可达 400 英尺，桩腿长度 536 英尺，钻井深度 35000 英尺。

（姜新春 / 摄）

2014 年 10 月 9 日，位于海工船舶工业园的宏华海洋启东海工基地，第 2 台“宏海号”桁架式起重机正在进行总装。第 1 台桁架式起重机于 2013 年底完成总装，第 2 台 2014 年 6 月开始总装。2 台桁架式起重机总造价近 4 亿元，是目前全球起重能力最大的可移动门式起重机。建成后设备提升高度最高为 65 米，可以轻松吊起整座重量过万吨的海洋钻井平台。（郁卫兵　姜新春 / 摄）

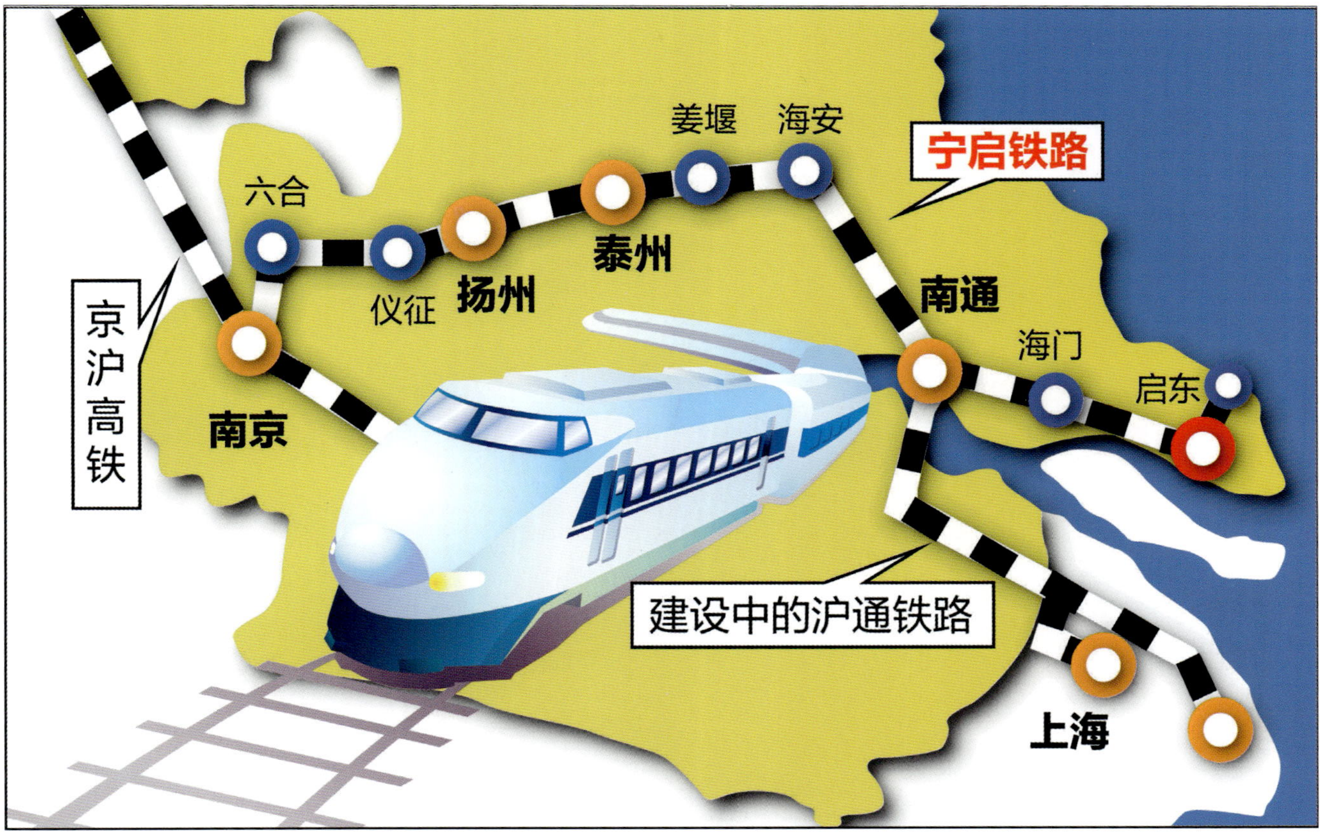

11 月 3 日，新建宁启铁路南通至启东段工程可行性报告获中国铁路总公司和江苏省政府正式批复。该段是客货兼顾国家 I 级干线铁路，由南通东站接轨引出，向东经南通市经济开发区、通州区、海门市、启东市，终至启东市吕四港镇，全长 93.6 公里，工期 36 个月，总投资 65 亿元。

（袁　竞 / 制图）

2014年11月4日上午10时，2014第五届环太湖国际公路自行车赛“中国移动·启东滨海工业园”启东—崇明赛段比赛在市滨海工业园鸣枪开赛。（郁卫兵/摄）

2014年11月4日上午10点，2014第五届环太湖国际公路自行车赛“中国移动 · 启东滨海工业园”启东—崇明赛段在市滨海工业园鸣枪开赛。环太湖国际公路自行车赛创办于2010年，是国内职业自行车五大顶级赛事之一。与往年相比，2014年的比赛从5市9站赛增至6市9站赛，全长1900多公里。比赛吸引来自荷兰、罗马尼亚、法国、中国等15个国家和地区的20支UCI洲际职业队、洲际队和国家队共200余名世界各地的顶尖运动员参与。赛事总奖金25万美元。启东—崇明赛段起点为启东滨海工业园，终点为上海崇明岛，赛段全长129.7公里，途中设有2个冲刺点。

经过2个多小时的激烈角逐，来自荷兰瓦尔肯堡公园酒店洲际队的于尔根夺得该赛段冠军，捷克老将阿洛伊斯则继续保有橙色领骑衫，中国山东恒祥洲际的马光通获得象征“大中华最佳”的红衫。

启东市结合地域特点，化整为零，合理布兵，开展以“棋格式”全警大巡防网络为防控骨架，以市局巡特警队伍、派出所 15 支应急处置小分队、12 个治安岗亭组成的“三级巡防”模式为防控支点，二者相互关联，织就一张坚固而细密的社会治安防控网，有效提高破案率，加快破案速度，控制发案率，为“平安启东”添上华丽一笔。 （袁　竞 / 摄）

临海高等级公路启东北段进行最后一段沥青摊铺工程。6 月底全线竣工通车。（姜新春 / 摄）

临海公路防护栏杆安装（姜新春 / 摄）

开发区华石北路加紧施工（王婷婷 / 摄）

启东市首次引入监控检测质量管理模式，首次采用挂篮对称悬臂逐段浇铸法施工的世纪大道西延头兴港大桥加紧施工。该桥全长 474.26 米，最大跨径 65 米，总投资约 1.3 亿元，图为工人们在安装护栏。（姜新春 / 摄）

6月12日，市农机局在启隆乡举行“2014年启东市秸秆机械化还田及玉米机播现场会”，向农户现场展示小麦机收、秸秆切碎还田、机械化撒肥、玉米机播、机植保等一系列的机械操作技术。 （姜新春／摄）

5月21日，市农机局在汇龙镇冬藏村召开秸杆禁烧和综合利用现场会议，组织村干部和镇农技、水利线的工作人员及部分村民，观摩油菜经机械化收割、脱粒、粉碎后实现秸秆还田的过程，并发放秸秆禁烧倡议书。 （郁卫兵／摄）

2014 年，启东市把新建和改建公交站台作为一项重要民生实事工程，在市区改建和新建 60 个公交站台，总投资 230 万元。图为工人正在人民西路吊装新的公交站台。（潘 杨 / 摄）

江海堤防是拱卫东疆大地的第一道防洪屏障。自 1997 年起，启东市大力实施江海堤防达标工程，全面消除防汛隐患，形成防洪、排涝、浇灌、挡潮功能齐全的防汛防旱水利工程体系。图为滨海工业园南侧协兴闸两侧的防汛堤坝。

（李 净 / 摄）

市政园林公司工作人员在市区公园路与中央大道交叉路口进行增设雨水管施工。据悉，此次“排水养护”工程由市政府出资，在排水总管上增设雨水管，便于积水尽快排出。全市各住宅小区排水总管都将增设雨水管，加大市区积水排泄能力。同时给市区 600 多个窨井口加装防坠网，疏通市区所有下水管道，从而确保市区不再轻易出现水淹状况。

（姜新春 / 摄）

增设雨水管

加装防坠网

疏通下水道

安居工程

启东市安置房工程建设如火如荼进行。5月初，北上海花园三期、城东花园C标、东疆花苑三期、文汇新村二期等项目集中开工，总占地面积90万平方米。

（郁卫兵　姜　斌/摄）

临江村防灾演练

5月12日，汇龙镇临江村举行“人人参加消防 共筑平安青奥”防灾减灾讲座和演练活动。在市消防中队官兵的指导下，进行人员疏散和消防灭火、急救等实战演练。图为群众在疏散撤离事故现场。

（郁卫兵/摄）

2 月 20 日，吕四港边防官兵积极为渔民春季出海捕捞提供服务。
（李 叶 / 摄）

3 月 18 日，市食品药品监督管理局卫生监督执法人员在某幼儿园食堂检查储存食品。
（潘 扬 / 摄）

南通出入境检验检疫局启东办事处创新监管模式，强化对出口欧盟的玩具等的检测力度，促进玩具出口的通关放行。
（钱爱仁 / 摄）

6 月 26 日，市禁毒委员会及成员单位联合举办“抵制毒驾，拒绝毒品，珍爱生命”禁毒宣传活动。
（王婷婷 侯冰清 / 摄）

韩华新能源爱心助老捐赠仪式（郁卫兵／摄）

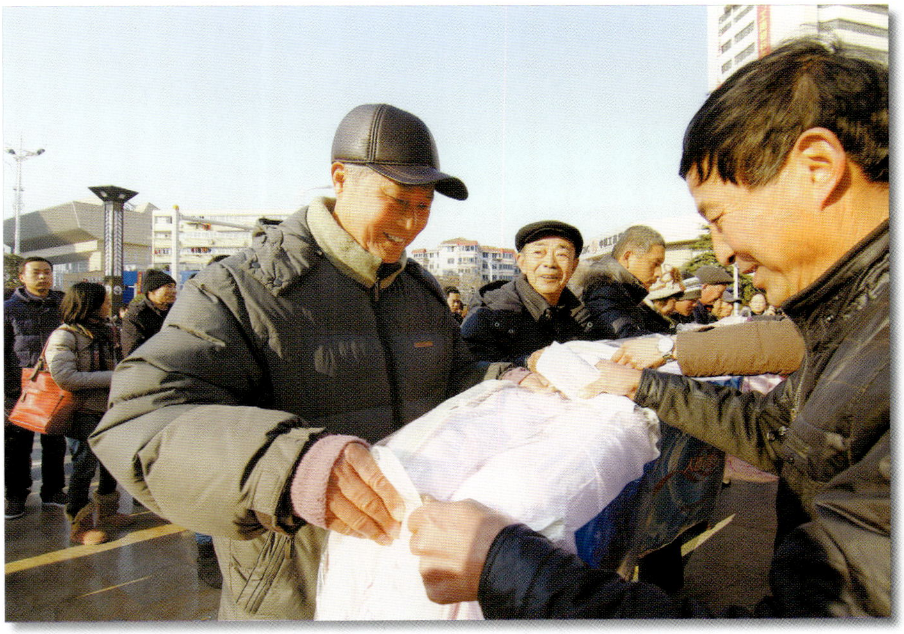

1月22日，“红十字博爱送万家”活动暨市红十字会救助款物发放仪式在市人民公园广场举行，共发放价值20万元的物资，300多贫困户受助。（姜雨蒙　黄晓燕／摄）

南通二建东佳公司“佳琪助学金”捐赠仪式（郁卫兵／摄）

特别的爱给特别的你——飞鹤公交公司员工和市特殊学校师生共庆六一儿童节。（郁卫兵／摄）

4月30日，由团市委、市教育局主办的“缤纷社团 青春追梦”市中学生社团巡礼暨中学生社团联盟成立仪式在人民公园广场举行。启东中学悠悠球社、汇龙中学环保社团、启东中专舞狮和武术协会等20多个特色青少年社团，通过才艺表演、志愿服务、互动体验等形式与市民深入交流，展示全市中学生社团发展成果和社团风采。

（黄晓燕　姜新春／摄）

实验小学第25届体育节开幕　（姜雨蒙／摄）

7月10日，北新镇乡村少年宫内，舞蹈、硬笔书法、电子琴等10多项培训正在进行。

（郁卫兵／摄）

2014年4月22日，启东越剧团恢复建团36周年，演员们以《梁祝·十八相送》《红楼梦·葬花》等精彩剧目汇演，欢庆节日。（姜雨蒙/摄）

启东市“庆三八‘江海梦巾帼美’工会女职工健身操”比赛在启东中学体育馆进行。该项赛事设第九套广播体操和自选健身操2个项目。来自全市镇乡、园区、街道、企业等的15支代表队300多人参加比赛。

（潘 杨/摄）

修缮一新的曹家镇德勒撒堂在蓝天白云下显得格外亮丽。2014 年，投资近 2000 万元的曹家镇德勒撒堂修复工程，外立面修缮已经完工，内部修缮也基本结束，正大门左侧 24 阶梯旋转楼梯开始修缮。

（郁卫兵 / 摄）

市图书馆新馆开放后，读者数量大幅增加，取得良好社会效益。

（郁卫兵　徐　伟 / 摄）

南通大学启东校区占地 1200 亩，计划办学规模 10000 人。4 月初，包括行政办公楼、专业教学楼、大学生活动中心、学生宿舍楼、食堂等一期主体工程项目已进入收尾阶段，图书馆、实训中心、停车场及绿化等配套设施建设抓紧进行。9 月，投入使用，招收学生 890 人。

（姜雨蒙　郁卫兵 / 摄）

为积极创建教育现代化，改善学校运动场条件，2014 年，启东市实施农村中小学运动场地塑胶化工程，总投资 5700 万元，惠及全市 26 所学校。图为改造后的善成小学塑胶化运动场。

（王婷婷 / 摄）

滨海实验学校一瞥　（姜雨蒙 / 摄）

2014年1月，启东公安开通微信服务平台，群众通过微信不仅可以传输文字、语音、照片和视频等进行报警、求助，还能与民警进行实时交流，反映情况，提出建议。图为连兴港派出所民警向群众介绍扫描二维码添加民警微信账号方法。（邓一冲　鞠坤安／摄）

1月1日，启东客运站15辆崭新的LNG大巴车投入运营。该车以低温液态天然气为燃料，既节能环保，又续驶里程长。该批LNG车主要用于南京和南通班次。（姜雨蒙　陶婷婷／摄）

启东市“老年关爱之家”建设取得丰硕成果。2011年11月创办至2014年底，全市共新建规范老年关爱之家27家，总床位2012张，成为民办养老机构中的新生力量。图为老人们在观赏文艺演出。（潘　杨／摄）

10月28日，某预备役团在市南苑中学组织快速动员集结演练。（郁卫兵　徐　伟／摄）

5月16日，2014中国·启东国际经贸洽谈会在环球大厦博圣酒店举行，来自美国、韩国等10多个国家和中国香港等地区的200多名客商参加洽谈会。34个项目集中签约。

（徐　昕/摄）

开幕式

项目介绍

集中签约

11 月 12 日,2014 中国 · 启东科技节暨沿海开发经贸洽谈会在环球大厦博圣酒店举行。来自意大利、德国等国家和地区的 300 多位客商及来自中科院、北京大学、上海交大等高校院所的 150 多位专家教授参加此次节会。28 个重大投资项目集中签约。

（郁卫兵　姜新春 / 摄）

开幕式

颁证颁照

揭牌仪式

表彰奖励

启东众望金银花专业合作社社员在采摘金银花。该合作社金银花种植面积 300 亩，年亩产值达 6000 多元。

（姜新春 / 摄）

北新镇介英村徐菊昌夫妇专注于规模种植，在百余亩农田里种植的棉花、麦子和黄豆等农作物，长势良好，呈现出一派丰收在望的喜人景象。7 月 31 日，夫妇俩在棉田里进行培管作业。

（王婷婷 / 摄）

江苏裕德隆生态农业发展有限公司工人在库房内采摘熊掌菇

（潘　杨 / 摄）

南通银鑫食品有限公司工人进行荠菜冷藏加工

（郁卫兵 / 摄）

农业专家在圣水合作社查看棉花苗长势。市农业部门采用基质穴盘育苗技术，大规模集中培育棉花苗。该育苗技术具有“三高五省”的优点，即成苗率高、成活率高、增产效益高，省种子、省土地、省时间、省劳力、省工时。（姜雨蒙 / 摄）

高级农艺师项觉生给东海镇锦绣村村民上夏种夏培技术课，实地指导村民种植“双色冰激凌”西瓜。（郁卫兵 / 摄）

市农委技术人员深入南阳镇元祥村种植户鲁忠义田头，查看油菜长势，指导生产。（姜新春　姜雨蒙 / 摄）

惠萍镇鸿西村茭白种植基地农民给茭白整枝 （王婷婷 / 摄）

合作镇周云村多吃点农地股份专业合作社大棚基地工人在采摘樱桃小番茄 （姜新春 / 摄）

北新镇启源蔬果专业合作社芦笋基地工人在芦笋地里培管 （郁卫兵 / 摄）

海复镇复西村蔬果大棚规模种植示范基地菜农收割有机花菜。该基地种植规模 520 亩，种有西兰花、有机花菜、蚕豆、甜瓜等蔬果，主要销往上海、苏州等地。 （潘　杨 / 摄）

吕四国家级中心渔港新港区前渔民补网忙 （姜雨蒙／摄）

出海前整理网具 （郁卫兵／摄）

近海塘芦港码头出海归来的渔民忙着分拣渔货（王婷婷／摄）

渔船出海作业 （钮伟钢／摄）

启东经济开发区科创大楼进入内外装潢阶段

（郁卫兵 / 摄）

滨江化工园新进企业在建设中　　（姜雨蒙 / 摄）

江苏神通阀门有限公司能源装备项目生产基地工人在加紧施工。该基地占地 11.7 万平方米，主要产品为煤化工专用阀门、LNK 专用阀门、加氢催化专用阀门等。　　（郁卫兵 / 摄）

江苏捷捷微电子股份有限公司的员工正在忙着生产功率半导体器件。该公司总占地 3 万平方米，生产可控硅、低结电容放电管等各类保护器件，以及二极管等主导产品。产品用于家电、低压电器等领域。 （王婷婷 / 摄）

江苏林洋光伏科技有限公司车间内，工人对太阳能电池片进行焊接、包装。 （钱爱仁 / 摄）

启东乾塑电子有限公司电子组装车间工人在组装生产。该公司为中国第一大手机连接器生产企业、全球最大手机生产商三星移动的核心供应商。 （郁卫兵 / 摄）

艾力斯医药生产车间 （郁卫兵 / 摄）

4月15日，胜狮启东基地船运码头又一批集装箱正装船运往上海。该基地目前日生产集装箱在600TEU左右，经上海运往各地。
（姜雨蒙　郁卫兵／摄）

5月8日，由江苏宏华海洋油气装备有限公司和武桥重工集团合作建造，总重14800吨，总体造价约3.6亿元的“宏海吊”，正在进行总装合龙。建成后可吊起整座重量过万吨的海洋钻进平台。
（姜新春／摄）

中远海工海洋钻井平台生产场景
（潘　杨／摄）

农家小院银装素裹（潘 杨/摄）

金秋时节拥抱自然（潘 扬/摄）

又到金花烂漫时（郁卫兵 姜雨蒙/摄）

镜头聚焦荷塘美景（郁卫兵／摄）

中国风筝冲浪联盟上海培训中心将启东黄金海滩作为华东地区最佳培训基地，从5月1日起，每逢周日，都组织20多人到此进行冲浪训练。风筝冲浪，冲浪者在风筝牵引下时而踏浪飞驰，时而腾空而起，场景煞是好看！（郁卫兵／摄）

听着潮音踏浪来（郁卫兵　张珍祯／摄）

上海人在启踏青（郁卫兵／摄）

江苏南通二建集团有限公司

JIANG SU NAN TONG ER JIAN JI TUAN YOU XIAN GONG SI

党委书记陈建年（右）、董事长杨晓东（左）

江苏南通二建集团有限公司是一家具有国家房屋建筑工程施工总承包特级资质、市政公用工程施工总承包一级和机电设备安装、建筑装饰装修、钢结构工程3个专业承包一级资质，拥有水利水电、隧道、环保、铁路、公路、桥梁等12个关联资质，集科研、施工、投资于一体，跨行业、跨地区、多元化经营的大型建筑企业集团。共创鲁班奖工程13项、国家优质工程奖10项，主编国家标准和行业标准各1项，创6项国家级工法、8项发明专利、45项实用新型专利，荣获国家级科技进步奖1项，省级科技进步奖1项。2014年完成企业总产值442亿元、承建施工面积4950万平方米，年末拥有施工总合同额1158亿元。7次荣列江苏省建筑业综合实力百强企业第一名，连续4年排名中国建筑业竞争力百强企业前20位；10次上榜中国企业500强（2014年列308位）、中国民营企业500强（2014年列第72位）、中国承包商80强/60强（2014年列第16位）；荣膺全国“重合同、守信用”企业，中国建设银行总行、中国银行总行AAA级资信企业和重点客户。项目公司化管理模式唱响全国工程建设领域。党和国家领导人多次视察南通二建承建的项目。2013年，经江苏华信资产评估有限公司评估，南通二建品牌价值达36.6亿元。2014年，南通二建注册商标荣获江苏省著名商标。

集团公司党委书记、名誉董事长陈建年，董事长杨晓东率10万员工，愿与各界朋友携手共赢，同创更加辉煌灿烂的明天。

公司地址：江苏省启东市人民中路683号
邮政信箱：226200
电　　话：0513-83316463
传　　真：0513-83357608

2014年度国家优质工程：南京鼓楼医院仙林国际医院基本医疗区

2014年度国家优质工程：石家庄阿尔卡迪亚16-19号楼

住建部绿色施工科技示范工程：南京航空航天大学将军路校区

2014年度中建协AAA级安全文明标准化工地：沈阳雅宾利花园二期

2014年度华东杯优质工程：上海永和新城E块农民安置房

江苏骅东投资有限公司

董事长　张援朝

江苏骅东投资有限公司成立于2005年7月，注册资本金1.7亿元。

公司成立后，一方面即出资9655.98万元收购了南通二建集团100%的国有股份，从而完成了南通二建集团产权制度改革，由原来国有集体企业转为民营企业，力推建筑主业发展，实现南通二建集团的做大做强；另一方面投资成立江苏骅东房地产开发有限公司，着力实施以房地产开发为特色的资本经营，秉承“建筑、人居与环境和谐统一”的品牌开发理念，以市场为导向，积极寻求投资商机，抢抓发展机遇，不断寻找项目投资切入点，不断放大企业在资本、人才、技术等方面优势，不断提升市场竞争力与企业发展空间。十年来，公司先后投资开发的房产项目涉及上海、青岛、临沂、辽阳和启东等地，开发面积达150多万平方米。2014年公司上缴启东地方税收2338万元，京都城项目工程质量获评辽宁省优质工程，临沂名仕温泉国际城项目荣获2014年度临沂金牌楼盘和诚信开发商称号。

公司坚持质量第一，不断推进项目创优，并结合市场需求，突出产品定位，着力打造产品个性化，为消费者提供多选项产品。公司所开发项目均得到当地质量主管部门的高度肯定，有的已作为当地质量示范工程，得到消费者的好评。

公司先后多次被启东市委、市政府授予“启东市金牌企业”、“启东市十强建筑企业”、启东市“慈善明星企业”，2014年度再次被省、市建筑行业协会评为“南通市建筑业优秀企业”、“江苏省建筑业优秀企业”。

面对新形势，公司坚持做强主业、做精专业、多元经营、稳健发展的经营理念，不断开拓创新，奋力谱写公司新一轮跨越发展新篇章。

公司地址：江苏省启东市人民中路888号
电　　话：0513-83100366
传　　真：0513-83300977
邮　　编：226200
邮　　箱：Email:jshthewei@163.com

骅东 · 辽阳“京都城”项目

骅东 · 临沂“名仕国际温泉城”项目

骅东 · 上海“世华锦城”项目

骅东．临沂名仕温泉国际城联排别墅

骅东 · 临沂“江南映象”项目

骅东 · 青岛“瀛海帝景”项目

江苏启安建设集团有限公司

JIANG SU QI'AN JIAN SHE JI TUAN YOU XIAN GONG SI

董事长：殷炜东

江苏启安建设集团有限公司具有国家机电安装和房屋建筑工程施工总承包一级资质，下辖8个区域公司、30个分公司，市场分布在全国25个省（市）自治区主要城市，并在美国、尼加拉瓜、加逢、缅甸等国家和地区派驻工程项目部。

半个多世纪以来，尤其是“十一五”以来，启安形成了独具特色的工业设备安装及民用建筑机电安装专业品牌，先后独立承接或参与建设完成了北京国家大剧院、上海虹桥枢纽、南京紫峰大厦、天津诺和诺德、重庆国际博览中心、西藏“暖心工程”、张家港长江国际等大型公用或民用安装工程，在全国安装行业产生重要影响。

近年，公司主动转型发展，施工领域集安装、房建、房地产开发、建筑装潢等为一体，经营规模持续攀升，尤其是2014年，完成建筑业总产值超60亿元，成为全省安装行业的排头兵。

公司坚持与时俱进，创新理念、创新管理、创新科技、创新文化，不断提升品牌内涵。2010年以来，共创省（市）级以上优质工程60项，其中鲁班奖、国优银奖、中国安装之星等国家级优质工程15项；共获省级工法5项、国家级专利9项；连年获评启东市金牌企业、南通市文明单位、江苏省和谐劳动关系模范企业、江苏省建筑业竞争力百强企业、江苏省安装行业最佳企业、连续11年获评全国优秀施工企业；2009年以来，连续6年荣登江苏省建筑百强企业专业安装类榜首。

副省长曹卫星（左一）、南通市委书记丁大卫（左二）、市长张国华（右二）视察公司承建的南通高等师范学校二标段工程项目施工现场

舞蹈－启安之欢

江阴海澜财富中心安装工程

参建的重庆国际博览中心获2013年“巴渝杯”

参建的南京鼓楼医院仙林国际医疗区工程获2014年度国家优质工程奖

承建的长江国际化工仓储工程获“中国安装之星”

江苏中信建设集团有限公司

JIANG SU ZHONG XIN JIAN SHE JI TUAN YOU XIAN GONG SI

董事长：胡彬相

江苏中信建设集团有限公司创建于1977年，是一家集房屋建筑、市政公用、建筑装修装饰、钢结构、地基与基础、隧道和桥梁、消防设施及机电设备安装等工程施工于一体的多元化经营的大型建筑企业集团。公司具备房屋建筑工程施工总承包一级资质、市政公用工程施工总承包一级资质、钢结构工程专业承包一级资质、建筑装修装饰工程专业承包一级资质、机电设备安装工程专业承包一级资质、消防设施工程专业承包一级资质、隧道工程专业承包二级资质、室内装饰企业设计甲级资质和室内装饰企业施工甲级资质。公司还拥有国家商务部批准参与境外国际工程总承包、商品贸易、国家援外项目和劳务输出等经营资格。

在三十多年的风雨历程中，公司始终坚持立足本土，积极开拓国内外两个市场的战略方针，在国内形成了较为稳定的长三角市场、环渤海市场、东北市场、西北市场和南方市场五大板块，工程业务分布于上海、北京、辽宁大连、安徽合肥、陕西西安、新疆乌鲁木齐、内蒙古乌兰浩特、宁夏银川、辽宁盘锦、贵州黔东南、山东青岛和龙口、青海西宁、广西南宁、海南三亚、广东江门、福建永春、湖北武汉等全国三十多个城市，并涉足海外阿尔及利亚、缅甸、科威特、沙特阿拉伯、越南、老挝等国际市场。特别是近几年来，公司认真践行“品质保障、价值创造”的核心价值观，在巩固传统施工优势的基础上，大力推动内部转型升级，成效卓越。目前，公司注册资本金已达3.12亿元，旗下有5家控股公司、29个子公司、25个分公司，年总产值突破150亿元，年承建施工总面积超1400万平方米。

通过不断积聚人才、优化管理模式，公司的综合素质和工程承包能力得到进一步提升，公司不仅两次入选“全球最大250家国际承包商”，还获得“中国建筑最具综合实力100强”、“中国建筑施工百强企业”、“中国建筑业AAA资信品牌企业”、“全国优秀施工企业”、“中国境外工程承包优秀企业”、“中国保障性安居工程质量管理先进单位”、“全国施工质量安全双优单位”、“中国民营500强企业”、“北京室内装饰行业五星级诚信企业”、“江苏省建筑业百强企业（综合实力50强、外经10强）”、“江苏省建筑业竞争力百强企业”、“江苏省明星建设集团”、“南通市综合实力30强企业”、“南通市优秀企业”、“启东市金牌企业”等荣誉称号。

精品出自雕琢，成功始于执着。强优的品牌形象源自对工程质量精益求精的努力和对科技兴企孜孜不倦的追求。公司先后承建了一大批国家和省市重点工程，分别荣获了国家最高建筑荣誉奖——“鲁班奖”、江苏省“扬子杯”、湖北省“楚天杯”、北京市“长城杯”、“天坛杯”、上海市“东方杯”、“白玉兰杯”、“浦江杯”、南京市“梅花杯”、 黑龙江省“优质甲级金牌工程”以及各省市“文明工地”称号；公司还加强与同国际科研机构及高校的战略合作，依托高校人才优势，推动企业科技进步；并成立了由一批专业技术人员、管理人员、技术工人组成的企业技术中心，取得了具有行业领先水平的科技成果，其中有国家级工法3项、省级工法5项、省级科技进步奖2项以及多项市级奖项。

百舸争流千帆竞，长风破浪正当时。面对新的发展机遇和新的复杂形势，公司始终坚持科学发展的战略目标不动摇，坚持深化改革、创新发展，坚定品质保障、价值创造，积极推进经营结构优化和经营布局调整，积极实施“专业化、区域化、标准化、信息化、国际化”的战略举措，奋力向成为具有国际竞争力的建筑企业集团的目标迈进。

宣城碧桂园

六安碧桂园

济南章丘创业大厦

宁夏银川天鹅湖酒店

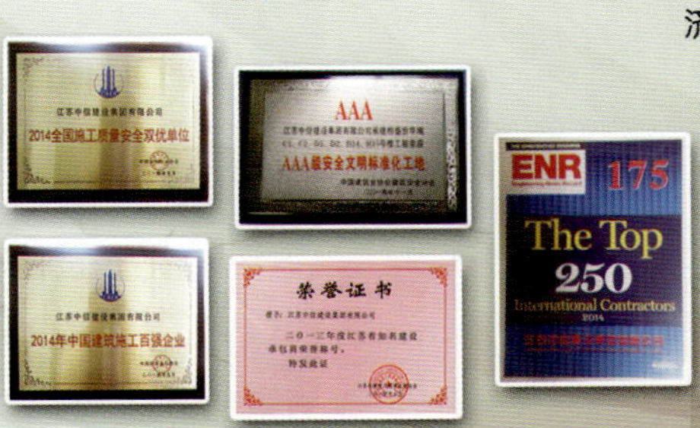

潍坊百大商务中心

南通启益建设集团有限公司

NAN TONG QI YI JIAN SHE JI TUAN YOU XIAN GONG SI

董事长：尹向东

南通启益建设集团有限公司位于美丽富饶的长江入海口新兴城市——启东市，是素具盛名“建筑铁军”的故乡，又是江苏省人民政府首批命名的“建筑之乡”。 公司始建于1977年，发展于九十年代。2002年4月在企业改制中分立南通启益建设工程有限公司，2010年2月成立集团公司，目前公司拥有房屋建筑工程施工总承包一级资质，建筑装修装饰工程、机电设备安装工程、钢结构工程、消防设施工程专业承包4个一级资质，市政公用工程施工总承包一级资质，空气净化工程专业承包二级资质。

集团公司注册资本金2亿元，净资产6亿元，现有区域公司13个，分公司21家，年施工产值60亿，年施工面积800万平方米。拥有各类专业技术人员2000人，其中高中级职称人员450人，国家注册一、二级建造师200人。同时拥有众多善创省、市优工程的品牌项目部和善建大体量工程的精锐项目部，以及大批管理严密、工种齐全、技术精湛的劳务作业公司。集团以项目部为基本管理单元，以网络信息软件为管理平台，实行总部、区域公司、项目部三级扁平化管理，实现了总部与区域市场、项目部的信息互动、资源共享和快速决策。

集团公司倾力建设以“求真务实、开拓进取、诚信守诺、追求卓越”为核心内容的企业文化，努力弘扬“团队、敬业、务实、创新”的企业精神，奋力打造一支“特别能吃苦、特别能攻坚、特别能创新、特别能守信、特别能奉献”的高素质、叫得响的“建筑铁军”。近年来，承建工程合格率100%，承（参）建的5项工程获国家“鲁班”奖，并先后创上海市“白玉兰”、北京市“长城杯”、江苏省“扬子杯”、黑龙江“龙江杯”等省以上优质工程50项。通过了质量、环境、健康三个体系的认证审核。先后荣获“全国全面质量管理金屋奖”、江苏省先进建筑业企业、江苏省建筑业“优秀企业”、江苏省AAA特级资信企业、江苏省“重合同守信用企业”、南通市建筑业综合实力30强企业等称号。

天山大峡谷创建国家5A级旅游景区旅客中心工程

外观

A区公共卫生间大厅

B区售票大厅

B区大厅局部

蚌埠百乐门国际文化经贸广场工程

浙江亲亲家园工程

振龍建設集團

zhen long construction group

振龙建设集团是集房地产开发、建筑安装、绿色农业、商贸流通、盈丰劳务、金融投资、物业管理、环保设备为一体的综合性企业。

2014年，振龙建设集团在多元化产业方面都取得了不菲的成绩。承建的市政府安置房项目已有近32万平方米竣工交房；三期项目正在施工，施工面积共计22万平方米，预计于2016年12月底竣工，总造价约为5亿元；参与沈阳地区城市建设的多个项目获得多项荣誉，取得了良好的经济效益和社会效益。作为南通市唯一获取“全国四星级休闲农业与乡村特色示范园区”殊荣的盈康农庄，发挥生态绿色食品的优势，运行健康。

在新的一年里，集团将秉承“团结、敬业、创新、奉献”的企业精神，围绕“创建一流企业、造就一流人才、作出一流贡献”的企业目标，突出主体，强化多元，实现企业的协调、健康、快速发展。

董事长：顾正康

公司地址：江苏省启东市紫薇西路899号

公司网址：WWW.zhenlonggp.com

联系电话：0513-83118788　　传真：0513-83307199

于辽阳合作开发的120万平方米辽阳京都城项目－现代时尚

于城东村开发的52万平方米安置房社区－清新秀美

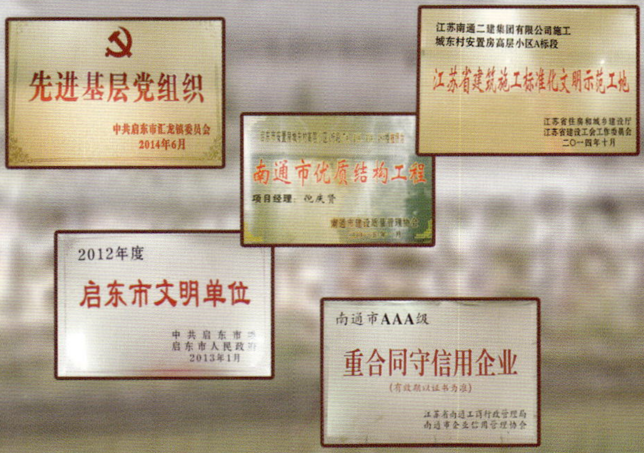

TongQi Company

南通市通启公路工程有限公司

南通市通启公路工程有限公司座落于美丽富饶的黄海之滨-启东市。

公司成立于2002年，拥有公路工程总承包、市政公用工程总承包二级资质。

公司自成立以来，先后承建了启东市沿江公路、南海公路、临海公路以及南通市、盐城市、宁波市等一大批有影响的公路工程。

南通市通启公路工程有限公司始终贯彻“质量第一，安全第一”的企业宗旨，历年来，公司承建的公路工程、市政工程的施工、项目质量和进度获得了各届人士和众多专家的好评。

目前， 公司已成长为南通地区较有影响的公路工程、市政工程施工企业。公司董事长袁克竭诚欢迎各届人士前来公司考察、参观、洽谈业务。

地址：启东市汇龙镇人民中路1060号

电子信箱：nttqgl@163.com

电话：0513-83240291　83240288

邮编：226200

董事长：袁 克

公司大型机械正在进行沥青摊铺作业

公司承建的临海公路施工现场

临海高等级公路施工现场

临海高等级公路（启东段）风景

江苏林洋电子股份有限公司

JIANG SU LIN YANG DIAN ZI GU FEN YOU XIAN GONG SI

中共中央政治局常委、全国政协主席俞正声（右）视察林洋

国务院原总理温家宝一行视察林洋

江苏林洋电子股份有限公司始建于1995年，历经20年的发展，现已成为拥有多家公司，统一运作的集团化企业。公司产品包括智能电能表、LED节能灯具、分布式光伏电站等，涵盖了智能、节能、新能源三大领域，秉承“至诚至信　互利共赢”的合作理念，以国内领先的自动化、智能化、精益化、环保型制造设备，以“质量是林洋人生命”的质量方针，为全球客户提供满意的产品及解决方案，成为智能、节能、新能源三大板块领跑者。

江苏省委书记罗志军(右二)莅临指导

林洋太阳能光伏

林洋LED照明产品

南通汽運實業集團有限公司
启东飞鹤分公司

总经理：蔡　军

市领导慰问公司职工

南通汽运实业集团有限公司启东飞鹤分公司，位于江苏省启东市汇龙镇长龙街西侧，核心业务为道路客运和站务服务，涉及了快件货运、汽车维修、驾驶培训等多个领域。公司总占地面积120亩，总建筑面积79400平方米，各类高中档客车161辆，经营客运班线覆盖苏、浙、皖、鲁、沪、京等省市，日发中长途班次约350个，日均客运量约6500人次；日发城乡公交700个班次，日均客运量约7000人次，最大日客运量可达2万人次。

公司上下秉承“鹤舞江海·责任致远”的发展宗旨，以“满意、诚信、安全、尽责”为核心价值观，以“发展为先、安全为根、诚信为本、效能为优”为经营理念，以“为更多的旅客服务，为旅客服务得更多”为企业宗旨，倡导发扬“敬业、奉献、争先、创优”的企业精神，全员致力于旅客的安全出行，为更多的人提供更多的服务！公司先后荣获江苏省交通厅文明客运站、南通市“文明单位”、启东市“文明单位”等光荣称号。

南通汽运实业集团有限公司启东飞鹤分公司全体员工热忱欢迎社会各界人士光临。我们将以深化发展格局提升驱动力；以科技创新提升核心竞争力；以制度创新激发内在创造力；以管理创新提高运作执行力；以品牌创新扩大社会影响力；以文化创新增进人文凝聚力，不断促进企业协调快速发展。

联系电话：0513—83348236、83318784 传真：0513—83312680
邮政编码：226200 地址：江苏省启东市汇龙镇江海北路1198号
启东汽车客运站网址：http://www.qdqcz.com.cn/

关注公益 回馈社会

优质服务 重在细节

微信购票 方便快捷

东疆第一站彩虹服务班

一杯热水 温暖旅途

市城东客运站

启东市财政局

党的群众路线教育实践活动动员大会

"5.10"思廉日专题党课

2014年，全市完成财政总收入168.4亿元，为预算的107.7%，增长20.7%。其中，一般公共预算收入67.25亿元，为预算的102.6%，增长14.9%；基金预算收入67.39亿元，为预算的115.9%，增长24.2%。完成一般公共预算支出73.99亿元，为预算的95.8%，增长8.2%；完成基金预算支出68.22亿元，为预算的80.7%，增长26%。

推行"营改增"重大结构性减税政策，落实各项财税扶持政策，减轻企业税负。争取专项资金4.17亿元；安排企业创新与转型升级专项补助7774万元、外贸稳增长专项补助1000万元；筹措资金超60亿元，重点支持市政、交通、环境、社会事业和园区建设等公共基础设施和社会公益事业项目。

全年教育事业财政投入19.98亿元，占全市财政总支出近三分之一；投入各类保障资金15.36亿元，其中城乡居民基本养老金补助2.09亿元，新型农村合作医疗补助1.14亿元，补助社区卫生服务中心、服务站资金1.33亿元；"三农"投入12.98亿元，"一折通"发放农资综合补贴、粮食直补、农作物良种补贴1.08亿元。

全年完成政府集中采购、招投标1100次，交易总额近100亿元；投资评审管理成效显著，全年评审项目620个，送审金额29.86亿元，节省财政资金1.13亿元。

义务献血

慈善一日捐

江苏省启东吕四港经济开发区
启东市吕四港镇

上级领导视察吕四港经济开发区

卓达新型材料产业园开工典礼

2014 年，区、镇上下深入贯彻党的十八届三中全会和市委十二届六、七次全体（扩大）会议精神，紧紧围绕“打造上海北翼第一海港”奋斗目标，突出“融合创新、转型跨越”工作主题，着力构建融合发展先行区、接受辐射先导区、协调发展示范区，努力促进吕四大港快速和谐开发。

港口建设 环抱式港池匡围、防沙导流堤工程完工。进港航道一期工程完成航道疏浚土方 2500 万方，满足小庙洪水道 5 万吨航道开挖耙吸船所需水深条件。东港池航道疏浚工程开工建设，完成疏浚量 500 万方。环抱式港池进港航道初步设计已获省发改委批复，控规编制已完成，进港航道一期工程已完成航道疏浚土方量 50%。渔港扩建区项目基础设施初步设计通过评审并获得省发改委批复，吕四新渔港经营、管理模式创新方案策划正由上海海洋大学研究，拍卖市场初步策划方案已形成。新材料产业园主干道路、给水管网、消防站等基础设施建设加快推进，港区承载力不断增强。

重大项目 大唐电厂二期目前完成可研报告编制，已上报省能源局。广汇项目陆域部分综合办公楼主体工程完成，储罐基础施工进度完成 50%；引桥和码头工程开工建设。卓达新材料地块吹沙已完成。华峰年产 7500 万米产业用非织造布超纤材料项目已完成工商注册，获得项目备案，完成项目稳评和能评，厂区地块正进行软地基处理。

招商引资 充分借助渔港经济区、环抱式港池载体平台，加大临港产业招商力度。组织举办吕四港（北京、沈阳）投资合作恳谈会、参与 2014 启东国际经贸洽谈会、上海启东投资环境推介会、科技节等节会活动，吸引广东、上海、沈阳等地 35 批次客商来吕考察，成功引进东凌粮油加工中转、卓达新材料等项目。全年累计签约项目 8 只，超 10 亿项目 4 只；新注册项目 5 个，协议总投资 127.7 亿元；新增工商注册外资 3.04 亿美元。

大唐吕四港电厂

吕四风情区

吕四渔港

吕四环抱式港池匡围工程建设现场

启东市电动工具展销中心

吕四国家级新渔港全景

吕四港海运综合码头

吕四盈港水产品批发市场

启东滨海工业园 启东市近海镇

群众路线教育实践活动总结大会

启东滨海工业园于2005年3月开工建设，总规划面积30平方公里。2013年底，园区与近海镇实现“区镇合一”，总面积达110平方公里。园区交通区位优势独特，紧邻G40沪陕高速公路及国家一类口岸吕四大港，距上海自贸区、外高桥港区仅90公里。

近年来，园区突出“招商引资、项目建设、产城一体”三大关键，紧紧围绕创建省高新技术产业园目标，坚持扩大总量和转型升级并举，放大区镇合一优势，增强产业集聚效应，基础配套优化完善，水清鱼跃、情暖夕阳等五大为民实事工程全面落实，党建创新扎实推进，“科教一体、产城融合发展”获得省长李学勇高度评价。

园区已形成装备制造、精密机械、船配汽配、电子电器四大支柱产业，产业配套能力突出，金融、物流、服务外包等现代服务业快速发展。截止2014年底，园区投产企业达到205家，其中规模企业72家，亿元企业31家。2014年园区实现规模工业产值104亿元，增长12.5%；实现工业企业入库税收2.3亿元，增长14.3%；实现公共财政预算收入2.05亿元，增长31%；实现全部服务业投入实物工作量11.7亿元，增长25.5%。

园区风光

滨海工业园将以党的十八大、十八届三中四中全会和习近平总书记视察江苏时的重要讲话精神为指引，适应新常态，把握新要求，加快科教一体、产城融合发展，重点抓好产业结构、基础设施、人力资源、仓储物流、生活服务及公共服务“六大配套”，调优调强主导产业，全力培育新兴产业，扩大有效增量，提升优质存量，为启东全面建设小康社会作出新的更大贡献。

滨海博士创业园

环太湖国际自行车赛“中国移动·启东滨海工业园”启东—崇明赛段

环崇明岛国际自行车赛

园区新貌

启东海工船舶工业园
启东市寅阳镇

国务院副总理马凯(中)在海工园调研

项目签约

2014年，启东海工园抢抓沿海开发契机，围绕打造“中国一流、世界知名的海工及重装备产业基地”目标定位，以发展经济为第一要务，加快推进重大项目建设，促进绩效产出，新开工项目19只，新竣工项目12只，新投产项目6只。实现规模工业总产值175亿元，增长22.1%；规模工业应税销售106.5亿元，增长23.7%；新增注册外资4978万美元，实际到账外资1776.3万美元。

做好配套服务 7月，寅阳镇被列为全国重点镇。一年来，通过申报先后获批省海工船舶特色产业集群、省海工装备出口基地和南通市特色产业基地，宏华海洋、太平洋海工被省科技厅新认定为省高新技术企业和省级企业技术中心，宏强重工、润邦海洋、太平洋海工被省经信委认定为省两化融合转型升级示范试点企业。

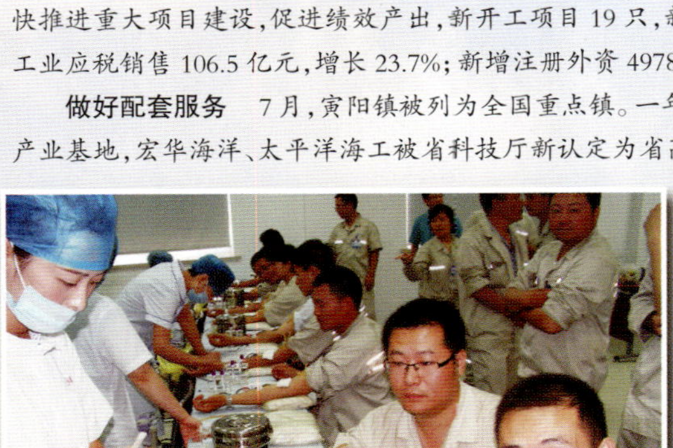
义务献血

做优民生实事 财政投入350多万元，完成成片造林5400亩。投入700多万元，实施农村公路亮化全覆盖工程，安装农村路灯7000盏，总里程超350公里。以精神文明建设为主线，不断提升软实力。精心拍摄为民服务为题材的微电影《一个人的学校》。认真开展南通市“诗词之乡”创建、“舞动寅城”、“寅阳清风”等活动，启动“寅城欢歌”文艺节目的下村入企演出，不断丰富群众的业余生活，着力打造风清气正的发展环境。

做优功能配套 围绕“一横三纵”主干道和功能区建设。海工大道胜狮至三条港段，实现通车；海工中路试运行，道路的绿化、亮化等有序推进；中心功能区安置房一期主体工程完成，装饰工程加快推进。西功能区江欣家园商业街、蓝领公寓、白领公寓等建设有序推进，雨污水管、自来水、燃气等配套工程及时跟进。江海污水厂的管网改造工程逐步实现正常运行。消防站建设前期工作完成。

建设中的海工平台

中远海工

工会活动

合唱比赛

新农村建设

舞动寅城活动

启东海工船舶工业园

启东滨江精细化工园
启东市北新镇

机关党风廉政建设会议

领导班子群众路线教育民主生活会

2014年，全年区镇完成公共财政预算收入16542万元，增长18.2%；完成规模工业应税销售64.8亿元，增长14.2%。有13家企业销售超亿元，其中超10亿元企业1家，超5亿元企业2家。开展“文明在北新”、“北新好人”评选，“乡村道德讲堂”等活动，共评选“北新好人”10人。

项目建设　2014年，区镇实现5000万元以上新开工项目16个，道明、丰益、东岳药业、东岳化工、无机化工、朗源、苏博、宇林8个项目完成土建工程，安装设备；派尔科、宏峰、佳友、希迪三期、好收成二期、云帆二期6个项目土建工程基本完成；尤希路化学、诚信药业、恩杰斯音响等新开工项目全速推进。

人才科技　2014年，区镇共引进国家千人计划专家2名；新入围省“双创”人才1名，总数达5名；新批高新技术企业3家，总数达14家；新批省级工程技术研究中心1家，总数达7家；新认定民营科技企业8家，总数达52家。

三农工作　2014年，区镇实施阳大1万吨禽肉冷藏加工、亘泰饲料加工、光卫千亩大棚基地等农业项目24个，完成投资额1.735亿元，建成钢架大棚面积1700多亩，建成永济、轶昌、建新等50亩以上连片露地蔬菜基地9个。新建双华蔬果专业合作社等5家合作社，新建学兵家庭农场等6家家庭农场，南通欧福禽蛋有限公司被评为南通市级农业龙头企业，琰丰蔬菜专业合作社被评为国家级示范合作社，阳大畜牧专业合作社被评为省级示范社，民旺农机服务专业合作社等2家合作社被评为南通市级示范合作社，冬娟家庭农场被评为江苏省示范家庭农场，绿悠优家庭农场等7家被评为启东市级示范家庭农场。完成绿化种植面积573.33公顷，完成年度目标任务的113%。园区绿化“提档升级”工程进入编标阶段。

市委常委、宣传部长赵男男一行在红阳村视察

城乡发展 2014年，区镇邀请上海浦东规划设计院，对中心镇建设编制总体规划和城乡统筹规划。新水湾安置小区基本竣工；绿洲嘉园安置小区开工建设。新镇区道路完成招投标，进入开工建设阶段；城市综合体、九年制一贯制实验学校等规划设计工作有序推进。全年完成农村道路路灯安装6500多盏；投资500余万元，新建农村公路11.36公里。

社会事业 2014年，区镇城乡居民社会养老保险制度全面建立，共有19016名60周岁以上老人享受基础养老金，4133名80周岁以上高龄老人享受尊老金；开展困难群众生活救助工作，为193名重病患者办理大病医疗救助，为50名城镇就业困难人员办理社保医保补贴。对45户五保户、487户低保户、537个重残对象，做到应保尽保；教育资金投入进一步加大，适龄儿童入学率达100%，决心幼儿园回购取得突破；计划生育服务水平上新台阶，孕前健康检查完成率名列全市前茅。

党建工作 扎实开展党的群众路线教育实践活动，区镇132个党支部、2499名党员参与学教活动，征求到各类意见建议153条，即知即改38条，答复解释了72条，整改推进28条，长期坚持整改15条；开展"文明在北新"主题活动、"北新好人"评选，"乡村道德讲堂"活动等相关工作，实现区镇24个村全覆盖。

北新现代农业科技园（双华基地）

江苏诚信药业有限公司

江苏道明化学有限公司

启东市发展和改革委员会

QI DONG SHI FA ZHAN HE GAI GE WEI YUAN HUI

主任石光辉为机关干部上党课

对接上海研究成果评审会

2014年，全市上下积极应对各种困难和挑战，统筹做好改革发展稳定各项工作，经济社会发展呈现“总体平稳、转型加快、协调发展”的良好态势。全市完成地区生产总值739.13亿元，按不变价计算比上年增长10.6%。其中，一产增加值68.55亿元，增长3.2%；二产增加值369.03亿元，增长10.4%；三产增加值301.55亿元，增长13.0%。产业结构进一步优化，三次产业结构调整为9.3:49.9:40.8，服务业增加值占地区生产总值比重达到40.8%。完成财政总收入168.40亿元，比上年增长20.7%；其中一般公共预算收入67.25亿元，比上年增长14.9%。完成全社会固定资产投资483.41亿元，比上年增长18.7%；其中工业投资301.94亿元，比上年增长10.7%；服务业投资181.13亿元，比上年增长34.7%。

2014年，全市新开工亿元以上工业项目85个，新竣工亿元以上工业项目25个。华峰超纤、卓达新材料等项目落户，广汇能源、宏华海洋、神通能源装备等项目加快建设，林洋光伏、丰益日化、西西艾尔等项目竣工投产，列入省沿海开发“六大行动”计划的30项重大项目和重点工作推进顺利。

启东经济开发区在省级开发区科学发展综合评价中名列第三，申报国家级开发区工作积极推进。吕四港经济开发区石化新材料产业园道路、排水等各项配套工程基本完成。吕四港环抱式港池匡围、防沙导流堤工程全面竣工，进港航道一期工程基本完成。一类口岸开放获国务院正式批复，报验工作全面推进。临海高等级公路竣工通车，宁启铁路启东段、海启高速启东段开工建设。综合保税区可研申报工作扎实开展。

知识竞赛

镇乡（园区）、经发办（局）主任、局长座谈会

南通市粮食产销对接洽谈会

启东市“放心粮店”管理工作推进会

粮食工作 2014年，粮食系统加快转型升级，推动科技创新，实施科学保粮，推进仓储设施建设。强化购销效益、深化放心粮店管理。加大储备粮检查力度，全年共检查各类粮食主体200多批次，维护市场秩序稳定。落实市场监管职责，储备库项目建设完成70%。

物价管理 2014年，全市物价工作以“稳中求进、改革创新”为主线，强化价格管理。稳健推进水价格系列改革，拟定全市民用燃气阶梯式气价方案，组织实施对2个市级医院和6个中心卫生院的分类医改方案。严格教育收费，跟踪物业收费热点问题，做好涉农收费公示工作。全年共受理办结价格咨询或投诉案件106件，办理价格鉴证或认证事项720件。

省、市粮食局领导在启检查危仓老库维修改造情况

市物价局局长潘炜华慰问困难群众

上级领导在启抽查粮油质量情况

“八一”前粮食局领导慰问有关部队

开展价格诚信宣传

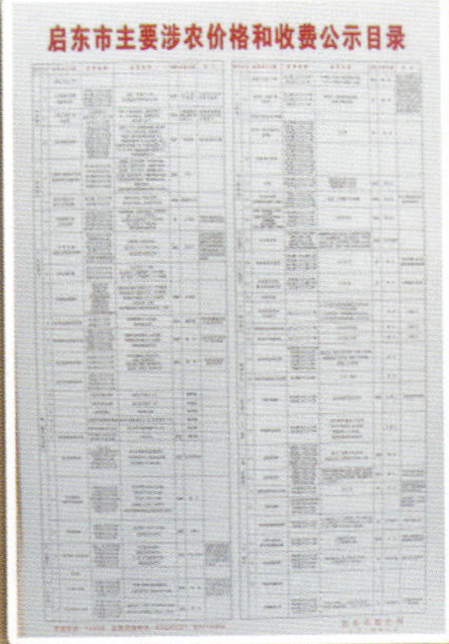
启东市主要涉农价格和收费公示目录

局机关干部参加义务劳动

启东市住房和城乡建设局

局长：杨新超

2014年，市住房和城乡建设局在市委市政府的正确领导下，进一步完善城乡规划体系，大力推进安置房、保障房、商品房建设，不断加快道路、绿化、燃气、供水等市政公用事业建设，并切实履职，做好规划审批、基本建设管理、城建监察等工作，为城乡建设和发展做出应有的贡献。全年完成城乡建设总投资100亿元，其中市政基础设施建设25亿元。城区面积从28平方公里发展至30平方公里。全年城市化率提高1.5个百分点。城市道路总面积达373.06万平方米，人均道路面积17.6平方米；城市绿地总面积达997万平方米，人均绿地10.3平方米，绿地率37.9%，绿化覆盖率40.6%。保障性住房新建1000套、竣工678套，经适房实现房源存量。安置房施工总面积达到175.05万平方米，其中新开115万平方米，再次刷新年度建设总量，竣工56万平方米，交付使用5440套。商品房新开工95.66万平方米、竣工139.93万平方米，累计销售9116套、96.11万平方米，开发和销售各项指标列南通地区前茅。市住建局被省住建厅评为2013—2014年度建筑行业管理先进单位，被南通市城乡建设局评为抗震设防审查管理先进单位，荣获市五星级机关、城市建设工作先进单位、文明单位等荣誉称号。

市领导视察城建工作

世纪大道树箱

接受锦旗

住建系统5.10思廉日主题教育大会

污水处理厂三期

中央路西延头兴港大桥

启东市民广场全景

启东全景

民胜路与牡丹江路转角游园

北上海花园

江海南路绿化

城东村安置房

启东市国土资源局

QI DONG SHI GUO TU ZI YUAN JU

全市国土资源管理工作会议

党的群众路线教育实践活动动员会

服务大局保障有力 在用足用好年度计划指标的同时，克服种种困难，跑市跑省，积极沟通，为中远船务争取了451亩专项用地计划，为新村沙、新湖、神通阀门等项目争取1950多亩新增建设用地计划。想方设法推进土地出让，全年挂牌出让土地147宗6043亩，出让收入43.46亿元。科学编制和修改有关规划方案，调整面积列全省之首。将我市7700多亩限制建设区或有条件建设区调整为允许建设区，并获得了省政府批准。

保护资源尽责尽力 坚持最严格的耕地保护制度，继续强化耕地保护共同责任机制，市、镇、村层层签订耕地保护责任状。认真编制高标准基本农田建设年度实施方案，申报了2014年度“双百整治”工程高标准基本农田建设项目，完成寅兴垦区外侧800亩占补平衡项目土地整治。

执法监管秩序向好 严厉查处违法用地，顺利通过2013年度国土资源部卫片执法检查。全面清理处置闲置空闲土地和城镇低效用地，并制定措施和方案，促进闲置空闲土地的再开发、再利用。化解处置信访矛盾，大大压减了越级信访总量。

基础管理创新创优 严格地籍登记发证审核，共发放国有土地使用证2720本，他项权利证书1890本。积极稳妥地开展海域证换发工作，为滨海工业园区外侧12395亩土地办理了海域证换发国有土地使用证。积极推进第一次地理国情普查工作，项目成果已经通过省测绘地理信息局组织的预验收。以服务民生为宗旨，严格征地程序，全力维护被征地农民的切身利益。

机关作风明显转变 深入开展党的群众路线教育实践活动，紧紧围绕“反四风、转作风”的要求，突出“为民务实清廉”的主题，对照“三严三实”要求，深刻剖析问题根源，深入开展批评与自我批评，制定切实措施，积极展开整改。公开服务承诺，缩短办结时间，对23项行政服务事项办理承诺时限再次压缩，提高了服务效率。大力开展廉政风险防控建设，严格执行党员干部廉洁自律各项规定，严以律己，依法行政。

扶贫慰问

挂钩服务

深入社区接受咨询

机关一日捐

启东市交通运输局

局长周惠锋一行检查双创工作

群众路线教育实践活动总结大会

2014年，启东交通工作取得显著的成绩。市交通运输局获市文明单位、党建工作先进单位、“五星级机关”、“双联双争”、城市建设工作先进单位和社会管理综合治理及平安建设工作先进集体等六个奖项。

基础设施建设 全年完成交通投资9亿多元，临海高等级公路竣工通车。天汾大道道路基本贯通，桥梁半幅合龙，完成总量的80%；丁仓港路北延汇龙镇段路面施工完工；通海大道东延主体工程完工；通吕运河护岸工程主体工程完工；头兴港河护岸工程板桩和沉桩全面完成；120座农桥和9座交通危桥改造全面完工。宁启铁路二期启东段、海启高速启东段开工建设。国道345和国道335工可方案上报省发改委审批。志圩公路中段、天江公路、永兴路东段拆迁工作全力推进，已启动招标。

交通行业管理 公交线路不断优化。新增103路永阳至行政中心、109路南阳镇至行政中心，实现江海路、公园路南北纵向贯通；新增和更新49辆公交车；城东客运站全面完工。新建城区电子站牌10个，城区内新建和改造60个公交站亭，新建1000多个城乡公交站点站牌；全市所有公交配备语音报站功能；城乡公交上投入使用一卡通，安装调试到位；城区内10个电子站亭牌安装到位，开通手机公交网络平台。

安全管理 严格安全生产“一岗双责”职责，制订安全生产管理目标责任制。组织实施“安全隐患排查治理”活动。开展“春运”“国庆”重大节日安全生产大检查、“夏季安全生产百日竞赛活动”、“安康杯”劳动竞赛、“七打七治”专项活动。飞鹤分公司、公交公司、各出租汽车公司、危货企业全部安装营运车辆GPS监控系统，所有客运车辆全部安装3G监控设备，实行实时监控，运行状态良好。

市区新建公交电子站牌10个

临海公路施工现场

启沪快线站点分布图

临海高等级公路全面通车

宁启铁路启东段正式开工

完成农桥改造120座和交通危桥9座

新增和更新节能环保型公交49辆

崇启大桥

国务院批准启东港口岸对外开放

GUO WU YUAN PI ZHUN QI DONG GUANG KOU AN DUI WAI KAI FANG

省边检领导视察一类开放码头

口岸开放迎检工作动员会

2014年8月10日，国务院正式批复同意启东港口岸对外开放，同时批复同意启东港口岸设立正团级边防检查机构和正处级海事、海关、出入境检验检疫机构。

省海事局张同斌（右二）局长一行在启视察

市海岸线及长江岸约140公里，拥有较丰富的深水岸线及港口资源，区位优势明显，建港条件优良。一类口岸由沿海吕四港区和沿江启海港区两部分组成，港区与336省道、宁启高速公路、宁启铁路及崇启大桥等相连成网，是承接江海联运和水陆联运的重要枢纽，具备良好的货物集疏运条件。港区内道路、电网、水网、管网和污水处理等基础设施已基本完善。海关、边检、商检和海事等四家单位的查验基础设施建设正在紧锣密鼓地施工。

2009年5月，交通运输部正式批准大唐电厂、中远海工、联合重工、惠港造船等4家企业码头为临时开放码头。2009年9月，启东市人民政府向南通市人民政府递呈关于启东口岸一类开放的请示。2010年5月，江苏省人民政府向国务院递呈启东港作为一类口岸对外开放的请示。至2014年，启东吕四港区临时开放已延期11次，开放码头增加至10家。2014年8月10日，国务院正式批复同意启东港口岸对外开放。

南通海关在启指导

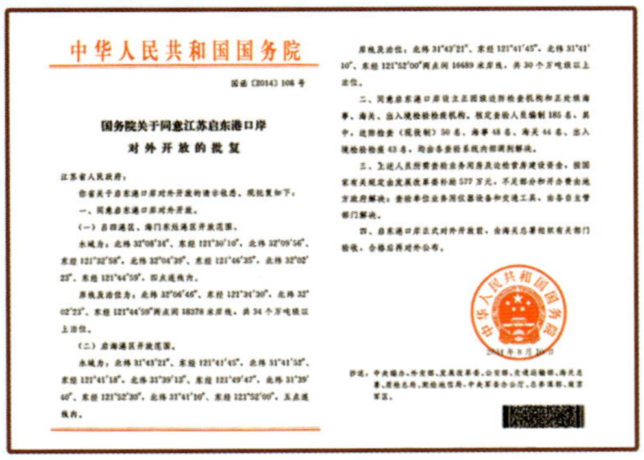

中华人民共和国国务院

国函〔2014〕106号

国务院关于同意江苏启东港口岸对外开放的批复

江苏省人民政府：

你省关于启东港口岸对外开放的请示收悉。现批复如下：

一、同意启东港口岸对外开放。

（一）吕四港区、海门东灶港区开放范围。

水域为：北纬32°08′34″、东经121°30′10″、北纬32°09′56″、东经121°32′58″、北纬32°04′39″、东经121°46′35″、北纬32°02′23″、东经121°44′59″，四点连线内。

岸线及泊位为：北纬32°06′46″、东经121°34′30″、北纬32°02′23″、东经121°44′59″两点间18378米岸线，共34个万吨级以上泊位。

（二）启海港区开放范围。

水域为：北纬31°43′21″、东经121°41′45″、北纬31°41′52″、东经121°41′18″、北纬31°39′13″、东经121°49′47″、北纬31°39′40″、东经121°52′30″、北纬31°41′10″、东经121°52′00″，五点连线内。

岸线及泊位：北纬31°43′21″、东经121°41′45″、北纬31°41′10″、东经121°52′00″两点间16689米岸线，共30个万吨级以上泊位。

二、同意启东港口岸设立正团级边防检查机构和正处级海事、海关、出入境检验检疫机构。核定查验人员编制185名，其中，边防检查（现役制）50名、海事48名、海关44名、出入境检验检疫43名，均由各查验系统内部调剂解决。

三、上述人员所需查验业务用房及边检营房建设资金，按国家有关规定由发展改革委补助577万元，不足部分和开办费由地方政府解决；查验单位业务用仪器设备和交通工具，由各自主管部门解决。

四、启东港口岸正式对外开放前，由海关总署组织有关部门验收，合格后再对外公布。

中华人民共和国国务院

2014年8月10日

抄送：中央编办、外交部、发展改革委、公安部、交通运输部、海关总署、质检总局、[illegible]、中央军委办公厅、总参谋部、南京军区。

启东港一类口岸开放码头示意图

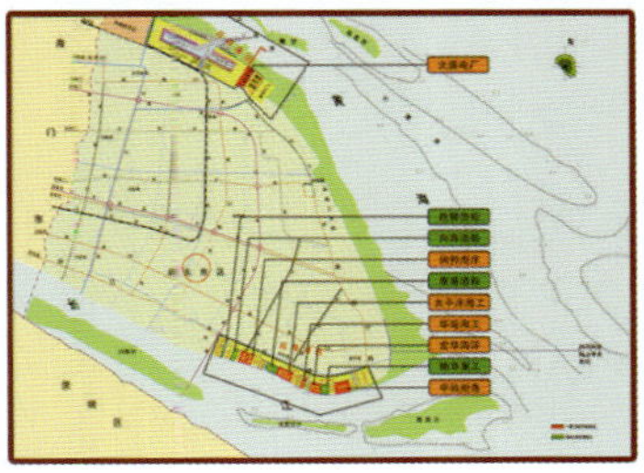

润邦码头全景

副市长孙建忠视察一类开放码头

南通海关在启指导开放验收准备工作

太平洋海工码头

启东市政府投资项目工程建设中心

2014年，启东市政府投资项目工程建设中心紧扣代建过程中设计、施工、监管等各个环节的要素，对政府投资项目工程进行科学管理，实现工程建设的质量、进度、投资的三大控制，彰显代建制度的规范性、科学性和高效性。截至2014年底，建设中心接手代建项目66个，其中已竣工项目52个(市政项目14个，房屋建筑38个)。通过有效的投资控制，不仅没有一个项目出现"三超"(超计划、超概算、超预算)而且通过招投标为财政节省工程造价近4亿元，取得政府投资项目良好的经济效益和社会影响，赢得各级领导和社会各界的赞誉和肯定，锻炼出一支"拉得出，打得响，立得正，走在前"的队伍，树立起"政治坚定，作风严谨，程序合法，质量过硬"的金字招牌。

市长黄卫锋视察启东市商务中心大楼项目

严格项目造价　重点把好四个环节：在初步设计阶段，根据项目的功能要求，确定相应的设计标准；在招投标阶段，做好标底的编制及最高限价的确定；在施工建设阶段，严格控制设计变更，有效进行投资控制；在工程竣工结算阶段，严格审查施工单位提交的竣工结算资料，仔细核对增加投资的部分，确保签证的客观性、准确性。其中的关键措施是严格控制设计变更。为防止施工单位随意变更设计，恶意增加造价，专门编制了《项目变更管理办法》，按照制度严格把关初步设计阶段的项目编制投资概算和审核概算，并对进入施工阶段后的变更设计申请，组织代建主体和监理、设计、施工单位专家实施四方联审会办。

市领导调研代建项目建设情况

保证工程质量　落实严格的质量责任制，明确规定各项目部主任为工程质量的第一责任人，项目部其他成员明确分工，各负其责。重点抓好图纸会审、队伍选择、施工方案审查、材料检验、现场管理、竣工验收等环节的监管。专门成立质量巡查小组，对代建项目进行不定期的突击检查和定期质量巡查，并通过召开"巡查通报会"和"项目推进会"，及时就工程质量问题向各施工、监理单位和项目部反馈，对存在的质量问题及时纠正。

保证工程进度　在进度控制领域，建设中心以"敢于负责就是能力，战胜困难就是业绩，回避矛盾就是失职"的精神，科学组织，统筹安排，通过加大工程督察力度，优化内部程序，强化合同管理，加强与外部的协调等措施，创造顺畅的内外部环境，为工程大干快上，加快推进创造条件，可在比国家合同工期缩短30%～40%的序时进度内完成投资计划。

强化监督管理　所有代建项目除了设计、施工、监理单位的选择确定采取公开招标形式之外，各类建筑材料的供应商选择与购买也通过公开公正公平的招标或竞争性谈判确定，并实行零风险的"无现场签证"模式。在签证计量、资金拨付、招标合同条款等易在廉政环节出现问题地方，均实行集体办公会议讨论决定，从源头上消除了幕后交易和"暗箱操作"的隐患，防止了以权谋私现象的发生。

启东江海产业园

中国江海产业园位于启东市东部沿海区域，是江苏、上海两地政府为贯彻国家战略开发的沪苏合作示范项目，由启东市人民政府、上海城投（集团）有限公司具体投资开发建设。江海产业园总规划面积约39平方公里，拟建成现代化、国际化、规模化、高效化、低碳化、生态化的园区。

为更好打造区域合作示范项目，园区委托上海市政府发展研究中心、上海市社会科学研究院、上海市发展改革研究院、江苏省城市规划设计研究院等一流科研机构对园区进行了战略规划、总体规划等研究，将园区定位为“沪苏合作、接轨上海、面向国际的‘产业高地、生态新区’”。

园区将以国家级园区的规划理念、开发水平和管理要求来建设，全面构建战略性新兴产业与生产性服务业双轮驱动的产业格局，建立“一个中心、两类基地、四大产业”的现代新型产业体系。

园区重点发展通用航空产业，位于园区南部的通用航空产业园总规划面积近10平方公里，依托园区的通用航空机场，打造集航空培训、航空制造、航空器交易、维修维护、救援、旅游、FBO、航空俱乐部为一体的航空产业园区。其中，通航机场跑道1期规划长度800米，2期1600米，远期可达3200米，可满足大型通用航空器起降。目前，多家知名通航企业与园区达成协议，将落户通用航空产业园。

市领导一行拜访客商

首期启动区效果图

规划展示楼

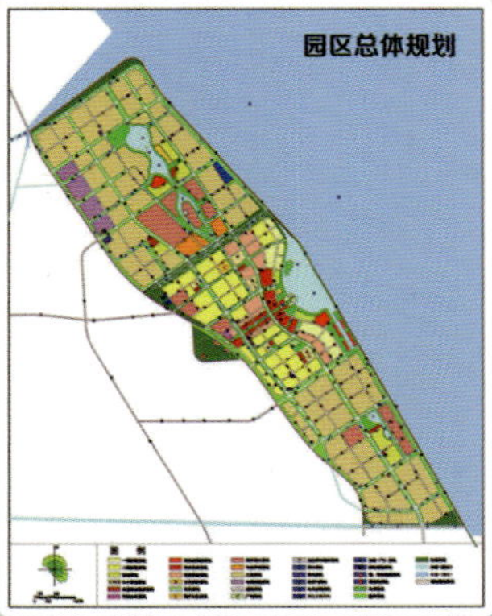

启东市人民武装部

市人武部党委第一书记任职大会

省军区司令员李克让视察哨所建设

2014年，启东市人民武装工作坚持以强军目标为引领，狠抓以军事斗争准备为龙头的各项工作落实，全市武装工作持续保持良好的发展态势。

聚焦使命谋打赢 一年来，市人武部党委以岗位练兵为依托，大兴军事训练热潮，先后组织10个批次涵盖12个科目的民兵骨干参加上级跨区联训和本级军事训练，组织38名专武干部完成任职资格考核，圆满完成上级赋予的海上民兵侦察行动演练和带实战背景的重要目标协防实兵对抗演练以及国动委演练等军事工作任务，有1个单位和11名同志受到省国动委通报表彰。按照全时战备要求，完善4个战备值班点位的设施建设，市民兵应急分队24小时待命，圆满迎接上级组织的紧急拉动演练。深入推进廉洁征兵建设实效，精心筹划年度征兵工作，严格把控质量关口，全年征集优质兵员475名(含10名女兵)。

深入开展党的群众路线教育实践活动 市人武部党委坚持问题导向原则，以“为民、务实、清廉”为主要内容，建立健全全市基层民兵党组织，狠抓机关、基层作风建设，持续开展反“四风”活动，推动教育实践活动向深层次发展，向聚焦服务军事斗争准备推进。

欢送新兵

民兵海洋防灾减灾培训

市海洋与渔业局人民武装部成立

跨区联训

国动委演练

大学生参军现场咨询

民兵整组点验

海上民兵侦察行动演练

启东市城市综合管理局

市城管队伍作风建设会议

城管志愿者服务进社区

2014年，启东市城市综合管理局按照“百姓城管”、“法治城管”、“科学城管”的工作目标，扎实有效地开展城市管理和行政执法工作。政府机构改革，启东市城市管理行政执法局更名为市城市综合管理局，挂市城市管理行政执法局牌子。全年共查纠各类违章违规问题17000多起，列入一般程序处罚770起，调处答复人民来信、来电、来访600起，答复人民来信140起，主街道新签“市容环卫责任区责任状”7000多份，办理审批项目167起，解决各类民生问题1200多起，城管执法形象进一步提升。

市容秩序管理日趋规范 联合公安、工商、卫生、环保等部门对市区违规烧烤、夜排档摊点进行为期十天的集中整治；科学规划设置早点、水果、修理、排档和本地农户季节性瓜果销售等5大类近千只便民摊点；配合市政府做好民胜路夜排档、花鸟市场搬迁工作，新设夜排档门店27个、花鸟摊位15个；完成第一批18家水果摊置换新亭工作。完成江海北路商业街店招提档升级工程。

控制违章搭建初现成效 建立执法大队与中队分级负责、属地管理、整体联动的违建查处机制，完善了以辖区中队、街道、村（居）物业为一体的防控网络，制定依法处置流程。

物业监管水平不断提升 出台前期物业管理招投标办法、物业服务项目退出管理办法， 建立了物业服务企业月月考制度，加强物业服务企业资质升级、物业用房、物业服务合同的备案管理，健全监督、奖罚管理机制，规范物业管理行业的进入和退出机制。

数字城管功能逐步显现 数字化城管工作紧紧围绕“第一时间发现问题，第一时间处置问题，第一时间解决问题”的目标，在各执行部门的通力配合下，完成了数字城管监控平台建设，起草出台了《启东市城市综合管理案件接处工作规程》，制定了一系列配套规章制度。全年受理事项2万多件，处置率达96%，城市综合管理效能得到显著提升。

各项服务保障及时到位 坚持按照“四个到位”开展工作，即“问题派送到位，责任落实到位，答复问题到位，服务回访到位”，明确“首问负责制”、“限时办结制”及“责任追究制”，保证群众反映的问题“事事有回声、件件有着落”，结案率达99.6%。

领导带头参加义务劳动

数字城管发挥作用

整装待发

规范的农民自产瓜果销售点

整洁的停车场

清运小区暴露垃圾

深夜清扫马路污垢

启东市环境保护局

检查企业治理设施

广场宣传

2014年，市环保局坚持以生态文明建设为引领，以建设美丽启东为目标，以改善环境质量、推动产业结构调整、增进民生幸福为重点，围绕国家生态市、国家环保模范城市创建和节能减排、环境监管、经济建设等重点工作，着力解决危害群众健康、影响可持续发展的突出问题，为打造经济繁荣、社会文明、环境优美、生态良好的美丽启东提供有力的环境支撑。

环境空气质量 2014年启东市市区建成区内共设置2个大气自动监测站点，分别在启东市环境监测站和南苑中学。南苑中学子站因系统更新调试，全年共监测361天；环境监测站子站全年共监测365天。

水环境质量 2014年南通市环境监测中心站的监测结果表明，南通洪港水厂水质达到《地表水环境质量标准》（GB3838-2002）中Ⅲ类水质标准，有毒有害物质均为未检出，全年12次监测水质的达标率为100%。

声环境质量 2014年，市区共设7个功能区噪声测点，其中居民文教区3个测点、混杂区2个测点、工业区1个测点、交通干线两侧1个测点。监测结果表明，各个功能区环境噪声年均值均符合《声环境质量标准》（GB3096-2008）中的相应标准，各测点季度的测定结果也均符合《声环境质量标准》（GB3096-2008）中的相应标准。和上年同期相比，功能区噪声质量等级没有变化。

环评管理 2014年，市环保局依托项目环保审批职能，切实为招商引资项目服务，为重点建设项目服务，为全市发展大局服务，不断深化环评管理，优化环评服务，把住污染控制关口，推动优化产业布局，调整产业结构，促进全市经济社会的又好又快发展。

污染物减排 做好排污许可证发放。市环保局严格执行江苏省人民政府第74号令《江苏省排放水污染物许可证管理办法》，对工业企业排放的主要污染物浓度、排放总量、排放去向等进行规范化管理，实现从源头上规范工业企业的排污行为。对照排污许可证发放条件，认真审读企业环保资料，核算总量许可指标，全面采用新办法新格式，对35家企业发放新版式的排污许可证。

环境执法监管 2014年，市环保局累计完成企业现场监察2000多次，严肃查处涉及治理设施不正常运行、无证超期排污、无环评手续或违反“三同时”等环境违法行为，立案46起，罚款189.6万元，申请强制执行30件。

生态文明建设 制定系列生态文明建设规划。编制完成《启东市生态文明建设规划》，并通过环保厅组织的专家评审；启动重要生态功能保护区规划调整工作，编制《启东市生态红线规划》，确定饮用水源地保护区、省级自然保护区、沿海重要湿地、5条重要清水通道维护区为市的生态红线区域，总面积349平方公里；制订完成《启东市生态红线区域保护规划》《启东市生态红线区域保护监督管理暂行办法》《启东市生态红线区域保护专项资金管理暂行办法》。

G40启东东出口广告牌

查封违法企业主要设备

G40新吕四出口广告牌

启东市安全生产监督管理局

全市安全生产暨消防工作会议

安监系统行政执法人员培训班

南通市安监局局长邰江淼在启检查安全生产工作

2014年，全市安全生产形势持续稳定好转，亡人事故起数和死亡人数比上年分别下降18%、25%，未发生较大以上生产安全责任事故。市政府被南通市政府评为2014年度安全生产目标管理先进单位。

安全生产检查及事故隐患整改 市安监局先后组织开展“一节两会”期间安全生产大检查、化工企业安全生产大检查以及安全生产检查整改专项行动等活动。全年共督促整改一般事故隐患17220多条，4个南通市级、35个启东市级挂牌督办的重大安全隐患全部整改到位。

打非治违专项行动 市安监局坚持将工作重点从事后查处向事前防范转移，进一步整合部门执法力量，提高执法效率，构建由政府统一领导，各部门相互配合、共同参与的联合执法工作机制。以粉尘防爆、危险化学品、交通运输、建筑施工等行业领域为重点，开展“七打七治”打非治违专项行动，共出动执法检查人员2543人次，检查企事业单位、场所2996家，查处事故隐患378条，已完成整改346条，整改率91.5%，行政处罚案件10起，责令停产停业停止建设7家。

改善重点领域安全状况 市安监局注重改善重点领域安全状况，在危险化学品领域，继续推进“两重点一重大”（重点监管危险化工工艺的化工装置、重点监管危险化学品的生产储存装置和危险化学品重大危险源）生产储存装置自动控制改造工作，加强第三轮小化工专项整治，对园区外化工企业实施强制关闭搬迁，推进“二道门改造”和“化工企业独栋厂房作业人数不得超过10人”改造工作；在烟花爆竹领域，联合公安等部门，对全市烟花爆竹批发企业和零售网点扎实开展安全检查，严厉打击无证经营、超量储存、销售非法产品等行为。对全市68家可燃粉尘企业进行专项检查，督促23家铝镁机加工企业迅速停产停业整顿。

提升安全生产基础 全市镇乡（园区）安全生产监管机构调整优化，同时，增加20名乡镇行政编制用于基层安监机构编制，全市基层专职安监人员增加至88人。市规模以上工贸企业全部完成三级标准化创建；规模以下企业完成484家，在南通各县市区中名列前茅。开展以“强化红线意识、促进安全发展”为主题的安全生产月活动，组织开展新的《安全生产法》系列培训宣传贯彻，开展送教下乡和巡回培训，提高从业人员的安全生产素质。

安全生产广场宣传

启东市审计局

市长黄卫锋调研审计工作

2014年，启东市审计局以党的群众路线教育实践活动开展为契机，着力加强审计队伍建设；突出审前谋划，切实转变审计理念，优化审计立项；突出问题导向，关注行政事业单位“三公”经费支出的合理性，关注重点工程项目开展情况，重大项目运行绩效情况；突出抓整改促提高，将审计整改落实情况列入审计内容，写入审计报告；加大审计成果的宣传力度，全年发布审计结果公告6个，有效地推动审计成果的转化运用。全年完成审计项目74个，另完成500万元以下的工程项目414个。查出违规金额743.75万元，促进增收节支8715.38万元。审计发现并移送案件线索3条，已立案2条，涉案人员中1人被撤销党内和行政职务，1人已移送司法机关进一步查处。被报刊杂志和网站录用文章和信息210篇次。2014年度，启东市审计局荣获了“五星级机关”、“惠民服务先进集体”、“文明单位”等荣誉称号，在南通市审计系统综合考核中获二等奖；固定资产投资审计二科被评为“人民满意服务示范窗口”；7人次受到市委、市政府表彰嘉奖，3人次受到南通市审计局表彰。

群众路线教育实践活动动员大会

参观党史党性党风图片展

观摩南通市2014年度优秀审计项目

内管干部经济责任审计座谈会

审计干部走访慰问贫困群众

启东市人力资源和社会保障局

市长黄卫锋在局调研

上级领导在市人社局服务窗口视察

人社局党风廉政建设大会

2014年，启东市人力资源社会保障局贯彻落实民生为本、人才优先的工作方针，突出就业和社会保障重点，深入推进人事制度改革，积极构建和谐劳资关系，实现人力资源和社会保障事业的新发展。

人才工作 全年共举办包括2014年春季人力资源交流会、吕四及滨海工业园专场招聘会等市内招聘活动30场次，参会单位累计300多家，提供需求岗位近7000个，现场达成就业意向人数3000人；赴高校集中地区开展9场校大规模的就业“双选”洽谈会，带领重点企业开展小分队招聘50场次，接洽应届高校毕业生4.6万多人。启东驻上海工作站及诺姆四达驻启东工作站均已实体化运作，启东与上海人才网已实现互通连接，人才需求信息在上海人才市场同步发布，直接接受上海人才平台服务。巩固发展高校毕业生就业见习基地，林洋电子、神通阀门等12个基地全年共吸收200多名高校毕业生就业见习。全年有7位清华大学博士研究生到启为昂彼得堡等5家单位解决7项技术难题。全年为3家企业申报江苏省创新实践基地，其中海四达公司已获省批准，两位博士也已成功进站。

社会保障工作 全年养老保险新增参保1.5万人，城乡居保参保人数保持在30万人左右，各项基金征缴额增长达15%。老年无保障居民基础养老金提高到每月90元，共有23.94万人受益。职工医疗保险与南通实现并轨，提高统筹层次。连续第9年提高企业职工养老金。成功帮扶创业1260人，发放小额担保贷款1405万元，带动就业570人。先后成立启东科技园、金凤凰创业园等10个创业孵化基地。共完成职业技能鉴定取证12597人，农村劳动力培训2068人，农村劳动力转移5665人。全年共办理各类信访532件，查处各类劳动保障投诉案件256件，为2493人次劳动者追发工资待遇2291.72万元，督促113家用人单位为468名劳动者申报补办社会保险。受理人事劳动争议案件530件。受理工伤申报760件，完成行政复议、行政诉讼39起。

劳动人事争议调解会

劳务合作洽谈会

新春招聘会

社会保障宣传咨询活动

启东市公证处

QI DONG SHI GONG ZHENG CHU

主任：蔡今菁

上级领导检查公证工作

2014年，市公证处充分履行公证工作职能，积极为启东社会和经济发展服务。紧紧围绕社会稳定从事公证法律服务，注重社会效益与经济效益相结合，强化大局意识。继续以民生服务为重点，积极开展法律服务活动，建立绿色通道。进一步规范服务行为，科学调整公证人员分工，明确岗位职责。开展公证便民活动，市公证处设在市便民中心和吕四港镇的公证联络点，极大满足群众的公证需求；与乡镇司法所建立"镇乡(街道)司法所推送公证案例"制度，加强公证服务网络的延伸，方便百姓获取公证服务信息。全年共办理各类公证5082件，其中国内民事公证2085件，国内经济1460件，涉外公证1537件，无一错证。接待、解答当事人法律咨询7500余人次，为当事人起草、修改各类法律文书500余份。获江苏省文明单位，南通公证行业创建先进集体，启东市文明单位等荣誉称号。2013年，市公证处上报的"证据保全"公证案例被评为2013年度"江苏省十大公证案例"，2014年在全省公证卷宗质量评选中，市公证处卷宗满意率100%，列南通第一。

走进听众热线
解答公证咨询

到百姓家门口办公证

送法下乡

公证进社区

编辑说明

一、《启东年鉴》是由中共启东市委、启东市人民政府主办，启东市地方志办公室组织编纂的年度综合性资料文献，以马列主义、毛泽东思想、邓小平理论、“三个代表”重要思想、科学发展观为指导，按照国务院《地方志工作条例》，客观真实地记载启东市在社会主义经济建设、政治建设、文化建设、社会建设、生态文明建设及开启基本现代化建设进程中的新成就、新经验、新情况，为各界人士了解启东、宣传启东、建设启东提供翔实、准确的地情资料。

二、《启东年鉴(2015)》资料收录范围以现行启东市行政区域为界，凡在启东市境内的机关、团体、企业、事业单位等，不论其归属，均在记述范围之内；资料收录时间为2014年度，部分条目根据实际情况适当追溯、下延，先进集体、先进个人收录时间延至2015年4月底，领导人物变更截至2015年6月底。

三、《启东年鉴(2015)》按篇目、分目、条目3个层次编排，设篇目35个、分目234个、条目1320个，以条目为主要载体。全书所有资料可通过目录、书眉、索引等检索渠道查找。

四、《启东年鉴(2015)》根据市年度特点，新设若干分目。如“金融”篇新设“南京银行启东支行”“广发银行股份有限公司启东支行”分目，“文化体育”篇新设“新闻出版(版权)管理”分目。调整有关篇目设置，原“镇(乡)”篇调整为“镇(乡)　街道”篇。强化年鉴表格记述，全书共采用78张表格。公益版图片设“重要会议”“大事要闻”“民生实事”“现代农业”等8个板块，多角度全方位展示启东2014年度经济社会发展成就。

五、《启东年鉴(2015)》除转录资料外，采用记述体。文风力求严谨朴实、简洁流畅。文字、称谓、数字、标点等按国家有关规定书写、应用，有些农业用地计量单位如“亩”顺从习惯，文中“上年”均指“2013年”。

六、《启东年鉴(2015)》“附录”篇中“统计资料”部分，由市统计局提供。由于统计口径的缘故，某些数据与有关业务部门使用的不尽一致，采用时请予注意。

七、《启东年鉴(2015)》采用全彩版印刷。全书有随文图片195幅。文稿由专人撰写，经领导审核确定。公益版及部分随文图片由市新闻信息中心提供。

八、《启东年鉴(2015)》的编纂出版，得到全市各部门、单位和社会各界人士的关心、帮助和支持，在此一并表示感谢。同时希望广大读者提出改进意见，以便进一步提高《启东年鉴》质量。

江苏省启东吕四港港口开发区
吕四国家中心渔港
吕四渔港风情区
东灶港镇
刘浩镇
三阳镇
临江镇
吕四港镇
王鲍镇
合作镇
海复镇
北新镇
启隆乡
汇龙镇
启东市
近海镇
东昌镇
大兴镇
少直镇
高家镇
新桥镇
久隆
竖河镇
志良
二效镇
启东市滨江医药化工园
江苏省启东经济开发区
启东市城北工业
大洋港口
大洋港闸
吕四船闸
三和港北闸
十六总闸
茅家港口
茅家港
灯杆港闸
三和港闸
红阳闸
头兴港闸
三条港闸
红阳港
三和港
头兴港
惠阳港
三条港
六斧头
如意
吕北
吕滨
海晏
海渔
三甲
边防
十二总
太阳庙
念总
念五总
东皇山
天汾
闸河
西宁
锡康
巴西
通兴
兆民
元鹏
巴掌
平东
南星桥
大仙桥
培根
吕复
二补
垦北
洋意
志良桥
北固
复西
竹亭
中央镇
蟠龙
九令
正平
洪桥
聚星
合群
黄英
庙店
均里
季明
东岗
无畏
复南
富兴
曦阳
悦兴
兴隆
周云
达育
洋桥
得胜
曹家镇
庆丰
新河
英雄
乐庭
永兴
元和
新开
新义
臣义
竖海
东昌镇
正谊
三岔店
塌水桥
上和合
安良
建才
长安
扶风
更新
庙桥
久南
久东
永济
庙南
新桥镇
三杰
铁昌
新桥
二厂
大生
普东
黄仓
双仙
元北
义南
合南
正诗
万英
圩角
永阳
介英
灯杆
富民
北新
民新
邦道
大陆
士清
台角
五四
大洪
合兴镇
民主
高家镇
小花效
华石
城北
瑞章
城西
城河
汇龙
克明
建西
三和
建新
万安
永安
红阳
南郊
东郊
城东
惠丰
近江
庙港
双庆
临江
鹤群
果园
公和
白港
启隆
永兴
长江
南沿
永隆
闸港
兴弄
望江
仙鹤
海
门
市
带
鱼
沙
长
崇
启
大
桥
沪
陕
宁
通
铁
路（规划中）
速
S221
S335
G40
图　例
市政府驻地
镇（乡）政府驻地
村　庄
省　级　界
县（市）界
乡　镇　界
河流、闸
规划中铁路
高速公路
省　道
县　乡　道
堤
S336

启东市政区图

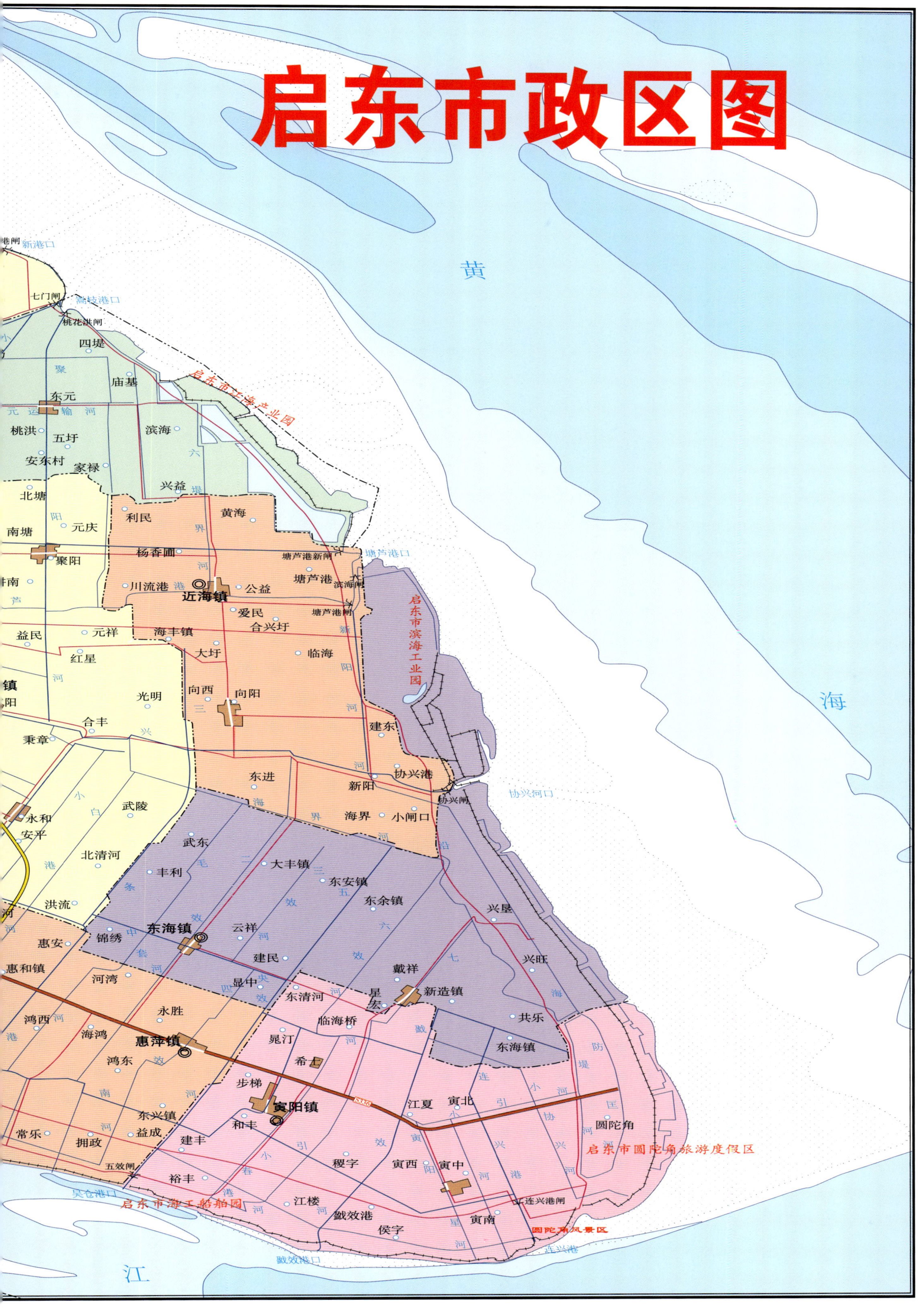

黄
海
江
新港口
七门闸
高枝港口
桃花洪闸
四堤
聚
庙基
东元
元
运
输
河
桃洪
五圩
滨海
安东村
家禄
六
兴益
堤
启东市江海产业园
北塘
阳
利民
黄海
界
南塘
元庆
杨香圃
河
聚阳
塘芦港新闸
塘芦港口
川流港
港
近海镇
公益
塘芦港
滨海闸
启东市滨海工业园
爱民
塘芦港闸
合兴圩
新
益民
元祥
海丰镇
大圩
临海
红星
阳
光明
向西
向阳
三
河
合丰
兴
秉章
建东
河
协兴港
东进
新阳
协兴闸
协兴河口
海
永和
安平
武陵
小
白
界
海界
小闸口
武东
沿
北清河
港
毛
二
大丰镇
三
丰利
东安镇
条
五
东余镇
洪流
效
兴垦
效
东海镇
锦绣
云祥
六
中
河
惠安
央
建民
兴旺
惠和镇
河
效
七
戴祥
河湾
显中
海
四
东清河
星
新造镇
永胜
宏
鸿西
临海桥
共乐
海鸿
晃汀
戴
防
惠萍镇
河
效
东海镇
鸿东
希士
堤
连
步梯
小
南
河
S336
江夏
寅北
国
寅阳镇
引
东兴镇
协
圆陀角
常乐
益成
和丰
效
拥政
建丰
引
兴
兴
启东市圆陀角旅游度假区
五效闸
寅
小
稷字
寅西
寅中
裕丰
阳
河
港
河
吴仓港口
启东市海工船舶园
江楼
连兴港闸
河
河
戤效港
寅南
侯字
星
圆陀角风景区
河
连兴港
戤效港口

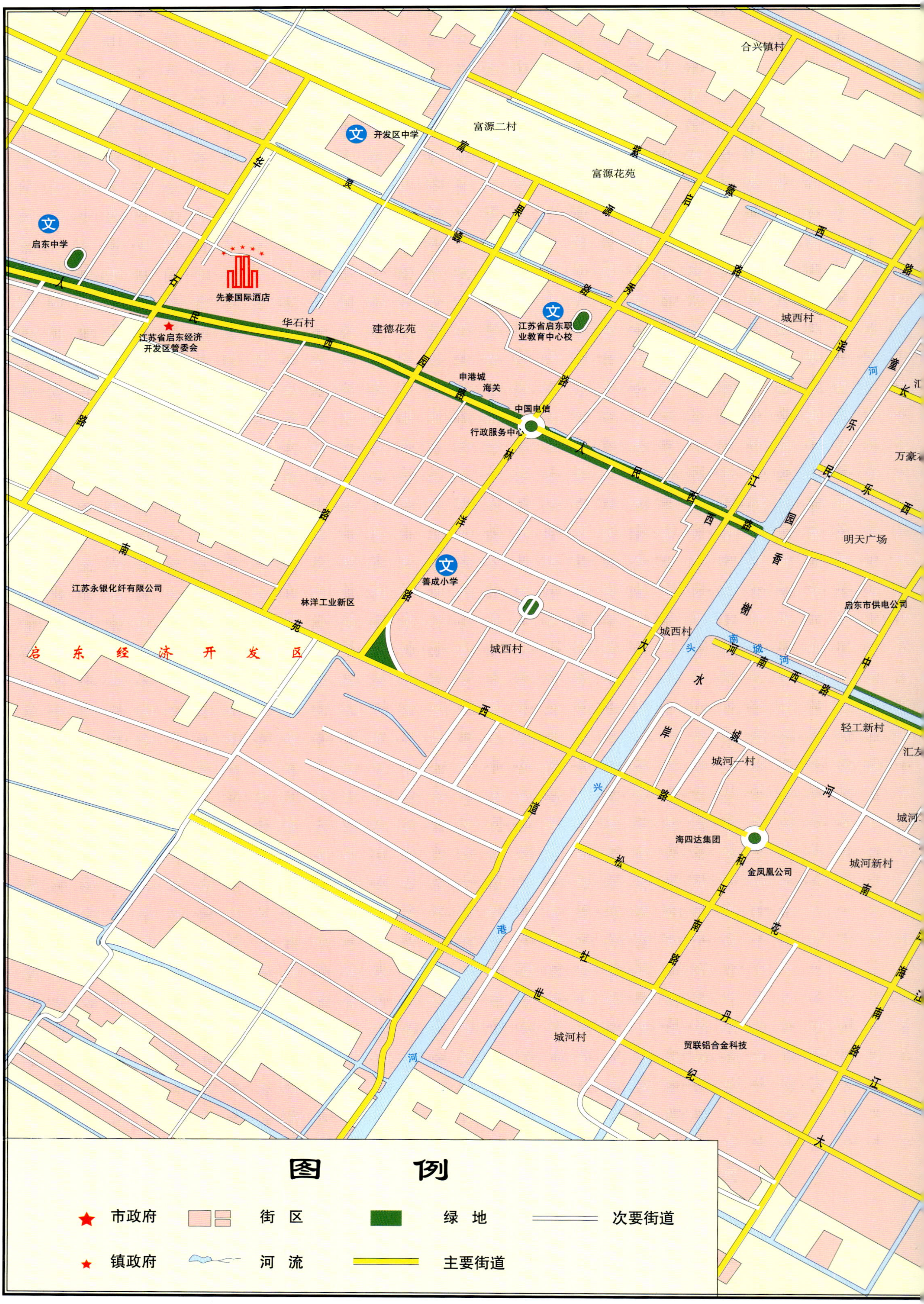

合兴镇村
开发区中学
富源二村
富源花苑
启东中学
先豪国际酒店
华石村
建德花苑
江苏省启东经济开发区管委会
江苏省启东职业教育中心校
城西村
申港城
海关
中国电信
行政服务中心
明天广场
善成小学
江苏永银化纤有限公司
林洋工业新区
启东市供电公司
城西村
城西村
启东经济开发区
轻工新村
城河一村
海四达集团
金凤凰公司
城河新村
城河村
贸联铝合金科技
人民西路
华石路
灵峰路
富源路
紫薇西路
启秀路
果园路
林洋路
南苑西路
南城河西路
和平南路
世纪大道
图例
市政府
街区
绿地
次要街道
镇政府
河流
主要街道

启东市城区图

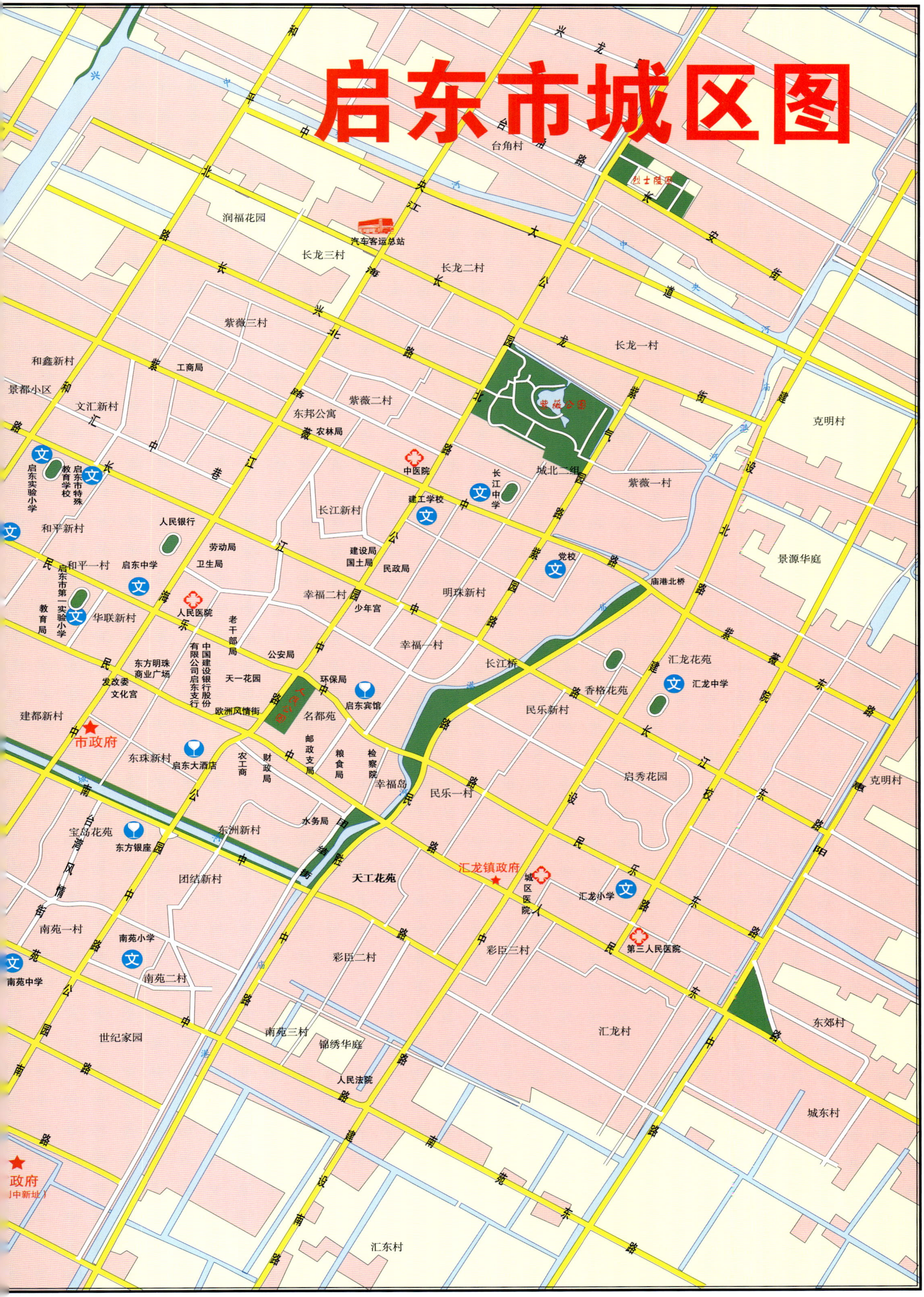

台角村
烈士陵园
润福花园
汽车客运总站
长龙三村
长龙二村
长龙一村
紫薇三村
紫薇公园
和鑫新村
工商局
景都小区
文汇新村
紫薇二村
东邦公寓
农林局
克明村
启东实验小学
启东市特殊教育学校
中医院
长江中学
城北二组
紫薇一村
建工学校
长江新村
和平新村
人民银行
劳动局
卫生局
建设局
国土局
民政局
党校
景源华庭
和平一村
启东中学
启东市第一实验小学
教育局
人民医院
老干部局
幸福二村
少年宫
明珠新村
庙港北桥
华联新村
幸福一村
中国建设银行股份有限公司启东支行
公安局
长江桥
汇龙花苑
东方明珠商业广场
天一花园
环保局
香格花苑
汇龙中学
发改委
文化宫
启东宾馆
民乐新村
建都新村
欧洲风情街
名都苑
市政府
邮政支局
粮食局
检察院
东珠新村
启东大酒店
农工商
财政局
幸福岛
启秀花园
民乐一村
克明村
宝岛花苑
水务局
东洲新村
东方银座
汇龙镇政府
城区医院
团结新村
天工花苑
汇龙小学
南苑一村
第三人民医院
南苑小学
彩臣二村
彩臣三村
南苑中学
南苑二村
东郊村
世纪家园
南苑三村
锦绣华庭
汇龙村
人民法院
城东村
政府
(中新址)
汇东村

总　目

目 录

特 载

媒体聚焦

启东概览

年度大事

中共启东市委员会

启东市人民代表大会

启东市人民政府

政协启东市委员会

纪检 监察

人民团体 工商联

法　　治

人民武装　人民防空

农村工作　农业

工　业

开放型经济

开发区(园区)建设

港口 口岸

建筑业

城建　交通　环保

邮政　信息服务

现代商贸

财政 税收

金　　融

综合管理

科学技术

教　育

文化　体育

卫　生

社会生活

镇(乡)　街道

人　　物

年度荣誉

附 录

\

索 引

彩页专题图片

重要报告

突出关键　狠抓落实
奋力实现攻坚突破新成效

——在市委十二届七次全体(扩大)会议上的讲话

徐　锋

2014年7月29日

同志们:

这次市委全体(扩大)会议的主要任务是,深入贯彻党的十八大和十八届二中、三中全会及省委十二届七次全会、南通市委十一届七次全会精神,总结上半年工作,明确下半年工作要求,动员全市上下以深入开展党的群众路线教育实践活动为契机,提振精气神、凝聚正能量、全面抓落实,奋力实现攻坚突破新成效。

根据市委常委会讨论的精神,我讲三个方面的意见。

一、今年以来工作的简要回顾

今年以来,我们坚持以习近平总书记系列重要讲话精神为根本遵循,认真落实中央、省委和南通市委决策部署,牢固确立"领跑沿海、融入上海、包容四海"的战略定位,以全面深化改革增添动力,以开展党的群众路线教育实践活动凝聚合力,围绕"打好八大攻坚战、实现八大新突破"的工作主题,谋划新举措、推动新实践,全市经济社会发展呈现平稳健康的良好态势。

*一是奋力攻坚突破,综合实力不断提升。*积极应对宏观经济环境影响,加强经济形势研判和运行调节,坚定不移推进经济结构调整,全市经济运行总体平稳、稳中有进。上半年,实现地区生产总值348.2亿元,增长10.3%。实现财政总收入80.8亿元,其中公共财政预算收入33.7亿元,分别增长17.6%、11.9%。完成全社会固定资产投资212.4亿元,增长18.3%;其中工业投资146.7亿元,增长14.4%。实现规模工业产值779亿元,增长11.9%。实现外贸进出口总额13.8亿美元,增长9.4%。新增工商登记注册外资2.2亿美元,实际到账外资4699万美元。完成全社会消费品零售总额140.9亿元,增长12.7%。

*二是全面深化改革,发展活力不断增强。*根据中央、省委和南通市委总体安排,研究部署十大改革任务42项具体工作,明确责任分解,全力组织推进,取得初步成效。围绕合理配置要素资源,探索海域使用管理制度改革,完善国有资产监督管理体制。围绕加快发展民生事业,推进医疗卫生体制改革,加快义务教育管理共同体建设。围绕转变政府职能,启动新一轮镇(乡)园区财税体制改革,深化扩权强镇体制改革试点,优化"区镇合一"运行体制,巩固提升"三集中三到位"工作成效。

*三是践行群众路线,作风建设不断改进。*认真贯彻落实习近平总书记重要讲话精神,自觉践行"三严三实"要求,紧密结合实际,聚焦"四风"问题,突出"四查四治",推动即知即改,党的群众路线教育实践活动取得阶段性成效。坚持领导带头,市委常委会做出加强作风建设"八项承诺",建立"一把手"专项述职制度,以上率下、示范引领。坚持问题导向,把查摆问题与开展"三解三促""四访四问"活动结合起来,全方位、多渠道听取群众意见建议;突出抓好问题整改,

一批群众反映强烈的问题得到有效解决。坚持以整风精神开好民主生活会,敢于动真碰硬,敢于揭短亮丑,达到了红脸出汗、活血化瘀、排毒健体的效果。

*四是夯实基层基础,社会治理不断加强。*坚持把完善群众工作“三强化三提升”机制作为创新社会治理的重要载体,不断提高社会治理科学化水平。“镇乡村居互动、机关部门联动、市级领导带动”工作机制有效运行,民情分析会、“三议”工作法、“四诊”专家库等工作亮点不断涌现,《新华日报》等多家主流媒体作专题报道。平安启东、法治启东建设持续深化,社会治安综合整治、矛盾纠纷排查化解、安全生产检查整改、环境保护、网上舆情引导等“五大专项行动”扎实开展,全市社会大局总体稳定。

在上半年工作中,我们把“打好八大攻坚战、实现八大新突破”作为推进全市经济社会又好又快发展的主抓手,建立并实施产业升级、沿海开发、对接上海、科技引领、城镇建设、民生改善、生态建设、党建创新八大攻坚战联席会议制度,定期召开会议,及时了解进度、督查推进,各项工作进展情况良好。

在产业升级攻坚战方面,强化创新驱动,加大经济结构战略性调整,经济增长的质量和效益不断提升。两个“510”工程加快实施,五大产业集群发展优势不断凸显。高新技术产业产值、新兴产业产值分别增长23.3%、26.5%,在规模工业产值中的占比达45.8%、38.4%,比去年年底分别提高3.9和4.1个百分点。现代都市农业快速发展,启东现代农业产业园形象初显,面向上海的“菜篮子”工程建设步伐不断加快。现代服务业发展态势喜人,服务业应税销售增幅列南通第三,创新型经济园科创大楼、中国供销农产品国际物流港等项目建设均超序时。

在沿海开发攻坚战方面,继续实施优江拓海工程,全力以赴强基础、优平台、出形象,在更高起点上提升沿海开发水平。紧盯重大基础设施建设,10万吨级进港航道一期工程加紧实施;一类口岸开放呈报国务院审批,综合保税区可行性研究全面启动;宁启铁路启东段初步设计、海启高速启东段工可方案通过审查,临海高等级公路建成通车。紧盯平台载体建设,启东经济开发区申报国家级开发区工作加强与商务部衔接跟踪,滨海工业园积极争创省级高新技术产业园,海工船舶工业园加快海洋工程及重装备产业基地建设。6月中旬,中央政治局委员、国务院副总理马凯亲临海工船舶工业园视察,充分肯定我市海洋工程及重装备产业基地良好的发展态势。紧盯重大项目建设,宏华海洋、京沪重工、广汇能源、东凌轮毂、神通阀门、宏强重工等重特大项目加快推进,大唐电厂二期、中远海工二期、华峰超纤、卓达新材料等项目建设步伐不断加快。

在对接上海攻坚战方面,以上海自贸区建设为契机,紧紧围绕融入上海“2468”工作目标,交流合作步伐全面加快。战略研究上,对接上海“139”工程课题研究形成最终成果,上海市人民政府发展研究中心启东研究基地正式揭牌,对接上海大交通规划研究、物流对接上海自贸区研究、沪启产业协同发展机制研究正式启动;园区对接上,上海外高桥集团(启东)产业园加快建设,江海产业园区域建设用海总体规划编制完成,首期启动区建设全面推进;要素对接上,“启东—崇明—静安旅游联盟”合作机制作用有效发挥,沪启人才、教育、科技合作进展顺利。

在科技引领攻坚战方面,围绕创建省创新型县市、省知识产权示范市,突出政府引导和企业主体,深化产学研合作,科技创新活力全面激发。上半年,省级科技项目立项、争取资金创历史新高,神通阀门成功申报省级企业重点实验室。深入实施“1233”产业人才行动计划、东疆双创引才计划,切实加大高层次高技能人才培养、引进和使用力度,新增“千人计划”专家4名、高层次创新创业人才(团队)62名,“双创”人才项目数量和质量列南通前茅。企业上市工作有效开展,新增上市入轨企业1家、新三板入轨企业2家。

在城镇建设攻坚战方面,坚持把推进新型城镇化和城乡发展一体化作为重要机遇和增长动力,立足沿海开发、江海联动、陆海统筹,加快城乡规划和基础设施建设。230平方公里农民建房(启动区)修建性详细规划完成修规评审,寅阳、北新“区镇合一”总体规划完成修编,中央路西延、世纪大道西延、丁仓港路南延等重点道路和文峰二期、城市综合体、大润发商业中心等重大项目加快建设。吕四、寅阳两个城市副中心建设加快推进,北新、南阳两个南通市级中心镇建设全面展开。100万平方米安置房、1000套保障房建设稳步推进。

在民生改善攻坚战方面,持续加大公共财政向民生领域倾斜力度,全力推进10大类33项民生实事工程,让改革发展成果惠及全市人民。上半年,城镇居民人均可支配收入、农村居民人均可支配收入分别增长9.1%、11.4%,新增城镇就业4521人,城镇登记失业率控制在3%以内,养老、医疗、失业、工伤、生育五大保险参保率均巩固在96%以上。省义务教育优质均衡发展县(市)创建工作不断深化,新城区中学、滨海实验学校加快建设,南通大学启东校区一期工程基本建成,首批925名大学生将于9月份入学。精心谋划深化医药卫生体制改革省级试点工作,市属公立医院改革实施方案制定出台,新城区医院加快规划。国家级养老服务标准化试点工作通过验收。2014年,环崇明岛女子国际公路自行车赛启东段赛事成功承办。

在生态建设攻坚战方面,着力构建生态文明制度体系,以刚性约束促进绿色发展、资源节约、环境保护,努力让老百姓呼吸上新鲜空气、喝上干净水。创卫、创模、创生态工作不断巩固国家技术评估成果,加强问题整治和长效管理机制建立,迎接国家级最终验收。节能减排重点工程建设持续加强,化工、电镀企业专项整治有序实施。城市污水处理厂、江海污水处理厂、滨海污水处理厂、飞灰填埋场等基础设施建设不断加快,上半年环境空气质量达标率为82%,列南通第一。强化环境综合整治,落实最严格的水资源管理制度,加强重点流域水污染防治。绿化造林工作扎实开展,上半年新增成片造林绿化面积7.8万亩,其中城市绿地64.3万平方米。

在党建创新攻坚战方面,积极践行社会主义核心价值观,深入开展“传递正能量、共建好家园”“启东好人”评选等主题活动,扎实推进城乡社区“正能量加油站”建设,努力弘扬时代主旋律、倡导社会新风尚。认真贯彻《党政领导干部选拔任用工作条例》，从严开展软弱涣散基层党组织整顿、超职数配备干部和党政领导干部在企业兼职(任职)等专项治理。强化基层党组织教育引导群众功能，基层组织建设水平不断提高。切实加强作风建设，以“钉钉子”精神抓好中央“八项规定”和省委、南通市委“十项规定”的落实。切实纠正部门和行业不正之风，加大违纪违法案件查办力度，反腐倡廉工作向纵深推进。

二、把握关键举措，奋力推进经济社会又好又快发展

最近，习近平总书记在主持召开经济形势专家座谈会时强调，要准确把握改革发展稳定的平衡点，准确把握近期目标和长期发展的平衡点，准确把握改革发展的着力点，准确把握经济社会发展和改善人民生活的结合点，在转方式、调结构、保民生、推动可持续发展方面不断取得实实在在的成效。7月14日召开的省委十二届七次全会提出，下半年抓改革要再深化、重落地，抓发展要不动摇、善作为，抓稳定要细而实、掌控好，抓党建要严要求、强保障。7月22日召开的南通市委十一届七次全会提出，下半年要在改革上突出创新思维，在增长上跳出传统思维，在转型上体现战略思维，在稳定上强化底线思维，保持干事创业的好氛围、稳中有进的好势头、政通人和的好局面。这些都为我们做好下半年工作指明了方向。

发展是第一要务，稳定是第一责任，改革是第一动力。下半年，我们必须立足改革发展稳定大局，牢牢把握稳中求进的总基调，继续以“八大攻坚战”为主抓手、主战场，进一步突出问题导向，强化底线思维，既坚定信心、保持定力，又主动出击、精准发力，更有针对性地抓重点、抓关键、抓薄弱环节，奋力实现攻坚突破新成效，在新的起点上推进全市经济社会又好又快发展，为南通争当苏中新一轮发展“领头雁”做出新的更大贡献。

*要竭尽全力攻项目、促发展，加快全面小康社会建设。*项目兴，则经济兴；项目强，则启东强。纵观先进发达地区，回顾启东多年实践，发展离不开项目支撑，项目建设的规模和速度决定着县域经济发展的质量和水平，重视项目就会赢得主动，抓住项目就是积攒后劲。当前，启东经济总体保持平稳较快发展，但也暴露出产业结构不优、内生动力不强、发展后劲不足等问题，其主要原因是项目建设滞后，战略性、牵动性强的重大项目不多。重大项目是经济发展的骨干、龙头和脊梁。如果没有一批支撑起经济社会发展的“龙骨”大项目、优质项目，那么启东“领跑沿海”、建成全面小康社会就无从落实。我们必须牢牢把握“两带一路”、上海自贸区加快建设以及南通陆海统筹发展综合配套改革深入实施等历史机遇，以时不我待、舍我其谁的紧迫感、责任感，只争朝夕加快项目建设进度，精益求精提高项目建设质量，千方百计破解项目建设难题，齐心协力营造项目建设环境，全力推动全市经济提质增效、行稳致远。

*要凝心聚力保稳定、促和谐，营造安定有序社会环境。*百姓安，则社会稳；社会稳，则发展快。社会和谐稳定，是经济社会加快发展的根本前提和重要保障，创新社会治理是社会和谐稳定的重要基石。党的十八届三中全会将“推进国家治理体系和治理能力现代化”作为全面深化改革的总目标，突出强调要创新社会治理。习近平总书记强调指出，没有稳定的社会政治环境，一切改革发展都无从谈起，再好的规划和方案都难以实现。近年来，我市社会治理水平不断提升，但保障和改善民生的任务还很艰巨，个别基层组织软弱涣散，社会不稳定因素依然存在，社会治理和风险防范压力日益增大。我们必须不断创新社会治理，着眼于维护最广大人民群众的根本利益，坚持源头治理、系统治理、综合治理、依法治理，努力解决深层次问题，着力建设平安启东，最大限度增加和谐因素，确保人民安居乐业、社会安定有序。

*要持续发力抓改革、促创新，激发经济社会发展活力。*改革是动力之本、活力之源。破解发展难题，提高发展质量和效益，关键要靠改革。十八届三中全会作为中国改革的历史新起点，吹响了全面深化改革的号角。近年来，我们坚持先行先试与稳步推进相结合，整体谋划与重点突破相结合，在行政管理体制、医疗卫生体制等方面进行了一些改革探索，但总体上讲，改革推进的深度、广度还不够，改革成效还不明显。启东正处在加快建成全面小康社会的关键时期，面临着经济增长与转型升级的双重压力、经济建设与社会建设的双重任务、发展与稳定的双重责任，挑战前所未有、改革势在必行。我们必须坚持问题导向，把改革作为唯一出路，提振精气神，改革再发力，全力推进理念创新、路径创新、管理创新、举措创新和体制机制创新，进一步破除发展障碍、释放改革红利、注入强大动力，改出亮点、闯出经验、试出成效，走出一条具有启东特色的改革之路。

(一)紧盯不放、紧抓不松，全力推进项目建设

牢固树立“项目为王”意识，以超常规的思路、举措和力度狠抓项目建设，齐心协力、齐谋共为，为加快建成全面小康社会提供有力支撑。

*一是突出领导挂钩示范，优化项目运筹管理。*市四套班子领导要以身作则、率先垂范，切实把推进项目建设作为经济工作的重中之重，抓紧抓实、抓出成效。健全机制、强化责任。建立健全市四套班子领导挂钩联系园区、推动项目建设工作制度，市四套班子领导分成八个小组、挂钩八个园区，实行“一个园区、一套班子，一个方案、一抓到底”的工作机制，真正把精力倾注到项目上，把资源汇集到项目上，把措施落实到项目上。要定期深入项目建设一线现场，察看情况、了解进度，实行“三个一”工作法，即至少每周一次深入现场指导帮办、每月召开一次情况分析会、每年排出并帮助解决10项以上重点工作。要强化项目前期谋划、申报审批、规划衔接、要素供给等各个环节的保障，认真负责地逐项抓落实、抓推进。明确目标、强化管理。各挂钩联系组组长作为第一责任人，牵头负责园区各项目标任务的整体有序推进，对项目建设相关事项，实行定责到岗、定岗到人、岗责结合，层层分解任务、层层传递压力。各挂钩联系组要切实强化目标意识，紧紧围绕项目招商、落地、建设、投产等各个环节，制定时间表、任务书和路线图，把项目建设各项任务细化、量化为可操作、可监控、可考核的指标。充分发挥综合管理

作用,加大部门协调配合力度,集中优势力量、采取积极措施,抢时间、争进度、快推进。加强督查、强化落实。健全完善领导督办检查、重点工作跟踪问效和定期督查通报等制度,督查结果与年终考核相挂钩。突出督查重点,对项目建设进度缓慢、动静不大、做表面文章的,敢抓敢管、绝不手软,特别对5000万元以上项目突出现场核查,对新开工项目重点核查主体工程是否开工或技改设备是否到场,对竣工项目重点核查项目是否具备投产条件并能试生产,对没有按合同承诺兑现的项目进行全面清理,对停工项目要查明原因、查清责任,通过真查实督,查出问题,督出实效。

二是突出园区主体地位,优化项目运作推进。各园区要聚焦优势,聚集资源,聚合力量,全面放大园区对全市经济发展的牵引力和贡献率。高起点谋划,优化园区规划布局。按照"区域集中、产业集聚、开发集约、能量集合"原则,高起点做好园区总体规划和产业发展规划,加快形成错位发展、特色明显、各具优势的园区发展新格局。各园区要围绕市"两沿两区一中心"功能定位通盘考虑总体规划,准确把握发展现状和发展空间,统筹编制控制性规划、建设性详规,同步推进基础设施、产业布局、公共服务等专项规划,努力实现各层次规划、内外部规划无缝对接。产业发展规划要彰显园区特色,坚持统筹协调、合理布局,促进资源向优势地区和重点产业集聚。园区要依托各自区位优势、资源禀赋和产业基础,科学编制完善新一轮产业发展规划,加快制订产业发展指导目录,以特色鲜明的产业规划引导产业空间布局走向和招商引资投向。高标准建设,提升园区承载能力。坚持"整合优化扩容"开发三同步、"集聚集群集约"布局三提高、"商务政务服务"功能三配套,协调推进园区基础性、生产性和商业性设施建设,重点抓好道路桥梁、供热排污、通讯电力、绿化亮化等基础设施建设,优先发展交通运输、现代物流、信息金融、研发设计等生产类服务业,不断提升住房餐饮、文教卫生、商贸流通、旅游休闲等生活类服务业发展空间,切实增强园区综合功能,着力打造现代园区、特色园区、生态园区。高频率招商,强化园区项目储备。树立"人人参与招商、人人主动招商、人人服务招商"的理念,整合一切信息资源,健全完善投资项目库和客商资源库,不断扩大招商引资项目源。加快培育高素质招商队伍,调优配强专业招商力量,建立完善导向明、激励强、运转顺的招商机制。坚持量质并举,积极走出去、请进来,突出专业招商、以商引商,提高招商实效。要围绕上下游产业开展招商,瞄准海工装备、新能源及光电等重点产业,完善产业配套,加速产业裂变,延伸产业链条。强化招商引资攻势,精心组织2014中国·启东科技节、美国和加拿大高端制造业专题招商会以及北京、广东投资环境推介会,着力引进一批旗舰型、科技型、总部型、基地型项目。高速度推进,加快园区项目建设。紧紧围绕全市重大项目数据库中的22个特大项目和48个重大项目,超前谋划项目审批、用地指标、拆迁让地等工作,确保项目早落地、快建设、早投产。加快推进广汇能源、中广核光伏发电等重特大项目全面开工建设,确保中远海工二期、太平洋海工二期等在建工程按序时进度推进,力争东岳药业、吉莱电子等项目年内竣工投产。切实扶优培强企业,按照投资强度、建设标准、预期产能"三到位"的要求,加快竣工项目后续工作节奏,倾斜政策、要素、服务,确保远驰自动化、京沪重工等重大项目年内达产增效,新增规模工业企业30家,尽快形成全市经济新的增长点。实行"一企一策"目标管理,对一批规模扩张快、税收贡献高、技改势头猛的龙头企业,因企制宜制定发展目标,落实发展举措,加快企业提档升级步伐。

三是突出部门主动作为,优化项目运行保障。把服务、支持、参与项目建设作为分内之责,一切服从和服务于项目建设工作大局。政策支持到位。各相关部门要加强政策的梳理分析,查找上级政策与我市产业发展、重大项目的对接点,力争"十三五"规划重大项目列入省、南通规划盘子,逐项研究争取和落实政策的工作措施。抢抓国家刺激经济的政策"窗口期"和重大项目审批提速等有利机遇,进一步加大重特大项目向上攻关报批力度,力争华峰超纤、东凌轮毂、大唐电厂二期等项目年内取得阶段性成果。及时掌握吃透国家、省和南通市政策新精神,当前要重点围绕省沿海开发六大行动中涉及我市的6大类27个重大项目开展分析研究,努力向上争取更多政策资源倾斜。进一步完善促进工业经济转型升级的政策措施,加强两化融合、总部经济、管理创新等激励和指导,全面提升企业核心竞争力。深入开展"重大项目突破年""项目建设杯"竞赛活动,充分调动全市上下参与服务项目建设的主动性积极性。要素保障到位。发改、商务等部门要强化运行监测分析,密切关注宏观经济走势、政策调整趋势和企业发展态势,紧密结合经济运行的外部环境和市场预期,继续对规模工业企业实施"上旬预警、中旬监测、下旬汇总"制度,不断提高研判调度的前瞻性、有效性。切实加强对工业企业特别是重点企业市场销售、资金周转等指标的统计分析和指导服务,确保全年实现工业应税销售、工业入库税收均增长15%以上。关心支持中小企业发展成长,不断提高企业的风险防范能力和市场竞争能力。国土、金融、供电、人社等部门要积极化解要素制约,有效破解土地、资金、设施配套等项目建设瓶颈,统筹做好项目审批、融资、用工、用电等服务,保障项目建设顺利推进。主动服务到位。进一步完善"一站式""保姆式"综合服务体系,深入实施重大项目代办服务,全面提升行政审批服务效率。集中开展行政执法突出问题专项整治,重点解决基层反映强烈的"中梗阻"问题,坚决查处纠正懒政、散漫、不作为、慢作为等现象。继续实施重大项目挂钩服务,强化部门跟踪服务、效能考核督查奖惩等制度,通过市长集办、部门联办、工作交办等方式,明确部门服务园区、服务项目的任务清单和责任要求,协调推进重特大项目建设各项工作。

(二)创新举措、创优特色,全面推进社会治理

积极顺应社会新变化,回应群众新期待,满足民生新需求,不断完善群众工作"三强化三提升"工作机制,积极创新和丰富社会治理载体手段,切实保障人民安居乐业、社会安定有序。

一是创新治理方式,进一步促进社会和谐稳定。更新理念、完善政策、健全机制、创新方法,最大限度地预防化解社会矛盾。健全利益协调体系,全力化解社会矛盾。完善群众

权益保障机制，规范和健全重大事项专家咨询、社会公示与听证、决策评估等公众参与机制，充分发挥群众参与管理的基础作用，真正使决策反映民意、维护民利。完善群众利益诉求表达机制，不断拓展网格化社会管理信息平台、政府门户网站等社情民意反馈渠道，健全党委政府新闻发布制度，广开渠道、畅达民意。完善社情民意分析会制度，健全诉讼、行政复议等法定诉求表达机制，构建快捷高效的群众诉求表达新通道。严格执行社会稳定风险评估机制，努力做到“应评尽评”，从源头上预防和减少不稳定因素。完善社会矛盾纠纷调解、重点信访问题领导包案、村民议事说事等制度，全面落实信访工作责任制、信访积案终结制，大力加强征地拆迁、医患纠纷等重点领域的专业性矛盾纠纷调处机构建设，提升矛盾纠纷排查调处实效。完善覆盖全市的“专家会诊”网络体系，充分发挥市委工作指导组作用，鼓励和支持人大代表、政协委员、法律工作者、志愿者等社会力量参与矛盾纠纷化解。推进民主法治建设，促进社会公平正义。完善常委会和全委会运行机制，全面推行“三重一大”票决制，努力实现科学决策、民主决策、依法决策。积极推行规范性文件备案审查、行政指导和行政复议制度，落实行政执法责任制和行政执法过错责任追究制，切实加强执法规范化建设，不断提高行政机关依法行政水平。坚持公正司法，着力解决影响和制约司法公信力的深层次问题，维护公平正义。精心打造“一站式”综合性公共法律服务平台，不断扩大法律援助覆盖面，积极构建“市区 20 分钟、农村半小时”的公共法律服务圈。深化法治县市、法治型机关等系列创建活动，努力营造最优法治环境。加强法治文化阵地建设，继续推行法治文化“一镇一品”“一村一品”工程，打造法治文化品牌。不断深化“六五”普法工作，持续开展“法惠民生江海行”主题活动，切实增强公民遵纪守法、依法办事的意识和能力。加强公共安全管理，保障社会安全稳定。以“五大专项行动”为抓手，主动出击，重拳出击，全力以赴做好维护稳定各项工作，坚决防止发生各类重大公共安全事件。落实安全生产属地监管责任，深入开展安全隐患排查，加大道路交通、消防安全等领域的监管和整治力度，有效预防各类事故的发生。理顺食品药品安全监管体制，建立食品药品质量追溯制度，全力保障人民群众饮食用药安全。健全公共突发事件和灾害应急监测预警、灾情研判、信息发布、快速反应、救援处置和舆论引导机制，切实提高应对各种灾害和突发事件能力。加强“启东发布”“启东日报”官方微博、微信等新媒体平台建设和综合管理服务，加快虚拟社会综合防控体系建设，强化网络有害信息的监测、研判、预警和处置，切实提升网络舆论引导能力和网络管理水平。深化平安启东建设，突出人防、物防、技防配套联动，建立健全动态化、信息化、全时空、全覆盖的立体防控体系。始终保持对刑事犯罪活动的高压态势，及时发现、预防、打击涉恐活动苗头，全力维护人民群众生命财产安全。

*二是强化基层基础，进一步激发社会发展活力。*积极推进社会治理强基固本工程，努力夯实基层组织、壮大基层力量，打牢治理根基。积极推进基层组织建设。以联系服务群众、教育引导群众为核心，深入实施基层党建“双百”引领工程，进一步提升基层组织建设水平。加强带头人队伍建设，创新选拔培养机制，拓宽选人视野和渠道，加快建设党性强、能力强、服务意识强的基层党组织书记队伍。按照“抓班子、带队伍、建制度、促和谐、助发展”的工作思路，着力做好 29 个薄弱村（社区）党组织转化提升工作，不断增强村级党组织凝聚力、战斗力、创造力。研究出台基层服务型党组织建设实施意见，认真做好第二轮基层党建工作示范点评估验收工作，推动基层党组织在工作机制、载体抓手、作用发挥等方面重点突破，形成特色。积极推进社区服务管理。加快市镇村社会管理服务中心规范化建设，不断完善村（社区）“一委一居一监一办一站”社区组织架构，升级拓展社会管理信息平台，促进服务平台不断优化。加大网格化建设投入力度，健全网格指导员工作制度和考核机制，加强网格员队伍管理，扎实推进网格化管理保障工作。落实以房管人、以业管人、以证管人措施，推广“三集中”管理模式，不断提高外来人口服务管理水平。加大特殊人群帮扶救助力度，扎实做好教育矫正、监督管理、帮困扶助、心理矫治等工作。积极推进基层民主自治。健全民主自治机制，完善乡规民约和自治章程，大力推行村级事务“三议”工作法，建立健全“民主恳谈会”“居民议事会”“社区对话会”等各种管理制度，努力实现基层民主选举法制化、决策程序化、管理规范化和监督制度化。积极拓宽民主自治渠道，全面推进村（社区）自治管理，深化基层党务、政务、厂务和村务公开，积极推行“院落自治”“门栋自治”“楼宇自治”。大力培育社区服务性、公益性、互助性社会组织，年内打造 100 个品牌特色社团，推动村（居）民利用社团实现自助互助。

*三是提升文明素质，进一步培育良好社会风尚。*坚持把提升市民文明素养作为社会治理的重要内容，大力加强精神文明建设，努力营造文明有礼、守法诚信、崇尚科学、积极向上的社会风尚。提高公民道德修养。认真学习习近平总书记关于社会主义核心价值观的重要论述，深入开展培育和践行社会主义核心价值观活动，办好社区、学校、企业等各类基层道德讲堂，深化“启东好人”“最美人物”等评比表彰活动，大力宣传改革发展中涌现的各类先进人物和典型事迹，激励人们崇德向善、见贤思齐。强化诚信体系建设和文明礼仪、俭以养德教育，持续开展文明交通、文明传播等创建活动。加强公共文化服务。按照覆盖城乡、结构合理、功能健全、实用高效的要求，深入实施《启东文化建设发展规划》，积极打造“社区 15 分钟、农村 30 分钟”文化圈，加快构建面向农村、面向社区、面向群众的公共文化服务网络体系。大力培育“村村乐”“百姓自助舞台”等群众喜闻乐见的文化品牌，深入开展“全民阅读·书香启东”系列活动，不断满足人民群众精神文化需求。健全公共文化资金投入机制，切实增强公共文化建设资金保障能力。倡导文明社会风尚。坚持正确舆论导向，注重心理疏导和人文关怀，充分利用报纸、电视、网站、手机报、微博等载体，广泛开展宣传教育活动，培育奋发进取、理性平和、开放包容、知足常乐的社会心态。以第七届省文明城市复查验收为契机，扎实开展以创建文明城市、文明村镇、文明单位等为重点的群众性精神文明创建活动，打造城乡文明新风尚，塑造文明市民新形象。拓

展深化“传递正能量、共建好家园”主题活动，充分发挥城乡社区“正能量加油站”作用，营造凝心聚力、共谋发展的良好氛围。依托江海志愿者服务平台，实施志愿服务牵手计划，深入推进“志愿服务进社区、党员干部当先锋”主题活动，制订出台志愿者星级评定实施办法及礼遇措施，加快实现志愿服务常态化、制度化。

(三)强化统筹、深化改革，扎实推进各项工作

加快项目建设、创新社会治理，必须坚持与全面深化改革紧密结合。要紧紧抓住经济体制改革这个重点和主轴，牢牢把握南通陆海统筹发展综合配套改革试验区发展机遇，解放思想、先行先试。

一是积极稳妥推进既定改革任务。扎实推进年初出台的全面深化改革十个方面的具体二作，毫不走样地把中央、省委和南通市委的各项改革措施落实到位，确保全面深化改革开好局、起好步。进一步深化行政审批制度改革，全面推行行政审批事项目录清单、政府行政权力清单、投资审批负面清单、行政事业性收费目录清单、政府部门专项资金管理清单等制度，用政府权力的“减法”换取市场活力的“加法”。按照简政放权的要求进一步下放行政管理权限，赋予园区、镇(乡)更多的自主权、参与权和决定权。进一步精简审批事项、减少审批层级、压缩审批时限，积极推进行政权力规范、高效运行。大力发展混合所有制经济，鼓励支持民营经济做大做强，不断优化国有资产管理体制，加快形成多种所有制经济共同发展格局。积极探索海域使用证“直通车”制度，建立完善海域使用权交易机制。有序开展土地复垦和整治，扎实推进城镇低效用地再开发工作。深入推进镇(乡)财政管理体制改革，积极推进预决算公开和“营改增”试点工作，落实年金递延纳税政策，构建现代化税收征管体系。积极丰富金融业态，加强融资平台建设，不断优化金融环境，更好发挥金融对经济社会发展的支撑和促进作用。

二是全力以赴推进开发开放。主动策应国家“两带一路”、上海自贸区建设以及南通陆海统筹发展综合配套改革，在更高起点、更大规模、更宽领域上谋划和推进新一轮沿海开发。进一步明确沿海开发目标任务及具体实施项目，重点完善环抱式港池功能区划及重装备产业研究，加快港池航道疏浚和渔港三个岛式码头基础设施及水产品交易市场建设，推动广汇能源项目陆域部分、码头泊位加快施工建设，积极争取宁启铁路、海启高速早日获批开工，深化跟踪综合保税区规划建设，确保一类口岸开放年内获批。加快各类园区的能级提升，重点推进启东经济开发区争创国家级开发区、滨海工业园创建省级高新技术产业园、江海产业园争创省级滩涂围垦试验区。全面加快融入上海进程，切实发挥上海市政府发展研究中心启东研究基地的龙头作用，深入实施对接上海“139”工程，着力推动港口开发、产业转型、科技人才等方面互动融合。深化研究对接上海自贸区产业溢出、功能互补、改革复制的配套政策措施，引导推动重点园区与上海自贸区的对接合作，积极探索建立上海园区、投资公司来启设立专业园区或一级开发机制，持续推进上海外高桥集团(启东)产业园、江海产业园等沪启合作园区建设，努力形成全方位、宽领域、多层次的交流合作新格局。积极引导产业转型升级，推动新材料、新医药等新兴产业规模化发展，海工与重大装备、电子信息等特色产业高端化发展，精密机械、电动工具等传统优势产业品牌化发展，现代都市农业、现代服务业特色化发展，努力增强承接上海乃至全球产业转移能力。深入实施创新驱动战略，大力加强科技服务平台和创新创业载体建设，强化企业技术创新主体地位，加快形成新的优势产业、优势项目、优势产品。注重创新人才集聚，激发创新创业热情，全面营造鼓励创新、支持创新、尊重创新的浓厚氛围。

三是坚定不移推进民生事业。坚持以改革破解民生难题，大力探索社会事业多元化投入机制，加快建立优质资源均衡配置体制，推动更多社会资源投向民生领域，确保人民群众始终共享改革发展成果。健全促进就业创业体制机制，完善农民、中低收入者和困难家庭持续增收长效机制，着力推进就业公共服务网络建设和技能培训城乡一体化步伐，多渠道增加居民收入。深化教育领域综合改革，加快教育现代化建设，积极争创省义务教育优质均衡发展县市、省学前教育改革发展示范区。稳妥推进义务教育管理共同体建设，加快推进教育信息化、校安工程建设。切实巩固基层医改成果，积极推进市属公立医院改革，优化医疗卫生资源配置，加快构建规划科学、定位明确、功能完善、布局合理、结构优化、富有效率的现代医疗卫生服务体系，当好全省深化医改的探路者和先行军。切实加大社会保障力度，按照“应保尽保、应发尽发”的要求，进一步扩大企业职工和城乡居民社会保险覆盖面，稳步提高保障待遇。积极引导社会资本进入养老服务业，大力发展以扶老、助残、救孤、济困、赈灾为重点的社会福利和慈善事业，着力构建社会保险、社会福利、社会救助相衔接的保障体系，不断推动民生保障普惠公平。

四是统筹协调推进城乡发展。按照省新型城镇化和城乡发展一体化规划的新导向、新定位，确立“做精城区、做强城镇、做美乡村”的理念，统筹城乡规划、产业布局、基础设施和公共服务，在更高层面上谋划推进启东新一轮城镇化。突出中心城区的龙头带动作用，加快推进重要地块、重点项目和重大基础设施建设，重点做好蝶湖景区、江海路景观河、灵秀公园规划设计，加快国际金融中心城市综合体、欣乐城、丁仓港滨河公园等工程建设进度，尽快打通中央路西延、世纪大道西延等城区骨干道路，力争年内文峰大世界二期主体结构封顶、大润发项目基本完工、城南城东邻里中心竣工验收、城东客运中心交付使用。充分发挥重点城镇在统筹城乡发展中的重要支撑作用，深入实施吕四港镇港口、产业、城镇联动开发，加快寅阳、近海依托“区镇合一”的融合建设，推动北新、南阳两个南通市级中心镇的提档升级，引导其余中心集镇差异化、特色化发展。坚持“一村一品”，加快基础设施向农村延伸、公共服务向农村覆盖，更加注重自然风貌、传统文化和建筑民居保护，着力打造美丽而富有质感、繁荣而更具特色、现代文明与田园风光交融的幸福家园。

五是持之以恒推进生态建设。把生态环境的改善作为检验改革创新成效的重要标尺，坚持保护与治理并重、建设与绿化同步、经济与生态协调，推进市域绿色发展、循环发展、低碳发展。编制出台生态文明建设规划，推进重要生态功能保护区规划调整,探索建立生态红线区域管护制度,不断提高生态文明建设水平。以国家卫生城市技术评估反馈问题整改为重点,全面实施“五整改一提升”工程,确保今年获得“国家卫生城市”荣誉称号。着力推进生态文明建设7大类73项重点工作,确保今年建成“国家环境保护模范城市”和“国家生态市”。大力推进节能减排,加强对重点区域、重点行业、重点监控企业的“三重”执法检查,大幅度提高能源利用效率,显著减少污染物排放。大力开展水环境整治,高起点做好区域污水治理达标排放规划,充分利用靠江靠海的区位优势,形成符合自身特点的南部排江和北部排海水环境整治新格局。加强重要河段断面水质监测,加大应急水源地的建设保护力度,确保安全运行。加强农村环境长效管护和城市环境综合整治,积极推进秸秆综合利用、离田收储工作,大力推广清洁能源,加大雾霾治理力度,切实改善人居环境质量。不断完善绿化种植和养护工作推进机制,全面提高绿化覆盖率。

三、转变工作作风,积极营造干事创业的良好氛围

群众路线是我们党的根本路线,也是党所有工作的生命线,更是新时期全面加强党的建设的行动指南。深入开展党的群众路线教育实践活动,是当前一项非常重要的政治任务。各级党组织要以专题民主生活会为新的开端,以焦裕禄、赵亚夫等先进典型为楷模,始终坚持高标准、严要求,确保教育实践活动善始善终、善做善成。要按照“有辣味”的要求,把开好专题民主生活会和组织生活会作为转变作风的契机,引导党员干部真正把自己摆进去,正确对待批评与自我批评,真正抛弃思想顾虑,增强剖析自己的勇气,把自身存在问题晒出来,虚心接受同志们提出的意见和建议,彻底根除“四风”问题。要抓好突出问题的专项整改,围绕解决“四风”方面的突出问题和发生在群众身边的不正之风,研究确定整改事项,制定整改方案,明确牵头领导和责任部门,细化工作措施,排出时间表,及早开展专项整治,以整风的精神荡涤作风之弊、扫除行为之垢,以作风建设的成效检验教育实践活动的成果。要建章立制深化整改,把制度建设作为整治“四风”、改进作风的重要举措,紧扣精要、管用,结合实际进一步修订完善各项制度。要狠抓制度落实,着力维护制度的权威性和严肃性,使制度成为党员干部改进作风、联系服务群众的硬约束。

贯彻群众路线没有休止符,作风建设永远在路上。作风建设是党的建设的永恒主题,是密切党群血肉联系的重要保证,也是干部精神状态的形象展示。我们必须认真贯彻落实习近平总书记关于作风建设抓常、抓细、抓长的要求,自觉践行“三严三实”,弘扬“钉钉子”精神,以强化作风纪律和工作效能建设为重点,以狠抓落实为目标导向,以优良的党风促政风带民风,提振精气神、拧成一股劲,汇聚万众一心抓改革、促发展、保稳定的强大合力。

(一)“拼”字为先,创先争优。一要振奋精神。广大党员干部要始终保持砥砺奋进、奋发有为的精神状态,防止和克服“为官不为”的倾向,做到对待工作有激情,推进工作有魄力,落实工作有韧劲,永不懈怠、永不停滞。要始终保持清醒的头脑,紧跟时代脉搏,充分发挥主观能动性和聪明才智,以只争朝夕、勇往直前的精神,抢抓机遇、抢占先机,牢牢把握发展主动权;以踏石留印、抓铁有痕的劲头,立足实际抓改革、促发展、惠民生。二要攻坚克难。当前,改革进入“深水区”,发展进入转型攻坚期,我们遇到的都是“硬骨头”,前进的路上需要不断“涉险滩”,必须以改革创新的精神闯出一条新路,必须以实干兴邦的理念做出一番事业。要敢于担当,迎难而上,以逢山开路、遇河架桥的精神,不断研究新情况、解决新问题,带领群众把事业不断推向前进。三要勇争一流。强化标杆意识、率先意识、进位意识,以一往无前的勇气、鼎故革新的智慧、卓尔不凡的气势,雷厉风行、脚踏实地,争做“领跑者”、争当“排头兵”。镇(乡)、园区要比速度、比质量、比执行,拿出实绩争先进;机关部门要比贡献、比服务、比作风,围绕大局争作为,全面营造你追我赶、争先恐后的生动局面。

(二)“干”字为基,敬业尽责。一要坚持领导带头。切实发挥党员干部的先锋模范作用,带头推进改革发展稳定各项工作,想在前、干在先,躬身实践、做出表率。市四套班子领导要充分发挥示范引领作用,坚持关口前移、措施前置、抢前抓早,扎扎实实做好常委包片、市长包线、领导包案工作。坚持“一把手抓、抓一把手”,领导干部树标杆、作示范,以上率下带动全市党员干部群众“一条心”抓落实、“一个调”促发展、“一股劲”谋突破。二要打造骨干中坚。把坚持群众路线贯穿干部队伍建设始终,将“为民服务”作为选干部、配班子、建队伍的标尺。坚持新时期好干部标准,大力培养选拔信念坚定靠得住、为民服务有本领、勤政务实敢担当、清正廉洁有正气的人,真正做到按标准定取舍、凭德才选贤能。优化干部考核评价机制,突出干部德的考核,注重从基层一线培养选拔干部,加强年轻干部培养力度,着力打造一支敢担当、能创新、善落实、求实效的干部队伍。三要强化履职意识。广大党员干部要以做官知足、做人知不足、做事不知足的态度切实担负起改革发展稳定的重任,不折腾、不陶醉、不畏难,忠于职守、尽力尽责。各镇(乡)、园区要大力实行“问题清单”制度,排出改革发展稳定中存在的突出问题,集中优势力量,着力解决问题,狠抓任务落实。各相关部门要进一步强化责任意识、服务意识,认真履行职责、靠实工作责任,在围绕中心、服务大局中找准定位,在改革创新、履行职能中主动作为。四要加强团结协作。倍加珍惜来之不易的稳定发展局面,倍加珍惜难得的发展机遇,大事讲原则、小事讲风格,干事不躲事、补台不拆台,不议论、不瞎传、不怨天尤人,着力营造团结统一、和谐融洽、干事创业、共促发展的环境和心齐、气顺、风正、劲足的良好局面。要坚持克服本位主义和部门、地区利益至上的狭隘思想,工作面前不争功诿过,困难面前不推诿扯皮,做到既勇挑重担、唱好主角,又搞好协同、当好配角,形成上下合心合力合拍、同心同向同行的强大力量。

(三)“实”字为本,求真务实。一要察实情、听民意。深化“三解三促”“四访四问”活动,认真开展领导干部蹲点调研、

走访联系点等活动,走进施工现场、工厂车间、田间地头,“一竿子插到底”,扎下身子广泛听取意见建议,全面找准问题与症结。要解剖“麻雀”,围绕群众反映强烈的诉求和期盼、围绕影响和制约企业发展的问题和瓶颈,带头到项目建设最前沿、改革发展最基层、矛盾问题最集中的地方去,切实做到问政于民、问需于民、问计于民。二要办实事、解民忧。牢牢抓住群众利益这个“牛鼻子”,以群众需求为导向,强化工作落实,把科学部署变为实际行动,把党的好政策变为群众口袋里的真实惠。推行现场办公制度,倡导“一线工作法”,身体力行将精力投入到为人民服务当中去,为群众真办事、办实事,全力打通党员干部联系服务群众“最后一公里”。坚持从小事做起,从能干的具体事情抓起,不等不靠,承诺早办的绝不拖着办,对不该办的也要讲清政策、有个说法,做到“事事有回音、件件有答复”。三要求实效、惠民生。坚决克服造声势、摆场面、看上去轰轰烈烈的形象工程和图虚荣、争面子的政绩工程,把工作重心转移到服务改革、服务发展、服务民生、服务群众上来,让群众看到实实在在的行动,得到实实在在的利益。进一步建立健全密切党群关系的制度体系,把为民务实清廉的好做法制度化、好经验长效化,真正使说实话、重实干成为一种习惯,使办实事、解民忧成为一种自觉,使抓落实、求实效成为一种追求。

(四)“严”字为要,正风肃纪。一要保持清正廉洁。严格执行中央“八项规定”和省委、南通市委及我市“十项规定”,对“四风”问题保持“零容忍”,对违反“八项规定”问题严肃查处,真正让“铁规”发力、让“禁令”生威。强化党员干部教育、监督、管理,认真抓好党风廉政建设责任制贯彻落实,加强对权力运行的制约和监督,划好“警戒线”、设置“高压线”,筑牢“防火墙”、修好“防波堤”。广大党员干部要心存敬畏、手握戒尺,时刻绷紧廉洁从政这根弦,注重管住小节,耐得住寂寞、稳得住心神,慎独慎微、慎情慎友,任何时候都不逾越法纪红线和从政底线。以“零容忍”态度惩治腐败,以铁的手腕重拳出击,切实加大查办案件工作力度,以实际成效取信于民。二要坚持艰苦奋斗。全面贯彻落实《党政机关厉行节约反对浪费条例》,坚决杜绝铺张浪费,改进文风会风,严格控制“三公”经费,将更多财力用在推动发展上、服务民生上。广大党员干部要带头弘扬艰苦奋斗的优良传统,在工作上吃苦耐劳、不畏艰辛,兢兢业业、埋头苦干;在生活上勤俭朴素、厉行节约,甘于过“紧日子”“苦日子”,守牢作风底线、守好精神家园,做到永远奋斗、永不变色。三要提升工作效能。以“南通第一、全省领先”为目标,巩固提高“三集中三到位”工作成效,深入推进“三个一”联合审批,进一步提升行政审批效能。拓宽“12345”热线便民服务的广度,加大交办事项督办力度,不断提高覆盖面与公信力。按照“两个一律”“三个全覆盖”的要求,深化拓展公共权力网上公开透明运行工作,真正做到透明、高效、便民。深入开展星级机关评定、“人民满意服务示范窗口”创建等活动,引导各部门各单位在创新服务理念、提升服务效能上破常规、探新路、求实效,真正用干部的“辛苦指数”赢得发展的“成功指数”和群众的“幸福指数”。

同志们,做好今年改革发展稳定各项工作,任务艰巨,责任重大。全市上下要紧密团结起来,振奋精神、坚定信心,突出关键、狠抓落实,全力推动经济健康发展、社会和谐稳定、改革持续深化,奋力实现攻坚突破新成效,为南通争当苏中新一轮发展“领头雁”做出新的更大贡献!

(市委办)

顺应新常态　谋求新跨越
奋力谱写全面小康社会建设新篇章

——在市委十二届八次全体(扩大)会议上的讲话

徐　锋

2015 年 1 月 7 日

同志们:

这次市委十二届八次全体(扩大)会议的主要任务是,以党的十八大、十八届三中、四中全会和习近平总书记系列重要讲话精神为指引,认真落实习近平总书记对江苏工作的最新要求,深入贯彻中央经济工作会议、省委十二届八次、九次全体会议以及南通市委十一届八次全体会议、全委扩大会议和经济工作会议精神,回顾总结 2014 年工作,部署安排 2015 年工作任务,动员全市各级党组织和广大干部群众,立足新起点、抢抓新机遇,顺应新常态、谋求新跨越,奋力谱写全面小康社会建设新篇章。

现在,我根据市委常委会讨论的精神,讲五个方面的意见。

一、2014 年工作的简要回顾

刚刚过去的 2014 年,全市上下坚持以习近平总书记系列重要讲话精神为根本遵循,认真落实中央、省委和南通市委的决策部署,牢固确立“领跑沿海、融入上海、包容四海”的战略定位,以全面深化改革增添动力,以开展党的群众路线教育实践活动凝聚合力,围绕“打好八大攻坚战、实现八大新突破”工作主题,突出“项目建设、社会治理、深化改革”三大关键,奋力攻坚突破,狠抓工作落实,全市经济社会保持稳中有进、稳中向好的发展态势。预计(下同)全年实现地区生产总值722亿元，增长11%。实现财政总收入168.4亿元，增长20.7%；其中一般公共预算收入67.25亿元，增长14.9%。完成全社会固定资产投资480亿元，增长18%；其中工业投资310亿元，增长14%。实现规模工业产值1500亿元，增长10%；建筑业总产值800亿元，增长10.9%。实现社会消费品零售总额287亿元，增长12.3%。完成外贸进出口总额30亿美元，其中出口额22.5亿美元。新批工商登记注册外资5.4亿美元，实际到账5567万美元。2014年我市在全国县域经济与县域基本竞争力百强县(市)、中国中小城市综合实力百强县(市)中分别排名第37位、第43位，均比上届上升1位。

*一是突出项目建设，沿海开发全面推进。*市领导挂钩园区、推进项目建设机制全面实施，重点工作“听看考”、“重大项目突破年”等活动扎实开展，招商引资和项目建设工作强势推进。基础设施加快建设，吕四港环抱式港池匡围、防沙导流堤工程全面竣工，进港航道一期工程基本完成，渔港扩建区项目初步设计获得省发改委批复，综合保税区可研申报工作扎实开展；临海高等级公路全线通车，宁启铁路启东段、海启高速启东段开工建设。启东港一类口岸开放获国务院正式批复；海工船舶工业园转型升级成效得到国务院副总理马凯的充分肯定，吕四港经济开发区现代化海洋渔业、多元化临港产业和滨海工业园科教一体、产城融合发展获得李学勇省长高度评价，启东经济开发区在省级开发区科学发展综合评价中名列第三，江海产业园积极创建省级滩涂综合开发试验区，首期启动区全面建设。一批重特大项目进展明显，全年新开工亿元以上重大项目85个，新竣工亿元以上重大项目25个；华峰超纤、卓达新材料等项目成功落户，广汇能源、京沪重工等项目加快建设，林洋光伏一期、东岳药业等项目竣工投产。对接上海步伐不断加快，《全面对接上海若干重大领域研究》课题形成最终成果，沪启产业协同发展机制、物流对接上海自贸区等研究正式启动。

*二是强化创新驱动，转型步伐明显加快。*产业层次不断提升，五大产业集群实现产值880亿元，在规模工业产值中的占比达58.7%；实现新兴产业产值555亿元，增长18.6%，在规模工业产值中的占比达37%。现代都市农业不断壮大，新增扩建农业项目179个，其中农产品加工项目52个；新增高效设施农(渔)业面积3.2万亩；获评国家级示范合作社2家、全国“一村一品”示范村1个；农产品出口额全省领先。现代服务业提速发展，完成第三产业增加值290亿元，增长12%，在地区生产总值中的占比达40%；吕四海洋风情区列入省重点旅游项目库，绿地新村沙、中国供销·启东农产品国际物流港等项目加快推进。创新能力不断提升，全年实现高新技术产业产值682亿元，在规模工业产值中的占比达45.5%；完成全社会研发投入17亿元，在地区生产总值中的占比达2.4%；新增国家火炬计划重点高新技术企业3家、省高新技术企业43家、省企业重点实验室1家；实施产学研合作项目168个；碧松照明在“新三板”挂牌上市。人才工作南通领先，新增国家“千人计划”专家、省“双创计划”人才各5人，高层次创新创业人才(团队)134人。化工、电镀、印染企业专项整治有序实施，万元GDP能耗下降2.3%。

*三是统筹城乡发展，环境面貌持续优化。*城市规划体系逐步完善，消防、供热等专项规划即将完成，新城区修规、惠和片区控规等片区规划进入最终成果编制阶段，蝶湖景区、灵秀公园等重点项目规划完成修编。华石北路、中央路西延等道路即将竣工通车，丁仓港南路、江海路南延等道路基本贯通，城市外环路网初步形成。文秀新村等8个小区完成改造，少年宫地下停车库改造、牡丹江路公共停车场建设全面完成。亿丰商城正式营业，大润发商业中心等项目加快推进。吕四、寅阳两个城市副中心和北新、南阳两个南通市级中心镇建设全面加快。创卫创模创生态工作不断巩固国家技术评估成果，生态文明建设规划通过专家评审，村庄环境整治通过省级验收。绿化造林工作扎实开展，全年绿化造林8万亩，建成区绿地面积达987万平方米，绿地率达37.5%，省级园林城市创建通过初步考核验收。全年环境空气质量达标率为83%，列南通第一。

*四是注重民生优先，社会事业协调发展。*不断加大公共财政向民生领域倾斜力度，省民生幸福工程全面落实推进，十大类33项民生实事全力实施。持续促进城乡居民增收致富，全年城镇居民人均可支配收入、农村居民人均可支配收入分别达31700元、16760元，增长9%、11%。大力扶持创业就业，全年帮扶创业1260人、转移农村劳动力5665人。各类社保继续提标扩面，企业养老保险新增参保1.5万人，城乡居民社会养老保险参保达30万人；新农合政府补助提高至385元，参合率达99.95%；老年无保障居民基础养老金提高至每月90元，受益24万人。养老服务体系不断完善，在全省县级市中率先实施社会养老设施布局专项规划，养老服务标准化试点工作通过国家级验收，全年新增机构养老床位939张。住房保障力度持续加大，新开工建设保障房1000套，竣工678套；在建安置房施工总面积175万平方米，竣工56.2万平方米。出行条件更加便捷，改造农村桥梁120座、交通危桥9座，城乡公交“一卡通”全面投用，城东客运站即将启用。教育现代化建设稳步推进，义务教育管理共同体稳妥实施，校安工程进展顺利，南通大学启东校区正式启用，汇龙中学通过省四星级普通高中评估验收。卫生信息化建设快速推进，公共卫生大楼、中医院门诊大楼竣工启用，省卫生应急示范市成功创建。江海文化“五个一”工程深入实施，2014年环崇明岛、环太湖自行车赛启东段赛事成功承办。社会治理加快创新，“三强化三提升”机制成为群众工作品牌，《新华日报》等多家媒体作专题报道；城乡社区“一站式”服务平台加快建设，合格率达90%；“五大专项行动”扎实开展，安全生产检查整改和“七打七治”“打非治违”专项行动深入推进，人民群众的安全感和满意度不断提升。

*五是全面深化改革，发展活力不断增强。*市委全面深化改革领导小组组建成立，十大类42项改革任务部署实施，经济体制改革100项工作要点制定出台。海域使用管理制度改革加快探索，口岸物流、平台物流等重点领域与上海合作发展全面加强，海产品国际贸易平台加快建设。医药卫生体制改革省级试点工作深入推进，市属公立医院改革加快实施。政府职能加快转变，《关于进一步推进简政放权深化行政审批制度改革的实施意见》制定出台，取消、整合行政审批事项247项，下放行政权力196项，行政审批“5张清

单”全面出台。政府机构改革步伐加快,机构设置更加规范,权责关系进一步理顺。

六是践行群众路线,党的建设切实加强。以为民务实清廉为主要内容的党的群众路线教育实践活动扎实开展,全市105家参学单位、2400多个基层组织和6万多名党员参加。严格按照“照镜子、正衣冠、洗洗澡、治治病”的总要求,始终坚持聚焦“四风”“四查四治”,坚持问题导向真抓实改,坚持敞开大门群众参与,坚持上下互动统筹推进,坚持分类指导从严督导,学习教育听取意见、查摆问题开展批评、整改落实建章立制三个环节工作有序推进,群众观点得到强化、“四风”顽疾有力整治、制度笼子铸牢扎紧、从政行为不断规范、基层基础全面夯实。学习型党组织建设深入推进,习近平总书记系列重要讲话、十八届四中全会精神等学习宣传活动持续深化。社会主义核心价值观深入培育践行,文明交通、文明引导等“四项行动”扎实开展,全年评出“启东好人”56名,建成“正能量加油站”236个。领导班子和干部队伍建设全面加强,干部选拔任用工作机制不断完善,“在编不在岗”人员清理、超职数超规格配备干部、党政领导干部在企业兼职(任职)等专项整治成效显著,乡镇干部“走读”问题得到有效治理。基层服务型党组织建设扎实推进,村党组织书记星级化管理深入实施,29个薄弱村(社区)党组织整顿转化工作取得实效,基层党组织在服务中教育引导群众功能进一步强化。党风廉政建设责任制严格落实,惩防体系建设和“三清”示范区创建工作扎实推进,源头防腐机制不断健全,案件查办力度切实加大,全年共立案查处各类违纪违法案件178件。12345热线服务领域不断拓展,机关效能积分警示制度全面实施,执法监察切实加强,发展环境进一步优化。与此同时,人大、政协充分发挥作用、积极履行职能,统战、群团、双拥、人武等各项工作都取得了新的成效。

这些成绩的取得,离不开上级党委、政府的坚强领导,离不开全市上下的真抓实干,离不开社会各界的关心支持。在此,我谨代表中共启东市委,向所有为启东改革发展做出贡献的同志们、朋友们,致以崇高的敬意,表示衷心的感谢!在充分肯定成绩的同时,我们也要清醒地看到工作中存在的困难和问题。主要表现在:经济增长动力不足,经济下行压力较大;结构调整阵痛显现,新经济增长点、新支撑力量还在培育之中,转型升级任务艰巨;深化改革进展不快,推进力度还需进一步加大;民生保障仍有欠账,与群众期待存在差距;部分干部作风不实,抓落实的韧劲、狠劲不足,宗旨意识、群众观念还需不断加强,少数干部身上发生的腐败问题必须引起高度警示。对此,我们将保持清醒的头脑,不掩盖、不回避,采取有力措施切实加以解决。

二、把握思想精髓,深入学习贯彻党的十八届四中全会精神

党的十八届四中全会,是在我国全面建成小康社会进入决定性阶段、全面深化改革进入攻坚期和深水区的关键时期,召开的一次具有里程碑意义的会议。全会通过的《中共中央关于全面推进依法治国若干重大问题的决定》,围绕中国特色社会主义总体布局,着眼促进国家治理体系和治理能力现代化,提出了全面推进依法治国的指导思想、总体目标、基本原则,是加快建设社会主义法治国家的纲领性文件。习近平总书记的重要讲话,深刻回答了一系列重大理论和实践问题,对全面推进依法治国提出了一系列新思想新观点,丰富和发展了中国特色社会主义法治理论,为全面推进依法治国指明了方向、提供了遵循。省委十二届八次全会、南通市委十一届八次全会对贯彻落实四中全会精神、推动法治社会建设做出重要部署,积极推进中国特色社会主义法治体系和法治国家建设在江苏、南通的实践和探索。本次会议,市委印发了全面推进依法治市的实施意见讨论稿,提出了依法治市的总体目标:按照中央提出的“建设中国特色社会主义法治体系,建设社会主义法治国家”的总目标,坚持党的领导、人民当家做主、依法治国有机统一,坚持依法治市、依法执政、依法行政共同推进,法治启东、法治政府、法治社会一体建设,实现严格执法、公正司法、全民守法,积极推进中国特色社会主义法治体系建设和法治国家建设在启东的实践和探索,加快建设法治启东,实现法治政府建设、公正廉洁司法、法治工作队伍建设、社会治理法治化水平、法治文化建设、法治建设绩效位居南通前列。通过三年左右的努力,进入省法治县(市)创建工作先进行列,人民群众对法治建设的满意率、公众安全感持续保持在90%以上,为南通迈入全省、全国法治城市创建活动先进行列做出新的更大贡献。实现这一目标,必须牢牢把握以下五个方面重点。

(一)推进依法行政,提高执政水平

严格遵守宪法和法律,促进权力透明规范运行,建立健全权责统一、权威高效的依法行政体制和工作机制,加快建设职能科学、权责法定、执法严明、公开公正、廉洁高效、守法诚信的法治政府。

一要深化政府职能转变,推进管理权责法定化。加快实施政府权力清单制度,推进机构、职能、权限、程序、责任法定化。进一步完善公开透明、便利高效、程序严密、权责一致的行政审批制度,做到法定职责必须为、法无授权不可为。坚决纠正不作为、乱作为,坚决克服懒政、怠政,坚决惩处失职、渎职,切实把政府职能转变到宏观调控、市场监管、公共服务、社会治理和环境保护上来。

二要完善依法决策机制,推进科学决策民主化。完善行政决策程序规定,明确重大行政决策范围,认真落实公众参与、专家论证、风险评估、合法性审查、集体讨论决定重大行政决策法定程序,确保决策制度科学、程序正当、过程公开、责任明确。严格遵守“三重一大”集体决策制度,更加注重把“稳评、安评、环评”作为决策的前置条件。完善重大决策落实情况报告、执行情况监督检查与决策效果评估制度。

三要全面推行政务公开,推进权力运行透明化。坚持以公开为常态、不公开为例外原则,推进决策公开、执行公开、管理公开、服务公开、结果公开。加大政府信息主动公开力度,依据权力清单向社会全面公开政府职能、法律依据、实施主体等事项。加强网络政务信息数据平台和便民服务平台建设,深入推进公共权力网上公开透明运行。

(二)坚持严格执法,保障群众权益

坚守法律底线,严格法律尺度,依照法定权限和程序行

使权力、履行职责，切实保障人民群众合法权益。

一要推进综合执法，深化执法体制改革。全面落实行政执法责任制，不断完善权责明确、行为规范、监督有效、保障有力的行政执法体制。有效精简政府执法队伍种类，重点在生态保护、市场监管、公共卫生、城乡建设等方面合理配置执法力量，积极推进综合执法。建立健全执法全过程记录制度，严格执行重大执法决定法制审核制度。大力加强基层法治机构建设，提升基层法治队伍的素质和能力。

二要更新执法理念，规范行政执法行为。健全行政裁量权基准制度，细化、量化行政裁量标准，规范裁量范围、种类、幅度。以合法、规范、实用为原则，探索实施行政执法案例指导制度，推行柔性执法方式。完善执法程序，加强行政执法信息化建设和信息共享，提高执法效率和规范化水平。

三要注重风险防控，强化行政权力监督。加强党内监督、人大监督、民主监督、行政监督、司法监督、审计监督、社会监督、舆论监督制度建设，努力形成科学有效的权力运行制约和监督体系。全面推进行政机关主要负责人出庭应诉制度，实现司法和行政的良性互动。依法化解行政争议，全面加强行政复议层级监督，提升行政复议公信力。完善内部监督，对权力集中部门实行分事行权、分岗设权、分级授权。完善审计监督制度，强化行政权力专门监督。

（三）促进公正司法，维护公平正义

积极深化司法体制改革，加快建立公正、高效、权威的司法制度，坚决维护法律的尊严，让人民群众在每一个司法案件中都感受到公平正义。

一要健全司法体制。认真落实中央、省委和南通市委关于司法体制改革的部署要求，建立健全权责明确、相互配合、相互制约、高效运行的司法体制，确保司法机关依法独立公正行使职权。大力推进司法规范化建设，狠抓执法行为、执法作风等方面的突出问题，坚持管理监督并重，从理念和制度上保障司法公正廉洁。

二要提升司法公信。坚定不移深化司法公开，全面推进审判流程公开、裁判文书公开、执行信息公开等三大平台建设，积极探索网络播报、微博播报等司法公开新途径、新形式，以公开促公正，以公开树公信。切实强化司法监督，进一步完善落实人民陪审员、人民监督员等工作制度，确保重大司法活动和阶段性工作有效接受专门监督。加强职业道德教育，促进司法人员公平公正廉洁执法，树立惩恶扬善、执法如山的浩然正气。

三要强化司法为民。持之以恒加强司法作风建设，着力解决人民群众反映强烈的“立案难、诉讼难、执行难”等问题，坚决杜绝“关系案、人情案、金钱案”。加强法律服务，加快构建全域覆盖、便捷高效的法律服务体系。完善司法救助、法律援助，加大公共法律服务供给，不断提升群众满意度。

（四）推动全民守法，培育法治信仰

大力弘扬法治精神，积极培育法治文化，着力构建办事依法、遇事找法、解决问题用法、化解矛盾靠法的法治良序。

一要加强宣传，弘扬法治精神。加大“六五”普法宣传和法治文化建设力度，坚持把事关群众切身利益的法律作为法制宣传的重中之重，用群众身边的人和事释法，用生动具体的案例讲法，用通俗易懂的群众语言普法。综合运用法治理念传播、法律知识普及、法律制度引导、法治实践体验、法治文化熏陶等途径，推动全社会不断提升法治意识。

二要全民学法，提升法治素养。以“法律六进”为载体，以“五类人群”为重点，深入开展法治教育，推动全民学法。积极实施领导干部法治讲座和党委（党组）中心组集中学法制度，把宪法法律列为党校授课、公务员培训必修内容。建立完善“市抓统筹、镇乡（园区、街道）为主导、村居负首责”的普法工作机制，引导广大群众学法、守法、用法。

三要创新载体，繁荣法治文化。广泛开展“法治单位”“法治示范村（社区）”“诚信守法企业”等创建活动，加快形成以法治县市创建为主体、行业法治创建为支撑、基层法治创建为基础的法治文化创建体系。加强法治主题公园、法治教育展馆等建设，积极培育法治文化传播新媒体，推动法治文化产品创作，不断繁荣法治文化。

（五）创新社会治理，深化平安建设

坚持系统治理、依法治理、综合治理、源头治理，积极顺应社会新变化，回应群众新期待，满足民生新需求，不断创新和丰富社会治理载体手段，切实保障人民安居乐业、社会安定有序。

一要大力推进依法治理。善于用法治精神引领社会治理实践、用法治思维谋划社会治理思路、用法治方式破解社会治理难题，提高社会治理法治化水平。深入推进基层组织、部门行业等多领域依法治理，支持各类社会主体自我约束、自我管理。深化基层群众自治，健全以群众自治组织为主体、社会各方参与的新型社区治理体系。充分发挥市民公约、乡规民约、行业规章、团体章程的作用，推动形成多层次、多样化的社会治理规则体系。

二要积极化解社会矛盾。强化法律在维护群众权益、化解社会矛盾中的权威地位，健全依法维权和化解纠纷机制，完善人民调解、行政调解、司法调解联动工作。以“三强化三提升”为抓手，大力实施领导干部接访下访、重大矛盾领导包案等常态化制度，健全重大决策社会稳定风险评估机制和合法性审查机制，从源头上防范和化解不稳定因素。全面推进阳光信访，把信访纳入法治化轨道，引导和支持群众以理性合法的方式表达诉求。

三要深化平安启东建设。全面构建立体化现代化社会治安防控体系，依法严密防范和严肃惩治各类违法犯罪活动，不断提升人民群众的安全感。切实抓好创新人口服务管理、严格公共安全监管、推进平安建设信息化、强化网络社会管理服务等重点工作，不断提升“平安启东”建设整体成效。充分发挥基层党组织作用，深入推进“平安先锋工程”。严格落实安全生产“党政同责、一岗双责”责任制，加强安全生产监管，确保人民群众生命财产安全。

三、准确把握形势，明确今年工作总体思路和奋斗目标

2014年12月9日至11日，中央召开经济工作会议，习近平总书记在会上发表重要讲话，分析当前国内外经济

形势,总结2014年经济工作,提出2015年经济工作的总体要求和主要任务。李克强总理在会上阐述了2015年宏观经济政策取向,对2015年经济社会发展重点工作作出具体部署。12月13日至14日,习近平总书记莅临江苏出席南京大屠杀死难者国家公祭仪式,在我省视察指导工作并发表重要讲话,殷切希望江苏全面贯彻党的十八大和十八届三中、四中全会精神,坚持以邓小平理论、"三个代表"重要思想、科学发展观为指导,认真落实中央各项决策部署,积极适应经济发展新常态,紧紧围绕率先全面建成小康社会、率先基本实现现代化的光荣使命,协调推进全面建成小康社会、全面深化改革、全面推进依法治国、全面从严治党,在推动经济发展、现代农业建设、文化建设、民生建设、全面从严治党等五个方面迈上新台阶,努力建设经济强、百姓富、环境美、社会文明程度高的新江苏。总书记的重要讲话,着眼于时代背景和战略全局,为江苏发展确立了新坐标、明确了新任务,向我们发出了"迈上新台阶、建设新江苏"的动员令。省委十二届九次全体会议、南通市委全委扩大会议和经济工作会议,先后对深入学习贯彻习近平总书记视察江苏重要讲话精神和做好2015年经济工作做出具体部署。我们一定要认真落实习总书记对江苏工作的最新要求,牢牢把握"两个率先"的光荣使命,切实增强不辱使命的发展信心;牢牢把握"建设新江苏"的最新定位,切实增强谱写新篇的历史责任;牢牢把握"五个迈上新台阶"的重点任务,切实增强勇攀新高的进取精神;牢牢把握"四个全面"的总体框架,切实增强"协调推进"的理性自觉;牢牢把握"为全国发展探路"的谆谆嘱托,切实增强先行先试的担当意识。始终坚持发展第一要务,深刻把握2015年经济工作的总体要求、政策取向和工作重点,坚持稳中求进工作总基调,坚持以提高经济发展质量效益为中心,坚持用改革创新的思路办法解难题、增后劲,坚持把改善民生与增强经济动力、社会活力有机结合起来,奋发进取,扎实工作,全面推动各项工作再上新台阶。

2015年是全面深化改革的推进之年,是加快建成全面小康社会的关键之年,也是全面完成"十二五"规划的收官之年。纵观国际国内宏观经济形势,世界经济仍处在国际金融危机后的深度调整期,世界经济增速可能会略有回升,但总体复苏疲弱态势难有明显改观,艰和险在增多,但时和势总体利好。经过改革开放30多年持续高速增长,我国经济开始发生深层次嬗变,处于增长速度换挡期、结构调整阵痛期、前期刺激政策消化期"三期叠加"阶段,进入了以中高速、优结构、新动力、多挑战为主要特征的新阶段新常态。过去一年来,习近平总书记在多个场合反复强调中国经济要适应新常态,这是基于我国经济发展的阶段性特征做出的重大战略判断,是指导我国经济持续健康发展的科学指南。我们必须遵循经济发展规律,深刻认识新趋势,主动适应新常态,在稳增长、促改革、调结构、惠民生、防风险中寻找发展平衡点、选准改革突破口、牢牢把握主动权,以逢山开路、遇河搭桥的精神,踏石留印、抓铁有痕的意志,时不我待、只争朝夕的干劲,提振精气神、引领新跨越,奋力推动新常态下经济社会平稳健康发展。

*要科学认识新常态、准确把握新要求。*经过保持多年的两位数高速增长,我国经济发展呈现出明显不同于以往的许多特征,表现为经济增速放缓、步入中高速增长,经济结构加快调整、优化升级,增长动力从要素驱动、投资驱动转向创新驱动,面临着复杂的系统转型。我们必须牢牢把握习总书记关于经济发展新常态"三大特点、九个趋势性变化、四个转向、八个更加注重"的丰富内涵,打破惯性思维、摒弃"速度情结"、摆脱"换挡焦虑",改变过去"粗放型"增长模式,探索"精耕细作"发展路径,遵循经济规律科学发展,遵循自然规律可持续发展,遵循社会规律包容性发展,推动经济发展方式从规模速度型粗放增长转向质量效率型集约增长,经济结构从增量扩能为主转向调整存量、做优增量并举的深度调整,经济发展动力从传统增长点转向新的增长点。

*要主动适应新常态、积极抢抓新机遇。*新常态下经济发展面临众多新的挑战,但也带来许多新的机遇。我们必须充分看到各种利好,紧紧抓住和切实用好改革发展的重要战略机遇,认清形势背景、厘清发展思路、抢抓发展机遇。牢牢把握"一带一路"、长江经济带、长三角一体化、江苏沿海开发、上海自贸区加快建设以及南通陆海统筹发展综合配套改革深入实施等历史机遇,因时而动、顺势而为,努力在区域竞争中抢占先机、赢得主动。充分利用靠江靠海靠上海独特的区位优势、良好的港口岸线资源、完善的产业体系以及便捷的交通条件,积极培育新的经济增长点,着力打造启东经济升级版。

*要积极引领新常态、增创发展新优势。*过去的一年,我们精诚团结、凝心聚力,务实拼搏、埋头苦干,全力打好产业升级、沿海开发、对接上海、科技引领、城镇建设、民生改善、生态建设、党建创新八大攻坚战,在转型发展、特色发展、融合发展、创新发展、统筹发展、和谐发展、绿色发展、聚力发展等八个方面实现了新突破,为加快建成全面小康社会打下了坚实基础。我们一定要以此为起点,满怀信心、振奋精神,再加油再鼓劲、再加压再发力,深入研究新常态带来的发展新空间,按照"五位一体"、"四化"同步的总体要求,找准发展定位,明确具体举措,大胆探索实践,全力加快新型工业化、信息化、城镇化、农业现代化进程。准确把握"四个全面"的战略部署,认真对照全面小康社会建设的总体目标,坚持以"强""富""美""高"为新的参照,向全面改革要动力、向结构调整要助力、向民生改善要潜力,以发展"新常态"校准差距,以改革"新红利"补足短板,努力在转变经济发展方式上取得新进展,在深化改革上取得新突破,在改善民生上取得新成效。

今年全市工作的总体思路是:全面贯彻党的十八大和十八届三中、四中全会精神,以邓小平理论、"三个代表"重要思想、科学发展观为指导,深入贯彻习近平总书记系列重要讲话精神,按照总书记对江苏工作的最新要求,围绕"迈上新台阶、建设新江苏"发展定位,主动把握和积极适应经济发展新常态,坚持稳中求进工作总基调,以改革创新为动力,以法治建设为基石,以从严治党为保障,统筹推进深化改革、沿海开发、产业转型、城乡统筹、民生改善、生态建设等各项重点工作,立足新起点、抢抓新机遇,顺应新常态、谋求新跨越，促进经济平稳健康发展和社会和谐稳定，奋力谱写全面小康社会建设新篇章。

今年全市经济社会发展的主要预期目标：地区生产总值增长10%左右，一般公共预算收入增长10%以上。全社会固定资产投资增长16%左右，全社会消费品零售总额增长13%左右，外贸进出口总额增长10%左右。城镇居民人均可支配收入、农村居民人均可支配收入分别增长9.5%、11%左右。万元GDP能耗降幅和主要污染物减排完成上级下达指标。

四、落实关键举措，全力实现新常态下经济社会新发展

顺应新常态、谋求新跨越，必须把转方式调结构放到更加重要位置，狠抓改革攻坚，突出创新驱动，强化风险防控，加强民生保障，促进经济平稳健康发展和社会和谐稳定。

（一）全面深化改革，激发跨越发展新动力

切实把全面深化改革作为适应新常态的关键之举、根本之策，扎实推进各项改革举措落地见效，走出一条具有启东特色的改革新路。

一要抓住重点，统筹谋划。紧紧围绕全面深化改革十大类42项任务和深化经济体制改革100项工作要点，统筹谋划既有年度特点、又有利于长远制度安排的改革举措，集中精力攻坚突破，确保重点改革有声势、见实效，出经验、得红利。以“三集中三到位”工作为抓手，进一步深化行政审批制度改革，着力构建以“5张清单、5个平台、5项重点改革、5大监管体系”为主的简政放权、转变职能基本框架，做到“清单之外无权力、目录之外无审批无收费”。统筹提高对行政权限的“接、放、管”水平，稳妥有序推进管理权限向镇（乡）、园区下放，确保“放得下、接得住、运转得好”，最大限度激发基层发展活力。创新行政管理制度，实现从事前审批“入门把关”转向加强事中事后监管。健全完善市行政服务中心与公共资源交易中心一体化管理模式，打造“线上线下、虚实一体”“五合一”政务服务平台。全面深化国有企业和国有资产管理体制改革，加快国投、城投等政府投融资平台转型升级和实体化改造，实现可持续发展。大力发展混合所有制经济，进一步破除制约民营经济发展的体制机制障碍，营造公平竞争的发展环境。健全完善现代市场体系，深化工商登记制度改革，鼓励支持社会力量参与事务性服务。

二要突破难点，聚力攻坚。敢于啃硬骨头、涉险滩、过深水区，以改革率先支撑发展领先。继续深化国家级重点镇、省级经济发达镇和南通市级中心镇等重点区域行政管理体制改革，进一步理顺“区镇合一”运行体制机制。加快财政体制改革，完善政府全口径预算管理体系，扎实推进财政预算公开。加大财力下倾力度，提高镇（乡）、园区财政保障运行和服务发展能力。深入推进“营改增”税制改革，不断释放改革红利。继续加大金融改革力度，加快发展绿色金融、普惠金融，支持金融服务创新，确保通过省“金融生态优秀市”复查验收。以探索文化体制改革为切入点，加快完善文化管理体制和文化生产经营机制，健全现代公共文化服务体系和现代文化市场体系。

三要打造亮点，彰显特色。大胆探索、勇于实践，全力打造深化改革“启东模式”“启东样本”。加快海域管理重点领域、关键环节改革创新，探索建立陆海规划融合体系，优化海洋资源市场化配置，统筹陆海生态环境一体化管理，推进集约节约用海。深入实施海域使用权“直通车”制度，积极稳妥推进海域使用权证换发土地证工作，切实优化用海项目审批流程，实现海域资源保值增值。积极创新港口开发投融资体制，探索构建“出资人代表—国有资产经营公司—相关控股企业”三级管理模式。深化落实医药卫生体制改革省级试点工作，加快医疗、医保、医药联动改革，着力构建“体现公益性、调动积极性、保障可持续”的医药卫生运行新机制。推动教育领域综合改革，探索建立政事分开、权责明确、规范有序的教育管理体制，推进学校法人和内部治理结构改革试点，探索教育集团化管理，加快教育现代化建设。

（二）推进陆海统筹，实现沿海开发新突破

按照省沿海开发“六大行动”部署，围绕提档升级，全面发力推进，加快打造沿海开发升级版，构筑沿海发展新优势。

一要加快推进基础建设。开展港口开发前瞻性研究，完善启东港口规划修编，加快吕四港合作开发模式研究，重点推进吕四港环抱式港池控制性规划编制和产业定位研究，协调推进南通长江北支航道工程方案研究。不断优化沿江沿海集疏运体系，积极推进启海港区北支锚地工程，加快推进环抱式港池10万吨级进港航道和东港池航道疏浚工程建设，尽快满足5万吨级海轮停靠。全面推进宁启铁路启东段建设，扎实做好吕四港区专用铁路规划研究及报批工作，加强启东至上海城际铁路进沪通道和北沿江城际铁路（沪泰宁）东延工作的跟踪对接，力争进入省、上海市及国家“十三五”铁路建设规划盘子。加快海启高速启东段建设，稳步推进345国道启东段改扩建工程和335省道吕四绕镇段项目报批进程，加快建设志圩公路、天江公路等干线公路。

二要加快推进平台打造。启东经济开发区要突出总部经济、服务外包、科技孵化三大基地和电子信息、新型能源、生物医药三大产业园建设，争创国家级经济开发区。吕四港经济开发区要全面推进以环抱式港池、渔港经济区、新材料产业园三大平台为重点的港口开发，打造上海北翼第一海港。滨海工业园要深入推进科教一体、产城融合发展，争创省高新技术产业园。海工船舶工业园要大力推进“腾笼换凤”，不断优化功能配套，打造“中国一流、世界知名”海工及重装备产业基地。江海产业园要加大苏沪合作和协调共建力度，全力推进土地收储、招商引资、首期启动区和通航产业园建设等重点工作，争创省级滩涂综合开发试验区。滨江医药化工园要提升生态建设水平，注重产业升级，积极创建生态工业园。启隆生态科技产业园要统筹推进现代都市农业和美丽乡村建设，积极打造上海北部融都市农业、生态养老、休闲旅游为一体的集聚区。圆陀角旅游度假区要以发展规划为引领，狠抓项目建设、基础配套和招商引资，打造具有国际水准的江风海韵体验基地和长三角休闲度假旅游目的地，争创省级旅游度假区。

三要加快推进项目建设。坚持用前瞻性思维、开放性眼光和战略性定位谋划招商引资，突出抓好增强招商力量、完

善招商政策等环节，进一步提高招商质效。围绕欧美、日韩、新加坡等发达国家和港台地区等重点区域，紧盯世界500强、中字头、国字号、上市企业和行业龙头企业，强化产业链、专业化和政企联动招商，重点开展“一季度上海招商会战”“双过半招商竞赛”“三季度百日攻坚”等活动，确保月月有招商活动、季季有招商攻势。各镇(乡)、园区要积极创新招商方式，走出去、请进来，多频度、高效率地开展招商活动。紧紧围绕国家、省投资导向和重大战略，坚持重点突出、适度超前的原则，因地制宜，筛选储备一批在区域经济中起带动作用的重大项目。全力推进省沿海开发“六大行动”计划中涉及启东的重大项目和重点工作，加快大唐电厂二期、华滋海工、国信热电等项目服务报批进度，力争中化新材料、东凌粮油、姚记扑克基地等项目实质性开工建设，华峰超纤、广汇能源、卓达新材料、京沪重工等项目初具形象，推动中远海工二期、太平洋海工二期、神通阀门二期等项目竣工投产。充分发挥市四套班子领导分工挂钩联系园区、推动项目建设工作机制的统领作用，切实加强要素保障，促进项目早落地建设、早投产达效。

*四要加快推进融入上海。*深入实施“对接上海三年行动计划”，全面深化与上海全方位、多层次、宽领域的合作交流。进一步发挥上海市政府研究中心启东基地作用，深化沪启合作重点课题研究，积极探索沪启产业协同发展机制、自贸区协作等重大问题的破解之策。深度学习、对接、融合、服务上海自贸区，探索可在启东复制推广的改革实践，争当对接上海自贸区“试验田”。抓住上海自贸区进一步放宽外商投资准入、推进服务领域投资自由化的机遇，在利用外资、引进技术和人才等方面分享溢出效应。着力推动江海产业园、外高桥(启东)产业园等沪启合作园区建设，加快综合保税区规划报批工作，努力在率先成为上海自贸区扩展区域的竞争中取得有利地位。全面推进与上海高校、科研院所、上海国家技术转移联盟等机构的交流合作，促进两地产业互动、创新联动。

(三)加快转型升级，构筑区域竞争新优势

按照“高轻优强”的调整思路，全力以赴增投入、兴实体、强创新、促转型，推动产业结构向中高端迈进，加快构建现代产业体系。

*一要着力提升工业经济质效。*实施“改造传统产业和培育新兴产业双管齐下”工程，利用高新技术和信息化手段，改造提升电动工具、机械电子等传统优势产业，有效拉长传统产业链条，增加传统产业增值环节。突出先导性和支柱性，遵循市场规律，强化科技支撑，全力培育发展通用航空、节能环保、海工配套等新兴产业，力争新兴产业产值在规模工业产值中的占比提高1个百分点。实施“项目推进和要素供给双重保障”工程，强化政策扶持，推动要素资源向成长性好、贡献度大的优质、优势企业倾斜，促进产能扩张、资本扩张、外延扩张，力争新培育应税销售超50亿元企业1家，应税销售净增10亿元以上企业2家、亿元以上企业20家。实施“政府扶持和自主创新双轮驱动”工程，围绕产业链部署创新链、围绕创新链完善资金链，促进科技同经济、创新成果同产业、创新项目同现实生产力、研发人员创新劳动同其利益收入“四个对接”，力争高新技术产业产值在规模工业产值中的占比提高1个百分点，全社会研发投入在地区生产总值中的占比达2.5%。完善人才流动、培养、使用、激励机制，加快培养既通科技又懂市场的复合型创新人才，广泛吸引高端型人才和领军型人才。支持企业上市融资，探索试点中小微企业场外交易市场挂牌，力争成功上市1家、“新三板”挂牌3家。

*二要着力加快现代农业建设。*坚持现代都市农业发展导向，按照“生产技术先进、经营规模适度、市场竞争力强、生态环境可持续”的要求，积极推进农业结构调整，强化龙头企业招引，加快罗斯福生态园、中国供销·启东农产品国际物流港等重大农业项目建设，持续提升农业发展水平。加快培育新型农业经营主体，积极发展“全托管”、专业大户、家庭农场、农民合作社、农业龙头企业，鼓励引导工商资本到农村发展适合企业化经营的现代种养业，力争发展国家级合作社1家、国家级农业龙头企业1家，建成示范性家庭农场省级2家、南通市级5家。加快构建现代农业产业体系，走产出高效、产品安全、资源节约、环境友好的农业发展道路。积极发展现代园艺业、畜牧业、水产业、旅游观光农业，完善农产品加工业、流通业，推进农业产业化经营，培育优势农产品品牌，加强新型农业社会化服务，促进农业生产经营专业化、标准化、规模化、集约化。全年完成项目农业投入22亿元，力争达到国家级农业园区标准1家、省级2家，建成国家级“一村一品”示范村镇1个，新增高效设施农(渔)业面积3万亩。全面提高农业物质装备和技术水平，深入实施农业综合开发，加快引导农村土地经营权有序流转，推进农村土地综合整治和高标准水利建设，强化农业科技创新，完善农业技术推广体系，加快农业生产条件和生产技术现代化。

*三要着力推动服务业提速发展。*突出服务业集聚发展，以现代物流、商贸流通、江海旅游等六大产业为重点，扎实推进天汾电动工具城、吕四港物流区、滨海科技商务区等八大集聚区建设，推动服务业提高增速、优化结构、提升层次，力争服务业增加值占地区生产总值比重提高1个百分点。加快培育新兴服务业，推动电子商务、大数据、物联网、云计算等产业融合发展，促进服务业与工农业协同发展、跨界发展、创新发展。突出服务业项目建设，加快中海阔物流、绿地新村沙、三水交汇观光带、恒大碧海金沙等50个重点服务业项目建设进度，力争全年新开工服务业项目80个，其中亿元以上项目20个，服务业投资增长25%以上。突出服务业企业培育，巩固发展“三转一上”成果，新增年销售1000万元以上重点服务业企业50家。

(四)强化一体发展，构建城乡统筹新格局

按照省新型城镇化与城乡发展一体化规划，扎实推进以人为本、四化同步、布局优化、生态文明、传承文化的新型城镇化。

*一要进一步增强中心城区的辐射力。*坚持规划引领，加快启东经济开发区、城东片区、铁路枢纽等区域控规编制，着力做好铁路站前广场规划设计，完善新城区重要地段城市设计、城区亮化专项规划，加快新城区体育中心、文化艺

术中心等重点项目规划设计。全力推进基础设施建设,加快打通世纪大道西延、丁仓港路南延等环线道路,开工建设松花江路东延、民胜路南延等主干道,完善改造和平中路、河南路等路段节点。加快西气东输(启东段)、区域供水管网及泵站建设,推进城市污水处理厂三期工程及配套管网建设。切实加快城市综合体、新城区医院、建筑产业园建设,启动灵秀公园、蝶湖景区项目建设,确保文峰大世界二期竣工验收、欣乐城商业中心结构封顶、北上海花园邻里中心投入使用。推进"智慧城市"和"数字城管"建设,加强小区物业管理,加快完善违法建筑动态监管、拆违工作推进等长效机制,提升精细化管理水平。继续完善城市园林绿地系统,确保新增城市绿地70万平方米。

二要进一步增强新型城镇的拉动力。不断明晰城镇定位,强化特色发展,构建分工合理、功能互补、特色鲜明、协同发展的新型城镇体系。吕四港镇、寅阳镇要放大全国重点镇、南通沿海开发重点中心镇的优势,因地制宜、错位发展。吕四港镇重点探索深化"扩权强镇"实施路径,充分放大地理、人文和产业等资源优势,不断激发镇区发展活力;寅阳镇重点依托特色优势产业,注重完善生产生活生态配套,拉开发展框架。北新、南阳两个南通市级中心镇和近海镇等"区镇合一"镇要做足产城融合发展文章,着力推动特色产业、优势企业、重大项目和各类发展要素快速集聚,推进农民就地城镇化。其他镇要因地制宜,明确提升重点,优化镇区环境,努力打造各具特色的现代城镇。

三要进一步增强美丽乡村的吸引力。优化乡村布局,合理规划村庄布点,推进基础设施集约建设,提升村庄公共服务水平,稳妥推进农民集中居住,建设农民幸福家园。巩固村庄环境综合整治成果,深入推进"六位一体"管理,加快建立符合乡村实际、得到农民支持、能够长效运行的村庄环境长效管理机制。围绕"水畅、水洁、岸绿、景美"目标,全面推进河道清障和生态保洁工作,确保全市行政村达标率达60%以上。注重加强对具有文化传承和地域特色村居的保护,积极做好国家历史文化名镇名村、三星级康居乡村等项目申报工作,全面抓好美丽乡村精品特色区块、精品线路建设,积极打造风情小镇,使新型城镇与美丽乡村相得益彰。

(五)保障改善民生,增进人民群众新福祉

按照"守住底线、突出重点、完善制度、引导舆论"的基本思路,像抓经济建设一样抓民生保障,像落实发展指标一样落实民生任务,努力让人民群众有更好的教育、更稳定的工作、更满意的收入、更可靠的社会保障、更高水平的医疗卫生服务、更舒适的居住条件、更优美的环境。

一要健全富民增收体系。把增加居民收入作为最大的民生实事,扎实推进居民收入倍增计划,打好拓宽增收渠道"组合拳",努力实现居民收入和经济增长同步,劳动报酬增长和劳动生产率提高同步。逐步提高工资性收入,健全工资决定和正常增长机制,加强公共就业服务能力建设,提高职业培训水平,实现更加充分更高质量的就业。努力扩大经营性收入,以创建省级创业型城市为契机,充分发挥创业带动就业倍增效应,全力推进能力提升、政策拓展、载体建设、服务改进等"创业四大行动",激发大众创业、万众创新。多渠道增加财产性收入,不断拓宽租金、股息、红利等增收渠道,有序推进农村土地登记颁证工作,赋予城乡居民更多财产权益。稳步提升转移性收入,加大低收入农户、经济薄弱村等扶贫力度,增强自我发展能力,帮助困难群体实现增收。

二要提升社会保障水平。以增强公平性、适应流动性、保证可持续性为重点,统筹推进城乡社会保障体系建设。完善社会保障制度,提升城乡居民基本养老保险一体化水平,建立城乡统一的居民基本医疗保险制度。继续推进各类社会保险提标扩面,全市城镇职工"五险"参保率、城乡居民养老保险覆盖率均巩固在96%以上。健全市镇村三级居家养老服务网络,启动市老年福利中心建设,鼓励社会力量投资兴办养老机构,全年新增床位不少于400张。按照"零过渡、零脱幅、零差距"的目标,加快改善城乡居民住房条件,确保安置房新开工100万平方米、竣工50万平方米,建设保障性住房1000套。强化社会救助托底功能,大力发展社会福利和慈善、残疾人事业。

三要加快社会事业发展。以促进教育公平、提高教育质量为重点,加快教育现代化建设,不断提升教育综合发展水平,稳步推进新城区高级中学二期、折桂中学二期等校安工程建设,确保新城区高级中学秋季启用。深化医药卫生体制改革,着力在保基本、强基层、建机制、增投入上下功夫,加快组建两大医疗管理集团,建立现代医院管理制度,全面推进分级诊疗,为群众提供安全、有效、方便、低廉的公共卫生和基本医疗服务。坚持不懈地抓好人口计生工作,争创省"十二五"人口协调发展先进县(市)。完善全程覆盖、运转高效的食品药品安全监管体系,切实保障人民群众饮食用药安全。

四要大力加强文化建设。坚持把培育和弘扬社会主义核心价值观作为凝魂聚气、强基固本的基础工程,深入阐释传播,推动内化践行,使之成为加快全面小康社会建设的强大精神动力。深化"传递正能量、共建好家园"主题活动,丰富拓展"正能量加油站"等载体,发展先进文化,创新传统文化,不断满足人民群众日益增长的精神文化需求。加快全国文明城市争创步伐,大力营造整洁优美的城乡环境,建设文明和谐的公共秩序,倡树互助友爱的人际关系,不断提升市民文明素质和城乡文明程度。加快传统媒体与新兴媒体融合发展,着力提高全媒体格局下舆论引导能力和水平。进一步挖掘培育启东特色文化品牌,加强文化资源开发利用,充分发挥抗大九分校纪念馆、张謇垦牧教育纪念馆等地域文化资源的教育引导作用。大力推进文化惠民工程,不断巩固"社区15分钟、农村30分钟文化圈""社区10分钟体育健身圈"等建设成效。

(六)建设生态文明,打造宜居宜业新环境

始终把生态文明建设贯穿于经济社会发展全过程,按照"生产空间集约高效、生活空间宜居适度、生态空间碧水蓝天"的要求,打造空气清新、水质清澈、环境清洁的美丽启东。

一要坚持生态优先,全力推进绿色发展。积极发展循环经济、低碳技术、环保产业,加速绿色发展。大力推广太阳能、生物质能等可再生能源,发展清洁能源,加快推动资源利用方式根本转变,基本形成节约能源资源和保护生态环境的产业结构、增长方式、消费模式。突出抓好饮用水源地保护,初步建立"备用水源、深度处理、严密检测、预警应急"的城市供水安全保障体系。扎实推进道路、公园、居住区和示范村绿化建设,重点实施区域造林绿化等八大工程,加大造林力度,创新管护机制,持续巩固造林成果,确保全年完成造林绿化面积4万亩。

二要注重管控并举,全面深化节能减排。围绕"十二五"总体减排目标,细化工程减排、强化结构减排、优化管理减排,刚性落实年度节能减排任务,万元GDP能耗完成南通市下达任务,年度四项主要污染物总量减排达到序时进度。深入推进化工园区生态化、循环化改造,逐步建立"技术新、效益好、能耗低、污染少"的生态经济体系。坚持铁腕治污的力度不减、标准不降、考核不松,扎实推进尾气治理、扬尘控制等工作,确保大气质量优良率继续保持在南通前列。切实加大环境监测监控力度,开展环保执法"亮剑"行动,加强对重点区域、重点行业、重点监控企业的"三重"执法检查,强势推进沿江沿河排口整治和化工、电镀企业专项整治,做到环境违法"零容忍"。

三要严格制度约束,建立健全保障机制。严格落实全市生态红线区域保护规划,强化生态空间管控和生物多样性保护,既要有立竿见影的措施,更要有可持续的制度安排,坚持源头严防、过程严管、后果严惩,治标治本、多管齐下。建立健全经济社会发展绿色评价体系和领导干部任期环境质量考核制度,强化排污权交易、生态补偿等环境经济政策杠杆作用,探索环保准入清单管理制度,以刚性约束促进绿色发展。坚持"创建为民、以创促治"的工作导向,全力做好创卫创模创生态迎检准备工作,确保通过国家级考核验收。

在完成"十二五"目标任务的同时,要认真做好"十三五"规划编制工作。在充分把握国家、省、南通发展要求和启东发展阶段、条件的基础上,加强对重点难点和关键问题的研究,合理确定下一个五年经济社会发展目标、思路和举措。坚持远近结合、拓宽视野、提高站位、创新思路,更加注重以解决长远问题的办法来应对当前挑战,使"十三五"规划更加适应时代要求、符合市情实际、反映人民意愿。要争取把一批重大项目、重大事项和重大改革纳入国家、省、南通市"十三五"规划或专项规划。

五、全面从严治党,积极开创党建工作新局面

深入践行党的群众路线,恪守"三严三实"要求,突出从严治党、思想建党、制度治党,坚持从严管班子、带队伍、抓基层、转作风,保持政治定力,树立新风正气,努力营造风清气正的政治生态和干事环境,推动形成全面从严治党新常态。

(一)严格管党主体责任

强化抓党建主角意识、主动精神,建立"四议四述"机制,真正把主体责任放在心里、抓在手中、扛在肩上,既"挂帅"又"出征",毫不动摇坚守"主阵地",躬耕不辍种好"责任田"。

一要议党建述党建。市委常委会要树立正确的政绩观,把抓好党建作为最大政绩,坚持把党建工作和中心工作同谋划、同部署、同落实、同考核;定期围绕党要管党、从严治党,交流党的思想建设、组织建设、作风建设、反腐倡廉建设和制度建设情况,切实增强自我净化、自我完善、自我革新、自我提高能力。严格执行基层党组织书记党建工作述职评议制度,进一步强化基层党建工作目标责任。各基层党委要以服务基层、服务民生、服务群众为重心,每年就执行党章、履行基层党建工作责任、完成党建重点工作等情况向市委作专项汇报。

二要议廉述廉。市委常委会要带头履行党风廉政建设主体责任,集中交流汇报党的政治纪律、党风廉政建设责任制和民主集中制等贯彻执行情况。各基层党委要切实强化班子集体责任、党组织书记第一责任、班子成员分管领导责任,每年向市委、市纪委报告落实党风廉政建设责任制、执行"八项规定"、廉洁从政等方面情况。市纪委每年对述廉对象履行党风廉政建设职责及遵守廉洁自律等情况进行民主评议。

三要议法述法。市委常委会要把法治启东建设置于经济社会发展的全局来统筹谋划、部署实施,定期交流学法用法心得,以案释法,做以"法"作则的模范。各基层党委每年要向市委报告班子和个人学法守法、重大事项依法决策、依法履行职责、维护司法部门公平正义、行政审批、行政处罚、政务公开和行政执法规范化制度建设等情况,引导党员干部时时处处以宪法法律为准绳,始终保持高度自信和坚强定力,牢记法律红线不可触、法律底线不可越,争当学法遵法守法用法的模范。

四要议事述职。市委每月召开常委市长联席会议,对项目建设、深化改革、社会治理等重点工作进行沟通交流、会商协调,积极构建谋全局、议难事、抓落实的工作机制。各级党组织每年要对照市委、市政府的各项工作要求,围绕履行部门岗位职责,全面系统地报告一年来抓发展、抓民生、抓稳定等情况,着力营造敢于担当、勇于负责、善于攻坚的好风气,打造责任心强、执行力强、感召力强的好队伍。

(二)严格学习宣传教育

以中心组理论学习为龙头,以"三带头"学习活动为抓手,以"述学评学考学"机制为保障,以"四学"为重点,造烛求明、读书求理,在全市大兴学习之风。

一要学政治理论,提高政治觉悟。党员干部要坚持把系统掌握马克思主义、中国特色社会主义理论作为看家本领,学深、悟透、用活,拧紧思想建设"总开关",补足精神之钙,拨亮信仰之灯,确保精神上不"跑冒滴漏"。以高度的自觉性和坚定性,认真、系统、深入学习贯彻习近平总书记系列重要讲话精神,在研读原文中领会要旨、在整体把握中融会贯通、在工作实践中学以致用,进一步坚定道路自信、理论自信、制度自信。

二要学党章党史,锤炼坚强党性。把学习党章党史作为人生的必修课,坚决落实党章规定的"四个服从",始终做到在党爱党、在党言党、在党忧党、在党为党。充分发挥党章规范行为、指导行动的作用,强化党章意识,自觉接受洗礼、锤炼党性,正心、正身、正行。认真学习党史、国史,全面认识和

把握我国革命、建设、改革各个历史时期创造的丰富经验，知史爱党、知史爱国、知史爱民。

三要学法律法规，培养法律思维。完善党员干部集体学法、集中考法、法制讲座、法律培训等制度，切实增强全面推进依法治市、建设法治启东的责任感和紧迫感，推动养成遵循法治精神和法治方式深化改革、化解矛盾、维护稳定的价值取向和行为模式。深入学习法律法规知识、政策规章制度，既要掌握宪法的基本知识和基本精神，又要学习管理经济、文化事业和社会事务等有关的法律法规；既对分管领域涉及的法律要“通”，又对履行职责需要的法律要“精”。

四要学道德规范，提升道德素养。树立“做官先做人，为政先立德”的理念，高度重视品德的修炼，坚守前进方向，坚守理想信念，坚守正义良知。加强社会公德、职业道德、家庭美德、个人品德和“诚信启东”建设，弘扬中华传统美德，弘扬时代新风。自觉抵御腐朽思想观念和生活方式的侵蚀，知荣辱、明廉耻，讲操守、重品行，培养健康的生活情趣，保持高尚的道德追求。建立完善惩处失德行为机制，实现道德“软约束”与制度“硬约束”有机结合。

（三）严格党内政治生活

按照“坚持、加强、创新”的要求，全面落实市委关于基层党委班子自身建设的意见精神，积极构建党内政治生活“四大平台”，始终保持政治性、原则性、战斗性，以严格的党内生活营造良好的政治生态。

一要构建思想交流平台。坚持“惩前毖后、治病救人”的原则，以坚决反对“四风”为重点，定期召开专题民主生活会，着力把民主生活会开成征求意见会、分析问题会、沟通思想会、明确方向会。按照“团结—批评—团结”方针，坚持用好批评和自我批评这个利器，互相提醒、互相帮助、共同提高，不断清除党内政治“灰尘”和政治“微生物”。

二要构建组织沟通平台。严格执行民主集中制，全面落实“三会一课”、党性定期分析、民主评议、党员领导干部参加双重组织生活等制度，引导党员干部正确对待组织，自觉防止个人凌驾于组织之上。认真做好民主评议党员工作，严格执行“双评一定一公示”制度，帮助党员正确认识自己，发扬成绩，克服不足，保持先进。

三要构建党员互动平台。以交流思想、消除隔阂、凝聚共识为出发点，采取双向互动、一对一、面对面等方式，经常性、多层次地开展谈心谈话活动，真正把问题谈开、思想谈深、意见谈好，切实做到思想认识“上得去”、突出问题“摆得出”、剖析原因“讲得透”、整改措施“过得硬”。党员领导干部要主动接受党员、干部和群众的约谈，虚心听取意见，真诚互动交流。

四要构建党群连心平台。大力实施“凝聚力工程”，坚持常委包片、市长包线等工作制度，建立完善基层党组织“统一活动日”、党员干部直接联系群众等制度，常态化开展“三解三促”活动，引导党员干部深入基层、走进群众。大兴求真务实之风，主动到发展困难多、民生难题多、社会矛盾多的地方去，帮助基层实施一批事关长远发展的重点项目、破解一批制约现实发展的关键难题、推进一批关乎群众切身利益的民生实事。

（四）严格党员干部管理

全面从严治党，关键在从严要求党员干部。要以“四严”要求整歪风扬正气，使党员干部心有所畏、言有所戒、行有所止。

一要以严的标准选拔干部。以中央新修订的干部任用条例作为选拔任用干部的基本遵循，大力培养选拔信念坚定靠得住、为民服务有本领、勤政务实敢担当、清正廉洁有正气的人，真正做到按标准定取舍、凭德才选贤能。坚持把德放在首位，先看本色、再看本事，突出德在干部标准中的优先地位和主导作用。细化干部工作选拔任用操作规程，研究制定干部动议、推荐、测评等环节操作办法，在改进干部考核评价、年轻干部选拔培养等工作上积极探索实践，建立形成系统完备、科学规范、有效管用、简便易行的选人用人机制，着力解决“四唯”问题，坚决杜绝“带病上岗”“带病提拔”等现象。

二要以严的要求培养干部。实施干部能力素质提升工程，以党性教育和道德教育为重点，加强干部教育培训。建立健全更加科学的考核评价体系，促进领导干部树立正确的政绩观，形成比干劲、比实绩、比贡献的浓厚氛围。更加注重在实践中历练干部，有计划地选派年轻干部到招商引资、信访维稳等岗位锻炼，安排参与重大工程、中心工作。切实加强警示教育，把警示教育作为党员干部的必修课、常修课，突出抓早、抓小、抓苗头，让广大党员干部受警醒、明底线、知敬畏，主动在思想上划出红线、在行为上明确界限，敬法畏纪、遵规守矩。

三要以严的措施管理干部。继续以“钉钉子”的精神抓好中央八项规定的贯彻落实，按照“管理要全面、标准要严格、环节要衔接、措施要配套、责任要分明”的要求，做到要求严、措施严，对上严、对下严，对事严、对人严，使八项规定成为每个党员干部的“紧箍咒”，不出格行事，不越位用权。巩固拓展党的群众路线教育实践成果，建立系统完备、务实管用、执行有力的作风建设长效机制，深入开展正风肃纪专项治理，防止出现回潮反弹，真正让好作风内化为信念、外化为习惯、固化为制度。建立健全领导班子和领导干部日常分析研判制度，全面、准确、及时地掌握班子运行状况和干部表现。常态化执行领导干部个人有关事项报告制度，建立健全领导干部个人有关事项抽查核实办法，进一步强化干部监督管理。

四要以严的纪律约束干部。继续保持严惩腐败的高压态势，做到零容忍的态度不变，猛药去疴的决心不减，刮骨疗伤的勇气不泄，严厉惩处的态度不松。不断加大查办案件力度，“治病树、拔烂树”，积极推进查办腐败案件体制机制改革，加强案件查办工作信息化建设，坚决做到有案必办、有腐必反。严格贯彻执行市委《关于落实党风廉政建设党委主体责任、纪委监督责任的实施意见》，认真落实党委8大主体责任、领导班子成员6大主体责任、纪委7大监督责任和6项保障措施，积极争创干部清正、政府清廉、政治清明的“三清”示范区。

（五）严格基层基础建设

突出“四抓”重点，以服务型党组织建设引领基层党建工作,使党的基层组织真正成为服务群众的主阵地、联通党群干群关系的主干线、凝聚党心民心的主渠道。

一要抓队伍,提升科学发展本领。选优配强基层党组织带头人,加强教育培训锻炼,建设服务意识强、服务作风好、服务水平高的领导班子。深化村党组织书记星级化管理,打造一支守信念、讲奉献、有本领、重品行的村党组织书记队伍。持续抓好薄弱村(社区)党组织转化提升工作,选派善于抓班子、抓党建的"第一书记"直接联系帮扶,加快转化提升步伐。深入实施基层党建"双百"引领工程,大力培育和选树一批先进典型。认真贯彻执行《中国共产党发展党员工作细则》,把质量作为发展党员工作的生命线,坚持标准,把好发展党员入口关,从源头上保持党员队伍的先进性和纯洁性。

二要抓服务,提升教育引导水平。坚持把推进基层党建工作与服务群众结合起来,从推动理念提升、功能转型、方式创新入手,不断提升服务发展、服务民生、服务群众、服务党员的能力本领。完善在服务中教育引导群众工作机制,开展"牵手连心"工程、机关企业与村党组织结对共建、"两新"组织党群共建、党员承诺等活动,健全寓教育、引导、凝聚、服务于一体的群众工作网络,在为民服务中引领群众听党话、跟党走。

三要抓机制,提升群众工作能力。以需求、问题、民生为导向,坚持解决实际问题与建立长效机制并重,创新集中民智、汇聚民意的制度框架,推动群众工作规范化、常态化、长效化。始终将"三强化三提升"工作机制作为夯实基层基础主线,深化完善民情分析会、"三议"工作法、"四诊"专家库等工作制度,积极创新群众工作体制机制。健全法治、德治、自治相结合的基层治理机制,进一步把精力向基层集中、力量向基层加强、政策向基层倾斜,切实加强基层、打牢基础、固本强基。

四要抓阵地,提升为民服务功能。坚持建、管、用并重原则,以党建阵地、法治文化阵地等为平台,积极推动农村、社区党组织服务阵地建设,巩固健全"一委一居一监一办一站"综合服务管理平台,真正使基层服务阵地成为党员民主决策的"议事厅"、服务群众的"连心桥"、矛盾纠纷的"调解器"。拓展提升市政务中心和镇(乡)、街道便民服务中心功能,畅通为民服务渠道。采取手机报、QQ群、微博、微信、微课堂等形式,加强与城乡社区网民的互动交流,及时主动回应社会和群众关切,不断拓展基层党建工作网络阵地。

同志们,新常态孕育新机遇、当有新作为。让我们紧密团结在以习近平同志为总书记的党中央周围,在省委、南通市委的正确领导下,团结一心,锐意进取,扎实工作,顺应新常态、谋求新跨越,奋力谱写全面小康社会建设新篇章,为建设经济强、百姓富、环境美、社会文明程度高的新江苏做出更大贡献!

(市委办)

政府工作报告

——2015年1月15日在启东市第十六届人民代表大会第四次会议上

黄卫锋

各位代表:

现在,我代表市人民政府向大会作工作报告,请予审议,并请市政协各位委员和其他列席人员提出意见。

2014年工作回顾

刚刚过去的2014年,是启东在建设全面小康社会征程上锐意改革、攻坚突破、奋力前行的一年。面对复杂多变的宏观形势,我们在市委的正确领导下,在市人大、市政协的监督支持下,团结和带领全市人民,积极应对各种困难和挑战,统筹做好改革发展稳定各项工作,较好完成全年目标任务。一批事关启东长远发展的大事要事取得突破性进展,一类口岸开放获国务院批复,宁启铁路启东段开工建设,南通大学启东校区招生启用。启东在全国县域基本竞争力百强县(市)中排名升至第37位,列中国中小城市综合实力百强第43位。

一、调结构谋转型,经济运行稳中有进

2014年,全年预计(下同)实现地区生产总值722亿元,比上年(下同)增长11%。完成财政总收入168.4亿元,增长20.7%;其中一般公共预算收入67.25亿元,增长14.9%。全社会固定资产投资480亿元,增长18%。社会消费品零售总额287亿元,增长12.3%。城镇居民人均可支配收入31700元,农村居民人均可支配收入16760元,分别增长9%、11%。

工业经济提质增效。落实扶持政策,推动转型升级,全年实现规模工业产值1500亿元,增长10%。加快产业集聚发展,五大产业集群、新兴产业分别完成产值880亿元、555亿元,分别增长16%、18.6%。突出培优扶强,新增规模企业24家、亿元企业30家、应税销售2000万元以上新增长点企业71家。支持韩华新能源、东成工具等企业引进新技术、新工艺、新设备,完成工业技改投入156亿元。提升工业经济运行绩效,每度电产生的应税销售、入库增值税分别达33.4元、1.2元,列南通各县市第一。建筑业总产值突破800亿元,南通二建继续保持省建筑企业综合实力第一,跃升至中国500强企业第308位。

现代服务业加速发展。突出项目建设,狠抓质量提升,全年实现服务业增加值290亿元,增长12%,占地区生产总值比重超过40%。完成应税销售370.2亿元,增长26.9%;实现入库税收33.7亿元,增长20%,增幅列南通各县市第一。新开工亿元以上服务业项目17个,文峰二期、绿地新村沙、协兴港综合开发等项目加快建设,圆陀角景观大道完成设计。维护金融生态环境,妥善处置金融风险,省金融生态市排名提升6位。

现代农业稳步推进。坚持政策惠农、科技兴农,促进农业增产增效,带动农民增收,全年实现农业总产值122亿元,新增扩建农业项目208个、高效农业面积13.3万亩。实现农产品出口额1亿美元,位居南通各县市前列。启东现代农业产业园初具规模,中国供销农产品物流项目开工建设。完成土地确权登记试点工作,新增规模流转土地4.8万亩。鼓励发展村级集体经济,薄弱村扶持项目基本建成。大力培育新型经营主体,建成省级家庭农场2家、南通市级家庭农场5家。海洋渔业加快发展,远洋渔业全省领先。

二、攻项目夯基础,沿海开发纵深推进

项目建设持续强化。开展重点工作"听看考"活动,落实市领导挂钩园区工作机制,完成工业投资310亿元,增长14%。广汇能源、宏华海洋、神通能源装备等超10亿元项目加快建设,林洋光伏、丰益日化、西西艾尔等超亿元项目竣工投产,列入省沿海开发"六大行动"计划的30项重大项目和重点工作推进顺利。强化要素保障,积极争取上级扶持资金9.6亿元、用地指标2300多亩。

平台载体加快建设。全市八大园区完成基础设施投资40.7亿元,园区承载能力有效提升。启东经济开发区在省级开发区综合评价中名列第三。吕四港环抱式港池进港航道基本完工,渔港经济区品牌体验馆、海鲜一条街完成规划设计。滨海工业园教育、商业等配套功能有力提升,博士创业园入驻科研机构10家。滨江医药化工园深入开展环保、安全专项整治,实施污水处理厂提标改造工程。海工船舶工业园中心功能区加快建设,西功能区人才公寓、商业街全面开工。江海产业园规划展示馆开工建设,通航产业园通用机场报批有序推进。

科技创新步伐加快。推进创新型县市建设,创新能力持续增强,实现高新技术产业产值682亿元,占规模工业产值45.5%;全社会研发投入占地区生产总值比重达2.4%。科技成果加速转化,实施产学研合作项目168个,新增国家火炬计划重点高新技术企业3家、省高新技术企业43家。孵化器面积增至45万平方米,在孵企业272家,新增省级各类企业技术创新平台16个。人才工作南通领先,引进高层次创新创业人才134人、国家"千人计划"专家5人、省"双创计划"人才5人。

三、拓路径求突破,改革开放循序而进

重点改革稳妥推进。加快转变政府职能,大力推进简政放权,建立公布"5张清单",取消、整合行政审批事项247项,全面取消非许可行政审批;向北新、近海、寅阳三镇下放事权196项;推进城市管理、环保执法向基层延伸;工商注册登记便利化改革全面实施。机构改革顺利完成,部门职责有机整合。完善国有资产监管运营机制,国投公司、城投中心市场化运作。实施镇乡、园区财税体制改革,新增财力更多向基层倾斜。强化政府投资建设项目管理,公共资源交易管理水平有效提升。教育、卫生、文化等社会领域改革扎实推进。

对外开放力度加大。成功举办国际经贸洽谈会、科技节,开展港口开发、城市建设、新兴服务业、现代农业等专题招商,组织招商突击月活动,全年新签约亿元以上项目72个,达成意向投资568亿元;振华重工、华滋海工、卓达新材料、大富豪精品黄酒等一批重特大项目成功落户。稳定对外贸易发展,实现进出口总额30亿美元,其中出口总额22.5亿美元。外经合作态势良好,完成对外承包劳务营业额5亿美元。

对接上海深度融合。"139"工程课题研究形成最终成果,上海市人民政府发展研究中心启东基地正式揭牌。持续推进沪启园区合作,积极承接上海产业转移,与上海祝桥、桃浦等地区建立合作关系,全年引进上海企业32家,总投资105亿元。强化与上海高校、科研院所的合作对接,与华东理工大学共建功能材料产业研究基地,与上海电机学院签订全面合作协议。加快沪启旅游合作,在沪旅游营销力度不断加大。抓好面向上海"菜篮子"工程,新增直供基地32家、配送中心6家。

四、抓统筹重融合,城乡建设协调并进

城市功能不断提升。完善城市规划体系,供热、排水等专项规划完成编制,蝶湖片区、创新型经济园等重要节点完成设计。城市环线路网基本形成,华石北路、和平北路、中央路西延等6条道路全线贯通,丁仓港路南延、江海路南延、世纪大道西延等19条道路加快建设。城市景观不断美化,丁仓港滨河公园向市民开放,3个高速出入口环境提档升级,新增游园节点3个。城市配套功能得到加强,3个农贸市场完成升级改造,新增公共停车泊位1280个,10座排水涵闸和泵站完成建设,疏通管网120公里。开展城市环境综合整治"951"行动,数字城管全面启动,重点路段市容秩序有效规范。吕四港镇、寅阳镇入选全国重点镇。

基础设施日趋完善。宁启铁路启东段、海启高速启东段开工建设,临海高等级公路竣工通车,通吕运河、头兴港河护岸工程基本完工,连兴港闸外迁工程开工建设。公交智能平台投入使用,新增优化公交线路10条,城东客运站启用。城市污水处理厂三期主体工程完工,新增污水管网32公里。完成干线公路亮化62公里、农村公路安保达标工程1000公里,改造险危桥梁129座。继续实施高标准农村水利建设,疏浚横河、民沟3100条。

生态环境显著改善。制定生态文明建设规划和生态红线规划,村庄环境整治通过省级全域验收,创卫通过国家级验收,创模创生态顺利推进。实施"清水工程"三年行动计划,加快推进污水集中处理、城乡河道畅通等工程,水环境质量明显提升。大力开展大气污染防治,空气质量指数列南通各县市第一。深入实施打击环境违法行为"亮剑行动",强势推进区外化工、电镀行业专项整治,依法关停并转企业24家。节能减排完成上级下达任务。实施十大造林绿化工程,新增造林面积7.8万亩、城镇绿地面积77万平方米,列南通各县市第一;省级园林城市创建通过验收。

五、强保障促稳定,民生福祉持续增进

民生实事顺利实施。十大类33项为民实事项目基本完成,全年民生投入占公共财政支出比重达69.4%。完善社会保障体系,城乡低保标准分别提高12.5%和15.6%,企业退休人员基本养老金标准提高10%,城乡基础养老金发放24.2万人。开工建设安置房115万平方米,竣工56万平方米,交付5440套。养老服务体系不断完善,养老服务标准化试点通过国家级验收,建成各类养老机构9家,新增床位949张。

社会事业协调发展。优化配置教育资源,促进教育公平、均衡发展,组建19个教育共同体,439名教师双向流动,向困难学生发放生活补贴938万元。汇龙中学通过省四星级高中验收,市第一中学、滨海实验学校等工程推进顺利。医药卫生体制改革全省先行先试,药品零差价销售全面实行,新农合住院医药费补偿3.1亿元,11.7万人次受益;人民医院、中医院分别晋升三级综合医院和三级中医医院。张謇垦牧教育纪念馆和抗大九分校纪念馆等修缮完成。"起舞东疆""村村乐"等群众文体活动蓬勃开展,参与承办环太湖、环崇明岛国际公路自行车赛。单独二孩政策全面实施。

社会治理不断创新。率先探索"三强化三提升"工作机制,深入开展"五大专项行动",着力夯实社会治理基础。"12345"公共服务热线高效规范运行,受理各类事项26万件。加强平安启东建设,依法打击违法犯罪,公众安全感进一步提升。完善社会稳定风险评估、矛盾纠纷常态化排查机制,有序开展"政社互动"试点工作,推进社会矛盾多元化调解。深入开展安全生产"七打七治"专项行动,全力推进连兴港港区安全隐患整治,全市安全生产形势保持平稳。

六、转作风提效能,政府自身建设与时俱进

一年来,我们深入开展党的群众路线教育实践活动,认真落实加强自身建设的各项规定,政府效能进一步提升。完善政府行政决策机制,加大政府信息公开力度,全力推行行政机关主要负责人行政诉讼出庭应诉制度,法治政府建设步伐加快。自觉接受市人大及其常委会的法律监督和工作监督,主动接受市政协的民主监督,认真办理人大代表建议206件、政协委员提案239件。深化"三集中、三到位"工作,推行"三个一"联合审批服务机制。严格控制行政成本,机关事业单位一般性支出进一步压减。落实党风廉政建设责任制,强化行政监察和审计监督,政府系统廉洁自律意识进一步增强。

各位代表,过去一年,各项成绩的取得,得益于市委的正确领导,离不开市人大、市政协的监督支持,凝聚着全市广大干部群众的智慧和汗水。在此,我代表市人民政府,向各位人大代表和政协委员,向全市工人、农民、知识分子、离退休老同志,向驻启部队指战员、武警官兵、公安干警和所有关心支持我市现代化建设的海内外朋友,致以崇高的敬意和衷心的感谢!

在肯定成绩的同时,我们也清醒认识到,前进道路上还有不少困难和问题。主要有:部分经济指标增幅回落,财政收支平衡压力加大;重大项目储备不足、推进不快,新兴业态发展不够,中小企业转型力度不大;中心镇、重点镇建设亮点不多,城乡建设和管理有待加强;公共服务水平与多样化民生诉求还不相适应,政府服务效能还需不断提升,等等。对这些问题,我们将高度重视,切实有效加以解决。

2015年工作目标任务

2015年是全面深化改革的关键之年,是全面推进依法治国的开局之年,也是全面完成"十二五"规划的收官之年。综观当前宏观形势,世界经济仍处在国际金融危机后的深度调整期,而我国经济发展进入新常态,总体向好的基本面并没有改变。我们必须充分认识到,长三角一体化、江苏沿海开发等国家战略从实施到深入,"一带一路"、长江经济带等重大战略从布局到强化,上海自贸区建设从启动到扩张,正在重塑区域发展新动力,重构区域经济新版图。新常态、新形势下的经济发展和政策导向,对于身处多重战略交汇点的启东,将更有利于资源优势的发挥,更有利于发展空间的拓展,更有利于综合竞争力的提升。只要我们主动有为、积极引领新常态,努力做到观念上适应、认识上到位、方法上对路、工作上得力,就一定能推动各项工作迈上新台阶。

2015年政府工作的指导思想是:全面贯彻党的十八大和十八届三中、四中全会精神,以邓小平理论、"三个代表"重要思想、科学发展观为指导,深入落实习近平总书记系列重要讲话精神和对江苏工作的最新要求,按照中央、省、南通和启东市委的决策部署,坚持稳中求进、改革创新,顺应新常态、谋求新跨越,统筹做好稳增长、调结构、促改革、强法治、重生态、惠民生等各项工作,保持经济持续健康发展与社会和谐稳定,谱写全面小康社会建设新篇章。

全市经济社会发展的主要预期目标是:地区生产总值增长10%左右,一般公共预算收入增长10%以上。全社会固定资产投资增长16%左右,社会消费品零售总额增长13%左右,外贸进出口总额增长10%左右。城镇和农村居民人均可支配收入分别增长9.5%、11%左右。城镇登记失业率控制在3%以内。全社会研发投入占地区生产总值比重达2.5%。万元地区生产总值能耗下降、主要污染物减排完成上级下达任务。

围绕上述指导思想和主要目标,我们将正确处理好"四个关系":正确处理好总量与质量的关系,壮大规模、提升效益。坚持做大产业与做强企业并进、扩张总量与转型升级并重、培育新兴产业与淘汰落后产能并行,加大招商引资、项目建设力度,加快创新发展、特色发展、集聚发展,集中所有力量,汇聚一切要素,构筑大载体、突破大项目、培育大产业,推动启东经济行稳致远。正确处理好政府与市场的关系,勇于突破、锐意改革。发挥市场在资源配置中的决定性作用,在改革的重点领域、薄弱环节和关键节点上对症下药、科学施策,力争出台一批政策意见、形成一批实践成果、积累一批试点经验,以改革任务的落地见效提升启东发展的能级水平。正确处理好发展与惠民的关系,改善民生、普惠百姓。坚持民生优先、生态宜居、节约集约的价值追求,尊重发展规律，顺应群众意愿，既积极作为，又量力而行，扎扎实实，久久为功，统筹做好教育、医疗、环境等民生领域工作，努力建设群众受益、百姓认可的全面小康社会。正确处理好作风与效能的关系，依法行政、务实高效。坚持依法行政，加快转变政府职能，加大简政放权力度，规范行政权力清单，优化行政审批流程，着力打造理念最新、手续最便、服务最好、效率最高的发展环境。

工作中，着重抓好七个方面：

一、突出质量效益，在产业结构优化上求突破

坚持不懈调结构，脚踏实地促转型，扩大有效增量，提升优质存量，全力打造启东经济升级版。

调优调强主导产业。全力支持实体经济发展，推进产业提档升级、企业做大做强，努力实现更高质量、更有效益的增长。强化制造业支撑。继续推进五大产业集群发展，全力培育通用航空、海工配套等新兴产业，制定激励扶持政策，支持企业扩大投入、开拓市场，推动产业向集约化、高端化、链条化方向发展，规模工业产值增长10%以上。新培育应税销售超50亿元企业1家、超10亿元企业2家、超亿元企业20家。扶持中小微企业发展，新培育规模企业30家。放大建筑业传统优势，推进建筑企业转型发展，加快打造建筑企业总部基地。加快服务业发展。推进中海阔物流、绿地新村沙、香河爱晚等重点服务业项目建设，服务业增加值增长11%，占地区生产总值比重提高1个百分点。围绕产业链条的整合优化，重点发展第三方物流、融资租赁、商务服务等生产性服务业，新增年销售1000万元以上服务业企业50家。谋划旅游发展思路，打造重点旅游板块和节点，黄金海滩完成升级改造，圆陀角景观大道、恒大碧海金沙、“江海人家”乡村游项目建成开放，真正让启东旅游形得成线、留得住人。

培育发展新兴业态。积极顺应新一轮产业变革浪潮，主动强化“互联网思维”，努力提升产业发展层次。下大决心推动数字信息产业发展。推进“智慧城市”建设，完善信息产业发展规划和配套政策，依托创新型经济园、国动产业园、博士创业园等平台，大力发展电子商务、智能机器人、互联网金融、云计算等“智造”业态，不断催生新产业、新技术、新模式。加大信息基础设施建设，全市网络出口带宽增至300G。探索发展“工业4.0”经济，推进“信息化、产业化”深度融合，引导支持企业进行技术创新、产品创新、商业模式创新，以产业信息化带动传统产业提档升级，全年技改投入175亿元，新增省级“两化融合”试点企业3家。

推动现代农业建设。加快转变农业发展方式，大力培育农业园区、农业企业、家庭农场等多种经营主体，新增省级示范家庭农场2家、南通市级以上“全托管”经营主体50家，新增省级以上龙头企业2家、高效设施农业面积3万亩。启东现代农业产业园创建国家级农业园区，中国供销农产品物流项目加快建设。启动土地确权登记颁证工作，建立农村产权交易平台，引导土地经营权有序流转，积极发展适度规模经营。更加注重耕地保护，切实提升土地产出效益。加快提高农业装备和技术水平，深入开展高标准农田建设；着力培养一支有文化、懂技术、会经营的新型农民队伍。

二、突出沿海开发，不断壮大园区综合实力

贯彻落实省沿海开发“六大行动”计划，继续保持沿海开发良好态势，努力促进沿海产业集聚发展、平台能级提升。

全力攻坚重大项目建设。牢固树立项目为王理念，真正使项目建设成为区域发展的重中之重。实施“双百工程”，新开工亿元以上项目100个、10亿元以上项目10个，竣工亿元以上项目30个，全年工业投资增长12%左右。加快推进重特大项目建设，中远海工二期、太平洋海工二期、神通能源装备等项目竣工投产，京沪重工、华滋海工、胜狮二期、国信热电等项目加快建设，大唐电厂二期项目力争完成报批。积极推进用海项目报批和农村土地综合整治，更加注重土地节约集约利用。大唐电厂改接线工程、沿海变、惠阳变竣工投用。

推动吕四港产业发展。按照“招引大产业、疏浚大航道、加快大配套”的思路，抓紧完善环抱式港池功能区划和产业定位研究，加快港区铁路规划设计，推进10万吨级航道疏浚工程，打造上海北翼第一海港。探索港口共建共享、合作开发模式，着力招引能源石化、重型装备、粮油加工、冷链物流等一批单体规模超50亿元的临港产业项目，全力推进华峰超纤、广汇能源、卓达新材料、东凌粮油等重大产业项目。积极发展海洋渔业，吕四港海上旅游试验区加快建设，渔港经济区水产品交易市场开工建设，渔需物资等配套项目基本完工，品牌体验馆、海鲜一条街等项目建成开放。

提升平台载体实力。牢固树立园区主阵地、主战场意识，举全市之力抓好园区建设，推动资源向园区集中，项目向园区集聚，不断提高园区对全市经济的贡献份额，八大园区财税收入、工业应税销售占全市比重分别超过80%、70%。全力开展产业链招商，加快项目建设进程，八大园区落户10亿元以上项目10个，工业投资占全市比重超85%。狠抓功能配套和环境整治，不断提高产业承载力，推动重点园区提档升级，启东经济开发区争创国家级经济开发区，滨海工业园争创省级高新技术产业园，海工船舶工业园打造“中国一流、世界知名”海工及重装备产业基地，江海产业园创建省级滩涂综合开发试验区，滨江医药化工园创建生态工业园，启隆生态科技产业园打造都市农业、生态养老、休闲旅游集聚区，圆陀角旅游度假区争创省级旅游度假区。充分利用一类口岸优势，加快综合保税区申报，搭建对外开放新平台。

三、突出改革开放，激发内生动力和市场活力

围绕重点领域、紧扣关键环节，最大限度释放改革红利，积极主动对接上海，构建充满活力、富有效率的发展环境。

深化重点领域改革。围绕全面深化改革十大类42项任务和深化经济体制改革100项工作要点，大胆探索、勇于实践，推动改革举措落地见效。坚持市场化思维，积极推进政府与社会资本合作，吸引社会资本进入基础设施和民生工程建设领域。抢抓股票发行注册制改革机遇，鼓励引导企业上市，力争上市1家、“新三板”挂牌3家；支持中小企业利用集合债、私募债、短期融资券等方式直接融资。探索建立陆海规划融合体系，强化海域资源市场化配置。主动适应财税改革新趋势，强化收支管理，加快建立现代财政制度，政

府预决算、“三公”经费向社会公开。注重绩效评估,更好地发挥政府专项资金作用;建立产业发展基金,探索运用股权投资、风险补偿、贷款贴息等方式支持经济发展、转型升级和科技进步。深化教育、卫生、文化等领域改革,提供高效优质公共服务。

更大力度推进招商选资。围绕“狠抓重大项目、抢抓创新项目、善抓链条项目”,把专题招商、企业招商、定点招商作为重要方式,专注上海外迁企业群,瞄准港台地区、日韩、新加坡等外资密集区,紧盯北京央企聚集区,锁定长三角、珠三角民资富集区,高频率、高效率开展招商引资活动,全年开展各类招商活动15场次,实现注册外资到账3亿美元以上,引进总投资超千万美元项目20个、超亿美元项目2个。加大项目跟踪督查考核力度,提高项目落户转化率。全力稳定外贸增长,鼓励更多企业走出去拓展国际市场,提升外经合作水平。

加快融入上海步伐。充分把握上海新一轮城市总体规划修编的机遇,全力对接上海自贸区,努力实现借力发展。强化交通对接,加快推进启东至上海城际铁路进沪通道的前期研究,跟踪对接北沿江城际铁路东延工作,力争进入省、上海市及国家“十三五”铁路规划。强化产业对接,开展与上海产业功能区的合作发展,积极承接上海高新技术产业化项目、优质制造业外迁项目和国家战略产业配套项目;加强与上海信息产业的分工合作、为上海信息产业提供后台服务。加大沪启合作园区开发力度,推进罗斯福生态园、通航产业园等沪启合作项目建设。继续做好科技、教育、人才、卫生等领域对接上海工作,放大沪启同城效应。

四、突出科技创新,有效提升核心竞争力

坚持创新驱动发展战略,推进省创新型县市建设,努力营造创新活力竞相迸发的浓厚氛围。培育企业创新主体。强化科技与经济、成果与产业、项目与企业、人才与发展对接,完善政策环境,鼓励和引导企业加大技术创新投入力度,全社会研发投入占地区生产总值比重达2.5%;高新技术产业产值突破750亿元,省高新技术企业超过100家;实施产学研合作项目80项,重点科技成果转化项目10个;新增省级技术中心5家。推进国家知识产权示范市建设,万人发明专利拥有量突破10件。完善创新服务平台。瞄准产业链部署创新链,强化共性技术研发与服务,探索建立海工装备、电动工具等产业技术研究平台。充分发挥中科院启东光电遥感中心、南通大学启东校区和华东理工大学启东研究基地的人才、科技优势,合力推进区域科技创新创业平台建设,更好地服务于启东经济社会发展。提升孵化器运行水平,新增孵化器面积5万平方米。创新科技金融体制机制,打造多元化的科技创新投融资体系,实现科技与资本的紧密结合,鼓励引导各类创投风投、股权基金投向科技型企业。集聚创新创业人才。构建梯度清晰、层次分明的引进培养体系,健全科学合理、有效实用的考核评价机制,营造人尽其才、才尽其用的制度环境,引进高层次人才350人,其中“千人计划”专家5人、省“双创计划”人才5人。注重职业教育发展,为产业转型提供高素质技术人才支撑。

五、突出统筹发展,扎实推进城镇化建设

按照城市出形象和乡镇创特色的要求,拉开城市框架、完善城乡功能、建设美丽乡村,努力打造宜居、宜业、宜游的滨江临海城市。

着力提升城市品质。加强城市规划设计,深化城市空间、文化元素、配套功能、道路畅通及绿化、美化、亮化等专题研究,编制完善滨江片区、铁路枢纽等9个区域规划;加快蝶湖片区、灵秀公园等景观工程建设,完善文峰二期、大润发等商业配套,改造修缮老城区排水防涝、消防配套等市政设施,推动新城区早出形象、老城区有机更新。优化城市交通结构,打通丁仓港路南延、世纪大道西延、西苑路南段等城市环线,改造民乐中路、河南东路、建设中路等道路节点,开工建设一批新城区道路;合理布局一批停车场,加大交通违法行为整治力度,提高城市道路通行能力。深化城市环境综合整治“951”行动,推进市容秩序、控违拆违等专项整治活动,着力提升城市管理效能和水平。

完善城乡基础设施。全力加快宁启铁路启东段、火车站、物流枢纽等工程建设。海启高速启东段、志圩公路中段、天江公路、永兴路东段等加快推进,启动东惠公路前期工作。再实施1000公里农村公路安保工程,完善重点道路安全设施。鼓励市民绿色出行、低碳出行,新增城区公共自行车网点15个;优化调整公交线路,试点开通镇村公交,开工建设滨海工业园客运站。连兴港闸外迁工程竣工,协兴港码头、路网等配套工程基本完工。推进高标准农村水利设施建设,启动长江堤防提标工程。

推进新型城镇建设。围绕各具特色、宜业宜居、充满活力的新型城镇建设目标,吕四港镇深入挖掘千年古镇文化资源,打造“一港一城、一核两轴”的功能布局;南阳、北新突出功能完善、产业提升,放大政策效应,在南通中心镇建设中争先进位;寅阳、近海、惠萍着力推进产城融合,提升承载园区配套服务能力;合作、王鲍、海复、东海加快人口集聚,注重特色发展,优化镇区环境,全面提升城镇建设水平。实施“五整治五提升”工作,着力改善镇容镇貌,优化人居环境。

六、突出民生优先,推动人民生活幸福美好

坚持民意导向、需求导向、问题导向,保基本、兜底线、促公平,让发展成果更好地惠及于民。

加快社会事业发展。推进教育现代化建设,市第一中学秋季开学启用,全市中小学校舍安全工程基本完工,扶持学前教育,关心特殊教育,让每一个孩子都能得到良好发展。深入推进医药卫生体制改革,组建两大医疗集团,破除以药补医机制,规范分级诊疗制度,努力为全省医改探索新路、提供示范;对在基层医院住院的低保、五保户及农村70周岁以上老人实施基本药物全免费。人民医院病房大楼主体工程完工,第三人民医院病房大楼竣工投用。大力发展文化体育事业,广泛开展群众性文体活动。强化国防教育,深化双拥共建。

健全社会保障体系。更大程度普惠民生,提高社会保障统筹层次和水平,城乡居民养老保险覆盖率达96%以上,基础养老金发放实现全覆盖,全面实施大病医疗保险,逐步提高财政补助标准,稳妥推进新农合和城镇居民医保并轨。加大安置房地块动迁力度,开工建设安置房100万平方米,竣

工 60 万平方米,交付 6000 套,让更多群众早日迁入新居。鼓励发展社会化养老,提升居家养老水平,启动市社会福利中心建设。继续完善社会救助体系,广泛开展社会捐赠、扶贫济困等慈善活动,保障困难群众基本生活。

提高社会治理水平。强化基层基础建设,完善综合服务管理,90%的城市社区、80%的农村社区达到省级和谐社区标准。全面推行“政社互动”,引导广大群众依法有序参与社会管理。深化平安启东建设,完善社会治安防控体系,全力维护社会稳定;加大工程建设、食品药品等领域违法犯罪行为的打击力度,维护公平公正的市场秩序。加大社会矛盾调处力度,把信访纳入法治化轨道,严格依法依规化解矛盾纠纷。完善司法救助制度,不断扩大法律援助覆盖面。贯彻落实新《安全生产法》,强化源头监管,消除安全隐患。健全应急管理机制,切实提高应对处置能力。

提升社会文明程度。深入挖掘“辟我草莱、启吾东疆”的文化精髓,丰富拓荒者团结、勇敢、自信的时代内涵,提升凝聚百万启东人的归属感、认同感、自豪感,形成奋发向上、共建美好家园的生动局面。积极培育和践行社会主义核心价值观,深化“传递正能量、共建好家园”活动,加快全国文明城市创建,完善社会信用体系建设,广泛开展道德模范、启东好人、最美人物评选,推动志愿服务常态化。不断完善公共文化服务体系,加大文化资源开发整合力度,突出重大文化项目招引,推动文化产业繁荣发展。

七、突出生态文明,着力提高可持续发展水平

顺应人民群众对良好生态环境的期待,严守生态红线,采取有效举措,促进生态环境持续改善。强化环境治理。全面落实新《环保法》,坚持源头严防、过程严管、后果严惩,有效解决群众反映强烈的环境问题。切实加强大气污染防治,保持良好的环境空气质量。深入实施“清水工程”三年行动计划,城市污水处理厂三期工程竣工投运,镇乡污水处理厂稳定运行,新增镇乡污水管网 10 公里。实施城乡河道畅通工程,严格落实河道管理“河长制”。加强农村面源污染防治,重点整治畜禽养殖污染,收集处理中心竣工投用。推动绿色增长。大力发展循环经济,推广清洁能源和可再生能源,推进企业清洁化生产、园区生态化改造。加快淘汰落后产能,推进主要污染物减排工作,完成“十二五”节能减排目标任务。认真执行环境影响评价制度,严格建设项目准入许可,培育节能环保产业,推动资源高效集约利用。加强生态建设。全面落实生态文明建设规划,建立生态红线区域管护制度。巩固村庄环境整治成果,新增南通市农村环境长效管理示范镇 2 个。实施造林绿化八大工程,新增造林绿化面积 4 万亩、城镇绿地面积 70 万平方米。

各位代表,今年是承上启下的重要一年,完成“十二五”目标任务,实现圆满收官,我们义不容辞!憧憬“十三五”,描绘宏伟蓝图,我们将充分发扬民主,集中各方智慧,突出规划的科学性、前瞻性、战略性,为启东新一轮发展奠定坚实基础。

努力建设法治政府和服务型政府

坚持执政为民理念,深入贯彻市委全面推进依法治市的实施意见,进一步转变政府职能,加快建设职能科学、权责法定、执法严明、公开公正、廉洁高效、守法诚信的法治政府和人民满意的服务型政府。

深化简政放权,推进职能转变。加强行政审批、行政权力等“5 张清单”管理,再清理、取消和规范一批行政审批事项,做到清单之外无审批、法无授权不可为、目录之外无收费。突出便民服务、综合执法、社会管理“三大平台”建设,稳妥有序推进管理权限向重点镇乡、园区下放,最大限度激发基层活力。完善市、镇、村三级便民服务网络,注重网上审批、信息公开与政务中心的互联对接,着力构建覆盖全市、线上线下、虚实一体的政务服务平台,让群众办事更加便捷。拓宽“12345”热线服务领域,健全群众诉求表达、快速反应、及时办理的联动机制,打造高效便民服务品牌。

健全决策机制,强化依法行政。以法治思维和法治方式规范行政行为,把政府工作全面纳入法治轨道。严格遵守公众参与、专家论证、风险评估、合法性审查和集体讨论决定的重大行政决策法定程序,健全依法决策机制,确保决策科学、程序正当、过程公开、责任明确。严格行政执法程序,加强事中事后监管,提高执法效率和规范化水平。稳步推进综合执法,推动执法重心下移,建立权责统一、权威高效的行政执法体制。扎实做好行政复议工作,全面落实行政机关主要负责人行政诉讼出庭应诉制度。

切实改进作风,加强廉政建设。严格落实中央八项规定和省、南通、启东市委十项规定,持续深入反对“四风”,健全改进作风长效机制,巩固党的群众路线教育实践活动成果。强化宗旨意识,密切联系群众,积极回应群众需求,着力解决联系服务群众“最后一公里”问题。大力弘扬“钉钉子”精神,对定下来的事,紧抓不放、一抓到底,真正干在发展主线、闯在改革一线、冲在攻坚火线,用我们的“辛苦指数”赢得发展的“成功指数”和群众的“幸福指数”。自觉接受人大及其常委会的法律监督、工作监督和政协的民主监督,重大决策及时向人大报告、与政协协商,认真做好人大代表建议和政协委员提案办理工作。落实党风廉政建设责任制,建立健全惩防体系,强化行政监察和审计监督,严肃财经纪律,坚持用制度管权管事管人,以为民、务实、清廉的良好形象取信于民。

各位代表,时代考验着我们,人民期待着我们。面对机遇挑战,我们信心百倍;展望宏伟蓝图,我们豪情万丈!让我们在中共启东市委的正确领导下,在市人大、市政协的监督支持下,进一步解放思想,改革创新,求真务实,团结奋进,奋力谱写全面小康社会建设新篇章,为建设经济强、百姓富、环境美、社会文明程度高的新启东做出更大贡献!

(市政府办)

重大活动

【启东市党的群众路线教育实践活动深入开展】 2月20日，启东市党的群众路线教育实践活动正式启动;10月22日,全市党的群众路线教育实践活动总结大会召开。8个月里,全市共有105家参学单位、17个镇乡(街道、园区)、296个村(社区)基层党组织和6万名党员参加此次教育实践活动。自活动开展起,市委坚决贯彻习总书记系列重要讲话精神,认真落实中央、省委和南通市委部署要求,在省委督导组和南通市委督导组的有力指导下,按照“照镜子、正衣冠、洗洗澡、治治病”的总要求,把教育实践活动作为重大政治任务牢牢抓在手上，充分借鉴第一批教育实践活动的成功经验,准确把握活动的总体要求和方法步骤,以严的标准、严的措施、严的纪律,重实际、出实招、求实效,切实以高度的思想自觉、政治自觉和行动自觉抓好教育实践活动。全市各级党组织和广大党员干部积极响应、踊跃参与,广大人民群众高度关注、热情支持，教育实践活动三个环节相互衔接、接续推进、步步深入。坚持领导带头层层示范,坚持聚焦“四风”不换镜头,坚持问题导向真抓实改,坚持敞开大门群众参与,坚持分类指导从严督导,教育实践活动取得干部受教育、问题得解决、作风大改善、形象再提升、人民更满意的显著成效;强化学习教育,坚定理想信念;狠刹“四风”顽疾,转变工作作风;贯彻整风精神,严肃党内生活;回应群众关切,夯实基层基础;扎紧制度笼子,规范从政行为;提振精神状态,凝聚强大合力。南通市委常委、组织部部长、市委教育实践活动领导小组副组长张兆江先后七次亲临启东，指导启东市教育实践活动扎实深入开展，并对启东市教育实践活动成效给予高度评价。

【2014中国·启东国际经贸洽谈会隆重举行】 5月16日上午,2014中国·启东国际经贸洽谈会开幕式在环球大厦四楼博圣厅隆重举行。南通市副市长黄爱军,市领导徐锋、黄卫锋、张建飞等出席开幕式。来自美国、加拿大、澳大利亚、韩国等10多个国家和中国港台地区及国内的200多位客商参加开幕式。开幕式上,市委书记、市人大常委会主任徐锋致开幕辞;南通市副市长黄爱军代表南通市政府对2014中国·启东国际经贸洽谈会的隆重举行表示热烈祝贺,认为启东是南通市域内最靠近江海和上海的地方,拥有无可比拟的区位优势、资源优势、环境优势和人文优势,是一个成就事业、实现梦想的好地方,欢迎各位企业家到启东投资创业,实现共赢发展;兆联天下董事长、复旦软件园总经理杨秋萍,飞雳士(中国)投资管理有限公司董事长廉弘,宁波中强电动工具有限公司董事长陈诗歌等在开幕式上发言。市委副书记、市长黄卫锋主持开幕式。市委常委、常务副市长张建新推介启东投资环境。在随后举行的重大项目颁证颁照和集中签约仪式上,市领导向江苏海之利投资管理有限公司、恩上金属设备(启东)有限公司、江苏泽尔流体设备有限公司、启东协兴港开发建设有限公司、卓达新材料科技集团南通有限公司、江苏林洋光伏科技有限公司、江苏国凯机电科技有限公司、江苏先科药业有限公司、启东太平物流装备有限公司、启东盛丽光电科技有限公司等20家企业颁发营业执照;美国亚洲文化基金会“文化产业项目”、大爱城国家养老华东示范基地等34个项目进行集中签约。新华网、人民网、《文汇报》《新华日报》《扬子晚报》《现代快报》《香港商报》等30家媒体采访报道2014中国·启东国际经贸洽谈会。

【2013年度“启东好人”见面暨首场事迹报告会举行】 5月17日上午,2013年度“启东好人”见面暨首场事迹报告会举行。市领导徐锋、赵男男、潘国红、袁圣菊、倪春元出席活动,并为马卫锋等10位“启东好人”颁奖,李平等10位市民获2013年度“启东好人”提名奖。报告会上,市委书记、市人大常委会主任徐锋代表市委、市人大、市政府、市政协向各位“启东好人”致以崇高敬意,表扬“启东好人”用感人事迹唱响主旋律,提振精气神,提升启东的城市美誉度和影响力。徐锋号召全市各行各业、各条战线的党员干部群众要培育践行社会主义核心价值观,汇聚改革发展强大合力;要深化拓展“传递正能量、共建好家园”主题活动,营造和谐良好风尚;要充分发挥党员干部示范带头作用,树立为民务实清廉形象。市委常委、宣传部部长赵男男主持会议并宣读2013年度“启东好人”表彰决定。宣讲团宣讲杨凌捷、陈雪兰、钱浩三位“启东好人”的感人事迹。

【中共中央政治局委员、国务院副总理马凯调研启东市海工船舶产业】 6月19日,中共中央政治局委员、国务院副总理马凯到启东市海工船舶工业园，实地调研启东市海工船舶企业发展状况。国务院有关部门负责同志、副省长史和平,南通市领导丁大卫、张国华,市领导徐锋、黄卫锋等陪同调研。马凯一行先后考察中远船务(启东)海洋工程有限公司、太平洋海洋工程有限公司,勉励中远集团充分认识十八大提出的海洋强国战略的意义,加大转型升级的力度、挖掘自主创新的深度、打造海工品牌的亮度,设计建造交付更多更先进的海工产品，为把中国建设成为海洋强国做出更大贡献;充分肯定太平洋海工以自主核心技术研发为突破口,在国际细分市场争地位、扩份额的成功实践,希望企业不断做大做强,牢牢锁定国际市场的领先地位,为中国海工船舶产业的升级转型多做贡献。

【启东港国家一类口岸开放获国务院批复】 8月10日,国务院正式批复同意启东港国家一类口岸对外开放，还批复同意启东港口岸设立正团级边防检查机构和正处级海事、海关、出入境检验检疫机构。市一类口岸由沿海吕四港区和沿江启海港区两部分组成，拥有较丰富的深水岸线及港口资源,区位优势明显,建港条件优良。港区与336省道、宁启高速公路、宁启铁路及崇启大桥等相连成网,是承接江海联运和水陆联运的重要枢纽,具备良好的货物集疏运条件。

为推动启东港口岸开放,市不断加快港口建设步伐,逐步完善港区道路、电网、水网、管网和污水处理等基础设施。

2009年5月,交通运输部正式批准大唐电厂、中远海工、联合重工、惠港造船等4家企业码头为临时开放码头。2009年9月，启东市人民政府向南通市人民政府递呈关于启东口岸一类开放的请示。2010年5月,江苏省人民政府向国务院递呈启东港作为一类口岸对外开放的请示。至2014年,启东吕四港区临时开放已延期11次,临时开放码头增加至10个。

【南通大学启东校区启用】 9月16日上午，南通大学启东校区启用、张謇塑像揭幕和南通大学杏林学院（启东校区）2014级学生入学典礼举行。中国高等教育学会发来贺信。南通大学党委书记成长春、校长程纯,市领导徐锋、黄卫锋、顾云峰、姜平、汤雄、龚心明、倪国冲、张卫生、叶辉、倪春元、宋逵等参加活动。市委书记、市人大常委会主任徐锋代表市委、市政府和全市百万人民,向开学盛典表示热烈的祝贺,向通大启东校区全体师生表示真诚的欢迎，并致以诚挚的问候。徐锋衷心希望同学们修身为始、立德树人,坚守社会主义核心价值观,坚守做人处世之道,诚实、真诚、宽容、正直、守信,以德立身、以德润身;修心为上、立善求真,心怀理想、志存高远,艰苦奋斗、执着追求,做一个品学兼优、德才兼备,富有社会责任感和文化修养的博雅之士;修学为本、立学致知,把学习作为一种追求、一种修养、一种责任和一种境界,日精其学、日新其业,增长知识才干、厚积文化底蕴、奠定立业之基。

市委副书记、市长黄卫锋希望南通大学着力于启东市沿海开发和经济建设,进一步强化学科设置、拓展教学理念、加强内涵建设，为启东市经济社会发展培养更多的优秀人才、提供更多的智力支持。成长春代表全体师生,向关心支持南通大学建设发展的启东市委、市政府和社会各界人士,向为启东校区建设付出辛勤劳动的建设者表示崇高的敬意。徐锋与成长春共同为南通大学启东校区揭牌和张謇塑像揭幕,教师代表、高年级学生代表、新生代表等分别发言。

【宁启铁路南通至启东段工程可行性研究报告获中国铁路总公司和江苏省政府批复】 11月3日，新建宁启铁路南通至启东段工程可行性研究报告获中国铁路总公司和江苏省政府正式批复。

新建宁启铁路南通至启东段是客货兼顾的国家I级干线铁路。新建铁路自南通东站接轨引出,向东经过南通市经济技术开发区、通州区、海门市和启东市,终至启东市吕四港镇,全长93.6公里,项目建设工期为36个月,工程总投资65亿元。南通东至启东段为单线预留双线,电力牵引,设计旅客行车速度160公里/小时预留每小时200公里;启东至吕四段为单线,设计行车速度每小时120公里。宁启铁路启东段的站房设置2个,即启东站和吕四站。启东站为客运和货运站,面积计划为8000平方米,地点正对华石路和站前路的交叉口北侧。吕四站为货运站,地点在吕四港镇二补村,龚家镇的北侧、跨蒿枝港桥下来落地即为场站。

新建宁启铁路南通至启东段工程于2008年12月正式列入国家铁路中长期规划。2009年3月原铁道部委托中铁上海设计院集团有限公司开展前期研究。2010年5月,原铁道部与江苏省人民政府联合下发《关于新建宁启铁路南通至启东段项目建议书的批复》,并于当月召开新建宁启铁路南通至启东段的工程可行性研究评审会。2014年6月初，中国铁路总公司对宁启铁路二期项目进行初步设计预审,并顺利通过。2014年11月3日,项目工程可行性研究报告获中国铁路总公司和江苏省政府联合批复。

【第十二届中国·启东科技节暨沿海开发经贸洽谈会举行】 11月12日上午,以"科技开启梦想,人才引领未来"为主题的2014中国·启东科技节暨沿海开发经贸洽谈会开幕式在环球大厦博圣酒店举行。国家发改委经济体制与管理研究所党委书记、所长银温泉,南通市委常委、组织部部长张兆江,科技部创新体系建设办公室主任徐建国,江苏省科技厅副厅长段雄,南通市人民政府副市长黄爱军,启东市领导徐锋、黄卫锋、顾云峰等,中国科学院院士刘新垣,中国工程院院士谭建荣、欧阳晓平等出席开幕式。来自意大利、德国、加拿大等国家和中国台湾地区的300多位中外客商,150多位高校、科研院所的专家教授参加开幕式。市委书记、市人大常委会主任徐锋致开幕辞。徐锋代表启东市委、市人大、市政府、市政协和百万启东人民,向莅临此次节会的各位领导、各位嘉宾表示热烈欢迎，向长期以来关心支持启东经济社会发展的各界朋友致以诚挚谢意。希望通过科技搭台、经贸唱戏,让科技创新成为启东开发开放的主旋律,树立科技兴市、人才强市战略,大力弘扬创新精神,整合创新资源,激活创新要素,不断促进技术、人才、信息的共通共享,实现科技与资本、科技与生产、科技与人才的有效对接,持续推动经济发展方式转变,加快把启东建成创新活力迸发、创业环境优越的创新热土和创业沃土。南通市委常委、组织部部长张兆江代表南通市委、市政府,对节会的隆重举行表示祝贺,希望启东市委、市政府抢抓机遇,深入实施人才优先发展战略,加大引才聚才力度，用国际化的视野招揽优秀人才到启东创新创业,为经济社会发展提供智力支持;深化产学研合作,突出项目主体地位,加速科技成果转化,推动新兴产业、优势产业快速健康发展;优化人才服务体系,强化科技创新载体建设,积极营造创新创业的良好环境,努力形成人才辈出、人尽其才的局面。南昌大学校长周创兵、华东理工大学副校长杨存忠、台一铜业(广州)有限公司总经理杨忠吉发言。国家发改委经济体制与管理研究所党委书记、所长银温泉和南通市人民政府副市长黄爱军为"国家发改委体改所启东实践研究基地"揭牌。开幕式上,还颁发2014年5个科学技术进步奖、8名东疆英才计划资助对象、5个杰出人才成就奖、6个高技能人才贡献奖、18个优秀农村实用人才奖。市委副书记、市长黄卫锋主持开幕式。在随后举行的颁证颁照和重大项目集中签约仪式上,市领导向泰和能源股份有限公司、江苏泰城旅游开发有限公司、启东市维美生物科技有限公司、上海电气南通国启环保科技有限公司等18家企业颁发营业执照,滨海工业园管委会与复旦大学合作的"信息技术研究与工程应用项目"、江苏神通阀门股份有限公司与东南大学合作的"共建江苏省核电阀门企业重点实验室项目"、南通太平洋海洋工程有限公司与江苏科技大学合作的"船用

LNG 再气化装置项目”等 25 个产学研合作项目进行集中签约，泰和能源项目等 28 个重大投资项目进行集中签约。市四套班子有关领导，市级机关各部门主要负责人，市有关部门中层以上干部，各镇(乡)党委书记、镇(乡)长、人大主席、分管负责人，各园区、街道主要负责人、分管负责人，各招商分局局长，受表彰对象等参加开幕式。

(彭红辉)

【启东市通过国家卫生城市创建国家综合评审】 2014 年，启东市国家卫生城市创建进入冲刺阶段。在上年通过国家级技术评估的基础上，更加突出民生、注重长效，12 月，顺利通过国家卫生城市创建的最后国家综合评审。

*开展“五整改一提升”活动。*根据国家爱卫办提出的整改意见，开展以“拆迁区域、在建工地围挡内外与市场内外的环境卫生整改；居民小区及背街小巷卫生死角的整改；阳台与棚顶卫生的整改；沿线绿化带与河道、桥头、桥底卫生环境的整改；企业与单位卫生的整改；全面提升‘五小’行业的标准与水平”为内容的“五整改一提升”活动，同时加强长效管理，提升全市的创卫水平，为顺利通过国家综合评审创造良好条件。

*老小区改造继续深入。*2014 年，投入 1000 余万元对建都城河花苑、瀛东小区、金恒花苑、香榭水岸、文秀新村、宝岛花园(B 区、C 区)、东洲新村 7 个市区老小区进行改造。新增停车位 1200 个，修补道路 3000 平方米，铺设管道 2000 米，更换路灯 138 套。同时，改造部分背街小巷的破损路面，得到居民的好评。

*信报箱全面更新改造。*2014 年，投入 98 万元，对团结新村、长龙苑、彩臣三村、南苑新村、长龙一村、紫薇三村、职工新村、和平新村、紫薇一村、紫薇花苑、南苑三村、银州小区等 12 个老小区的 10166 户信报箱进行改造，提升老小区的综合功能。

改造后的信报箱 (唐卫卫/提供)

*城区绿化建设不断加快。*2014 年，完成丁仓港滨河公园绿地，惠阳路、世纪大道西延等 9 条道路配套绿地，北上海花园等 5 个安置房小区绿地建设，共计 77.3 万平方米，提高城区绿化水平。

*集贸市场继续升级改造。*2014 年，投入 980 余万元(其中政府补贴近300 万元)对人民桥、长龙和果品等三个市场进行升级改造，集贸市场更为整洁亮丽。

*数字城管凸显常态管理。*围绕“第一时间发现问题，第一时间处置问题，第一时间解决问题”的目标，建设数字城管监控平台，出台《启东市城市综合管理案件接处工作规程》，从 2014 年 6 月初开始试运行至年底，共上报问题 7483 条，完成 7000 条，处置率达 93.5%，基本实现创卫工作的长效常态化管理。

启东市公共卫生中心 (唐卫卫/提供)

*城市管理更为有力。*2014 年，集中开展金鹰、乐天玛特两大广场和人民中路市容秩序专项整治；违规烧烤、夜排档摊点整治；“僵尸车”专项整治等一系列集中活动，收到良好成效。全年共计教育、取缔流动摊贩(占道经营)达 6000 余人次、超门窗经营 1300 多处。接处各类违法建设 191 起，计 3650.3 平方米。其中现场拆除 98 起计 1532.7 平方米。

*城郊村沟河整治落实长效。*汇龙镇创新管理办法，以企业化运作方式，由外包单位对各村的河道进行长效治理。对淤积严重的 82 条民沟、235 处宅坵进行有序彻底清淤，使水质和水系功能得到改观。对可以养殖的 1000 多条沟河进行水面发包，清除水生作物，保持良好水质。

*公共卫生事业得到加强。*2014 年，投资 7925 万元的公共卫生大楼建成，卫计委、市疾控中心、卫生监督所、妇幼保健所等整体搬入。在原有设施设备的基础上，投入 260 多万元新增 DR 机、彩超、离子色谱仪、全自动生化分析仪等设备，服务群众能力进一步得到加强。

(唐卫卫 袁 美)

【启东市连续六届蝉联江苏省文明城市】 2014 年是省文明城市评选表彰之年，也是测评方式方法进行重大调整的一年。市组建市民巡访团，召开动员会和多次工作推进会，做好迎查工作。11 月 15 日前，搜集整理上传文明城市评选 236 条测评标准和未成年人思想道德建设工作 25 条测评标准的台账材料。10~12 月，对全市 1000 多个点位进行不间断巡访和整改，发现整改问题 200 多个。通过灯杆旗、高炮广告、建筑围挡、公交出租车辆和户外电子屏等载体制作悬挂刊播一大批核心价值观和中国梦公益广告，营造浓厚创建氛围。此外，市还开展文明交通、文明引导、文明餐桌和文明传播(公益广告)四项行动，打牢文明城市建设基础。经省文明委测评检查，启东市最终以全省第五的成绩连续六届蝉联江苏省文明城市。汇龙镇入选第四届全国文明镇。

(樊保兵)

媒体聚焦启东文章选摘

朱锦荣的“流转梦”（从小家看大家）

3月5日上午，李克强总理作政府工作报告时说：“确保谷物基本自给、口粮绝对安全，把13亿中国人的饭碗牢牢端在自己手中”。听到这里，守在电视前观看十二届全国人大二次会议直播的朱锦荣——68岁的江苏南通启东市普通农民，心里更踏实了。

第二天，身为启东市锦荣农机合作社社长的朱锦荣，又与合作镇曹家镇村4组村民陈刚等5人续签土地流转全托管合同。他托管面积达到2800亩，成为南通种粮“第一大户”。一个农民种地2800亩，年净收入达120万元，这在当下空心化、老龄化现象日益严重的中国农村，几成天方夜谭。

走进启东锦荣农机合作社机房，“谷神”联合收割机、“久保田”重型拖拉机、手扶拖拉机，一字排开。朱锦荣笑得合不拢嘴：“从1985年承包8亩地开始，我一直坚持收纳零散土地。2011年1000亩、2013年2000亩、2014年2800亩，靠的就是这些大家伙，现在总价300多万，政府补贴近一半。”

朱锦荣说，“我手下有社员32人。农民流转土地后，又返聘用工120多人。”

2800亩土地，涉及4乡16村1428户，朱锦荣的地怎样“流”得动？曹家镇村村支书陈建平说：“关键是全托管口碑好。土地无论整齐零碎，不管肥沃贫瘠，他都收下来。大地每亩400到500元，小地每亩300到350元，流转费一签合同，不等收获就预发，不拖欠一分钱。留守人员还可入社打工，获得土地和打工两份收入。”

“地交给老朱，我们放心。”海复镇20组80多岁的俞学祥夫妇说：“我儿子在上海打工，哪里种得了3亩地！老朱代我们种玉米、青豆，收入全部给我，不要钱。”像这样为丧失劳力农户常年提供代种服务的，有16户。朱锦荣虽贴了钱，却赢得了信任。

政府农机补贴力度加大，助力全托管。“去年添置3台12吨烘干机，每台国家、省、市、县贴补12万，自己只拿了1万多。”朱锦荣喜笑颜开：“一天烘干36吨，玉米再也不会烂在田里了！还可卖个好价钱，一进一出赚了10万元。今年还要添3台。”

（2014年3月8日《人民日报》海外版第3版；作者：施　晔）

科技引领，启东新常态下新作为

依托一年一度的科技节，启东实现了高新技术、科技资本、高层次人才“联姻”。启东市委书记徐锋说，一个个科技成果，就像一枚枚“科技芯”，引领启东转型发展释放“第一动力”。

启东：“科技芯”激发转型新活力

150多名专家教授集聚，168个产学研项目成功对接，41个科技项目落户……寒冬时分，以“科技开启梦想，人才引领未来”为主题的第12届启东科技节激情上演,百万启东人尽享热腾腾的科技盛宴。

“一年一度的科技节,弘扬创新精神,整合创新资源,激活创新要素,正成为启东实现高新技术、科技资本、高等人才等成功‘联姻’的盛大喜宴。”启东市委书记徐锋形象地比喻说,一个个科技成果,就像一枚枚“科技芯”,正为启东适应新常态、克服新难题、实现新作为,引领全市经济社会转型发展释放“第一动力”。

当天的科技节上,中科院、北京大学等30多所著名高校、科研院所集中发布最新科研成果;神通阀门与东南大学“共建江苏省核电阀门企业重点实验室”等25个产学研合作项目集中签约……“选择启东,就是看好这里浓郁的科技创新氛围。”带来最新现代农业科研成果的南京农业大学汤一卒教授很快被“意中人”相中。推介会一结束,江天生态园董事长徐刚就与他就项目引进及技术服务签订了合作协议。

一方是手握最新科研成果的专家教授,另一方是求智若渴的企业老总。启东政府积极牵线搭桥,为校企项目对接打好基础,促进技术产品创新和科技成果就地转化。目前,全市已有120个企业与60多个高校、科研院所建立稳定的产学研合作关系,达成合作协议486项,技术交易额达8.3亿元,项目实施期内新增销售收入175.2亿元。

11月8日,位于滨海工业园的博士创业园内气氛热烈,中科院上海技术物理研究所启东光电遥感中心正式揭牌。占地50亩,总建筑面积4万平方米的博士创业园,已吸引了2名“千人计划”专家、30多位博士进园创业,9家高科技企业入驻、16家企业签约。博士创业园是启东打造科技创新平台的缩影。目前,已形成了从市级创新企业孵化器到企业内部创新研究中心,再到行业技术服务平台的多层次、立体式创新载体体系。全市拥有省级以上科技孵化器6家,其中国家级1家;科技孵化器面积达到40万平方米,入孵企业272家。同时建立省级工程中心29家,南通市级工程技术中心118家,院士工作站6家,全市大中型企业研发机构已实现全覆盖。

“科技芯”的植入,给企业转型注入活力。走进海四达电源股份有限公司,锂电池生产车间内一派繁忙景象。海四达今年新研发的方型磷酸铁锂电池,成功进入4G通信市场。

像海四达一样,越来越多的启东企业成为自主创新主力军。近3年,全市共计开发省以上高新技术产品471个,培育省以上高新技术企业54家,新培育省民营科技企业289家,承担省以上各类科技计划项目115项,其中国家级项目76项。“‘科技芯’为启东在新常态背景下实现转型跨越提供了强劲动力。”市长黄卫锋介绍,该市高新技术产业产值占规模工业的比重持续以年均22.2%的增幅增长。今年前10月,全市实现高新技术产业产值590.7亿元,占规模工业产值的比重达46.2%。

(2014年12月10日《新华日报》A1版;记者:陈　明　通讯员:朱蓓毓　王伟玮)

启东:干群合力解民忧

启东推出民情分析会、“三议”工作法、“四诊”专家库迅速问民情　真心解民忧

6月23日上午8:30,启东市汇龙镇临江村公共服务中心。村干部、网格联络员和镇网格指导员、镇计生办的吴俊娟围坐一堂,准备召开每周的社情民意分析会。唯独不见村党总支书记秦忠和第一网格联络员李竞男。

“各位不好意思啊,刚才和老李到施工现场去了。”来迟的秦忠连连打招呼。原来,村里近期正疏通涵洞、铺设波纹管,对全村的横河、泯沟开展集中整治,以确保汛期防汛安全。当天一大早,施工队的机械碾压到了第一网格内一户村民的农田,双方起了争执。由于秦忠和李竞男及时到场劝说,一场纠纷迅速消弭于无形。

“现在开会,请网格联络员汇报上周各自网格内的情况,看老百姓有些什么需求。”等秦忠和李竞男坐定,会议正式开始。

这样的社情民意分析会是今年启东市创新社会治理、完善群众工作“三强化三提升”机制的重要内容。

启东市委书记徐锋告诉记者:“群众工作难就难在一些干部不了解民情,和老百姓有距离。我们建立‘三强化三提升’工作机制,就是强化镇乡村居互动,提升基层治理能力;强化机关部门联动,提升综合协调能力;强化市级领导带动,提升示范引领能力,让每个层面的干部第一时间了解民情、解除民忧。”

启东全市有2263个“网格联络员”。各镇乡选拔优秀机关干部到挂钩村担任网格指导员,定期召开社情民意分析会,研究工作举措、化解群众矛盾。村级无法解决的难题,上报至市镇两级,由市、镇、村三级联动协调解决。在4月份一次分析会上,第三网格联络员黄斌提出,该网格附近一条泰安桥年久失修。因该桥位于汇龙和惠萍两镇交界,成了“两不管”。镇网格指导员吴俊娟听后,立马汇报给镇有关部门,由镇出面迅速与市有关部门沟通“联动”,将泰安桥追加为今年小型农村公益事业桥梁,明确市财政拨款改造,汇龙镇为建设主体。目前,泰安桥已完成图纸设计及工程预算,计划投资30万元。“没想到这个老问题这么快就解决了。”老百姓齐声叫好。

通过社情民意分析会,仅临江村就搜集了租地造林、沟河疏浚、邻里纠纷等14类100多个问题,除了农路破损修复等7个问题上交镇市两级以外,百分之八九十都得到了及时解决。

“三议”工作法是启东创新社会管理机制的又一大亮点。

王鲍镇党委书记王裕兵告诉记者,以往政府“帮”老百

姓办事，不一定摸得准老百姓的心思。现在，推行“群众提议、村两委商议、村民代表决议”的“三议”工作法，让群众自己提需求，决策前和群众充分商议，实施中干群合力，从而让好事办好。不久前，王鲍镇九令村的网格指导员陈飞巡访时，很多村民反映：垃圾装袋后放于门前，难看又难闻，希望“统一购置垃圾桶”。村两委商议认为，这一提议能改善环境，村财政也有能力支撑，具有可行性。最终，该提议经村民代表会表决通过。

为及时有效化解那些涉及面广、情况复杂的社会矛盾纠纷，启东于今年五月中旬启动了人民调解工作专家库。首批“入库”的130名专家，来自教育文化、医疗卫生、政策法规等方面。他们根据矛盾纠纷的性质、类型等，及时进行个案会诊、现场会诊、专题会诊和联合会诊等“四诊”服务。前不久，数十名农民工来到市社会矛盾纠纷调处中心，反映工程队老板沈某拖欠工资问题。调处中心立即从专家库中抽调施工建设、劳资纠纷处理、矛盾调解等方面专家连夜会审。大家一致认为：此事牵涉主体众多，很容易引发群体事件。考虑到沈某确实无力支付农民工工资，决定采用一部分资金由房地产开发商和总承包商先行垫付、另一部分动用农民工工资保证金的方法解决这起棘手纠纷。最终，经过市建工局、人社局、住建局等部门的多次协调，100多名农民工足额拿到了自己的工资，个个脸上由阴转晴。

（2014年7月16日《新华日报》A1版头条；记者：付奇 陈明 许建军 张晓东 通讯员：王伟玮 朱蓓毓）

启东农业：陆海统筹结硕果

江苏省启东市位于长江入海口北侧，滨江临海，四季分明，日照充足、雨水丰沛，所拥有的110万亩农田沃土和十余万亩近海滩涂，是发展现代农业最为理想的载体和基础。

近3年来，启东市委、市政府转变发展思路，将“陆海统筹”作为实现农业可持续发展的一条金光大道，坚持陆海并举、陆海协调、陆海互补发展高效现代农业，开启了全新的农业发展新局面。2013年，该市实现农业总产值113.5亿元，农产品出口总额超1亿美元。农民人均纯收入达1.57万元，连续3年增幅超过11%。与此同时，该市农业结构更趋合理，农业基础更为厚实，农业可持续发展能力不断强化，并不断增加其在社会经济总量中的比重。

陆海并举　实现现代农业两翼齐飞

发展现代农业，不能将眼光仅仅停留在“一亩三分地”上。2012年，启东市委响应南通市委陆海统筹发展战略，将本地区农业的稳定发展放在全面振兴启东经济与社会发展的重要地位。

在历经多角度、深层次调研和挖掘启东农业潜在优势，并广泛征求社会各界意见建议后，启东市旗帜鲜明地提出了“陆海并举发展现代农业的宏大构想”，即充分发挥启东滨江临海的区位优势和得天独厚的气候条件，大力发展以面向上海为主体市场的都市农业，进而通过挖掘陆地潜力、延伸滩涂功能，实现农业陆海并举、两翼齐飞。

近3年来，启东市有关部门、乡镇迅速行动，立规划、订蓝图、建基地、引新品、织网络，将此构想变成现实。

陆地上，大力推进都市农业产业向“高层次、精产品、高水准”迈进。仅2013年，启东全市就新增扩建农业项目318个、高效设施农业面积5.5万亩、南通市级农业龙头企业12家，总投资20亿元的中国供销启东农产品国际物流港项目成功签约。露地蔬菜种植面积增至34.2万亩。农产品出口总量居南通第一。

滩涂上，先后将东海镇、寅阳镇、海复镇沿海5万亩滩涂，改造成国内首屈一指的名贵脊尾虾与三疣梭子蟹混养基地，年产出高达7000多万公斤。在吕四港镇沿海建起面积1万多亩的条斑紫菜养殖基地。

向陆地和滩涂要效益，更向海上捕捞和海洋旅游拓展空间。3年来，启东投入数十亿元资金，强化圆陀角风景旅游区、黄金海岸、吕四风情区3大海洋旅游项目建设。提升海洋捕捞产品的质量，建立起一个庞大的海洋产品加工出口体系，去年实现渔业产值达到58亿元。短短3年，启东初步形成陆海统筹发展现代农业的框架与格局，为农业实现两翼齐飞可持续发展夯实了基础。

陆海协调　拓展现代农业更多内涵

陆海并举，为启东现代农业发展注入全新活力，而其根基，又恰是启东市已提前为陆海并举提供了良好的陆海协调环境。

陆海协调，众口难“调”，但调正了方向、基调、脉搏，就能奏响一首激荡天地的凯歌。启东市努力协调江与海的关系。结合启东实际，研究制定出了“优江拓海”发展现代农业的新思路，即在沿江建立一条总长15公里的生态绿化和设施农业长廊，在沿海构建一条20公里长的虾蟹养殖带。

努力协调海水与淡水之间的关系。海水养殖与淡水养殖并举，通过发展淡水养殖，整治沟河、保护环境，增加农民收入，还能有效避免对沿海滩涂及海水养殖业的污水排放，实现海淡水养殖互补与共同发展。

努力协调传统与新兴产业关系。启东在沿江沿海发展特色和高效农业，并不排斥原有的传统农业。在政府部门的协调下，启东几年来建立起了100多个连片规模在500亩以上的高效设施农业基地，却又保留或振兴了30多个像扣蟹村、雪菜村、蚕桑村、辣椒村等特色村庄，实现了传统与新兴产业在农业经济中的相得益彰。

努力协调工与农的关系，沿江沿海及设施农业的发展免不了与城市建设及沿江沿海工业产业之间产生矛盾，启东市着眼大局、放眼长远，通过科学规划、环保优先、秉承传统，城乡兼顾，有效化解了两者间的矛盾，实现了工与农的协调、融合发展。

陆海协调，更好地挖掘了现代农业可持续发展的内涵。在近海镇，滨海工业园区反哺周边渔村；在滨江精细化工园，企业治污促进周边设施农业和扣蟹产业稳健发展；在寅阳镇沿江海工船舶园，沿线十多家大型船舶制造企业成为周边农业基地最大“买家”。而自2011年崇启大桥开通后，启东直销上海的果蔬数量效益同步翻番……

陆海互补　展现现代农业美好明天

陆海统筹，农业实现可持续全面发展倍添后劲。而其中的最大亮点和最强生命力，当是陆海互补对农业效益、农村繁荣、农民增收所产生的现实和长远意义。

陆海互补，仅一个滨海工业园区，就吸纳周边农(渔)村3000多富余劳力进园上班，每年使农民增加近2亿元的收入。农民进厂不离土，业余从事大棚种植、水面养殖、滩涂承包，又有一笔不菲收益，滨海工业园周边村庄因此成为启东最为繁荣、文明的区域。

陆海互补，启东每年20万吨左右的海水产品有八成通过精深加工销售，附加值提高八成以上，而水产品的升值又使一线渔民得到更多回报，渔民口袋多了真金白银。

陆海互补，海水产品及果蔬产品的畅销，不断拓展了市场空间，弥补了互相间存在的市场空档。在吕四港镇双林集团，企业由原先单一的加工生产海洋医药产品，延伸到产销海鲜及“四青作物”，双林公司去年产销总额将近10亿元。

陆海互补，道路、桥梁、绿化、水利、电信等基础产业全面均衡发展，惠及广大城乡居民，并不断强化了农业在国民经济中的基础地位。

陆海互补，让启东的都市农业、滩涂养殖、江海旅游、海水产品加工、农产品出口等产业不断向纵深迈进。2013年，启东已建立起总面积达40万亩的“四青作物”基地、10万亩的晚秋露地蔬菜基地、6万亩的特色农作物基地、5万亩的海水虾蟹基地、3万亩的扣蟹基地、1万亩的小辣椒基地、30多个农业龙头企业……

陆海互补，有效助推了该市社会经济的全面发展。这些年，启东建造了通向上海的长江大桥，贯通了临海高等级公路，兴建了4000多公里农村公路，建立了四通八达的物流通道……陆海统筹、协调、互补，催生了一个繁荣、文明、富裕的新启东！

(2014年8月11日《中国海洋报》A3版；作者：姜　斌　丁圣齐)

南通法院异地开庭审理行政诉讼　启东市长出庭应诉

今日13时30分，江苏省南通启东市人民法院第一法庭，座无虚席。

随着审判长、南通海门市人民法院院长潘建敲响法槌，原告沈氏五兄妹与被告启东市人民政府房屋产权登记行政诉讼案正式开庭。坐在被告席上的是启东市市长黄卫锋，坐在旁听席的则是启东市市委书记徐锋、启东市全体副市长、市政府各部门及全市各镇乡园区街道主要负责人以及市政府各部门法治科长等300余人。

在两个半小时的庭审中，黄卫锋积极答辩、举证质证，并高度关注究竟是否拿到了拆迁补偿这一关乎原告切身利益的问题。“在出庭之前，我前后十余次听取了案情汇报。因为我是代表政府出庭，所以我更加关注老百姓是不是得到了安置。如果我们做错了，那必须予以纠正和改进。”庭审结束后，黄卫锋在接受《法制日报》记者采访时说。

据了解，这也是去年江苏省南通地区实行行政诉讼案件异地集中管辖后，江苏省海门市人民法院第一次巡回审判。

市民诉市政府确认房屋产权

原告诉称，其父母沈五保(1971年亡故)、王月英长期居住于启东市吕四港镇姚标巷13号房屋中。1980年，本案第三人工行启东支行因业务发展需要，选择了原告母亲王月英及原告拥有的四合院为中心地段征用建造工行吕四办事处。

王月英因年老拒绝拆迁，后经有关部门协调，由拆迁人自行安置，把设计规划的3号门卫房的西边一间作为拆迁安置房安排给王月英，并承诺王月英享受免费供应水、电。王月英接受上述条件后，统一拆除两间已经居住了32年的老房屋，该老房屋地基由第三人建造三号房。

王月英由第三人安置后，没有领取拆迁安置补偿费或物资供应，也没有对房屋、宅基地使用权的归属立下书面字据，直到2012年2月去世，她在姚标巷13号居住生活长达64年。王月英丧事办完后，原告将其居住的房屋对外出租18个月后，第三人提起民事诉讼，要求原告腾房，归还房屋，并在庭审中出示了房产证和土地使用证。最终，沈氏五兄妹败诉。

“这个时候，原告才知道母亲的遗产在2005年12月31日已由被告登记在第三人名下。”今天，原告代理人在法庭陈述时说，所以，我们要求被告撤销在2005年颁发给本案第三人工行启东支行的房号为3361-4的房屋产权证中吕四港镇姚标巷13号王月英安置房的登记，并确认已故王月英居住的吕四港镇姚标巷13号的房屋产权。

市长列举证据阐释证明对象

“本案中,政府为第三人颁发《房屋所有权证》的房屋登记具体行政行为,有充分的事实与法律依据,且程序合法,并无不当之处。原告要求撤销第三人的房屋所有权登记,缺乏事实与法律依据,其在起诉状中提出的几点主要抗辩理由不能成立。”黄卫锋在法庭答辩时说。

在举证质证阶段,黄卫锋列出了“房屋所有权证及登记存根”等7份证据,阐明了证据的来源、证据的内容及证明对象,并就原告的举证一一进行了质证。

法庭上,原被告双方围绕涉案房屋究竟是否是属于拆迁安置的补偿等焦点问题进行了激烈辩论。

经过两个半小时的庭审,审判长潘建宣布此案将于12月18日在海门市人民法院进行宣判。

“通过出庭应诉,与原告相互举证质证,让我充分感受到了依法行政、依法执政的重要性。之所以出庭应诉,也是为了进一步推进全市依法行政和依法执政。”黄卫锋庭审结束后告诉记者。

“我也希望通过强化行政首长出庭应诉,能够让更多的老百姓在自身合法权益受到损害时,尽可能通过法律程序维护自身的合法权益。最终目的,就是要用法治思维、法治理念、法治方式推进政府行政机关依法行政、依法执政,让老百姓能够依法维权。”黄卫锋说。

16时30分,依然是在启东市人民法院第一法庭,启东市行政机关主要负责人出庭应诉工作推进会在这里召开。启东市市委书记徐锋说,今年11月,启东市委、市政府专门下发了《关于全面推进行政机关主要负责人行政诉讼出庭应诉工作的通知》,必须督促各行政机关不折不扣地坚决执行到位。要把行政机关主要负责人出庭应诉执行情况列入领导干部学法用法、执法守法的考核内容,纳入政府绩效考核指标体系,作为镇乡、园区、街道、机关年度目标责任制考核指标,严格督促问责。

(2014年12月12日《法制日报》8版;作者:丁国锋 马 超)

2014年启东市对外新闻报道部分录用稿件目录

表1

见报日期		新闻媒体名称	标题	版面(或栏目)	头条	体载	字数(或节目长度)	作者
月	日							
3	8	人民日报海外版	朱锦荣的“流转梦”(从小家看大家)	3版		通讯	800	施 晔
5	9	人民日报海外版	销往美国8万吨浮船坞顺利出坞	2版		图片		许丛军
7	8	人民日报	2014年5月7日,由振华重工启东海洋工程公司为美国威戈公司建造的8万吨举力浮式干船坞在江苏启东生产基地顺利出坞	23版		图片		新华社发
7	18	人民日报	南通农田“全托管”	14版		通讯	1500	姚雪青
11	28	人民日报	我国首艘出口尼日利亚新型近海巡逻舰正式交付	3版		消息	500	李心萍
5	24	经济日报	科技强警“天网”显威	6版		通讯	1500	喜 悦 黄金街
11	17	科技日报	江苏启东科技节产学研对接签约347亿元	6版		消息	800	张 晔 许海英
5	28	工人日报	启东工会开展“私人订制”培训	2版		消息	500	黄 异 王君东
12	12	法制日报	南通法院异地开庭审理行政诉讼 启东市长出庭应诉	8版		消息	800	丁国锋 马 超
3	6	新华日报	没有农机现代化,就没有农业现代化	A11版		通讯	1200	陆锦林 杨 建 丁亚鹏
3	10	新华日报	爱在“太阳岛”	A10版		通讯	1500	何 青 李 昆 林 桔
4	1	新华日报	启东籍科学家获“影响世界华人大奖”	A6版		消息	200	季 铖 陈 明
5	8	新华日报	启东造出8万吨大船坞	A2版		图片		许丛军
5	19	新华日报	两百家沪企跨江聚启东	A1版		消息	500	陈 明 付奇 蓓毓
5	26	新华日报	启东:江海潮涌映照“第一缕阳光”			专版		

续表 1

见报日期		新闻媒体名称	标题	版面(或栏目)	头条	体裁	字数(或节目长度)	作者
月	日							
6	20	新华日报	实现从“客源地”到“目的地”转型 南通：最佳“休闲港湾”出江海	A1 版		消息	1500	陈 明 季 铖
6	23	新华日报	启海初步探明 储气量 5 亿立方米	A2 版		消息	300	丁亚鹏
7	16	新华日报	启东：干群合力解民忧	A1 版	头条	消息	1500	王伟玮 朱蓓毓
8	6	新华日报	种田请保姆 甩手当掌柜“全托管”风行南通农村	A6 版		消息	600	吴 琼
8	29	新华日报	洋口港启东港对外开放	A7 版		消息		
11	3	新华日报	“新农民”破解“谁种地”	A7 版		消息	1200	丁亚鹏
11	13	新华日报	启东科技节签约项目 350 亿元	A6 版		消息	300	陈 明 付 奇
11	22	新华日报	由南通中远船务为新加坡船东设计建造的自升式钻井平台“凯旋二号”二十日在启东被命名	A2 版		图片		许丛军
11	28	新华日报	“西非第一舰”启东出海	A7 版		消息	400	付 奇
12	10	新华日报	科技引领，启东新常态下新作为	A1 版	头条	消息	1200	陈明 朱蓓毓 王伟玮
12	12	新华日报	“民告官”让市长好生感慨：坐上被告席，还真上了一课	A9 版		消息	500	顾 敏
2	17	江苏法制报	启东法制宣传城乡全覆盖	A7 版		消息	500	陆允如
3	12	江苏法制报	启东“全警巡防”让平安触手可及	A6 版		通讯	2000	尤 莉 孙 鼎
3	19	江苏法制报	启东法援纳入市委市府考核	A2 版		消息	500	郑 弋 沈建新
3	20	江苏法制报	启东保护民生尽心尽职	A6 版		消息	500	王林萍
4	8	江苏法制报	启东：插庭办案反“四风”	A 版		消息	500	陈 坚 王林萍
4	10	江苏法制报	启东社会治理创新模式的探索与思考	A3 版			3000	邵茂华
4	21	江苏法制报	启东打造法治正能量加油站	A7 版		消息	500	陆允如
4	22	江苏法制报	幸福的花儿在这里绽放——启东市法院第 21 期幸福家庭讲习班见闻	A 版		通讯	2500	顾建兵 王林萍
4	28	江苏法制报	启东“三强化三提升”创新社会治理	A8 版		消息	600	陈广娟
5	9	江苏法制报	启东组建专家库化解矛盾纠纷	A3 版		消息	500	赵建辉
5	19	江苏法制报	启东推行“英才培育积分计划”	A5 版		消息	800	徐德高 秦晓微
5	20	江苏法制报	启东市政府强力整改火灾隐患	A2 版		消息	500	朱声球
5	23	江苏法制报	2014 启东国际经洽会签约 250 亿	A8 版		消息	500	朱蓓毓 单松娟 毛春玲
6	19	江苏法制报	启东“淘宝网拍”百姓点赞	A6 版		消息	500	王同武 陈 杰
7	8	江苏法制报	启东远程视频接访运行	A6 版		消息	500	徐国朋 杨赛男
7	22	江苏法制报	启东办理民间借贷追求最大公约数	A6 版		消息	800	王林萍 张红丽
9	5	江苏法制报	启东：“五位一体” 惠泽千家万户	A3 版		消息	500	沈建新
9	15	江苏法制报	家庭普法站助力启东农村和谐稳定	7 版		消息	1200	郑 弋 姜莉莉
5	20	江苏经济报	2014 启东国际经贸洽谈会举行	2 版		消息	500	伟 平 蓓 毓 松 娟
11	14	江苏经济报	启东科技节签约项目 41 个	A2 版		消息	500	陈伟平 单松娟
3	6	上海法治报	唱响为民曲 服务零距离	B6 版		消息	1500	徐 玮 姜 岚

续表 1

见报日期		新闻媒体名称	标　　题	版面（或栏目）	头条	体裁	字数（或节目长度）	作　　者
月	日							
6	11	中国水运报	在“转舵”蓝海中裂变	7 版		通讯	1500	钱爱仁
8	8	中国水运报	启东海洋工程 3 艘半潜驳同日出坞	7 版		消息	500	许丛军
5	10	检察日报	电话预约　随叫随到　“门对门”服务　江苏启东：推出行贿犯罪档案查询“柔性服务”	2 版		消息	2500	徐德高　秦晓微　陆柳娟
5	13	新民晚报	江苏启东将首次迎来环崇明岛自行车赛	19 版		消息	1000	陶邢莹
11	23	新民晚报	江苏“飞地”：对接上海的宝地	A10 版		消息	2000	范　洁
11	24	新民晚报	宁启铁路南通至启东段获批　启东进入“动车时代”	A22 版		消息	300	梅璎迪
5	16	文汇报	上海智力支持启东发展　市政府发展研究中心研究基地揭牌	3 版		消息	300	
5	21	文汇报	42 个新兴产业项目落户启东	3 版		消息	300	田　宇
6	11	中国质量报	江苏启东国家级养老服务业标准化试点通过验收　标准变细心变宽	2 版		通讯	1500	刘　蕊　蔡美萍
6	17	中国海洋报	江苏启东首推“渔网贷”惠及船主	A2 版		消息	600	姜　华
8	11	中国海洋报	启东农业：陆海统筹结硕果	A3 版		消息	1200	姜　斌　丁圣齐
6	23	中国能源报	启东供电为居民彻底解决用电难题	19 版		消息	500	陈　健　刘吟菊
6	29	新闻晨报	崇启长江通道工程质量优良	A3 版		消息	500	钟　晖　黄晓勇
7	8	中华建筑报	崇启长江通道工程通过竣工验收	10 版		消息	500	王　月
7	24	中国国土资源报	江苏启东摸底浅层天然气　初步预测总储气量可达 5 亿~8 亿立方米	6 版		消息	500	张松岩　王旭雁
9	3	中国国门时报	洋口港、启东港成为国家一类口岸	8 版		消息	400	王进峰
3	14	中国社会科学报	重建社会支持网精神援助失独群体	AB 版		消息	2000	陈　恩
5	8	解放日报	吕四渔号今犹在　江风海韵换新颜　启东：“上海北”要变“北上海”	3 版		通讯	1400	梁建刚
2	21	江海晚报	启东至浦东机场直达车下月正式开通	A3 版		消息	1500	冯启榕　张启兴　张瑷玲
3	7	江海晚报	临海路南通段 6 月底前建成通车	A4 版		消息	800	冯启榕
3	30	江海晚报	启东一名消费者效法王海一审败诉	A6 版		消息	1500	吴银华　王林萍　杨帅民
4	22	江海晚报	开庭法官来到当事人的小平房	A10 版		通讯	1000	顾建兵　王林萍
6	11	江海晚报	启东推出“渔网贷”，金融助渔之举开全国先河	A3 版		消息	800	李　波
8	2	江海晚报	搭建百姓舞台为正能量加油	A4 版		通讯	2000	周朝晖　朱蓓毓
11	11	江海晚报	临海公路启东段照明工程　采用新工艺省钱 500 多万	A2 版		消息	200	冯启榕
11	16	江海晚报	海安至启东高速公路初步设计获批	A2 版		消息	500	何雄就　冯启榕
12	12	江海晚报	启东民告官案　市长出庭应诉	A6 版		消息	800	吴银华　郭建雷　倪栋威
1	3	南通日报	启东展示版画瑰宝	A8 版		消息	200	启东发布
1	6	南通日报	沪上游客多，“渔家乐”扩容	A1 版		消息	1500	黄　海
1	9	南通日报	启东两会设“市民旁听席”	A5 版		消息	1500	黄　海

续表 1

见报日期		新闻媒体名称	标题	版面(或栏目)	头条	体裁	字数(或节目长度)	作者
月	日							
2	18	南通日报	沿海“筑巢引凤”沿江“腾笼换凤”	A2 版		消息	1000	黄 海
2	27	南通日报	启东向农民“租地”搞绿化	A1 版		消息	1200	黄 海
3	14	南通日报	启东获批新建 14 艘远洋渔船	A4 版		消息	500	黄 海
3	14	南通日报	空间换时间,5 分钟驰援到位 启东“全警巡防”为社区穿上“安全外衣”	B1 版		通讯	2000	陆 扬 孙 鼎 曹钰华
3	31	南通日报	启东籍科学家陈宇翱荣获 “影响世界杰出华人”大奖	A2 版		消息	1200	黄 海
4	1	南通日报	金银花打开致富之门	A6 版		通讯	1000	黄 海
4	7	南通日报	天网工程提升百姓安全感	A1 版		消息	1200	黄 海
4	15	南通日报	启东城投一期债发行 10 亿元	A2 版		消息	500	黄 海
4	18	南通日报	环崇明岛女子国际公路自行车赛 今年首次增加启东赛段	A7 版		消息	500	何家玉 黄 海
4	22	南通日报	启东把讲习班开进社区 现场调解家庭纠纷	A3 版		消息	500	黄 海 茅双双
4	26	南通日报	服务标准化提升养老水平 启东国家级试点通过验收	A2 版		消息	800	沈雪梅
4	30	南通日报	启东公交启用智能调度系统	A4 版		消息	500	黄 海
5	5	南通日报	启东 5 渔港列入省规划	A1 版		消息	500	黄 海
5	5	南通日报	“吕四渔号”亮相央视	A7 版		消息	500	黄 海
5	11	南通日报	启东国家级养老服务业标准化试点通过验收——服务标准化,老人点赞	A1 版		消息	2000	沈雪梅
5	15	南通日报	启东赴绍兴招商签约 20 个项目	A2 版		消息	300	黄 海
5	16	南通日报	上海市政府发展研究中心在启东设研究基地	A2 版		消息	300	黄 海
5	19	南通日报	两百家沪企跨江聚启东	A2 版		消息	500	黄 海
5	19	南通日报	启东重大项目建设提速推进	A2 版		消息	1500	黄 海
5	19	南通日报	启东认定多件可移动文物	A7 版		消息	500	黄 海
5	23	南通日报	启东建立人民调解专家库	A3 版		消息	500	黄 海
5	27	南通日报	启东推动社区服务“一站式”	A3 版		消息	500	黄 海
6	5	南通日报	启东创新社会治理,推行“三强化三提升”工作机制,畅通百姓诉求渠道——有事能找到人 有话有地方说	A1 版	头条v群众路线	消息	1500	黄 海
6	9	南通日报	吕四渔港将建海口枢纽工程	A2 版		消息	500	黄 海
6	13	南通日报	启东上马首条隧道窑生产线	A2 版		消息	500	黄 海
6	13	南通日报	苏北抗大九分校 旧址修缮工程竣工	A5 版		消息	300	黄 海
6	19	南通日报	启东确立 27 个革命纪念地	A6 版		消息	500	黄 海
6	22	南通日报	宁启铁路南通东至启东段初步设计通过审查	A1 版		消息	500	黄 海
6	23	南通日报	江苏最大远洋渔船 “顺丰 02 号”在启东下水	A2 版		消息	500	黄 海
6	25	南通日报	启东发现 7 处温泉开采点	A2 版		消息	500	黄 海
6	25	南通日报	启东:坚持节约集约利用 推进陆海联动开发	A4 版		消息	2000	黄 海

续表 1

见报日期		新闻媒体名称	标题	版面（或栏目）	头条	体裁	字数（或节目长度）	作者
月	日							
6	25	南通日报	启东出台养老服务设施布局专项规划 未来90%老人家庭自助养老	A7版		通讯	1000	黄 海 黄 森
6	27	南通日报	国内首座LeTourneau Workhorse自升式钻井平台“N407”在启东中远海工被命名为“凯旋一号”	A2版		图片		许丛军
7	1	南通日报	两产业入围省特色产业集群	A3版		消息	500	黄 海
7	2	南通日报	启东老党员家中办起党史展	A4版		消息	500	黄 海
7	3	南通日报	启沪公交卡覆盖启东城乡公交	A6版		消息	500	黄 海 范天驰
7	4	南通日报	启东：“微”载体拉近与群众距离	B2版		消息	500	孙 鼎 杨娅静
7	5	南通日报	启东市民代表首次列席政府常务会议	A2版		消息	500	黄 海 陈丽娣
7	8	南通日报	启东法院淘宝卖房 首次成交两套房产	A5版		消息	500	黄 海 王林萍
7	13	南通日报	当好“桥头堡”开好“直通车” 启东对接上海推进融合发展	A1版	头条v群众路线	消息	1500	黄 海
7	15	南通日报	种植“五改”鼓起农民钱袋子 启东40万亩农田亩均增收超千元	A2版		消息	800	姜 斌 王玮伟
7	16	南通日报	16万尾渔业苗种投放吕四渔场	A1版		消息	1500	汤晓峰
7	17	南通日报	宁启铁路二期工程计划今年开工建设	A2版		消息	300	黄 海
7	18	南通日报	在党的群众路线教育实践活动中，启东市致力建设基层服务型党组织。昨天，记者实地走访了3个村（社区）——这里的变化令人欣喜	A2版		消息	2000	黄 海
7	18	南通日报	启东已建178家食品药品科普宣传站	A4版		消息	500	黄 海
7	18	南通日报	与最高院法官“面对面”	A4版		消息	500	黄 海
7	23	南通日报	“黑绿”之间趟富路	A6版		消息	1000	姜 斌
7	26	南通日报	启东加快特色产业基地建设	A2版		消息	1500	黄 海
7	26	南通日报	启东汇龙镇“村村乐”乘凉晚会已走过8个年头 乡村大舞台激发正能量	A4版		消息	2000	姜 斌 陈小茂
7	27	南通日报	启东二胡小花获国际赛事金奖	A4版		消息	200	刘吟菊 黄 海
8	1	南通日报	启东滨海博士创业园启用	A2版		消息	500	黄 海
8	6	南通日报	强基础 优平台 出形象 启东锻造沿海开发新优势	A1版	群众路线	消息	1500	黄 海
8	12	南通日报	启东接受首例遗体捐献	A3版		消息	500	朱俊俊 黄 海
8	15	南通日报	启东：文艺小分队送戏“加油站”	A7版		消息	800	黄 海 王伟玮
8	18	南通日报	深耕基层惠民生——驻村“第一书记”帮扶记	A1版	头条v群众路线	通讯	2500	张 烨
8	18	南通日报	启东最大等级船舶离泊交付	A2版		消息	500	管颢生 薛祥明 徐国勤
8	23	南通日报	启东5人入围省“双创计划”	A2版		消息	300	黄 海
8	28	南通日报	洋口港启东港获准对外开放	A1版		消息	500	黄 海

续表 1

见报日期		新闻媒体名称	标题	版面(或栏目)	头条	体裁	字数(或节目长度)	作者
月	日							
8	28	南通日报	洋口港、启东港口岸对外开放获国务院批复	A2 版		消息	800	黄 海
8	28	南通日报	启东出台专利保险补贴办法	A2 版		消息	400	黄 海
9	4	南通日报	构建立体防范体系 保证医疗规范运行 启东扎实推进“阳光医疗工程”	B5 版		消息	1500	陆海峰 姜 斌 邓正映
9	14	南通日报	通大启东校区迎来首批新生	A1 版		消息	800	沈雪梅
9	15	南通日报	市人大代表回原选举单位述职在我市系首次	A2 版		消息	600	黄欣美
9	16	南通日报	启东新增 3 家省认定企业技术中心	A2 版		消息	300	黄 海
9	24	南通日报	启东 71 家节能环保企业强化自主创新 承担 15 个国家级火炬项目	A2 版		消息	1200	黄 海
9	27	南通日报	强镇扩权，古镇发展添活力	A2 版		消息	1000	黄 海
10	15	南通日报	启海地区突破传统“水作”模式 水稻种植高效低耗	A2 版		消息	500	黄 海
10	16	南通日报	海启高速初步设计通过省发改委审查	A2 版		消息	300	黄 海
10	21	南通日报	重大项目支撑工业经济稳增长 1~9 月启东实现财政总收入 117.5 亿，同比增长 17.2%	A2 版		消息	800	黄 海
10	21	南通日报	启东市创新养老模式——医养结合，老人乐享服务	A4 版		消息	800	李 净 戴丽丽 黄 海
10	30	南通日报	全省“和谐婚姻·幸福家庭”引导工作现场推进会在通召开 探索家庭建设新路径	A1 版		消息	800	王玮丽
10	24	南通日报	“医养结合”打造养老新模式	A4 版		消息	600	黄 海
11	6	南通日报	启东全面推行“四议两公开”	A2 版		消息	500	张 烨
11	7	南通日报	南通至启东铁路初步设计获批，有望年内开工——宁启铁路揭开“东进”序幕	A1 版		消息	1800	管颢生
11	12	南通日报	深秋时节，启东大片农田仍生机盎然——晚秋熟，农业创新促增收	A2 版		消息	1000	姜 斌
11	13	南通日报	启东科技节品牌效应凸显	A2 版		消息	600	黄 海
11	18	南通日报	全托管有效推进“旱改水” 启海地区水稻亩产首超千斤	A1 版		消息	500	顾璐璐
11	22	南通日报	坚持在服务中教育引导群众 启东试点经验获肯定 该项工作即将在全市推开	A2 版		消息	1500	张 烨
11	28	南通日报	启东率先推出信贷管理办法 助推养老服务业发展	A3 版		消息	300	陶帅君 黄 海
12	1	南通日报	启东五大产业集群“齐头并进”	A2 版		消息	1000	钱爱仁 戴丽丽 黄 海
12	4	南通日报	支渔贷款“渔网贷”全国首创	A2 版		消息	600	黄 海
12	12	南通日报	力推行政“一把手”出庭应诉成常态 启东市长出庭当被告	A2 版		消息	600	黄 海
12	19	南通日报	宁启铁路二期月底开工	A5 版		消息	500	黄 海
12	22	南通日报	启东两个沼气工程 获中央预算内投资	A2 版		消息	300	黄 海
12	31	南通日报	启东全面启动政府机构改革	A2 版		消息	500	黄 海

（单松娟）

自然地理

【地理位置】 启东地处北纬 31°41’06″至 32°16’19″，东经 121°25’40″至 121°54’30″。南濒长江入海口北支，其中东段以江心为界，西段永隆沙与上海市崇明县接壤。国家高速公路网 G40 沪陕高速公路横贯启东，崇启大桥与上海崇明岛相连；东、北濒临黄海，西与海门市毗邻。

【土地资源】 启东属长江口沉积平原，除通吕水脊区成陆千年以上外，大部分仅有二三百年历史。启东市境内地势平坦，沟河纵横，属沿海低平地区。微域地形略有起伏，西北向东南微倾，倒岸河为南北地貌的自然分野，河南高程（吴淞标高）3.6~4.6 米，河北高程在 5.1~6.1 米，南北倾斜度约 1/30000 米。东西倾斜度约 1/43500 米。常年地下水位 1.2~1.6 米。成土母质系海相沉积物和长江冲积物，具有强石灰。吕四地区土壤类型为壤性或沙性潮盐土；蒿枝港以南，头兴港以西，协兴河以北地区主要为黏性灰潮土；沿海、沿江地区主要为壤性或黏性潮盐土。2014 年，启东市总面积 1208 平方公里（181.2 万亩），其中耕地面积为 102.86 万亩。江海堤防总长 146.8 公里，其中江堤 47.3 公里，海堤 77 公里，洲堤 22.5 公里。

（曹军华）

自然气候

【气候概况】 2014 年，启东市主要气候特征：气温正常；降水正常；日照正常。

气温。2014 年，年平均气温 16.0℃（上年 16.5℃），比常年（1981~2010 年数据）偏高 0.5℃，属正常。2014 年前 5 个月的平均气温均高于常年同期，其中 1 月异常偏高，3 月显著偏高；夏季（6~8 月）气温低于常年同期，也远低于上年，而 8 月为显著偏低；自 9 月底入秋后，气温逐渐走高，10 月和 11 月均比常年偏高；12 月冷空气活动频繁，气温偏低。按《气候季节划分》标准统计，2014 年启东实际一年四季分布：3 月 21 日之前（含 21 日）处于冬季，3 月 22 日进入春季；6 月 7 日进入夏季；9 月 30 日进入秋季；12 月 1 日进入冬季。年极端最低气温-4.9℃，出现在 1 月 22 日；年极端最高气温 35.8℃，出现在 8 月 4 日。全年最高气温≥35℃的高温日 1 天（8 月 4 日，上年共 30 天），全年日平均气温≤0℃的有 2 天（上年有 3 天）。终霜出现在 4 月 6 日，初霜出现在 11 月 14 日，全年无霜日数 221 天。

降水。全年降水量为 1296.7 毫米，比常年略多（常年 1112.1 毫米），属正常。但全年降水时空分布不均，1 月、10 月和 12 月显著偏少，降水量距平百分率分别为-67.7%、-58.8%和-73.7%；而 2 月、4 月和 9 月异常偏多，降水量距平百分率分别为 144.6%、106%和 83.9%，8 月降水量显著偏多，降水量距平百分率为 58.6%。2014 年 6 月 20 日起，启东市入梅（平均入梅日为 6 月 20 日），入梅正常，7 月 17 日出梅（平均出梅日 7 月 10 日），出梅偏晚，梅期长 27 天（常年 20 天）；梅雨量 238.1 毫米（常年 212.8 毫米），降水距平百分率为 12%。全年日降水量≥0.1 毫米的日数有 126 天，其中最长连续降水日数为 5 天，出现在 10 月 29 日~11 月 2 日，其间总降水量为 24.0 毫米；日降水量≥25 毫米的大雨日有14 天，日降水量≥50 毫米的暴

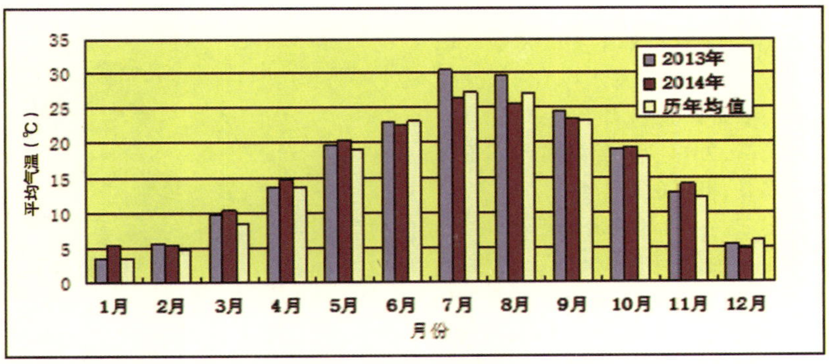

图 1 2014 年、2013 年及历年（1981~2010 年）月平均气温对比

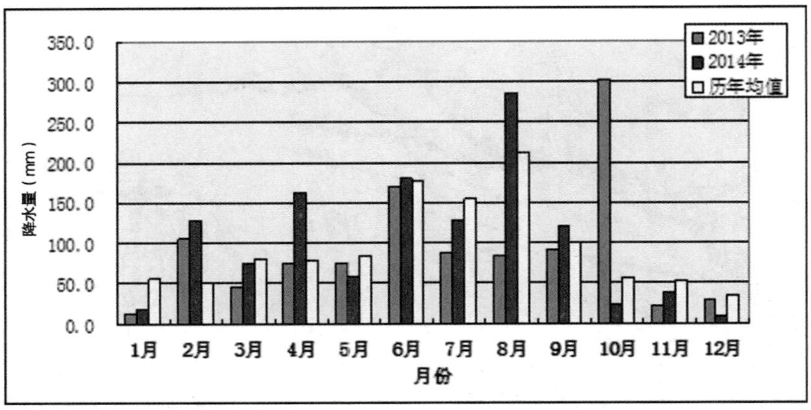

图 2　2014 年、2013 年及历年(1981~2010 年)平均降水量对比

雨日有4 天；一日最大降水量 67.3 毫米，出现在 9 月 1 日。年内最长连续无降水日数 20 天，出现时段在 2014 年 10 月 1~20 日。

日照。全年日照时数有 1858.8 小时，比常年(1987.4 小时)偏少 3.8%，年日照百分率为 42%，属正常年份。

【主要气象灾害及其影响】　台风。2014 年西太平洋共生成 23 个台风(热带气旋)。对启东市有直接影响的是 9 月第 16 号台风“凤凰”，当其经过市圆陀角地区东移入海时，已减弱为热带风暴，对启东影响为带来中到大雨和陆地 6~8 级、沿江江面 7~9 级、沿海海面 8~10 级大风，由于防台准备工作得力，未见人员和财产损失。另外间接影响的还有 7 月的 8 号“浣熊”、10 号“麦德姆”，8 月的 12 号“娜基莉”，它们对启东均未产生重大不利影响。

暴雨。4 月，由于冷暖空气活动频繁，17 日出现 2014 年度第一次暴雨。后面梅雨期间的 6 月 26 日再次出现暴雨。8 月起，冷空气活动频繁，降水异常偏多，至 24 日出现暴雨。9 月初延续 8 月副高偏弱，弱冷空气活动频繁的情况，1 日出现年度最大单日降水量 63.7 毫米。强降水均不同程度造成短时农田积水，但排干很快。

高温。2014 年夏副高偏弱，只有 1 个高温日，出现在 8 月 4 日。

雾霾。2014 年共出现雾天 46 天，其中 1 月、2 月、4 月和 6 月较重，多次造成高速公路封闭，对交通运输产生一定影响。霾天全年共出现 128 天，较上年 169 天减少 41 天，集中出现在 1 月、3 月、5 月以及 11~12 月，空气质量下降，对全市居民健康产生一定影响。其中 12 月霾天达 23 天，全月空气质量较差。

强对流(雷暴)。7 月 25~28 日受 10 号台风“麦德姆”影响，全市出现小到中雨和大风天气，局地出现强对流；8 月下旬，由于强对流天气频发，造成北新、王鲍、惠萍等部分地区遭遇雷雨大风天气，造成部分蔬菜大棚被毁，树木枝干被吹断，简易板房被毁，屋顶被闪电击穿等灾害，具体损失不详。

大风。2014 年仅一天出现大于 17 米/秒的大风天气，为强对流天气所致。

(龚溪峤　黄　诚)

建置沿革

【概况】　启东位于江北大陆最东端，因沙洲不断向东延伸，便由“启吾东疆”之意而得名。启东全境系长江口不同时期河相、海相沉积平原。汉朝以前为江口海域。唐初，长江口涨出东洲、布洲。唐高祖武德年间(618~626 年)，长江口外形成江中岛屿，犯人被流放于此，从事盐业生产。与胡逗洲(今南通市区及通州平潮、西亭一带)一起同属广陵郡，上隶于淮南道。五代后梁开平元年(907 年)，长江口东洲、布洲合并为海门岛。后周显德元年(954 年)，设政、场合一的地方管理机构“吕四场”，这是启东境内首次出现行政管理机构。显德五年，海门建县于东布洲，上隶于通州。海门县域包括今启东中北部地区。至北宋至和年间(1054~1056 年)，胡逗洲向东扩展，与海门岛相接，形成东西长约 75 公里、南北宽约 20 公里的“通吕水脊”(西至南通唐闸附近，东至吕四)。

元末至明朝中叶(14~15 世纪)，长江主泓北移，海门沿江地带大面积坍塌，先后四迁县治，仅留吕四一地。由于民户所剩无几，清康熙十一年(1672 年)撤销海门县建置，改为乡，并入通州。

清康熙末年(1720 年左右)，长江口北岸开始新的淤积。在此后的 200 来年里，许多小的沙洲逐渐并连形成启海陆地。乾隆三十三年(1768 年)，划通州 19 个沙、崇明 11 个沙和新涨的 10 个沙，设置海门直隶厅，上隶于江苏布政使司。今启东中部地区，时为

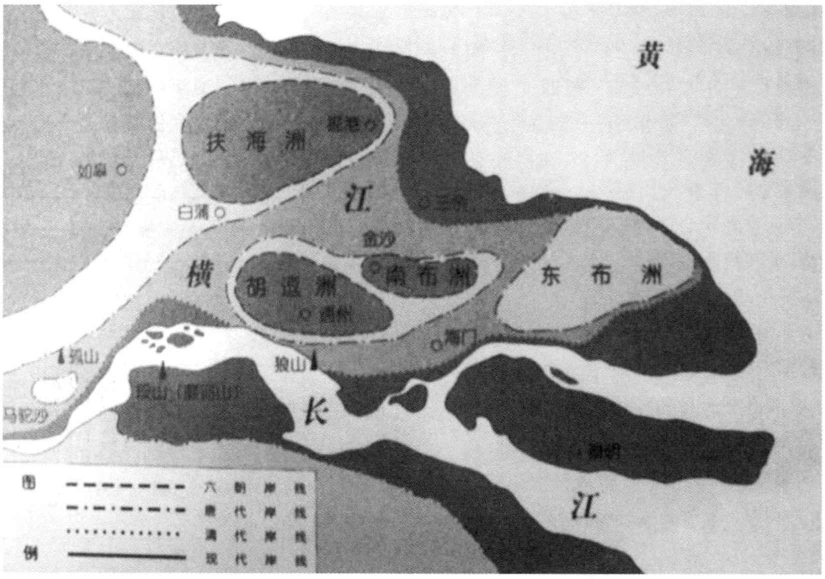

图 3　通州成陆示意图　　(市地方志办/提供)

海门直隶厅的东境。雍正至光绪初年(1723~1875年),长江口北岸的惠安沙、杨家沙、永丰沙等13个沙洲陆续形成并连成一片,因临近崇明,大多为崇明人开垦,称崇明外沙(称崇明岛为内沙)。光绪二十三年(1897年),崇明县设崇海司巡检署于九龙镇(后更名为久隆镇)。崇海两县间开挖崇海界河,西起庙桥,经南阳村东流入海,南为崇明外沙,北属海门。与此同时,通海界河开挖完成,以南为海门,以北为通东(通州东部)。今启东分属三县的格局至此形成。

中华民国元年(1912年)1月,海门废厅设县;5月,通州改称南通县。今启东中部地区时属海门县,隶属于沪海道;北部地区时属南通县,隶属于苏常道。民国9年,崇明县在外沙惠隆镇(今汇龙镇)设行政公署。民国17年1月,应启东人们要求,民国江苏省政府作出决议,"崇明外沙应即设县分治,定名'启东'"。2月,国民政府作出"准予备案"的决议。3月1日,启东县宣告成立,县治汇龙镇,隶属于江苏省,下辖10乡,居民33万人。民国22年,启东县隶于江苏省行政第七区。民国25年,江苏行政第七区改为第四区,启东隶属第四区。

民国29年11月,新四军挺进启东,建立启东县抗日民主政府。16日,接管启东县政权,国民党启东县政权到此结束。启东民主政府最初设在汇龙镇,后撤到江家镇。民国30年3月,日军正式占领汇龙镇后,日伪炮制临时伪政府——"启东地方自治会";启东抗日民主政府在农村流动。9月,为对付日军"扫荡",抗日民主政府将启东、海门两县合并为海东行署。12月,改称海启行署。民国31年7月,崇明划入,改称海启崇行署。9月,通东地区划入,成立东南行署,驻地在聚星镇。民国32年4月1日,日伪正式成立伪政权"苏北清乡区启东特区公署"。其管辖范围是原老启东区域,即崇海界河以南。民国34年8月31日,日伪军撤逃,日伪政权垮台。

民国35年1月,国民党"还乡",在南通城组建启东县政府。10月起,随国民党军进驻汇龙镇。辖区崇海界河以南,即原国民党启东县政府管辖区域。同年3~11月,民主政府将启东、海门两县恢复建置,隶属于苏皖边区第一行政区。12月,启、海两县再度合并为东南行署,隶属于苏皖边区第九行政区。

1949年1月,启东、海门全境解放。两县恢复建置,划海门的东部地区、通东的吕四地区归启东版图,县政府驻曹家镇。5月起,县政府迁至汇龙镇,隶属于苏北行政区南通专区。1953年,隶属江苏省南通专区,1968年隶属江苏省南通地区。

1983年3月,江苏省实行市管县新体制,启东县隶属于南通市。1989年11月、12月,经国务院批准,民政部、江苏省人民政府先后发文,同意撤销启东县,以原区域设立启东市(县级),仍由南通市人民政府管理,实行计划单列。1990年2月15日,启东召开撤县建市大会,市委、市人大常委会、市人民政府、市政协挂牌,宣告启东市正式成立。

(曹军华)

行政区划与人口

【行政区划】 2014年,启东市辖11个镇,1个乡,2个街道办事处,2个省级经济开发区,261个行政村,36个城市社区居委会。

【人口】 2014年末,全市户籍总人口为112.32万人,比上年末减少0.03万人,其中,非农业人口32.27万人;城区(汇龙镇和开发区)人口25.19万人。全年出生人口8101人,出生率为7.21‰,出生婴儿男女性别比为104.4:100;死亡人口8121人,死亡率为7.23‰,自然增长率为-0.02‰。年末常住人口为95.60万人,城镇化率53.6%

(曹军华)

地方特产

【概况】 启东属长江口冲积平原,土壤肥沃,水网密布,自然条件优越,资源物产丰富,素有"粮棉故里,东疆乐土"之称。全国四大渔场之一的吕四渔场就有2000余种海产资源;启东的特色种养业遍布全市。启东地方特产主要有农产品和水产品两大类。启东农产品的四大当家品种有:优质棉花、茧丝、"四色豆"(蚕豆、乌皮青仁豆、白扁豆、赤豆)、小辣椒。其中,蚕豆种植为全国种植面积最大、总产最多的县(市)。启东水产品以海产品居多,吕四渔场出产的海蜇、黄鱼、鲳鱼、带鱼、梭子蟹,沿海滩涂养殖的紫菜、文蛤等水产品闻名海内外。启东是全国最大的天然文蛤养殖基地,同时又是全国唯一的中华绒螯蟹苗繁育基地。此外,启东采收的蟾酥数量多、质量好,是中国中药行业公认的"蟾酥之乡",为"六神丸"等十几种传统中成药提供优质原料。

【农产品】 *启豆系列蚕豆*。蚕豆,别名胡豆、罗汉豆、寒豆,属豆科,野豌豆属。因豆荚形似老蚕,又成熟于养蚕时节,故名蚕豆。蚕豆是启东传统的夏粮作物,种植历史悠久,自20世纪60年代起常年种植面积保持3.33万公顷左右,约占夏粮种植面积的50%,最高年份产量14万吨,为全国县级之首。

大红袍赤豆。启东大红袍赤豆是中国红小豆的代表性品种之一,启海一带均有种植。红小豆,属豆科,菜豆属,为一年生草本植物,是一种具有高蛋白、低脂肪、多营养的小杂粮。大红袍赤豆籽粒饱满,色泽鲜红,百粒重约20克。豆质细软,绵沙适口,可与大米一起煮饭、粥,以制作各种糕点馅为最佳,如豆沙包、豆沙炸糕、切糕、豆沙月饼等各种风味食品。含有丰富铁质,有补血功效,中医用作利尿、消肿、解毒等。

朝天小辣椒。启东朝天小辣椒是通启海一带的地方良种,因椒果朝天生长而得名,亦称羊角椒。其特点是个体小、色泽艳、辣度高。辣度高达5万度以上,为国内辣椒辣度之最,是上好的烹饪佐料。

乌皮青仁豆。乌皮青仁豆,俗称乌豆,是中国最古老的栽培作物之一,因其种皮乌黑、果仁青色而得名。《本草纲目》中用乌豆作单方的就达59条。

乌皮青仁豆与猪蹄炖食,具有催乳、补血等功效。

洋扁豆。洋扁豆,又叫利马豆,原产美洲,20世纪30年代引进启东种植。搭棚架栽培,是一种藤蔓类作物。荚扁平呈刀形,壳青籽白,每荚有籽2~3粒。全市年产约500万公斤,折合干籽45万公斤。

香芋。香芋是多年生草本豆科作物,译名美洲土栾儿。一般三月播种,次年一、二月收获。香芋在启东有数十年种植历史,在长江口区的海门、崇明也有种植,其他地区则很少见。香芋有球状块根,小者如算珠,大者如圆萝卜,褐皮白肉,气味清香,富含淀粉,味如板栗。因为名字中有"芋"字,常被混同芋艿,其实两者并无关系。

芦稷。芦稷,又名甜芦粟,属一年生禾本科植物,是高粱的别种。株高达3米左右,茎有节,可食用,以青皮长节为佳,汁多甘甜,营养丰富,可与甘蔗媲美。芦稷的叶子常用作喂猪羊,根皮作柴火,穗头晾干褪籽后成为扎扫帚的材料。

东疆梨。东疆梨,为果树之乡启东市大兴镇从日本引进的优良梨树新品种。1995年,日本花甲协会的梨树专家大狱岩男到大兴镇技术指导,带来世界公认的梨树优良品种"三水一高"梨(丰水、幸水、新水、新高四地梨树的合称),并试种成功。此后,又传授梨树棚架栽培新技术。该品种果形大而整齐,果皮呈淡黄褐色,有光泽,无锈斑,果肉松脆细嫩,石细胞较少,味甜,多汁。每年8月成熟上市。经十年的发展,大兴优质梨产业化科技示范园区面积已达1000公顷,是长江下游地区规模最大的产梨区,被评为省级农业科技示范园、全国农业引资成果推广基地。

启东白山羊。启东白山羊,也称海门山羊,有上千年养殖史,系全国重点保护和发展的家畜品种,定名为"长江三角洲白山羊"。启东白山羊体型中等偏小,毛色洁白,耐湿热,性温和,成熟早,繁殖力强,成年公羊体重30公斤左右,母羊22公斤左右。由于当地对公母羊均有阉割育肥的习惯,故启东白山羊肌肉丰满,肥嫩鲜美,脂肪分布均匀,膻味少。无论红烧、白煮,均肥而不腻。启东白山羊皮毛肉兼用。皮可制革,其毛可制作毛笔、刷子等。启东为全国6个山羊笔料毛基地县之一,山羊板皮是传统的出口农副产品。

三黄鸡。启东"三黄鸡"以嘴黄、毛黄、脚爪黄而得名。该品种为启海地方良种,养殖历史悠久,属于蛋、肉兼用型鸡种,体型清秀,中等偏小;行动活泼,善于觅食;耐粗饲,适应性强;产蛋多,经济效益高。一年龄成鸡体重1.5~2公斤。公鸡性成熟较晚,一般4~5月开啼;母鸡繁殖力较高,开产日龄200天左右,一般年产蛋180个左右。

其他农副产品。其他特色农产品:蜜橘、金柑、桃、柿、青皮甘蔗、青甜瓜、秋番茄等瓜果;豌豆、白扁豆、绿豆等豆类;70年代开始引进的灵芝属名贵药材,至90年代初期产量发展至200多吨干灵芝,占全国四分之一;启东人冬季食用的主要蔬菜黄芽菜由北方大白菜(原产山东胶州)改良而来;外皮色泽金黄的金瓜煮熟后瓜肉自然成丝可凉拌入菜。

【水产品】 *吕四海蜇*。吕四海蜇盛产于启东吕四沿海,身体半球形青蓝色,半透明,上面有伞状部分,下面有八条口腕,口腕下端有丝状器官。如同漂浮在水面上的一顶帽子。以质量上乘,加工精细闻名,是中国"海产八珍"之一。"吕四海蜇"是继"太湖银鱼"之后江苏省第二个获准进行地理标志注册的水产品。

条斑紫菜。条斑紫菜俗称紫菜、乌菜。中国沿海自然生长的紫菜有圆紫菜、长紫菜和甘紫菜等,福建、浙南沿海多养殖坛紫菜,北方则以养殖条斑紫菜为主,启东养殖紫菜即为条斑紫菜。紫菜味鲜美,蛋白质含量高且质量好,并富含人体必须的氨基酸。维生素A、B、B_2的含量可与动物肝脏相媲美。经常食用紫菜可起到降低胆固醇、预防动脉硬化、补肾、利尿、清凉、宁神、预防夜盲等功效,有助于智力开发。启东市是中国条斑紫菜的主要产区,养殖产量占全国的十二分之一,加工和出口数量则占国内市场的五分之一,拥有"灯塔"牌、"海渔"牌、"珍洋"牌等名优紫菜品牌。

文蛤。文蛤,又名蛤蜊,广泛生长于中国东部沿海,启东、如东为黄海文蛤的主产地。启东沿海自20世纪80年代起开展文蛤人工育苗和工厂化养殖,2014年,全市有无公害文蛤养殖基地1.34万公顷。

黄鱼。产于启东吕四渔场的大小黄鱼,是中国最古老最重要的经济鱼类之一。由于海洋资源的减退,大黄鱼已较为少见,启东市捕捞的以小黄鱼为主。黄鱼肉嫩味鲜,含蛋白质、脂肪、糖、维生素、钙等多种营养成分。大黄鱼胶更是高级营养补品。黄鱼吃法较多,有红烧、煨汤、清蒸、风糟等多种食法,糖醋黄鱼为南通名菜。

鳓鱼。吕四一带俗称香鱼,渤海、黄海、东海均产之,其中以东海产量最多。鳓鱼味鲜肉细,营养价值极高,其含蛋白质、脂肪、钙、钾、硒均十分丰富。鳓鱼在中国渔业史上是最早的捕捞对象之一,已有5000多年的历史。

鮟鱇鱼。俗称结巴鱼、蛤蟆鱼、海蛤蟆,为世界性鱼类,生活在温带的海底下。头大,由上往下看,像有柄煎锅一样。背鳍最前面的刺伸长像钓竿样子,前端有皮肤皱褶伸出去,看起来很像鱼饵。鮟鱇鱼肉富含维生素A和C。其鱼肚、鱼子均是高营养食品,皮可制胶,肝可担取鱼肝油,鱼骨是加工明骨鱼粉的原料。

梅童鱼。又称梅子鱼,一般全长40~100毫米,大者全长可达200毫米左右;体长形,侧扁。尾柄细长。头很大而圆钝。分布于黄海、东海一带,栖息于近海、河口和港湾的泥或沙泥底质水域。不作长距离洄游。为温水性鱼类。梅童鱼肉嫩刺软,肉味鲜美。产量较大。

马鲛鱼。又名青占鱼,体形狭长,头及体背部蓝黑色,上侧面有数列蓝黑色圆斑点,腹部龙白色,背鳍与臀鳍之后有角刺。由于以鱼虾等水生动物为食,故马鲛鱼生得浑身肥满,是一种经济价值较高的海产优质鱼类。马鲛鱼肉质细腻、味道鲜美、营养丰富,含丰富蛋白质、维生素A、矿物质等营养元素。

鲐鱼。又名油胴鱼、青条鱼。体粗壮微扁,呈纺锤形,一般体长20~40厘米、体重150~400克。头大、前端细尖似圆锥形,眼大位高,口大,上下颌等

长，各具一行细牙，犁骨和腭骨有牙。体披细小圆鳞，体背呈青黑色或深蓝色，体两侧胸鳍水平线以上有不规则的深蓝色虫蚀纹。腹部白而略带黄色。

鲻鱼。全身披圆鳞，眼大、眼睑发达。牙细小成绒毛状，生于上下颌的边缘。背鳍两个，臀鳍有8根鳍条，尾鳍深叉形。体、背、头部呈青灰色，腹部白色。鲻鱼肥短，眼圈大而内膜与中间带黑色。鲻鱼是优质经济鱼类之一，鱼卵可制作鱼子酱。

鮸鱼。形似鲈鱼，但肉质略粗糙，体色发暗，灰褐并带有紫绿色，腹部灰白。背鳍鳍棘上缘黑色，鳍条部中央有一纵行黑色条纹。胸鳍腋部上方有一晴斑。其余各鳍灰黑色。米鱼体形为两侧扁平向后延长状，背、腹部浅弧形。体侧扁，略延长。尾柄细长，尾鳍楔形。肉味鲜美，为海产经济鱼类之一，也是经济价值较高的鱼类。

海鳗。产于吕四渔场，海鳗肉厚、质细、味美、含脂量高，可供鲜食、制咸干品或罐头。晒干品"鳗鱼鲞"和干制海鳗鳔均为食用佳品。鳗鱼富含多种营养成分，具有补虚养血、祛湿、抗劳等功效。

鲬鱼。俗名尖角子、拐子鱼、百甲鱼，分布于沿海地区。体延长而平扁，向后渐细。一般体长20~30厘米、体重100~200克。头宽、甚平扁，吻背面近半圆形，下颌长于上颌，两颌、犁骨及腭骨均有绒毛状牙群、前鳃盖骨后缘有2个尖棘，背面及体两侧均有带小棘的骨棱、体披小而不易脱落的栉鳞，全身大部呈黄褐色。

墨鱼。又称乌贼鱼、墨斗鱼、目鱼等。由于它像鱼类一样游泳，且腹腔里藏有墨囊，所以沿海渔民把它叫做"墨鱼"。干者叫明鱼，属软体动物中的头足类。墨鱼不但味感鲜脆爽口，蛋白质含量高，具有较高的营养价值，而且富有药用价值。

柏氏四盘耳乌贼。吕四一带称为"几姑子"。分布于东海、南海等海域，生活环境为海水。胴体约长4厘米。和一般的乌贼不同，柏氏四盘耳乌贼头和胴体相连。胴体短，后端圆，尾鳍圆似耳。

鲈鱼。中国沿海及通海的淡水水体中均产，黄海、渤海较多。是常见的经济鱼类之一，也是发展海水养殖的品种。鲈鱼肉质坚实洁白，营养价值高且口味鲜美。

短鳍红娘鱼。吕四一带称红娘子鱼，产于东海、黄海和渤海。体延长，稍侧扁，前部粗大，向后渐细，一般体长14~24厘米、体重150~300克。头大，近方形。吻端中央凹入，两侧圆钝，各具几个小棘，边缘有锯齿，上下颌及犁骨具绒毛状牙群、头部背面及两侧均被骨板、体披大栉鳞、头和背部深红色，腹侧为乳白色。背鳍2个，其基部两侧各有一纵列有棘楯板。

斑节对虾。吕四一带称竹节虾。个体大，壳较厚，肉质鲜美，营养丰富。体壳较坚实，经得起用手捉拿。离水后干露于空气的耐力很强。营养价值与其他主要虾类相近。

虾蛄。身体窄长筒状，略平扁，头胸甲仅覆盖头部和胸部的前四节，后四胸节外露并能活动。腹部七节，分界亦明显，而较头胸两部大而宽，头部前端有大型的具柄复眼一对，触角两对。虾蛄味道鲜美，价格低廉，为沿海群众喜爱的水产品。

脊尾白虾。只产于中国附近海域。成虾体长4~9厘米。腹部第3节至第6节背面中央有明显的纵脊，故名。体色透明，微带蓝色或红色小斑点，腹部各节后缘颜色较深。是近海重要经济虾类，除供鲜食外，还可加工成海米，因其呈金黄色，故也有"金钩虾米"之称。其卵可于制成虾籽，也是上乘的海味干品。

泥螺。属软体动物门，为太平洋西岸海水及咸淡水特产的种类。在中国沿海均有分布。体呈长方形，头盘大而肥厚，外套膜不发达。侧足发达，遮盖贝壳两侧之一部分。贝壳呈卵圆形，幼体的贝壳薄而脆，成体较坚硬、白色，表面似雕刻有螺旋状环纹，内面光滑，有黄褐色外皮。

毛蚶。又称毛蛤、麻蛤。生活在内湾浅海低潮线下至水深十多米的泥沙底中，尤喜于淡水流出的河口附近。成体壳长4~5厘米，壳面膨胀呈卵圆形，两壳不等，壳顶突出而内卷且偏于前方。壳面白色，被有褐色绒毛状表皮。毛蚶是维生素B_{12}含量较高的食用贝类。沿海一带甲肝流行是由于人吃了不洁的毛蚶引发的，毛蚶属于传播途径。

扁玉螺。在吕四沿海地区称为香螺。贝壳呈半球形，坚厚，背腹扁而宽。壳顶低小，螺旋部较短，体螺层宽度突然加大。壳面光滑无肋，生长纹明显。壳面呈淡黄褐色，壳顶为紫褐色，基部为白色。壳口卵圆形，外唇薄，呈弧形；内唇滑层较厚，中部形成与脐相连接的深褐色胼胝，其上有一明显的沟痕，脐孔大而深。生活于潮间带至水深50米的沙和泥沙质的海底，通常在低潮区至10米左右水深处生活。常潜入底内猎取其他贝类为食。

海螺。产于沿海浅海海底。海螺贝壳边缘轮廓略呈四方形，大而坚厚，壳高达10厘米左右，螺层6级，壳口内为杏红色，有珍珠光泽。螺肉丰腴细腻，味道鲜美，素有"盘中明珠"的美誉。具有排列整齐而平的螺肋和细沟，壳口宽大，壳内面光滑呈红色或灰黄色，可制作工艺品。

四角蛤蜊。俗称白蚬子、泥蚬子。在中国沿海分布极广，产量大，主要栖息于潮间带中下区及浅海的泥沙滩中，属广温广盐性贝类，贝壳坚厚，略成四角形。两壳极膨胀。壳顶突出，位于背缘中央略靠前方，尖端向前弯。

大竹蛏。俗称竹蛏，平均壳长达14厘米，一般壳长为壳高的4~5倍。壳质薄脆。壳表光滑，被黄褐色壳皮。喜栖息于潮间带中下潮区至浅海的沙泥滩中。

三疣梭子蟹。三疣梭子蟹，又称梭子蟹、方蟹。启东吕泗渔场出产的梭子蟹肉多膏肥，是主要的出口畅销品之一，年供货量达5000吨。梭子蟹以鲜食为主，还可加工成"炝蟹""醉蟹""蟹酱"和名贵调味品"蟹籽酱"，均为海味中的上品。

中华绒螯蟹。启东市滨江临海，沿海水域是长江水系中华绒螯蟹大眼幼体的原种产区，江段水域是河蟹入海繁殖、蟹苗洄游溯河的天然通道。长江水系中华绒螯蟹，以其个大、青背、白肚、金爪、黄毛、味美、围捕率较高等商品性状而享誉国内外。

长江刀鱼。刀鱼，学名鲚，俗称凤尾鱼。刀鱼与鲥鱼、河豚一起并称为"长江三鲜"，其肉质细嫩，腴而不腻。

出产于启东、崇明、吴淞一带江面。

沙蚕。沙蚕,形似蚯蚓,俗称“海蜈蚣”“海蚂蟥”,是高营养、速生长、高产值的海洋饵料生物,人称“万能钓饵”。同时具有较高的医药价值。启东是中国出口沙蚕的主要产地之一。

鳗苗。鳗鱼又名河鳗,是一种洄游性鱼类。长江、钱塘江一带的江河、湖泊是鳗鱼的主产区。启东所在的长江口区盛产天然鳗苗,因其经济价值较高,有“软黄金”之称。

(曹军华)

国民经济和社会发展

【概况】 2014年,面对复杂多变的宏观形势,全市上下按照市委、市政府的决策部署,紧扣“打好八大攻坚战、实现八大新突破”的工作主题,立足稳中求进,统筹做好改革发展稳定各项工作,经济社会发展呈现出运行平稳、转型加快、后劲增强、民生改善的良好态势,较好地完成了市十六届人大三次会议确定的主要预期目标。

经济运行稳中有进。经初步核算,全年实现地区生产总值739.13亿元,按不变价比上年增长10.6%。其中,第一产业增加值68.55亿元,比上年增长3.2%;第二产业增加值369.03亿元,比上年增长10.4%,其中工业增加值287.41亿元,比上年增长10.9%;第三产业增加值301.55亿元,比上年增长13.0%。全市按户籍人口和常住人口计算的人均地区生产总值分别为65795元和77242元。三次产业结构由2013年的9.7:50.6:39.7调整为9.3:49.9:40.8。启东在全国县域基本竞争力百强县(市)中排名升至第37位,列中国中小城市综合实力百强第43位。

民营经济快速发展。全年新增民营一般纳税人302户、新增民营小规模纳税人2362户;年末私营企业23942户,私营企业注册资本额804.70亿元,个体工商户67733户。全市引进市外民资计划投资额千万元以上项目68个,注册资本额70.30亿元,平均单体规模10338万元。实现规模以上民营工业增加值214.61亿元,占全市规上工业总量的72.1%,同比提高2.99个百分点。完成民间固定资产投资373.93亿元,占全市投资总量的77.9%,同比提高0.84个百分点。实现民营经济入库税收77.80亿元,占全市税收总量的82.7%,同比提高1.7个百分点。

物价涨幅冲高回落。全年居民消费价格总指数为102.6%,比上年上涨2.6%,涨幅同比回落0.3个百分点。从分月数据看,月度指数呈现“波浪型”趋势,5月份达到峰值,上涨3.8%。全年商品零售价格指数101.3%,比上年上涨1.3%。构成消费价格的八大类商品及服务除烟酒类下降1.1%以外,其他商品价格呈现全部上涨态势。

【农业】 农业生产总体平稳。全年实现农林牧渔业总产值121.52亿元,按可比价计算,比上年增长3.2%。粮食总产略有回落。受粮食种植面积下降影响,市粮食总产量有所回落,全年粮食总产量24.98万吨,比上年下降4.4%。其中,夏粮总产7.76万吨,秋粮总产17.22万吨,均比上年下降4.4%;全年油料总产量9.38万吨,下降9.3%。棉花总产量1.36万吨,下降19.4%。畜牧业生产平稳发展。全年生猪出栏30.20万头,增长1.7%;山羊出栏64.01万只,下降0.4%;家禽出栏1485万羽,增长0.4%;肉类总产量5.80万吨,下降0.2%;禽蛋总产量2.05万吨,下降1.9%。渔业生产稳定发展。淡水养殖业发展较快,海水捕捞业有所萎缩,全年完成水产品总产量35.42万吨,比上年下降1.7%,其中海水产品总产量达30.40万吨,下降4.0%,淡水总产量5.02万吨,增长15.8%。

现代农业稳步推进。全年新增扩建农业项目208个,高效农业面积13.3万亩。实现农产品出口额1亿美元,位居南通各县市前列。现代农业产业园初具规模,中国供销农产品物流项目开工建设。大力培育新型农业经营主体,建成省级家庭农场5家。海洋渔业加快发展,远洋渔业全省领先。

【工业和建筑业】 工业经济运行良好。全年实现规模以上工业总产值

2014年居民消费价格及涨跌情况

表2 单位:%

指标	价格指标	比上年涨跌
居民消费价格总水平	102.6	2.6
食品	103.5	3.5
#粮食	102.9	2.9
油脂	95.6	-4.4
肉禽及其制品	99.8	-1.1
蛋	106.0	6.0
水产品	102.4	2.4
菜	101.5	1.5
烟酒	98.9	-1.1
衣着	102.5	2.5
家庭设备用品及服务	101.8	1.8
医疗保健及个人用品	103.6	3.6
交通和通信	100.0	0.0
娱乐教育文化用品及服务	103.6	3.6
居住	102.3	2.3
商品零售价格指数	101.3	1.3

2014 年主要农产品产量

表 3

产品名称	本年数(吨)	上年数(吨)	比上年增长(%)
粮食	249825	261232	-4.4
#谷物	153011	149697	2.2
夏粮	77590	81147	-4.4
秋粮	172235	180085	-4.4
油料	93783	103440	-9.3
#花生	24753	26210	-5.6
油菜籽	68514	76715	-10.7
棉花	13616	16894	-19.4
蚕茧	334	461	-27.5
瓜果	88857	92777	-4.2
蔬菜	787500	756200	4.1

1500.11 亿元,比上年增长 10.2%。其中高新技术产业产值 678.71 亿元,比上年增长 19.5%,占全市规模以上工业总产值的比重达 45.2%,比上年提高 3.3 个百分点;新兴产业实现产值 558.95 亿元,比上年增长 20.7%,占全市规模以上工业总产值的比重达 37.3%,比上年提高 3 个百分点。全年实现全部工业应税销售 574.70 亿元,规模工业入库税收 32.76 亿元。优势产业培育壮大。全市五大产业集群完成产值 867.72 亿元,占规模工业产值的 57.8%。海工装备完成产值 149.45 亿元,增长 21.9%,新医药产业完成产值 109.47 亿元,增长 26.7%;节能环保产业完成产值 209.35 亿元,增长 15.7%;电动工具产业完成产值 267.31 亿元,增长 8.7%;新能源及光电产业完成产值 132.15 亿元,增长 7.3%。

建筑业发展步伐加快。全年实现建筑业总产值 781.08 亿元,比上年增长 12.5%。全年房屋建筑施工面积 8279.79 万平方米,比上年增长 9.6%;房屋建筑竣工面积 219.53 万平方米,比上年增长 16.9%。建筑业领先优势进一步巩固,二建集团跃升中国 500 强企业第 308 位,第七次雄居省建筑业百强企业综合实力类第 1 名;启安集团连续五次荣登省建筑业百强企业建筑安装类机电安装第 1 名;中信集团挺进中国建筑施工百强企业、全球最大国际承包商 250 强;二建、建筑、启安集团荣膺“全国优秀施工企业”。

【固定资产投资】 *投资总量增长较快*。全年完成固定资产投资 483.41 亿元,比上年增长 18.7%。其中,工业投资完成 301.94 亿元,比上年增长 10.7%。全年新开工亿元以上工业项目 85 个,新竣工亿元以上工业项目 25 个。投资结构进一步优化,全年完成服务业投资 181.13 亿元,增长 34.7%,占全社会固定资产投资的比重达到 37.5%,比上年提高 4.7 个百分点。

房地产市场理性回归。全年完成房地产开发投资 47.03 亿元,比上年增长 6.5%。全年实现商品房销售面积 87.84 万平方米,比上年下降 2.9%;实现商品房销售额 55.68 亿元,比上年下降 9.9%。全年安置房施工面积 175 万平方米,竣工 56 万平方米,新建保障性住房 1000 套,竣工交付 678 套。

【国内贸易和旅游】 *消费市场稳定向好*。全年实现社会消费品零售总额 285.91 亿元,比上年增长 11.9%。其中,城镇消费品市场实现零售额 195.01 亿元,比上年增长 12.7%,占社会消费品零售总额的 68.2%;乡村消费品市场实现零售额 90.90 亿元,比上年增长 10.1%,占社会消费品零售总额的 31.8%。按消费形态分,批发和零售业实现零售额 261.56 亿元,增长 11.4%,占消费品零售总额的 91.5%;住宿和餐饮业实现零售额 24.35 亿元,增长 16.8%,占消费品零售总额的 8.5%。

大众消费增长平稳。全年限额以上批发和零售企业实现商品零售额 81.19 亿元,比上年增长 5.6%。在限额以上批发零售业商品销售分类中,石油制品类和汽车类商品增长较快,分别比上年增长 22.0%和 10.1%;服装类、中西药品类、文化办公类和食品类保持平稳增长,零售额分别比上年增长 6.8%、3.9%、3.8%和 0.6%;受居民收入水平的制约及一些宏观调控政策的影响,化妆品类、日用品类、家用电器类零售额分别比上年下降 6.7%、4.6%和 0.2%。2014 年,受金价高位回落和同期销售高基数影响,金银珠宝类商品销售比上年下降 11.7%。

【开放型经济】 *对外贸易相对稳定*。全年实现进出口总额 30.72 亿美元,比上年下降 5.0%。其中,出口总额 23.05 亿美元,比上年下降 13.0%;进口总额 7.67 亿美元,比上年增长 31.7%,增幅在南通六县市中位列前三。市外贸进出口除中远船务外均保持了较为稳健的发展态势,尤其是韩华新能源、太平洋海工、东成工具、国强工具等传统外贸大户出口相对稳定,胜狮货柜、太平物沅、康耐特光学等新兴企业增长迅猛。

利用外资总量偏小。全年累计新批外商投资企业 26 家,增资扩股企业 14 家;累计新增工商登记注册外资 5.42 亿美元,外资实际到账 5567 万美元。

外经合作态势良好。全年实现对外承包劳务营业额 4.58 亿美元,比上年增长 10.4%;新增境外投资中方协议投资额 8886 万美元,比上年增长112.3%。

服务外包取得突破。全市 12 家服务外包企业实现服务外包业务合同额 11555 万元,同比增长 46.0%,服务外包业务执行额 9163 万元,同比增长 50.7%。全市新获确认服务外包企业 6 家,列入服务外包统计的企业近 20 家,为来年进一步扩大服务外包总量

打下良好基础。

【交通运输和邮电】 交通服务不断提升。全市公交智能平台投入使用,新增优化公交线路 10 条,城东客运站启用,解决 U 型线路运行弊端,减轻了江海路、公园路、人民路的交通压力。全年公交客运量比上年增长 1.7%。宁启铁路启东段、海启高速启东段开工建设,临海高等级公路竣工通车,通吕运河、头兴港河护岸工程基本完工,年末公路里程 3575.97 公里,全年净增公路里程62.16 公里。

邮电事业稳步增长。全年完成邮电业务收入 9.06 亿元,比上年增长 0.1%。其中,电信业务收入 7.69 亿元,邮政业务收入 1.37 亿元。年末拥有移动电话用户 84.40 万户,固定电话用户 28.22 万户,年末拥有住宅电话用户 22.04 万户,全市国际互联网宽带接入用户数达 22.23 万户,比上年末增加 3.06 万户。

【财政和金融】 财政收支稳定增长。全年实现财政收入 168.40 亿元,北上年增长 20.7%。其中,公共财政预算收入 67.25 亿元,比上年增长 14.9%,在全省 47 个县市中位居第 9 位。公共财政预算收入中,增值税、营业税、企业所得税和个人所得税共完成 43.13 亿元,占公共财政预算收入的比重达 64.1%。全年公共财政预算支出 73.99 亿元,比上年增长 8.2%。其中,教育支出 19.98 亿元,比上年增长 8.3%;科学技术支出 3.07 亿元,比上年增长 8.4%;社会保障和就业支出 8.30 亿元,比上年增长 2.5%。

金融市场规模扩大。年末全市银行业金融机构各项存款余额 951.17 亿元,比上年末增长 13.8%。其中,居民储蓄存款余额 639.67 亿元,比上年末增长 13.0%。全市银行业金融机构贷款余额 562.52 亿元,比上年末增长 10.9%,其中,短期贷款余额 322.84 亿元,比上年末增长 11.6%;中长期贷款余额 210.32 亿元,比上年末增长 3.8%;个人消费贷款 58.69 亿元,比上年末增长 4.8%。金融组织体系不断完善。全市共有各类金融机构 68 个,其中,银行金融机构 17 个,保险机构 26 个,证券机构 2 个,私募基金及投资管理企业 11 个,融资性担保公司 4 个,小额贷款公司 6 个,典当行 1 个,融资租赁公司 1 个。互联网金融、第三方理财等新兴业态也在启东市出现。

【教育和科技】 教育事业协调发展。年末全市拥有中小学及各类学校 142 所,其中普通高中 6 所、职业高中 2 所、特教学校 1 所、中小学 72 所、幼儿园 61 所。各类学校在校学生 91967 人、专任教师 6719 人。城乡学前三年幼儿入园率达 95%以上;义务教育阶段全市小学入学率、巩固率保持 100%;初中入学率、项固率分别为 100%和 99.8%;全市初中后升学率达 98.7%;三类残疾儿童少年入学率达 96.6%。中考成绩稳中有升,高考、对口单招成绩继续保持全省领先,小学、初中学业水平测试合格率、优秀率等指标省市领先。学科竞赛中学生的获奖人数和层次都居全省前列。

科技创新步伐加快。创新型县市建设加速推进,创新能力持续增强,全年完成高新技术产业产值 678.71 亿元,比上年增长 19.5%,占全市规模以上工业总产值的比重达 45.2%。全社会研发投入占地区生产总值比重达 2.4%。科技成果加速转化,实施产学研合作项目 168 个,新增国家火炬计划重点高新技术企业 3 家、省高新技术企业 43 家。孵化器面积增至 45 万平方米,在孵企业 272 家,新增省级各类企业技术创新平台 16 个。人才工作南通领先,引进高层次创新创业人才 134 人、国家“千人计划”专家 5 人、省“双创计划”人才 5 人。

【文广、卫生和体育】 文化事业繁荣发展。年末全市拥有文化馆 (站)13 个,公共图书馆 1 个,图书总藏量 60 万册。广播电视覆盖率 100%、有线电视入户率 95.9%。做优做强“百姓自助舞台”“村村乐”“少儿雏鹰天地”等传统群众文化活动。精心组织“起舞东疆”舞蹈大赛活动。深入开展“全民阅读、书香启东”系列活动,办好“启吾大讲堂”。大力实施江海文化精品创作工程,发展启东版画、评弹北调、吕四渔歌等特色艺术门类,在南通市第六届精神文明建设 “五个一工程”评选中,市 5 件作品入选,获奖数量创历史新高。启东中青年美术工作者创作的 16 件版画、4 件水彩水粉画和 2 件中国画作品入选南通市中青年美术作品展览。

卫生事业不断进步。年末全市拥有医疗卫生机构 394 个,各类卫生机构拥有病床 0.36 万张,其中医院病床 0.18 万张。全市共有卫生技术人员 0.36 万人,其中执业医师 (含助理医师)0.20 万人,注册护士 0.16 万人。医药卫生体制改革全省先行先试,药品零差价销售全面实行,新农合住院医药费补偿 3.1 亿元,11.7 万人次受益。人民医院、中医院分别晋升三级综合医院和三级中医医院。农村自来水普及率 100%、卫生厕所覆盖率 87.6%,

2014 年财政收入分项情况

表 4

指　　标	绝对数(万元)	比上年增长(%)
财政总收入	168.40	20.7
公共财政预算收入合计	67.25	14.9
增值税(25%)	6.65	14.8
营业税	26.14	20.0
企业所得税(40%)	5.75	25.7
个人所得税(40%)	4.59	94.7
契税	4.14	-16.8
基金收入	67.39	24.2
中央收入合计	33.77	26.4

卫生服务体系健全率100%。全市居民人均预期寿命80.7岁，其中，男性78.3岁，女性82.9岁。

体育事业蓬勃发展。群众体育活动丰富多彩。春节期间，组织开展“红红火火过大年”系列健身活动，举办庆元宵万众健步走活动，举办市篮球、游泳、轮滑、交谊舞等第十七届全民健身节系列活动。成功承办2014年环崇明岛女子国际公路自行车赛（上海崇明—江苏启东）的启东段赛事、第五届环太湖国际公路自行车赛启东段赛事（启东—崇明）、2014年江苏省门球比赛、2014中国姚记扑克江苏省掼蛋大赛启东赛区“体彩杯”选拔赛。

【人口、人民生活和社会保障】 人口规模基本稳定。年末全市户籍总人口为112.32万人，比上年末减少0.03万人，其中非农业人口32.27万人；城区（汇龙镇和开发区）人口25.19万人。全年出生人口8101人，出生率为7.21‰，出生婴儿男女性别比为104.4:100；死亡人口8121人，死亡率为7.23‰，自然增长率为-0.02‰。年末常住人口为95.60万人，城镇化率53.6%。

城乡居民收支双增。全年居民人均可支配收入为23908元，人均消费支出18776元，分别比上年增长9.7%和8.4%。其中，城镇居民人均可支配收入为31708元，人均消费支出26248元，分别比上年增长9.0%和6.9%；农村居民人均可支配收入16762元，人均生活消费支出11931元，分别比上年增长11.0%和11.5%。年末全市城镇和农村居民人均住房建筑面积分别为38.7和59.6平方米。

社会保障不断提高。就业帮扶力度不断加强。全市实施积极的就业政策，城镇失业职工再就业3862人、就业困难人员再就业600人，城镇登记失业率2.7%。社会保险覆盖面不断扩大。年末企业失业保险参保人数8.30万人、养老保险参保人数13.26万人、工伤保险参保人数12.1万人、生育保险参保人数8.51万人、职工医疗保险参保人数15.82万人。城乡基本医疗保险参保人数20.82万人，城镇居民

2014年户籍人口主要构成情况

表5

指　　标	年末数(人)	比重(%)
全市总人口	1123163	100.0
#非农业人口	322667	28.7
#城镇人口	601406	53.5
乡村人口	521757	46.5
#出生人口	8101	100.0
男性	4137	51.1
女性	3964	48.9
#死亡人口	8121	100.0
#18岁以下	124287	11.1
18~35岁	218862	19.5
35~60岁	486847	43.3
60岁以上	293167	26.1

城镇居民人均消费支出情况

表6

指　　标	人均消费支出(元)	比上年增长(%)
食品	3814	12.3
衣着	933	9.0
居住	1686	10.7
家庭设备用品及服务	752	8.2
交通通讯	1667	12.5
文教娱乐用品及服务	2146	12.8
医疗保健	710	11.7
其他商品和服务	223	5.9

农村居民人均消费支出情况

表7

指　　标	人均消费支出(元)	比上年增长(%)
食品	8076	6.8
衣着	2421	6.4
居住	4283	7.8
家庭设备用品及服务	1517	5.0
医疗保健	1481	10.5
交通与通讯	3211	8.2
娱乐、教育、文化服务	4851	5.8
杂项商品与服务	409	0.5

基本养老保险缴费人数28.87万人，基础养老金发放人数24.98万人，发放总额2.60亿元。

*社会救助日趋增强。*社会补助标准不断提高。市城乡最低生活补助标准分别提高到每人每月540元、370元。农村五保供养标准每人每年提高到7070元、城镇“三无”人员供养标准提高到14000元；集中、分散供养孤儿标准分别提高到16080元、9720元。养老服务体系不断完善。全市建成各类养老机构9家、老年关爱之家6家(其中3家为医养结合型)、新增床位949张，养老服务标准化试点通过国家级验收。

【城市建设和环境保护】 *城市功能有效提升。*城市建设有序推进。市吕四港、寅阳、近海三个沿海重点镇理顺“区镇合一”体制，北新、南阳两个南通市级中心镇的镇区道路、安置房、功能区建设加快推进。吕四港镇、寅阳镇入选全国重点镇。城市环线路网基本形成。华石北路、中央路西延全线贯通，丁仓港路南延、江海路南延等加快建设。排水防涝体系不断优化。改造排水管网节点60多处，疏通市政管网120公里，新建涵闸泵站10座。城市景观不断美化。丁仓港滨河公园向市民开放，3个高速出入口完成绿化改造，新增市民游园点3个。文秀新村等8个老小区完成改造。城市综合体、文峰二期、大润发商业中心等项目加快建设。城市污水处理厂三期项目完成主体工程。

*生态质量持续改善。*生态建设成效明显。市生态文明建设规划通过专家评审，农村环境整治长效机制不断完善，村庄环境整治通过全省验收。电镀企业专项整治取得初步成效。园区外化工生产企业和园区规范化整治大力度推进。大气污染防治加大力度。制定《启东市大气污染防治行动计划实施方案》，编制完成《重污染天气应急预案》，加强重点行业烟气治理提标改造，大力整治燃煤锅炉。节能减排扎实开展。主要污染物减排和万元地区生产总值能耗下降均完成年度任务。农村河道疏浚整治任务超额完成。全年新增造林面积5200公顷、城镇绿地面积77万平方米，省级园林城市创建验收通过。

注：1.文中数据为初步核算数；地区生产总值和各产业增加值指标绝对数按当年价格计算，增长速度按可比价格计算。

2.公报中人口数据来源于《公安快报》。

3.城乡居民收入为新口径数据。

(陆　婷)

东疆新城

(黄允斐/摄)

启东市四套班子领导机构

中共启东市委第十二届委员会
书　记:徐　锋
副书记:黄卫锋　顾云峰
常　委:姜　平　韩菊芳(女)　汤　雄　张建新
　　邵茂华(8月21日免)　赵男男(女)　龚心明
　　周　春　朱志强(8月21日任)
注:书记、副书记在常委中不重复列名。

启东市第十六届人民代表大会常务委员会
主　任:徐　锋(1月11日任)
党组书记:徐　锋
代理主任:倪国冲(1月11日免)
副主任:倪国冲　王　生　俞翠明　潘国红

启东市第十六届人民政府
市　长:黄卫锋(代市长,1月11日当选市长)
党组书记:黄卫锋
副市长:张建新　黄　忠　孙建忠　张卫生　袁圣菊(女)
　　袁鸿飞(1月6日免)　曹海锋(1月6日免)
　　叶　辉(挂职)(12月17日免党组成员)
　　王寿辉(挂职)(11月21日免)
　　刘　振(挂职)(5月28日任)
　　汤葱葱(9月12日任)

政协启东市第十四届常务委员会
主　席:张建飞(7月28日被组织上宣布两规)
副主席:倪春元　蔡建平　宋　逵　高永华(女)
　　龚建涛
副处级督导员:朱家鼎
秘书长:许瑞华
副秘书长:陈　樊　任海麟　张卫华

中共启东市委工作部门及直属单位

中共启东市委办公室
主　任:龚心明
副主任:沈衍冰(2月7日任)　陈晓燕(女)　徐建军
　　张建昌(8月22日免)　徐　霞(女)

中共启东市委研究室
主　任:沈衍冰(2月7日任)
副主任:施元凯(12月28日免)　黄　健　陈卫东
　　徐栋华(12月17日免)
主任助理:唐　玲(女)(12月25日免)　祝凤祥

中共启东市委、启东市人民政府接待办公室
主　任:陈晓燕(女)
副主任:高一新　何淑峰　李永生

中共启东市委保密委员会办公室
启东市国家保密工作局
主任、局长:徐建军
副主任、副局长:顾向华

中共启东市委机要局
启东市国家密码管理局
局　长:徐建军
副局长:顾向华

《启东通讯》杂志社
社　长:钮伟钢(12月17日免)

启东市档案局(馆)
局(馆)长:张建昌
副局(馆)长:卫　健(女)　倪兴海(5月6日免)
　　王建华(12月17日任)

杨　琴(12月28日任)

中共启东市纪律检查委员会

书　记:韩菊芳(女)

副书记:钱林生(11月22日免)　王裕兵(11月22日任)
　　郁豪杰

常　委:赵志辉　施　勇(12月28日免)　蔡海伟
　　陆　松(5月29日任)

注:书记、副书记在常委中不重复列名。

启东市监察局(与市纪律检查委员会合署办公)

局　长:钱林生(兼)

副局长:张巍巍(女)　赵志辉

中共启东市纪律检查委员会机关内设机构

办公室

主　任:蔡海伟

干部管理室

主　任:张雨华(5月6日任)

宣教调研室

主　任:邓正映

信访室

主　任:陆允冲

纪检监察室(更名为第一纪检监察室)

主　任:陆　松(5月6日免)　沈龙飞(5月6日任)

第二纪检监察室(增设)

主　任:

案件监督管理室

主　任:

案件审理室

主　任:施　勇(12月28日免)

执法监察室

主　任:樊指南(5月6日任)

效能监察室

主　任:黄海燕(5月6日任)

党风廉政建设室

主　任:严颖熠(9月26日免)

纠风室

主　任:施迎春(女)(9月26日免)

党风政风监督室(党风廉政建设室、纠风室整合为党风政风监督室)

主　任:施迎春(女)(9月26日任,12月28日免)

机关纪检监察工作室

主　任:郁向辉(5月6日任)

农村纪检监察一室

主　任:周晓磊(5月6日任)

副主任:董杰贤(女)(12月28日免)
　　黄　华(兼审计工作室主任)

农村纪检监察二室

主　任:林　泉(5月6日任)　郁向辉(5月6日免)

副主任:张裕新(12月28日免)

农村纪检监察三室

主　任:王一东

副主任:朱双群(12月28日免)　姜建涛(12月28日免)
　　施风华(兼审计工作室主任)

启东市党风廉政建设教育中心

主　任:周晓磊(5月6日免)

中共启东市委组织部

部　长:汤　雄

副部长:何卫东　杨莹莹(女)　张海荣　沈向东

中共启东市委市级机关工作委员会

书　记:张海荣(兼)(12月17日免)
　　何卫东(12月17日任)

副书记:倪玮蔚(女)(12月17日任)

纪工委书记:

启东市党员干部现代远程教育管理办公室

主　任:

副主任:

主任助理:李建洪(9月26日免)

中共启东市委新经济新社会组织工作委员会

书　记:沈向东

副书记:

启东市人才工作办公室

主　任:何卫东(兼)(12月17日免)
　　宋海华(12月28日任)

副主任:宋海华(12月28日免)
　　汪　靖(8月22日任)

主任助理:李亦珠(女)(9月26日免)

启东市干部人事档案管理中心
主　任：倪玮蔚(女)(12月17日免)

中共启东市委宣传部
部　长：赵男男(女)
副部长：顾永辉　许锦飞　陈健梅(女)　郁锦标
　　　　黄翠芳(女)

启东市精神文明建设指导委员会办公室
主　任：顾永辉(兼)(2月17日任)
副主任：陆健伟　顾蓉玲(女)(12月28日免)

启东市哲学社会科学界联合会
主　席：陈健梅(女,兼)
副主席：陆琛杰　郁豪杰(不驻会)　沈衍冰(不驻会)
　　　　赵凯旋(不驻会)　陈永生(不驻会)
　　　　高德群(不驻会)　周光华(不驻会)
　　　　施洪飞(不驻会)　沈永泉(不驻会)
　　　　李　飞(不驻会)　王　鸣(不驻会)
　　　　张笑慰(不驻会)

启东市对外宣传办公室
主　任：郁锦标(兼)

中共启东市委统一战线工作部
部　长：高永华(女)
副部长：茅炎生　秦启明(12月28日免)　沈宏飞
　　　　季卫东(12月28日任)

中共启东市委政法委员会
书　记：邵茂华(9月5日免)　朱志强(9月5日任)
副书记：周　辉　袁永兵　蔡　斌(8月22日免)　赵建辉
纪检组长：耿松林(12月28日任)
政治处主任：王建华(12月17日免)

启东市社会治安综合治理委员会办公室
主　任：周　辉(12月17日免)
副主任：陈张贤(女,兼)(8月22日免)
　　　　蔡　斌(兼)(8月22日免)
　　　　陈　庄(兼)(12月28日免)
　　　　闻　焰(5月6日免)　张　勇
　　　　周建伟(9月26日任)
主任助理：陈海燕(女)

启东市依法治市领导小组办公室
主　任：邵茂华(兼)(9月5日免)
　　　　朱志强(兼)(9月5日任)
副主任：黄炳生

启东市新市民管理服务中心
主　任：袁永兵(兼)
副主任：闻　焰(兼)(5月6日免)　黄炳生(兼)

启东市国家安全办公室
主　任：周　辉(12月17日任)
副主任：

中共启东市委农村工作办公室
启东市人民政府农村工作办公室
主　任：张海兵
副主任：卜锦明　张永辉　樊天昌(5月6日免)
　　　　陈俭辉　杨晓华(12月17日任)
纪检组长：张　健(女)
主任助理：施娟娟(女)　付琳琳(女)

中共启东市委610办公室
主　任：龚裕春(兼)
副主任：徐士冲　陈　震　蒋建东(12月28日任)
主任助理：张红华(女)(12月28日免)

中共启东市委老干部局
局　长：何卫东(兼)(12月17日免)
　　　　陈张贤(女)(12月28日任)
副局长：张成英(女)　施建琴(女)
　　　　龚　辉(9月26日任)

中共启东市委台湾工作办公室
启东市人民政府台湾事务办公室
主　任：周红丹(女)
副主任：刘玉琴(女)(12月28日免)
　　　　陈凯捷(12月17日任)　顾鸿彪(12月28日任)
　　　　陈　忠(12月28日任)

江苏省吕四台湾渔民接待站
站　长：刘玉琴(女)(12月28日免)

启东市机构编制委员会办公室
主　任：张海荣(兼)
副主任：王　虹(女)(12月17日任)
　　　　朱卫强(12月17日任)

启东市事业单位登记管理局
局　长：王　虹(女)(12月17日免)

中共启东市委党校
校　长：顾云峰(兼)
常务副校长、校务委员会主任：顾学葵
副校长：施启兵　查建辉
校长助理：张凌林

中共启东市委党史办公室

启东市地方志办公室

主　任:黄翠芳(女,兼)

副主任:钮伟钢(12月17日任)　陆　欣　沈冬云(女)

启东市信访局

局　长:陈张贤(女)(12月28日免)

龚　健(12月28日任)

副局长:黄永琴(女)　徐　燕(女)

陈　忠(12月28日任)

启东市新闻信息中心

主　任:顾永辉(兼)

副主任:印雪平　张旦前　袁风华　陆一冬(女)

金　香(女)(12月17日任)

注:市委部门与市政府部门系两块牌子、一套班子的,只在市委部门下列出机构名称。

启东市人大常委会办事机构

启东市人大常委会办公室

主　任:徐泽生(9月12日免)　汤　枫(9月12日任)

党组书记:徐泽生(8月22日免)　汤　枫(8月22日任)

副主任:黄卫星　吴风云(女)(8月22日免)

陆思冲　施建洪

党组成员:吴风云(女)(8月22日任)

杜锦德(12月28日任)　江林海

薛　海(12月28日免)

李　英(女)(12月28日任)

姜汉杰　王建石(12月28日任)

顾胜豪　潘炜华(12月28日任)

启东市人大常委会研究室(与办公室合署)

主　任:吴风云(女)

启东市人大常委会财政经济工作委员会

主　任:顾兴伟(9月12日免)

副主任:卞彩红(女)

启东市人大常委会内务司法工作委员会

主　任:江林海

副主任:顾悦捷

启东市人大常委会人事代表工作委员会

主　任:薛　海

启东市人大常委会城建环保工作委员会

主　任:姜汉杰

副主任:顾锦若

启东市人大常委会教科文卫工作委员会

主　任:沈衍冰(3月25日免)

副主任:黄　婷(女)

启东市人大常委会农业和农村工作委员会

主　任:顾胜豪

副主任:姚锦涛

启东市人大常委会民宗侨台工作委员会

主　任:

启东市人大常委会专职委员:蒋建辉(12月17日任)

启东市人民政府工作部门及直属单位

启东市人民政府办公室

主　任:唐海兵

副主任:方　俭　陈　兵(12月28日免)　赵凯旋

陈晓燕(女)(8月22日免)

陈天虹(12月28日免)　黄　坤

陶卫新(12月28日免)　张东霞(女)　龚　健

郭海健(12月28日任)

启东市人民政府法制办公室(挂牌)(挂牌单位不再设领导班子)

主　任:龚　健(12月28日免)

副主任:郭海健(12月28日免)　王必伟(12月28日免)

陈　忠(12月28日免)

启东市人民政府外事侨务办公室(挂牌)(挂牌单位不再设领导班子)

主　任:赵凯旋(12月28日免)

副主任:郁卫宇(女)(5月6日免)

黄东健(12月28日免)

主任助理:张婧婧(女)(12月25日免)

启东市人民防空办公室(挂牌)(挂牌单位不再设领导班子)

主　任:杜锦德(12月28日免)

副主任:宋雨生(12月28日免)　郭鉴生(12月28日免)

施建生(12月28日免)

启东市旅游管理局(挂牌)(挂牌单位不再设领导班子)

局　长:陈　娟(女)(12月28日免)

副局长:李　涛(女)(12月28日免)

陈　惠(12月28日免)

启东市口岸办公室(挂牌)(挂牌单位不再设领导班子)

主　任:陆建新(12月28日免)

副主任:周卫东(12月28日免)　张允若(12月28日免)

启东市人民政府金融工作办公室(挂牌)(挂牌单位不再设领导班子)

主　任:王　凯(12月28日免)

副主任:朱建新(12月28日免)

杨　琴(女)(12月28日免)

启东市政府信息中心

主　任:王必伟

启东市应急管理办公室

主　任:龚　健(兼)

启东市发展和改革委员会

书　记:蒋海南(2月17日免)　石光辉(2月17日任)

主　任:蒋海南(3月25日免)　石光辉(3月25日任)

副主任:陈　飞　季新斌(12月28日任)

王　凯(12月28日任)　宋亚昌(12月28日免)

张　璇　周光华　陆燕飞

顾向东(12月28日免)　黄　涛(12月28日任)

马雪辉(12月28日任)　朱新球(12月28日任)

孙利忠(12月28日任)　周春雷(12月28日任)

周连法(12月28日任)

黄是春(女)(12月28日任)

唐卫卫(12月28日任)　孙国兵(12月28日任)

纪委书记:丁尹霞(女)

启东市经济和信息化委员会(挂牌)(挂牌单位不再设领导班子)

主　任:陈　飞(12月28日免)

副主任:黄　涛(12月28日免)　朱新球(12月28日免)

周春雷(12月28日免)　沈浩然(12月28日免)

主任助理:吕　满(女)(12月25日免)

启东市物价局(挂牌)(挂牌单位不再设领导班子)

局　长:潘炜华(12月28日免)

副局长:马雪辉(12月28日免)　孙利忠(12月28日免)

周连法(12月28日免)

黄是春(女)(12月28日免)

查春威(12月28日免)

纪检组长:

启东市粮食局(挂牌)(挂牌单位不再设领导班子)

局　长:王振宇(8月22日免)

副局长:唐卫卫(12月28日免)　顾鸿彪(12月28日免)

季祖辉(12月28日免)　吴建新(6月28日免)

纪委书记:沈海华(12月28日免)

启东市中小企业局(挂牌)(挂牌单位不再设领导班子)

局　长:陈　飞(12月28日免)

副局长:徐沈蔚(女)(12月28日免)

顾东磊(女)(12月28日免)

蒋建东(12月28日免)

局长助理:朱晓霞(女)(12月25日免)

启东市现代服务业办公室(挂牌)(挂牌单位不再设领导班子)

主　任:宋亚昌(兼)(12月28日免)

副主任:孙国兵(12月28日免)

启东市教育局

局　长:陆圣华

副局长:施洪飞　严锦石(12月17日免)　袁卫星

黄稼新　潘卫斌(12月28日任)

陈　斌(12月28日任)　李　磊(12月28日任)

邱永涛(12月28日任)

纪委书记:潘卫斌(12月28日免)

陆海峰(12月28日任)

启东市人民政府教育督导室(与市教育局合署办公)

主　任:施洪飞

副主任:汤健辉

启东市中小学教师研修中心

书　记:陆圣华(9月26日任)

主　任:

副书记:王晓东(9月26日任)　朱　玮(9月26日任)

副主任:王晓东

启东市高等学校招生委员会办公室

主　任:施洪飞(兼)

启东市教师服务中心

主　任:

启东市体育局(挂牌)(挂牌单位不再设领导班子)

局　长:施正辉(12月28日免)

副局长:陈　斌(12月28日免)　黄建伟(5月6日免)

李　磊(12月28日免)　邱永涛(12月28日免)

启东市科学技术局

局　长:蔡　兵

副局长:王建斌　季旭东　施东飞　张晓卫(女)

钱夕元(挂职)(8月22日免)

赵世成(8月22日任)

纪检组长:施迎春(女)(12月28日任)

局长助理:任锴胜(12月25日免)

魏小华(12月25日免)

启东市地震局(挂牌)
局　长:蔡　兵(兼)(12月28日免)
副局长:朱　杰

启东市民政局
局　长:李　英(女)
书　记:李　英(女)(12月28日免)
　　　陈　玲(女)(12月28日任)
副局长:沈永泉　宋卫兵　张志辉　施海霞(女)　卢国斌
纪委书记:季一成(5月6日免)　姜建涛(12月28日任)
局长助理:胡圣鹏(5月6日免)　刘含赟(女)

启东市老龄问题委员会办公室
主　任:李　英(女,兼)(12月28日免)
　　　陈　玲(女,兼)(12月28日任)

启东市财政局
局　长:杜文华(女)
副局长:陈　阳(女)　周　兵(8月22日免)
　　　陆　星(12月17日任)　龚锦兵
纪检组长:严颖熠(9月26日任)
总会计师:陆　星(12月17日免)

启东市会计核算中心
主　任:孙丽娟(女)

启东市公有资产管理办公室(撤销)
启东市国有资产监督管理办公室(组建)
主　任:
副主任:

启东市人力资源和社会保障局
局　长:杨莹莹(女)
副局长:袁　燕(女)(5月6日免)　陈建辉(5月6日免)
　　　陆婧婧(女)　高　辉　黄　健
　　　王红忠(12月17日任)
纪委书记:顾健红
局长助理:牛　魏(9月2日免)

启东市人才服务中心
市委高端人才服务站(增挂)
主　任:王红忠(12月17日免)
主任助理:樊　杰

启东市医保中心
主　任:黄卫星

启东市环境保护局
书　记:汤　枫(8月22日免)　郭建辉(8月22日任)
局　长:汤　枫(9月12日免)　郭建辉(9月12日任)
副局长:田锦浩　黄　辉　陆　杰
　　　王幸运(12月17日任)
纪检组长:葛西萍(女)(12月28日免)
　　　朱双群(12月28日任)

启东市环境监察大队
大队长:金　香(女)(12月17日免)
　　　吴凯凯(12月28日任)

启东市住房和城乡建设局
局　长:杨新超
副书记:施守飞　杜燕飞(12月28日任)
副局长、副书记:陈鹤雷(8月22日免)
副局长:薛建雷(1月21日免)　王　忠
　　　范　飞　谢旦英(女)　张曙辉(12月28日任)
　　　黄建平(12月28日任)
　　　黄新慧(女)(12月28日任)
　　　郭鉴生(12月28日任)　施建生(12月28日任)
纪委书记:郑荣辉
总规划师:刘坚勇
局长助理:刘　俊(3月20日免)
总规划师助理:方育莹(女)　闫月花(女)(12月25日免)
　　　赵　亮

启东市房屋征收管理办公室
主　任:

启东市建筑工程管理局(政府机构改革,调整为启东市农业委员会挂牌机构,不再设领导班子)
局　长:朱洪新(12月28日免)
副局长、副书记:杜燕飞　(12月28日免)
副局长:张曙辉(12月28日免)　石国华(12月28日免)
　　　朱永成(12月28日免)　黄建平(12月28日免)
　　　黄新慧(女)(12月28日免)
纪委书记:
局长助理:徐　涛(12月25日免)

启东市建筑工程安全监督站
站　长:朱　飞(6月26日免)

启东市城市管理行政执法局
局　长:吴胜昔
副局长:高裕兴　杨建辉　吴　玲(女)　张祝英(女)
　　　郁洪辉　谢石磊(12月28日任)
纪委书记:龚汉平

启东市城市管理行政执法大队
大队长:吴凯凯(12月28日免)　谢石磊(12月28日任)

启东市交通运输局

局　长:周惠锋
书　记:周惠锋(12月28日免)
　　黄红春(12月28日任)
副书记:周惠锋(12月28日任)　施伯新
副局长:黄红春(11月28日任)　瞿　健　朱凯岳
　　龚　英(女)　严宏新　周　尧　黄　凯
纪委书记:施伯新(12月28日免)
　　董杰贤(女)(12月28日任)
总工程师:
总工程师助理:李新宇(12月25日免)
　　苏　宁(3月20日免)
　　邵振民(12月25日免)
　　白学峰(3月20日免)
　　颜章龙(12月25日免)

启东市运输管理处

主　任:杨建辉

启东市地方海事处

处　长:张圣权(5月6日免)　樊　杰(12月17日任)

启东市乡镇交通运输综合管理所

主　任:樊　杰(12月17日免)

启东市铁路办公室(挂牌不再设领导班子)

主　任:方　俭(12月28日免)
副主任:张红霞(女)(12月28日免)
　　沈　卫(12月28日免)
主任助理:黄飞云(女)(12月25日免)

启东市港口管理局(挂牌不再设领导班子)

局　长:黄红春(12月28日免)
副局长:赵庆辉(12月28日免)　仇卓辉(12月28日免)
局长助理:张　璐(女)(12月25日免)

启东市农业委员会

主　任:王建石
书　记:王建石(12月28日免)　施建伟(12月28日任)
副书记:朱洪新(12月28日任)
副主任:施建伟(12月28日任)　陈　辉　盛雪飞
　　倪为和　杨　芳(女)
　　施红华(8月22日任)
　　沈晓宏(女)(12月28日任)
　　杨忠杰(12月28日任)　王晓峰(12月28日任)
纪委书记:董　琰(女)(5月6日任)

启东市农业技术推广中心

主　任:陈　辉(兼)

启东市农业资源开发局(政府机构改革,调整为启东市农业委员会挂牌机构,不再设领导班子)

局　长:王建康(12月28日免)
副局长:丁圣齐(12月28日免)　耿松林(12月28日免)
　　王晓峰(12月28日免)

启东市寅兴垦区管理委员会

主　任:

启东市农业机械管理局(政府机构改革,调整为启东市农业委员会挂牌机构,不再设领导班子)

局　长:施建伟(12月28日免)
副局长:沈晓宏(女)(12月28日免)
　　杨忠杰(12月28日免)　刘　辉(12月28日免)

启东市水务局

局　长:高广军
书　记:高广军(12月28日免)　王建康(12月28日任)
副书记:顾　冲(12月28日任)　龚海勇(12月28日任)
副局长:王建康(12月28日任)　龚海勇　汤正辉
　　黄海荣(12月28日免)　陈　飞(12月17日免)
　　查春威(12月28日任)
纪委书记:马汉林
局长助理:关冰艺(女)

启东市水务局堤闸管理所

所　长:管向华

启东市海洋与渔业局

局　长:崔林江(9月12日免)　王振宇(9月12日任)
书　记:崔林江(8月22日免)　王振宇(8月22日任)
副局长:任松德(12月28日免)　管贻谋(8月22日免)
　　袁群生(12月28日免)　施红华(8月22日免)
　　丁圣齐(12月28日任)
　　刘玉琴(女)(12月28日任)
　　彭新华(12月28日任)
纪委书记:崔卫刚

启东市渔政执法大队

大队长:王　强

启东市商务局

局　长:石光辉(3月25日免)　陆建新(3月25日任)
书　记:石光辉(2月17日免)　陆建新(2月17日任)
副局长:张笑慰　陈　娟(女)(12月28日任)
　　杨丽华(女)　顾建涛　孙　林　高　鹏
　　周卫东(12月28日任)
　　徐沈蔚(女)(12月28日任)
　　张允若(12月28日任)　陈　惠(12月28日任)
纪检组长:李　涛(12月28日任)

启东市招商局

局　长:石光辉(兼)(2月17日免)

　　陆建新(兼)(2月17日任)

副局长:顾建涛　杨丽华　张国政　段长虹　李海江

　　龚帅帅　卢　鑫　陆锦生

局长助理:朱青青(女)(9月2日免)

　　葛明宇(9月2日免)　彭　军

北京分局:高一新(兼)

上海分局:

浙江分局:

广东分局:高　鹏

产业招商综合分局第一分局:胥宏锋(兼)

产业招商综合分局第二分局:李　磊(兼)

启东市文化广电新闻出版局

局　长:许锦飞

副局长:沈　杰　黄一彬　朱建辉　施黄捷

纪委书记:顾则兵

启东市广播电视台

台　长:许锦飞(兼)

党总支部书记、副台长:沈　杰

副台长:黄　浩　周凌峰

台长助理:张春雨(女)(12月25日免)

　　赵美涵(女)(6月26日免)

启东市卫生和计划生育委员会(政府机构改革,12月28日组建)

主　任:

书　记:沈俊涛(12月28日任)

副主任:苏高飞(12月28日任)

　　朱蓉艳(女)(12月28日任)

　　黄风华(女)(12月28日任)

　　陈　平(12月28日免)　王新裕(12月28日任)

　　顾东磊(12月28日任)

纪委书记:陆海峰(12月28日免)

　　顾蓉玲(女)(12月28日任)

启东市卫生局(政府机构改革,12月28日撤销)

局　长:沈俊涛(12月28日免)

副局长:苏高飞(12月28日免)

　　黄风华(女)(12月28日免)

　　陈　平(12月28日免)

纪委书记:陆海峰(12月28日免)

局长助理:陈　锦(12月10日免)

启东市人口和计划生育委员会(政府机构改革,12月28日撤销)

主　任:季卫东(12月28日免)

副主任:朱蓉艳(女)(12月28日免)

　　顾　枫(12月28日免)　王新裕(12月28日免)

纪检组长:邓　单(12月28日免)

主任助理:龚敏健(12月25日免)

启东市食品药品监督管理局(政府机构改革,12月28日撤销)

局　长:顾　冲(12月28日免)

副局长:陈爱东(12月28日免)

　　范红梅(女)(12月28日免)

　　倪建国(12月28日免)　施群忠(12月28日免)

启东市审计局

局　长:邓卫星

副局长:黄　健　陈　芳(女)　黄　彬

纪检组长:朱卫强(12月17日免)

　　葛西萍(12月28日任)

局长助理:王楠楠(女)

启东市统计局

局　长:郁丽春(女)

书　记:刘和生

副局长:张　淼(女)　秦海宁

纪检组长:朱建新(12月28日任)

启东市安全生产监督管理局

局　长:茅石彬

副局长:黄慧聪　张潜泉　钱　锦(女)　郭洪新　王　辉

纪检组长:

启东市安全生产监察执法大队

大队长:浦水兵

启东市市场监督管理局(政府机构改革,12月28日组建)

局　长:

书　记:倪　伟(12月28日任)

副局长、副书记:王耀辉(12月28日任)

　　陈爱东(12月28日任)

副局长:陆　新(12月28日任)　范红梅(12月28日任)

　　陈爱东(12月28日任)　倪建国(12月28日任)

　　黄琛琛(12月28日任)　施群忠(12月28日任)

　　朱曙晴(12月28日任)

纪委书记:袁　博(12月28日任)

启东市民族宗教事务局(政府机构改革,12月28日由与启东市委统战部合署办公变为市政府组成部门)

局　长:

书　记:秦启明

副局长:袁卓斌　仇英莺(女)　陆峤松(9月5日任)

纪检组长:杨丽红(12月28日任)

启东市市级机关事务管理局

局　长:龚觉海

副局长:金宏林　徐　惠(女)　陈汉平

启东市沿海地区发展办公室

主　任:蒋海南(兼)(2月17日免)

石光辉(2月17日任,12月28日免)

陈　飞(12月28日任)

副主任:罗玉飞(12月28日任)　曹文伟

沈　卫(12月28日任)

纪检组长:仇卓辉(12月28日任)

启东市政务中心(政府机构改革,12月28日组建为市政府派出机构)

主　任:薛　峰(12月28日任)

书　记:陈　飞(12月28日任)

副书记:薛　峰(12月28日任)

副主任:陈　飞(12月28日任)　朱允如(12月28日任)

陆卫杰(12月28日任)　蔡晓荣(12月28日任)

沈海闵(12月28日任)　朱海滨(12月28日任)

沈亚美(12月28日任)

纪检组长:陈卫平(12月28日任)

启东市公共资源交易管理中心(政府机构改革,12月28日撤销)

主　任:张建新(兼)(12月28日免)

书　记:

常务副主任、副书记:陈　飞(12月28日免)

副主任:唐海兵(兼)(12月28日免)

钱林生(兼)(8月22日免)

沈俊涛(兼)(12月28日免)

杜文华(女,兼)(12月28日免)

蒋海南(兼)(2月17日免)

茅晓东(兼)(12月28日免)

杨新超(兼)(12月28日免)

石光辉(兼)(2月17日任)

邓卫星(兼)(12月28日免)

范　斌(8月22日免)　陆卫杰(12月28日免)

蔡晓荣(12月28日免)

纪工委书记:陈卫平(12月28日免)

启东市行政服务中心(政府机构改革,12月28日撤销)

主　任:张建新(兼)(12月28日免)

书　记:韩菊芳(女,兼)(12月28日免)

常务副主任、副书记:薛　峰(12月28日免)

副主任:朱允如(12月28日免)

沈海闽(女)(12月28日免)

沈亚美(12月17日任)(12月28日免)

纪工委书记:张　静(女)(12月28日免)

主任助理:蔡玉贤(12月25日免)

王静敏(女)(12月25日免)

周柳柳(女)(12月25日免)

启东市政府投资项目工程建设中心

主　任:陈鹤雷

书　记:陈鹤雷(12月28日免)　施正辉(12月28日任)

副书记:陈鹤雷(12月28日任)

副主任:薛建雷(1月21日免)　黄黎明

朱永成(12月28日任)

纪检组长:张裕新(12月28日任)

主任助理:王　卓(8月22日免)　罗　晶(12月25日免)

启东市供销合作总社

主　任:陆　辉

副主任:邵建超　徐　杰　张　杰　曹　卫

张爱琴(12月28日任)

江苏省启东经济开发区

书　记:顾建涛(10月20日被组织上宣布两规,12月17日免)

主　任:高红宇

副书记、副主任:林锋风　黄松涛(12月28日免)

袁素群　吴永和

副书记:袁　猛(挂职)(8月22日免)

陈卫丰(12月28日任)

副主任:王幸运(12月28日免)　沈　雷(12月17日免)

戎　武　陈　伟　季锡石(挂职)(12月28日免)

高慧斌(挂职)(12月28日任)

伍卫星(12月28日免)

金　玲(挂职)(12月17日免)

汪　靖(挂职)(8月22日任)

中共江苏省启东经济开发区人大工作委员会

主　任:林锋风(兼)

副主任:许水红(女,兼)

中共江苏省启东经济开发区纪律检查工作委员会

书　记:林锋风(兼)(12月28日免)

施　勇(12月28日任)

副书记:陈卫菊(女)(12月28日免)

中共江苏省启东经济开发区政法委员会

书　记:林锋风(兼)(12月28日免)

陈　伟(兼)(12月28日任)

江苏省启东经济开发区办公室

主　任:张　杰(12月28日免)　陈卫菊(12月28日任)

江苏省启东经济开发区党群工作局

局　长:许水红(女)

江苏省启东经济开发区经济发展局
局　长:朱卫兵
局长助理:

江苏省启东经济开发区招商局
局　长:胥宏锋

江苏省启东经济开发区规划建设局
局　长:唐　杰

江苏省启东经济开发区财政局
局　长:周红九(女)

江苏启东经济开发区社区管理局
局　长:陆建华(5月6日免)　张　杰(12月28日任)

江苏省启东经济开发区统计局
局　长:徐天晴(女)

江苏省启东经济开发区安监局
局　长:王思杰

江苏启东吕四港经济开发区
书　记:华　伟
主　任:石光辉
副书记、副主任:潘双林(兼)(12月28日免)
　　汤　辉(兼)(12月28日免)
　　徐东林　尹国华(12月28日免)
　　吴新华　陆旭辉
副书记:陆正明　管贻谋(8月22日免)
　　崔林江(兼)(8月22日免)
　　刘俊亮(挂职)(8月22日免)
副主任:黄红春(12月28日免)　王　华　陶　郁(女)
　　陈雨春　吴　杰　沈　捷
　　许金刚(挂职)(8月22日任)
主任助理:陆　杰

中共江苏启东吕四港经济开发区纪律检查工作委员会
书　记:陆正明
副书记:姚永辉

江苏启东吕四港经济开发区党政办公室
主　任:汤国军

江苏启东吕四港经济开发区经济发展局
局　长:顾益祥

江苏启东吕四港经济开发区招商局
局　长:李　军

江苏启东吕四港经济开发区规划建设局
局　长:陈亦龙

江苏启东吕四港经济开发区财政局
局　长:郁德群

江苏启东吕四港经济开发区社区管理局
局　长:周　勤

启东圆陀角旅游度假区
书　记:赵男男(女,兼)(12月17日免)
　　樊天勇(12月28日任)
副书记、主任:樊天勇(12月28日免)
党工委委员、副主任:朱德新　董　波　黄　宇

启东江海产业园
书　记:高广军(12月28日任)
副书记、副主任:陈　兵(12月28日任)
党工委委员、副主任:顾向东(12月28日任)
　　沈浩然(12月28日任)
　　刘　辉(12月28日任)

江苏省启东现代农业产业园区
书　记:高红宇(兼)(12月17日免)
主　任:王建石(兼)(12月28日免)
　　吴永东(兼)(12月28日任)
副主任:陈　辉(兼)(12月28日免)
　　李雷兵(8月27日任)　张红华(12月28日任)

启东市科技创业园(留学人员创业园)
书　记:蔡　兵(兼)(12月28日免)
主　任:陈卫丰(12月28日任)
副主任:王建斌(兼)(12月28日免)
　　蒋海泉(兼)(12月28日免)
　　伍卫星(12月28日任)

启东市江海滩涂资产管理委员会
主　任:袁圣菊(女,兼)(8月22日免)
副主任:管贻谋(8月22日免)　施红华(8月22日免)
　　崔林江(兼)(8月22日免)
　　王建康(兼)(8月22日免)

启东市国土资源局
局　长:倪伟新
副局长:陈　兵　张振兴　徐永华(10月27日任)
纪检组长:朱炫炫

启东市土地储备中心
主　任:徐永华

启东市国土资源局开发区分局
局　长:施汉成

启东市国土局吕四海洋经济开发区分局
局　长:夏正元

国家统计局启东调查队
队　长:陆志斌
副队长:周洪斌

启东市盐务管理局
书　记:陈宁辉(5月6日免)　陈如海(5月6日任)
局　长:彭永生(5月6日免)　陈如海(5月6日任)
副局长:郭惠忠(6月26日免)　周庙新(5月6日免)
　　缪　能(6月26日任)

南通出入境检验检疫局启东办事处
主　任:郁继东
办公室主任:顾　英(女)

南通海关驻启东办事处
主　任:张晓春
副主任:姚　秦

启东市国家税务局
局　长:季建新
副局长:费新士　周信柳
纪检组长:郁立新

启东市地方税务局
局　长:沈春慧
副局长:梁启平　严伟明　季红全　林海平
纪检组长:林海平(兼)

南通市启东工商行政管理局(政府机构改革,12月28日撤销)
局　长:倪　伟(12月28日免)
副局长:王耀辉(12月28日免)　陆　新(12月28日免)
　　陈爱东(12月28日免)
纪检组长:袁　博(12月28日免)

南通市启东质量技术监督局(政府机构改革,12月28日撤销)
局　长:季新斌(12月28日免)
副书记:张鸣石(3月11日任,12月28日免)
副局长:张鸣石(12月28日免)　黄琛琛(12月28日免)

启东市供电公司、启东市供电局
总经理、局长:马　军
党委书记、副总经理:徐　森(9月11日免)
　　沈百新(9月11日任)
副总经理、副局长:张圣建　钮庆红　茅建华　朱华雄
纪委书记、工会主席:顾立明
总工程师:
总经理助理:袁　霞(女)
副总工程师:陆为民

江苏省电信公司启东市分公司、启东市电信局
总经理、局长:戴建秋
副总经理、副局长:张　伟　王　强(12月18日免)
　　陈　强(9月2日任)
纪委书记:张　伟(兼)
工会主席:王　强(12月18日免)
　　陈　强(12月18日任)

启东市邮政局
局　长:黄素娟(女)
副局长:陈晓雷　张庆平(4月17日免)
　　黄海泉(4月17日任)
纪委书记:张庆平(兼)(4月17日免)
　　黄海泉(兼)(4月17日任)

启东市烟草专卖局、南通市烟草公司启东营业部
局长、经理:刘　伟
副局长:张　冲(11月28日免)　秦亚忠(11月28日任)
副经理:沈卫娟(女)

启东市气象局
局　长:朱震宇(12月17日免)　张革新(12月18日任)
副局长:周　良(3月26日任)(11月13日免)

吕四国家海洋基准气候站
站　长:张革新(12月18日免)
副站长:黄新时(12月18日任)

启东市航道管理站
站　长:黄　辉

启东市公路管理站
站　长:薛志昌(兼)
书　记:陈　斌

江苏渔船检验局吕四分局
江苏渔港监督局吕四分局
局　长:吴玉恒
副局长:姚宏伟

国家海洋局东海分局吕四海洋环境监测站
站　长:施东生
副站长:陆　飞

启东海事处

处　长:曾卫民

副处长:张新星

政协启东市第十三届委员会各专门委员会

启东市政协办公室

秘书长、主任:许瑞华

副秘书长:陈　樊　张卫华

副主任:张卫华　俞井杰(女)　钱周全

研究室

主　任:陈　樊(12月17日免)

提案委员会

主　任:黄晓苏(女)

副主任:龚海燕(女)　龚　健(兼)(12月28日免)

学习与文史委员会

主　任:朱　伟(8月22日任)

副主任:陈永生

科技与经济委员会

主　任:徐玉辉

副主任:陆建新(兼)(2月17日免)

王建斌(兼)(12月28日免)

城乡建设与社会法制委员会

主　任:李　斌

副主任:袁永兵(兼)

教卫文体委员会

主　任:管贻谋(8月22日任)

副主任:王　辉(12月17日免)　沈　杰(兼)

港澳台侨委员会

主　任:蔡　辉

副主任:钮永能(兼)　周红丹(兼)

群众团体　社会团体

启东市总工会

主　席:陈春柳(女)

副书记:陈　辉(9月5日任)

副主席:孙雪芳(女)(9月5日免)　陈　辉(9月5日免)

陈素伟(女)　陆建辉

陈建辉(不驻会)(9月15日免)

张潜泉(不驻会)(9月15日免)

纪检组长:倪永利(9月26日任)

启东市妇女联合会

主　席:杨海燕(女)

副主席:张燕峰(女)

中国共产主义青年团启东市委员会

书　记:陈天明

副书记:蒋　涛　李灵瑶(女)

陈　丽(挂职)(9月26日免)

陈馥强(挂职)(9月26日任)

启东市科学技术协会

主　席:朱咏梅(女)

副书记:黄新元(12月17日任)

副主席:黄新元(12月17日免)

沈亚美(女)(12月17日免)

施洪飞(不驻会)

苏高飞(不驻会)(12月17日任)

张晓卫(不驻会)(12月17日任)

陈　辉(不驻会)

张　英(女,不驻会)(12月17日免)

陈　阳(女,不驻会)(12月17日任)

陈　飞(不驻会)(12月17日免)

朱新球(不驻会)(12月17日任)

尹汉仁(不驻会)(12月17日免)

胡　生(不驻会)

启东市工商业联合会

会　长:蔡建平(兼)

书记、副会长:茅炎生(兼)

副会长:于　勤(5月6日免)　黄桂兰(女)　周敏华

沈东辉　陈　飞(12月17日任)

陆永华(不驻会)　吴建新(不驻会)

蔡水洪(不驻会)　沈　辉(不驻会)

顾志平(不驻会)　董雪平(不驻会)

李爱东(不驻会)　吴险峰(不驻会)

姚塑斌(不驻会)

启东市纺织行业商会

会　长:陈旭东(不驻会)

启东市服装行业商会

会　长:季　彬(不驻会)

秘书长:黄桂兰(女,兼)

启东市化工医药行业商会
会　长：沈　涛（不驻会）

启东市玩具箱包皮革行业商会
会　长：黄慧新（不驻会）

启东市食品医药行业商会
会　长：

启东市建筑材料行业商会
会　长：叶惠平（不驻会）

启东市电动工具行业商会
会　长：顾志平（不驻会）
秘书长：陆慧慧（女，兼）

启东市水产加工行业商会
会　长：高海生（不驻会）

启东市机械制造行业商会
会　长：吴建新（不驻会）

启东市电子信息行业商会
会　长：陆永华（不驻会）

启东市轻工行业商会
会　长：

启东市归国华侨联合会
主　席：钮永能
副主席：李爱玲（女）　陆峤松（9月5日免）
　　王向阳（不驻会）　陆誉升（不驻会）
　　薛　威（不驻会）　费新士（不驻会）
　　戴　宏（不驻会）

启东市文学艺术界联合会
主　席：郁锦标（兼）
副主席：许锦飞（兼）　李新勇　施黄捷（不驻会）
　　汤健辉（不驻会）（12月17日任）

启东市残疾人联合会执行理事会
理事长：朱　伟（8月22日免）　邓金涛（9月12日任）
党组书记：邓金涛
副理事长：张　健（5月6日免）　陆　飞（8月22日免）
　　赵雨玉（女）　龚思伟（9月5日免）
纪检组长：刘东波（9月26日任）

启东市红十字会
会　长：曹海锋（兼，1月3日免）
常务副会长、党组书记：顾东英（女）
副会长：张正兵　杨丽红（女）（12月28日免）
　　郁豪杰（不驻会）　赵凯旋（不驻会）
　　唐海兵（不驻会）　杨雄雄（不驻会）
　　蒋海南（不驻会）（2月17日免）
　　陆圣华（不驻会）　陈一萍（女，不驻会）
　　李　英（女，不驻会）　杜文华（女，不驻会）
　　沈俊涛（不驻会）

人民武装　治安司法

启东市人民武装部
部　长：周　春（6月26日任）
政　委：陈延祥
副部长：葛明忠

启东市人民法院
院　长：周东瑞
副书记：陆艾华（女）（12月28日任）
副院长：龚建涛（兼）　陆艾华（女）　朱启斌
　　季洪涛　樊　涛
纪检组长：蒋正飞
专职委员：陈南松
党组成员：林　辉

启东市人民法院政治处
主　任：樊　涛（12月28日免）

启东市人民检察院
检察长：瞿　忠
副检察长：曹伯荣（8月22日免）　陈亚萍（女）
　　方海军　吴晓飞　张兰菊（女）　陆建中
纪检组长：李　斌

启东市人民检察院政治处
主　任：周柳柳（12月28日任）

启东市人民检察院反贪污贿赂局
局　长：沈文浩

启东市人民检察院反渎职侵权局
局　长：翟曙平（5月6日免）　徐洪斌（12月28日任）

启东市公安局
局长、督察长：黄　忠
政　委：茅晓东
副局长：龚裕春（兼）　冯　平　黄兴华　龚陈兵
　　茅建辉　高慧斌　蔡红辉
副政委：陈一萍（女）

纪委书记:刘洪星(5月6日免)

启东市公安局指挥中心(科技情报大队)
主　任:王亚军
教导员:沈周群(女)(12月28日免)
　　　田　军(12月28日任)

启东市公安局办公室
主　任:邢　健

启东市公安局警务保障室
主　任:高　华

启东市公安局法制大队
主　任:张晓东
教导员:仇洪彪(12月28日免)　顾　辉(12月28日任)

启东市公安局政治处
主　任:孙善忠

启东市公安局警务督察队
队　长:张　冲
教导员:孙　民

启东市公安局国内安全保卫大队
大队长:卢国新
教导员:陈益新(12月28日免)　薛卫东(12月28日任)

启东市公安局经济文化保卫大队
大队长:陈建涛
教导员:田　军(女)(12月28日免)
　　　沈周群(12月28日任)

启东市公安局刑事侦查大队
大队长:张海涛
教导员:周卫忠

启东市公安局经济犯罪侦察大队
大队长:沈雪飞
教导员:陈国华

启东市公安局治安管理大队
大队长:李广生(12月28日免)　范兴辉(12月28日任)
教导员:范兴辉(12月28日免)　高晓华(12月28日任)

启东市公安局防暴警察大队
大队长:虞海滨
教导员:黄燕燕(女)(5月6日任)

启东市公安局水上警察大队
大队长:周　辉
教导员:姚友华

启东市公安局交通巡逻警察大队(公路巡逻警察大队)
大队长:陈　斌
教导员:施　成

启东市公安局监管大队
大队长:李建新
教导员:戴　炎

启东市公安局网络安全监察大队
大队长:顾越飞(5月6日免)
教导员:施锦辉

启东市公安局汇龙中心派出所
所　长:高慧斌(兼)(12月28日免)
　　　黄洪岗(12月28日任)
教导员:洪　宇

启东市公安局城西派出所
所　长:张方东(12月28日免)　施　标(12月28日任)
教导员:倪　松(12月28日免)
　　　邱丽华(女)(12月28日任)

启东市公安局开发区派出所
所　长:季锡石(12月28日免)
　　　高慧斌(兼)(12月28日任)
教导员:施　标(12月28日免)　陈忆思(12月28日任)

启东市公安局惠萍派出所
所　长:顾政伟
教导员:王金德

启东市公安局寅阳派出所
所　长:沈裕辉
教导员:黄海荣

启东市公安局东海派出所
所　长:薛卫东(12月28日免)　张方东(12月28日任)
教导员:朱伟荣(女)

启东市公安局南阳中心派出所
所　长:秦江华
教导员:仇洪彪(12月28日任)

启东市公安局近海派出所
所　长:谢石磊(12月28日免)
教导员:王金平

启东市公安局海复派出所
所　长:马永兵
教导员:陈忆思(12月28日免)

启东市公安局北新派出所
所　长:黄洪岗(12月28日免)　赵晟琰(12月28日任)
教导员:陈　忠

启东市公安局王鲍派出所
所　长:顾伟杰
教导员:顾　辉(12月28日免)　倪　松(12月28日任)

启东市公安局合作中心派出所
所　长:赵晟琰(12月28日免)　袁华健(12月28日任)
教导员:袁华健(12月28日免)

启东市公安局吕四港镇中心派出所
所　长:倪爱东
教导员:丁　杰

启东市公安局兆民派出所
所　长:包献国
教导员:高晓华(12月28日免)

启东市公安局启隆派出所
所　长:施程骏
教导员:邱丽华(女)(12月28日免)
季锡石(12月28日任)

启东市维护稳定工作领导小组办公室
主　任:黄　忠(兼)
副主任:姚友华

启东市司法局
局　长:朱小东
副局长:黄晓东　龚正涛　姜莉莉(女)　王　涌(女)
纪检组长:杨　周

启东市社会调解服务中心
书记、主任:邵茂华(兼)(9月5日免)
朱志强(兼)(9月5日任)
副书记:陈张贤(女)(12月28日免)
陈　庄(12月28日任)
常务副主任:陈　庄
副主任:朱小东(兼)(12月28日免)
陈　忠(12月28日免)　倪东华(女)
田　磊(女)
主任助理:徐　婷(女)(12月25日免)

金融　保险

中国人民银行启东市支行
行　长:樊雄辉
副行长:陆红伟　苏俭雄
纪检组长、总稽核:陆红伟(兼)

中国工商银行启东市支行
行　长:沈建平
副行长:杭　涛　卢雪燕(女)
行长助理:凌海燕(女)　沈煌杰

中国银行启东市支行
行　长:邱洁华
书　记:顾　兵(9月2日任)
副行长:王能斌　蒋碧松　季红辉　吴华彦

中国建设银行启东市支行
行　长:梅江红
副行长:龚炳康　施汉平　吴　卫　李国帅

中国农业银行启东市支行
行　长:潘　军
副行长:陈卫冲　龚　斌　姜　健
纪委书记:龚　斌(兼)

中国农业发展银行启东市支行
行　长:单卫红
副行长:施　凯　曹海栋

启东市农村商业银行
董事长、书记:陈卫兵
行　长:王晖东(5月20日免)
钱海天(5月20日任)
监事长:倪建辉
副行长:吉洪彬　黄建东　沙健健
刘　锋(5月20日任)
纪委书记:倪建辉

中国人民财产保险公司启东市支公司
经　理:盛　伟
副经理:陆凯兵　汤　勇

中国人寿保险公司启东市支公司
经　理:
副经理:王　炜　陈敬东
经理助理:李　军　黄欣欣

中国太平洋财产保险股份有限公司启东支公司

经　理:黄亚萍(女)

中国太平洋人寿保险股份有限公司启东支公司

经　理:沈　强

副经理:徐永菊(女)

启东市各区(镇)

滨海工业园(近海镇)

党工委书记、党委书记:姜　平

党工委副书记、主任:王春华

党工委副书记、镇长:陈红飞(5月30日免)

姚赛花(12月28日任)

党工委副书记、人大主席:姚赛花(女)(12月28日免)

施元凯(12月28日任)

党工委副书记、副主任:黄　嵘

党工委副书记:胡卓焕(挂职)(8月22日免)

党工委委员、副主任:施　冲(12月28日免)

陆一锋　倪培华

施宇杰(女)(12月28日任)

党工委委员、副镇长:李　辉　杨晓华(12月28日免)

沈　波

副主任:谢石磊(挂职)(12月28日免)

赵世成(挂职)(8月22日任)

江小浦(挂职)(8月22日任)

党工委委员、人大副主席:董　琰(女)(5月6日免)

施　冲(12月28日任)

党工委委员:朱永安　黄东华　施向东

陈南松(挂职)(12月17日免)

纪工委书记:黄　林(5月6日任)

主任助理:廖南生(3月20日免)

启东海工船舶工业园(寅阳镇)

党工委书记、党委书记:徐永辉

党工委副书记、主任:倪凯权

党工委副书记、镇长:王　珹(女)

党工委副书记、人大主席:施永辉

党工委副书记:张　峰(挂职)(12月17日免)

党工委委员、副主任:姚海燕　黄　皓　陆建辉　彭雄辉

党工委委员、副镇长:倪兴辉　李　忠　郁建峰

副主任:沈裕辉(挂职)　段　旭(挂职)(8月22日免)

刘大双(挂职)(8月22日任)

党工委委员、人大副主席:徐向军

党工委委员:周卫红(女)　管向梅(女)

沈荣华(5月6日免)　王　宁(挂职)

纪工委书记:周卫红(女)

滨江精细化工园(北新镇)

党工委书记、党委书记:黄松涛

党工委副书记、镇长:茅永杰

党工委副书记、主任:虞　星

党工委副书记、人大主席:陆静涛

党工委委员、副主任:邱建石　沈剑刚　车红兵

党工委委员、副镇长:陈卫平(5月6日免)　沈风华

陆海华

张　健(5月6日任副镇长)

副主任:黄　成　倪伟新(兼)(8月22日免)

汤　枫(兼)(8月22日免)

王德传(挂职)(8月22日免)

李伟峰(挂职)(8月22日任)

杨忠连(挂职)(8月22日任)

黄洪岗(挂职)(12月28日免)

赵晟琰(挂职)(12月28日任)

党工委委员、人大副主席:陆洪涛(12月17日免)

赵凯华(12月28日任人大副主席)

党工委委员:陆丹丹(女)(12月28日免)

柏永辉(5月6日任)

纪工委书记:柏永辉(5月6日任)

主任助理:曹军峻(3月20日免)　毛孙房　梅凤清

启东市启隆生态科技产业园(启隆乡)

党工委书记、党委书记:郭建辉(8月22日免)

龚磊磊(12月28日任)

党工委副书记、主任,党委副书记、乡长:

龚磊磊(12月28日免)

薛　海(12月28日任)

党工委副书记、党委副书记、人大主席:黄　俊

副主任、党委委员、副乡长:陆东彪　蒋林健

副主任、副乡长:蒋　涛

副乡长:施程骏(挂职)

党委委员:沈　辉　陈　利　包俊花(女)

启东市各乡镇党委、人大、政府

汇龙镇

党委书记:高红宇(12月17日免)

党委副书记、镇长:朱卫忠

党委副书记、人大主席:陈燕飞

党委副书记:李　伟　黄燕燕(兼)(5月6日免)

陆红琴(兼)　高慧斌(挂职)(12月28日免)

吴　琼(挂职)(12月17日免)

杨宇峰(挂职)(12月17日任)

党委委员、副镇长:钱启林　姚政东

朱海荣(12月28日免)

副镇长:陈鹤飞　毛新洪　朱　静(女)

蒋海泉(12月28日任)
人大副主席:黄卫斌
党委委员:虞祖伟　张燕华(女)　蒋海泉(12月28日免)
陈小茂(女)　陆庆兵
黄　凯(挂职)(8月22日免)
朱卫强(挂职)(12月17日免)
张敏敏(女,挂职)(9月2日免)

惠萍镇

党委书记:杨方舟(5月30日免)　陈红飞(5月30日任)
党委副书记、镇长:陈卫丰(12月28日免)
陈天虹(12月28日任)
党委副书记、人大主席:蒋建辉(12月17日免)
张生华(12月28日任)
党委副书记:张海松(12月17日免)
党委委员、副镇长:施宇杰(12月28日免)　陈　威
陈凯捷(12月17日免)
沈新生(12月28日任)
副镇长:徐枫涛　杨　林(女)　顾政伟(挂职)
党委委员、人大副主席:倪　芳(女)
党委委员:曹圣伟　范雪飞　黄海彬　刘一龙
王欢欢(挂职)　陈　卫(挂职)(12月17日免)

东海镇

党委书记:江海龙
党委副书记、镇长:陆忠华
党委副书记、人大主席:张生华(12月28日免)
施建辉(12月28日任)
党委委员、副镇长:王　辉　毛雪斌
陈　霞(女)(12月28日任党委委员)
副镇长:茅东华　施龚人　薛卫东(挂职)(12月28日免)
张方东(挂职)(12月28日任)
党委委员、人大副主席:茅永平
党委委员:殷丽华(女)　秦国新　印树清　陈　辉
沈春健(挂职)　邓　单(挂职)(12月17日免)

南阳镇

党委书记:吴永东
党委副书记、镇长:杜国华
党委副书记、人大主席:陆　健
党委副书记:陆　飞
党委委员、副镇长:施海彬　王蕻冰(12月28日免)
陈相东　赵　琛(女)
石国华(12月28日任)
副镇长:曹永华　秦江华(挂职)
人大副主席:孙永兵
党委委员:黄　健　陈卫华(女)　吴佐海　陈　惠(女)
李灵瑶(女,挂职)(12月17日免)
林　玲(女,挂职)(12月25日免)

海复镇

党委书记:张天安(8月22日免)　宋亚昌(12月28日任)
党委副书记、镇长:罗玉飞(12月28日免)
黄海荣(12月28日任)
党委副书记、人大主席:施建辉
党委副书记:孟　俊(挂职)(12月17日免)
党委委员、副镇长:沈新生(12月28日免)　蔡栋梁
彭新华(12月28日免)
朱成竹(女)(12月28日任党委委员)
施海荣(12月28日任)
副镇长:唐　凯(12月28日任)　马永兵(挂职)
党委委员、人大副主席:李红燕(女)
党委委员:万年红　李海东　施　冲

合作镇

党委书记:陈　玲(女)(12月28日免)
李荣昌(12月28日任)
党委副书记、镇长:李荣昌(12月28日免)
陶卫新(12月28日任)
党委副书记、人大主席:唐剑飞(2月17日免)
任松德(12月28日任)
党委副书记:刘长山(挂职)(12月17日免)
党委委员、副镇长:沈石东　张卫飞(12月28日免)
徐张禄(12月28日免)　陆建兵
袁　玲(女)(12月28日任党委委员)
副镇长:朱　芳(女)(12月28日任)
朱张勇(12月28日任)
赵晟琰(挂职)(12月28日免)
袁华健(挂职)(12月28日任)
人大副主席:龚志祥
党委委员:蔡卫刚　朱　芳(女)(12月28日免党委委员)
龚黄健　顾海东(12月28日任)
顾晓焱(女,挂职)
石国华(挂职)(12月17日免)

王鲍镇

党委书记:王裕兵(12月17日免)
王峰华(12月28日任)
党委副书记、镇长:王峰华(12月28日免)
黄豪杰(12月28日任)
党委副书记、人大主席:黄豪杰(12月28日免)
徐张禄(12月28日任)
党委副书记:施建辉(12月28日免)
陈　飞(12月28日任)
党委委员、副镇长:刘彩萍(女)　陈　飞(12月28日免)
金陆健
夏晓娟(女)(12月28日任党委委员)
副镇长:张卫飞(12月28日任)　王蕻冰(12月28日任)
顾伟杰(挂职)
人大副主席:杨建兵

党委委员:黄永辉　施华伟　朱张勇(12月28日免)
　　　　张红华(女,挂职)(12月28日免)
　　　　邵双双(女,挂职)

吕四港镇

党委书记:华　伟
党委副书记、镇长:潘双林
党委副书记、人大主席:汤　辉
党委副书记:尹国华(12月28日任)　卢玉明
　　　　　王昱洋(挂职)(8月22日免)
党委委员、副镇长:成　瑛(女)　黄裕星
副镇长:王　瑾(女)　田卫菊(女)　李国强
　　　袁群生(12月28日任)　施海荣(12月28日免)
　　　陈亦龙(挂职)　周　勤(挂职)　姚永辉(挂职)
　　　夏正元(挂职)　倪爱东(挂职)　汤国军(挂职)
人大副主席:朱德荣
党委委员:丁雪琴(女)　朱芳芳(女)　陆慧慧(女)
　　　　蔡　敏　董志松(挂职)(12月28日免)
　　　　张卫民(挂职)(12月17日免)

吕四港镇党政办公室(法制办)
主　任:杨　娟(女)(12月28日任)

吕四港镇组织人事和社会保障局
局　长:朱芳芳(兼)

吕四港镇政法和社会管理办公室
主　任:施海荣(兼)(12月28日免)

吕四港镇经济发展和改革局
局　长:黄裕星(兼)

吕四港镇财政和资产管理局
局　长:林菊星(12月28日任)

吕四港镇建设局
局　长:汤国军(兼)

吕四港镇农村工作局
局　长:田卫菊(兼)

吕四港镇社会事业局
局　长:周　勤(兼)

吕四港镇综合执法局
局　长:李国强(兼)

吕四港镇便民服务中心(招投标中心)
主　任:陆慧慧(兼)

汇龙镇南城区街道党工委、办事处

书记、主任:黄燕燕(女)(5月6日免)
　　　　　朱海荣(12月28日任)
副书记、副主任:陆江华(女)(12月28日免)
副主任:龚玉萍(女)　张兴隆
党工委委员、纪工委书记:季炳红(女)(12月28日任)
主任助理:田建业　滑　雪(女)

汇龙镇南城区人大工作委员会
主　任:黄燕燕(女,兼)(5月6日免)
副主任:陆江华(女,兼)(12月28日免)

汇龙镇北城区街道党工委、办事处

书记、主任:陆红琴(女)
副书记、副主任:张爱琴(女)(12月28日免)
　　　　　　　陆江华(女)(12月28日任)
副主任:顾培源　黄裕辉　季炳红(女)(12月28日免)
党工委委员、纪工委书记:沈海华(12月28日任)
主任助理:郭东峰　黄　雪(女)

汇龙镇北城区人大工作委员会
主　任:陆红琴(女,兼)
副主任:张爱琴(女,兼)(12月28日免)

启东市各市属事业单位

启东市国有资产投资控股有限公司

董事长、总经理:宋　逵(5月19日免)
　　　　　　　张天安(8月22日任)
董事、副总经理:顾向东(5月19日免)
　　　　　　　陈袁兵(5月19日免)
　　　　　　　陈一峰(8月22日任)
　　　　　　　仇春雷(8月22日任)

启东市城市投资经营中心

董事长、总经理:周　兵(8月22日任)
董事、副总经理:范　斌(8月22日任)
　　　　　　　王　卓(8月22日任)

江苏省启东中学

校长、书记:王　生
副书记:卢卫忠
副校长:钱宏达　陈仲刘　李　俊　顾春燕(女)
纪委书记:卢卫忠(兼)

江苏省启东中学办公室

主　任:陈宏杰
副主任:管　笛　陈新健

江苏省启东中学政教处
主　任：钱　辉
副主任：朱敏蓉（女）　施晓辉　陆燕飞

江苏省启东中学教务处
主　任：张玉萍（女）
副主任：庞　备（女）　吴伟丰　陈建斌

江苏省启东中学教科室
主　任：曹瑞彬
副主任：蔡　辉　吴建军

江苏省启东中学总务处
主　任：周学东
副主任：刘　勇　陈　杰　龚思城（9月26日免）

江苏省启东中学团委
书　记：朱　玮（9月26日免）

江苏省启东中学工会
主　席：顾春燕（女，兼）
副主席：龚　辉

江苏省启东中学奥赛中心
主　任：王建忠
副主任：朱圣辉

汇龙中学
校　长：徐　辉
书　记：
副校长、副书记：黄建生
副校长：施俊杰（8月22日免）　顾学冲　施　超
纪委书记：黄建生（兼）

第一中学
校　长：陈仲刘（8月22日任）
副校长：王雪彬　高德群

大江中学
校长、书记：吴春华
副校长：徐浩亮　宋凯东
校长助理：袁永辉

东南中学
校长、书记：袁飞天
副校长：施袁辉（女）　蔡　凯
校长助理：罗卫东

吕四中学
校长、书记：徐正辉
副校长：周　勇　袁冬晖
校长助理：李　凯

建新中学
校长、书记：
副校长、副书记：龚　昱
副校长：郁　冲
校长助理：茅洪章

江海中学
校长、书记：王　平
副校长：徐菊美（女）　方　浩　江兴华

滨海实验学校（原东海中学）
校长、书记：沈忠辉
副校长：蒋胡东　杨　伟（8月22日免）
校长助理：吴天涛

南通市广播电视大学启东分校、启东市教师进修学校、江苏省启东职业教育中心校
校长、书记：朱雄鹰
副校长、副书记：叶建辉
副校长：陈　陆　耿一波　刘　松　陈袁兵　施正飞

启东市第二职业教育中心校（建筑工程学校）
校长、书记：施裕平

东安中学
校长、书记：曹卫东

启东市人民医院
院长、书记：陈陶阳
副院长：韩雪华　黄祖辉　王连新　夏卫明　樊　健

启东肝癌防治研究所
所　长：陈陶阳

启东市中医院
院长、书记：陆健泉
副院长：顾建如（女）　杨剑兵（5月6日免）　蒋　辉
　　　　魏　洪　倪向阳

启东市卫生监督所
所　长：邱景邦（5月6日免）
　　　　苏高飞（5月6日任，8月22日免）
　　　　李伟彬（8月22日任）

启东市疾病预防控制中心
主　任：周　超

（市委组织部）

2014年启东市为民实事项目完成情况

项目一:新建干线公路40公里,临海高等级公路启东段竣工通车,全面启动海启高速启东段建设,开工建设天江公路南段、志圩公路中段、永兴路东段,天汾大道、通海大道东延主体工程完工;丁仓港路北延加快建设;通吕运河启东段、头兴港河中段航道护岸工程完工;改造险危桥梁125座。

完成情况:临海高等级公路启东段全线通车,海启高速启东段开工建设;天江公路南段、志圩公路中段、永兴路东段施工图设计完成,组织实施沿线拆迁工作;天汾大道基本贯通,通海大道东延完工;丁仓港路北延汇龙镇段组织路面施工;通吕运河启东段、头兴港河护岸工程基本完工;129座险危桥梁改造完成。

项目二:加快打通城市环线通道,南苑东路、华石北路、和平北路、中央路西延、华山中路竣工通车,江海路南延、世纪大道西延、紫薇东路、惠阳路、牡丹江东路、建设中路、灵秀东路等道路加快建设;新建保障性住房1000套,竣工500套;开工建设安置房100万平方米,竣工50万平方米;优化城市排水防涝体系,改造易淹易涝小区管网节点20处;实施庙港河整治工程。

完成情况:城市环线通道基本打通,南苑东路、华山中路竣工通车,华石北路、和平北路、中央路西延全线贯通,江海路南延、世纪大道西延、紫薇东路、惠阳路、牡丹江东路、建设中路、灵秀东路等道路加快建设;新建保障性住房1000套,竣工交付678套;开工建设安置房115万平方米,竣工56万平方米;完成易淹易涝小区管网节点改造65处,城市排水防涝能力进一步提升;庙港河整治工程实施完成。

项目三:建成公交智能化调度系统,城乡公交全部使用启沪公共交通卡刷卡系统,并与全国35个城市实现互联互通;优化公交线路设置,增加城乡公交班次密度,新增公交车22辆,延长城市公交晚班运营时间;城东汽车客运站竣工投运。

完成情况:城区建成电子站亭10座,开通掌上公交和语音报站功能,城乡公交全部安装一卡通,与全国35个城市实现互联互通;新增城市公交103路、109路、311路,完善优化106路、107路和吕四方向5条公交线路,新增公交车22辆;城东客运站启用。

项目四:实施十大造林绿化工程,新增造林绿化面积5333.33公顷,城镇绿地面积70万平方米;完成丁仓港滨河公园、灵秀公园建设;完成东洲新村、文秀新村、宝岛花园、建都城河花苑、瀛东小区、金恒花苑等小区改造,新增停车泊位600个。

完成情况:实施十大造林绿化工程,新增造林绿化面积5200公顷、城镇绿地面积77万平方米;丁仓港滨河公园向市民开放,灵秀公园完成设计;东洲新村、文秀新村、宝岛花园、建都城河花苑、瀛东小区、金恒花苑、香榭水岸等小区改造全面完成,新增停车位1200个。

项目五:实施"清水行动",加快推进城市第二污水处理厂建设,新增乡镇污水处理厂配套管网15公里;完成畜禽养殖污染治理,建设收集处理中心1个、小型沼气池46座;推进高标准农村水利建设,疏浚土方200万立方米,埋设涵洞10000座。

完成情况:制定出台《启东市生态文明建设清水工程(2014~2016年)行动计划实施方案》,加快推进备用饮用水源保护、污水集中处理、城乡河道畅通、农村面源污染防治、工业企业废水达标排放整治等五大工程;城市污水处理厂三期主体工程完工,新增镇(乡)污水处理厂配套管网16.5公里;畜禽养殖粪污收集处理中心土建工程完工,建成小型沼气池22座,其余24座春节前后完工;推进高标准农村水利建设,疏浚河道土方230万立方米,埋设涵洞10027座。

项目六:实施文化惠民工程,送戏下乡60场,送电影下乡600场,送书下乡10000册,送展览下乡12场;进一步提高公共图书馆藏书量,新增图书11.2万册;完成市体育馆改造并向市民开放。

完成情况:文化惠民工程加快推进,全年送戏下乡62场,送电影下乡615场,送书下乡11000册,送展览下乡12场;公共图书馆新增图书11.5万册;市体育馆维修工程基本完成。

项目七:南通大学启东校区一期、折桂中学一期、滨海实验学校竣工投用;新增优质公办幼儿园12所;完成

20所农村中小学校运动场塑胶化改造;汇龙中学创建成省四星级高中。

完成情况：南通大学启东校区一期工程投入使用,首批学生正式入学;折桂中学一期、滨海实验学校基本竣工,2015年春季学期启用;新增优质公办幼儿园5所，全市公办幼儿园增至34所;完成23所农村中小学校运动场塑胶化改造;汇龙中学通过省四星级高中验收。

项目八：巩固完善新型农村合作医疗制度,人均筹资标准增至480元,其中政府补助提高到385元，住院补偿最高支付限额增至18万元;实施市级公立医院改革，全面实行药品零差率销售;继续推进卫生信息化建设,实现居民健康一卡通；启动建设新城区医院。

完成情况：新农合人均筹资标准增至480元，其中政府补助提高到385元，住院补偿最高支付限额增至18万元；市级公立医院改革加快推进,公立医院药品零差率销售2014年8月10日起全面实施;卫生信息化二期软件项目开始实施，居民健康卡发卡对象数据处理完毕；新城区医院项目正式立项。

项目九:完善养老服务体系建设,扶持新建民办养老机构3家，新增养老床位500张；培育发展社区社会组织，新增社区社会组织500个，创建100个品牌特色社会组织。

完成情况：社会养老服务体系加快完善，新建民办养老院、护理院3家,老年关爱之家6家,新增养老床位949张;新增社区社会组织521个,创建品牌特色社会组织100个。

项目十：帮扶1200名群众自主创业,新增城镇就业8500人,扶持困难人员就业400人，免费就业培训6000人次,确保困难家庭大学生就业率达100%;城镇职工“五险”参保率、城乡居民养老保险覆盖率巩固在96%以上。

完成情况:帮扶1400名群众自主创业,新增城镇就业9100人,扶持困难人员就业450人，免费就业培训6500人次,困难家庭大学生就业率达100%；城镇职工养老保险参保率达97.5%，工伤保险参保率达96.6%,生育保险参保率达96.5%，医疗保险参保率达97.5%，失业保险参保率达97.4%，城乡居民养老保险覆盖率达96.87%。

（高　飞）

2014年启东市大事记

1月

4日　市委、市政府召开全面深化改革研讨交流会。会议以中共十八届三中全会精神为指导，对如何加快推动市重点领域和关键环节的体制机制改革,展开研讨和交流。

5日　省住建厅风景园林处处长王健率省园林城市专家调研组到启东调研“江苏省园林城市”创建工作。

7~10日　政协启东市第十四届委员会第三次会议召开。

8~11日　市十六届人民代表大会第三次会议在市会议中心召开。大会选举徐锋为启东市人民代表大会常务委员会主任，选举黄卫锋为启东市人民政府市长。

25日　启东市政府与东凌集团项目合作签约仪式在博圣大楼举行。南通市委副书记、市长张国华,东凌集团董事长赖宁昌出席签约仪式。

24~25日　省计划生育协会会长赵龙等到启东,调研市生育关怀“太阳岛”工程。5月25日,国家计生协生育关怀基金管委会副主任李艳秋一行到启东调研“太阳岛”工程信息化建设情况。9月18日,全市生育关怀“太阳岛”工程汇报会在启东宾馆举行。中国计生协副会长勾清明、副市长张卫生参加会议。

26日　启东市政府与传化控股集团关于长江北岸岸线综合整治及城区段生态开发项目合作签约仪式在启东宾馆启东厅举行。

2月

4日　第十五届中国·启东天汾科技五金交易会在天汾国际电动工具商贸城举行。850多家企业参展,参观人数达8万人次,意向成交额达66亿元。

11日　由中央文明办主办、中国文明网承办的“我推荐、我评议身边好人”活动2014年2月份中国好人榜候选名单揭晓,龚水兵、杜锦城入选。

13日　新加坡太平船务集团董事总经理、香港胜狮货柜企业有限公司主席兼首席行政总监张松声一行到启东考察。

18日　南通市副市长单晓鸣到启东,调研市沿海开发、现代服务业及旅游业发展情况。

20日　市委召开全市党的群众路线教育实践活动动员大会,贯彻落实习近平总书记系列重要讲话精神和中央、江苏省委、南通市委的部署要求,对全市开展党的群众路线教育实践活动进行动员和部署。3月17~18日,市委书记徐锋主持召开党的群众路线教育实践活动征求意见座谈会,听取市级老领导、市级以上人大代表对市四套班子作风建设、启东经济社会发展,以及保障和改善民生等方面的意见和建议。4月18日,徐锋、黄卫锋、顾云峰等市四套班子领导在市行政中心二楼大厅,参观“启吾东疆党旗红——党的群众路线教育实践活动党史党性党风图片展”。5月19日,参观南通“党的群众路线教育实践活动党史党性党风图片展”。6月4日,市委召开全市党的群众路线教育实践活动推进暨“一把手”专项述职点评会。10月22日,市委召开全市党的群众路线教育实践活动总结大会。

△　启东海安建筑业改革发展交流会在市行政中心会议室举行。海安县县委书记、县长率领由海安县四套班子领导及有关部门和建筑企业负责人组成的考察团，到启东交流建筑业改革发展经验。

21日　南京海关关长李多宽到启东调研。南通市副市长孙建华陪同调研。

23日　全市2014年为民实事项目推进会召开。

25日　市召开人武部党委第一书记任职大会。南通军分区司令员徐国安出席会议并宣读南通军分区党委关于徐锋担任启东市人武部党委第一书记的决定。

3月

2日 国家海关总署加工贸易司司长张皖生到启东调研。

5日 如东县委书记、县人大常委会主任詹立风,如东县委常委、洋口港经济开发区党工委书记张蓉蓉率有关部门负责人到启东考察。

△ 江苏省城市环境综合整治检查组对市2013年度城市环境综合整治工作进行检查。

6日 上海振华重工(集团)股份有限公司总裁陆建忠一行到启东考察。

7日 南通市政协主席王德忠、副主席杨展里率领南通市政协常委会第一调研组围绕"构筑技能人才高地,促进产业转型升级"主题到启东调研。

17日 国家计划生育协会副秘书长洪苹一行到启东,调研市青春健康教育基地建设情况和计划生育村民自治工作。

20日 南通市人大常委会副主任施建中一行到启东,专题调研市人大工作开展情况。

22日 市委中心组学习(扩大)会议在行政中心党员干部学习教育中心召开。会上,市委书记徐锋作《优化工作作风、提升率先攻坚突破战斗力》的党课辅导报告。

25日 全市生态文明建设推进大会召开。

26日 江苏省交通厅副厅长钱国超一行到启东,视察临海高等级公路(启东段)建设情况。

28日 2014中国·启东(上海)投资环境推介会在上海国际会议中心举行。150多家企业负责人和市各镇(乡)、园区及相关部门负责人参加推介会。

29日 在"影响世界华人盛典2013~2014"颁奖典礼上,启东籍科学家、中国科技大学近代物理系教授陈宇翱获"2013~2014年度影响世界华人"大奖。

3月 经江苏省商务厅批准,市第一家外商独资融资租赁公司——江苏爱投融资租赁有限公司成立。

4月

1日 原交通部部长黄镇东到启东视察沿海开发工作。

2日 江苏省政协副主席、科技厅厅长徐南平一行到启东视察。南通市副市长陈一星陪同视察。

3日 启东危险废物集中处置中心投资框架签约仪式在滨江园区举行。

10日 启东海工船舶工业园规划点评与项目推进观摩会召开。南通市领导陈照煌、单晓鸣出席会议。

11日 江苏省副省长傅自应到启东调研,对市园区建设和旅游业发展取得的显著成效给予充分肯定。省政府副秘书长方伟,南通市副市长单晓鸣陪同调研。

13日 市委举行中心组学习(扩大)会议,邀请党的十八大代表、全国重大典型张云泉作专题报告。

14日 全市群众工作"三强化三提升"(即强化镇乡村居互动,提升基层治理能力;强化机关部门联动,提升综合协调能力;强化市级领导带动,提升示范引领能力)工作会议召开。

16日 市政协主席会议专题视察海工船舶工业园"推进腾笼换凤、加快转型升级"情况。

19日 中共中央党校办公厅副主任段宝平率调研组到启东调研。南通市副市长赵闻斌陪同调研。

22日 "全民阅读、书香启东"系列活动启动仪式在市图书馆举行。

23日 南通市副市长孙建华到启东现场督察指导安全生产工作。

△ 南通市副市长赵闻斌一行到启东,调研市中心镇建设、项目农业发展、村庄环境整治以及小麦赤霉病防治情况。

24日 南通市为民务实清廉先进典型事迹报告团到启东宣讲。

25日 市国家级养老服务标准化试点工作通过专家评估验收。

29日 市召开庆五一劳模座谈会。

30日 市召开知识产权战略实施绩效评价工作会商会。江苏省知识产权局副局长支苏平、南通市知识产权局局长沈卫坚、河海大学教授杨晨等相关领导和专家参加会议。

5月

4日 市委副书记、市长黄卫锋一行6人,拜访全国政协委员、中科院院士、上海交通大学生命科学院院长贺林教授。

5日 市政协在市文广新局召开推进全市公共文化服务体系建设专题协商会。

6日 政协启东市第十四届委员会常务委员会第十二次会议召开。会议听取吕四港环抱式港池建设情况通报;听取市政府采纳"市政协常委会关于进一步加强我市住宅小区物业管理建议情况"的通报;审议通过关于增聘、解聘部分政协委员建议名单。

8日 江苏省旅游局局长秦景安一行到启东市调研旅游业发展情况。

9日 中国·启东(绍兴)现代农业专题招商推介会在浙江绍兴举办。会上,20个项目集中签约,总投资达6.9亿元。其中,内资项目18个,总投资5.9亿元;外资项目2个,总投资1600万美元。

14日 上海市人民政府发展研究中心启东研究基地揭牌仪式暨对接上海研究成果评审会在先豪国际酒店举行。上海市人民政府发展研究中心副主任周国平,特邀专家组组长、上海社会科学院部门经济研究所研究员周冯琦出席揭牌仪式和相关活动。

△ 为期三天的2014年环崇明岛女子国际公路自行车赛在市滨海工业园开赛。来自14个国家和地区的17支参赛队共91名车手参赛。

15日 全市"正能量加油站"主题活动启动仪式在汇龙镇临江村举行。

16日 2014中国·启东国际经贸洽谈会开幕式在环球大厦四楼博圣厅举行。南通市副市长黄爱军出席开幕式。来自美国、加拿大、澳大利亚、韩国10多个国家和中国香港、台湾地区及国内的200多位客商参加开幕式。新华网、人民网、《文汇报》《新华日报》

《扬子晚报》《现代快报》《香港商报》等30家媒体记者采访报道洽谈会情况。同日，2014中国·启东国际经贸洽谈会重大项目颁证颁照和集中签约仪式举行。34个项目集中签约。其中，投资规模最大的外资项目是美国亚洲文化基金会与惠萍镇人民政府签约的“文化产业项目”，总投资1亿美元；投资规模最大的内资项目是北京香河爱晚置业有限公司与启隆生态科技园签约的“大爱城国家养老华东示范基地”，一期总投资100亿元。

△ “逐梦江海　走进启东”驻通媒体见面会在博圣大楼二楼会议室举行。来自中央、省级19家驻通媒体的记者参加会议。

△ 广东粤海控股有限公司副总经理、粤海控股集团有限公司常务董事张辉到启东考察。

△ 人民调解工作专家库启动仪式在市政府科技楼举行。

17日 2013年度“启东好人”见面暨首场事迹报告会举行。有10位市民当选2013年度“启东好人”，10位市民获提名奖。

21日 南通市副市长赵闻斌一行到启东，督察市防汛工作。

26日 国家海洋局副局长王宏一行到启东调研，实地察看胜狮集团启东基地、宏华海洋启东基地、中远船务（启东）海洋工程有限公司等，对市海工装备产业发展成效表示赞赏。江苏省海渔局局长唐庆宁、南通市副市长陈一星陪同调研。

28日 市第十六届人大常委会第二十一次会议通过：决定任命刘振为启东市人民政府副市长（挂职）。

△ 中船集团董事长、党组书记胡问鸣一行到启东考察。

30日 海峡两岸关系协会会长陈德铭一行到启东考察，实地察看环抱式港池建设现场、吕四渔港经济区、吕四国家级中心渔港新港区，高度评价市沿海开发取得的成效。南通市领导丁大卫、张国华、黄巍东、孙建华等陪同考察。

△ 全国政协人口资源环境委员会副主任，中国农业发展银行行长、党委书记郑晖率调研组到启东调研。

△ 南通市副市长朱晋一行到启东，调研市公立医院改革工作。2014年，启东市作为江苏省六个公立医院改革试点地区之一，全市有8家市属公立医院进入医改行列。

5月 《江苏省渔港建设规划》（2011~2020年）出台，市中心渔港吕四港、一级渔港协兴港和塘芦港、二级渔港茅家港和蒿枝港5个渔港被列入该规划，将作为江苏省内陆重点渔港进行建设。

6月

11日 南通大学党委书记成长春、校长程纯一行到启东考察，重点了解南通大学启东校区建设进展情况。9月16日，南通大学启东校区启用、张謇塑像揭幕和南通大学杏林学院（启东校区）2014级学生入学典礼举行。

△ 全市创卫创模工作推进会暨一季度考核表彰点评会在市建筑业大厦四楼召开。

6月12~13日 《人民日报》《新华日报》《南通日报》等三级党报媒体记者集中报道市沿海开发、创新社会治理取得的成效。

13日 张家港市政协副主席李汉忠一行到启东考察。

△ 港闸区政协副主席周德清、马晓辉一行到启东，考察市科技创新发展情况。

16日 临海高等级公路启东段全线贯通。临海高等级公路是省委、省政府实施沿海开发的交通重点工程。公路北起苏鲁交界，南与崇启大桥相连接，总长530公里，总投资182亿元，贯穿连云港、盐城、南通3个市17个县（市、区）。其中临海高等级公路启东段起点于沿江高等级公路与海防公路交叉口，经寅阳镇、东海镇、近海镇、海复镇、吕四港镇，终点至启海交界处，全长62公里，总投资达22.8亿元。

17日 市委副书记、市长黄卫锋会见韩华新能源董事长兼首席执行官南晟祐一行。

20日 宁夏回族自治区人大常委会副主任孙贵宝一行到启东，调研市沿海开发情况。南通市人大常委会副主任施建中陪同调研。

21~23日 2014年江苏省门球赛在启东市举行。

23日 2014中国·启东（青岛）现代服务业投资推介会在青岛市举行。青岛20家企业，签约项目客商和市各镇（乡）、园区、相关部门负责人参加会议。

26日 国内首座WORKHORSE级别的自升式钻井平台“凯旋1号”（N407），在中远船务（启东）海洋工程有限公司建成命名，是迄今为止中国建造的自升式钻井平台中规格最高的平台之一，技术水平和建造质量处于全球领先水平。

30日 即日起，除210、226路2条无人售票线路外，其余15条城乡公交线路推行启沪公共交通卡刷卡乘车服务。

6月 市农村饮水安全工程东海镇项目区、2011年农村饮水安全工程（合作镇志良片、吕四港镇天汾片）和农村学校饮水安全工程通过由南通市发改委、财政局、水利局等相关部门的领导和专家组成的农村饮水安全工程验收组竣工验收。

6月 市首份中国—哥斯达黎加原产地证书签出。

6月 数字化城管试运行。

7月

3日 市人民法院首办远程视频接访。市民陈先生通过视频接访平台成功地与最高人民法院法官实现沟通。这是最高人民法院首次在南通法院系统内实现远程视频接访。

8日 南通市委常委、常务副市长韩立明到汇龙中学，考察学校生态文明建设情况。

8~9日 央视纪录频道播出大型历史纪录片《文明的脚步》。该片充分肯定市海复镇与通海垦牧公司的历史功绩。

10日 上海市政协副主席姜樑一行到启东考察。

11日 上海铁路局副局长何元庆一行到启东，对宁启铁路二期工程（南通至启东段）启东站项目前期综合开发需求进行踏勘调研。

14日 新疆广汇集团总裁尚继

强携中国进出口银行新疆分行行长郭雁军、中国进出口银行江苏省分行副行长田红等到启东考察。

7月15~16日 启东法院在淘宝网司法拍卖平台公开拍卖上海市宝山区共富路156弄7号房产(门面),评估价30.24万元,起拍价30万元,成交价54万元,系该院首次网拍异地房产。

19~26日 市委副书记、市长黄卫锋率团赴新加坡、印度尼西亚招商考察。黄卫锋带队考察新加坡联合环境水务美能材料科技公司、新加坡第一家集团、新加坡金德隆海工公司、新加坡胜科海事集团、新加坡城市发展集团、印度尼西亚AG集团等企业,并与新加坡港务(PSA)集团就吕四港开发合作进行洽谈。

21日 省委、省政府、省军区在南京召开省第十届双拥模范城命名表彰大会,市蝉联"江苏省双拥模范城"称号,实现七连冠。

29日 中共启东市委十二届七次全体会议在行政中心召开。会议讨论中共启东市委十二届七次全体(扩大)会议工作报告。会议表决通过《中国共产党启东市第十二届委员会第七次全体会议决议》,一致同意徐锋代表市委常委会所作的题为《突出关键、狠抓落实,奋力实现攻坚突破新成效》的工作报告。

31日 南通市政协副主席陆玉明一行到启东调研农村土地承包经营权流转情况。

7月 崇启大桥通过交通运输部组织的竣工验收,工程质量等级鉴定为优良。

8月

1日 国家驻港大型企业集团——招商局集团副总经理王宏一行到启东考察。

8日 由江苏省爱卫办常务副主任顾帮朝、常州市生活废弃物处理中心主任史东晓、江苏省卫生监督所副主任医师吴玉珍组成的创卫专家组到启东,检查市创卫工作。

10日 国务院正式批复同意启东港口国家一类口岸对外开放,批复同意启东港口岸设立正团级边防检查机构和正处级海事、海关、出入境检验检疫机构。

15日 南通市副市长黄爱军到启东检查企业安全生产工作。

27日 南通市政协副主席、党组副书记陈德新一行到启东,考察市光伏产业发展情况。

28日 启东市政府与江苏大富豪啤酒有限公司关于精品黄酒项目签约仪式在市行政中心举行。

30日 粟裕大将之子、北京军区原副司令员粟戎生中将带领新四军先辈足迹寻访团到启东,考察市抗大九分校纪念馆建设情况。南通市新四军研究会会长秦兆桢陪同考察。

8月 住房和城乡建设部、国家发改委、财政部等7部委公布新一批全国重点镇名单。吕四港镇、寅阳镇入选。

9月

1日 市委、市政府举行重点工作"首月听"活动。市委书记、市人大常委会主任徐锋,市委副书记、市长黄卫锋带队赴中国(上海)自由贸易试验区学习考察。上海外高桥(集团)有限公司党委书记、总经理舒榕斌等陪同考察。

2日 市委副书记、市长黄卫锋,副市长张卫生在市行政中心会见广西永鑫华糖集团有限公司董事长、总裁张永宁,北方糖业有限公司董事长、总裁万伟光一行。双方就项目投资中的相关问题进行洽谈。

11日 乐金化学(中国)投资有限公司上海分公司总经理白相德一行到启东考察。

15日 南通市人大常委会党组书记、副主任黄利金一行到启东召开座谈会,听取启东市对南通12个市级政府部门的意见建议。

16日 南通市商务局副局长、口岸委主任左晓明率口岸委、国检、海事、海关、边检等部门负责人,到启东指导启东港口岸一类开放验收准备工作。

△ 南通市委常委秦厚德一行到启东,视察市中心镇建设。

17日 省委召开全省领导干部警示教育大会,省委书记罗志军在会上讲话,省委副书记、省长李学勇主持大会。徐锋、黄卫锋等市四套班子领导在启东分会场参会。

△ 启东市医疗纠纷人民调解委员会揭牌仪式在市大调解中心举行。

△ 由国家发改委经济体制与管理研究所城乡与区域室主任陈伟、上海市发展研究中心战略所副所长陶纪明等专家组成的调研组,到启东开展启东传化滨江新区产业发展规划调研活动。

19日 中国·启东海工船舶工业园招商推介会在上海假日酒店举行。

21日 新加坡第一家企业集团执行董事主席魏成辉一行到启东考察。

25日 南通市委常委、宣传部部长章树山到启东调研文化与旅游融合发展工作。

30日 全市迎接创模创生态国家考核验收动员部署会议在市行政中心科技楼召开。

9月 吕四港区匡围工程初步设计获省发改委发文批准。吕四港区匡围工程主要建设外围堤13.7公里,隔堤3.3公里,港池围埝22.5公里,围海造陆面积2297万平方米。

10月

9日 南通市副市长朱晋率卫生、人社等部门负责人到启东,调研市深化医药卫生体制改革进展情况。

10日 卓达·北上海(启东)生态产业新城启动仪式暨卓达集团住宅产业化基地授牌仪式、卓达新型材料产业园开工奠基典礼在吕四港经济开发区举行。

13日 南通市启海地区水稻生产座谈会在启东市召开。

15日 市领导黄卫锋、朱志强、张卫生在市行政中心会见北京香河爱晚投资有限公司总裁李大彦。

17日 市精神文明建设指导委员会全体(扩大)会议举行,研究部署文明城市迎检和长效化工作,确保实现第六次蝉联省文明城市。

△ 以管文蔚之子管新凯为代表

的北京新四军研究会红二代一行到启东，参观位于东南中学校园内的中国人民抗日军政大学第九分校。

△ 全市见义勇为先进分子表彰大会召开。1个集体和4个个人受到表彰。

20日 市委书记徐锋在市行政中心会见法国雅凯控股集团董事长约克一行。

23日 中国亚洲文化基金会会长郑庆云一行到启东考察。

24日 市政府全体(扩大)会议暨廉政建设会议在党员干部学习教育中心召开。

△ 中国福利会秘书长、上海宋庆龄基金会副主席艾伯英一行到启东考察。

27日 上海电机学院与启东市人民政府全面合作框架协议签约仪式在上海电机学院举行。

28日 江苏省"和谐婚姻 幸福家庭"引导机制现场会代表到启东，现场观摩市第二十一期幸福家庭讲习班。江苏省妇联主席缪志红，南通市委常委、政法委书记曹斌等出席观摩活动。

10月 市首个自动化药房在市中医院门诊药房正式启用。

10月 2014年中国中小城市科学发展评价指标体系研究成果正式发布，启东市在全国中小城市综合实力前100个县市中列43位，比上年晋升一位。

10月 东海镇兴垦村被农业部认定为"全国一村一品示范村镇"，为启东市首家。

10月 市烈士陵园被省国防教育办公室命名为省第五批国防教育基地。

11月

3日 新建宁启铁路南通至启东段工程可行性研究报告获中国铁路总公司和江苏省政府正式批复。

4日 2014第五届环太湖国际公路自行车赛"中国移动·启东滨海工业园"启东—崇明赛段在滨海工业园开赛。

5日 政协启东市第十四届委员会常务委员会召开第十四次会议。会议听取市政府《关于市政协第十四届委员会第三次会议委员提案办理情况的报告》；审议通过《关于学习研究上海自贸区制度创新内容和经验，加快推进实施"139工程"的建议案》；审议通过撤销、增聘政协委员建议名单；审议通过有关人事任免的决定。

6日 日本全国养鳗渔业协同组合连合会会长村上寅美一行到启东考察。

8日 中科院上海技术物理研究所启东光电遥感中心揭牌仪式举行。该中心是由中国科学院上海技术物理所、启东市人民政府合作创办的具有独立法人的事业单位。

11日 省发改委下发《关于海安至启东高速公路初步设计的批复》，标志着海启高速初步设计获批。海启高速公路是全省"五纵九横五联"高速公路网规划中"横三"(南京经泰州至启东)的重要组成部分，沿线经过海安、如皋、如东、南通滨海园区、海门、启东等地。线路全长约131公里，启东段长约21公里。

△ "双十一"当日，启东在天猫消费额列全国百强县第32位，达3452万元。

12日 以"科技开启梦想，人才引领未来"为主题的2014中国·启东科技节暨沿海开发经贸洽谈会开幕式在环球大厦博圣酒店举行。国家发改委经济体制与管理研究所党委书记、所长银温泉，南通市委常委、组织部部长张兆江，国家科技部创新体系建设办公室主任徐建国，江苏省科技厅副厅长段雄，南通市人民政府副市长黄爱军，启东市领导徐锋、黄卫锋、顾云峰等，中国科学院院士刘新垣，中国工程院院士谭建荣、欧阳晓平等出席开幕式。来自意大利、德国、加拿大等国家和中国台湾地区的300多位客商，150多位高校、科研院所的专家教授参加开幕式。会上，2014年"启东市科学技术进步奖""东疆英才计划"资助对象、"杰出人才成就奖""高技能人才贡献奖""优秀农村实用人才奖"的获得者受到表彰。同日，25个产学研合作项目、28个重大投资项目集中签约。其中，投资规模最大的外资项目总投资3.5亿美元，投资规模最大的内资项目为泰和能源项目，总投资110亿元。此届科技节共签约内资超10亿元项目7个，外资超5000万美元项目3个。

14日 市旅游局组织江天生态园、大自然度假村、黄金海滩、金双洋射击会所等重点旅游企业，参加在上海新国际博览中心举办的2014中国国际旅游交易会。

14~21日 市委组织开展集中调研活动。市领导徐锋、顾云峰、韩菊芳、汤雄、赵男男、龚心明、朱志强、倪国冲、黄忠、张卫生、刘振、倪春元、龚建涛等，分别对党群口、政法口、民生社会事业线各部门，以及吕四港经济开发区(吕四港镇)、滨江医药化工园(北新镇)、圆陀角旅游度假区、江海产业园、汇龙镇、东海镇、南阳镇、王鲍镇、南城区街道等进行调研。

17日 南通市政协副主席陆玉明、尹建炉一行到启东调研。

17~23日 市领导徐锋、黄卫锋、姜平、孙建忠分别率团在上海、福建、深圳、香港等地开展系列经贸招商活动。

19日 现代农业专题招商推介会在广东汕头举办。会上，24个项目集中签约，总投资达12.31亿元。其中，内资项目23个，总投资11.14亿元；外资项目1个，总投资1800万美元。

20日 南通中远船务设计建造的自升式钻井平台"凯旋2号"在市中远海工被命名为"KS ORIENT STAR 2"。该平台是中国建造的自升式钻井平台中规格最高的平台之一，技术水平和生产能力均处于全球领先水平。

21日 市十六届人大常委会召开第二十六次会议。会议听取和审议市政府关于市沿海开发情况的报告，听取市人大常委会财经工委关于市沿海开发情况的调查报告；听取和审议市政府关于2014年审计工作报告中指出问题整改情况的报告；听取和审议市政府关于办理市十六届人大三次会议代表建议、批评和意见办理情况的报告；听取和审议市城管局关于评议整改工作情况的报告；讨论通过《关于加强市人大常委会同代表联系、代表同人民群众联系的意见》。

21日 江苏省教育厅副厅长朱卫国一行对市基础教育发展情况进行调研。

24~28日 国家水利部稽察组特派员姜开鹏等一行7人，对市2012年度农村饮水安全工程落实稽察整改意见进行督察。

25日 南通市委副书记、市长张国华一行到启东调研，充分肯定市经济社会发展取得的显著成就。南通市副市长孙建华陪同调研。张国华一行先后到神通阀门二期、启东现代农业产业园、华峰超纤、广汇能源、江海产业园、滨海实验学校、博士创业园、中医院、盖天力药业等地调研。

26日 市委副书记、市长黄卫锋，副市长孙建忠专题调研市推进对接上海自贸区情况。

27日 市委书记、市人大常委会主任徐锋，市委副书记、市长黄卫锋率团赴南通通州区和盐城大丰市考察学习。

11月 江苏省商务厅下发《2013年度江苏省开发区科学发展综合评价情况的通报》，启东经济开发区在89家省级开发区中位列第三。

11月 在第十四届全国"村长"论坛与首届"中国特色农庄峰会"上，启东盈康农庄获中国村社发展促进会资源开发专业委员会颁发的"中国特色农庄"称号。全国仅有20家。

11月 启东市海复镇计划生育服务站医师周香代表江苏省参加全国妇幼健康技能竞赛，获计划生育技术服务组个人二等奖，为南通市唯一获个人奖项的选手。此次竞赛是新中国成立后第一次大范围全系统的妇幼健康技能大练兵。

12月

2日 2014年"全国交通安全日"暨全市安全文明交通集中志愿行动启动仪式在市区人民公园广场举行。全市450名志愿者参与志愿行动。

3日 2014中国·启东（上海)投资推介会在上海豫园万丽酒店举办。上海80多家企业负责人参加推介会。

4日 2014中国·启东(成都)现代服务业投资推介会在成都举办。会上，20个项目集中签约，总投资51亿元。

8~11日 由启东婚姻家庭咨询师协会主办的第六届中国婚姻家庭咨询师年会暨婚姻家庭咨询业未来走向交流会召开。启东婚姻家庭咨询师协会成立于2011年，为全国首家。

11日 市长黄卫锋出庭应诉一起房屋产权登记行政诉讼案。这是启东市力推行政机关"一把手"出庭应诉成常态而采取的有力举措。市全体副市长、市政府各部门及全市各镇(乡)园区街道主要负责人以及市政府各部门法治科长等300余人观摩庭审。

△ 江苏碧松照明股份有限公司在全国中小企业股份转让系统交易中心挂牌(股票代码831348)，成为市首家成功登陆"新三板"的企业。

12日 南通市第六届精神文明建设"五个一工程"奖揭晓。市有5件作品获奖，分别为电影《左眼不跳财》、电视纪录片《我的家在太阳岛上》、歌曲《心梦飞》、图书《到江尾海头去》和图书《亲家母》。

18日 全市医疗管理集团组建工作会议在市公共卫生大楼召开。市将组建两大医疗管理集团。

25日 南通市纪委在启东召开领导干部警示教育大会。会议结合此前查办的市政协原主席张建飞、启东经济开发区党工委原书记顾建涛严重违纪违法案件，以案施教、以案示警、以案肃纪。

26日 王澄、鲍志椿烈士诞辰100周年、牺牲70周年纪念活动在王鲍镇举行。

27日 市举行为民实事项目专题视察活动。全市共排出10大类33项群众最急需、最迫切的民生实事项目。

29日 全市政府机构改革动员大会在市党员干部学习教育中心举行。改革后，市政府设25个工作部门、2个派出机构。

30日 市召开医患纠纷预防和处置法治化工作推进会。8月，市成立市医疗纠纷人民调解委员会，通过引入独立的第三方调解新机制，在全市推行以院内调解、人民调解、司法调解、医疗风险分担机制有机结合的"三调解一保险"为特征的医患纠纷预防和处置工作机制。

12月 滨江医药化工园（北新镇）入选江苏省科技厅第四批江苏省创新型试点乡镇，成为市唯一入选的乡镇。

12月 在"改革开放35年百年经典暨精品工程与全国建筑业先进单位和个人表彰大会"上，南通二建集团受到表彰。

12月 江苏神通阀门股份有限公司"蝶球及图"商标被正式认定为中国驰名商标。至此，市拥有行政认定的中国驰名商标7件，居南通各县市(区)第2位。

12月 第八届国际发明展览会在昆山花桥国际博览中心举行。市大江中学选送的12件参赛作品，获金奖1项、银奖4项和铜奖4项。

（郁健飞 黄亦美）

重要会议

【市委十二届七次全体（扩大）会议】2014年7月29日，中国共产党启东市第十二届委员会第七次全体(扩大)会议在市会议中心召开。大会听取和审议市委书记徐锋代表中共启东市委所作的题为《突出关键、狠抓落实，奋力实现攻坚突破新成效》的工作报告。

全会充分肯定2014年上半年各项工作，一致认为，2014年上半年，全市上下坚持以习近平总书记系列重要讲话精神为根本遵循，认真落实中央、省委和南通市委决策部署，牢固确立“领跑沿海、融入上海、包容四海”的战略定位，以全面深化改革增添动力，以开展党的群众路线教育实践活动凝聚合力，围绕“打好八大攻坚战、实现八大新突破”的工作主题，奋力攻坚突破，综合实力不断提升；全面深化改革，发展活力不断增强；践行群众路线，作风建设不断改进；夯实基层基础，社会治理不断加强，全市经济社会发展呈现平稳健康的良好态势。在产业升级、沿海开发、对接上海、科技引领、城镇建设、民生改善、生态建设、党建创新等八个方面都取得新的成绩。

全会明确，下半年，全市上下立足改革发展稳定大局，把握稳中求进的总基调，继续以“八大攻坚战”为主抓手、主战场，进一步突出问题导向，强化底线思维，坚定信心、保持定力，主动出击、精准发力，有针对性地抓重点、抓关键、抓薄弱环节，奋力实现攻坚突破新成效，在新的起点上推进全市经济社会又好又快发展。

全会要求，全市上下要紧盯不放、紧抓不松，全力推进项目建设，突出领导挂钩示范，优化项目运筹管理；突出园区主体地位，优化项目运作推进；突出部门主动作为，优化项目运行保障。要创新举措、创优特色，全面推进社会治理，创新治理方式，促进社会和谐稳定；强化基层基础，激发社会发展活力；提升文明素质，培育良好社会风尚。要强化统筹、深化改革，扎实推进各项工作，积极稳妥推进既定改革任务，全力以赴推进开发开放，坚定不移推进民生事业，统筹协调推进城乡发展，持之以恒推进生态建设。

全会强调，深入开展党的群众路线教育实践活动，是当前一项非常重要的政治任务。全市各级党组织要坚持高标准、严要求，确保教育实践活动有力有序有效开展。作风建设是党的建设的永恒主题，是密切党群血肉联系的重要保证。必须认真贯彻落实习近平总书记关于作风建设抓常、抓细、抓长的要求，自觉践行“三严三实”，以“钉钉子”的精神推动作风建设取得新成效。广大党员干部要“拼”字为先、创先争优，“干”字为基、敬业尽责，“实”字为本、求真务实，“严”字为要、正风肃纪，全面落实党风廉政建设责任制，以优良的党风促政风带民风，汇聚万众一心抓改革、促发展、保稳定的强大合力。

全会号召，全市各级党组织和广大干部群众，要紧密团结，振奋精神、坚定信心，突出关键、狠抓落实，全力推动经济健康发展、社会和谐稳定、改革持续深化，奋力攻坚突破，为南通争当苏中新一轮发展“领头雁”做出新的更大贡献。

【市委十二届八次全体（扩大）会议】2015年1月7日，中国共产党启东市第十二届委员会第八次全体(扩大)会议在市会议中心召开。大会听取和审议市委书记徐锋代表中共启东市委所作的题为《顺应新常态、谋求新跨越，奋力谱写全面小康社会建设新篇章》的工作报告。

全会充分肯定2014年全市各项工作，一致认为，过去一年，全市上下坚持以习近平总书记系列重要讲话精神为根本遵循，认真落实中央、省委和南通市委的决策部署，牢固确立“领跑沿海、融入上海、包容四海”的战略定位，以全面深化改革增添动力，以开展党的群众路线教育实践活动凝聚合力，围绕“打好八大攻坚战、实现八大新突破”工作主题，突出“项目建设、社会治理、深化改革”三大关键，奋力攻坚突破，狠抓工作落实，全市经济社会保持稳中有进、稳中向好的发展态势。

全会指出，全市上下必须认真贯彻党的十八届四中全会精神，按照省委十二届八次全体会议、南通市委十一届八次全体会议的部署要求，全面推进依法治市，积极推进中国特色社会主义法治体系建设和法治国家建设在启东的实践和探索。全会审议通过的《中共启东市委关于贯彻落实党的十八届四中全会精神和省委南通市委意见全面推进依法治市的实施意见》，在全面深入调研、广泛征求意见的基础上,按照中央精神和省委、南通市委要求,提出全面推进依法治市的指导思想、工作目标和重点任务,切合启东实际,顺应广大人民群众的意愿,具有很强的指导性和可操作性,必将有力推进法治启东建设。

全会强调,2015年是全面深化改革的推进之年,是加快建成全面小康社会的关键之年,也是全面完成"十二五"规划的收官之年。全市上下必须认真落实习近平总书记对江苏工作的最新要求,深入贯彻中央经济工作会议、省委十二届九次全体会议、南通市委全委扩大会议和经济工作会议精神,深刻把握2015年经济工作的总体要求、政策取向和工作重点,在稳增长、促改革、调结构、惠民生、防风险中寻找发展平衡点、选准改革突破口、牢牢把握主动权,提振精气神、引领新跨越,奋力推动新常态下经济社会平稳健康发展。

全会明确,2015年全市工作的总体思路是,全面贯彻党的十八大和十八届三中、四中全会精神,以邓小平理论、"三个代表"重要思想、科学发展观为指导,深入贯彻习近平总书记系列重要讲话精神,按照总书记对江苏工作的最新要求,围绕"迈上新台阶、建设新江苏"发展定位,主动把握和积极适应经济发展新常态,坚持稳中求进工作总基调,以改革创新为动力,以法治建设为基石,以从严治党为保障,统筹推进深化改革、沿海开发、产业转型、城乡统筹、民生改善、生态建设等各项重点工作,立足新起点、抢抓新机遇,顺应新常态、谋求新跨越,促进经济平稳健康发展和社会和谐稳定,奋力谱写全面小康社会建设新篇章。

全会要求,全市上下必须紧紧围绕总体思路和奋斗目标,落实关键举措,全力实现新常态下经济社会新发展。要全面深化改革,抓住重点、统筹谋划,突破难点、聚力攻坚,打造亮点、彰显特色,激发跨越发展新动力;推进陆海统筹,加快推进基础建设、平台打造、项目建设和融入上海,实现沿海开发新突破;加快转型升级,着力提升工业经济质效,加快现代农业建设,推动服务业提速发展,构筑区域竞争新优势;强化一体发展,进一步增强中心城区的辐射力、新型城镇的拉动力和美丽乡村的吸引力,构建城乡统筹新格局;保障改善民生,健全富民增收体系,提升社会保障水平,加快社会事业发展,大力加强文化建设,增进人民群众新福祉;建设生态文明,全力推进绿色发展,全面深化节能减排,建立健全保障机制,打造宜居宜业新环境。

全会认为,要深入践行党的群众路线,恪守"三严三实"要求,突出从严治党、思想建党、制度治党,坚持从严管班子、带队伍、抓基层、转作风,保持政治定力,树立新风正气。要严格管党主体责任,严格学习宣传教育,严格党内政治生活,严格党员干部管理,严格基层基础建设,努力营造风清气正的政治生态和干事环境,推动形成全面从严治党新常态。

全会号召,全市各级党组织和广大干部群众,要紧密团结在以习近平同志为总书记的党中央周围,在省委、南通市委的正确领导下,团结一心,锐意进取,顺应新常态、谋求新跨越,谱写全面小康社会建设新篇章,为建设经济强、百姓富、环境美、社会文明程度高的新江苏做出更大贡献。

【市委常委会议】 2014年,中共启东市委共召开24次常委会。会议主要讨论党的群众路线教育实践活动、常委班子对照检查材料、全面深化改革、全面从严治党、开放型经济、沿海开发、招商引资、园区建设、项目建设、现代都市农业、社会治理、意识形态等重点工作和重要事项;研究确定市委十二届七次全体(扩大)会议和十二届八次全体(扩大)会议报告、镇(乡)园区国民经济和社会事业指导性目标、镇(乡)园区工作目标管理绩效的意见、开展单项夺杯竞赛活动的意见、星级机关考核办法、加快现代都市农业的激励意见、进一步组织推动学习贯彻习近平总书记系列重要讲话精神的意见、全面推进依法治市的实施意见、关于落实党风廉政建设党委主体责任纪委监督责任的实施意见、践行群众路线创新社会治理完善群众工作"三强化三提升"工作机制、在群众路线教育实践活动中深入开展"十大专项治理行动"实施方案、机关工作人员作风问题责任追究办法、关于深化重大决策社会稳定风险评估机制的实施意见、进一步推进简政放权深化行政审批制度改革的实施意见、贯彻执行民主集中制的意见、进一步改进调查研究广泛听取意见的制度、信访工作实施意见、加强市国投公司城投中心管理工作的意见、规范市委市政府各类领导小组成立调整撤销工作实施办法、进一步加强舆论引导工作的意见、党政机关公务接待管理规定、进一步精简各类会议和文件的意见、进一步清理规范基层台账的实施意见、规范市级机关结对帮扶共建项目的实施意见、党政机关事业单位主要领导"四个不直接分管"的规定、中央巡视组《对江苏省巡视情况的反馈意见》整改工作方案、进一步加强和改进人大工作的意见、进一步加强和改善人民政协政治协商工作的意见、进一步加强镇乡(园区)党(工)委班子自身建设的意见、加强和改进全市干部教育培训工作的实施意见等;研究部署开展市政府机构改革、2014年重大项目突破年活动、重点工作"听看考"活动、2014中国·启东国际经贸洽谈会、2014中国·启东科技节暨沿海开发经贸洽谈会等活动;听取习近平总书记"三严三实"重要讲话精神、习近平总书记调研江苏重要指示精神、上级领导关于党的群众路线教育实践活动相关讲话、省委十二届七次全会、省委十二届八次全会、省委十二届九次全会、全省领导干部会议、全省推进民生幸福工程暨建设现代医疗卫生体系会议、全省引导群众依法逐级走访工作电视电话会议、南通市委十一届七次全体会议、南通市委十一届八次全体会议、南通市社会管理综合治理专项工作会议、南通市整治选人用人不正之风座谈会等会议精神的传达汇报和党的群众路线教育实践活动各个阶段进展情况、"八大攻坚战"推进情况、调整镇(乡)园区财政管理体制情况、完善国有资产运行监管体制情况、党内规范性文件清理情况、教育现代化建设情况专项汇报。常委会还讨论有关人事任免事项。

(彭红辉)

重要决策

【全市政府机构实施改革】 此次政府机构改革的指导思想是，认真贯彻党的十八大、十八届三中四中全会和习近平总书记系列重要讲话精神，适应社会主义市场经济发展需要，围绕建立中国特色社会主义行政体制目标，大力简政放权、转变政府职能，优化机构设置、理顺权责关系，创新体制机制、提高行政效能，为建设人民满意的法治政府和服务型政府提供体制机制保障。基本原则是，坚持转变职能、提高效能的原则；坚持上下衔接、精简统一的原则；坚持因地制宜、积极稳妥的原则。主要任务是，按照精简统一效能原则，结合启东实际，强化机构和职责整合，规范机构设置，理顺权责关系，完善体制机制，加快形成精干高效的市政府组织体系。改革后，市政府设25个工作部门、2个派出机构。其中，新成立的启东市卫生和计划生育委员会承担原启东市卫生局和启东市人口和计划生育委员会的计划生育管理和服务职责，启东市农业委员会承担原启东市农业资源开发局和原启东市农业机械管理局的职责。新成立启东市市场监督管理局，承担原启东市食品安全管理委员会办公室、原南通市启东工商行政管理局、原南通市启东质量技术监督局、原启东市食品药品监督管理局、原启东市卫生局的食品安全监管职责。市政府2个派出机构为启东市政务中心和启东市沿海地区发展办公室，启东市政务中心整合原启东市行政服务中心和原启东市公共资源交易管理中心的职责。12月29日上午，全市政府机构改革动员大会在市党员干部学习教育中心举行。市委书记、市人大常委会主任、市政府机构改革领导组组长徐锋出席会议并讲话。市委副书记、市政府机构改革领导组副组长顾云峰在会上宣读《启东市政府机构改革实施意见》和市政府机构改革组织机构；市委常委、组织部长、市政府机构改革领导组成员汤雄宣读干部调配方案。市四套班子全体领导，曾担任市四套班子领导职务及享受地市级待遇的老同志，市级机关各部门主要负责人，涉及机构改革的市级机关部门领导班子全体成员、正副主任科员，各镇(乡)、园区党委、政府、人大主要负责人及南北街道主要负责人，市各直属单位主要负责人；有关单位涉及职务调整的同志，市政府机构改革领导组及办公室全体人员出席会议。

(彭红辉)

重要活动

【如东县领导到启东考察】 3月5日，如东县委书记、县人大常委会主任詹立风，如东县委常委、洋口港经济开发区党工委书记张蓉蓉率有关部门负责人到启东考察。詹立风一行先后参观林洋光电产业园、乾朔电子有限公司，详细了解企业生产经营情况，认为启东市的产业发展思路清晰，成绩喜人，值得如东学习借鉴。考察中，市委书记、市人大常委会主任徐锋向詹立风一行介绍启东经济社会发展情况。詹立风希望启东、如东架起经济交流与合作的桥梁，建立长期友好关系，实现共同发展。

【市在上海举行投资环境推介会】 3月28日下午，启东市假座上海国际会议中心举行2014中国·启东(上海)投资环境推介会。市领导徐锋、黄卫锋、张建飞、姜平、张建新、倪国冲、张卫生出席推介会。上海振华重工(集团)有限公司等150多家企业负责人和市各镇(乡)、园区及相关部门负责人参加推介会。会上，市委书记、市人大常委会主任徐锋向应邀出席推介会的各位来宾表示热烈欢迎，希望上海的各界人士、企业界朋友投资启东、创业启东，共同创造辉煌美好的明天。市委副书记、市长黄卫锋主持推介会。市委常委、常务副市长张建新以多媒体演示方式推介启东的投资环境；市委常委、滨海工业园党工委书记、近海镇党委书记姜平推介启东滨海工业园投资环境。上海国资委秘书长马咏华、上海振华重工(集团)有限公司财务总监王珏在会上作发言。

【省委副书记石泰峰到启东调研】 4月9日，江苏省委副书记石泰峰一行到启东调研，充分肯定启东市经济社会发展取得的显著成效，对启东市农业农村、党的群众路线教育实践活动等方面取得的成绩深表满意，殷切希望启东市巩固和保持良好的发展态势，推动经济社会发展跃上新的台阶。南通市领导丁大卫、奏厚德、黄巍东，市领导徐锋、黄卫锋等参加调研。石泰峰一行首先调研启东市锦荣农机合作社、吕四渔港经济区，石泰峰对启东市经济社会发展、农业农村工作和教育实践活动取得的显著戎效给予充分肯定，认为启东市各项工作思路清晰、措施扎实、推进有力，发展势头很好，发展空间巨大。他勉励启东市进一步抢抓机遇，发挥优势，乘势而上，不断推动经济社会发展取得新的成效。同时，石泰峰勉励启东市进一步突出三农工作"重中之重"的地位，把改革创新贯穿于农村经济社会发展各领域各方面，把改进为农服务作风作为群众路线教育实践活动的重要内容，深入实施农业现代化工程，加快推进城乡发展一体化，促进农业和农村经济社会快速发展、全面发展、持续发展。

【上海市人民政府发展研究中心启东研究基地揭牌】 5月14日下午，上海市人民政府发展研究中心启东研究基地揭牌仪式暨对接上海研究成果评审会在先豪国际酒店举行。上海市人民政府发展研究中心副主任周国平，特邀专家组组长、上海社会科学院部门经济研究所研究员周冯琦，市领导黄卫锋、顾云峰、姜平、张卫生、袁圣菊、叶辉、王寿辉出席揭牌仪式和相关活动。上海市人民政府发展研究中心副主任周国平与启东市委副书记、市长黄卫锋，共同为上海市人民政府发展研究中心启东研究基地揭牌。周国平代表上海市人民政府发展研究中心对于启东研究基地的设立表示祝贺，认为启东研究基地作为上海市人民政府发展研究中心在江苏设立的第一个研究基地，是贯彻上海市委、市政府服务长三角战略的一个重要步骤，启东基地必将成为上海智力要素和启东转型发展相互衔接的纽带，为推动启东和上海的融合发展、实现合作共赢提供重要的智力支持。黄卫锋表示，上海市人民政府发展研究中心启东研究基地揭牌，搭建一个更加稳固的政府间规划研究平台，必将为启东全面融入上海谋划清晰的实施路径。启东将全力为这一平台建设提供人员、物资、资金等方面的保障，并建立对接上海工作领导小组，确保把各项工作落到实处，取得实实在在的效果。黄卫锋希望各位专家能够把启东当成自己的家，把启东当成主要的研究阵地，让启东真正实现与上海无缝对接的梦想，更好地推动沪启两地共赢发展。揭牌仪式后，“启东全面对接上海若干重点领域研究”课题评审会举行。相关课题组汇报《启东全面对接上海思路、路径和对策研究》报告，5位特邀专家分别对报告进行评审。

【海峡两岸关系协会会长陈德铭到启东考察】 5月30日上午，海峡两岸关系协会会长陈德铭一行到启东考察，高度评价启东市沿海开发取得的成效。南通市领导丁大卫、张国华、黄巍东、孙建华，市领导徐锋、黄卫锋、龚心明等陪同考察。陈德铭一行先后考察环抱式港池建设现场、吕四国家级中心渔港新港区。陈德铭称赞环抱式港池开发建设在国内国际是重大创举，希望启东市充分放大吕四港独特的天然优势，积极利用靠近上海的区位条件，参研上海自贸区政策，学习上海临港产业发展经验，开阔招商思路，努力招引超重大装备项目；对渔港开发建设的高起点、大手笔深表赞赏，希望启东市按照“国内一流、国际知名”的要求，加快基础设施建设，完善功能配套，全力打造具有地方特色和古镇风情的现代化渔港。

【市委常委会召开专题民主生活会】 根据中央有关精神，省委、南通市委统一部署和市党的群众路线教育实践活动总体安排，7月9日下午至10日，市委常委会召开专题民主生活会。常委班子及其成员以“为民务实清廉”为主题，围绕解决“四风”突出问题，认真对照检查，深刻剖析根源，以整风精神认真开展批评与自我批评。南通市委常委、组织部部长、南通市委教育实践活动领导小组副组长张兆江全程参加，强调要坚持高标准严要求推动教育实践活动深入开展，坚持返璞归真固本培元不断锤炼党性修养，坚持钉钉子精神推动作风建设常态化长效化。省委督导组组长耿乃凡，南通市委督导组组长姜建宁出席并分别作点评。会上，徐锋代表市委常委班子进行对照检查，并作自我剖析，带头开展批评与自我批评。黄卫锋、顾云峰、姜平、韩菊芳、汤雄、张建新、邵茂华、赵男男、龚心明、周春等常委同志逐一作对照检查，并接受班子其他成员直截了当又坦诚中肯的批评。大家认真检查遵守党的政治纪律、贯彻中央八项规定精神情况，深入查找“四风”方面存在的突出问题，深刻剖析问题产生的深层次原因，明确整改方向和具体措施。常委之间本着对党、对人民事业高度负责的精神，敢于动真碰硬，敢于揭短亮丑，开门见山、一针见血，开展诚恳的相互批评。大家表示将进一步坚定理想信念，强化宗旨意识，践行“三严三实”，以优良作风团结带领全市人民为加快建成全面小康社会而不懈奋斗。耿乃凡代表省委督导组对民主生活会作点评，充分肯定启东教育实践活动和专题民主生活会取得的成果。姜建宁代表南通市委督导组对民主生活会作点评，希望启东市集中精力抓好问题的整改工作，真正使教育实践活动取得群众满意的实效。张兆江在会议结束前说，启东市委认真贯彻落实中央和省委、南通市委要求，把教育实践活动作为重大政治任务牢牢抓在手中，切实抓好学习教育、听取意见和问题查摆整改等各个环节工作，推动活动有序有力有效开展。这次民主生活会查摆问题深入实在，体现敢于负责的精神；剖析问题深挖根源，体现认真坦诚的态度；开展批评很有“辣味”，体现揭短亮丑的勇气；整改落实立说立行，体现动真碰硬的决心。民主生活会开得严肃认真、富有成效，是一次高质量的、积极健康的民主生活会，给启东各级领导班子和党员干部带了好头。希望启东市认真贯彻中央和省市委要求，以专题民主生活会为新的开端，坚持高标准严要求，推动教育实践活动不断深入、作风建设不断深化，以思想觉悟的升华和相关制度措施的落实，不断巩固深化教育实践活动成果，推动党风政风根本好转。市委书记徐锋在会议结束时表示，启东将严格按照中央和省委、南通市委的部署要求，巩固好专题民主生活会成果，坚持“三严三实”标准，持续推动教育实践活动深入开展。省委督导组、南通市委督导组有关人员参加民主生活会。

【南通市委书记丁大卫到启东开展“三解三促”活动】 7月24日，南通市委书记丁大卫围绕贯彻落实省委十二届七次全会、南通市委十一届七次全会精神，深入启东市部分园区、企业及应急备用水源地调研，开展“三解三促”活动。在滨海工业园区，丁大卫先后走进富顺柜业、金鹏船舶配件、三环乐喜钕硼磁性材料、安赛美新能源、嘉盟电力、百特电器、康耐特光学、国莱特空调、鼎盛机电、神农机械等10多家企业，详细了解生产、销售等情况，察看滨海工业园内的南通大学启东校区、博士创业园及在建中的幼儿园和九年一贯制实验学校，要求滨海工业园在抓沿海开发时，必须从实际出发，科学规划，完善功能片区，坚持“抓大不放小”，集聚优质的中小企业实现滚动发展，以务实开拓的精神推进江海联动、陆海统筹。在江海产业园，丁大卫听取园区产业规划、建设进程后指出，江海产业园是江苏与上海合作的重要平台，是南通接轨上海的重要载体，起点高、定位高、规划水平高，希望江海产业园开发建设再提速，发挥好接受上海辐射、加快转型升级的示范作用。丁大卫还实地察看启东市应急备用水源地。调研途中，丁大卫听取启东市工作情况汇报，他充分肯定近年来启东市围绕“领跑沿海、融入上海、包容四海”战略定位，扎实工作、负重前行，经济稳中有进，社会稳定和谐，各级干部抢抓机遇、攻坚克难、争先进位的精神状态好、干劲足。丁大卫希望启东市认真贯彻落实省委和市委全会精神，聚焦聚神聚力，把各项改革发展任务落到实处。特别是要抓住“两带一路”和上海自贸区建设的新机遇，抓住陆海统筹发展综合配套改革试验区这个载体和平台，更好接轨上海、融入上海，走出启东改革发展的特色路子来。市领导徐锋、顾云峰、姜平、龚心明等参加活动。

【市四套班子领导集中调研】 为主动适应当前宏观经济呈现的新常态，充分认识新常态下经济运行新特点，科学确定2015年全市经济社会发展的总体目标、工作思路和工作举措，11月14~21日，市委组织开展集中调研活动。由市委书记、市人大常委会主任徐锋，市委副书记、市长黄卫锋分别率领市四套班子领导，对镇（乡）、园区和相关部门进行调研。市领导徐锋、顾云峰、韩菊芳、汤雄、赵男男、龚心明、朱志强、倪国冲、黄忠、张卫生、刘振、倪春元、龚建涛等，分别对党群口各部门、政法口各部门、民生社会事业线各部门，以及吕四港经济开发区（吕四港镇）、滨江医药化工园（北新镇）、圆陀角旅游度假区、江海产业园、汇龙镇、东海镇、南阳镇、王鲍镇、南城区街道等进行调研。市领导黄卫锋、张建新、姜平、周春、俞翠明、潘国红、孙建忠、袁圣菊、叶辉、汤葱葱、蔡建平、高永华等，分别对财口、金融口、农口、发改口、建设口各相关部门以及启东经济开发区、滨海工业园、海工船舶工业园、启隆生态科技产业园、惠萍镇、海复镇、合作镇、北城区街道等进行调研。徐锋在调研中要求全市上下要认真贯彻落实十八大和十八届三中、四中全会精神，深入贯彻落实习近平总书记系列重要讲话精神，按照中央和省委重大决策部署要求，结合市实际，形成以全面建成小康社会为一体、全面深化改革和全面推进依法治国为两翼的“一体两翼”格局。

【市在上海福建深圳香港等地开展系列招商活动】 11月17~23日，市领导徐锋、黄卫锋、姜平、孙建忠分别率团在上海、福建、深圳、香港等地密集开展系列经贸招商活动。11月17日上午，市领导姜平、孙建忠在上海松江新桥开发区拜访龙工集团总裁邱德波，交流龙工集团发展战略与投资规划，初步确定龙工集团的重型工程车辆履带项目落户市滨海工业园，规划确定龙工长三角产业基地备选滨海工业园。11月18日，副市长孙建忠率团赴福建龙岩考察中恒通集团，就中恒通汽车底盘重要部件的桥壳、刹车鼓等项目落户启东作交流。11月23日，市假座深圳五洲宾馆举办“2014中国启东城市和环境建设推介会”。香港铜锣湾集团董事局主席陈智、清华紫光股份高级副总裁唐更生、大中华地产常务总裁任辉等近20位港深两地的房地产开发企业负责人参加推介会。香港德信集团董事长蔡维谦、香港太平洋建设集团董事局主席陈燕等发言表示看好启东的投资环境。碧桂园集团区域副总裁高斌畅谈投资启东的体会。鹏森投资、潮创集团、宝能集团等企业负责人表示计划赴启东考察。在深圳期间，徐锋、黄卫锋还参加深圳南通商会举办的专题招商活动和第六届投资中国——高新技术产业投资大会。在深圳南通商会举办的专题招商活动中，深圳兆驰电子、同洲电子、东莞翔旺鞋业、潮创集团、康成亨投资等多家企业负责人对启东表现出浓厚的兴趣。在深圳“高交会”期间举办的第六届投资中国——高新技术产业投资大会上，华中数控、同洲电子、普格科技等80多家有对外投资意向的企业参会，并与市领导进行互动对接。11月20~21日，市委副书记、市长黄卫锋率团赴香港就吕四港开发和现代物流产业进行专题招商。在20日下午举办的启东投资环境推介会上，副市长孙建忠与泰金金融集团（中国）有限公司董事长孙裕洋就吕四港开发签订全面合作协议。在香港期间，市代表团拜访香港招商局集团，双方进一步会商吕四港开发合作战略，就吕四港冷链物流、粮油物流等港口项目开发建设作了进一步探讨。市商务局、吕四港经济开发区等部门、园区负责人参加系列招商活动。

【省长李学勇到启东调研考察】 11月18日上午，江苏省委副书记、省长李学勇到启东调研考察沿海开发、陆海统筹、江海联动开发新进展。李学勇先后考察启东经济开发区、韩华新能源有限公司、胜狮能源装备、南通大学杏林学院启东校区、临海高等级公路、吕四国家级中心渔港新港区。李学勇指出，应对市场严峻形势注重技术改造升级的做法值得借鉴，发展现代服务业是启东经济转型升级的关键，不断根据市场的变化调整产品结构是企业发展的新常态，沿海开发必须依靠人才培养和基础设施建设先行，吕四渔港要成为临港城镇带中的亮点，为提升全省海洋渔业现代化水平做出示范。李学勇强调，新常态下推进沿海开发，要深入贯彻落实习近平总书记对江苏工作的重要指示，坚持以科学发展为导向，以质量效益为中心，以改革创新为动力，大力实施“六大行动”，努力实现更有质量、更有效益、更可持续的发展。启东要加大结构调整力度，加快转型升级步伐，做大做强主导产业、新兴产业和海洋产业，培育新增长点的同时努力实现质的提升。

【南通市市长张国华到启东调研】 11月25日上午，南通市委副书记、市长张国华一行到启东调研，南通市副市长孙建华，市领导徐锋、黄卫锋、姜平、张建新、龚心明等陪同调研。张国华一行先后考察神通阀门二期、启东现代农业产业园、华峰超纤、广汇能源、江海产业园、滨海实验学校、博士创业园、中医院、盖天力药业，充分肯定启东市经济社会发展取得的显著成就。

【市赴通州大丰两地考察】 11月27日，市委书记、市人大常委会主任徐锋，市委副书记、市长黄卫锋率团赴南通通州区和盐城大丰市考察学习。市四套班子领导，各镇（乡）、园区和有关部门主要负责人参加考察活动。在通州，在区委书记宋乐伟、区长陈永红等陪同下，市考察团先后参观中科海维、甬金金属、科技之窗、东源电力等一批重点企业和通州城东新区、城市展览馆等地。在随后召开的座谈会上，宋乐伟全面介绍通州经济社会发展情况，同时表示，启东靠江靠海靠上海，资源丰富，基础条件好，近年来不断引进重大项目，新能源、海工装备等产业走在南通市乃至全省前列，值得通州学习借鉴。徐锋表示，通州发展日新月异，发展的规模和质量令人印象深刻，综合实力不断提升，体制机制活力迸发，平台和项目建设大手笔，创新转型成效明显，城市建设日新月异。启东要学习通州敢于干大事、干新事、马上干、干成事的精神，并把这种精气神转化到启东实践中去。在大丰，盐城市委常委、大丰市委书记倪峰，江苏沿海开发研究院院长、南通大学党委书记成长春参加考察活动，考察团先后参观明进机械、金风科技、东方1号创意产业园、大丰港海洋世界、大丰港集装箱码头、新能源淡化海水产业示范园、大丰港规划展示馆、莎士比亚小镇等地。在随后的交流中，倪峰希望双方继续加强交流，密切联系，共同促进两地发展。徐锋表示，大丰的发展全覆盖、大手笔、高档次，无论是港城联动，还是产业升级，一二三产的融合发展、科技创新、转型升级等各个方面都令人震撼，大丰"沿海当先，苏北领先，全省争先"的目标定位准，更是大丰大发展、大跨越的精髓所在，启东将学习大丰的精神，并转化到经济社会发展的实践中。

(彭红辉)

组织工作

【概况】 2014年，中共启东市委组织部坚持以邓小平理论和"三个代表"重要思想、科学发展观为指导，深入贯彻落实党的十八大、十八届三中、四中全会、习近平总书记系列重要讲话和全国、省市组织部长会议精神，围绕市委十二届六次、七次全体(扩大)会议的部署要求，坚持党要管党、从严治党，坚持围绕中心、服务大局，坚持改革创新、狠抓落实，扎实开展党的群众路线教育实践活动，大力实施党员干部党性修养、骨干团队转型升级、沪启人才合作、基层党建"双百"引领、组织系统固本强身五项工程，为奋力开启全面小康社会建设新征程提供坚强组织保证。

【党的群众路线教育实践活动】 2月，市教育实践活动正式启动，全市105个市管参学单位、2400多个基层党组织和6万多名党员参加，活动成效得到上级党委和督导组的充分肯定。

2月20日，全市党的群众路线教育实践活动动员大会召开 (潘 杨/摄)

认真落实上级要求。严格贯彻执行中央精神和上级要求，先后提请市委召开7次常委会议、11次中心组学习(扩大)会议和6次教育实践活动领导小组会议，组织收看4次视频会议，引导广大党管干部深入学习贯彻习近平总书记重要讲话精神，切实增强开展活动的政治自觉。建立经常性联系沟通机制，通过定期请示汇报、加强沟通对接等方式，及时了解掌握中央、省委和南通市委关于教育实践活动的最新精神和最新要求，把准活动脉搏，细化安排、层层落实，确保活动不变形、不走样。

分类指导扎实推进。研究制定全市活动实施方案、各环节实施办法以及各项重点工作方案，分层分类推动机关部门、执法监督部门和窗口服务单位、"两新"组织、村(社区)等各个领域活动开展。先后下发指导性文件64个，统筹推进各层次、各阶段活动。针对不同领域基层党组织特点，分层分类组织推进基层党组织专题组织生活会，全市共召开基层党组织生活会1800多场。

强化督导严格把关。抽调64名同志组成15个督导组，每月召开督导组长例会，推动督导组按照下沉一级的要求严督实导，督促各参学单位把征求意见"四听四问"、对照检查材料"四重把关"、谈心谈话"四个必谈"、民主生活会"三个步骤"、整改落实"四个回应"等要求贯彻到位。严格审核参学单位实施意见、各环节实施办法、专题民主生活会和组织生活会方案、专项整治方案等重要文件，层层传递压力、增添动力。审阅和抽查镇乡(园区、街道)、市级机关、市直单位和部分村居(社区)对照检查材料700多份、"两方案一计划"150多份、整改清单500多份。

统筹协调抓好整改。针对群众反映突出的问题，协调有关单位制订"十大专项治理行动"方案，细化21项专项治理项目。推行整改落实工作周报制，定期或不定期开展督促检查，确保整改工作有序推进。依托报纸、电视台、网络等媒介，指导各参学单位公开整改承诺，发布整改进度和结果，接受群众监督。组织开展教育实践活动"回头看"活动，推动整改措施和有关制度规定落到实处。人民网、《新华日报》等省级以上主流媒体10余次报道启东市相关做法和成效。

【领导班子和干部队伍建设】 围绕20字好干部标准，坚持严标准、严要求、严措施、严纪律，加强领导班子和干部队伍建设，着力打造高素质干部队伍。

从严加强党员干部思想政治建设。以中国特色社会主义理论体系和习近平总书记系列重要讲话精神为重点，认真抓好党员干部思想政治学习。

深入学习贯彻《干部任用条例》，围绕加强乡镇(园区)党(工)委班子自身建设、加强和改进干部教育培训工作、加强“二线”干部管理等方面，制定出台一系列制度文件。以“严格党内政治生活、严守党的纪律、深化作风建设”为主题，组织开展乡科级领导干部专题民主生活会、基层党组织专题组织生活会，党内政治生活的原则性战斗性进一步增强。举办《干部任用条例》党政“一把手”专题学习、中青年干部党性修养延安培训班等重点班次，培训、调训干部800多人次。

从严做好选人育人工作。结合群众路线教育实践活动，组织开展市级机关、乡镇园区街道领导班子及成员综合分析研判工作，对每个班子、每名成员逐一“画像”。坚持用好干部标准选人用人，圆满完成政府机构改革和相关群团组织换届人事安排工作，领导班子整体功能进一步增强。采取“公开职位、量化积分、自主选岗、组织审定”的方式，科学安置6名团职军转干部。集中抽调一批干部到城市建设、信访维稳等一线岗位历练，推动干部在基层实践中增强党性、增长才干。加强和改进省委组织部选调生、高层次后备人才、公务员和大学生村官队伍的培养管理，统筹抓好年轻干部队伍建设。

从严监督管理干部。抓好中央巡视反馈意见整改工作，集中开展专项整治，排查“吃空饷”“在编不在岗”“超编进人”134人，其中返岗104人，解聘8人，辞职22人；消化超职数配备干部92名，非领导干部职数49名；清理党政领导干部在企业兼(任)职119人次，离(退)休干部社会团体兼职(任职)106人次。全面推行干部选拔任用全程纪实制度，实施拟提拔考察对象个人有关事项报告抽查核实制度，加大对群众信访举报的核查力度，切实防止干部“带病提拔”“带病上岗”。制定出台《关于加强“二线”干部管理的意见》，通过搭建平台、强化考核等方式，规范退二线干部管理工作。严格落实乡镇干部驻镇制度，采取暗访明察、电话抽查、专项检查等方式，分片检查、定期通报，防止“走读”现象。严格执行党政主要领导干部任前三责承诺和离任经济事项交接制度，先后对12名乡科级党政主要领导干部进行“三责联审”，对6家单位的“一把手”进行离任经济事项审核，对54名拟提拔干部考察对象进行执纪执法和社区意见征询。

【人才队伍建设】 围绕加速聚集高端紧缺人才、加快转变经济发展方式的目标要求，不断完善人才政策体系，进一步强化政策导向作用。全年引进国家“千人计划”专家5人、创新创业人才团队5个、领军人才168人，其中5人入围省“双创”计划、1人入围省“高技能人才引进计划”，高端紧缺人才引进数量位居南通前列。

健全人才工作机制。坚持以优势产业吸引优秀人才，研究制定《重点产业紧缺人才专业目录编制暂行办法》《重点产业紧缺人才生活津贴、购房补贴资助实施细则》等政策文件，健全完善人才政策体系。强化工作推进机制，健全领导小组成员单位定期会商制度，加强沟通交流，推动工作落实。深入实施乡镇、园区人才工作目标责任制考核，完善考核办法，按季考核排名，不断激发基层党委抓人才工作的主动性积极性。

拓宽人才引进渠道。深入实施“东疆英才计划”“1233”产业人才行动计划，成功举办“千人计划”专家启东行、第12届科技节等活动，签约重大项目70个。深化沪启人才合作，推进启东驻上海人才工作站、诺姆四达启东工作站实体化运作，上海外服、上海厂长经理人协会等3家知名人才中介到启东设立“荐才窗口”，引进各类人才100多名，人才发展沪启“同城效应”加快形成。拓宽引才渠道，建立中科院启东遥感中心、上海机电学院启东分中心，与复旦大学、南昌大学等高校签订全面合作协议，深入推进校企合作；整合4家驻外招商分局资源，同步开展引智活动，先后赴上海、武汉等地举办人才科技洽谈会12场次。

推进本土人才开发。开展“312高层次人才梯队培养计划”培养对象增选工作，增选培养对象126名，择优资助科技含量高、综合效益好的科研项目9个。全市累计有209人入选“312高层次人才梯队培养计划”，其中入选省“333工程”19人，入选南通“226工程”53人，累计拨付津贴补贴、项目经费150多万元。实施“科技企业家培育工程”，择优选送8名科技企业家赴清华大学、江西井冈山干部学院等院校机构研修，举办“东疆大讲坛”3期、培训企业家300多人次，进一步提升企业家战略规划、科技创新和资本运作的能力和水平。加大高技能人才培养力度，组织20多家骨干企业与市内外职业教育培训基地进行合作，定向培养技能人才1.3万余人，其中高级工以上2800多人。

优化人才发展环境。针对产业人才重心在研发、支撑靠平台的特点，加大科技产业园区、孵化器、企业研发中心建设力度。新建华理工功能材料研究院启东产业基地，占地4万多平方米的博士创业园建成运行，创新型经济园、中信科技园、国动产业园等一批特色园区即将竣工。新增省级博士后工作站、研究生工作站11家，省级企业重点实验室1家。推进人才公寓建设，累计建成人才公寓40多万平方米，滨海四海家园人才公寓一期5.5万平方米建成投入使用，5万平方米市级人才公寓一期工程进入主体结构施工。开展“东疆英才计划”“杰出人才成就奖”“高技能人才贡献奖”“优秀农村实用人才奖”等评选活动，科技节期间表彰各类优秀人才37名，发放奖金228万元。

【基层党组织建设】 以探索实践基层党组织在服务中教育引导群众工作为抓手，深入推进基层服务型党组织建设，进一步建强基层战斗堡垒。

探索基层党组织在服务中教育引导群众工作。结合开展党的群众路线教育实践活动，率先探索基层党组织在服务中教育引导群众工作，形成一批实践成果、理论成果和制度成果，相关课题报告获省党建调研课题优秀成果二等奖。制定出台《关于在群众路线教育实践活动中强化基层党组织教育引导群众功能的实施意见》，明确教育引导群众骨干队伍、载体平台、氛围营造、制度保障等方面22项举措，强化对教育引导群众工作的组织领导。按照试点先行、整体推进的思路，统筹运用“三解三促”“三强化三提升”等载体手段，加强对基层党组织的分类指导、跟踪联系和一线督促，形成“三议工作法”“民情分析会”“微心愿大家帮”等一批行之有效的经验做法。编发《启东市服务型党小组建设案例集》，培育教育引导群众工作先进典型，充分发挥示范引领作用。南通市委组织部在启东召开基层党组织教育引导群众工作现场会，南通市委常委、组织部部长张兆江出席会议，充分肯定并积极推广启东相关经验做法。

抓好基层党组织书记队伍建设。围绕提高发展能力、抓好基层党建、做好群众工作等方面，举办村“两委”正职专题培训班、骨干企业党组织书记党建工作培训班，不断提升基层党组织书记能力素质。修订完善全市村党组织书记星级化管理实施办法，提高实绩考核结果量化计分占比，明确取消参评资格及降星处理情形，进一步突出考核导向，引导村党组织书记在实绩实干上竞争。共评选出星级村党组织书记177人，其中连续2年获评五星级3人，新晋五星级10人、四星级11人。集中抓好29个薄弱村（社区）党组织整顿工作，明确每个薄弱村(社区)党组织均由1名市四套班子党员领导干部挂钩联系，指派各镇（园区、街道)党(工)委书记、副书记担任薄弱村(社区)“第一书记”，强化工作力量；召开全市薄弱村(社区)党组织转化提升工作推进会，按照“一村一策”的思路，制订整顿工作方案，加大督促检查力度，推动基层党组织书记抓好整改落实。

开展“两新”组织党组织形象展示年活动。以“双挂双亮双服务”为着力点，加强组织指导，创新活动载体，进一步加大两新领域党建工作力度。围绕“双挂”行动，开展“一建五送”活动，即向每个新建非公企业党组织送一块红色标牌、一面党旗、一套党建图书、一套专题教育片、一套党建工作制度，不断扩大党的组织覆盖和工作覆盖。围绕“双亮”计划，组织“两新”组织党组织广泛开展承诺践诺活动，组织召开专题组织生活会，开展民主评议党员工作，不断增强党员党性意识。围绕“双服务”竞赛，实施“党员职工成才计划”“党员职工示范岗位”等创建活动，不断提升企业党组织服务水平，增强两新组织党建影响力。

推进基层党建“双百”引领工程。按照分批推进、逐批验收的要求，切实抓好第二批基层党建工作示范点培育工作。对照基层党建工作示范点验收标准，注重分类指导，强化跟踪培养，确保培育工作有序有力推进。加大经费支持力度，对第二批44个基层党建工作示范点培育对象，根据培育进展情况给予工作经费补助，为基层示范点开展实践探索提供资源保障。加强督察检查，通过实地调研、例会交流、工作月报等途径，及时掌握培育动态，分析研判培育情况，帮助解决示范点培育过程中遇到的问题和困难，加快培育步伐，提高培育质量。

【党员队伍建设】 做好党员发展、教育管理、志愿服务等工作，不断增强党员队伍内在活力，进一步保持和发展党员先进性、纯洁性。

抓好发展党员工作。制定下发《启东市发展党员工作五年规划（2014~2018年)》，加强对发展党员工作的宏观指导。举办学习贯彻《中国共产党发展党员工作细则》培训班，重点加强对基层党委分管和从事发展党员工作负责同志的业务培训，提升其业务水平。严格执行发展党员预审制，严把“入口关”，全年预审发展党员材料480多份，12人因资格条件不符合终止发展，30多人因材料不合格延期发展。全市共发展党员440名，其中大专以上303名，占68.9%；35周岁以下311名，占70.7%，新发展党员结构进一步优化。启东市“四审四看”严把发展党员预审关的经验做法得到《中国组织人事报》《江苏组工信息》等省级以上媒体推介。

推进党员志愿服务活动。制定出台《启东市在职党员到社区报到开展志愿服务群众活动实施方案》，以“志愿服务进社区、党员干部当先锋”为主题，深入开展在职党员进社区报到志愿服务群众活动。全年共有6800多名在职党员到社区报到开展志愿服务，报到率达96%以上，实现全市35个城市社区全覆盖，党员认领岗位8300多个。结合“国际志愿者日”和第三个全国“交通安全日”，组织市级机关和城区党员志愿者开展安全文明交通集中志愿行动，广泛开展安全文明交通宣传教育、安全文明交通引导等志愿服务活动。

推行“统一活动日”制度。以“全覆盖、增活力、有实效、受欢迎”为总体目标，按照“五有两确保”基本要求，指导基层党组织广泛开展党员教育、公务公开、民主议事和志愿服务等活动，严格组织生活，丰富形式内容，推动基层党组织生活制度化、规范化。强化督促检查，采取随机抽查、翻阅台账等方式，实地了解掌握基层党组织活动开展情况，对活动开展不正常、不到位的限期整改，确保制度落到实处。注重总结提高，深入挖掘基层党组织活动开展中涌现出来的成功经验、特色做法，及时提炼、予以推广，促进基层党组织活动水平整体提升。

强化远程教育作用发挥。结合村(社区)电子阅览室建设，对220个远程教育终点站点进行升级改造，推广运用江苏先锋综合服务平台，完善基础设施建设，强化日常运行管理，拓展远程教育功能。推进学用工作，举办“我为作风建设献一计”“党史党性党风图片展”等活动，组织开展红色经典影片集中播放月、学习习近平总书记系列重要讲话精神和党的十八届三中、四中全会精神专题培训周等学习教育，全年累计举办集中学习活动3400多场次，培训党员干部群众15万人次；深入推进基层党员技能培训、科技咨询等教育培训，进一步扩大参学受训覆盖面。选树培育先进典型，总结推广“农民周末影”“近海之声”等特色案例，获评省级远程教育示范点2个，微电影《一个人的学校》获省第十二届党员教育电视片观摩评比活动二等奖。

【组织部门自身建设】 按照“讲政治、重公道、作风好、业务精”的要求，结合群众路线教育实践活动，以开展组织系统“四比双争”活动为抓手，着力建设模范部门、打造过硬队伍。

增强党性，培育政治品格。坚持部机关集体学习制度，重点围绕中国特色社会主义理论体系和习近平总书记系列重要讲话精神，每单月组织开展1次政治理论学习。结合组织指导党的群众路线教育实践活动，全员参与市委中心组理论学习9次，以“重温清贫、永葆本色”为主题，市委常委、组织部部长带头上专题党课，引导组工干部进一步增强政治意识、大局意识和责任意识。严肃党内政治生活，认真开展谈心谈话，常委部长与部机关全体人员、分管部长与业务科室人员开展谈心谈话80多人次。高质量开好民主生活会和组织生活会，全体党员认真开展批评与自我批评。

注重学习，打造过硬队伍。坚持把提高组工干部专业化能力作为推进组织工作的关键支撑，每双月开展1次政策业务学习。开展学习贯彻《干部任用条例》精神专题系列活动，通过学习辅导、交流研讨、调研运用等方式，推动组工干部对《条例》的认识和运用。组织开展“读书荐书”活动，为组工干部开出党性修养、组工业务、经典文化等方面的必读书目，举办读书心得交流活动，营造重视学习、崇尚学习的浓厚氛围。加大学习成效检验力度，组织召开“四比双争”专项述职会，人人撰写体会文章，接受民主测评，列出整改清单，抓好整改落实。

优化作风，树立良好形象。严格落实中央、省和南通市委关于改进工作作风的各项规定，修订议事规则、后勤管理、纪律要求等内部管理制度，引导组工干部牢记“十个不准”“三个绝不”等纪律要求，强化底线思维。组织有关选人用人警示教育3次，进一步强化讲原则、守规矩、重程序的纪律意识。围绕组织工作重点难点问题，组织组工干部深入基层调研，了解实情、破解难题、推动工作。带头开展党员志愿服务活动，建立完善组工干部基层联系点、结对帮扶制度，深入挂钩村、社区20余次，帮助基层党员群众解决各类困难30多个。

（李建洪）

宣传思想文化工作

【概况】 2014年，全市宣传思想文化战线全面贯彻落实中央精神和省委、南通市委部署，以开展第二批党的群众路线教育实践活动为契机，以围绕中心、服务大局为基本职责，牢记“主战线、主阵地、主力军”使命，围绕“两个巩固”基本任务，理论武装、舆论宣传、文明创建、文化繁荣、队伍建设等各方面工作都取得新的成效，为启东打好八大攻坚战、实现八大新突破，奋力开启全面小康社会建设新征程凝聚强大的精神力量。

【思想理论建设】 以习近平总书记系列重要讲话精神为统揽，以“三点五团百人”理论大宣讲为载体，扎实开展党的十八届三中、四中全会精神宣讲和中国特色社会主义理论、中国梦等学习宣传教育，全市建成32支由200多名党员干部、网格员、模范人物等组成的三级宣讲队伍。结合党的群众路线教育实践活动，深入推进“学习型党组织建设工作示范点”培育选树，全年开展分众化、对象化、互动式宣讲1000余场次。开展“全民阅读、书香启东”系列活动，办好“启吾大讲堂”，举办各类讲座19场。创新党员冬训工作，开展“汇聚正能量、共筑中国梦”系列主题活动，组织专家学者宣讲团深入基层宣讲50多场次，王鲍镇被评为全省基层党员冬训工作示范乡镇。

【舆论引导】 市内宣传主题突出。围绕群众路线教育实践活动、全面深化改革、新常态下产业转型、社会主义核心价值观培育践行等重点工作，全面、深入、有力地宣传“打好八大攻坚战、实现八大新突破”取得的实际成效。对外宣传成效显著。市委专门出台《关于进一步加强舆论引导工作的意见》，建立外宣通联、新闻通气、新闻策划协调和外宣考核“四大机制”，推动正面舆论形成声势，1200多篇报道被中央、省、南通级媒体刊用，其中《人民日报（海外版）》刊用4篇，中央电视台播发3条，《新华日报》刊用50多篇。加快推进传统媒体与新兴媒体融合发展，形成以“两台一报”为统领，官方网站、“启东发布”微博微信、“移动启东”客户端等新媒体平台全面发展的全媒体格局。

【社会主义核心价值观弘扬】 综合运用新闻宣传、文艺宣传、社会宣传等手段，推动“三个倡导”入脑入心。抓好社会主义核心价值观进社区、进学校、进车间，全市举办宣讲示范课4场、专题

12月10日，“志愿服务进社区 党员干部当先锋”志愿服务集中行动启动仪式在市人民公园广场举行（市委宣传部/提供）

道德讲堂100多场次。结合文明城市创建,高密度、广视角开展公益广告宣传。"传递正能量、共建好家园"文明创建主题活动成效显著,全年推介启东好人64名。"志愿服务进社区 党员干部当先锋"主题活动蓬勃开展,实施"图书馆延时"等3个志愿服务牵手计划,注册志愿者超过65000人。组织开展"起舞东疆"全民舞蹈秀评选活动,吸引3500多名选手参赛。探索建立践行社会主义核心价值观的新载体"正能量加油站",覆盖城乡的站点已达398个,《精神文明导刊》《现代快报》等多家媒体对启东市做法进行广泛宣传,"正能量加油站"主题活动和"起舞东疆"舞蹈秀高票获评南通市宣传思想工作改革创新奖。精神文明创建水平不断提升,以全省第五的成绩连续六届蝉联江苏省文明城市,汇龙镇入选全国文明镇。未成年人思想道德建设扎实推进,建成"八礼四仪"①示范学校8所,乡村少年宫扶持资金实现全覆盖,直接受惠未成年人达5000多人。

【网络舆论导控】 启用南通市舆情监控二级子平台系统,全天候针对全国网站、论坛、微博等开展涉启网络舆情监测。探索开展网络舆情预警工作,指导、督促各单位做好政民互动,全市建成100多名网络发言人和1000多名网评员队伍。加强网上舆论引导,自主研发网络舆情引导数据录入系统,对网评员工作数量和质量实现量化考核。网上正面主流舆论形成声势,"启东发布"官方微博微信全年策划专题195期,发布信息3621条,多条原创内容被"微博江苏""南通发布"转发,影响力和传播力不断扩大。《启东日报》、"启东发布"联合推出微信专题"精彩启东"2014年亮点回眸、2015年蓝图前瞻助力活动,点阅量达33万多人次。加强当地微博微信的信息发布审核,修订发布制度、规范发布流程。"启轩阁"微信群在宣传文化系统反响良好,与各镇(乡)、园区(街道)微信平台实现有效对接。

【文化事业】 培育"百姓自助舞台""村村乐"等传统群众文化活动品牌,深入开展文化"四送"工程,全年下基层送戏62场、送电影625场、送书1万册、送展览12场。文化产业加速发展,进一步完善《启东市文化建设发展规划》,修订《启东市文化产业发展引导基金管理办法》,发放文化产业引导基金55.8万元。占地近20公顷投资近3亿元的江苏圣合玫瑰文化产业园一期工程基本完工。抗大九分校纪念馆对外开放。文艺精品创作不断繁荣,成功组织开展首届启东市文学艺术奖评比,长篇小说《秋江浦》、长篇纪实文学《到江尾海头去》分别获得江苏省和南通市重点扶持项目,电影《左眼不跳财》、电视纪录片《我的家在太阳岛上》、歌曲《心梦飞》、图书《到江尾海头去》、图书《亲家母》5件作品入选南通市第六届精神文明建设"五个一工程"奖。

【队伍建设】 以党的群众路线教育实践活动为契机,立足于进一步转作风正学风改文风,努力培养一支"拉得出、敢担当、能创新"的宣传队伍。全年分层次、分批次组织全市宣传战线领导班子和党员干部,参加学习贯彻习近平总书记系列重要讲话精神和党的十八届三中、四中全会精神培训班20余场次。针对网络舆情引导、理论宣讲创新、社会主义核心价值观培育践行等重点工作,举办各类讲座、交流研讨会、观摩会12次。组织新闻工作者参加南通市"岗位大练兵、技能大比武"活动,蝉联优秀组织奖。

(夏永红)

精神文明建设

【概况】 2014年,全市精神文明建设以培育、践行社会主义核心价值观为根本,以"传递正能量 共建好家园"文明创建为主线,突出志愿服务常态化制度化和未成年人文明礼仪养成教育两大重点,积极推进城乡社区正能量加油站建设、中小学生社区实践活动,着力提升市民文明素质和社会文明程度,不断巩固文明城市创建成果,各项工作取得明显成效。

【社会主义核心价值观宣传教育】 市精神文明办公室将社会主义核心价值观和习近平总书记系列重要讲话列入党委中心组学习及党的群众路线教育。抓好社会主义核心价值观进社区、进学校、进车间,举办4场宣讲示范课,宣讲录像在市电视台和市内网站反复播放。全市镇乡(街道)、社区、学校、机关等举办核心价值观专题道德讲堂100多场次。市"两台一报"和主要网站拿出重要版面时段,推出"践行核心价值观 传递社会正能量"等专栏专题,运用新闻报道、言论评论、访谈节目和专题节目等形式传播社会主义核心价值观。在市内全覆盖楼宇电视、建筑围挡、大型看板、灯杆旗等公益广告。

【"传递正能量 共建好家园"文明创建主题活动】 市精神文明办公室在2013年活动成果的基础上,着眼于进一步增强针对性、扩大参与度和提高覆盖面,开展10大系列50多项活动项目。建成覆盖城乡的398个"正能量加油站",吸引超过10万名群众踊跃参与;3500多人参加"起舞东疆"大赛,相关活动在舞台、荧屏、网络上持续热播。此外,"双优化双提升""行业风采展示""公民道德主题实践日"扎实开展,在机关作风和窗口文明建设方面发挥突出作用。启东文明网联合市内其他主流网站开辟"传递正能量、共建好家园"专题,累计访问量达20多万人次;通过中国移动、中国联通和中国电信发送正能量公益短信25多万条。《新华日报》《扬子晚报》《江海晚报》等媒体多次就相关活动进行跟踪报道。

① "八礼四仪":"八礼"指仪表之礼、仪式之礼、言谈之礼、待人之礼、行走之礼、观赏之礼、游览之礼、餐饮之礼,"四仪"指入学仪式(7岁)、成长仪式(10岁)、青春仪式(14岁)、成人仪式(18岁)。

【志愿服务常态化制度化】 开展“志愿服务进社区 党员干部当先锋”活动，全市共策划开展200多项志愿服务活动。发动全市在职党员干部到社区报到，发动街道镇(乡)、社区村居干部在全市城乡社区进行大走访，全面梳理志愿服务需求。项目、团队、资金三结合，实施“图书馆延时”等3个志愿服务牵手计划。着重将社区正能量加油站的健身人员引导、培育成志愿者，结成邻里互助志愿帮扶对子5000多对。大力培育壮大志愿者队伍，重点建好党员志愿服务队、文明单位志愿服务队、文体志愿者服务队等，至年底在江海志愿者服务平台注册志愿者超过65000人。据不完全统计，全年各类服务队开展文明交通劝导、关爱农民工、无偿献血、环境维护等志愿服务突破10万人次。

【“启东好人”推荐、评选和宣传活动】 直接面向广大市民群众开展“启东好人”评选，为了扩大评选影响力，在“助人为乐”“见义勇为”“诚实守信”“敬业奉献”“孝老爱亲”5个类别的基础上，增加“自强不息”“融和进取”2个类别；改版“启东好人”专题网页，搭建“启东好人榜”新浪微博、“启吾东疆”论坛《启东好人》板块等网络宣传互动平台。5月，举办2013年度“启东好人”见面暨首场事迹报告会，10位启东好人和10位提名奖获得者受到表彰。2014年，全市社会各界共推选出候选人400多名，经群众投票评议，最终评出64名启东好人。放大评选效应，媒体每月展播新评选出的好人事迹，制作下发1000张宣传学习光盘，发送全市各村居、各级文明单位和工厂企业学习。以好人事迹材料为蓝本创作23个文艺节目，在全市正能量加油站、“村村乐”夏季纳凉晚会展演。《南通日报》《扬子晚报》《新华日报》、新华网、人民网、新浪网等媒体报道好人稿件150多篇。

【“美丽乡村 美丽农家”建设】 按照“创建培育一批、评选命名一批、巩固提高一批、影响带动一片”的思路，在全市全面启动美丽乡村创建工作。各村围绕发展之美、生活之美、生态之美、人文之美开始实施各类创建项目400多个。通过大众体验、专家评委团实地考察和媒体展播、大众投票等环节，评选启东市级“美丽乡村”10个，“五美家庭”100多户。王鲍镇建群村、吕四港镇如意村被授予首届南通市美丽乡村示范村称号，20个家庭被授予首届南通市美丽农家标兵户称号。

【道德行为巡查、评议和“礼仪启东”建设】 围绕“身边的动人故事”“公德言行”“文明行动”等方面内容，组织开展“文明在我身边”文稿视频图片征集活动，收到先进事迹文稿200余篇，图片近千幅。围绕“饮食礼仪”“居家礼仪”“出行礼仪”“言谈礼仪”“社交礼仪”“服务礼仪”“商务礼仪”等内容，组织开展文明礼仪教育活动，在《启东日报》报刊知识连载版块连续刊登，同时利用启东电视台、“启吾大讲堂”“启东发布”等平台，开辟礼仪知识宣讲专栏，广泛宣传礼仪知识，引导广大市民形成“知荣辱、讲礼仪，树新风”的良好风尚。

【网上文明传播活动】 2014年，启东文明网着力丰富网站内容建设，全面改版，增加视频和图片新闻，成为全市干部群众了解和参与精神文明建设工作的重要渠道。全年共上传播报信息2700多条，策划、制作专题、专栏9个，开展互动交流活动23场；构建启东文明网的“大编辑部”，在各镇(乡)、市直各部门和各文明单位共确定167名启东文明网的通讯员和350名网络文明志愿者，负责单位信息稿件的组织、编辑和传送工作；开展网上专题活动，吸纳80多个文明单位、文明村镇、文明社区、文明机关参加网上文明展播。

【未成年人思想道德建设】 突出抓好“八礼四仪”活动，重点培育8所示范学校，以仪式教育为节点，广泛开展入学、入队、入团和成人仪式教育，让未成年人在仪式中增强爱国主义情感和集体主义精神。3万多名未成年人参加“七彩的夏日”“缤纷的冬日”等活动，举办未成年人文艺汇演，展示全市未成年人积极向上的精神风貌。以“我们的节日”活动为抓手，开展民族传统节日系列宣传教育和实践活动。新增2所(北新镇、南阳镇)中央彩票公益金扶持乡村学校少年宫和4所(东海镇、启隆乡、近海镇、汇龙镇)省彩票公益金扶持乡村学校少年宫，直接受惠未成年人达5000多人。

(樊保兵)

统一战线工作

【概况】 2014年，市委统战部以服务全市发展大局为中心，以开展“凝心促改革，聚力促率先”主题活动为抓手，强化统战工作沟通、协调、引导、服务能力，围绕把常规工作做细，重点工作做实，特色工作做优的目标要求，扎实有效地推进各领域统战工作开展。以商会建设为平台，引导非公经济代表人士转变发展思路，更新发展理念，做大做强做优企业。发挥统战工作海外联系广泛、朋友众多、易于沟通的特点和优势，积极为引资引智做好牵线搭桥工作。贯彻落实中央文件精神和《宗教事务条例》，抓好党的民族宗教政策在全市的贯彻执行，维护全市民族宗教领域的社会稳定。发挥统一战线争取人心、凝聚力量的职能作用，团结各界人士，围绕市委工作中心，搭建服务平台，推进党内外人士的合作共事。

【非公经济人士“四信”教育实践活动】 为进一步加强和改进非公有制经济人士思想政治工作，市委统战部根据上级统一部署，扎实开展以“四信”(对中国特色社会主义的信念、对党和政府的信任、对企业发展的信心、对社会的信誉)教育为主要内容的理想信念教育实践活动。组织学习讨论。邀请市委党校副校长高德群作党的十八大关于非公有制经济方面的解读和当前社会经济形势的分析，并就中国梦与企业发展的梦展开讨论，坚定对中国特色社会主义的信念。召开座谈会。召开非公经济代表人士与相关政府部门座谈会，针对企业发展中遇到的困难和问题进行探讨研究，政府有关部门负责人分别就该部门的政策法规作细致解答。在全市非公经济人士中开展优秀

8月,新生代(创二代)非公经济代表人士座谈会召开 (市委统战部/提供)

中国特色社会主义建设者和"光彩事业之星"评选活动。4月17日,召开表彰大会,全市26名非公经济人士被授予"光彩事业之星"称号,24名非公经济人士被授予"首届优秀中国特色社会主义事业建设者"称号,并在《启东日报》上进行宣传报道。

【新生代非公经济代表人士培养工程】 搭建平台,加强沟通交流。市委统战部在全市开展新生代非公经济代表人士的调查摸底,从中筛选32名代表人士进行重点培养,牵头组织部、宣传部、两新工委、团市委于6月13日召开专题座谈会,交流牵手,并举办"继承父辈光荣传统,担当做大做强企业责任"的专题培训。成立新生代(创二代)非公经济代表人士联谊会筹备组,指导推进联谊会组建。

组织培训,提升综合能力。利用"东疆大讲坛""企业家沙龙""中青年企业家培训沙龙"等培训阵地,开展金融知识、人力资源、社会管理、中国梦等专题培训活动。选派振龙集团顾锋华等3名非公经济新生代人士参加南通首届中青年民营企业培训班。

实施关爱,优化成长环境。部领导与新生代非公经济人士建立联系交友制度,通过经常性电话联系,上门走访,座谈汇报等形式加强对他们的跟踪培养,加大典型培养的力度,予以适当的政治安排,7名非公经济新生代被选聘为市政协委员,3名被吸纳为市无党派知识分子联谊会员,2名被吸纳为市海外联谊会会员,1名推荐为省青年商会理事。

注重引导,履行社会责任。引导新生代非公经济代表人士参与助学、帮困、敬老爱老等活动。注重加强对外宣传报道,在《启东日报》设立《创二代故事》专栏,专题宣传一批接过父辈的接力棒"勤二代",刊登4位新生代非公经济代表人士事迹,向社会展示他们敢于担当、传承发展的良好形象。

【服务企业发展】 完善部领导与非公有制企业挂钩联系制度。定期赴神通阀门、联通测功器厂、金凤凰公司等企业走访调研,了解情况,帮助协调解决相关问题,同时对企业安全生产方面工作进行督促。会同工商联联合举办两期"东疆大讲坛"。就"教练型总裁"和"企业网络营销之道"两个专题进行培训,有100多名非公经济人士受益。开展全市非公企业经营状况调查。依托各镇(乡)商会、行业商会,对全市78家重点非公企业进行经济运行情况抽样调查监测,形成专题报告,提出推进非公企业发展的建议意见。安全有效运行好中小企业应急互助基金。2014年共发放5笔转贷款,帮助企业解决转贷资金1950万元。

【海内外联谊】 9~11月,市委统战部开展新一轮的在港乡亲补充调查登记工作,由各镇(乡)、园区、街道和各单位部门报送在港乡亲情况信息,上门走访慰问看望香港乡亲家属,了解核实信息,建立香港启东同乡会微信群,及时发送启东人文风情、经济社会发展的新闻信息等,密切交流交往,增进乡情乡谊。12月21日,在深圳举办香港启东乡亲联谊会,60多位在港乡亲应邀参加。联谊会上,介绍家乡经济社会发展情况,部分乡亲代表作交流发言。全年接待美国加州中华医学联合会主席顾覆冰博士、香港启东同乡会会长陈峰等20多位侨胞、香港同胞和海外友人,融洽感情,增进了解,引导和鼓励他们为家乡的经济社会发展献智献策。

【为侨胞和港澳台同胞服务】 为海外侨胞和港澳台同胞提供优良服务,帮助解决在家乡的实际困难和问题,如社保养老金发放的历史遗留问题、房屋拆迁中的面积补偿问题、家中老人的托老问题、子女在启东上学问题、父母投靠香港子女办理单程证以及在家乡投资办企业过程中的一系列问题等。组织侨台界政协委员走访归侨侨眷70户,结对空巢家庭10户,并走访侨资企业,围绕政府完善政策、改善服务等方面提出建议意见。

【参与"海外才俊东疆行"活动】 市委统战部会同市侨联邀请7名海外人才参与,邀请美国加州大学顾黎辉博士在启东中学举办出国留学招生讲座和洽谈合作办学事宜。宣传突出人才,启东籍海归、青年科学家陈宇翱获颁"影响世界华人"大奖,市委统战部于第一时间通过电子邮件向海外代表人士发出公开信,号召大家向他学习,同时希望有更多的杰出人才能学成归来,报效祖国。

【民族工作】 少数民族联谊之家挂牌运行。3月28日上午,协助指导少数民族联谊会在世纪家园社区居委会成功举行少数民族联谊之家揭牌仪式,落实少数民族联谊会办公场所,推进少数民族联谊会发挥作用。关心少数民族扶贫基地建设。扶持成立新的少数民族扶贫基地——飞龙水产养殖合作社,以"合作社+基地+农户"的经营模式,惠及少数民族群众14户,户年均增收1万多元。至年底,全市有少数民族扶贫基地4个。关爱少数民族未成年人。市委统战部牵头教育局、慈善基金会等单位联合成立关爱少数民族未成年领导小组,研究制定工作方案。帮助2名在启东经商的少数民族流动人员子女协调解决在启东就近上学的问题，帮助10名少数民族贫困儿童落实一对一帮扶对象。

【宗教工作】 部署"宗教慈善周"。在全市宗教界开展以"慈爱人间，五教同行"为主题的慈善周活动，共募集善款5万余元，走访慰问孤寡老人、残疾人、特困家庭及贫困学生，引导宗教与社会主义社会相适应。开展"宗教政策法规学习月"活动。以一次"践行社会主义核心价值观"演讲比赛、一次"宗教没有国界，但宗教徒都有自己的祖国"为主题的爱国主义教育培训班，一次"正信正教，防渗抵邪"的宣传活动，一次面向社会大众的普法工作的"四个一"活动，营造宗教政策法规宣传舆论声势。建立"五个一"长效机制，严防邪教入侵。即每月利用礼拜、周间聚会、宗教节日对信徒进行一次反邪教宣传教育；每月一个礼拜的程序单中刊发已经明确认定的14种邪教组织，以及它的表现和危害；每季在宗教场所宣传橱窗中编登一期以反邪教为主要内容的信息稿件；每半年组织宗教场所管理组人员对注册信徒进行一次走访；每年组织对信徒进行一次宗教政策法规教育和反邪教展板展示，做到警钟长鸣，严防邪教入侵，维护社会稳定、教会和谐。

【建立市委常委、市政府党员副市长与党外人士联系交友制度】 16名市领导与32名党外各界代表人士结对联系，经常沟通交流，及时听取他们对党委政府工作的意见建议，帮助解决相关问题，增进共识，加强团结，促进他们在思想上同心同德、目标上同心同向、行动上同心同行。

【"我为双促献一计"活动】 市委统战部在党外代表人士中组织开展"我为双促献一计"活动，收到党外代表人士提出的各类建议意见50多条，涉及优化产业结构、招商引资、城市建设、社会保障、沿江沿海开发、环境整治、交通管理等多个领域多个方面，体现党外代表人士围绕中心、服务大局、参政议政的热情和水平。

【党外人士活动】 市委统战部召开党外代表人士座谈会，就党员领导干部"四风"方面存在的问题听取他们的意见，就更好地践行党的群众路线，推动多党合作事业的发展征求他们的建议。召开党外干部座谈会，交流探讨年轻党外干部的思想动机和政治起向，就党外干部工作环境和氛围听取他们的意见建议，鼓励他们乐于在党外，安心在党外为党的事业做好工作。组织市无党派知识分子联谊会成员开展有关社会的热点和难点的调研活动。

【党外干部推荐培养】 市委统战部就党外后备干部的推荐培养和政府必配备部门党外干部的配备问题与组织部门进行联系沟通，建立和健全目标上有机衔接、政策上统筹考虑、责任上同步落实、工作上协调推进的工作机制。通过走访了解、谈心谈话和组织考察等形式，建立党外优秀人才库，推进党外干部的实职安排。

【部门自身建设】 市委统战部重视加强统战干部队伍建设，抓好统战机关全体干部的学习、培训和教育，提高整体素质，提升统战部门的对外形象。参与市委中心活动。赴东海镇戴祥村开展"双联双争"结对帮扶活动，召开群众代表座谈会，走访慰问贫困户，参加义务劳动，帮助协调引进蔬菜基地。赴幸福一村开展共建和谐社区结对活动，帮助社区居民上党课、义诊、打扫卫生。参与拆迁，完成帮拆任务。做好统战成员的来信来访工作，帮助原国民党投诚起义人员落实提高生活补贴。指导基层统战工作。年初，召开全市统战工作会议，组织业务培训，提高基层统战干部的理论素养和业务水平。平时对基层统战工作进行走访调研，工作有部署、有督促、有检查，促使各地的统战工作有目标、有任务、有落实。

（陈　李）

台湾事务

【概况】 2014年，全市对台工作按照习近平总书记提出的"两岸一家亲、共圆中国梦"的理念，贯彻上级对台工作新要求，以打造"台资产业集聚、台企创新发展、台商投资环境、两岸交流交往"四个新高地为工作目标，突出招商、扩大交流、强化宣传、优质服务，对台工作取得新成效。

【对台经济】 2014年，全市累计新增台资企业8家，增资4家，新增总投资8500万美元，新增协议台资8090万美元，到账台资2145万美元。其中超千万美元以上项目4个。

组织入岛招商活动。全年全市组织赴台公务团组4个。5月，市长黄卫锋在台北、高雄、台南等地举行制造业、船舶业、港口业招商活动；5月下旬，副市长袁圣菊一行在台北举办农业招商活动，台湾农会、30多家台湾农业企业参加启东市现代农业招商会；8月，市商务局、有关园区组团参加台北国际光电周系列研讨会，并进行光电产业专题招商活动；12月，市委常委姜平赴台对接台一集团重大项目，并拜访新北工业协会、工商建研会等协会和企业。全市2014年度赴台商务考察企业有9批15人次，分别参加2014年海峡两岸体育用品展览会、2014年海峡两岸食品展览会、2014年海峡两岸电脑展览会等节会，韩华新能源等多家企业加强与台湾有关企业的往来，建立稳定的业务关系。台办切实履行职能，为赴台公务团组、商务团组做好报批、行程安排、客商邀请、会务活动衔接等相关服务工作。

利用各种节会开展招商活动。全市利用各种节会活动开展对台招商。2014年先后在上海、东莞、深圳、北京等地举办投资推介会。利用江海文化节、科技节的时机，各园区、镇(乡)邀请台商参会。6月，市政府组织商务局、台办、有关园区在北京举行专题对台招商活动，市长黄卫锋向在北京进行公务活动的台湾工商建设研究会30多名企业家会员推介启东投资环境。台办组织有关台资企业参加两岸连锁产业(上海)合作发展高峰论坛、南通市2014年台商产业转型升级峰会、昆山电子电机公会博览会等活动，扩大在启东的台商业务拓展层面。

【对台交流】 2014年，市接待到启东考察、探亲、旅游的台商台胞共130多人次。重点接待台湾工商建设研究会理事长雷祖钢、台湾农业委员会渔业署技证工程师赵熹、台湾高盈集团副总经理王莱恩、上海向阳公益基金会等一行10人、台湾台一国际集团董事长许守信、台湾冠东生物科技有限公司、卢森堡华阳投资控股公司、台湾瑞台实业有限公司、台湾长利科技有限公司、台一铜业有限公司等工商团体和重要台资企业,接待老台胞崔崖峰、梁三候等“四有”(政治上有影响、社会上有地位、经济上有实力、专业上有造诣)重点人士。启东市加强与台湾医学界的交流和合作,3月,启东市人民医院院长陈陈阳等3人赴台参加第七届亚太癌症预防组织大会暨国际学术研讨会。5月,海峡会会长陈德铭、国台办经济局一行到启东考察吕四港区,市领导徐锋、黄卫锋接待并介绍启东的有关情况。

【对台服务】 *健全机制,加强领导*。2014年4月,市委、市政府重新调整全市对台工作领导小组,市委书记徐锋任领导组组长,四套班子分管领导、20多个涉台部门为领导组成员。为保护台商的合法权益,4月,市委、市政府成立台湾同胞投资权益保障协调委员会,由市委、市政府分管领导任正、副组长,27个部门为组成成员,负责协调处理台商投诉。委员会明确各部门分工。全市对台资企业实行网格化管理,每个镇(乡)、园区落实台胞台商联络员,负责为台商、台胞做好服务工作。

协调诉求,解决难题。发挥台湾同胞投资权益保障协调委员会的作用,切实为台企、台商解决困难。2014年共处理台商、台胞诉求9起,包括85度C面包房的食品卫生纠纷;南通映绮纺织有限公司的涉税诉求,为企业挽回损失30多万元;古德精致酒店消防诉求;春鼎公司公安立案诉求;卡拿翰公司用工问题;协调解决先豪房地产拆迁问题、台胞张万发土地款问题,台胞许文菁突发疾病就医协调事宜,信实精密公司台商子女上学等诉求。

开展活动,联络感情。5月,台界8名政协委员走进台企,实地听取台企情况汇报。7月,开展“我为台企发展献一策”政协专题调研活动。政协各委室负责人、台界政协委员代表、台商权益协调委员会的相关成员单位,走访台资企业古德精致酒店、卡拿翰机电公司及台属企业启东防爆电器设备有限公司,并在滨海园区专门召开座谈会,听取台办关于台资企业、台属企业的情况汇报,帮助协调解决相关问题。同月,组织开展夏季高温走访活动,共为10多家台企送上夏令用品。8月,会同安监部门开展台资企业安全生产大检查活动。为更好地做好服务工作,台办印发在启东台商通讯录,加强台商之间的交流和联络;推广台商服务热线,把服务热线号码和台办相关工作人员的手机号码传发到每位台商手中,方便台商向台办反映困难和问题,及时为台企提供服务和帮助。

【涉台事务】 *开展“送温暖、献爱心”活动*。2014年,台办对200多人次重点台商、重点台属、困难台属、重要台胞进行走访慰问,共发放慰问金、慰问品4万多元,慰问工作重点向困难台胞、台属倾斜。向200多位旅台亲友、老台胞寄发新春贺信。

解决台胞台属诉求。协调解决98岁的老台胞施志超的城镇医保事宜、台属高士芳、张显松赴台奔丧手续加急办理、为第一届台谊会会长顾云官争取相关困难补助等,发挥台谊会作为台胞台属“娘家人”的特殊作用,体现党和政府对台商、台属这个特殊群体的关心。

组织台属联谊活动。2014年,第六届台谊会开展“5个一”活动,即“深入一家台资企业和台属企业、走访结对一个‘四有’人士家庭、完善一份台情资料、撰写一份台情信息、努力为台做好一件实事”。组织开展学习活动,学习习总书记和上级对台工作重要指示。深入镇(乡)参加台属侨眷座谈会,宣传对台政策。组织台谊会理事和台界政协委员赴上海自贸区、昆山海峡两岸商贸示范区、台湾商品交易中心参观学习,拓宽台谊会成员的视野。台谊会主动参与南通市台谊会工作,拓展工作层面。

【对台宣传】 全市对台宣传围绕中央的对台工作方针和经贸宣传进行。市台办通过入岛宣传、发放《启吾东疆》《启东投资指南》、宣传资料片等形式,扩大启东知名度。放大崇启大桥给启东带来的历史性机遇,着重向台商推介吕四港开发建设中的发展契机,吸引台资向启东转移。宣传台商、台企在启东市经营成功的案例,市镇(乡)、部门服务台商、台企的先进事迹和重大活动,营造亲商安商的良好氛围。

(周红丹)

老干部工作

【概况】 2014年,市委老干部局积极践行党的群众路线教育实践活动,立足老干部工作实际,紧抓思想政治建设,提高老干部两个待遇,创新养老服务体系,丰富老干部活动内容,努力提升老

9月,市委召开全市老干部大会 (市委老干部局/提供)

干部工作科学化水平，老干部满意度不断提高。至年底，全市共有离休干部480人，其中抗日战争时期离休干部63人、副处级以上离休干部183人；市管退休干部1076人，其中副处级以上退休干部44人、正科级389人；全市成立离退休干部党支部84个。

【加强领导管理体系】 全市各级党委、政府把老干部工作摆上重要位置，主要领导身体力行，率先垂范。深入单位和老干部群体，调查了解情况，交流沟通思想，听取意见建议，召开会议研究解决老干部工作中的问题，关心、关怀、关爱老干部。9月，市委召开全市老干部大会，市委书记徐锋给离退休干部作市情通报，市委副书记、组织部部长汤雄多次听取老干部工作情况，了解实情。领导的高度重视、相关部门的密切配合、社会各界的通力协作，真正把关系到老干部切身利益的问题解决在基层，服务管理工作优化在基层，思想政治工作加强在基层。

【老干部思想政治建设】 市委老干部局把组织广大老干部深入学习贯彻党的十八大、十八届三中、四中全会和习近平总书记系列重要讲话精神作为当前老干部工作的重要政治任务来抓。邀请政协原副主席顾达平作党的十八届四中全会精神辅导讲座，向全市老干部党支部发放相关学习资料1000多份，开展“我看十八大以来新变化”“谈谈群众路线时代内涵”等座谈讨论会和“群众路线大家谈”征文活动，引导老干部加深对中央最新政策的理解把握，始终做到政治坚定、思想常新、理想永存。坚持向老干部传达文件精神、组织专题辅导、邀请老干部参加重大活动和重要会议等制度，针对老干部普遍关注的社会热点问题，做好释疑解惑工作，使他们始终紧跟形势发展，与党和政府同心同德。

【两个待遇有效落实】 围绕更深更细地落实好老干部政治待遇和生活待遇这一重点，加强政策落实的检查督促。市委分别在4月、9月召开部分老干部座谈会，征求意见建议，市委书记徐锋、市长黄卫锋在春节、夏季和新中国成立65周年之际上门走访慰问老干部，了解老干部的所思所盼所求，送上组织的温暖。全市各单位、各部门积极主动咨询老干部有关政策待遇，在关心好老干部生活的同时，利用老干部党支部活动日和召开座谈会的契机，向老干部通报各镇乡、部门经济社会和民生事业发展情况。保障离休干部“三个机制”(离休费保障机制、医药费保障机制、财政支持机制)正常有效运转。2014年，离休干部医疗备用金由原来的5000元提高到6000元，发放形式由原来的直接打卡改为设立虚拟账户，年末结余部分于次年现金发放。完善离休干部及遗属特殊困难帮扶机制，全年发放买断企业离休干部遗属生活补助32万多元。

10月，市委老干部局为老干部开展十八届四中全会精神辅导和法律知识讲座 (市委老干部局/提供)

【三个养老实现创新】 市委老干部局探索新思路，逐步实现居家养老、健康养老和文化养老与时代发展相一致。在居家养老方面，成功创建长江新村、建都新村两个“南通市服务离退休干部示范社区”，社区针对离退休干部的特点开展爱心帮扶和精神慰藉等服务。在健康养老方面，全年编撰3期健康保健资料，发放到每个老干部协会组织和老干部党支部；在老干部中心活动室设立健康自测点，免费使用器材，及时了解各自身体健康指标；老干部体检由原来的两年一次改为一年一次，可以自主选择就近医院体检。在文化养老方面，以市老干部活动中心为平台，多次举办老干部书画展、摄影展、集邮展，开展各类文艺棋牌活动，并为老年大学增设3间教室，共开设8个专业81个班级，学员达3508人次。

【主题活动】 市委老干部局开展老干部“老有所学、学有所为、为有所成”主题读书活动，参与“启吾大讲堂”系列活动，举办老年人权益保障法专题讲座，评选“优秀书香作品”，营造“好读书、读好书、读书好”的浓厚氛围。开展“一学二比三争当”活动(学先进，比素质、比奉献，争当弘扬正气的表率、服务社会的表率和遵章守纪的表率)，引导老干部以赵亚夫为榜样，在推动科学发展、促进社会和谐等方面贡献智慧和力量，展示新时期老干部“桑榆未晚霞满天”的风采。组织老干部开展竞技活动，参加启东市第七届老年人体育健身节，组织老干部表演精彩的文体节目。成功承办南通市第二届县(市)级门球赛和南通市第17届镇级门球联谊赛等多个赛事。

【部门自身建设】 市委老干部局以“转作风提效能，做老干部贴心人”“情暖桑榆建新功”等主题实践活动为平台，做细做实老干部服务工作。8月，深入机关和老干部党支部，通过看现场、听介绍，对全市老干部工作情况开展调研；主动联系老干部，经常走访老干部，尽最大可能帮助老干部解决急事难事；开展特困离退休干部大走访活动,通过电话询问、书信及走访慰问等形式联系300多名离退休干部。以开展党的群众路线教育实践活动为契机,按照“三严三实”的要求,组织机关干部开展理论学习和座谈交流,引导机关干部身怀敬老感恩之心、恪守为老服务之责、常修为老奉献之德,打造一支讲政治、重感情、业务精、作风好、老干部信得过的工作队伍。

(袁晓燕)

接待工作

【概况】 2014年,市委、市政府接待办严格贯彻落实中央“八项规定”和省委、南通市委“十项规定”以及《江苏省党政机关公务接待管理规定》,围绕市委市政府中心工作,坚持“从简、从细、从严”的工作方针,突出服务主题,强化大局意识,扎实履行职责,内强素质,外塑形象,紧密协作,踏实工作,圆满完成各项重大接待任务,全年共完成接待任务356批,计3103人。其中,公务接待181批,计1216人;商务接待175批,计1887人。

【上级各类视察调研活动】 中央政治局委员、国务院副总理马凯到启东视察;国家工业与信息化部部长苗圩到启东视察;国务院副秘书长肖亚庆到启东视察;原交通部部长黄镇东到启东视察;国家发展改革委员会副主任胡祖才到启东视察;国家海洋局副局长王宏到启东视察;国防科工局党组成员张炜到启东视察;东海舰队副参谋长沈浩到启东视察;省委副书记、省长李学勇到启东视察;省委常委、省委副书记石泰峰到启东视察;省委常委、纪委书记弘强到启东视察;省军区司令员李克让到启东视察;省政府副省长史和平到启东视察;省政府副省长傅自应到启东视察;省政协副主席、省科技厅厅长徐南平到启东视察;省政府秘书长张敬华到启东视察;省政府副秘书长王志忠到启东视察;省发改委主任陈震宁到启东视察;省经信委主任徐一平到启东视察;省旅游局局长秦景安到启东视察;省发改委副主任、沿海办主任林一峰到启东视察;省发改委副主任魏然到启东视察;省知识产权局副局长支苏平到启东视察;省总工会副主席王兆喜到启东视察;省经信委副主任、省国防科工办主任秦雁到启东视察;省气象局副局长张祖强到启东视察;省交通厅副厅长钱国超到启东视察;省国土厅副厅长祖耀升到启东视察;省安监局副局长柏利忠到启东视察;南京海关关长李多宽到启东视察;南京海关副关长、缉私局局长钱英培到启东视察;南通市委书记、市人大主任丁大卫到启东调研;南通市委副书记、市长张国华到启东调研;南通市政协主席王德忠到启东调研;南通市人大副主任、党组书记黄利金到启东调研。

【兄弟县市以及大团队考察活动】 2014年,市委、市政府接待办接待人民大学考察团、南通大学考察团、台湾工商建研会、海峡两岸关系协会、海安县学习考察团。

【商务接待】 上海振华重工集团董事长宋海良到启东考察;华峰集团董事局主席尤小平到启东考察;深圳兆驰股份有限公司董事长顾伟到启东考察;中国化学工程集团公司总经理金克宁到启东考察;上海电气集团党委副书记、常务副总裁王强到启东考察;南通国有资产投资控股有限公司董事长李界元到启东考察;新加坡胜狮集团总裁张松声到启东考察;江南重工股份有限公司董事长周辉到启东考察;上海交通大学校长助理、交大产业集团董事长彭颖红到启东考察;上海水木动画股份有限公司董事长施向东到启东考察;上海振华重工总裁陆建忠到启东考察;法国路易达孚集团中国区总经理迟泽民到启东考察;省再保融资租赁有限公司总经理黄磊到启东考察;中交投资公司副总经理程凌刚到启东考察;东凌集团董事长赖宁昌到启东考察;上海普天能源科技有限公司副总经理于业军到启东考察;香港李氏集团董事长李文龙到启东考察;大唐国际发电股份有限公司总经理吴静到启东考察;亚洲文化基金会创始人及会长郑庆云到启东考察;复旦软件园总经理杨秋萍到启东考察;上海城投集团副董事长刘强到启东考察;中国船舶工业集团公司董事长胡问鸣到启东考察;上海外高桥集团总经理舒榕斌到启东考察;南通中远船务总经理倪涛到启东考察;韩华新能源首席执行官南晟祐到启东考察;新疆广汇集团总裁尚继强到启东考察。

【重大节会后勤保障】 根据市委、市政府的安排,市接待办参与筹办2014中国·启东江海文化节暨国际经贸洽谈会、2014中国·启东科技节暨沿海开发经贸洽谈会。

(蔡朝新)

党校工作

【概况】 2014年,市委党校以开展党的群众路线教育实践活动为契机,以队伍建设为抓手,打造学习型、服务型、创新型、开放型、和谐型党校,为培养造就“信念坚定、为民服务、勤政务实、敢于担当、清正廉洁”的高素质基层党员干部队伍,开创启东科学发展新局面提供智力支撑和人才保证。

【干部教育培训】 根据全市干部教育培训规划,完成5期主体班次的培训任务,培训学员500多人次,其中初任公务员培训班2期、公安干警培训班1期、参公单位工作人员业务培训班1期,新录用大学生村官培训班1期;分别与安监局、人社局、妇联、工商联、农广校、红十字会等部门和单位合作举办培训班100多期,培训学员5000多人次;配合全市党的群众路线教育实践活动,组建由骨干教师为主的理论宣讲小分队,深入乡镇、部门、企业开展“送教上门”40多场次,直接听众3000人次以上。

【教学改革】 2014年,市委党校贯彻落实苏组通〔2014〕31号文件精神,开展“教学改革年”活动。加强对主体班教学优化班次和课程的顶层设计,坚持需求导向、问题导向,加大基本理论和党性锻炼权重，围绕基本理论教学组织团队攻关，重点围绕习近平总书记讲话进课堂，优化教学板块设计，精心打造教学专题，全年推出20多个“精品理论课程”。改进讲授式教学，推进讨论式、案例式、模拟式、体验式、研究式教学方式，加强现场教学基地建设，分别在多个镇（乡）、大中型企业、特色示范村建立教学联系点，实践“把课堂办到社会中去”的理念，为拓宽学员视野、交流实践经验提供平台。配合南通党校“沿海开发专题”现场教学活动，对原有路线改进和完善，增设许多有亮点和特色的现场教学点。强化培训管理，制定实施学员守则和考勤、生活管理、考试考核等具体的规章制度，抓好落实，准确全面地记录和量化评估细则，全面反映学员在培训期间的具体情况，并把综合评估结果在一定范围内进行通报，受到领导和学员的好评。

【科研资政】 市委党校坚持本土化取向，提升科研资政水平。组织教师深入基层、农村和重点企业，围绕全市经济社会发展的重点、热点、难点问题开展调研，并形成制度，要求专兼职教师每月下基层调研不少于4次，每月形成1篇调研报告，并与年终考核挂钩。开展“科研攻关年”活动。把习近平总书记系列讲话作为党校科研的重点，结合党校课堂教学和理论研究实际，开展专题研究，形成一批与党校教学、理论宣传相结合，富有党校特色的研究成果。充分利用《市情调研参考》平台，为市委、市政府以及相关部门提供决策咨询参考。全年刊出《巧做加简承除法，对接上海自贸区》《加快推进启东新型城镇化进程的调研报告》《启东市村级公共服务中心建设与运作研究》等调研报告共6期。其中《加快推进启东新型城镇化进程的调研报告》获南通市第三届学术大会论文三等奖。

2014年，全校专兼职教师在各级杂志上公开发表论文40多篇，其中省级以上17篇，内容涉及现代化建设、农村经济、城镇建设、人口发展、党建等方面；申报立项省委党校研究课题2个，上年立项的3个课题顺利结题。

【队伍建设】 2014年，市委党校以提高管理能力为核心，实施分层、分类、分岗、多渠道、多层次的“全员轮训计划”和“培训策划师培养计划”。建立完善行政管理人员校内轮岗、交流制度，为年轻同志提供锻炼的机会和展示才华的平台。实施培训者培训工程。坚持每月一次教师业务学习和“每月一讲”制度，组织开展“精品课”评比活动，营造争出精品、争上讲台的良好氛围。在2014年南通市党校系统精品课评比活动中，启东市委党校教师获二等奖。组织教师参加由中央党校、江苏省委党校、上海市委党校、上海流通经济研究所等举办的师资培训班，提升教师的业务能力和水平。

（黄云峰）

党校教师开展宗教事务治理情况调研　　（市委党校/提供）

机关党建

【概况】 2014年，市级机关党工委以党的群众路线教育实践活动为主线，全面落实市委党建创新攻坚任务，突出工作重点，抓实关键举措，不断提升机关党建科学化水平。

【思想建设】 强化理论武装。市级机关党工委抓好十八大、十八届三中全会精神、习近平总书记系列重要讲话精神学习，汇编下发学习资料，要求各支部专题活动全年不少于4次。各基层支部认真组织学习，采取专题讲座、辅导报告、讨论交流、主题演讲等多种形式，开展群众路线、群众观点教育，中国梦和理想信念，党性党风党纪宣传教育，强化机关党员党性修养。

组织优秀主题党日评选活动。为提升党员党性修养和综合素质，促进党内组织生活规范化制度化，组织开展优秀主题党日评选活动，52家基层党组织参与申报。其中，公安局举办的“丹心护青奥　警徽耀东疆”先进事迹报告会，老干部局举办的“关爱老干部　情暖夕阳红”系列党日活动等一批活动取得良好反响。

【组织建设】 建强基层支部。市级机关党工委指导部分支部及时做好届中调整、支部升格等工作，选优配强支部班子。严格发展党员工作程序。全年发展新党员19名，转正党员15名。严格党内组织生活，规范“三会一课”制度。健全党员党性分析评议制度，畅通机关不合格党员出口，保持队伍纯洁，全年处置不合格党员3名。

培育机关党建示范点。以“双百”引领工程为契机，组织指导第二批机关党建工作示范点创建活动，先后有16家基层党组织获各层级示范点称号，起到较好的示范引领作用。开展市级机关“一先两优”评比表彰活动，严格程序、好中选优，表彰一批先进典型。

【作风建设】 深化“双联双争”惠民服务活动。市级机关党工委深化机关党员干部直接联系群众制度,围绕建强基层组织、引荐发展项目、办好民生实事等工作重点,完善服务体系、强化服务责任、拓展服务内涵。全年大部分单位普遍开展3~5次的送温暖慰问活动,共计慰问贫困户、老党员、优抚对象等各类群体3200多人次,发放慰问金、物资合计价值80万余元。许多部门在帮扶活动中结合自身职能,发挥优势,在发展村级经济、兴办公益事业、致富群众等方面出路子、引项目,全年共计支持结对村公益事业建设资金20万余元,扶持农路配套设施、便民中心建设、健身场地及器材等公益事业建设,引进扶持多个规模种养项目。

推进社区单位“双创”工作。履行牵头职能,组织指导和督促社区单位参与“双创”,组织季度检查。8月,省爱卫办到启东检查期间,组织社区单位开展环境集中整治、责任路段巡查、创卫氛围营造等工作,为启东市顺利通过检查做出贡献。根据市“双创”总指挥部的要求,先后组织两次创卫工作现场推进会,重点围绕社区阳台棚顶及卫生死角整治,背街小巷和旧城改造区域环境卫生开展巡查,对存在问题集中整改,巩固创卫成果。

推进党员志愿服务活动。贯彻落实统一活动日、在职党员进社区志愿服务的工作要求,组织基层支部结合实际集中开展党员志愿服务活动,各基层支部全年累计开展环境整治、义务劳动、广场服务、政策咨询、扶贫帮困、文明交通值勤等各类集中服务活动100多场(次),参与党员近万人次。

【机关文化建设】 为丰富干部职工的业余生活,11月,市级机关党工委会同市总工会组织举办市级机关专场运动会,其中,11月1~2日举办的乒乓球比赛共有18支代表队120名运动员参加;8日举办的趣味运动会设置拔河、国球接力、带杆跑、趣味保龄球等5个项目,共有16支代表队500多人参加。通过比赛,展示市级机关干部职工良好的精神风貌。

(陈青青)

史志工作

【概况】 2014年,市委党史办(市地方志办)以学习宣传贯彻党的十八大精神为主线,以科学记载历史,服务当代发展为宗旨,围绕全市工作中心,推进史志工作。推进《启东市志(1986~2005)》编修,志稿通过南通市地方志办验收和省地方志办审核备案;编纂出版《启东年鉴(2014)》。

【《启东市志》通过南通市地方志办验收和省地方志办审核备案】 4月,《启东市志》提交南通市地方志办验收。6月,市志验收会议召开。南通市地方志办对志稿的终审意见落实情况进行逐条对照审查,对图照、凡例、综述、史略、编目及版式等方面提出修改意见。12月,志稿通过省地方志办审核备案。

【编纂出版《启东年鉴(2014)》】 《启东年鉴(2014)》设35个篇目、244个分目、1259个条目,共计108.9万字。篇目设置基本延续上年,但根据市年度特点,对部分篇目进行更名、拆分和合并,并新设13个分目。原“人民武装·政法工作”篇拆分整合为“法治”“人民武装 人民防空”2个篇,原“文件”“统计资料”篇合并为“附录”篇,“金融”篇新设“招商银行股份有限公司启东支行”“中信银行启东支行”等3个分目,“教育”篇新设“高等教育”分目,“社会生活”篇新设“老龄工作”“慈善事业”分目,“人物”篇新设“新闻人物”“年度启东好人”分目。强化表格记述,全书共采用75张表格。公益版图片设“重要会议”“大事要闻”“民生实事”“现代农业”“经贸节会”“转型发展”“城乡新貌”“社会事业”8个板块103幅图片,另有随文图片215幅。

【史志网站建设】 在上年开通启东史志网的基础上,学习其他党史、地情网站建设的做法,对启东史志网重新改版,逐步积累网站资料,及时上传信息,增加史志网的可读性和实用性。同时收集整理南通地情网资料、书籍。

【党史党性党风图片展】 在全市党的群众路线教育实践活动中,由市委党的群众路线教育实践活动领导小组、市纪委、市委组织部、市委宣传部、市委党史办联合主办“启吾东疆党旗红——党的群众路线教育实践活动党史党性党风图片展”。市委党史办组织力量收集历史图片,并配以简洁的文字说明。图片展分三个历史阶段,按启东党史大事件为线索,以图文并茂的形式,形象展示启东人民在中国共产

5月,南通市委党史办到合作镇五星村朱永继党史文化工作室调研

(市委党史办/提供)

党的领导下，外御强敌，内抗暴政；艰辛探索，奋发图强；解放思想，改革开放的伟大历史进程。

【史志"六进"活动】 2014年，市委党史办组织开展史志"六进"(进机关、进学校、进军营、进企业、进社区、进农村)活动。年初经过调查走访，答复有关"张成龙墓地石像石兽安置"的来信。为合作镇五星村朱永继党史文化工作室资助党史宣传物资，指导帮助工作室开展党史宣传教育活动。会同市总工会向全市80多家企业发放党史书籍共400余册。配合市新闻信息中心，对曹家镇红楼的历史细节采访调查。

【编写《南通抗战人物传》启东篇】 拟定15个抗战期间在启东有影响力的人物，根据每个人物的特点，详细描写其在抗战期间参加的有关战斗和英雄事迹，配以人物图片。

（黄亦美　曹军华）

档案工作

【依法治档】 2014年，市档案局(馆)坚持在监督指导工作中贯穿档案法制宣传，加大档案法律法规宣传力度，利用报刊、网络、电视等传播媒体以及国际档案日、法制宣传日等重要时间点，组织、开展形式多样的档案法律法规宣传活动，通过一系列的实例证明依法治档的重要性，形成全社会重视档案事业发展的良好氛围。特别是在国家档案局第30号令《档案管理违法违纪行为处分规定》颁布后，局(馆)及时组织开展专题学习，督导各单位、部门全面自查档案管理制度是否健全、履行法定职责是否严格、管理服务是否规范等，提高档案保护的法制意识，坚决预防杜绝档案管理违法违纪行为，促进全市档案事业在法制化、规范化轨道上健康发展。此外，局(馆)严格按照法定权限和程序管理档案事务，全面梳理、认真编制局的行政权力清单，依法公开行政权力及其运行流程，主动接受社会监督。

【档案馆新馆搬迁】 2014年，历时近5年的档案馆新馆建设完成，实现搬迁的预期目标。局(馆)周密部署，精心谋划，高效运作，做到档案馆搬迁安全保密有序。制定周密的搬迁实施方案。为确保搬迁有序，局(馆)多次召开专题会议，研究制定搬迁实施方案，把工作职责落实到各科室、人员。有序开展搬迁。全局工作人员按照各自的任务分工，填写档案箱号、全宗号、目录号、起止案卷号、案卷数量等信息，并封装贴条，标明装具内档案在该全宗内的顺序号，以及到新馆后对应的库房号，确保搬迁工作顺利进行。规范程序，安全第一。制作《档案出库、装车、卸车、入库明细表》，发放到搬迁人员手中，详细说明通道设置、人员分工、搬迁流程以及每辆车运载的档案箱数、档案箱出库装车的顺序等，确保搬迁工作按部就班、忙而不乱、紧张有序地开展。

【馆藏档案数字化】 馆藏档案文件级机读目录建设基本完成。局(馆)自2008年起，开始聘请专门人员对馆藏档案进行文件级目录的著录，前后历时6年，基本实现馆藏档案文件级目录机读数据库的建设。推进馆藏档案全文数字化。工作人员专门对馆藏档案进行检查，并对原数据进行修改，同时加强对扫描工作的监督指导、检验与汇总统计工作。2014年，投入25万元开展档案扫描工作，完成147万页的扫描任务。为完善本馆的数据库，提高计算机查档案的查准率、查全率，工作人员对已完成的馆藏档案的文件级目录查漏补缺，不断完善，并及时做好数据的备份工作。

【国家二级档案馆创建】 新馆搬迁以后，创建国家二级档案馆的硬件条件基本成熟，局(馆)根据实际情况，编制《启东市档案馆创建国家二级档案馆目标任务和责任分解》，将考核标准逐点分解，责任到人，并组织人员到先进市档案馆点对点的学习。为保证按时完成任务，局(馆)争取领导支持，解决经费、人员等问题，并开展档案信息化、部署展览陈列室等前期工作，力争为2015年申报国家二级档案馆打下基础。

【档案接待利用】 2014年，共接待查档4138人次，提供档案资料4251卷(件)，为市经济建设、机关查考、落实政策，调解纠纷、户口迁移等方面提供第一手资料。

【档案信息网改版】 鉴于原启东档案信息网网页设计比较陈旧，并且网站空间委托第三方公司运行维护，保密工作得不到保障，局与市信息中心沟通，对原网站升级改版，并将空间迁移到启东市政府信息机房，保证档案信息网的安全与保密。改版后的启东档案信息网页面布局、栏目结构、信息公开、办事服务等重新设计和排版。新增《启东影像资料》和《启东人文历史》两个栏目，删除原网站已经过时的功能和信息，逐步实现建设网上档案馆的目标。

【档案征集接收】 征集晚清启东比较有名的书法家"沙玉沼先生书法真迹"一幅，填补馆藏空白。收集启东慈善家郁芑生相关资料。年初，局(馆)经多方打听了解，海门一离休干部收藏有郁芑生的相关文史资料，在海门市档案局的带领下，局(馆)在该离休干部家里查阅郁芑生的相关资料，对重要的文史资料进行拍照收集。接收市委、市政府、市药监局文书档案3154件，所有接收材料整理完毕，妥善上架。调剂库房三、四层，作为纪委、组织部、行政服务中心、审计局、编办、房屋交易所等单位的档案用房，解决部分单位库房紧缺的矛盾，制定相应的管理措施，确保库房安全，管理有序。

【开展8号令"回头看"】 自国家档案局第8号令颁布以来，在南通市档案局的指导和部署下，局(馆)迅速在全市范围内开展机关、镇(乡)、人民团体和企业事业单位的宣传、贯彻、落实工作。2014年，局(馆)针对各单位在贯彻落实过程中的有关情况反馈、重点难点问题，开展8号令"回头看"。选取职能工作较为复杂、与民生问题关系密切的住建局、民政局、物价局等近十家单位进行多次实地调研，反复与其沟通，再三推敲修改，数易其稿，严格审批程序，最终形成较为科学完善的机关文件材料归档范围和档案保管期限表。通过此次8号令的“回头看”工作，增强市机关、企事业、镇(乡)及人民团体的档案意识，提高档案材料收集的齐全完整率，提升其档案规范化管理水平，为全面开展全市范围内的文件材料归档范围和档案保管期限表的编制审批工作积累经验。

【全市改制（破产）企事业档案处置】 在新馆启用、档案保管条件得到较大改善的前提下，结合国家档案局第9号令“关于档案馆进馆范围的有关规定”，局迅速将全市改制(破产)企事业档案的处置工作提上议事日程。此项工作牵涉到全市30多家主管部门、近400家企事业单位。依靠主管部门，查阅改制时有关文件材料，理顺改制工作流程，查找相关线索，就全市改制(破产)企事业档案的年代、数量、保存现状、拟采取处置措施等，形成操作性较强的工作方案，推动工作开展。

【档案工作规范测评（复查）】 在局(馆)的推进和指导下，全市机关事业单位的档案工作逐步走上规范化、制度化建设轨道。2014年，市住房公积金管理中心启东管理部申报三星级测评、市水务局堤闸管理所申报二星级测评，市国税局、市国土资源局下属三家基层国土资源所申报三星级复查验收。从年初开始，局(馆)及早部署，协助测评(复查)单位制定迎查计划，安排工作进度，多次上门进行指导和服务，对档案工作中存在的问题和不足进行整改和完善，确保测评(复查)工作完成。

【档案业务指导】 局(馆)及时开展档案业务指导，对相关人员进行专业培训。坚持采取多种指导方式，实地指导、电话沟通，召开座谈会，分批次、分系统开展业务培训，介绍有关人员到档案工作开展较为规范的单位进行参观学习等，力争将业务指导工作落到实处，切实解决有关单位档案业务难题，增强档案工作人员业务技能。拓宽业务指导服务领域，重点推进社区全面“六有”(有专门人员，有规章制度，有分类方案，有较高质量，有完备目录，有安全保障)以来的档案长效管理情况督查，开展农民专业合作社规范建档指导以及宗教活动团体和宗教活动场所档案规范化建设培训。

(郁健飞)

光影金滩 (钮伟钢/摄)

综　述

【概况】 2014年,市人大常委会围绕经济社会发展大局,履行法定职权,发挥职能作用,较好地完成了市十六届人大三次会议确定的目标任务。全年共举行常委会会议10次、主任会议15次,听取和审议"一府两院"专项工作报告18个,组织调研、视察、执法检查30多次。

(施敏霞)

1月8~11日,启东市第十六届人民代表大会第三次会议在市会议中心举行

(市人大办/提供)

重要会议

【市第十六届人大常委会第十八次会议】 1月6日,市十六届人大常委会第十八次会议在启东宾馆启东厅举行。市人大常委会组成人员共26人出席会议。会议审议通过有关辞职事项。

【市第十六届人民代表大会第三次会议】 1月8~11日,市十六届人民代表大会第三次会议在市会议中心举行。会议听取和审议市人民政府代理市长黄卫锋所作的《政府工作报告》、市人大常委会副主任倪国冲所作的《人大常委会工作报告》、市人民法院院长周东瑞所作的《启东市人民法院工作报告》、市人民检察院检察长瞿忠所作的《启东市人民检察院工作报告》,并作出相关决议;审查、批准启东市2013年国民经济社会发展计划执行情况的报告和2014年国民经济社会发展计划;审查、批准启东市2013年财政预算执行情况的报告和2014年市本级财政预算。会议选举徐锋同志为启东市人民代表大会常务委员会主任,黄卫锋同志为启东市人民政府市长。

【市第十六届人大常委会第十九次会议】 1月17日,市十六届人大常委会第十九次会议在启东宾馆启东厅举行。市人大常委会组成人员共30人出席会议。会议审议通过《启东市人大常委会2014年工作要点》和《启东市人大常委会2014年重点工作安排》。

【市第十六届人大常委会第二十次会议】 3月25日,市十六届人大常委会第二十次会议在市行政中心科技楼507会议室举行。市人大常委会组成人员共29人出席会议。会议听取和审议市科技局局长蔡兵受市人民政府委托所作的《关于我市科技创新工作情况的报告》,听取市人大常委会教科文卫工委副主任黄婷所作的《关于我市科技创新工作情况的调查报告》;听取和审议有关人事任免议案和拟任人员供职发言;表决通过有关人事任免事项。

【市第十六届人大常委会第二十一次会议】 5月28日,市十六届人大常委会第二十一次会议在市行政中心科技楼507会议室举行。市人大常委会组成人员共30人出席会议。会议听取和审议市交通运输局局长周惠锋、市水务局副局长黄海荣受市人民政府委托分别所作的《关于我市交通桥梁改造与建设管理情况的报告》和《关于我市水利桥梁改造与建设管理情况的报告》,听取市人大常委会环资城建工委主任姜汉杰所作的《关于我市农村险危桥梁改造与建设管理情况的调查报告》;通过《市人大常委会2014年评议工作实施意见》以及有关人事任免和代表辞职事项。

【市第十六届人大常委会第二十二次会议】 7月9日,市十六届人大常委会第二十二次会议在市行政中心科技楼507会议室举行。市人大常委会组成人员共24人出席会议。会议听取和审议市公安局《关于报请对启东市第十六届人民代表大会代表施冲予以刑事拘留许可的报告》,并作出许可对市十六届人大代表施冲采取限制人身自由措施的决定。

【市第十六届人大常委会第二十三次会议】 7月25日,市十六届人大常委会第二十三次会议在市行政中心科技楼507会议室举行。市人大常委会组成人员共27人出席会议。会议听取和审议市发展和改革委员会主任石光辉受市人民政府委托所作的《关于2014年上半年国民经济和社会发展计划执行情况的报告》,听取和审议市财政局局长杜文华受市人民政府委托所作的《关于启东市市本级2013年财政决算(草案)和全市2014年上半年财政预算执行情况的报告》,听取和审议市审计局局长邓卫星受市人民政府委托所作的《关于2013年度市本级预算执行和其他财政收支的审计工作报告》,听取市人大常委会财经工委副主任卞彩红所作的《关于2013年市本级财政决算和同级审计工作及2014年上半年计划和预算执行情况的初审意见》;听取和审议市人民检察院检察长瞿忠所作的《启东市人民检察院关于2012年以来反贪污贿赂工作情况的报告》,听取市人大常委会内务司法工委主任江林海所作的《关于全市反贪污贿赂工作情况的调查报告》;表决通过市政府有关工作报告、市检察院工作报告以及有关代表辞职和人事免职事项。

【市第十六届人大常委会第二十四次会议】 9月12日,市十六届人大常委会第二十四次会议在市行政中心科技楼507会议室举行。市人大常委会组成人员共31人出席会议。会议听取和审议市农业委员会主任王建石代表市人民政府所作的《关于我市造林绿化工作情况的报告》,听取市人大常委会农业和农村工委主任顾胜豪所作的《关于我市造林绿化工作情况的调查报告》;听取部分由启东市人民代表大会选举产生的南通市人大代表所作的履职情况报告;听取和审议有关人事任免议案、部分拟任人员供职发言;表决通过了有关人事任免事项。

【市第十六届人大常委会第二十五次会议】 9月23日,市十六届人大常委会第二十五次会议在市行政中心科技楼507会议室举行。市人大常委会组成人员共25人出席会议。会议审议有关人大代表辞职事项,决定接受张建飞辞去启东市第十六届人民代表大会代表职务。

【市第十六届人大常委会第二十六次会议】 11月21日,市十六届人大常委会第二十六次会议在市行政中心科技楼507会议室举行。市人大常委会组成人员共29人出席会议。会议听取和审议市沿海办主任石光辉受市人民政府委托所作的关于市沿海开发情况的报告,听取市人大常委会财经工委副主任卞彩红所作的《关于我市沿海开发情况的调查报告》;听取和审议市审计局局长邓卫星受市人民政府委托所作的《关于2014年审计工作报告中指出问题整改情况的报告》;听取和审议副市长叶辉代表人民政府所作的《关于市十六届人大三次会议代表建议、批评和意见办理情况的报告》;听取和审议市城管局局长吴胜昔所作的关于人大评议整改工作情况的报告;表决通过《关于加强市人大常委会同代表联系、代表同人民群众联系的意见》、有关人事任免和辞职事项。

【市第十六届人大常委会第二十七次会议】 12月24日,市十六届人大常委会第二十七次会议在市行政中心科技楼507会议室举行。市人大常委会组成人员共25人出席会议。会议听取和审议市政府常务副市长张建新代表市人民政府所作的《关于2014年度市人大常委会审议意见办理情况的报告》;听取市政府常务副市长张建新所作的关于政府机构改革的说明和《启东市人民政府机构改革实施意见(讨论稿)》;听取和审议关于召开启东市第十六届人民代表大会第四次会议的有关事项,作出相关决定;补选李丹瑾同志为南通市第十四届人民代表大会代表。

(施敏霞)

重要工作

【经济工作监督】 市人大常委会始终把服务大局、促进发展作为人大工作的首要任务,紧扣中心,切实加强对经济工作的监督。

聚焦沿海开发。市人大常委会把沿海开发作为年度工作重点,先后听

11月21日,市人大常委会调研沿海开发情况　　(市人大办/提供)

取市沿海办、吕四港经济开发区等10多个部门的工作汇报和市政府专项工作报告，视察沿海工业、农业、服务业发展和港口开发、园区建设等工作，建议市政府抢抓江苏沿海开发和长三角一体化发展两大国家战略叠加的历史机遇，加快港口建设，完善功能配套，做强载体平台，创新体制机制，走出一条富有启东特色的沿海开发之路，促进沿海港产城融合互动。

支持科技创新。3月，市人大常委会开展科技创新工作专题调研，听取和审议市政府关于市科技创新工作情况的报告，建议市政府及其相关部门提高科技创新工作组织程度，加强政策引导，落实资金支持，增强企业科技创新动力。

助推农业发展。5月，市人大常委会开展农业机械化发展情况的专项调研，常委会第二十九次主任会议听取相关报告，建议市政府及其职能部门完善政策支持体系，培育新型经营主体，强化组织推进。市人大常委会还先后对农产品质量建设、农产品产销对接、农业发展环境、畜禽养殖污染整治等工作开展调研，提出积极可行的建议，有的建议被市政府采纳并于当年付诸实施。

审查计划预算。计划和预算监督是人大常委会行使监督权的重要方面。市人大常委会通过对计划预算的严格审查，推动政府在转变经济发展方式、调优产业结构、统筹城乡发展以及加强财源建设、硬化预算约束等方面加大工作力度，确保全年目标任务的完成。支持审计部门依法开展财政审计，年中和年底分别审议审计工作报告、审计查出问题整改情况的报告，督促市政府加强对财政预算、部门预算、专项资金的审计监督，尤其要把政府投资的重大建设项目、人民群众关心的热点难点问题列入审计监督重点，并跟踪整改到位。

【促进民生改善】 市人大常委会坚持把民意取向作为检验人大监督工作的第一标准，回应民生关切，做到人民群众的关注点在哪里，人大监督的重点就在哪里。

关注危桥改造。为全面了解全市农村危桥改造和建设现状，市人大常委会专题询问公路、航道、海事、农路、交通质监等管理部门的相关工作，组织常委会组成人员察看30多座农村桥梁的改造和建设现场，并考察学习先进地区农桥改造规划、资金筹措、创新管理等方面的经验。5月，常委会第二十一会议听取并审议市政府关于农村交通和水利桥梁改造建设情况的报告，建议理顺全市农村桥梁建设与管护体制，加大建设资金筹措力度，合理确定干支航道等级，快速推进重要河道桥梁建设进程。

5月28日，市人大常委会调研农村险危桥梁改造建设情况 (市人大办/提供)

推进造林绿化。在市十六届人民代表大会第三次会议上，许多代表联名提出相关建议。为把握实际，9月，市人大常委会组织市镇村三级联动调研，多方面了解造林绿化工作的组织开展情况。通过审议市政府的工作报告，建议市政府及其职能部门坚持量、质、效并举，深挖林地潜力，规范养护管理，加大补贴力度，保持强力推进造林绿化的良好态势，全面巩固提高造林绿化工作成效。

重视耕地保护。市人大常委会高度关注耕地保护基本国策在全市的贯彻执行，开展调查研究。10月，市人大常委会第三十七次主任会议在听取市政府相关报告后，建议市政府及其职能部门、各镇(乡)园区提高思想认识，全面理解耕地保护基本国策的战略意义，坚持教育与查处并重、围垦与整治并举的土地开发保护方针，做到思想认识到位、工作责任到位、考核奖惩到位，切实有效地保护好每一寸耕地，保障全市经济建设与社会发展的基本用地需求。

【法律监督】 市人大常委会围绕“法治启东”建设目标，认真开展法律监督，发挥常委会在推进依法治市中的重要作用，促进“一府两院”依法行政和公正司法。

保障法律法规实施。推动和保障宪法及法律法规在当地行政区域的遵守和执行。4月，市人大常委会通过组织前期调研、集中检查、听取汇报等形式，督促政府进一步化解安全生产法贯彻实施中的薄弱环节，落实安全生产责任制，强化对重点行业、重点领域、重点企业的隐患排查和监督检查，做到安全生产警钟长鸣，确保人民群众生命财产安全。此外，市人大常委会开展税收征管法、人口与计划生育法、精神卫生法等法律法规贯彻情况的调研督察，推动政府相关工作的开展。

深化司法工作监督。加强和改进对司法机关工作的监督。7月，市人大常委会听取和审议市检察院关于反贪污贿赂工作情况的报告，在肯定成绩的同时，建议检察机关把上级关于反腐倡廉的部署和要求贯彻到工作的各个方面，切实加强反贪监督体系和侦查能力建设，为推进反腐败斗争持续深入开展、促进党风民风根本好转做出应有的贡献。市人大常委会开展对社区矫正、法官队伍建设、人民陪审员制度实施、检察机关侦防一体化机制建设等情况的调研,提出建议意见。

组织专项评议活动。本着客观公正、民主公开、实事求是、注重实效的原则,组织全市人大代表对市城管局近两年来的工作进行评议。从调研、评议、整改三个环节入手,多方了解人民群众对城管工作的意见,如实指出城管工作不足。市城管局正确对待代表们的评议意见,把整改作为发扬成绩、克服不足、推进城管工作迈上新台阶的契机,制定方案,分解责任,强化措施,扎实整改,增强依法行政能力,提高为民服务水平。

任免"一府两院"干部。坚持党管干部原则和人大常委会依法任免的有机结合,严格按照规范的运作机制任免"一府两院"工作人员。探索加强干部任后监督的途径和方法,提高任命干部的法制意识和公仆意识。2014年,市人大常委会依法任免国家机关工作人员49人次,接受辞职10人次,23人参加任前法律知识考试。

加强信访受理督办。认真对待人民群众来信来访反映的问题,坚持综合分析、统一交办、定期反馈、严格督察的工作机制,畅通渠道,推动问题解决。全年共受理代表和人民群众来信46件,接待来访12批80多人次。通过受理、督办来信来访,增进常委会与人民群众的联系,化解一批社会矛盾。

【履职亮点】 市人大常委会积极探索开展监督工作的有效形式,综合运用多种方法,打好监督"组合拳",务求取得实效,彰显市人大工作特色。

多措并举抓调研。把加强调查研究作为常委会行使监督职权的前置条件,通过听取汇报、座谈交流、问卷调查、实地走访、视察考察等多种渠道,了解掌握实际情况,协同政府有关部门查找差距,提出改进措施。在调研水产养殖业发展情况时,除了听取政府职能部门的工作汇报外,还同相关镇乡联动开展座谈调研,走访多家水产养殖企业,较为全面地掌握全市水产养殖现状,形成情况详实、分析严谨、对策可行的调研报告,在主任会议上向政府提出有针对性的建议。

明察暗访摸实情。在履行监督工作职能时,有公开视察,有突击检查,力求看实情、听真话、解民忧。为确保消防法的全面实施,常委会在执法检查过程中,深入连兴港渔民棚户区、塘芦港非法加油船、小商品市场、路边大排档等处明察暗访,对查出的火灾隐患提出整改意见,督促有关部门加大监管力度,维护消防安全。同时,针对市消防装备严重滞后、沿江沿海地区消防设施急需增建扩建的实际,历时数月督办,推动相关问题的解决。2014年,汇龙镇消防中队的装备得到较好改善,圆陀角消防站开工建设,吕四一级消防站进入竣工验收阶段。

即时整改促落实。对于在调研检查过程中发现的问题,及时、实时督促解决。食品安全历来为广大人民群众所关注,常委会组织有关机构联合行动,多次检查食品安全法执行情况,督促有关部门对违法违规行为逐一进行查处,把监督的过程变为解决问题的过程。通过边检查边整治,发生在某些领域的食品安全隐患得到有效控制和及时排除。

持续跟踪问效果。对一些重点监督议题,本着一抓到底的务实精神,持续多年予以监督。如2014年度市人大常委会听取和审议的农村险危桥梁改造这个议题,为2003年市十四届人大一次会议确立的大会议案。在市人大常委会监督下,市、镇两级政府高度重视议案办理工作,每年都把改造建设农村桥梁作为重要的民生工程组织实施。经过十多年的努力,危桥改造和农路桥梁建设成果明显,全市农村桥梁安全性总体巩固,通行能力全面提升。

专题询问常态化。积极探索,勇于实践,推动专题询问这一刚性监督手段从尝试逐步走向常态。常委会结合审议市政府相关报告,多次有计划、有组织、有准备地开展专题询问。常委会组成人员与政府职能部门负责人坦诚相对、有问有答,使得诸多疑问在询问中化解,共识在互动中形成。专题询问问出担当、问出成效,在问答聚焦度、互动深度上比上年更进一步,询问更具针对性,过程更规范,监督实效增强。

审议意见"回头看"。首次对政府办理当年度常委会审议意见情况进行"期终考试"。市人大常委会会议听取和审议市政府关于办理落实2014年度人大常委会审议意见情况的报告,并进行满意度测评。这一举措增强"一府两院"对常委会审议意见的重视程度,提升常委会审议效果。

【发挥代表作用】 市人大常委会切实把代表工作放在重要位置,为代表履职创造条件,为代表发挥主体作用提供舞台。

组织代表学习培训。把学习培训作为提高代表素质的重要抓手,指导各代表小组采取集中学习、专题讲座、交流心得等形式,组织代表学习法律和人大业务知识。在此基础上,开展市镇两级人大代表履职培训活动,邀请专门人员编撰辅导材料,赴各镇(乡)开展巡回宣讲,提高代表的人大知识水平和履职能力。

丰富代表活动内容。组织代表参加常委会专题调研、执法检查和工作视察,每次常委会会议均邀请6名市人大代表参加,拓展代表参与常委会工作的空间。注重引导代表小组到农村、街道、社区开展活动,做到出席有记录、活动有档案、调研有报告。首次组织开展"代表回选区访选民评部门"活动,1500多名代表回到选区,听取选民意见,对政府相关部门进行评议,有效提高代表参与国家事务和民主监督的主动性、积极性。

拓展代表履职平台。结合"人大代表之家"建设,开展"代表接待选民"和"代表向选民述职"活动。2014年,近300名代表参与接待选民1000多人次,100多名代表向选民进行述职。组织政情通报活动24次,各镇(乡)政府领导向代表通报相关工作情况,并现场答复代表的提问。开展常委会领导接待代表日活动4次,收集建议意见40多条,这些意见经分类整理后,分别转交给市政府有关职能部门研究处理。

改进代表建议办理。改以往由人代会后"集中交办"为会中、会后相结合及时交办;改"集中过堂"的督办方式为分片、分口跟踪督办。强化对建议落实情况的督察,要求承办单位对承

诺解决的事项，落实解决后及时向代表回复，并请代表对落实情况进行评价。对往年积存的建议实施滚动办理，提高落实解决率。制定《启东市人大代表建议办理工作考核评分办法》，对各承办单位办理工作情况进行考核，并将结果运用于市级机关效能建设综合考评。

【自身建设】 市人大常委会深入开展党的群众路线教育实践活动，以坚定理想信念、切实转变作风、提高党性修养为重点，推进常委会及其机关的自身建设。

践行群众路线，转变工作作风。市人大常委会召开专题民主生活会，以整风精神开展批评与自我批评，针对“四风”在人大工作中的具体表现，切实抓好整改落实，以实际行动取信于民。通过深入开展党的群众路线教育实践活动，常委会及其机关的宗旨意识增强，保障群众合法权益、维护社会公平正义的价值取向体现，人民群众有序参与人大工作的渠道拓宽，人大机关联系服务群众的长效机制巩固。

深化建章立制，推进长效管理。结合人大工作实际和群众路线教育实践活动中征集到的问题，修订完善学习、履职、调研和联系群众的各项制度，先后印发关于进一步加强和改进调查研究及机关内部学习、财务、用车、接待、勤政廉政考评制度等。注重对常委会各项制度和议事程序执行情况的监督检查，形成用制度管人、按制度办事、保障机关高效有序运转的良好局面。

加强上下沟通，形成联动合力。自觉接受上级人大常委会的指导和监督，配合做好执法检查、调研、视察等相关工作。开展与人大系统兄弟单位的交流和联系，共同探讨做好新形势下人大工作的有效途径。加强对基层人大工作的指导，邀请镇(乡)人大和园区、街道人大工委负责人列席常委会会议，不定期召开人大工作交流会，促进全市人大工作整体水平不断提高。

(施敏霞)

建议办理

【概况】 市十六届人大三次会议期间，代表们紧扣市经济社会发展大局和人民群众关心的热点问题，履行代表职责，建言献策，提出许多宝贵的建议意见。会后，经市人大人事代表工作委员会整理并移交市政府及各职能部门办理的建议、批评、意见(以下简称建议)共206件，其中经济发展方面12件，城建交通方面78件，农业和农村工作方面46件，科教文卫方面29件，民生保障和社会治安方面28件，其他方面13件。在市人大常委会的监督、指导下，在人大代表的支持、配合下，经过各方面的共同努力，所有建议均已按时办理完毕。所提问题已经解决或基本解决的90件，占43.7%；所提问题正在解决或已列入计划准备解决的102件，占49.5%；所提问题因受当前条件限制或其他原因只能待后逐步研究解决的11件，占5.3%；所提问题按当前政策暂不具可行性留作参考的3件，占1.5%。从反馈意见看，代表们对市政府及各承办单位办理工作的过程和结果给予充分肯定，初次答复满意率达99%，二次满意率达100%。

5月21日，市人大机关开展群众路线教育实践系列活动　(市人大办/提供)

【重点建议办理】 1.关于汤辉等代表提出的《关于全面加快造林绿化工作的建议》

市政府办理情况：市政府高度重视市绿化造林工作。创新造林模式，确保质效并举。采用租地造林的方式，解决造林用地瓶颈；加强企业化运作，提高造林绿化档次；通过政策引导，推进合作造林，实现企业与农民双赢。全年新增造林面积5200公顷、城镇绿地面积77万平方米。提供资金支撑，加强技术指导。2014年共计投入造林绿化资金1.7亿元，流转土地近4000公顷，进一步丰富造林绿化品种，选派技术人员全过程指导，聘请专业绿化监理公司进行现场监理，省核查新造林合格率达99.7%。健全管护机制，强化督察考核。市政府专门下发《关于加强林木管理与保护的通告》，镇(乡)园区均成立林木管护队伍，通过强化管护举措，落实管护责任，加大考核力度，形成有效管理机制。

2.关于沈衍冰等代表提出的《关于加强城市公共配套设施建设的建议》

市政府办理情况：近年来，市高度重视城市基础设施建设，年均投入近25亿元，打造宜居城市。不断完善城乡规划体系。近几年相继编制农贸市场、医疗卫生设施、教育设施、养老设施、城市综合交通、绿地系统等专项规划，2014年又编制专业市场、环卫设施、城市排水防涝等专项规划，使城市基础设施在用地空间上得到保证。加快攻坚突出问题。城市核心区停车问题逐步解决，少年宫地下停车场交付使用；文峰二期、人民医院病房楼等项目都规划地下停车场；针对民乐路交通拥堵、停车难等问题,已委托南通市政规划设计院进行道路改造方案设计。城区排涝体系不断完善,完成长龙路、城河建材街等重点路段管网疏通改造;对居民反映强烈的城河新村、供电小区等老旧小区的65处排水管网节点进行改造。农贸市场建设强力推进,城东农贸市场主体结构封顶;松花江路、克明、台角等农贸市场完成规划方案设计;引进邻里中心建设理念,打造集商业、文化、体育、卫生、教育等于一体的"居住区商业中心",为百姓提供"一站式"服务,至2014年末,城东邻里中心即将竣工,城南邻里中心施工图设计完成,进入招投标阶段。拓展资金投入渠道。加大公益性配套设施财政投入力度,对经营性配套设施项目,通过委托经营、投资补助、政府购买服务等多种形式,吸引社会资金参与投资、建设和运营,走投资主体多元化、建设行为市场化的新路子。

3.关于汤辉代表提出的《关于县级公路实施亮化工程的建议》

市政府办理情况:近年来,市顺应沿海开发的迫切需求,实施公路建设大会战,干线公路网络已初步形成。至2014年末,市已建高速40公里,一级干线公路268公里,二、三级县乡道470公里,四级农村公路4000公里,交通条件得到改善。随着人们对交通出行的舒适度要求日益提高,市加快实施公路亮化工程。抓住关键,重点推进。沿江公路、吕北公路、221线、336线大兴路口以西段、通海大道、南海公路221线至滨海园区段、临海高等级公路等共计232公里道路实施亮化工程。科学规划,循序渐进。市政府将拟订路灯建设实施计划,对地方管辖的未亮化的500多公里干线公路,分期分批组织实施。对农村公路,按照村组织规模、实际需求等情况,科学论证,稳步推进。规范建设,高效运行。统一标准,依法规划建设,确保质量一流;严格管护,建立长效管理机制,确保亮化工程长期运行。

4.关于黄燕燕等代表提出的《关于强化城市物业管理工作的建议》

市政府办理情况:为切实提升全市居住小区物业管理整体水平,市政府领导多次深入调研,专题研究破解难题。理顺管理体制,强化服务保障。加强属地管理职能,在汇龙镇,开发区,南、北街道办成立"物业管理办公室",配备专职人员,搭建"三位一体"管理网络。促进物业职能下沉,成立专业物业管理队伍,配备20多名管理人员、100多名保洁人员,财政补贴200多万元,确保城区小区均纳入管理范畴。强化业主自治,助推物业企业发展。扎实开展业主委员会成立和换届工作,市区成立业主委员会67个,完成率达90%。提升物业服务社会化水平,200多人取得物业管理上岗(再教育)证书,新成立乡镇物业企业3家,扶持银洲物业提档升级,林洋永高物业等打造高端物业项目。强化培训、检查,规范行业管理。召开"全市社区物业管理工作培训会议",指导及时化解物业管理难题,提高物业监管能力。成立考核督察组,累计对10余家物业企业下达限期整改意见120多条,撤销7家企业的从业资质证书。建立物业管理满意度测评制度,发放满意度测评表1000余份。协调解决12345热线有关物业管理工作方面的投诉和问题每年达3000件。

5.关于吴凤云等代表提出的《关于整顿二手车马路市场的建议》

市政府办理情况:二手车市场建设是创卫创模的需要,也是为市民营造良好秩序空间的需要。釜底抽薪,建设推进。旧机动车交易市场建设纳入启东市商业网点规划,选址市车管所东侧,一期总投资1.2亿元,设立标准停车位210个。至2014年末,环评、安评、审图等一系列手续均已完成,已经全面开工建设。专项整治,长效管控。开展机动车停放专项整治工作,市政府召开协调会,市双创办牵头,公安、城管、工商等部门集中行动,加大对二手车经营主体管理力度,对无证无照二手车经营户进行清理。

6.关于陈向阳代表提出的《关于进一步完善我市建设工程招投标管理办法的建议》

市政府办理情况:市政府多措并举,完善政府投资建设工程项目的监督管理。探索创新,确保招标质量。小项目全面实施资格后审制度,针对特殊情况,按程序开展资格预审,探索采用综合保证金制度,对2000万元以上工程项目即采用综合评分法,为招到优秀施工队伍、确保招标质量作了有益尝试。严格市场准入,营造良好市场环境。依法依规,加大市场准入管理力度,学习研究、吸收完善市场准入相关文件,建立健全注册备案制度,创新监管手段,营造公开公平公正的市场环境。加强动态管理,监督企业行为。出台《关于贯彻落实<关于进一步加强政府投资建设工程项目监督管理的意见>的实施细则》,明确责任,细化奖惩,建立信用台账,并把信用管理的成果应用于招投标活动。制定施工负责人、法人等开标到场制度,加大对项目管理团队的出勤考核,杜绝借资质、挂靠等现象。

7.关于黄新辉等代表提出的《关于头兴港河实施河堤保护工程的建议》

市政府办理情况:头兴港河是市重要的航道,市政府认真分析建议中河段塌方的现状和原因,推进修复保护。加强属地管理。2013年,合作镇实施曹家镇地段1644米护岸工程,投入142.3万元;2014年,南阳镇实施东昌镇地段300米护岸工程,有效维护沿河百姓的生命财产安全。加强部门联动。交通局2010年实施头兴港河南段6公里护岸工程,投入3000万元,2014年实施头兴港河中段7公里护岸工程,投入5000万元;水务局2014年实施头兴港河南阳镇永兴村地段144米护岸工程。加强规划推进。市政府做好规划部署,根据实际需求,统筹安排,推进市内主干航道护岸工程的实施,杜绝零星建设,节约使用好财政资金。

8.关于陆健代表提出的《关于进一步加强城市违停现象管理的建议》

市政府办理情况:近年来,市四轮机动车以年均1.6万辆的速度猛增。2014年,市开展集中整治行动,依法查处机动车辆违停行为1万余例,牵引妨碍道路交通通行的违停车辆近百次,整治违法停车行为已成为常态工作。公安部门结合城区道路交通管理实际,深化城市交通"治乱保畅"工作。编制规划,整体布局。研究确定城市停车总体发展规划、公共停车设施布局和规模，明确建设序时进度，加大督察检查。因地制宜，在背街小巷、次要道路或住宅楼空隙地带增设临时停车位，缓解城区停车矛盾。强化宣传，倡导文明、绿色出行。多渠道、多方式宣传交通法规，加大违章停车曝光力度，形成文明停车的良好氛围，引导以公交、公共自行车为主的出行方式。严格管理，加大整治力度。落实“门前三包”措施，通过集中整治、监控设备实时抓拍等手段，加大查处力度，增强管理效果。

9.关于高红宇等代表提出的《关于扶持农村社区卫生服务站建设的建议》

市政府办理情况：近年来，特别是新一轮深化医疗卫生体制改革以来，财政对医疗卫生事业的投入大幅提升。基层医疗卫生机构硬件设施不断完善。2011年以来，市财政共安排3000万元，开展村卫生室达标改造，累计改造村卫生室111家，2014年建成48家省示范村卫生室，改善全市基层医疗卫生机构服务环境，提升服务能力。乡村医生队伍建设得到加强。鼓励“退休、退职返聘”，要求乡镇卫生院尽量调剂合适的医护人员到卫生服务站工作，启东市与南通体臣卫校联办乡村医生专科班，计划三年培养180名乡村医生，2013年已招收25名，乡村医生青黄不接问题有望得到缓解。建立合理的收入增长机制。下阶段，市政府着手研究乡村医生待遇增长机制等问题，激发工作积极性，稳定乡村医生队伍。

10.关于沈冬梅代表提出的《关于加强农村公办幼儿园师资队伍建设和管理的建议》

市政府办理情况：农村学前教育的发展决定市学前教育发展的质量和水平，市政府提升农村幼儿教育质量。持续规范公办幼儿园管理。2014年，市制定《关于加强镇乡（园区）公办幼儿园管理的意见（试行）的通知》，理顺学前教育管理机制，明确增强发展动力、加强长效管理等方面的工作内容。加强队伍建设。2010年至今，市委托培养定向幼儿园教师100多人；近3年，公开招录公办幼儿教师120多人；另外，通过调用符合幼儿园教师任职条件的中小学富余教师，逐步建立起一支年龄结构、学历结构合理的幼儿教师队伍。建立多层次、多形式的培训体系，鼓励和支持农村幼儿教师提高学历、素养，加快骨干教师队伍建设。提高待遇保障。全面推进园长、教师资格认定制度和聘用制度，优化农村幼儿教师队伍。保障编外教职工的合法权益，逐步提高编外教职工待遇。

2014年度人大代表优秀建议

表8

序号	建议号	建议标题	建议人
1	001号	关于加快推进“港产城”融合互动发展的建议	华伟等13名代表
2	002号	关于全面加快造林绿化工作的建议	汤辉等11名代表
3	003号	关于进一步加强我市基本公共体育服务体系建设的建议	施仲元等10名代表
4	004号	关于加强城市公共配套设施建设的建议	沈衍冰等10名代表
5	048号	关于整顿二手车马路市场的建议	吴风云代表
6	056号	关于解决金恒花苑小区停车难的建议	陆爱华等2名代表
7	070号	关于大力整治住宅小区餐饮业和防治餐饮业油烟的建议	姜汉杰等3名代表
8	075号	关于提高兴垦外围一道堤标准的建议	顾邦祥等8名代表
9	082号	关于主动对接上海自贸区的建议	潘双林等9名代表
10	098号	关于进一步加强城市违停现象管理的建议	陆健代表
11	114号	关于扶持农村社区卫生服务站建设的建议	高红宇等7名代表
12	115号	关于抓好农村流动厨师管理保障群宴食品安全的建议	陈惠代表
13	125号	关于尽快出台《关于加强公办幼儿园管理工作的实施意见》的建议	秦建新等6名代表
14	146号	关于进一步加强老年公寓建设的建议	江林海等5名代表
15	173号	关于进一步加强农村沟河水面养殖开发利用的建议	顾胜豪等3名代表

（施敏霞）

重要会议

【十六届市政府第五次全体（扩大）会议】 3月13日，十六届市政府第五次全体(扩大)会议召开。市委副书记、市长黄卫锋讲话。会议要求全市上下认真贯彻落实市委十二届六次全体(扩大)会议和市十六届人大三次会议精神，动员政府系统全体人员认清形势、理清思路,突出重点、落实举措,全力冲刺首季“开门红”，确保完成全年各项目标任务，不断开创政府各项工作新局面。

会议指出,2014年是贯彻落实中共十八届三中全会精神、全面深化改革的开局之年,也是实现“十二五”目标的关键一年。会议要求全市上下一要树信心、下决心,锁定目标争地位。要未雨绸缪明“压力”,咬定目标增“潜力”,迎难而上激“动力”，进一步坚定信心,抢抓机遇、务实奋进,确保各项工作迈上新的台阶。二要育亮点、攻难点,重点工作求突破。要在核心指标上一马当先。在项目建设上一着不让。推进项目抓进度、紧盯项目抓落地、攻坚项目抓服务。在城乡建设上一鼓作气。加大动迁安置力度，加快城乡建设进度,加强城市综合管理。在民生改善上一以贯之。加快项目推进速度,加大实事宣传力度,加强社会治理。在开局工作上一刻不松。工作要抢,效果要好,氛围要浓。三要强效能、重效果,转变作风抓落实。增强大局意识,强化责任意识,树立服务意识,提高自律意识,以求真务实的精神推动作风转变,以作风转变的新成效推动各项事业发展。会议要求全市上下要解放思想、振奋精神,奋发进取、扎实工作,以坚定的信心、昂扬的斗志、务实的举措,为奋力开启全面小康社会建设新征程做出新的更大的贡献。

【十六届市政府第六次全体（扩大)会议】 10月24日,十六届市政府第六次全体(扩大)会议召开。市委副书记、市长黄卫锋讲话。会议要求全市上下深入贯彻落实省、南通市政府全体会议和启东市委十二届七次全体(扩大)会议精神,认清形势,把握全局,抓住关键,攻坚克难,冲刺四季度、决战保全年。

会议辩证分析2014年以来全市经济运行情况。从新常态中高速的特征来看,全市经济增速放缓,实际增量依然可观；从新常态优结构的特征来看,全市经济结构调整困难,优化升级成大势所趋；从新常态新动力的特征来看,全市增长动力不够强劲,发展活力不断增强；从新常态多挑战的特征来看,全市发展大局稳健,潜在风险不容忽视。会议指出,四季度是冲刺全年目标的最后关口，也是决定全年工作能否实现“满堂红”的关键阶段。全市上下要围绕市委“打好八大攻坚战、实现八大新突破”的总体部署，再鼓干劲、再加压力、冲刺决战,奋力夺取全年各项工作的全面胜利。要把稳定经济作为首要任务,争完成、稳企业、保要素、抓改革,全力以赴保增长;要把项目建设作为关键支撑,迅速推项目、精心谋项目、合力攻项目,全力以赴抓投入;要把城乡建设作为工作重点,加快中心城区建设、交通工程进展、动迁安置步伐,全力以赴抢进度;要把民生幸福作为核心追求，更大力度办好为民实事、保护生态环境、维护社会稳定,全力以赴促和谐。

会议强调,2015年是“十二五”收官之年,也是“十三五”谋划之年。全市上下要准确把握改革发展稳定的着力点、短期目标与长期发展的平衡点、经济社会发展与人民生活改善的结合点,努力找准全市当前和今后一个时期发展的定位、目标、思路和举措。要深入研究新一轮启东发展的新定位,精心谋划战略重点,切实加强调查研究。

会议还强调，作风和廉政建设关乎事业成败,决定精神状态,反映执行能力,影响工作成效。政府系统要担当重任、跨越前行,必须坚持法治思维,强化自身建设,进一步转变工作作风,咬定目标不放松,一着不让抓落实,齐心协力促跨越。要切实改进工作作风,强化从严从实的作风建设，树立求真务实的工作作风，常怀廉洁自律的敬畏之心。要切实转变政府职能,强化依法行政，提升服务成效，坚持诚实守信。要切实强化责任落实,责任落实到人,效能监察到位,考核严肃认真。

【市政府常务会议】 全年十六届市政府共召开常务会议9次。

十六届市政府第21次常务会议讨论《关于进一步加强政府投资建设工程项目监督管理的意见》《启东市安

全生产领域联合执法实施意见》、市政府全体（扩大）会议方案，听取关于全市农村造林绿化进展情况汇报，研究关于国有资产监管体制完善、关于镇、园区财政管理体制调整等问题，并对有关会议精神进行学习。

十六届市政府第22次常务会议讨论《启东市生态文明建设清水工程行动计划(2014~2016年)实施方案》《关于进一步加强全市海洋渔业安全生产工作的意见》《关于进一步促进创业带动就业和建设创业型城市的意见》《启东市征地补偿和被征地农民社会保障办法》、启东市城市消防规划2014年度实施计划，听取关于调整市城乡居民养老保险有关政策、关于2014年部门预算编制情况、关于民办养老机构用地改变用途变更土地使用者名称办理手续的建议情况的汇报。

十六届市政府第23次常务会议讨论《关于开展“服务业企业质量提升年”活动的意见》《启东市农村河道长效管理实施办法》《启东市镇乡(园区）公办幼儿园管理暂行办法（试行)》《启东市义务教育管理共同体组建实施方案》。

十六届市政府第24次常务会议讨论《启东市大气污染防治行动计划实施方案(2014~2017年)》《启东市重污染天气应急预案》《启东市城市综合管理案件接处工作规程(试行)》《启东市居民家庭经济状况核对办法》《启东市社会养老设施布局专项规划(2012~2030)》《启东市交通重点工程农村房屋拆迁补偿安置办法》，研究关于开展城市危房和老旧房屋安全排查治理工作问题。

十六届市政府第25次常务会议讨论《启东市集中开展安全生产检查整改专项行动工作方案》《关于集中开展以保障环境质量为重点的环境保护专项行动实施方案》，听取关于2014年上半年城建、交通重点工程进展情况的汇报。

十六届市政府第26次常务会议讨论《启东市深化医药卫生体制改革建立现代医疗卫生体系实施意见》，听取关于加快推进市教育现代化建设情况的汇报。

十六届市政府第27次常务会议讨论《关于调整城镇居民医疗保险筹资标准问题》《启东市人民政府和华东理工大学联合组建功能材料研究院产业基地合作协议》《启东市2015年度农村水利建设实施意见》，听取关于当前经济形势情况、关于全市行政诉讼案件情况、关于崇启交界至启隆乡仙鹤村岸线整治工程情况、关于当前安全生产工作情况的汇报。

十六届市政府第28次常务会议讨论《关于进一步推进简政放权深化行政审批制度改革的实施意见》、2014年启东市“东疆英才计划”资助对象和“杰出人才成就奖”“高技能人才贡献奖”“优秀农村实用人才奖” 表彰对象名单、《启东市砖瓦窑业企业专项整治实施方案》《启东市城市管理相对集中行政处罚权工作向建制镇和园区延伸实施方案》，听取关于当前安全生产工作情况以及有关案件的汇报，并对新修订的《中华人民共和国预算法》进行学习。

十六届市政府第29次常务会议讨论《关于实施发展村级集体经济物业项目财政补助的意见》《启东市生产安全事故应急预案》，听取关于进一步加强基层安监机构建设情况、关于2014年新农合工作情况和2015年新农合筹资方案情况、关于2014年启东市科学技术进步奖评审情况、关于市长质量奖评审工作的汇报。

（高 飞）

重要政务

【概况】 2014年，市政府较好完成市十六届人大三次会议确定的各项目标任务，全市经济社会保持良好的发展态势。全年实现地区生产总值739.13亿元，比上年(下同)增长10.6%。财政总收入168.4亿元，增长20.7%；其中公共财政预算收入67.25亿元，增长14.9%。全社会固定资产投资483.41亿元，增长18.7%。社会消费品零售总额285.91亿元，增长11.9%。城镇居民人均可支配收入31708元，农村居民人均可支配收入16762元，分别增长9%、11%。在全国县域基本竞争力百强县(市)中排名升至第37位，列中国中小城市综合实力百强第43位。

工业经济提质增效。全年实现规模工业产值1500.11亿元，增长10.2%；五大产业集群、新兴产业分别完成产值880亿元、558.95亿元，分别增长16%、20.7%。

现代服务业加速发展。全年实现服务业增加值301.55亿元，增长13%，占地区生产总值比重达40.8%。完成应税销售370.2亿元，增长26.9%；实现入库税收33.7亿元，增长20%，增幅列南通各县市第一。

现代农业稳步推进。全年实现农业总产值122亿元，新增扩建农业项目208个、高效农业面积13.3万亩。实现农产品出口额1亿美元，位居南通各县市前列。

项目建设持续强化。开展重点工作“听看考”活动，落实市领导挂钩园区工作机制，完成工业投资301.94亿元，增长10.7%。

平台载体加快建设。全市八大园区完成基础设施投资40.7亿元，园区承载能力有效提升。启东经济开发区在省级开发区综合评价中名列第三。吕四港环抱式港池进港航道基本完工，渔港经济区品牌体验馆、海鲜一条街完成规划设计。滨海工业园教育、商业等配套功能有力提升，博士创业园入驻科研机构10家。滨江医药化工园深入开展环保、安全专项整治，实施污水处理厂提标改造工程。海工船舶工业园中心功能区加快建设，西功能区人才公寓、商业街全面开工。江海产业园规划展示馆开工建设，通航产业园通用机场报批有序推进。

科技创新步伐加快。实现高新技术产业产值678.71亿元，占规模工业产值45.2%；全社会研发投入占地区生产总值比重达2.4%。

重点改革稳妥推进。建立公布“5张清单”，取消、整合行政审批事项247项，全面取消非许可行政审批；向北新、近海、寅阳三镇下放事权196项；推进城市管理、环保执法向基层延伸；工商注册登记便利化改革全面实施。机构改革顺利完成，部门职责有机整合。

对外开放力度加大。成功举办国

际经贸洽谈会、科技节，开展港口开发、城市建设、新兴服务业、现代农业等专题招商，组织招商突击月活动，全年新签约亿元以上项目72个，达成意向投资568亿元。实现进出口总额30亿美元，其中出口总额22.5亿美元。

对接上海深度融合。“139”工程课题研究形成最终成果，上海市人民政府发展研究中心启东基地正式揭牌。持续推进沪启园区合作，积极承接上海产业转移，与上海祝桥、桃浦等地区建立合作关系，全年引进上海企业32家，总投资105亿元。

城市功能不断提升。完善城市规划体系，供热、排水等专项规划完成编制，蝶湖片区、创新型经济园等重要节点完成设计。城市环线路网基本形成，城市景观不断美化，城市配套功能得到加强。

基础设施日趋完善。宁启铁路启东段、海启高速启东段开工建设，临海高等级公路竣工通车，通吕运河、头兴港河护岸工程基本完工，连兴港闸外迁工程开工建设。公交智能平台投入使用，城东客运站启用。城市污水处理厂三期主体工程完工。完成干线公路亮化62公里、农村公路安保达标工程1000公里，改造险危桥梁129座。疏浚横河、民沟3100条。

生态环境显著改善。制定生态文明建设规划和生态红线规划，村庄环境整治通过省级全域验收，创卫通过国家级验收，创模创生态顺利推进。实施“清水工程”三年行动计划，水环境质量明显提升。大力开展大气污染防治，空气质量指数列南通各县市第一。

民生实事顺利实施。十大类33项为民实事项目基本完成，全年民生投入占公共财政支出比重达69.4%。

社会事业协调发展。优化配置教育资源，促进教育公平、均衡发展，组建19个教育共同体，439名教师双向流动，向困难学生发放生活补贴938万元。医药卫生体制改革全省先行先试，药品零差价销售全面实行，新农合住院医药费补偿3.1亿元，11.7万人次受益。

社会治理不断创新。率先探索“三强化三提升”工作机制，深入开展“五大专项行动”，着力夯实社会治理基础。“12345”公共服务热线高效规范运行，受理各类事项26万件。

加强政府自身建设。深入开展党的群众路线教育实践活动，认真落实加强自身建设的各项规定，政府效能进一步提升。自觉接受市人大及其常委会的法律监督和工作监督，主动接受市政协的民主监督，认真办理人大代表建议206件、政协委员提案239件。

（高　飞）

民族宗教事务

【概况】 2014年，市民族宗教局围绕新时期民族宗教工作主题，抓少数民族群众致富发展，将党的群众路线教育实践活动与着力解决少数民族同胞的实际困难和问题相结合，鼓励少数民族同胞共同奋斗，共同发展，共同营造民族团结、社会和谐的良好局面；抓宗教事务的依法管理，全力提升全市各级依法管理宗教事务的能力，构建和谐宗教的新格局。

【少数民族群众交流平台搭建】 市民族宗教局针对启东外来流动少数民族商民不断增加的实际，3月，成立少数民族联谊会，在世纪家园社区居委会举行少数民族联谊之家揭牌仪式，架起一座与少数民族群众联系和沟通的桥梁，在推动开展好社区少数民族工作方面发挥作用。指导少数民族联谊会牵头协调，多次召集少数民族商民代表进行研讨，8月，成立启东市清真食品管理协调小组，为在启东经营清真拉面店的新疆、青海、甘肃等商民搭建一个经商、交流、议事的平台。

【少数民族帮扶项目落实】 市民族宗教局根据省民委、财政厅有关文件通知，落实帮扶项目，会同市财政局经过调查、考察、筛选，组织各镇乡开展2014年度少数民族发展资金项目申报工作，选拔申报能促进和带动当地少数民族贫困农户增收的特色种植、养殖业等经营项目，帮助少数民族群众争取项目扶持资金，向上争取到少数民族扶持项目资金30多万元。在启东市南阳镇、合作镇、吕四港镇和北新镇建立四个少数民族创业扶贫基地，并通过专业合作社带动周边少数民族群众增收致富。

【矛盾化解】 市民族宗教局按照“保稳定、化矛盾、办实事”的工作方针，做好少数民族流动商民矛盾纠纷的化解工作。重视事前的教育和防范，坚持定期排查、“敏感时期”重点排查、“共性问题”联合排查和“突发事件”专项排查，及时掌握少数民族群众的思想动态和倾向性矛盾纠纷，坚持抓早、抓小、抓苗头，确保情况早知道，工作早到位，问题早解决。维吾尔族商贩诸如因哈密瓜摊位占道的矛盾、某某设羊肉串摊位引发的矛盾、拉面店引发的矛盾都被及时化解在萌芽状态。

【服务关爱少数民族群众】 市民族宗教局做好少数民族流动人口服务管理工作。会同工商、环保、城管等部门教育引导外来流动少数民族商民、务工人员做到文明守法、诚信经营、服务社会。及时解决他们子女入学、医疗等方面的具体困难和问题。做好少数民族成分变更的审核和中、高考加分照顾政策审核。

【防渗抵邪制度建设】 为维护启东市宗教领域和谐稳定的良好局面，市民族宗教局通过建立登记制度锁住人员上门渗透；建立责任制度明确各层面的责任主体；建立学习制度，提高宗教团体和宗教场教职人员及信教群众的认识和综合素质。2014年，针对团体、场所负责人举办“坚持正信正教，反对邪教全能神”学习班和“认清邪教本质”培训会5次，对信教群众进行爱国主义教育宣传3次。辅以调研、座谈方式，做到逢会必讲，使防渗抵邪意识深入人心，增强宗教界人士各种防渗抵渗的免疫力。

【人才建设】 市民族宗教局指导启东市基督教三自爱国会在人才培养上拓宽思路，与昆山市基督教三自爱国会联手，通过两地的教职人员易地交流任职，指导、培养相结合，丰富他们的工作经历，提升他们的管理能力，为教会培养合格的管理人才。指导佛教协会按相关程序规范办理人才引进申报手续，拟引进3名僧人以充实佛教教职人员队伍。指导基督教三自会加强日常考评和年终考核相结合，提升教职人员综合素质。考核测评结果，作为年度评先评优、优先晋升职级、优先推荐按立、优先送培任用的重要依据，提高教职人员的讲道水平和讲台工作质量。

【宗教场所权证办理】 宗教活动场所的土地权属、房产情况十分复杂，因各种原因造成手续不足而没有领到正式权证。为解决宗教场所土地、房屋办证难问题，保障宗教界合法权益，2014年3月，市宗教局牵头土管局、房屋交易所、住建局等部门召开第一次联合办公会议，就如何解决宗教场所土地、房屋办证难问题进行商讨。4月起，开展全市宗教活动场所的土地、房产等权属基本情况调研工作，掌握第一手确切资料，并根据实际情况分步实施，规范补办宗教活动场所土地、房屋权证程序，为规范补办宗教活动场所土地、房屋权证奠定基础。

【社会主义核心价值观教育培训】 市民族宗教局利用各种主题会议、培训班、座谈会、宗教界慈善晚会、慈善募捐等活动形式，把宗教政策法规学习培训与信教群众文化活动结合。6月10日，在中共启东市委党校举办爱国主义教育培训班；6月17日~18日，南通市基督教两会假座启东市基督教培训中心，举办为期两天的南通市基督教堂(所)负责人培训班；6月24日~25日，市民族宗教局带领全市三个宗教团体和部分场所负责人参加南通市宗教界“宗教政策法规学习月”培训班；7月25日，举办全市宗教界政策法规培训班。利用全市统战系统会议，以会代训向镇(乡)民宗助理辅导宗教理论及政策法规等内容，提高他们的宗教工作业务水平和宗教事务行政执法能力。开展面向社会大众的普法和宗教政策法规宣传，营造宗教政策法规宣传教育舆论声势。

【规范宗教场所财务行为】 6月。市民族宗教局委托市名都会计师事务所开展为期一个月的财务专项检查，重点是2012年1月~2013年12月全市宗教活动场所和宗教团体的财务运行情况，分为自查梳理、专项检查、总结整改三个阶段。检查内容主要是财务人员的从业资格情况；《民间非营利组织会计制度》的执行情况；建立健全人员、财务、会计管理制度情况等。检查结束后，检查组将检查情况作汇总分析，针对存在问题，提出处理意见，将检查情况反馈给相关场所，督促其整改到位，建章立制，使全市31个宗教场所的财务运行走上规范化轨道。

【维护宗教活动安全】 市民族宗教局研究制订宗教活动安全组织工作预案，每逢重大宗教节日或外出朝圣、参学等宗教活动，主动与各爱国宗教团体深入到各宗教活动场所检查指导督促治安、保卫、安全责任制落实情况及事故隐患的排查工作，落实安全工作法人负责制，实行节日宗教活动安全零报告制度，确保节日安全。据不完全统计，春节期间全市宗教活动场所共接待信教群众、游客5万人次，佛教三个“十九”每个观音节，启东市法音寺接待4万多佛教信众及香客。在市政府的部署下，全市10多个部门通力协作，特别是公安部门组织100多名民警和50多名特勤维持秩序，全市31处宗教活动场所春节、观音节等大型宗教活动正常、气氛祥和。5月份是天主教传统朝圣之月，天主教爱国会组织天主教信徒400多人赴佘山、崇明等地朝圣，市民族宗教局及天主教爱国会的分管同志随行参加，确保朝圣活动安全有序进行。圣诞节，市民族宗教局指导两宗教团体和基督教、天主教相关场所进行安全自检，部署安全工作，落实各项安保措施，确保圣诞节宗教活动顺利开展。

【市人大视察助推宗教工作】 2014年6至7月，市人大对市贯彻实施《江苏省宗教事务条例》的情况进行视察。人大视察通过工作汇报、宗教场所视察、宗教场所负责人座谈会和对兄弟县市先进宗教场所的学习参观等形式，对启东市宗教的情况和面临的问题有了更全面和深刻的了解，形成宗教情况专题调研报告。在启东市十六届人大常委会第三十三次主任会议上，听取市政府关于《江苏省宗教事务条例》贯彻实施情况的报告，听取市人大常委会民宗侨台工委关于《江苏省宗教事务条例》贯彻实施情况的调查报告。通过此次人大视察，加强宗教场所和宗教队伍建设，促进宗教活动正常化、制度化、规范化；加强宗教管理，保障宗教事务管理工作依法有效运转；加强教育引导，发挥宗教界人士和信教群众在促进经济发展、文化繁荣、社会和谐中的作用。

【宗教慈善工作】 根据省宗教局、残联及南通市宗教局、残联有关文件精神，2014年9月，市民族宗教局在全市宗教界开展“宗教慈善周”活动。全市三个教组织各场所募捐奉献、走访慰问，各场所积极参与，在第三个“宗

6月，市人大领导调研宗教活动场所　　(市宗教局/提供)

教慈善周”活动中共捐款奉献近6万元，这些善款都用于走访慰问特困家庭，救助急需资助的特殊人群等方面。

(杨润兰)

外事侨务

【因公出国境管理】 市政府外事侨务办(以下简称市外侨办)根据“中央八项规定”要求，草拟启办发〔2014〕33号文件，专题对“八项规定”之一的因公临时出国(境)管理作进一步规范。计划安排更加规范。合理有效利用有限的指标，所有党政团组向招商项目倾斜、向园区倾斜。审批程序更加规范。任何双跨团组必须严格执行预报预审制度，党政领导干部参加因公出国境全部经会办单位会办后报市领导审核，全年共受理出国团组32批，其中自组团5批，双跨团组13批，企业团组9批，赴台团组5批。共办理因公出国(境)62人次，其中党政干部32人次。经费审核更加规范。4月，苏财行〔2014〕5号文件出台后，每个团组都按照新的开支标准严格执行。预防监督更加规范。所有组团做到“三公示”：即事前通过内部网或公开栏如实公示团组信息和人员信息，回国(境)后公布执行情况和出访报告，年终公布出访成果。同时实行团长负责制，每个团组出访前，市外侨办进行行前教育和培训，严肃因公临时出国各项外事纪律。建立国外招商交接班制度，要求赴同一地区的团组，先出访团组必须将拜访客户的具体情况反馈到外侨办，由后出访团组履行相关事宜，以确保出访取得实效。

【外事侨务服务】 *关爱归侨侨眷。*5月起，市外侨办结合党的群众路线教育实践活动，会同侨联的同志通过走访、分乡镇座谈等形式慰问170多户归侨侨眷，下基层、听侨声、暖侨心。

*优化涉外涉侨活动的服务。*5月16日，经市外侨办积极邀请和参与，来自新加坡、韩国、美国、加拿大、澳大利亚、日本等10多个国家和地区客商出席2014中国·启东国际经贸洽谈会。5月14日和11月4日，2014年环崇明岛女子和环太湖男子国际公路自行车赛分别在启东开赛，市外侨办按照组委会安排，为赛事提供优质的外事服务。9月，组织近20家重点侨港资、外资企业家赴沪学转型、觅商机。

*优化为外向型企业的服务。*加大APEC商务旅行卡的宣传和推广，对重点企业做到上门办理，已向上申报APEC商务旅行卡40多张。为太平洋重工、中远船务等企业邀请外国人到华等手续简化程序，实行专办员AB角工作制，保证第一时间审批，深受企业好评。

*优化涉外管理制度。*市外侨办根据上级要求，完善海外非政府组织等涉外部门联席会议工作制度和运行机制，加强外国记者管理及民间组织涉外活动的协调管理，专门制订反恐袭击等涉外案件应急处置办法，明确责任，分头把关，为启东创造安全的外事环境。先后协调2起涉外纠纷。

(尤婷海)

旅　游

【概况】 2014年，市旅游局围绕“全面放大桥港优势，创建优秀旅游城市”的奋斗目标，抢抓江苏沿海开发深入推进和长三角一体化进程不断加快的战略机遇，做大海洋旅游文章，推进智慧旅游建设，提升江海旅游品质，不断扩大品牌影响力，增强产品吸引力，全市旅游产业呈现出良好的发展态势。

【完善旅游业发展机制】 *优化旅游管理体制。*4月，经市委、市政府同意，由33个职能部门组成的启东市旅游委员会(以下简称市旅委)成立。市旅游局通过市旅委这一平台，联合相关部门在体制机制、政策研究、招商引资、项目建设、市场营销、行业管理等方面统筹协调加快推进，形成合力兴旅的良好局面；建立健全全市旅游应急机制，出台《启东市旅游突发事件应急预案》，逐步提升全市旅游应急事态下的协调处置能力。

*完善政策导向功能。*推进启东市旅游产业发展基金的筹划工作，探索加大对旅游项目招商建设、旅游规划编制、旅游聚集区(度假区)建设、旅游景区(点)建设、乡村游建设、创A评星、市场拓展、旅游目的地宣传、旅游特色商品开发推广和优秀旅游人才引进培养等方面的奖励力度。研究出台《启东市旅游企业目标管理考核办法》，调动全社会参与、支持旅游业发展的主动性和积极性。

*完善旅游规划体系。*在《全市旅游产业发展总体规划》的指引下，加快推进重点区域的旅游规划编制工作，推动旅游产业的科学发展。其中，圆陀角旅游度假区总体规划已完成中期成果，恒大、新湖等重大项目控制性规划、修建性详规编制有序推进。吕四海洋风情区渔港小镇概念性设计完成。启隆生态旅游度假岛总规、重点片区概规、控规编制快速推进。惠萍镇果园村乡村旅游集聚区发展规划的编制工作完成。

【旅游项目招商】 市旅游局着力整合各方资源，及时更新、完善和优化旅游招商项目，不断加大招商引资力度，推动旅游产业持续发展。按照年初制定的工作目标，组织形式多样的招商活动，并积极参与各镇(乡)、园区举办的招商引资活动，吸引优质社会资本参与旅游项目开发建设。充分利用“静安—崇明—启东旅游联盟”平台，聚焦上海市场，开展招商推介活动，2014年，累计发放启东招商折页5000多份。多次赴上海、安徽等地，开展招商引资活动，并接待到启东考察的外来客商近20批次。安徽文博园、泰国城、水上乐园、死海、温泉度假村、渔人小镇等一批体量大、前景好的在谈旅游项目工作进展顺利。

【旅游项目建设】 *集聚区建设全面展开。*圆陀角旅游度假区创建江苏省级旅游度假区工作有序推进，区内恒大海上威尼斯酒店、健康中心、饮食中心、国际会议中心、运动中心、娱乐中心、商业中心、儿童欢乐中心内装接

10 月 30 日，市旅游局开展启东旅游进上海社区推介活动　(市旅游局/提供)

近尾声，羽毛球中心、网球中心完成桩基，碧海金沙工程围堰合龙，打造人工沙滩，酒吧、美食街区建设及招商均已启动，观光塔基本建成；新湖长江公园水、电、路等基础配套设施建设全面展开，太阳湖红线范围内开挖完成，体育公园完成练习场的植草和前 9 洞的预处理，并开始场地节点处理及园林绿化培植；吕四海洋风情区成功列入省 2014 年重点旅游项目库，项目地块海洋环评已通过专家评审，海域使用权证办理已经完成。“吕四港海上旅游试验区” 工作协调推进。吕四鹤城公园改造一期工程景观完成工程量的 50%，土方工程完成 95%，绿化种植完成 40%，电气安装完成 50%，二期工程招标启动。海鲜一条街、古镇保护开发方案开始编制。启隆生态科技产业园新村沙度假岛项目完成 18 万平方米建筑，岛内主干道 1 号路完成道路地基处理工程量的 60%；3 号桥工程进行桥面铺装和装饰。

稳步推进乡村游项目建设。全市在建千万元以上乡村旅游项目共 11 个，其中，作为重点打造的乡村旅游集聚区——惠萍镇果园村规划编制结束，土地流转、道路建设、河道疏浚、绿化亮化、村庄整治等工作全力推进，招商工作启动。海复滨海村渔家乐接受省三星级乡村旅游点验收，启动二期建设方案设计。

高效服务特色精品酒店。恒大威尼斯酒店 6~8 层作试运营准备，百悦国际大酒店、博圣酒店营业，蝶湖酒店外装完成 40%、璞邸酒店外装完成，并启动内装，百源酒店即将开工。

推进地热资源开发。委托江苏省地质勘察技术院开展启东地热资源开发前期地质论证工作，会同国土、建设等部门，多次召开成果汇报会，论证工作于 6 月结束，确定汇龙、惠萍、海复等镇 7 个地热开发勘查的有利地段，圆陀角旅游度假区地热资源物探工作通过专家评审，探矿工作加快推进。吕四、江海产业园、汇龙、海复等地启动进一步论证工作。

【宣传推广】 市旅游局聚焦上海旅游市场，开展宣传推介活动，取得良好的宣传效果。

强化区域合作。发挥上海和启东旅游联盟作用，丰富并细化联盟的合作方式和内容，初步实现两地区域内资源共享、市场共享、利益共享。旅游线路及产品“进社区、进楼宇、进广场”营销模式被省内推广。组织旅游企业参加华东旅游风情展、上海世界旅游博览会、海峡旅游博览会等国内各类旅交会，发放启东旅游宣传资料 20000 多份。组织上海旅游业专家多次到启东考察对接，为启东旅游发展把脉问症。主动对接上海国际旅游度假区等平台，在园区开发、招商引资、线路编排等各方面寻求合作和支持。

强化线路整合。统筹、整合重点旅游产品，主动融入周边线路，策划包装精品旅游线路，进行上海及华东地区重点宣传推广。与国内多家旅游旗舰店、自驾游联盟、网上分销商形成良好合作关系，长江沿线游、美食修学游等旅游线路成功拓展至西安沿线。顺应旅游市场飞速发展的需求，编制出版启东美食地图、《乐游启东》第二、第三期杂志，全面投放市场，取得良好宣传效果，编办质量和发行方式得到上级领导和旅游同行一致肯定。

强化营销创新。围绕“智慧旅游”主题，加快建设启东“智慧旅游”平台，启东旅游微博、微信公众号成功开通，已上传启东旅游资源宣传及各类咨询信息 66 期，至 2014 年末，启东旅游微

11 月 21~23 日，市旅游局与江苏交广网举办“跟着爸爸去启东”亲子公益活动　(市旅游局/提供)

信公众号添加人数突破1700人。加强启东旅游网站建设,启东旅游网”启东旅游体验网” 完成升级改版,“启东旅游外文网”投入运行。注重节庆营销与事件营销相结合,成功开展“乐游启东”摄影大赛摄影家采风活动,组织上海、启东两地摄影家在惠萍果园村、吕四渔港、江天生态园分别进行集中拍摄,共征集到启东美景照片300多张。联合教育局,组织开展“我是启东小导游”等活动,共征集到征文150多篇。通过乡村美食节、黄金海滩采黄金、吕四开渔节等活动造势,不断提升启东旅游知名度和影响力。

【规范行业秩序】 推行品质化、规范化、诚信化经营,引导旅游企业转型升级,为建设优秀旅游目的地提供品质保障。

推进旅游标准化建设。不断加大对《中华人民共和国旅游法》的宣传贯彻力度,引导和鼓励相关企业积极开展标准化创建工作。做好导游员年审培训工作,聘请特级导游对全市导游人员在导游服务技能、法律法规、启东历史知识等方面进行集中培训。组织重点镇(乡)村、旅游企业赴泰兴等地,开展乡村游、农家乐考察活动,累计受训人员近200人次。

开展诚信旅游创建活动。组织举办“5·19”国家旅游日广场活动,宣传旅游法,切实维护消费者权益。会同工商、质检、物价、安监等部门,加大旅游市场监管力度,不断提升旅游企业诚信经营水平。

加强旅游安全管理。成立旅游局综合治理和平安建设领导小组和旅游行业平安建设领导小组,制订市旅游局综合治理和平安建设工作计划,与旅游企业签订安全生产责任状。在全市旅游行业组织开展“安全生产月”活动,联合消防、卫生、交通、工商等部门,对旅游安全生产开展联合检查,确保未出现一起安全责任事故和重大旅游投诉。组织开展安全知识培训会,对全市各旅游企业主及分管安全生产工作的负责人进行消防安全、食品安全基本知识、应急求救等培训。

(周健飞)

电子政务

【概况】 2014年,市政府信息中心(以下简称中心)整体规划,合理布局,加强政府门户网站建设,拓展新媒体应用,建设高效视频系统,加强信息公开工作,抓好信息安全管理,强化网络舆情建设,使全市信息化建设上一个新台阶。

【门户网站建设】 2014年,中心每日安排专人及时更新政务要闻、部门动态、镇区动态和市长重要活动等栏目信息,定期发布政府采购、在线访谈、政策解读和民生信息等内容。全年网站共发布19461条信息,年访问量达201万人次。做好专题专栏设计制作工作,制作《慈善助学》《就业服务专题》《2014国际经贸洽谈会》《虚拟养老院服务专题》《2014年民生项目专题报道》《交通服务专题》等专题专栏12个,开设相关栏目120多个,发布信息900多篇,上传图片100多张,向公众展示全市重点民生工作。其中有7个民生专题被南通市政府网站采用,2个专题被省政府门户网站采用。

【民意征集栏目推广】 2014年,市政府通过“中国启东”门户网站向社会公开征集2015年为民办实事项目与启东市“十三五”规划建议,分别征集到70条、25条公众意见,保障公众的知情权、参与权及话语权。

【子网站建设】 根据市政府办公室《关于开展“中国启东”政府网站子网站整合工作的通知》要求,加大部门子网站建设工作,整合网络资源。2014年新增 “统计局”“交通局”“水务局”“档案局”4个子网站,全市门户网站群共有14家子网站,通过统一的内容管理平台实现单点登录、多站点管理和信息多点同步发布,实现政府网站“一站式”服务管理。

【信息公开】 2014年,中心起草相关文件,明确职责,严格考核,突出抓好重点领域和关键环节的政府信息公开。市政府在“中国启东”政府网站上主动公开政府信息7447条信息,其中主动公开政府文件113个,65项政府信息公开事项335条,财政专项资金213条,民生公益信息456条。

【依申请公开】 2014年,中心邀请市法制办相关人员作了信息公开行政诉讼案例分析讲座,有效提高相关人员的政策把握、舆情导控、解疑释惑、依申请办理和应对处置能力。全年市政府收到24起依申请公开,其中纸质信件16起,申请内容涉及征地、拆迁类。研究每一起申请内容,仔细鉴别公开范围,在规定期限内邮寄告知对方。

【完成全市视频会议系统建设】 根据市实际需要,中心借鉴崇川区等地已建成的视频会议系统相关先进经验,经过调查摸底,建设覆盖全市镇(乡)、园区、街道的数字视频会议系统。会议系统实现与启东市委电视电话会议系统、省市电视电话会议系统、南通市政法委视频会议系统的对接与转播。平时作为网络会务系统,在遭遇恶劣气候条件或突发事件时可作为应急指挥平台。在视频会议系统建设的过程中,增加与市水务局和省水利系统的视频会议系统进行对接、与市行政中心室外视频监控对接等的需求。

【电子政务外网网络与信息安全】 市行政中心电子政务外网(党政网)建成并正常运行,但电子政务外网安全方面存在隐患。2014年一季度,中心邀请各安全厂商对电子政务外网安全进行检测、对中国启东网站及其子站进行漏洞扫描,发现一些网络和网站方面存在安全问题,及时采取整改措施,在吸收南通信息中心、港闸区信息中心、上海奉贤区信息化委员会网络安全方面先进经验的基础上,根据市电子政务外网网络安全实际情况,制定《启东市电子政务外网安全防护方案》。为确保电子政务外网(党政网)的网络安全,根据网络安全方面建设的紧迫性,中心按照《启东市电子政务外网安全防护方案》进行第一、二期网络安全建设。2014年度,完成第一期并进行第二期网络安全建设。

【全市信息安全管理】 中心对市部分重要信息系统作全面安全测评。根据扫描报告，向各相关单位发出安全通报，督促、指导、协助各单位做好漏洞修补，系统加固工作，降低系统被黑客攻陷的风险。修订完善市重要信息系统信息安全应急预案，开展两次专项演练。完整呈现应急事件发生、人员设备调配、事件原因排查、事件处置的全流程。通过演练，明确、细化各部门、各责任人的角色划分、职责权限，提高应急团队的安全意识，使其熟练掌握应急流程各环节操作；推进市电子政务外网安全加固建设项目，项目一期工程顺利完成。重点加固“中国启东”网站群，避免网站被恶意攻击或篡改。部署 WAF 应用层防火墙，主页防篡改系统；组织全市范围的党政机关信息安全员专项技术培训，提升信息安全人员的技术素养，增强其应对信息安全事件的能力；加强政府网站、论坛的信息安全监管，净化网络舆论环境。中心专门发文，周密部署。明确要求各单位建立专门组织机构切实加强领导，责任到人；在“两会”“青奥会”“国家公祭日” 等特殊时段建立 24 小时监控，落实安全事件即时报告制度。

【网络舆情管理】 2014 年，中心加强与网民的沟通联系，扩大参与度和开放度。全年发布主题帖 39446 帖，回复 249565 帖，日均 683 帖。民生广场以“问计于民、建言献策”为主题，办好《关注启东》《民生问答》《12345 公共服务热线》等常设板块，探索建设实名制《建言献策》《特色主题》等创新栏目，吸引社会各界人士围绕发展经济、改善民生、建设文明启东、美丽启东发表观点、阐明看法、提出建议、交换意见。各级部门出台事关群众切身利益的重要决策和重大举措，事前在民生广场上发布或公示，征求公众意见，吸纳好的建议；对经济社会发展中的一些热点难点问题，借助实名论坛向社会求策问计；对机关部门的工作，通过实名论坛接受社会评议监督。2014 年，《民生问题》板块总共发帖 4578 次，按期答复 4401 次，超期答复 177 次，未答复 0 次，答复率 100%，按期答复率 96.13%。

【新媒体应用拓展】 根据时下新媒体发展的趋势，中心有针对性地拓展微博微信等新媒体应用工作。针对百姓关注的环保、城建、医疗等民生热点领域，及时发布相关信息，加强与网友互动，对网友提出的问题，积极向部门咨询了解，给予解答。在加强部门微博信息报送的同时，主动对部门的信息报送提出建议意见，提高其部门微博信息的报送质量，加强全市政务微博管理。在雨灾、停电等突发事件发生时，第一时间发布部门应急措施。微博提供气象、水电、菜价等各类公共服务类信息，共发布各类原创微博 1131 条。政府微信自 2014 年 5 月 13 日对外开始发布，截至 12 月 30 日共发布政府信息 164 条。

（沈晓敏）

行政服务

【概况】 2014 年，市行政服务中心围绕年初工作目标，抓住全面深化改革契机，以巩固“三集中、三到位”工作成果、推行“三个一”联合审批为重点，优化服务流程、压缩承诺时限、提升服务效能，行政审批服务工作迈上新台阶。

【巩固“三集中、三到位”】 年末，中心进驻部门 47 个，设置窗口 380 个，工作人员 370 多人，中心日均办件量 7479 件，年总办件量 1884956 件。相关部门积极配合支持中心工作，事项进驻率、人员到位率、窗口授权率等关键指标持续上升。2014 年，婚姻登记处、就业管理处等单位，本着方便群众的精神，主动进驻行政服务中心，使中心的服务职能得到拓展和强化。

【推进“三个一”联合审批】 中心大力推行“一窗式”联合审批、“一车式”联合踏勘、“一表式” 联合竣工验收。年初，中心会同发改委、住建局、国土局、环保局、消防大队等 15 个部门联合制订《建设项目联合审批办法（试行）》《启东市房地产项目竣工联合验收实施办法》。针对建设项目审批服务的特点和规律，中心结合实际，编制《基本建设项目服务手册》《房地产项目竣工验收服务手册》，按照“一窗受理、提前介入、分段实施、并联审批、限时办结”的要求，把立项、规划、用地、建设、验收等多个审批环节进行全面整合，简化办事程序，缩短服务时限，提高办事效率。推行“三个一”联合审批，使整个建设项目的审批程序简化百分之三十以上，办事时限特别是一般的服务性项目审批时限缩短百分之五十以上，得到社会各界尤其是广大业主的支持和好评。

【提升服务效能】 中心围绕提升行政服务效能这个重点，在优化服务流程、简化办事环节、压缩承诺时限等方面抓好落实，服务效能明显提升。据统计，2014 年，全市共计取消精简行政审批事项 32 项，优化简化办事事项 25 项，压缩服务承诺时限 751 个工作日。将住建局、安监局、人社局、交通局、商务局等多个部门 21 个事项，由原来的承诺件改为即办件。

便民服务中心纳税大厅全景 （钮伟钢/摄）

【公权网上运行】 强化公共权力网上运行，年初设计开发行政审批监督系统。至年末，除少数业务专用网络因上级主管部门特殊管理要求外，其余部门审批网络均与行政审批监察系统对接联网。各窗口单位利用网上平台，对进驻事项实行“服务内容、办事程序、申报材料、承诺期限、审批依据和收费标准”六公开，让办件群众在办理审批事项时有据可依、有章可循。中心推动网上审批系统与满意度评价系统对接，促使服务效能和服务质量的全面提升。

【改进作风】 窗口单位和服务行业是第二批党的群众路线教育实践活动的重点。中心按照上级要求，组织119名党员特别是中心领导班子及窗口负责人围绕“为民、务实、清廉”这条主线，聚焦“四风”突出问题，扎实有序开展教育实践活动。共计组织集中学习、收看专题教育片14次，召开座谈会8次，电话回访1159人，“面对面”听取意见190多人次，“背对背”发放意见征求表800多份，梳理汇总意见109条。领导班子对需要整改的16个方面问题，研究制定57项整改措施，并明确责任人。本着即知即改、立行立改的精神，中心改进完善便民服务设施，在各楼层设置窗口分布图和常用事项一览表，在各楼层放置饮水机、报刊和便民工具箱，为群众提供周到服务；组织全体窗口工作人员深入开展让群众少跑一趟路、少进一扇门、少找一个人、少等一分钟、少费一点心“五个一”主题实践活动，密切党群干群关系；制订《行政服务中心窗口工作人员作风问题责任追究办法》，防止“四风”问题反弹。

【严格管理】 针对进驻部门多、人员杂、监管难等状况，中心制定完善《市行政服务中心2014年效能建设实施办法》《市行政服务中心进驻窗口效能考核实施细则》《市行政服务中心窗口工作人员效能考核实施细则》《行政服务中心红旗窗口评选办法》和《启东市行政服务中心规范化服务实施意见》等制度，从服务态度、工作纪律等方面规范窗口工作人员行为。中心聘请8名行风监督员，通过明察暗访等形式，对少数窗口、个别人员存在的散漫现象及时指出并进行批评教育。2014年，窗口工作人员的精神状态、服务态度、业务水平均有明显提高。加强指导，组织各窗口参与“人民满意服务示范窗口”创建活动，使行政服务中心成为市对外展示政府形象的第一窗口，推进行政审批制度改革的主阵地。

（王静敏）

信访工作

【概况】 2014年，信访工作围绕上级精神及决策部署，扎实推进基层基础建设、领导干部接访下访、进京非正常上访集中处置化解、矛盾纠纷排查化解等重点工作，坚持“事要解决”这一核心，创新工作理念，拓宽工作思路，落实关键举措，健全工作机制，全市信访形势平稳可控。全年共办理群众来信950件；接待群众到市上访557批5476人次，发生赴省上访157批252人次，发生赴京上访50批138人次。办理上级交办信访案件29件，办理信访复查案件58件。信访局被评为市信访工作先进集体、市文明单位、市社会治安综合治理和平安建设工作先进集体。

【机构改革】 12月29日，市召开全市机构改革动员会议，市信访局由市政府办公室挂牌机构调整为单独设置，正科级建制，列市委机构序列，为市委、市政府工作机构。

【重要会议】 3月18日，市委、市政府在科技楼303室召开全市信访稳定工作会议，市委副书记顾云峰作讲话。市委常委、政法委书记邵茂华通报全国“两会”期间的信访情况，分析信访形势，部署下阶段工作。启东经济开发区、汇龙镇、王鲍镇、北新镇、启隆乡5家单位进行发言。市政府办副主任、信访联席办主任龚健主持会议。6月18日，市委、市政府在市调解中心三楼会议室召开全市矛盾纠纷排查化解专项行动工作会议。市委常委、政法委书记邵茂华作讲话，信访局局长陈张贤通报信访形势，对以解决信访突出问题为重点的矛盾纠纷排查化解专项行动进行部署。7月11日，市委、市政府在市调解中心三楼会议室召开全市矛盾纠纷排查化解专项行动第二阶段工作推进会。市委常委、政法委书记邵茂华作讲话，对第一阶段工作取得的成效和存在的问题进行总结，对第二阶段的工作提出要求。信访局局长陈张贤对第一阶段的工作情况进行通报。9月17日，市委、市政府在行政中心2103会议室召开信访稳定工作推进会，市委副书记顾云峰作讲话，市委常委、政法委书记朱志强主持会议。10月15日，市委、市政府在市行政中心

10月29日，市委书记徐锋陪同省信访局局长莫宗通(中)视察吕四港镇政法综治办 （市信访局/提供）

2103会议室召开信访稳定工作会议。市委副书记顾云峰作讲话，市委常委、政法委书记朱志强就做好十八届四中全会期间的信访稳定工作进行部署。12月4日，市委、市政府在市行政中心科技楼407会议室召开信访稳定工作会议。市委常委、政法委书记朱志强作讲话，市信访局局长陈张贤部署当前信访稳定工作。

【省局领导“三解三促”】 10月27~30日，江苏省政府副秘书长、省信访局局长莫宗通带领省局相关处室负责人到启东开展“三解三促”活动，深入基层进行调查研究。座谈会上，市委书记徐锋汇报启东市社会经济发展总体情况，市委常委、政法委书记朱志强汇报市近年来在信访工作方面所做的工作、分析当前信访形势以及对今后信访工作的思考。莫宗通对启东市开展的完善群众工作“三强化三提升”工作机制建设、引导群众依法逐级走访、领导包案、结案化解等一系列工作进行高度评价。莫宗通一行还深入党员农户家中进行走访调研，召开基层群众代表、网格员代表座谈会，实地走访惠萍镇、南街道东洲社区、汇龙镇光荣村、吕四港镇天汾镇村、南阳镇启兴村等单位，详细了解启东市基层信访工作的基本现状，听取党员群众的意见建议。同时对3起信访积案进行集中会办，明确化解处置方案。

【夯实基层基础】 全市按照“发展是第一要务，稳定是第一责任”的工作要求，把信访稳定工作放到全市经济社会发展大局中谋划，做到在群众工作中同步安排，在经济发展中同步考评。党政领导坚持一把手负总责，一手抓经济发展，一手抓信访稳定；一手抓重点项目建设，一手抓信访矛盾化解。市委市政府把信访部门作为培养锻炼干部的重要基地，建立和完善后备干部和新提拔干部到信访部门锻炼制度。10月份，第二批5名副科职领导干部挂职锻炼到期后，市委组织部又抽调第三批4名副科职干部到信访局挂职锻炼。以完善长效工作机制为抓手，建立健全源头、过程、末端控制的制度体系。完善以市委、市政府分管领导任组长和副组长的市信访联席会议制度，建立资源共享、调处联动、信息通报等制度，形成部门分工明确、协调配合的大信访工作格局。完善网格管理机制。乡镇、街道、园区配备专职信访工作人员，结合社区网格化管理新模式，将信访工作职能融入网格社区，夯实信访工作基层基础。

【领导接访包案】 结合群众路线教育实践活动，广泛开展下行接访、专题接访、对口接访、预约接访等，市四套班子领导按照轮值表进行接访。包案领导开展民情走访活动，针对联系点上群众反映强烈的问题和群众关切的民生困难，深化驻点指导，协调解决问题。包案领导按照“谁包案、谁负责”的原则，建立“一件信访积案、一名牵头领导、一个化解工作小组、一套稳控措施、一个解决时限”的“五个一”推进机制。对复杂信访问题，由包案领导牵头，按照“三不限三重新”(不限原办理思路、不限原调查结论、不限原处理意见，重新听取信访人申诉、重新调查取证、重新研究处理意见)的要求，实行包案攻坚化解。包案领导在摸清案情的基础上，亲自会办案件、协调矛盾、解决问题，最大限度地实现所包案件“案结事了”。

【化解信访积案】 把积案化解作为信访工作的突破口，加大信访工作考核力度，把积案化解列入基层基础杯考核内容。针对久拖未决的历史遗留问题，或反映的事情已解决到位，而上访人仍提出过高或无理要求的，以及因种种原因问题解决不到位，建立第三方参与信访工作机制，进行听证，使其纳入法制化、规范化轨道。在全市重点区域、重点领域、重点行业对重大疑难信访问题实行专家会诊。完善人民调解、行政调解、司法调解联动的工作体系，发挥访调对接作用，借助大调解平台解决重点信访矛盾。各责任单位通过采取法律、经济、舆论、心理等多种手段，61件信访积案得到化解。

【规范信访秩序】 为有效规范信访工作和信访人的信访活动，引导信访人理性上访，依托《法制广场》等栏目开展系列法制宣传教育。组织信访干部学习信访规定，把握来访事项分级受理的工作要求、受理范围和规范程序。为切实落实包案领导责任，5月起，在全市范围内实行科级领导干部点名制度。市联席办每天进行电话点名，询问包案领导每个矛盾纠纷的化解是否有进展、人员是否在位，并进行登记汇总，及时将信息上报市领导。坚持教育、警示、训诫、打击多管齐下，对进京非访人员，坚持处置违法行为与处理信访问题分开的原则。在依法处理过程中，主动开展法律告知和政策宣传，充分发挥依法处置的惩戒警示作用，最大限度地减少违法上访。

(顾丽华)

公共资源交易管理

【机构更名】 2013年3月12日，市编办批复市政府采购与招投标中心更名为市公共资源交易管理中心（以下简称中心），为市政府直属事业单位，正科级建制，核定编制8人，实有工作人员10人。内设综合、法制、监督3个科室。市政府采购与招投标交易所更名为市公共资源交易所，为管理型全额拨款事业单位，核定编制15人，其人、财、物统一由中心管理。内设信息科、业务一科、业务二科，有工作人员12人。实际启用启东市公共资源交易管理中心印章为2014年。2014年12月26日，根据市委市政府转变职务职能和进行机构改革的要求，将市公共资源交易管理中心、市行政服务中心的职责整合，组建市政务中心，挂市公共资源交易管理办公室牌子，为市政府派出机构，正科级建制，不再保留市公共资源交易管理中心、市行政服务中心。

【政府采购】 2014年，市公共资源交易管理中心制定年度政府采购集中目录即市财政局《关于转发〈南通市公共资源交易目录〉的通知》(启财购〔2014〕1号)文件，《目录》适用范围为各级国家机关、事业单位(含教育、卫生)和团体组织(含协会)使用财政性资金的政府采购项目。《目录》中列为批量集中采购的项目,不论采购金额大小,都须进行批量集中采购;《目录》未列入且采购金额大于2万元的项目,可采取分散采购;采购金额小于2万元的项目(须进行批量集中采购除外),由单位自行采购;根据部门预算等文件,市直各预算单位须于每月5号前按规定格式向市财政局申报采购预算。市财政局汇总各单位采购预算,分类下达集中采购通知书、分散采购通知书。各单位不得无预算采购、超预算采购、超标准采购。对预算中已安排的须集中采购的项目,各单位不得采取化整为零等方式逃避集中采购。对于汽车加油、保险、维修、轮胎以及印刷、办公设备耗材、桶装饮用水等项目,通过公开招标确定相应的定点单位,实行定点采购。政府采购工程项目的公开招标数额标准按有关规定执行。

【建设工程招投标】 根据《中华人民共和国招投标法》及《江苏省招投标条例》,中心对投资额50万元以上的建设工程政府投资项目招投标,2014年,完成工程招投标项目580个,标底总价97.82亿元,中标总价87.54亿元,节省财政资金10.28亿元,节支率10.5%;其中实施网上招标项目208个,工程标底总价为21.62亿元,招标控制价为19.29亿元,中标价为16.43亿元。中标价与标底价相比,节约财政资金5.19亿元,节支率为24%;与招标控制价相比,节约财政资金2.86亿元,节支率为14.83%;另外直接发包57个,发生额6.03亿元。

【制度建设】 中心起草《关于进一步加强政府投资建设工程项目监督管理的意见》,明确工程建设各方的主体职责和责任追究,明确监督管理协调处置机制,该文件以市政府名义下发。中心起草配套的实施细则,对《意见》中各方主体的职责细化,对《意见》中的处罚内容细化、量化,明确界定标准,使之具有针对性和可操作性,提升公共资源交易管理水平。

【规范交易】 中心以招标公告、招标文件备案审查、评标专家抽取、开评标现场、保证金收退等为重点,严格把关,监督各项交易活动工作流程,规范各方交易行为,有效提高公共资源交易监管水平。

*把好招标公告、招标文件审核关。*一般项目由业务科室初审、所长室复核、主任室复审、法制科备案、信息科发布。按照规定审查招标公告、招标文件;重大项目或有特殊要求的政府投资工程项目,由公共资源交易管理联席会议对招标公告、招标文件联合会审,杜绝量体裁衣或排斥潜在投标人行为的发生。

*把好评标专家管理关。*加强对评标委员会组建、专家评标行为的监督,严格执行市招投标评标专家和评标专家库管理办法、评标专家信用记录档案及评标专家考核制度;执行专家回避制度和专家名单保密制度,根据项目性质和特点,确定省、市、县或招标人按规定组建的评标专家类别和人数,分类建立专家库、随机分类抽取评标专家。

*把好开评标现场监管关。*对所有进场公开交易的项目进行全过程的场内交易监管,抓住招投标交易主要过程和重要环节,加强对开评标现场监督,严格评标区封闭式管理制度和评标过程全程录音录像制度,专人管理做好开标现场情况记录;及时处置现场问题,对未按照招标文件规定的时间和地点送达的或者装订密封及未按规定出示有效证件的招标文件一律拒收,对涉及废标的要求评委写出废标的充足理由,涉及其他事项的,会同招标人、行业主管部门等有关人员现场处置。

*把好定标、中标关。*按照规定确定中标人,并按规定时间公示中标候选人。在公示阶段凡是投标人向招标人质疑的,配合招标人进行答疑,投标人向监督部门投诉的,会同监督部门进行调查处理;对质疑、投诉、举报尚处于处理阶段的一律不发中标通知书,严格把握招标人确定投标人的期限,待处理完毕后再由招标人对投标人发放中标通知书。

*把好保证金收退关。*执行投标保证金管理制度,明确专人负责投标保证金缴交和退还工作,做到应收尽收、应退尽退。要求投标企业从其法人基本存款账户缴退投标保证金,增加投标人围标串标的成本,净化招投标市场环境。

【硬件建设】 *完善功能区域布局。*完善功能区域,对信息大厅进行改造。原信息大厅利用率比较低,只用于资格预审文件的受理。通过改造,成为多功能室,可作为信息大厅、投标人休息室、中心的大会议室,在开标项目多的情况下,可用作开标室。

*改善功能区域环境。*中心的办公和交易场建于2004年,原墙面、天面比较陈旧,多次脱落,结合省招标办对中心一类交易所类别的核定,根据一类交易中心基本条件和标准要求,重新对交易中心进行修缮。同时,由于单位名称的变更、规章制度的完善,对原上墙的标识、标牌、规章制度、办事流程、服务承诺等一系列的板报、展板等进行新的制作。对廉政文化重新修订并制作上墙,使招投标环境得到显著改善。

*进行网上招投标系统机房维护和设备升级改造。*2012年4月,中心实行网上招投标,只添置网上招投标使用的基本配置的软硬设备,网络运行不稳定且存在较大的安全隐患。2014年,随着所有的招标项目全部实现网上招投标,原有网络和设备无法满足需求,中心专门对网络机房进行维护改造,并对部分设备进行更换和升级,铺设防静电地板、对网络线路整理、对硬件设备进行升级,确保网络运行稳定。

【评标环节】 2014年,中心扩充专家评委库,新征集专家评委44名。对重大项目抽取异地专家评审,从南通、苏州等江苏各市以及崇明、上海等地抽取异地专家评标。完善评委抽取制度,由系统设置限制一个项目24小时内只能打印一次评标专家信息,并经常抽查打印记录单。抽取评标专家采用双密码进入,互相制约,避免信息泄漏。加强对评委出入评标室的监督,实行全过程电子监控。

【队伍建设】 2014年,中心选优配强班子,优化领导班子结构。实施交易所所长竞争上岗制度。专门成立领导小组,制订竞争上岗实施方案和实施细则，并进行公示。邀请相关职能部门共同参与评定，确保竞争上岗的公平、公正。优化中层干部力量配备。在中层干部轮岗交流的基础上，按照“经验丰富的老同志到监督岗位管理指导，年轻同志到业务科室压担锻炼”的思路，对交易所工作人员重新组合配备，提拔2人，交流3人，实现新老搭配、性格互补、AB角兼容的力量新组合。加强窗口建设。中心通过召开会议学习、不定时巡查、电子监控等方式，加强交易所窗口建设。要求工作人员严格遵守“十项禁令”，坚持按时到岗履职，做到态度热忱、用语规范，特别是严格执行首问责任制、限时办结等工作制度，提升服务水平。

（吴振声）

政府投资项目工程建设

【概况】 2014年，市政府投资项目工程建设中心紧扣代建过程中设计、施工、监管等各个环节的要素，对政府投资项目工程进行科学管理，对工程建设进行质量、进度、投资的三大控制，彰显代建制度的规范性、科学性和高效性。

截至2014年底，建设中心接手代建项目66个，其中已竣工项目52个(市政项目14个，房屋建筑38个)。通过有效的投资控制，没有一个项目出现“三超”(超计划、超概算、超预算)，通过招投标为财政节省工程造价近4亿元，政府投资项目取得良好的经济效益和社会影响。

（钮向东）

机关事务管理

【概况】 2014年，市级机关事务管理局坚持科学管理、优质服务、有力保障的工作思路，突出工作重点，完成行政中心搬迁启用、后勤服务社会化改革、行政中心安全保卫、市级重要会务服务等各项后勤保障工作任务。

【行政中心入驻启用】 2014年1月25日，市召开行政中心搬迁工作动员会议，机关事务管理局完成办公用房分配、办公桌椅配置、开办物品发放、车辆通行证和IC卡发放等入驻准备以及新行政中心启用配套服务等工作。1月26日，搬迁工作顺利完成，行政中心正式启用。

【后勤服务保障】 加强安全保卫工作。市级机关事务管理局完善消防、应急等各项工作预案，建立健全安保人员岗位责任制，加强大院安保管理，完善人防、技防措施，确保全年安全无事故。加强后勤保障服务，保证应急服务，保障办公用房，加强大院环境管理。全年保障各类市级及部门会务1600多次。加强设施设备管理。局与物业公司等部门严格行政中心设施设备承接查验，对发现的问题及时提交建设单位要求整改；对查验合格已移交的设施设备，加强保养维护。提供机关食堂服务。保障行政中心工作人员午餐、部门接待、工作人员加班和后勤安保人员值班用餐。完善超市、医务室、健身房等配套服务。

【公共机构节能】 公共机构节能减排工作列入全市效能考核务实型机关重点工作。市级机关事务管理局完成全市公共机构能源资源消耗统计工作，开展“携手节能低碳，共建碧水蓝天”全国节能宣传周活动，完成节能联络员远程网络课程培训。市行政中心成功创建“省公共机构节能示范单位”。

【办公用房管理】 市级机关事务管理局开展办公用房清理。根据中央省市关于党政机关办公用房清理工作的要求，从严从紧从实做好办公用房清理工作，完成党政机关办公用房清理各个阶段性工作任务；做好市级机关办公用房调剂工作。

【公务用车改革】 根据中央省市公务用车改革工作要求，完成全市公职人员数量、公务用车数量和近3年公务用车运行费用的统计、汇总和上报工作。

（樊　燕）

策马扬鞭　（钮伟钢/摄）

综　　述

【概况】 2014年,市政协认真学习贯彻中共十八大、十八届三中、四中全会和习近平总书记系列重要讲话精神,围绕市委“打好八大攻坚战、实现八大新突破”的工作主题,切实履行政协三大职能,牢牢把握团结和民主两大主题,团结引领广大政协委员和各族各界人士,齐心协力谋发展,凝心聚力促改革,顺利完成全年各项工作任务,为在新的起点上推进启东经济社会又好又快发展、奋力开启全面小康社会建设新征程做出积极贡献。全年共召开常委会议5次,主席会议11次;围绕改革发展稳定大局,就产业升级、沿海开发、对接上海、科技引领、城镇建设、民生改善、生态建设、社会治理等方面,开展重大协商议政活动19次,提出建议意见60多项。

(俞井杰)

重要会议

【市政协十四届委员会第三次会议】 中国人民政治协商会议启东市第十四届委员会第三次会议于2014年1月7~10日在市会议中心举行。会议认真听取中共启东市委书记徐锋所作的重要讲话,赞同启东市人民政府代市长黄卫锋所作的《政府工作报告》,赞同“两院”工作报告及其他报告。会议审议并同意政协启东市委员会常务委员会工作报告;审议并同意提案工作情况报告。会议审议通过《政协启东市第十四届委员会第三次会议决议》。会议号召,全体政协委员和政协各参加单位要在中共启东市委的领导下,深入学习和全面贯彻中共十八大、十八届三中全会精神,围绕中共启东市委十二届六次全体(扩大)会议提出的工作目标和任务,同心协力,奋勇争先,为“全力打好八大攻坚战、努力实现八大新突破”,在新的起点上推进经济社会又好又快发展、奋力开启全面小康社会建设新征程做出新的贡献。

市主要领导徐锋、黄卫锋等出席开幕会和闭幕会,听取大会发言,参加界别小组讨论,与委员共商发展大计。委员们紧扣改革、发展、稳定,围绕陆海统筹、转型升级、沿海开发、对接上海、科技引领、城镇建设、生态保护、社会治理等方面议题,向市政府及相关职能部门提出许多积极的意见和建议。

会议期间,收到大会发言材料19篇,举行建言献策会议,8位委员作大会发言。收到建议意见263件,审查立案235件(其中作并案处理5件),作为来信处理28件。

【市政协十四届十一次常委会议】 1月9日上午,政协启东市第十四届委员会常务委员会第十一次会议召开第一次会议。会议听取各小组讨论和审议情况的汇报。各讨论组一致认为,徐锋书记代表中共启东市委在市政协十四届三次会议开幕式上的讲话充分肯定市政协2013年工作,并对市政协以后工作提出希望和要求,鼓舞士气,体现市委对政协工作的高度重视和全力支持。市政协十四届委员会常务委员会工作报告实事求是,对以后工作提出的建议具有很强的指导意义。市政协十四届委员会常务委员会关于提案工作情况的报告客观实在,提案工作为推动市经济社会发展起到很好的推动作用。

黄卫锋非常感谢市政协委员对政府工作的理解和支持。他说,各位委员提出的真知灼见,市政府将进一步整理梳理,逐项分解,落实到人,明确时间节点,真抓实干,确保《政府工作报告》中提到的各项工作及各位委员提出的建议意见落到实处。希望大家共同努力,按照市委打好八大攻坚战、实现八大新突破的要求,推动启东各项社会事业继续又好又快发展。

1月10日上午,政协启东市第十四届委员会常务委员会第十一次会议召开第二次会议。会议听取各讨论组协商讨论市人民法院、市人民检察院工作报告情况的汇报。大家一致认为,“两院”工作报告客观公正,实事求是,体现市人民法院和市人民检察院在维护社会稳定、打击违法犯罪、营造经济社会发展的良好氛围方面做了大量卓有成效的工作,为市实现又好又快发展提供有力的司法保障。同时,委员们还对“两院”做好下阶段工作提出建议意见。

会议还审议通过市政协十四届三次会议决议(草案)。

【市政协十四届十二次常委会议】 5月6日上午，政协启东市第十四届委员会常务委员会第十二次会议召开。会议听取吕四港环抱式港池建设情况通报；听取市政府采纳"市政协常委会关于进一步加强我市住宅小区物业管理建议情况"的通报；审议通过关于增聘、解聘部分政协委员建议名单。

市委副书记、市长黄卫锋在会上通报2014年以来全市经济社会发展情况。1~3月，全市实现地区生产总值152亿元，增长10.4%。完成预算内财政总收入37.2亿元，增长25.2%；其中公共财政预算收入14.29亿元，增长20.8%。完成全社会固定资产投资114亿元，增长19%。完成规模工业产值384.5亿元，增长9.7%。完成工业应税销售134亿元，增长10%。完成工业用电3.8亿千瓦时，增长7.8%。实现外贸进出口总额6.59亿美元，增长19.6%；其中出口额4.97亿美元，增长12.1%。完成社会消费品零售总额70.1亿元，增长12.4%。

黄卫锋感谢市政协及社会各界对政府工作的理解、关心和支持。他表示，市政府将切实按照市委"打好八大攻坚战、实现八大新突破"的工作主题，围绕加快发展、改善民生、促进和谐做好各项工作，做到发展信心更足、发展氛围更浓、发展举措更实、发展速度更快、发展质量更好。

【市政协十四届十三次常委会议】 8月，市政协以书面形式向全市政协常委寄送《2014年上半年全市国民经济和社会发展情况的通报》，通过《政协网站》、政务邮箱、电话传真、书信邮件等形式征集建议意见。

【市政协十四届十四次常委会议】 11月5日下午，政协启东市第十四届委员会常务委员会召开第十四次会议。

会议听取市政府《关于市政协第十四届委员会第三次会议委员提案办理情况的报告》；审议通过《关于学习研究上海自贸区制度创新内容和经验，加快推进实施"139工程"的建议案》；审议通过撤销、增聘政协委员建议名单；审议通过有关人事任免的决定。

市委副书记顾云峰对市政协常委会的工作给予充分肯定。他说，市政协十四届三次会议以来，广大政协委员围绕市委、市政府的工作中心和人民群众普遍关心的热点、难点问题，深入基层，调查研究，运用提案形式建言献策，反映社情民意，共提出提案239件。其中，经济建设方面31件，城建交通方面80件，科教文卫方面44件，社会事业和民生保障方面63件，农业农村工作方面17件，其他方面4件。

就如何做好以后政协工作，顾云峰建议，市政协常委会要发挥政协独特的人才优势，多为发展鼓实劲、献良策、作表率，在推动科学发展上有新作为；发挥政协独特的政治优势，丰富民主监督内容、拓展民主监督渠道、优化民主监督机制，在加强民主监督上有新作为；发挥政协独特的组织优势，善于团结各方、凝聚人心，勤于体察民情、反映民意，乐于扶贫解困、排忧解难，在构建和谐社会上有新作为。

市政协党组副书记、副主席倪春元要求，广大政协委员要牢记使命，振奋精神，积极为启东经济社会发展贡献聪明才智；加强学习，提高修养，不断增强政治把握的水平和能力；围绕中心，服务大局，努力提升履职尽责的实效；紧扣时点，妥善安排，扎实做好岁末年初各项工作。

上午，与会人员还实地参观上海自贸区管委会一站式服务大厅、上海市外高桥国际交易展示中心。

【市政协十四届十五次常委会议】 12月24日，市政协十四届常委会第十五次会议在市行政中心召开。会议决定，政协启东市第十四届委员会第四次会议于2015年1月中旬在市会议中心举行。

会议听取市政协秘书长、办公室主任许瑞华所作的关于中国人民政治协商会议启东市第十四届委员会第四次会议时间、议程、日程、大会秘书长、副秘书长及报告人等情况的说明；听取市政协副秘书长陈樊所作的关于常委会工作报告(草案)情况的说明；听取市政协提案委员会主任黄晓苏所作的关于提案工作情况报告(草案)情况的说明。

会议审议通过《关于召开中国人民政治协商会议启东市第十四届委员会第四次会议的决定》；审议通过《中国人民政治协商会议启东市第十四届委员会第四次会议议程(草案)》和《中国人民政治协商会议启东市第十四届委员会第四次会议日程（草案)》；审议通过《中国人民政治协商会议启东市委员会常务委员会工作报告(草案)》；审议通过《中国人民政治协商会议启东市第十四届委员会常务委员会关于三次会议以来提案工作情况的报告(草案)》；审议通过《关于中国人民政治协商会议启东市委员会常务委员会工作报告、提案工作情况报告报告人的决定》；审议通过《中国人民政治协商会议启东市第十四届委员会第四次会议大会秘书长、副秘书长建议名单》。

就如何精心准备、周密组织并高质量开好市政协十四届四次会议，市政协党组副书记、副主席倪春元要求，全体政协常委、委员要深入学习习近平总书记在庆祝政协成立65周年大会的重要讲话精神，增强履职使命感和责任感；开展调查研究，提高议政建言的质量和水平；做好筹备工作，确保市政协十四届四次会议顺利召开。

(俞井杰)

重要工作

【思想建设】 坚持把思想理论建设摆在突出位置，引导政协各参加单位、广大政协委员把思想和行动统一到中央、省委、南通市委、启东市委的重大决策部署上来，不断增强中国特色社会主义道路自信、理论自信、制度自信，筑牢团结奋斗的思想政治基础。

加强学习，坚定共识。思想是行动的先导。市政协通过党组会议、常委会议、主席会议、学习会、务虚会和办公会，借助政协网络学习专栏、东疆大讲坛等多种平台，积极组织政协委员和机关工作人员进行多层次、分批次学习，学习党的十八大、十八届三中、四中全会重要精神和习近平总书记的系

列重要讲话精神，学习习近平总书记在人民政协成立65周年庆祝大会上的重要讲话精神，学习领会中央和省委、市委的决策部署及对政协工作的新要求，深刻理解全面深化改革、推进依法治国的重要意义，不断提高政治把握力。2014年，市政协网络学习平台共提供近20个专题的学习资料，委员们进行认真学习。

知情明政，深化共识。搭建协商平台，增强协商密度，为委员营造畅所欲言、各抒己见的建言环境。市政协充分运用全体会议、常委会议、主席会议、专题协商会等经常性、规范性协商平台，拓宽委员参加协商活动的渠道和途径。常委会专题协商邀请提案内容相关的委员参加会议，主席会议协商邀请工作相近的委员建言献策，专门委员会对口协商邀请对应界别委员参与全程。充分利用党政部门各类会议等临时性协商平台，支持委员向党政部门提出意见、表达观点，了解党政所盼、传递群众所需，寻求全社会意愿和要求的最大公约数，增强各界对党政工作的认同感。2014年共有200多名委员参与以上形式的协商议政活动。

密切联系，凝聚共识。作为最广泛的统一战线，政协是党的群众路线在中国特色社会主义政治体系中的重要体现，具有联系群众的政治优势。市政协党组和机关坚持以马克思主义群众观点贯穿政协全部工作，以开展党的群众路线教育实践活动为契机，加强和改进委员联络工作，把密切委员联系、发挥委员主体作用作为改进工作作风、提升履职水平的基础性工作。制订出台《主席会议成员联系常委、专门委员会联系界别(委员)、委员联系群众“三联系”制度》，主席会议成员定期向所联系的常委了解其工作情况及联系委员的情况；专门委员会定期向所联系的界别及界别召集人了解工作情况，并收集所反映的社情民意；委员经常性联系界别群众，反映群众诉求，汇集各方意见。通过密切沟通交流，化解阻力、增加助力、形成合力，促进社会各界同心同德、同向同行。

【服务改革发展】 自觉把服务市委重大决策部署作为政协工作的切入点，配合党委政府议大事、抓实事，当参谋、做助手，在服务改革发展稳定中显示作为。

聚焦改革贡献智慧。学习研究上海自贸区制度创新的内容和经验，加快推进实施以改革为主题的“139工程”，是事关启东经济社会长远发展的重要战略举措。市政协常委会组织部分政协常委、委员和政府相关部门，开展一个多月的调研，认真学习上海自贸区的政策文件，研读“139工程”相关9个牵头部门的课题报告，在全面总结的基础上形成调研报告和《建议案》，并在十四届十四次常委会议上进行专题协商。市委、市政府分管领导在会议上充分肯定并高度重视《建议案》所提的建议内容，要求有关部门和单位积极采纳，深化工作落实。法治是推进全面深化改革的重要保障。市政协围绕人民法院依法履职工作开展主席会议专题协商，提出“正确处理依法司法与服务大局关系，促进社会法治思维和方式更加完善”等建议意见。

围绕发展共谋良策。吕四港环抱式港池建设是全市当前经济建设中的重大基础性设施工程。市政协组织委员集体视察吕四港环抱式港池建设现场，听取吕四港经济开发区的专题情况通报，委员们对吕四港的未来建设提出“坚持战略研究、规划先行，认真做好产业布局、海域利用，加大招商引资力度、推进重特大项目建设”等建议意见。沿江船舶工业园是市新兴支柱产业的重要平台，是“区镇合一”改革重要试验区。受金融危机影响，部分船舶制造企业出现了经营性困难。市政协就“加快破产企业腾笼引凤、推进船舶工业园转型升级”这一议题进行专题协商，市发改、商务、国土等经济部门分别就园区产业升级、招商引资、科技创新、布局优化、结构改善等重点问题提出相关建议意见，并对部分企业提出的具体问题现场解答。医药产业是市特色产业，是重要的经济板块。为促进医药产业的健康发展，市政协围绕行业监管与服务主题深入相关医药生产企业调研视察，形成调研报告，提出“优化办事流程、加快载体建设、完善扶持政策、建立科企联盟、实施品牌战略”等建议意见。工业化、信息化“两化融合”，是工业企业实现转型升级的重要依托。委员们在视察全市工业企业“两化融合”推进工作后，提出“优化规划、完善网络运行平台、加快数据储存管理中心建设”等工作建议。围绕地方特色农产品开发与保护工作，科技科协、农业农村等界别委员通过近2个月的专题调研，提出“建设品牌农产品生产基地、培育壮大龙头企业、大力发掘特色资源、加大政府扶持和引导力度”等建议意见。围绕农村土地流转，委员们提出“积极推进土地流转、确保适度规模经营、鼓励农民土地入股”等建议意见。围绕滩涂资源

9月11日，市政协组织委员调研市公立医院改革工作　(市政协办/提供)

合理开发利用，市政协组织委员开展视察，提出“加强使用监督、科学有序开发、严格环境保护、节约集约利用”的有关建议。

维护稳定倾注心力。市政协引导广大委员积极为社会和谐稳定建言献策。全委会提案中，事关社会和谐稳定的议题有30多项，如建立政府偿债准备金、劳资诚信体系建设、农民工权益保护、理顺信访管理机制、便民诉讼、城乡拆迁管理、农村环境污染治理、医患纠纷处理等，从多方面、多角度为社会稳定出谋划策。市政协机关参与城市建设中心工作，通过耐心、细致的群众思想政治工作，妥善协调利益矛盾，如期完成市里下达的工作任务。委员们在政府和有关司法部门的执法工作中，积极参与民主监督，进行现场见证。主席会议成员经常到挂钩服务的重大项目、重点园区、经济薄弱镇村等联系点检查了解工作情况，协调解决矛盾问题；参加大调解中心信访接待值班工作，听取来访群众诉求，协调相关镇(乡)、园区、街道和职能部门，推动群众信访问题的解决。市政协《民主监督助力解访息访》经验介绍被省级媒体刊载交流。

【关注民生福祉】 关注民生，坚持履职为民的理念，始终把维护和实现最广大人民群众的根本利益作为政协履行职能的出发点和落脚点。

积极建言民生热点。围绕教育、卫生、文化等人民群众关注的直接利益问题，通过调研报告、大会发言、政协提案、委员建议书等载体为民建言。高中优质特色多样化发展是教育现代化的重要课题。委员们在视察相关学校、听取工作介绍后，提出“不断更新办学理念、发掘个性优势、创新工作机制、加强师资队伍建设”等建议。医疗卫生体制改革事关百万人民。市政协组织部分委员视察公立医院改革工作，委员们就破解公立医院改革难题、探索建立现代医院运行管理制度议政建言。公共文化服务体系建设是满足人民群众基本文化需求的重要保障。市政协组织相关委员就此深入调研，形成调研报告后与政府相关部门专题对口协商，委员们提出的“加大建设力度，完善体制机制，进一步加快公共文化服务事业建设和发展”的建议得到政府部门的高度重视。整治流动摊点是城市管理的重要内容和民生问题。委员们在实地察看和听取城管部门工作介绍后，对流动摊点管理提出“科学规划、合理布局，广泛宣传、营造氛围，齐抓共管、建立长效机制”等一系列建议。

密切关注民众期盼。常委会积极会同政协各参加单位，动员广大政协委员，深入基层开展科技指导、医疗义诊、法律宣传、文化下乡，为基层群众办实事、做好事。动员政协委员和机关工作人员参与慈善捐赠、结对助学、支援灾区等公益事业，以真心真情、真金白银帮助群众解决实际困难。政协委员通过各种渠道向社会捐赠500余万元。教卫界《用脚丈量民情 用心服务发展》的纪实报道刊发于《启东日报》。加强委员信息工作机制，定期收集整理委员反映的社情信息，拓宽民意渠道。2014年，各界人士就道路交通、社会保障、环境保护等方面问题向政协反映大量信息。《各界之声》编发的“关于城区犬类管理亟待加强”“关于在我市县道及县管乡道两侧设立路灯”等建议均得到市政府的高度重视。在市政协第十四次常委会议上，市政府专门通报委员建议意见的办理落实情况。

着力办理民生提案。十四届三次会议期间，共收到委员160余件民生方面的提案。这些提案反映的大多是人民群众最关心、最现实、最直接的问题。为促进提案的办理落实，市政协通过提案委跟踪、专委会协同、网络公示等途径，促进提案的有效办结，一批涉及入学、就医、居住、养老等方面的老繁难、细碎小的民生问题，在市政府和各职能部门的共同努力下得到化解落实。

【推进协商民主】 把握团结和民主两大主题，主动适应经济社会发展和社会结构、阶层的变化，在实践中积极尝试更好发挥政协凝聚共识、汇集力量、建言献策作用的思路和办法。

发挥全委会主平台作用。加强提案工作，创新环节设计，调整优化全委会组织方式，充分发挥全委会作为协商民主的主平台作用。优化提案引领。由提案委及相关委室依据经济社会发展任务，并结合启东实际，广泛听取各方意见后，确定提案参考目录，形成“两会”提案的聚焦点和着力点，增强委员提案的政治把握性、科学性和可操作性。创新过程设计。选择优秀提案，增设建言献策会，由委员们当面向市委、市政府领导陈述自己的建议意见。组织“两院”领导与委员“面对面”交流，扩大民主监督领域。扩大参与面。全委会邀请20多位来自各行各业的普通市民作为特邀对象参加政协会议，并组织市领导与这些普通市民代表进行当面交流，有效扩大公民有序政治参与面。

探索协商民主途径。精选议题组织专题协商。依据工作内容确定参与协商的对象、层次，依照解决问题的思路决定协商会议的组织形式。为破解相关港澳台企发展难题，组织法院、司法局、商务局、科技局、银行等单位根据企业诉求和委员建议现场解答有关问题，推动企业财务纠纷、招商、资金等困难的有效化解。围绕“预防青少年犯罪”这一课题，组织委员与检察院、法院、公安局和团市委进行深入交流，探讨预防青少年犯罪工作机制的完善问题。发挥专长落实对口协商。利用专委会与对口部门的工作交流机制，就相关专业领域内的问题，组织委员与职能部门开展对话协商。针对少数建筑企业施工存在的一些突出问题，城建法制委召集相关委员与建工局专题协商，提出“进一步完善文明施工标准化考核体系、加大政府招标建设项目标准化监管力度”等建议意见。多措并举强化提案办理协商。发挥“提案办理信息化系统”平台作用。通过高效的网络平台，实现提案提交、审核、落实、反馈的即时化、便捷化，每一个提案公开、高效地在各职能部门间流转。遴选重点提案督办。修改完善《重点提案的遴选与督办办法》，选取十个事关经济社会发展大局和民生热点的重点提案，提交市政府分管领导和政协主席会议成员挂帅领导、挂牌督办。开展提案办理追踪。在《启东日报》、启东电视台开展提案追踪报道，回顾一年中相

关提案的提出、交办、推进、落实的重要环节,增强舆论监督力度。倡导提案面办面复。赴重点办理单位,召开委员提案面办会议;赴工作现场,邀请委员现场考证提案办理落实成果。为推进农田水利、二手车交易市场建设、马路市场治理等提案的办理,专题组织委员实地视察,并与承办部门面商办理工作。全年239件委员提案初次答复满意率99.6%,二次满意率100%。

构建区镇政协联络机制。适应政协工作新形势和基层民主政治建设新要求,推进政协工作向镇乡延伸。在市委高度重视下,初步建立各镇乡、园区、街道政协工作联络机制,明确由一名党委副书记和统战委员具体负责联络本地区各级政协委员,组织开展学习、调研、视察、通报、评议等相关工作。合作镇和滨海工业园区先行试点。镇区政协工作联络机制与界别工作联络机制相得益彰,完善条块结合、上下联动的基层政协工作体系。

促进协商民主纳入决策程序。市委、市政府高度重视民主协商在政府决策中的重要作用,把人民政协政治协商作为重要环节纳入决策程序。市政府《议事决策规则》明确市政府常务会每次都邀请市政协领导参会,对明确规定需要协商的事项都在民主协商程序后再提交决策实施。对市委、市政府提交讨论的重要文件、报告,市政协认真组织委员研讨,广泛征求意见,并及时反馈。市政协委员应邀参加市政府常务会议、重大项目听证会等会议,就市政府重大决策事项发表建议意见。

【提升履职水平】 以开展党的群众路线教育实践活动为契机,把加强自身建设作为提高履职效能的根本途径,通过严格管理,转变作风,建章立制,不断夯实政协工作基础。

开展群众路线教育实践活动。根据中央、省、南通、启东市委的统一部署,市政协党组和机关把开展党的群众路线教育实践活动作为一项重大政治任务,紧扣"四风"问题,突出"四查四治",精心安排学习活动,深入开展谈心谈话,广泛听取意见建议,认真查摆问题,以整风精神开展批评与自我批评,切实抓好整改落实、建章立制各项工作,全面修订完善各项规章制度,留、改、立三类共50件,其中修改19件,新制订10件。教育实践活动有力推动机关党员干部宗旨意识增强,工作作风转变,制度规范完善。

发挥委员主体作用。政协委员是人民政协履行职能的主体,市政协注重发挥委员自身特点和优势,激发委员履职热情。加强履职管理。建立委员履职档案,掌握委员的履职情况,为"三好委员"评比积累基础资料。评选优秀提案,提升委员撰写高质量提案的积极性。挖掘先进事迹。为展现委员们在履职工作中的心路历程,市政协组织编纂《我的政协情怀》文集,收录60多名委员有关履职尽责的感悟和体会。履职心得交流促使委员们从荣誉感责任感使命感的高度,审视自己的责任担当,参政议政、建言献策的主动性有新的提升。

激发界别工作活力。召开界别工作座谈会,密切专委会与界别的联系指导,发挥界别召集人的组织联络协调作用,支持各界别依据自身特点参政议政。丰富活动载体。2014年,界别活动周以"发挥界别优势、密切联系群众"为主题,重点开展"突出献计发展走进企业、突出关注民生走进社区、突出生态文明走进农村"的"三走进"活动。17个界别共组织开展各类活动36项,采取其中有视察、调研、座谈、协商、义诊、义演、走访、扶贫等多种形式,活动丰富多彩,载体灵活多样。彰显界别作用。活动周期间,各界别注重发挥界别委员职业相近、领域相通的优势和特点,主动邀请相关部门、单位和界别群众共同参与活动,凸显界别的履职主体地位,使界别在党委政府科学民主决策中的政治影响力得到提升。收获丰硕成果。活动周期间,政协委员踊跃参与,深入听取民情民意,收集整理建议意见60多条,开展协商讨论11场,引起社会热烈反响。各界别的履职活动得到《启东日报》、启东电视台、市政府部门网站的持续关注,先后刊发、播发相关新闻报道15篇。

提升机关服务能力。积极深化作风建设,完善各项规章制度,机关服务能力有了增强。加强专委会建设。专题召开专委会工作会议,加强对专委会工作的指导和考核。各专委会围绕常委会和主席会议的工作部署,组织委员开展学习、调研、视察等活动,组织委员撰写提案,反映社情民意信息,形成一批有深度的调研报告,有效发挥专委会在政协履行职能中的基础性作用。文史委会同市民政局、文联共同策划,组建工作班子,采访乡镇、园区100名百岁老人,编辑出版《品味百岁》一书。加强机关作风建设。以机关

5月30日,市政协医卫界开展义诊活动　(市政协办/提供)

效能建设为载体，全面加强机关思想理论建设、干部队伍建设和党风廉政建设。以发生在身边的案例为鉴，在机关扎实开展"算好廉政账"专题活动。开展"我喜爱的一本书"读书、品书、荐书活动，营造"书香政协"浓厚氛围。通过走访慰问、组织参观，为老委员、老同志做好服务。注重发挥党员在政协机关中的先锋模范作用，增强机关党组织的凝聚力和战斗力，为政协全局工作的开展提供保障。

（俞井杰）

提案办理

【概况】 市政协十四届三次会议以来，全体政协委员和政协各参加单位，以饱满的政治热情和高度负责的精神，围绕市委、市政府的中心工作和人民群众普遍关心的热点、难点问题，深入基层，调查研究，运用提案形式建言献策，反映社情民意，共提出建议意见267件。经提案审查委员会审查，立案移交市委、市政府相关职能部门办理的提案239件，作为来信转有关部门参考的28件。所有提案均送市委、市政府领导签阅，并与市政府联合召开交办会议。经承办部门认真办理，239件提案全部办理完毕。其中，所提问题已经解决或基本解决的94件，占39.33%；所提问题正在解决或已列入计划准备解决的137件，占57.32%；所提问题因受当前条件限制或其他原因待以后逐步解决的7件，占2.93%；所提问题按当前政策暂不具有可行性留作参考的1件，占0.42%。

【提案办理工作机制】 市政协常委会把提案工作与践行党的群众路线紧密结合，坚持"围绕中心、服务大局、提高质量、讲求实效"的提案工作方针，狠抓提案质量，优化办理机制，强化重点督办，深化沟通协调，努力提高办理实效。

领导重视，各方协同，提案组织力度不断加大。各级领导重视是做好提案工作的前提和保证。政府推动有力。市委、市政府始终把政协提案作为科学决策、民主决策的重要参考，把办理提案作为改进机关作风的重要工作来抓。市政府主要领导和分管领导坚持逐件阅批提案，并签批明确的办理要求。市政府办公室扎口统筹提案的办理、督察、考核工作，提高交办的准确性和办理的时效性。政协内聚合力。市政协领导坚持把提案工作作为全局性工作来抓，市政协常委会议、主席会议多次研究部署提案工作，各专委会积极参与，有机融合。提案工作政策给力、集聚合力、助推有力的良好氛围已经形成。部门办理得力。各承办单位把提案办理作为接受民主监督、推进职能工作的有效抓手，认真办理答复，重视协商落实，提案办理制度化、规范化、程序化、信息化水平显著提高。市住建局、教育局、水务局等部门把提案办理工作与机关作风建设，为民办实事、办好事结合起来，从实际、实效出发，办理工作的方式、办法更具针对性；市民政局、商务局、农工办等部门建立领导办案制度、重点提案办理制度、催办督办落实制度，办理工作更加规范。从反馈情况看，委员们对市政府及各承办单位的办理工作给予充分肯定，初次答复满意率达99.6%，二次答复满意率达100%。

源头引领，多措并举，提案整体质量不断提高。市政协十四届三次会议以来，市政协常委会坚持把质量放在提案工作的首位，力求多出精品提案。及早谋划部署，突出质量导向。在全会召开前夕，通过会议座谈、发放信函、媒体公告等方式，汇集党政领导意见、社会公众建议、部门工作难题、社情民意信息，在此基础上精选汇编成提案线索目录，为委员提供选题参考，使提案更好地发出有代表性、有针对性的声音。汇集集体智慧，整合提案资源。发挥政协各委室、各界别的整体优势，在会前和全会期间，协商提案内容，汇集社会各方人士的智慧，对涉及的热点、难点问题，集思广益，从专业角度提出最佳思路和举措，形成强大的合力，提出高质量的建议意见。严格执行标准，规范审查立案。全会召开期间，及时对提案进行初审，商请委员对不符合要求的提案作修改完善。全会结束后，提案委严格立案审查，加大提案作并案和来信处理的力度，并在第一时间与提案者进行沟通，争取委员的理解支持。提案整体质量呈现出涵盖广、分量重、亮点多、立意新、建议实的良好态势。

协商督办，优化机制，提案办理成效不断增强。市政协十四届三次会议以来，市政协常委会牢牢把握"抓重点，促一般，跟踪回访，强化问效"原则，注重多层次协商、多形式督办。高层协商，完善重点提案领办机制。在与市政府办公室会商的基础上，选择内容好、质量高、影响大的10件提案作为重点提案，商请市政府领导分别领办，形成市政府领导结合分管工作牵头承办重点提案和政协领导督办重点提案的工作机制，产生良好的办理效果和社会影响。形式多样，丰富提案督办工作机制。积极开展市政府与市政协联合督办、市政协专委会和界别小组专题调研视察等不同形式、不同层面的督办协商，丰富将提案办理和视察调研、专题协商、民主评议等活动相结合的形式，使办理机制更加完善和规范。市政协常委会结合委员提案对抢抓上海自贸区建设机遇、加快实施"139工程"进行专题调研；经科委、城乡法制委、教卫文体委、港澳台侨委、学习文史委等专门委员会结合提案就市滩涂资源开发利用、城市管理信息化、公共文化服务体系建设、对台资企业的服务工作等专题视察调研，推动提案的办理。开拓创新，完善提案协商机制。2014年，提案委分别选择《加强农田水利建设提高抗灾能力》《建立马路市场城管综合治理长效制度》《规范二手车交易市场建设与管理》这三个热点课题，通过专题协商、面商沟通等方式，实现提办双方面对面交流，在互动办理中解决提案反映的问题，形成具有较高参考价值的调查报告和建议意见书，得到市政府和有关部门的高度重视。充分发挥提案委的桥梁纽带作用，对一次答复"不满意"的个案，提案委分析原因，强化追踪，多次组织提办双方沟通、协商，增进理解，达成共识，并督促承办单位创造条件办理落实，使

11月5日,市政协常委会参观中国(上海)自由贸易试验区
(市政协办/提供)

二次办理取得满意的效果。

联系群众,锐意创新,提案服务工作不断完善。结合党的群众路线教育实践活动,市政协常委会广泛征求对提案工作的意见建议,并进行整改。基础工作上台阶。为了不断强化提案工作基础,提升提案的现代化管理水平,市政协对提案管理系统补充完善,使系统功能更为强大,运行更加稳定。所有提案均实现从提交、审理、立案、签批到交办、办理、反馈、办结的全过程网上操作,实现提案递交无纸化、提案分析自动化、提案交流网络化、提案资料电子化。制度建设有亮点。不断完善提案工作的各项规章制度,是提高提案工作水平的重要举措。为了提升重点提案督办的成效,制订《重点提案遴选与督办办法》,对重点提案的确定、办理以及效果评估等进行明确细致的规定,促进重点提案的督办工作。为了更加准确地评价承办单位办理提案的质量,修订完善《政协提案办理工作考核评分办法》,增强《评分办法》在实际运用中的操作性,对增强提案办理实效起到积极的推动作用。研究制订《提案委职责》,修订完善《提案工作条例》,提高提案工作的制度化水平。宣传工作使实招。市政协提案委员会不断加强与新闻媒体的联系与配合,加大宣传力度,在启东电视台、《启东日报》上继续开辟《提案追踪》栏目,以专题报道的形式展示承办单位抓好提案的组织协调、规范办理环节、强化办理过程的工作过程,营造浓烈的舆论氛围。《加强政协提案办理,完善协商民主制度》一文,在长三角十三县市提案工作会议上作交流。有关媒体先后刊载介绍启东市提案工作的先进经验,提案工作的社会影响逐步扩大。

【提案办理情况】 围绕转型升级、沿海开发等重点课题,努力为打造实力启东建言献策。经济建设是委员们关注的重点所在。市政协十四届三次会议期间,委员们就陆海统筹发展、科技创新、沿海开发等方面提出不少真知灼见。委员们建议要深化市陆海统筹发展研究,促进市沿海开发建设;要创新与转型携手,融合与发展同行,尽快使启东科技创新全面对接上海;要关注小微企业,助推其健康发展;要加速整合资源,打造具有市特色的旅游产业链。对此,市政府高度重视、认真吸纳,狠抓产业集群,促进转型升级,聚焦沿海开发,推动区域发展;全面落实国家、省、南通市各类扶持企业发展政策,开展“项目建设年”活动,全面深化财税体制改革、国有资产管理改革等,挖掘发展潜力,促进全市经济平稳较快发展。

围绕富民增收、城乡统筹等热点话题,为打造富饶启东献计出力。“三农”问题是实现全面建成更高水平小康社会目标的关键所在,发展面向上海的都市农业、加快实现城乡统筹发展、完善农村基础设施建设等是委员们关注的热点。在市政协十四届三次会议上,委员们提出要发展农业专业化服务,提高农业科学化水平;发展现代都市农业,推进全市农业品牌化建设;加强农村水环境整治,提升农村环境质量;规范农资市场,让农民用上放心农资。市政府及相关部门采纳委员们的部分建议,加快农业基本现代化进程,致力培优扶强农业园区,有序推进土地承包经营权流转,培育新型农业经营主体,推动现代都市农业加速发展;改善农业基础条件,加快农村水电路桥、能源交通、通信线路、治污管网等配套建设,深化农村环境长效管理,实现农业增效、农民增收和农村发展。

围绕城市管理、生态建设等焦点议题,为打造美丽启东议政协商。为了以更高的起点、更大的力度推进城乡建设和管理,全面加快市城镇化和城市现代化进程,委员们发表很多建设性意见。提出要提高城市品位,扮靓启东东大门;加强政府指导,提升小区业主自治能力;改建城区道路,增加地下停车位,缓解城区交通拥堵现象;加强流动摊点管理,净化城区街道环境;科学规划建设二手车交易市场,推动行业规范;加强机动车尾气治理,减少大气污染;加快拆迁安置房建设,推进城市化进程。市政府和有关职能部门重视委员们的建议意见,树立科学的发展理念,提升城市品质,推进城区环线道路建设,推进交通危桥、农路危桥改造,优化提升城市配套功能;强化城市环境综合治理,提升城市管理的效率、质量和水平;推进安置房建设工作,深入开展创卫创模创生态等系列创建活动,城建城管交通工作水平得到提升。

围绕教育卫生、社会保障等难点问题,为打造幸福启东谋策献智。保障民生民利、促进和谐发展始终是委员们关注的焦点问题,许多委员深入基层了解社情民意,多视角、深层次

10 月 15 日，市政协召开农村水环境整治等提案办理面商会

（市政协办/提供）

地提出不少惠民之言、利民之策。如加快民办养老机构建设，提高养老机构护理人员素质，切实提升社会化养老服务水平；循序渐进地推进新农合与城乡居民医疗保险并轨，促进社会公平与社会和谐；加强医生职业素养和能力水平建设，出台医患纠纷处理办法，缓解医患矛盾；加强食品质量安全检测，确保市民食品安全等。为此，市政府推进医药卫生体制改革、校舍安全工程、公办幼儿园建设、广播电视户户通工程等，使民生实事扎实推进，社会事业协调发展，社会大局总体稳定，各项民生社会事业得到协调快速发展。

2014 年度优秀提案目录

表 9

序号	提案号	提案标题	提案人
1	242.6	关于加快拆迁安置房建设的建议	科技科协界　施建英
2	109	实施长寿品牌发展战略　放大长寿创建综合效应	社会福利和社会保障界
3	161.105.235	关于加强农田水利建设提高抗灾能力的建议	徐　刚　黄　成　韩　梅
4	13.59.156.80.48	关于建立马路市场城管综合治理长效制度的建议	陆剑峰　施正辉　黄小梅 张正兵　施永飞
5	136	关于扎实推进农业品牌化发展的建议	工商界
6	67	关于深化我市陆海统筹发展研究促进我市沿海开发建设的建议	陈　樊
7	243	关于开发系列启东特产促进旅游产业发展的建议	文云全
8	108.123.52	关于规范二手车交易市场建设与管理的建议	李　英　费新士　刘　东
9	49.205.262	关于在市区有限制燃放烟花爆竹的建议	施永飞　蔡　辉　杜锦德
10	111	关于要求改建城区道路，增加地下停车位的建议	刘　伟
11	89.95.231.142.214	关于加强电动车管理的建议	黄　彬　端木玲玲　王　华 张振岳　陆　伟
12	6.29.152.153.225	关于加强治理交通拥堵的建议	吴春华　罗　殷　唐红萍 顾春燕　黄卫星
13	18	关于促进农民专业合作社健康发展的建议	徐玉辉
14	53.2	关于关注小微企业　助推其健康发展的建议	徐玉辉　杨建涛
15	186	把握回购民营幼儿园契机　切实提升全市幼教水平	教育界

（俞井杰）

综　　述

【概况】 2014年,全市各级纪检监察组织和广大纪检监察干部突出主业主责,加快转职能转方式转作风,履行监督责任,全市党风廉政建设和反腐败工作取得新的成效。省纪委书记弘强、南通市纪委书记庄中秋对启东市反腐倡廉建设取得的成绩给予充分肯定。《中国纪检监察报》《中国监察》、中纪委监察部网站等多家媒体报道启东市推进“三转”(转职能、转方式、转作风,用铁的纪律打造纪检监察队伍)、创新纪检监察工作机制等经验做法。

【落实“两个责任”】 明确责任。市纪委协助市委制订出台《中共启东市委关于落实党风廉政建设党委主体责任、纪委监督责任的实施意见(试行)》,明确党委的八大主体责任、领导班子成员的六大主体责任,纪委的七大监督责任和六项保障措施。要求全市各级党组织以高度的政治责任感,担负起党风廉政建设和反腐败工作的主体责任,要求各级纪检监察组织推进“三转”,落实监督责任。通过落实“两个责任”,形成上下联动,齐抓共管党风廉政建设和反腐败工作的强大合力。

强化考核。协助市委将全年党风廉政建设和反腐败工作任务分解到各镇(乡)、各部门。年底,市委常委和党员副市长带队,组成8个检查小组,通过听取情况汇报、个别访谈和座谈、查阅相关资料、意见反馈等方法,对全市111个基层党(工)委、党组及其纪(工)委、纪检组落实党风廉政建设责任制情况进行检查考核,增强基层党(工)委、党组和纪(工)委、纪检组的责任意识,增强各单位班子成员的“一岗双责”和廉洁从政意识。

加强检查。主动加强监督检查,对全市111个基层党(工)委、党组及其主要负责人上报的履行党风廉政建设主体责任书面总结进行审阅,对全市46个纪(工)委、纪检组履行党风廉政建设监督责任书面总结逐份把关。

(刘　佩)

作风建设

【教育引导】 市纪委及时将上级下发的关于作风建设方面的文件、通知,第一时间传达到各单位,并结合全市实际,提出具体要求,促进广大党员干部思想上高度重视,行为上认真执行。

【监督检查】 元旦、春节、清明、五一、端午、中秋、国庆等重要时段,专门成立20个督察组,组织大规模集中督察,深入全市宾馆饭店、商场市场、食堂会所、足浴美容、歌舞厅、健身房以及有关景点农庄、高速路口交通要道等,进行明察暗访,对作风建设违规违纪行为做到零容忍、严惩戒,发现一起、查处一起。组织开展“会所中的歪风”、反浪费反奢侈、违规吃喝、公车私用、收受购物卡等专项整治行动,纠治“四风”方面的突出问题。2014年,市纪委共受理“四风”问题群众举报件107件,其中南通市纪委交办9件,中央巡视组下转16件,面向全市通报曝光“四风”问题2起,挽回经济损失50多万元。

【制度建设】 市纪委制订出台《启东市机关工作人员作风问题责任追究办法(试行)》,建立程序规范、落实有效、问责有据、追究有力的工作监督机制,加大对违反作风建设行为的问责力度。在南通市委、市政府、市纪委举办的作风建设问题公开交办督办活动中,启东市是唯一一个没有领到交办督办任务的县(市、区)。

(刘　佩)

惩治腐败

【纪检监察信访】 2014年,市纪委共受理群众来信来访883件次。拓宽举报信息收集范围,完善电话、网络、短信、QQ“四位一体”信访举报受理平台,实施舆情信息采集公示和群众举报绿色邮政。加强信访监督,对党员干部身上的苗头性、倾向性问题,坚持早发现早教育,防止小问题变成大问题。全年实施信访监督18件次,其中诫勉谈话8件次,提醒谈话10件次。

【案件查办】 发挥反腐败组织协调作用,定期组织召开由纪委监察局、组织部、政法委、公安局、检察院、法院、审

2月24日，全市纪检监察工作会议召开　（市纪委/提供）

计局等7家成员单位组成的反腐败协调小组会议，合力推进反腐败工作。2014年，市纪委立案查处各类违纪违法案件178件，涉及乡科级以上案件20人，移送司法机关12人，挽回经济损失680多万元。其中被查处的干部有乡镇党委一把手书记、部门一把手局长、部门一把手党组书记、乡镇正科级人大副主席、部门副职、部门副科级中层干部以及“双强型”村党支部书记等，产生较大的震慑力。

提高查案工作质量。注重完善办案工作纪律，实施办案依纪依法全程监督，严格办案安全要求，促进办案程序规范化、监督管理科学化、落实责任明晰化。围绕“事实清楚、证据确凿、定性准确、处理恰当、手续完备、程序合法”二十四字要求，严把审理工作标准，确保审结的每一起案件都能经得起历史的检验。强化办案治本功能，通过对典型案例的剖析，坚持查教、查改、查建相结合，实现查处一案、警示一片、治理一片、完善一面。

（刘　佩）

行政监察

【机关效能建设】　优化效能考核办法。实施机关效能积分警示制，每季度对扣分较多、积分偏低的单位进行警示，同时将涉及的具体工作人员及违规事实通报到单位。加大明察暗访力度。针对市委书记徐锋在全市党风廉政暨作风建设大会上指出的24字存在问题，创新工作方法，加大工作力度，坚决查处纠正懒政、散漫、不作为、慢作为、乱作为等现象。2014年，共开展明察暗访297次，发出告知单349张。通过新开发的U盘督察软件，查处涉及18家单位31名工作人员在上班时间上网购物、玩游戏等违规行为，分别进行提醒谈话、批评教育及诫勉谈话。围绕市委“打好八大攻坚战，实现八大新突破”的总体部署，加强对全市重点工作推进落实情况的督察，促进政令畅通。重点对“五大专项行动”、城市拆迁、秸秆禁烧、为民实事项目推进情况加大督察力度，督察中发现工作不力的部门和单位，对相关责任人进行严格问责。

【执法监察】　加强对政府采购与工程招投标工作监督，严肃查处投标企业串标围标及提供虚假材料等违规行为。2014年，发现和纠正违规问题28次，没收10家企业投标保证金490万元。组织开展行政执法责任追究专项行动。对各部门2013年以来行政执法事项开展专项检查，共排查行政执法事项7721项，发现问题22个，提出整改建议14条，规范行政执法行为。对气象局、体育局开展例行监察检查，及时提出监察建议，限期整改落实。

【12345公共服务热线运行】　推进热线整合工作，实现12345热线与中广有线、供电抢修、供水抢修等专线的有效整合。拓宽热线便民服务的广度，新增便民服务项目15个，加盟服务商38家。扩大热线便民服务的知名度，提升诉求事项的群众满意率，推行100%回访制，通过“一事一回访”，听取群众对联动单位办理情况的意见和建议。加大热线交办事项督办力度，对不满意的任务单通报曝光，限期整改。2014年，热线共受理市民诉求25万多件，日平均接听来电和呼出电话约1700个，群众满意率达98.6%。借助12345热线运行平台，推进数字化城管试运行工作，促进城市管理从单一的城管执法向城市综合管理转型，实现城市管理科学化、精细化和长效化。

（刘　佩）

源头预防

【党风廉政宣传教育】　1月，筹备召开全市党风廉政暨作风建设大会，连

1月3日，全市党风廉政暨作风建设大会召开　（市纪委/提供）

续多年把它作为新年第一会。通过典型案例剖析、领导专题报告,教育广大党员干部。组织开展廉政教育主题活动。按照"月月有亮点、季季有高潮"的总要求,先后组织开展廉洁过节、"5·10"思廉日、算好廉政账、"12·9"国际反腐败日等系列廉政教育活动,收得良好的效果。

【反腐倡廉制度建设】 针对腐败现象易发多发的重点领域和关键环节,督促有关部门建立健全相关制度。开展制度廉洁性评估工作,坚决剥去一些部门利用制度扩张职权、谋取小团体利益的"合法外衣",对违规、违纪、违法行为及权力的"错位""越位"进行限制和制约。加大制度执行力度,强化责任追究,不让制度成为纸老虎、稻草人。

【权力运行监督制约】 落实廉政审查责任,对拟提拔的市管干部逐一进行廉政审查,2014年,有5人因群众举报经核实后被暂缓提拔使用,有效防止干部带病提拔。抓好公共权力网上公开透明运行电子监察督察督办,全年共督办314次,开出书面告知单68份,促进权力在阳光下运行,在南通市行权工作标准化管理年度评估工作中,启东市被评为优秀。

(刘 佩)

纪检监察队伍建设

【加强对下级纪委的管理】 出台请销假、工作报告、定期述职、约谈汇报等纪检监察干部管理"四项制度",明确派驻纪检组长、镇乡纪委书记、园区纪工委书记因公因私外出必须向市纪委请销假,必须每季度向市纪委报告工作,每半年向市纪委述职并接受专项测评,测评结果作为其调配使用的重要依据。专门召开全市基层纪委书记、纪检组长会议,对基层纪检监察组织贯彻"三转"、落实"两个责任"、履行监督职能提出明确要求,促进坚守责任担当。

【纪检监察组织建设】 为落实上级纪委"三转"要求,参照上级纪委做法,结合启东实际,在不增加机构数、领导职数、编制数的前提下,增设1个检查室,合并党风室、纠风室组建党风政风监督室,实现机构组织建设进一步优化,适应党风廉政建设和反腐败工作要求。各基层纪检监察组织积极推进"三转",理清职能定位,做到不越位、不缺位、不错位。

(刘 佩)

圆陀角湿地风情 (钮伟钢/摄)

市总工会

【概况】 2014年，启东市总工会围绕经济发展中心，以服务职工为抓手，以"工会在身边"为主题，认真践行群众路线，深入挂钩企业听取意见，与企业职工、劳模代表、退休干部座谈交心，收集意见建议127条，并立行立改、不拖不等。开展"工会在职工身边"主题党日活动，落实"五个一"(当一天工人、做一回"娘家人"、一同吃职工食堂、梳理一份职工诉求、解决一个职工关心的实际问题)要求。突出"作风"和"工作"的"双突破"。全年共接待职工来信、来访、来电227人次，其中提供法律援助咨询服务219人次，成功调解劳资纠纷5起。启东市总工会先后获评南通市工资集体协商优胜单位、市文明单位、综合治理先进单位、新市民管理服务先进集体、"双联双争"惠民服务活动先进单位、市级机关先进基层党组织，全国总工会《工会信息》发行先进集体。

【组织建设】 完成换届工作。9月，启东市工会十四次代表大会召开。291名代表集中听取并审议十三届委员会和经审委员会工作报告，选举产生市第十四届工会委员会和经审委员会，明确全市工会以后五年工作的指导思想和目标任务。

拓展工会组建思路。2014年，全市新建基层工会474家，新发展会员14966人，工会会员242992人，工会组建率95%，职工入会率98%。

探索建立工友会组织。11月，正式成立首批8个工友会组织。涵盖篮球、羽毛球、乒乓球等体育类；书法、语言、舞蹈、声乐等文化类；青年志愿者；垂钓、旅行等各种工友会组织。

扩充微友群。4月，推出启东工会微信公众平台，平均每两天刷新，每月举办一次微友会线下活动。至2014年底，微友数量达800多。此外，市总工会还搭建启东工会交流群、企业工会主席群、女工干部群等工作交流平台。

【服务发展】 红五月系列活动。策划以"群众路线大教育、弘扬先进大展示、保障维权大行动、关爱职工大服务"为主题的"中国梦·劳动美"红五月系列活动。包括劳模评选宣传、"十佳新市民职业明星"评选表彰、青年职工"鹊桥会"、慰问"五一"在岗职工、"书香巾帼梦"读书征文活动、大型义诊活动、法律法规知识竞赛、困难女职工身体检查、舞动江海健身舞大赛。推荐产生23名南通市劳动模范、8名南通市先进工作者。

开展技能培训，送教进企业。2014年，市总工会提出十万名职工参与，万名职工定级，千名职工晋升，百名职工表彰的"职工技能金字塔"攀登模式。全年举办"私人定制"式培训班3期，其中取得特种作业证书250名左右。开展8场以农民工为主的职工技术(技能)培训，培训一线职工(农民工)1000名以上。

安全生产教育常抓不懈。以"强化红线意识、促进安全发展"为主题，以"安全生产月"为载体，全年共计发放安全知识手册、法律文本等宣传资料

12月16日，启东市第十届"为劳动者喝彩"职业技能比武大赛卫生专场

（市总工会/提供）

1500多份,现场接受170多人咨询。

【民主管理】 加强民主管理制度,强化督察与指导。2014年,全市有1295家企业建立协商制度,独立签订集体合同和工资协商专项集体合同1253份,签订率达96.8%,覆盖职工12.4万人,小微企业签订区域性集体合同和工资协商专项集体合同36份,其中行业性集体合同和工资专项集体合同4份,覆盖企业3272家,覆盖职工20.7万人。

加强法律宣传与服务,促进企业和谐与稳定。以"农民工普法宣传周"、夏季高温慰问、广场法制宣传服务等活动为载体,发放《农民工法律知识汇编》《农民工进城务工百问百答》、职工维权明白卡、《劳动保护漫画集》等宣传手册22400本。5月,联合启东市依法治市领导小组、市司法局开展全市劳动法律法规知识竞赛活动。活动历时两个多月,近万人参加普法学习。机关、企业、教育、金融等各行各业24支队伍参加初赛,6支队伍参加决赛,竞赛活动取得圆满成功。

【关注民生】 建立"春送健康、夏送清凉、秋送关爱、冬送温暖"的长效帮扶机制。2014年元旦、春节期间,开展"畅通新市民返乡路"、春节慰问留守职工活动。共慰问10家企业、3000余名职工,发放3000多份大礼包。慰问金额达19.45万元,关爱外来职工慰问资金达10万元,1万名外来农民工受惠。筹集40万资金开展"服务职工·金秋行"活动,包括建立250个"职工关爱角",安排特困职工免费体检,帮扶困难职工1000人次左右,为全市200个特困职工圆了微心愿,金秋行服务行动,共投入帮扶资金110.5万元。

完善职工医疗高速绿色通道。2014年,有6名职工通过绿色通道得到生命挽救。5月,组织上海中医院16名一线医疗专家到启东举办大型养生知识讲座和现场义诊活动,为近700名职工义务诊断。

开展各项工会活动。以"为民务实清廉"主题,聚集"四风"焦点,依托"面对面、心贴心、实打实服务职工在基层"、工会主席沙龙会、"工会红娘工作站",开展"书香启东,和谐社会"赠书活动、"迎新春""庆五一"送电影进企业活动、乒乓球赛、第六届职工趣味运动会等活动,不断拓展工会组织联系基层、工会干部联系职工的工作载体。

(曹 健)

6月23日,中国少年先锋队启东市第三次代表大会在实验小学报告厅举行

(团市委/提供)

共青团启东市委员会

【概况】 2014年,团市委秉承"以青年为本、为青年服务"的工作理念,把团的功能定位、工作理念和工作重心全面转移到服务工作上来,进一步深化农村基层团的组织建设,全面梳理新建直属团组织596个、改建19个,其中新建农村专业合作组织198个,有效扩大团组织的覆盖面,进一步巩固乡镇团的组织格局创新和实体化"大团委"建设成果。成功召开中国少年先锋队启东市第三次代表大会。在服务青年中统筹推进团的各项工作和建设,全市共青团事业取得新的发展。

【思想教育引导】 2014年,结合纪念"五四"运动95周年、新中国成立65周年等活动,广泛开展以"青春明志中国梦"为主题的教育实践活动。注重典型示范选树,开展"寻找乡村好青年"活动,推选出一批创业创优、励志奋斗青年典型,传递青春正能量。团市委开展"我为核心价值观代言"微博话题活动、"社会主义核心价值观教育进课堂""未来网红领巾宣讲社会主义核心价值观"等宣传教育活动,引导广大青少年积极培育和践行社会主义核心价值观。加强团属网站和官方微博、微信建设,提高内容供应水平。注重与《启东日报》、启东电视台、新媒体企业等媒体单位的合作。围绕青年关注的重大理论问题和网络热点问题,发挥网络宣传员队伍作用,发出正面、理性声音,壮大网上主流思想舆论,对网上错误言论和模糊认识进行辨析引导。

【青年创业就业】 2014年,开展"青春进驻千万家·文明点亮中国梦"青年文明号"百号百村(居)"结对共建活动,48家青年文明号集体与村(居)对接。探索推进农村青年创业小额贷款工作,发放农村青年创业贷款8笔210万元,带动近百名青年创业就业。抓好"青年就业创业见习基地"建设,推进"万名总经理助理见习计划",募集80个总经理见习岗位。

【服务青少年成长成才】 2014年,围绕共青团的重点工作、基础团务、团的十七大精神、新媒体应用等知识,本级团干部、各直属团组织专兼职团干部开展讲课26场。深入基层一线,采集并实现"微心愿"455个，常态化联系青年1000余名。全面开展排查摸底专项行动、管护行动、牵手行动、回归行动、阳光行动、关爱行动等"六大行动"，初步建立较为完善的重点青少年群体关爱帮扶工作格局和工作体系。继续开展希望工程"圆梦行动"，全年共资助应届高中毕业生15人，帮助贫困学生圆了大学梦。联合启东农商行开展捐岗助学活动，共募集岗位10个，发放薪资2万元。拓展学生第二课堂育人载体，4月，联合市教育局举办"缤纷社团　青春追梦"启东市中学生社团巡礼暨中学生社团联盟成立仪式活动，全市二十余个特色青少年社团通过舞台表演、摊位展示、志愿服务、互动体验等形式与市民深入互动。

【基层组织建设】　制订《启东市中学共青团干部管理办法》，保障中学团的事业顺利发展；制订《启东市基础团务工作规范》，不断强化对基层团组织的指导。以落实"三会两制一课"制度为核心，规范团的组织生活，严格团籍管理，教育引导广大团员切实增强团员意识。

（团市委）

市妇女联合会

【概况】　2014年，市妇联围绕中心工作，坚持抓发展大事，办民生实事，解妇女难事，积极履职尽责，主动担当作为，推进全市妇女儿童事业迈上新台阶。成功召开全市妇女工作会议、启东市妇女第十四次代表大会，中共启东市委专门制订出台《关于进一步加强和改进新形势下妇女工作的意见》，明确妇女工作新任务，赋予妇联新的资源手段。

【创业就业】　*加强妇女能力培训*。2014年，先后开展基层妇女骨干、家政服务员、马达车工、来料加工女经纪人等各类培训班6期，联合市教育局启动"农村妇女网上行"基础技能培训，千余名妇女受益。

拓宽妇女创业渠道。对全市27家来料加工基地和农业示范基地、家庭农场发展动态和需求及农村剩余妇女劳动力情况进行拉网式走访，建立完善档案资料。组织用工需求集中的企业与周边乡镇、社区结对有转移愿望的剩余劳动力200余名。加强部门联动，促进妇女小额贴息贷款政策惠及更多妇女。2014年，发放小额贴息贷款875万元，惠及创业妇女119人次。

搭建妇女发展平台。深入开展各级"巾帼文明岗"自查互访活动，印发《启东市"巾帼文明岗"管理办法》，通过走出去观摩示范点的方式举办岗位创建培训班，以典型引领巾帼示范创建，在南通市"十大巾帼创业明星"评选活动中，启东市有2名女企业家当选。

【妇女维权】　*实施和谐婚姻引导机制*。作为南通市"白头偕老"和谐婚姻幸福家庭引导机制的项目试点区之一，市妇联制订出台《启东市和谐婚姻引导机制实施方案》。发挥社团作用，承接实施"为爱加油——新家庭幸福学堂"项目。以"群众说事、妇联说理、法官说法"为主线，举办"白头偕老、和谐婚姻"第21期幸福家庭讲习班，省和谐婚姻幸福家庭引导机制推进会，进行现场观摩。

完善妇女维权机制建设。继续跟进人民陪审员倍增计划，至2014年底，共有女性陪审员71人，占比42%，其中妇联干部19人。充分发挥政策文件性别平等咨询评估委员会作用，市《关于进一步加强全市海洋渔业安全生产工作的意见》制订过程中提出"渔业安全生产管理人员只招用男性"，市妇联对此条不合理规定密切关注，最终市妇联的意见得以采纳，该案例入选《省政策法规性别平等咨询评估成功案例汇编》。2014年，共接待来信3起，来电7起，来访61起，均得到妥善解决。

推进"平安家庭"创建活动。开展法制文艺演出、广场宣传等"三八"妇女维权周暨平安家庭创建宣传活动，表彰2013年度全市"平安和谐家庭"示范户、"平安家庭"创建活动示范点。2014年，市妇联共参与各类法制宣传活动14场，精心制作并发放预防和制止家庭暴力宣传彩页、创建"平安家庭"年历和维护妇女儿童权益宣传单等资料8000余份。

【文明创建】　*全力提升家庭文明指数*。2014年，持续推进"五大文化"（孝老爱亲、崇文尚学、廉洁诚信、自强奋进、互助奉献）进家庭，启动"践行文明行动，共建美好家园""五美"（庭院美、家庭美、厨厕美、身心美、村庄美）家庭创建、"相伴相亲，书香家庭"系列读书活动和"最美家训"征集活动，活动共申报各类家庭165户，各类家训60条，读书"美文"58篇。总结表彰"最美家庭"8户，"五美家庭"40户和"十佳书香家庭"。在全国寻访"最美家庭"活动中，汇龙镇黄芙蓉家庭和合作镇徐献高家庭获南通市"最美家庭"荣誉。举办第二届"全家健身，和谐同行"居家健身展示活动。

9月10日，启东市妇女第十四次代表大会举行　（市妇联/提供）

推进巾帼志愿服务。制订下发《关于开展新一轮巾帼志愿服务工作的意见》,部署新一轮巾帼志愿者申报和结对帮扶工作。2014年,共新增志愿者2115名,结对空巢老人160人,单亲贫困母亲60人,留守流动儿童60人。召开巾帼志愿服务工作推进会,对志愿服务典型进行表彰。在巾帼志愿服务月期间,开展"巾帼情·微梦想"圆梦结对活动,活动中征集微梦想31个,全部实现结对,完成助梦。

【民生实事】 做好家庭教育工作。2014年,开展家庭教育"十百千"工程,开展"科学家教进社区"系列活动,以"承载梦想、放飞希望"为主题,举办首届亲子嘉年华,推进家庭教育空中课堂公益项目,为全市8000余户家庭办理《中国妇幼》手机报的信息接收手续。

关爱特殊儿童群体。把全市307名孤困儿童基本信息在市妇联网站上公布,接受社会爱心人士和单位的结对帮扶。在全市广泛招募爱心妈妈,开展新一轮的爱心助困结对活动,至2014年底,共有112个爱心单位(家庭、个人)参与结对,通过各种渠道,资助74名孤儿、21名困境儿童。举办庆"六一""圆梦助梦 牵手结对"微行动,为17位贫困儿童实现微梦想。举办"践行群众路线,情系留守儿童"主题纳凉晚会。组织全市40名留守流动儿童和结对"爱心妈妈"开展"与爱同行,快乐体验"——"蒲公英"牵手成长夏令营。

强化儿童保护工作。以项目化形式在南城区建都社区开展"迎朝阳,助成长"暑期学校,利用在读大学生暑期返乡契机,为留守儿童及上班族子女送上暑期教育和关心呵护。联合公检法司等相关职能部门志愿者以"加强自我保护,远离违法犯罪"为主题,对广大留守流动儿童及其家长进行安全自护教育讲座,2014年,开展相关活动5场次,发放儿童护蕾手册及自我保护宣传折页2000余份。

开展"两癌"救助工作。搭建社会各界与重病妇女的爱心桥梁,2014年,累计142名贫困"两癌"妇女得到各级救助。

【组织建设】 阵地建设。2014年,在全市下发《关于推进全市村(居)妇女组织网格化管理服务工作的意见》,形成一村(居)一品牌,一网格一特色的格局。以"百团'四送'进百家"活动为抓手,主动为各类女性社团做好服务工作。

组织建设。制订下发关于《加强在"两新"组织中建立妇女组织的实施意见》,充分发挥新媒体手段,6月初,启动启东妇联微信平台,探索建立"网上妇女之家"。加强女性社团建设,新成立女校长(园长)联谊会和女领导干部2个协会。

项目化管理。探索实施"启悦·微梦访"妇女儿童之家公益服务项目,鼓励引导社团和基层妇女组织承接为民实事项目4个。

自身建设。深入开展群众路线教育活动,先后召开3次专题座谈会,走访各类妇女20人,发放征求意见300多份,回收240多份,收集汇总意见建议26条,领导班子"四风"问题8项,班子成员"四风"问题19项,新订修订规章制度4条。

(朱黄娟)

市科学技术协会

【概况】 2014年,市科协立足"三服务一加强"(服务经济社会发展是方向;服务提高全民科技素质是基础;服务科技工作者是基点;加强自身建设是保证工作定位),围绕市委、市政府工作大局,紧扣科学发展主题,协力打好科技引领攻坚战。启东市科协先后三次在省科协专题会议上作经验交流。

【招才引智】 发挥海智基地的科技人才平台作用,做好招才引智工作。成功引荐葡萄牙博士后研究员李军服务中国科学院上海技术物理研究所启东光电遥感中心,任工程部部长;成功从上海引荐由美国加州大学医学院博士后田晓丽领衔的海归专家团队创办中美医学转化项目,成立南通纳美生物医药科技有限公司,实现南通地区第三方高端医学检测机构零的突破;从苏州大学引进伦敦大学博士后研究员、江苏省双创人才李浩莹的生物制剂项目落户启东滨海工业园;从上海东华大学引进龙昇新材料项目入驻启东市留学人员创业园。推荐江苏神通阀门股份有限公司、江苏捷捷微电子股份有限公司、江苏林洋电子股份有限公司为重点海智企业,推荐启东滨海工业园、启东科创园为中欧技术合作重点园区。加强与上海市科协、上海留学人员联合会的沟通和交流,先后率人才办和相关园区负责人赴上海参加在上海科学大会堂举办的"千人计划"专家年会、上海交大留学人员联谊会,并成为上海欧美同学会长三角发展圆桌会议成员单位,切实增进与海智人才的交流与沟通,为服务启东经济社会发展积蓄能量。

【服务企业】 深入园区、企业一线,了解人才和技术需求,分别组织启东市房地产企业和建筑设计单位代表参与中英建筑科技交流会;组织神通阀门、启东科技孵化企业代表参与芬兰表面处理技术交流会,帮助企业掌握科技前沿信息。跟踪服务中国科学院上海技术物理研究所启东市光电遥感中心建设,为产业化工作做好前期准备。邀请中国园林园艺协会秘书长王修君、留美博士中国遥感学会理事汪大明、浙江省湿地遥感重点实验室主任张登荣以及来自南京大学、中国地质学院等高校科研院所的国内外专家教授到启东举办"工业园区生态建设交流研讨会",为新时期生态园区建设出谋划策。

【科普宣传】 为解决各镇乡青少年集体参观科技馆受时间、经费及路途安全等限制的问题,市科协采购26件声、光、电、电磁等方面的流动展品和48块"保护物种""探索深海"3D科普展板(配3D眼镜),开展流动科技馆校校行活动。到10余所农村学校巡展,1万多名农村孩子参与互动学习。与卫生局联合,组织医学会开展健康大讲堂进基层活动,296人医疗卫生科普志愿者申报登记,开展讲座、义诊等服务活动300多场次。与"两台一报”合作的以食品安全、健康饮食为主题的“科普直通车”形成品牌。与药监局共建社区安全用药科普站247个，城乡社区覆盖率99%。与健康教育所合作共建社区健康步道15处，城市社区覆盖率80%以上。有效借助“村村乐”文艺演出平台，以群众喜闻乐见的形式，将科普知识融入文艺表演，使“文艺节目表演到哪里，科普知识就宣传到哪里”。科普周和科普日等大型科普活动期间，开展与上海、南京等地合作的长三角院士公益科普讲座、快乐科学校园行——院士与渔家孩子面对面活动，3D科学艺术展等高端科普活动。

【人才举荐】 组织开展2012~2013年度启东市优秀科技论文评选。会同市人才办做好第四期“226高层次人才培养工程”培养对象增选工作。推荐高性能低压稀油润滑装置等四项南通市优秀“厂会协作项目”。会同市委组织部、科技局积极推荐南通市优秀科技工作者、优秀青年科技奖。海四达公司沈晓彦获南通市青年科技奖称号，神通阀门张双清获评南通市优秀科技工作者。评选表彰市级先进个人20名，先进集体10个。

（张　静）

市侨联

【概况】 2014年，市侨联认真开展党的群众路线教育实践活动，成功召开市第七次归侨侨眷代表大会，海外10多个社团和侨领发来贺电。在参与启东经济、政治、文化、社会建设以及参政议政、以法护侨、联络联谊等方面取得较好业绩。

【服务发展】 邀请顾履冰、李乐等10名海外高层次人才到南通参加江海创业周和启东海外才俊东疆行活动；走访启东姚记扑克等数十家侨资、港资企业，承办省侨商总会年会，协助南通华促会在启东举办“新三板上市路径基础知识”讲座，推进侨资企业转型升级。

第七次归侨侨眷代表大会　（市侨联/提供）

【参政议政】 加强与归侨侨眷的联络联谊，深入各镇乡（园区）、街道，先后召开15次座谈会，听取200多名归侨侨眷的意见和建议，召开侨情通报会，组织侨联界政协委员开展“六个一”（办好一件实事，树立一个典型，帮扶一家侨属企业，联络一批华侨华人，建立一项基础业务，引进一个项目）活动。

【海内外联谊】 立足四个基本特征，拓宽海内外联谊渠道，与南美江苏总会、香港中华工商业协会、香港南通同乡会等10多个社团组织保持密切联系，增进亲情乡谊，促进合作发展。组织市侨联少儿艺术团赴香港等地开展文化交流，接待80多名来自美国、英国、南非等10多个国家和地区到启东考察、讲学、探亲、访友，会同市委统战部做好“香港专项工作”。

【维护侨益】 认真贯彻落实中共中央和江苏省委《关于加强和改进新形势下侨联工作的意见》，切实做好信访、维权工作，受理海外侨胞、港澳同胞、归侨侨眷涉及城市拆迁、子女就学等来信来访10人次，协同和配合有关部门和镇乡妥善解决涉侨案件8件，保障海外侨胞、港澳同胞的合法利益；关注侨界空巢老人，组建20人侨界志愿者队伍，做好服务侨界群众工作。组织侨界群众开展联谊、参观、考察学习，举办纳凉晚会等文体活动。全年走访慰问归侨侨眷500多人次。新增华侨捐赠30万元，督促孙氏奖学助学金、郁氏奖学金等华侨奖学金的规范发放。

（钮永能）

市残疾人联合会

【概况】 2014年，启东市残疾人工作以“健全残疾人社会保障和服务体系，切实保障残疾人权益”为纲领和指导，推进各项工作。至年底，全市有持证残疾人24184人，有专门协会5个。9月12日，启东市残疾人联合会第六次代表大会召开，160名代表参会。

【救助保障工程】 2014年，全市共为2500多名残疾人发放补贴金82万元，为52名高中及高等教育阶段的残疾学生发放补贴6.6万元。在南通地区率先实施向普通中小学义务教育阶段残疾学生发放教育补贴，为36名小学阶段残疾学生每人每学年发放300元，为33名中学阶段残疾学生每人每学年发放500元，共计发放补贴2.73万元。严格执行村、镇、市“三审三公示”制度①，至2014年第四季度享受农村重残补贴7623人、城镇重残451人，下半年共计发放补贴1830.31万元。市残疾人联合会（简称市残联）会同市慈善基金会开展“携手养老”项目，资助低保、重残人员缴纳养老保险缴费。全年

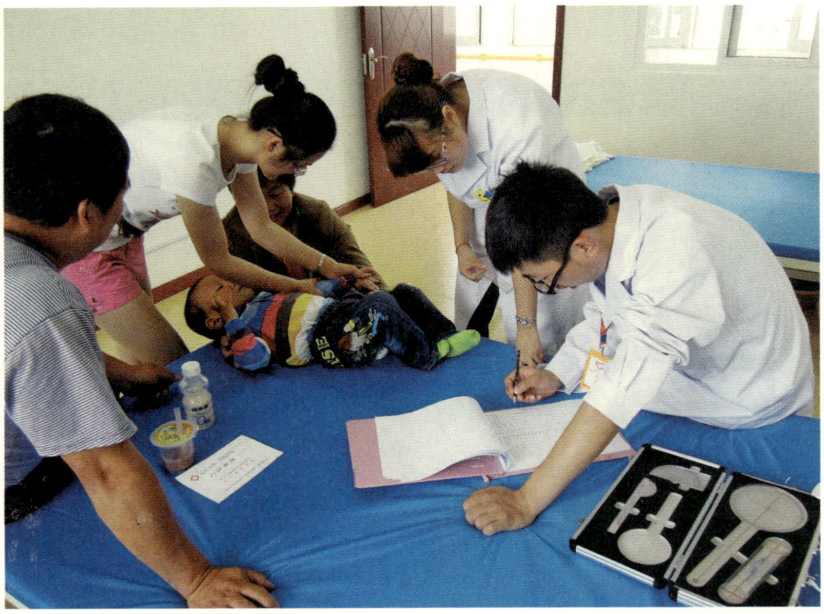

市残联组织残疾儿童康复有效性筛查 (市残联/提供)

共资助6782名残疾人每人每年80元,总计54.26万元。

【康复服务工程】 根据《启东市贫困精神病患者医疗救助办法》,市残联将贫困患者免费服药标准由每人每年480元增加至600元,对2013年度的免费服药患者进行审核,完成对1000名对象的审批,将新的贫困精神病患者免费服药卡发放到位。同时,市残联制订《启东市残疾人护理补贴发放管理办法》,将城乡低保家庭中二级智力、精神残疾人增加到护理补贴对象中。根据护理补贴新文件,在上年调查摸底的基础上,对所有符合条件新增的智力和精神残疾二级对象及原有的对象重新进行申报审核,严格执行“三审三公示”①制度。有815人符合享受居家护理补贴的新要求,累计半年发放补贴金30余万元。对于省残联、市财政调拨的第六期辅助器具适配和家庭无障碍改造的40多万元资金,市残联严格按照购买要求,到省残联辅具中心统一已招投标的厂家购买,并联系市招投标中心实施招投标。针对电动三轮车的发放对象,市残联对上报的25个名单一一上门走访调查。对不符合发放要求的对象,要求镇(乡)再次筛选。经上报后统计,第六期辅具适配和家庭无障碍环境改造项目共发放给1100余名残疾人1585件辅具。

【保障金征收】 2014年,市残联推进地税代征、财政代扣残疾人就业保障金工作。在代征工作中,与地税机关配合,做到年审工作和代征工作同步推进,做到残联审核到位,地税机关征收到位。市残联专门抽调人员,对安排残疾人就业达不到规定比例的所有机关、社会团体、事业单位进行核查,促使有关单位依法缴纳残疾人就业保障金,完成2000万元的征收任务。

【残疾人就业培训】 2014年,市残联开展就业年龄段持证残疾人就业失业情况调查,制订和完善有关残疾人政策、法规。7月,市残联开设计算机培训班,培训残疾人22名;11月,在南阳镇开设残疾人种养殖技术培训,邀请农委的高级农艺师和高级畜牧师为100多名残疾人培训种养殖技术。不少农村残疾人因培训掌握实用技术,走上自强创业之路,生活水平得到改善。

【残疾人文体活动】 7月,市残联选拔20名运动员参加南通市第七届残疾人运动会,获团体总分第二名的成绩。市8名优秀残疾人运动员被选为南通市代表,参加江苏省第九届残疾人运动会,获4枚金牌、3枚银牌、3枚铜牌。在田径比赛中,海复镇的钱王伟打破400米的省纪录,被省自行车队

启东市第一届残疾人“秀出真风采”活动 (市残联/提供)

① 三审三公示:村(居)委会对申请人提交的申报材料进行审核,完整齐全的,予以受理,调查核实其有无固定收入,符合条件的进行为期7天的初次公示;镇乡(园区、街道)对村(居)委会上报材料在全面调查核实的基础上进行集体评议审查,提出初审意见。对符合条件的,进行为期5天的第二次公示;市残联会同民政、财政、监察、工商、社保等部门成立联合审批小组,对镇乡(园区、街道)上报的申请材料进行全面系统的审核,会办审批。审批后拟享受重残生活救助待遇的对象,在《启东日报》进行为期7天的第三次公示。

选中，在海门自行车训练基地进行进一步训练。11月，市残联组织开展首届"秀出真风采　共建好家园"残疾人才艺表演赛。

（沈晓威）

市文学艺术界联合会

【概况】　2014年，启东市文学艺术界联合会下属协会有作家协会、美术家协会、书法家协会、音乐家协会、摄影家协会、舞蹈家协会、戏剧家协会、曲艺家协会、影视家协会和民间文艺家协会等10个协会和南阳镇文联、检察官文联2个文联，有会员1240多人。其中，国家级会员18人，省级会员71人，南通市级会员330人。

【五月风·启东·南阳沙地文化研讨会】研讨会主旨是挖掘沙地文化内涵，梳理历史文脉，彰显文化底蕴，围绕一个占地5.33公顷的高速公路取土坑，建设南阳沙地文化公园。研讨会前期展开征文活动，征集近50篇关于沙地文化的文稿。5月，在南阳镇举办首届"五月风·启东·南阳沙地文化研讨会"，有20人参加研讨。

【"腾飞吕四港"文学创作大赛】　在南通市文联"五月风"文艺展示月期间，市文联与江苏启东吕四港经济开发区、吕四港镇人民政府等单位联合举办"腾飞吕四港"文学创作大赛。征文期间，还组织部分艺术家到吕四海洋经济开发区创作采风。大赛共征集98篇（首）散文和诗歌。经评审，评出一、二、三等奖和提名奖。征文结束后，在《启东日报》和《沙地》上开辟专栏，重点展示这些文章。

【"尽孝爱老"采访活动】　6月，市文联与其他部门合作，组织作家协会和摄影家协会启动尽孝爱老采访活动。采访历时一个月，对全市240多名100岁的老人采访，从中挑选100位左右故事突出的老人，写成散文、通讯、特写或小报告文学，通过故事探索长寿的奥秘，让读者从中获得启迪，在全社会形成敬老爱老、关爱自身的良好社会风气。所采写的文章陆续在报刊上发表，到年底结集成书。

【第三届崇启海摄影联展】　5月，"江风海韵，锦绣中华"第三届崇明、启东、海门摄影作品联展在启东市图书馆开展。联展精选摄影作品120幅，内容涵盖自然、地理、生产、生活等诸多方面，集中展现崇、启、海三地摄影家精湛的摄影艺术和丰硕的创作成果。

【漫画作品展】　市漫画协会成立较早，创作队伍比较固定，该协会标记出版的会报《夜鹰》已出版200多期。2014年先后组织启东市第四届漫画作品展和"地税清风"漫画比赛，收到漫画近800幅，精选170件在启东市图书馆展出。

【市首届文学艺术奖】　2012年，市文联制定《启东市文学艺术奖评奖条例》，该奖项每两年颁发一次，2013年度首次评奖，2014年度首次颁发该奖。

【《沙地》改版】　改版后的《沙地》全彩出镜，页码从64页增加到84页，增加富有地方文化特色的栏目，广受欢迎，赠阅量从过去每期2000册增加到5000册。

（语　泉）

5月20日，启东·南阳沙地文化研讨会成功举行　（市文联/提供）

市红十字会

【概况】　2014年，市红十字会积极开展为民服务和人道救助工作，坚守依法"建会、治会、兴会"的工作理念，弘扬"人道、博爱、奉献"的红十字精神，全面宣传和贯彻落实《中华人民共和国红十字会法》和《红十字会章程》精神，完成年初各项目标任务，获市四星级机关和市文明单位称号。

【基础建设】　在2014年度南通市红会系统目标管理考核中，启东市红十字会获综合考核一等奖；圆满完成省政府"公益性应急救护培训项目"；开展红十字精神的宣传；开展廉政建设活动，每月对救助对象集体讨论及时公开；热心接待来电来访，及时化解各类社会矛盾；开展效能建设，打造务实型机关；带头开展志愿服务活动，全年组织三次大型广场活动和十多次为民服务活动。

【主题募捐】　2014年，市委办、政府办转发市红十字会等七部门《关于开展"博爱在启东，人道万人捐"活动的倡议》，市红十字会组织开展人道万人捐活动，向市级机关事业单位、重点企业、市直红十字组织寄发1000

多份实施方案和近万份倡议书，市委、市政府主要领导带头捐款，全市累计2万余人参加该项活动。此外，市红十字会在大型购物中心、超市、银行、宾馆等单位常年设有募捐箱，全年共募得各项人道救助款物66.7万余元。

【发扬博爱精神】 市红十字会在全市开展“红十字博爱送万家”活动，共筹集款物价值33万元，救助力度为历年之最。这些款物全部发放到全市各镇(乡、街道、社区)，有1000余户特困家庭受益。为切实增强博爱救助的品牌效应，市红十字会在人民公园广场开展“红十字博爱送万家”启动仪式，同时参与文化、科技、卫生“三下乡”活动。市红十字会对121名重症患者及特困家庭发放人道救助金22.35万元。为长龙博爱超市、和平博爱超市和职工新村博爱超市采购一系列爱心物资。南通红十字会“613项目”进驻启东，项目资助款60万元。

【赈济救助】 开展企业社会责任基金招募工作，启东方正副食品有限公司和南通市煌埔机械制造有限公司等企业参与，体现成功企业的博爱情怀和奉献精神。同时，市红十字会整合社会资源，发动群体爱心力量，利用新闻媒体及网络等宣传平台，为社会弱势群体及时送去关爱和温暖。2014年，云南鲁甸发生地震，市红十字会为鲁甸地震捐款共计3.37万元。5月，市红十字会在市人民公园广场，举办爱心捐赠物资发放仪式。共计向各镇(乡)、街道、社区等19个单位发放价值33.5万元的奶粉。这些奶粉全部由爱心企业赞助，提供给0~6周岁的贫困家庭儿童。

【壮大捐髓队伍】 2014年，全市志愿捐献造血干细胞工作取得长足发展。11月，启东市陈黄秀珍医院医生宋海兵赴苏州成功捐髓，全市成功捐献造血干细胞志愿者增至4人，居南通各县(市、区)之首。市红十字会、市委宣传部、市文明办、机关党工委等单位

造血干细胞采样 (市红十字会/提供)

多次联合发出倡议，号召全市共产党员、共青团员、机关干部、公安干警、医护人员、教师带头捐献造血干细胞。市红十字会开展捐献造血干细胞宣传咨询、报名登记、血样采集，并为中华骨髓库江苏分库开展募捐。11月，在启东市公共卫生大楼成功举行造血干细胞集中采样活动，通过现场讲解、悬挂横幅、布置展板、散发传单等形式广泛宣传献血及造血干细胞相关知识，大力加强无偿献血宣传，普及造血干细胞捐献知识，活动当日共有101名志愿者加入中华骨髓库。至2014年底，全市有1169名志愿者实现血样采样并入库，全年共有12名造血干细胞志愿者初配成功，通过对志愿者的再动员，有4名志愿者签下再动员同意书，3名志愿者已经顺利采集高分辨血样，1名志愿者成功捐献。

【普及应急知识】 按重点开展机动车驾驶人救护培训工作，共培训学员20539人次。同时制订普及公益性救护知识计划，坚持普及与提高相结合，抓重点行业、重点人群，组织志愿者深入危化行业、供电系统、教育系统和街道社区及部分企事业单位开展初级救护员的培训和普及性应急救护培训，举办培训班115期，培训学员10031名。

(王琳超)

市哲学社会科学界联合会

【概况】 2014年，启东市社科联围绕市委、市政府中心工作，重点开展好社科普及、社科研究、基地建设、学会管理等日常工作。办好“启吾大讲堂”；参与“正能量加油站”活动；开展“一路阳光”系列活动；指导社科普及示范基地开展社科普及活动；组织社科研究。10月，组织9名社科骨干参加南通市社科骨干(北大)高级研修班。出刊《东疆论丛》内刊1期。启东市社科联获江苏省社科联系统“工作创新奖”。

【社科普及】 “启吾大讲堂”继续开讲。2014年，继续在启东市图书馆开设“启吾大讲堂”，让居民增加新知识，改变旧思维、丰富业余文化生活。讲座范围涉及社会时政、经济金融、文化艺术、教育科技、健康生活、社会法律、百家杂谈等。并通过《启东日报》、网站、微博、QQ群、电视、启东发布微信等平台广泛传播。全年共邀请海军指挥学院教授冯梁等专家学者宣讲19场。

“正能量加油站”活动有所作为。在全市各“正能量加油站”开展金融知识专题讲座48场，社科展板巡展活动10场，社科小故事宣讲每个站点24场，“心灵鸡汤馆”阅读活动10场，取

得良好的社科知识宣传、正能量传播效果。

“一路阳光”系列活动有声有色。联合市文明办、市教育局等单位，针对学校未成年人心理健康教育，在各中小学申报的基础上，安排市社科普及示范基地、心理卫生协会的专家到各学校进行授课，全年共申报41场讲座。讲座主题内容丰富，深受学校老师、学生的欢迎和好评。在2013年“百晓得·社科365”取得良好的社科知识宣传效果的基础上，2014年，开辟“心灵鸡汤”栏目，每天发布一个心灵小故事，为提升读者心理素质、加强社会和谐起到一定作用。

【社科研究】 组织全市申报“南通市2014年度经济与社会发展热点问题研究”8项，获立项2项；获得南通市第三届学术大会论文评审三等奖3篇，2014年度热点重点课题评审三等奖1个；申报南通市社科优秀成果奖12项；申报省第十三届哲学社会科学优秀成果评奖1项，申报2014年度“江苏省社科应用研究精品工程”课题1项并立项。

（陈　飞）

市工商业联合会（总商会）

【概况】 2014年，启东市工商业联合会（总商会）认真贯彻落实党中央、省市关于加强和改进工商联工作的实施意见，以党的群众路线实践活动为契机，发挥职能作用，创新服务理念，贴近企业需求，不断增强工商联组织的凝聚力和影响力，促进启东非公有制经济的健康发展和非公经济人士的健康成长，开创商会工作新局面。

【教育引导非公有制经济人士】 党的群众路线教育实践活动。按照开展党的群众路线教育实践活动的要求，扎实完成学习教育、听取意见，查摆问题、开展批评，整改落实、建章立制三个环节的工作任务，达到预期目标。成立市工商联教育实践活动领导小组及办公室，制定实施方案，确保活动有序进行；广泛听议、确保教育实践活动质量过硬；从严要求、深刻查摆，确保教育实践活动达成目标；分类整改，建章立制，确保教育实践活动取得实效。

组织开展企业培训服务活动。3月，第32期“东疆大讲坛”邀请上海交大继续教育学院总裁班特聘讲师陈震到启东举办“教练型总裁”专题讲座；6月，第33期“东疆大讲坛”邀请浙江大学（EMBA）总裁班特聘讲师万建峰到启东举办提升企业网络营销方面的专题讲座；11月，第34期“东疆大讲坛”邀请上海劳达律师事务所副主任石先广到启东举办“企业用工风险控制与年终高发劳动争议预防策略”专题讲座，全市近450多名企业经营管理人员到会听课，取得良好效果。

组织引导企业家参与社会公益活动。在全市非公经济人士中开展优秀中国特色社会主义建设者和光彩之星评选活动，引导非公经济人士参与光彩事业。4月，召开表彰大会，全市26名非公经济人士被授予“光彩事业之星”称号，24位非公经济人士被授予“首届优秀中国特色社会主义事业建设者”称号。

扶持培养非公新生力量。2014年，经企业推荐、当地党委、政府认可，筛选30名政治素质好、文化层次高、经营管理强、社会形象好、有一定发展潜力的新生代非公经济代表人士组建新生代非公经济代表人士联谊会，每月组织活动，加强沟通交流；同时利用“东疆大讲坛”“启东市中青年企业家培训沙龙”等阵地，组织他们参加企业经营管理、金融知识、人力资源、社会管理等专题培训，提升他们的企业管理能力。另外，在他们中间开展“扶持一个贫困家庭，帮扶一个贫困学生、举办一件公益事业”的“三个一”活动，引导新生代联谊会会员参与慈善活动，回报社会。

【促进非公有制经济发展】 助推银企合作，缓解民企钱荒难题。运行好启东市中小企业应急互助基金，2014年共发放6笔转贷款，帮助企业解决转贷资金2230万元，有效缓解会员企业的资金临时周转困难。

组织专题调研，提供咨询决策参考。2014年，组织各镇（乡、园区）商会、行业商会，从2月下旬起，用20多天时间对78家重点非公企业进行经济运行情况抽样调查监测，撰写《启东市非公企业经营状况调查综述》。上半年就新医药产业、海工船舶装备产业现状组织开展调研活动，完成并上报《启东民营经济发展报告2013~2014》《启东市新医药产业发展报告》《2013江苏中信建设集团有限公司发展报告》等3篇调研发展报告。4月中旬，根据南通市委研究室、南通市工商联关于开展“民营经济参与陆海统筹发展”调研的要求，联合组织市有关部门领导及神通阀门、林洋电子、三上机电等5家企业负责人参加相关调研座谈活动，提出民营经济参与陆海统筹发展的对策建议。

加强交流合作，促进经贸商务活动。2014年，组织会员企业参加各类国内外经贸交流活动。协助举办第15届科技五金交易会，组织企业参与东北五金交易会、中国五金博览会、广交会，积极开拓市场。帮助企业利用这些活动平台，交流信息技术，展示自主品牌，加强自主创新，优化产品结构，以自有品牌拓展国际市场，提升产品的市场竞争力，不断做大做强。

推进部门联动，创新企业服务方式。与市发改委、中小企业局等联手，围绕《启东市工业企业科学发展能力评价办法》，对企业主要核心指标、现代化管理、市场开拓、科技创新、绿色经济等方面综合评价，以重点扶持一批具有核心竞争力和成长潜力的民营企业。以“纳税人之家”为联动平台，以10个工业企业行业商会为重点，配备10名税企联络员，组织开展座谈会、上门调研、发放征求函等活动，充分了解掌握企业需求，助推征税部门有针对性进行政策宣传和相关措施完善。配合市总工会等部门一起开展申报启东“十佳和谐企业”等评选和表彰活动。与市委政法委、总工会、人社局等部门共同举办“启东市劳动知识竞赛”活动，动员组织10个企业代表参赛。

开展主题活动，推进政企交流互动。组织有关行业商会和政协经济界别人士，围绕“企业发展与职工权益保障”主题开展政企互动活动。政协经济界别委员和企业家们分别走进企业、走进社区、走进农村,征求群众意见;听取企业家如何应对复杂多变的经济形势,把企业发展好,并保护好职工合法权益的介绍;听取市人社局“避免劳动争议,构建和谐关系”专题辅导;听取招商银行启东支行沈行长介绍企业发展过程中,有关资金信贷务业务的介绍。

【自身建设】 组织开展全联上规模民营企业跟踪调研。2014年,全市共有15家营业总收入超5亿元企业参与调研活动,填写《全国工商联上规模民营企业调研表》,完成南通市工商联下达的调研企业任务数,确保调查数据的翔实完整。

开展“三解三促”和“双联双争”活动。根据启东市委关于开展“三解三促”活动的实施意见,工商联党组认真贯彻落实。实地走访企业,收集建议意见,破解发展难题;走访结对社区村镇,召开群众代表座谈会,慰问特困户、老党员,广泛收集民意,寻求解决方案。

【电动工具业商会】 2014年,启东市电动工具产业完成产值290亿元,同比增长12.1%,应税销售37亿元,入库税收2.1亿元,基本保持平稳。先后获评“江苏省出口电动工具产品质量安全示范区”、南通市星级服务业平台、“南通市示范服务业集聚区”。通过江苏省公共技术创新平台复审。

加大基础设施建设。电动工具公共服务中心大楼(含江苏省电动工具检测中心)启动建设,选址于如意大道东侧,占地6000平方米,建筑面积3500平方米,完成租地、设计和围墙工程,主体工程招投标于12月30日开标,2015年确保建成投用。电动工具商贸城全面实施消防管道改造和破损道路修复工程,同时对展馆、公厕、绿化带、电路、广告牌等进行全面整修,为第16届科技五金交易会召开作好硬件保障。

开展产业招商活动。全年组织重大招商活动4次,先后赴沈阳、上海、成都等地举办电动工具产业推介活动。完成新签约产业和配套项目5个,其中亿元以上项目1个(合昌机电)。开展电动工具行业在外成功人士调查摸底工作,部分地区建立数据库,为下一步筹建电动工具行业在外分会、挖掘资源促进招商和带动当地生产企业发展奠定基础。

推进重点项目建设。扎实做好项目服务工作,为东成、祥之杰、裕润机床、合昌机电等一批重大项目做好跟进工作,为项目的顺利实施提供保障。全年累计完成项目投入实物工作量9.2亿元。东成扩建项目占地41亩,建筑面积2.72万平方米。做好生力、成生、华昱铝业等电动工具企业技改项目的协调服务工作。

注重规模企业培育。新培育应税销售亿元企业2家(国强、龙腾鹏达),净增应税销售2000万元以上企业4家。2014年,东成公司应税销售23亿元,同比增长12%;国强公司应税销售3.18亿元,同比增长22%。

打造公共服务平台。克服天汾国际电动工具商贸城投资商资金链断裂带来的不利影响,协调化解矛盾,确保第15届春季科技五金交易会顺利举行,规模、成效不断提升。交易会场总摊位1000多个,其中会展中心摊位309家,租赁和自用门面房360多家,场内外地摊近400家,参展企业1000多家;现场展品近1500件,汇聚国际、国内多家知名品牌;交易会参观人数达8.5万人次,意向成交额达65亿元。组织企业赴外地参加各类经贸活动。组织东成、国强、山本、东利德等10余家公司先后参加中国国际五金博览会及东北五金会、永康五金会、广交会等国内、国际五金展览会、省发改委组织的全国质量万里行活动等。

实施电动工具行业联盟标准化体系建设项目。实施电动工具行业联盟标准化体系建设项目。邀请上海标准化研究院为启东电动工具行业建立启东市电动工具联盟标准化体系检索数据库。开展打假售假活动,保护行业市场秩序。联合市质监局开展打假活动,查处信诚机电、申成机电等企业仿冒东成、牧田等国内外知名品牌企业的行为,有效打击假冒行为。加强江苏省特色产业集群品牌培育基地建设。新培育省著名商标1个(南田),南通市知名商标2个(东浦五金、生力电动工具),新培育南通名牌1个(龙腾鹏达)。实施电动工具行业知识产权预警项目。委托江苏省知识产权局专利信息服务中心承担启东电动工具行业知识产权预警项目,有针对性地制订启东市电动工具行业专利战略研究及分析报告。引导企业申报专利495个,高新技术产品12个,培育省高新技术企业4家(恒丰、利比特、东泰、东利德),新建南通市级以上工程技术中心2家。帮助企业申报各类科技计划项目5个。与国内电动工具相关专业高校、院所联系,促进产学研合作项目15个。重点加强与上海电动工具研究所的合作,促进产学研合作和科技成果转化。完善科创园运行机制,提高孵化器运行水平。做好融资需求信息采集,牵线搭桥,帮助企业解决融资难题。重点帮助协调解决弘宇公司资金链断裂面临的危机以及由此引发的电动工具行业互保企业的信贷困难。2014春季交易会后,组织当地50多家企业在商贸城举办启东电动工具行业人才交流招聘会,吸引近千名大学生参加。组织企业积极参加“东疆大讲坛”。组织出口企业参加启东市商务局、南通海关驻启东办事处等单位组织的稳定外贸增长政策、企业自律政策宣讲会。邀请南通市知识产权局到电动工具产业园开展专利政策专题宣讲。改版完善天汾网建设,逐步从政务平台向电子商务平台方向发展。完成各类信息资料的收集,逐步形成政策、服务、公共及商务为一体的多功能信息平台。组织项目申报实施服务。向启东市科技局、财政局申报实施电动工具行业知识产权联盟预警项目;向省质监局申报实施启东市电动工具联盟标准化试点项目;向省发改委申报江苏省新型工业化基地创建项目;向南通市发改委、财政局申报商贸流通发展支持项目;申报获批省商务局出口基地扶持资金50万元。

【建筑业协会】 2014年,全市建筑业总产值突破800亿元,同比增长15.3%;缴纳税收21.1亿元,同比增长19.2%。南通二建、中信集团、建筑集团、启安集团荣获江苏省建筑业百强企业；南通二建集团跃升中国企业500强第308位，排名中国建筑业竞争力百强企业第17位，第七次雄居省建筑业百强企业综合实力类第一名；启安集团连续五次荣登省建筑业百强企业建筑安装类机电安装第一名，跻身中国建筑业成长性百强企业；中信集团挺进全球最大国际承包商250强，继续保持江苏省建筑业百强企业外经类十强；二建、建筑、启安集团荣膺“全国优秀施工企业”；二建集团荣获天津市五一劳动奖状，成为除央企外，外地进津施工企业获此殊荣仅有的2家之一；二建、八建集团被市委、市政府评为金牌建筑业企业，建筑集团、骅东公司等六家企业被评为银、铜牌企业。(详见建筑业)

建筑业协会围绕建筑业实施的品牌战略、科技兴企战略和人才战略，协助主管部门，做好会员企业的名优工程、优秀企业、优秀企业家、优秀项目经理的申报和评选工作，充分发挥行业协会应有的职能作用。

做好省市优质工程的推介、申报工作。南通市“紫琅杯”是申报省“扬子杯”的基础。2014年4月，组织实施各会员单位对市内工程“紫琅杯”的申报和推荐工作，推荐的南通二建集团承建的启东市便民服务中心、启东市科技馆、启东建筑集团承建的启东市档案馆、启东市行政综合服务中心建设工程、江苏中信建设集团承建的启东市公共卫生大楼、南通启益建设集团承建的启东汽车客运站培训中心等7项工程申报南通市紫琅杯工程，其中有4个工程预申报江苏省建筑工程“扬子杯”奖。

做好行业评优评先的推介、申报工作。协会积极推荐会员单位参加省、市建筑行业协会组织的建筑业“双百强企业”、建筑业优秀企业、优秀建筑企业家、优秀项目经理的评选活动。经协会推荐的江苏南通二建集团、启东建筑集团、江苏启安建设集团、江苏中信建设集团、南通启益建设集团等五家公司被评为江苏省建筑业“双百强”、南通市建筑业企业“双三十强”企业，江苏骅东投资有限公司、启东市水利市政工程有限公司分别被评为江苏省建筑业优秀企业和南通市建筑业优秀企业。陈建年、张援朝、殷炜东、陈向阳、胡彬相、尹向东、陆飞、沈宴飞等被评为江苏省建筑业优秀企业家(经理)和南通市建筑业优秀企业家（经理），会员单位中的一批优秀技术骨干被评为省建筑业企业优秀建造师。

配合省市协会做好QC成果的推介发布工作。4月，南通二建集团、启东建筑集团、启安集团等建筑企业共有13项QC成果，经市建协推荐，参与南通市工程建设优秀QC小组成果的发布，其中，南通二建集团、启东建筑集团等2项成果获省级交流。各会员企业经建筑行业协会推介，在各地也积极做好行业的评优评先工作，南通二建承建的新疆霍尔果斯工程作为争创“鲁班奖”项目，调整创优措施，加大整改力度，为“鲁班奖”的评比奠定基础；建筑集团、启安集团强化安全规范，积极申报省、部级优质工程。南通二建承建的辽宁省朝阳市天骄城住宅楼项目获评辽宁省安全生产标准化示范工地。天津公司通过中建协认证中心的“三位一体”管理体系监督审核。南通二建获天津市五一劳动奖状。建筑集团承建的独山子东小区百盛佳苑经适房36号、39号楼获新疆自治区建筑安全文明工地；启安集团“提高地下车库空心楼盖施工一次合格率”获全国化工工程建设优秀QC成果一等奖。南通二建陆正飞被授予“全国优秀经理”称号。

配合开展各项教育培训活动。上半年，配合南通市建筑业协会和启东工商业联合会，组织会员单位多次参加南通大讲堂和启东市“东疆大讲坛”讲座，6月，组织会员单位参加启东市工商联组织举办的33期“东疆大讲坛”讲座。7月，组织会员单位参加江苏建筑业协会、浙江省建筑业协会、浙江大学举办的“共赢共发展，转型创未来暨推动经济转型、加快结构调整”城市论坛，从历史典故中学习研究现代企业经营策略，新经济形势下浙商苏商的战略选择。9月，组织会员企业参加南通市建筑业协会组织的南通建筑业大讲堂第五讲，听取省住建厅副厅长、省建管局局长徐学军对建筑业改革动态的最新精神和对江苏省建筑业发展的回顾与展望。

吸收新会员单位。2014年新吸收14家建安企业入会，不断壮大行业队伍。至年底全市会员单位已扩大至86家。

【**农资行业协会**】　宣传农资供应工作的意义。服务“三农”，做好农资储备、供应和服务工作，把学习贯彻《国务院关于加快供销合作社改革发展的若干意见》和2014年中央一号文件精神、落实科学发展观、服务社会主义新农村建设一项重要工作，列入重要的议事日程，做到组织、人员、资金、货源、责任“五落实”。

组织团体会员适时采购储备农资商品。深入基层开展市场调研，掌握市场信息，鼓励会员积极应对金融危机，加强应变能力，做好供应服务工作，不断增强风险意识。组织海滨农资有限公司和禾盛农资有限公司等团体会员做好化肥、农药等重要农资商品的分级储备工作，把握实际适时采购储备，为春耕备耕用肥做好准备。

指导会员做好农业生产市场供应。指导会员做好购、销、调、存，开展连锁经营，确保市场供应。实施让农民使用放心化肥、放心农药的“两放心”活动；推进农资商品配送到户、技术服务到户、质量承诺到户的“三到户”活动；开展测土、配方、施肥的“三配套”活动；端正为农服务方向，强化为农服务手段，提升为农服务水平。

规范会员经营行为。教育会员模范遵守政策法规，规范进货渠道，完善内部监管机制，确保经营的农资商品质量合格。协助会员积极支持、配合工商、质监、物价、农业等职能部门开展农资打假专项整治、“红盾护农”等活动，在整顿和规范农资市场秩序中发挥带头作用。

深化农资科技服务。开展“送服务下乡”活动，让农民通过专家现场咨询、专题培训、服务热线答疑等形式了解各种农作物的科学施肥、用药知识，指导农民科学合理使用化肥、农药，助农增收；扩大测土配方施肥范围，帮助农民提高化肥利用率，降低生产成本；抓好新品种、新技术的引进和开发，实施品牌战略，巩固和拓展如庄稼医生、农资顾问等符合农民需求的新型服务项目，抓好培训指导工作，加大农资服务力度，培育新型农民，帮助农民提高种养水平，促进农业增效和农民增收。

推进农村网络建设。协会结合供销社、行业协会的自身条件，依据上级的有关规定，制订切实可行的工作规划，明确发展数量、建设布局、工程标准、管理模式、推进措施。全年提档升级三星级为农服务社13家，通过南通市供销社验收的二星级为农综合服务社27家。以海滨农资有限公司为龙头，投入238万元建设农资连锁配送中心1处，直营店30家，吸引社会上更多的经营门店加盟，成立农资连锁经营基本网络。引导有经营实力的农资经营单位加盟经营服务网络，对连锁经营网络范围内的化肥、农药、农地膜等主要农资商品实行六统一，即“统一计划、统一进货、统一价格、统一供应、统一管理，统一配送”。在农资连锁经营网点的设置上，本着“合理布局、方便群众、便于管理”的原则，逐步建立起每个村都有经营网点的网络格局。

【纺织业商会】 2014年，国际贸易环境进一步恶化，纺织品出口贸易受到严重影响，全市纺织行业生产经营困难，多家纺织企业因市场疲软、价格低迷、原料波动、负担加重而被迫关门。针对纺织行业发展的现状，商会积极适应新情况，面对新问题，与企业一起寻找对策举措，谋求新的发展。

主动走访企业，增强企业发展信心。根据行业发展的现状，多次走访了解企业的要求和意见、建议，分析运行状况及今后工作重点。6月，先后到永安纺织、永银化纤、森田消防等重点企业调查研究，分析市场形势，想方设法渡过难关。商会召开执委会，主题是如何加强内部管理和创新经营模式，应对纺织业面临的压力和挑战。商会还组织主要纺织企业参加南通纺织学会的专题活动，听取江苏省纺织工业协会会长谢明的发展主题报告，认清形势，把握全局，增强信心，稳步发展。另外，特邀专家作专题咨询，解决企业生产经营中的具体问题，提高企业应对实战能力。

关注宏观政策，指导企业发展方向。商会及时收集整理中央经济工作会议关于宏观经济发展新常态的方针政策，特别是加快结构调整，实现转型升级，加强科技创新，实施品牌战略等相关资料，下发到纺织企业，把推进企业实行新产品开发、科技创新和企业转型升级作为主要任务，共同谋求宏观环境下企业发展的方向和出路。

明确支持重点，培育企业发展亮点。加大宣传力度，鼓励科技创新和管理创新，利用商会内部刊物介绍新产品、新技术，引导企业走新产品开发、自主创新的道路。致力于行业结构调整，鼓励发展高新产品和产业用纺织品，重点支持消防用纺织品、皮革用纺织品、汽车用纺织品、卫生用纺织品和服装辅料类纺织品的发展，同时鼓励扩大产业用纺织品的应用领域，提高产业用纺织品的占比。随着经编企业的不断投入，已经形成国内初具规模的经编衬布产业集群。商会及时总结推广企业转型升级的成功经验，促进全市纺织业的转型发展。

推广科学管理，提高企业经济效益。倡导科学先进的企业管理模式和经营理念，在当前外部环境不利的情况下，加强内部挖潜，向管理要效益。永安纺织有限公司在引进先进设备的同时，引进科学的管理方式和先进的生产技术，实现全员劳动生产率成倍提升，并大胆改造生产经营流程，将前纺工段异地配置，合理利用优惠政策，赢得较好的经营效益。永银化纤有限公司在开发新产品，优化产品结构的同时，加强企业成本管理，通过存量资产的置换，实现企业资本有效运作，同时采取节能降耗、紧缩费用等措施，提高企业经营效果。尼斯纺织有限公司、森田消防器材公司等企业，在发展主营产品的同时，依靠行业资源优势和灵活经营机制，在市场上捕捉商机，开发生产市场需求的配套产品。尼斯纺织有限公司的织机塑料综丝、森田消防器材公司的消防带织造机均有较好的市场销售业绩。

（邵建新）

魅力东滩 (钮伟钢/摄)

综　述

【概况】 2014年,启东市按照省和南通市的工作要求,以蝉联省"法治县市"创建工作先进单位、力争跨入全省法治建设示范县市行列为目标,深化法治创建、强化基层基础、营造法治氛围、完善惠民举措,全力提高依法行政、公正司法、依法办事的能力和水平。

【实施督查考核】 针对2013年7起行政诉讼败诉案件,市分别对汇龙镇政府、住建局、民政局、城管局、公安局、国土局6家单位发出《法治建设提示函》,并要求各单位梳理依法行政工作情况,对出现的问题逐一查找原因,落实整改措施。5月,市对全年行政诉讼案件应由机关负责人出庭应诉而未出庭的3家单位发出《法治建设提示函》,对行政机关出庭应诉工作再次提出专门要求。加大省、南通法治示范乡镇的创建力度,市首次将乡镇、园区、街道的法治建设工作纳入全市季度夺杯竞赛考核活动,并实施重点工作"听看考",即"首月听、次月看、季度考"。

【完善重大事项行政决策机制】 制订《启东市重大行政决策程序规定》。严格议题法制审核,凡市政府常务会议议题必须先经政府法制审核,审核不通过的,不列入市政府常务会议讨论。2014年,对9次市政府常务会议涉及50个议题进行全面法制审核,出具50份法制审核意见,对议题涉及的1个规范性文件,及时上报南通市政府和启东市人大常委会备案。

【执法监督】 探索建立政府法制层级监督与行政监察联动机制,联合纪委、财政、审计等部门开展全市行政执法责任追究专项行动,对全市12个重点执法部门的行政执法情况集中检查。市委政法委组织政法各部门纪检组长、部分政法队伍执法督察员共10余人,进行政法机关践行执法为民公开承诺情况暗访督察。督察选取公安局车管所、检察院举报中心、法院诉讼服务中心和司法局公证处4家窗口单位,通过实地查看、询问了解等方式,掌握各部门工作开展情况,对存在的问题及时予以反馈并要求限期整改。建立信息交流沟通、联席会议等制度,推动市行政执法机关及其工作人员进一步转变作风,实现严格规范公正文明执法。

【法治惠民工程】 开展"法惠民生江海行"主题活动。除落实省市要求的法治惠民重点项目以外,有侧重地向全市各部门征集法治惠民实事项目,重点围绕解决好环境污染、交通安全、公共法律服务、食品药品安全、司法救助等与群众密切相关的问题开展,确定10件实事作为全市重点推进的为民办实事项目。法院完善司法救助措施,为经济上确有困难的当事人减、免、缓交诉讼费达25326元,为一名急需医治的申请执行人提供执行救助2600元。市检察院窗口全年接待来访164件218人,来访批次及人数较上年同期分别上升97.6%和94.6%。市司法局建立集法律咨询、法律援助、社区矫正、公证办理、律师代理"五位一体"的公共法律服务中心,为群众提供法律服务。

【法治型机关创建】 2014年,全市完善法治型机关创建机制,拟定涵盖6个方面34项100多个考核点的考评细则,创建率达100%。

【公共法律服务圈建设】 围绕法律服务"四大建设",打造"城市20分钟、农村半小时"的"公共法律服务圈"。强化公共法律服务体系的基层基础建设,推进公共法律服务覆盖城乡;强化公共法律服务体系的核心业务建设,拓展法律服务领域,开展跨门类、跨机构合作,组建各层面的法律顾问团,形成广域覆盖的法律服务体系;强化法律服务机构公益服务的补偿机制建设,对律师、基层法律服务者担任法律顾问、参与矛盾化解和信访接待、办理法律援助案件等法律服务予以补偿和激励;强化全方位多领域公证服务体系建设。

【法治宣传教育】 深化《启东日报》法治专版、电视台《法治广场》等精品栏目,新设《"一把手"话法治》专栏。组织开展"法治好新闻"、第二届"公正廉洁执法示范点和公正廉洁执法标兵"等系列评选活动。引导和督促各部门、各行业在主要街区、车站等公

12月4日,全市20多个执法部门在市人民公园广场开展法律咨询服务
(郁卫兵 王婷婷/摄)

共场所大型显示屏、窗口单位电子显示屏、户外广告等各类媒介安排一定版面和时段的法治内容。以"领导干部、公务员、青少年学生、基层党员干部、职工群众、新市民"为重点,突出"法树形象、法护成长、法伴我行、法润民心、法佑平安"五大主题,开展法制教育活动。4月上旬,组织全市行政执法资格考试,全市40多个行政执法部门共1784名行政执法人员参加考试,32人因考试不合格被暂停行政执法资格。组织普法讲师、法制副校长深入学校举办法制讲座,在全市中小学生中开展"做一份法制小报、讲一个法治故事、唱一首法制歌曲、办一堂模拟法庭"的主题活动。联合司法局、总工会在全市中小企业中开展法律知识大比拼、法治文化作品征集评比等活动。在全市行政村和社区筹建法治正能量加油站。推进"一镇一品"法治文化阵地建设,推动镇(乡)、园区、街道、村(居)建设法治文化广场、公园、街区、场馆等文化阵地。市依法治市办与司法局在前期调研的基础上,在南通市率先制订《关于进一步明确镇乡、园区、街道法治文化阵地建设标准》的文件,对镇(村)法治文化阵地(示范点)、家庭普法站等明确具体的建设标准。2014年,市政法委将法治文化阵地建设纳入乡镇、园区、街道季度夺杯竞赛内容。

(马 昕)

综治平安建设

【"三强化三提升"工作机制】 3月下旬,市委常委会研究出台《关于践行群众路线、创新社会治理、完善群众工作"三强化三提升"工作机制的实施意见》,4月14日,正式启动实施。三强化三提升,即强化镇(乡)村居互动,提升基层治理能力;强化机关部门联动,提升综合协调能力;强化市级领导带动,提升示范引领能力)。经过7个多月的实践,全市基层治理平台建设进一步推进,社会治理机制逐步规范,社会治理能力显著增强,多元主体协同作用不断激发,有效化解一批信访积案。《新华日报》《南通日报》都在头版头条予以报道。

【组建市委工作指导组】 市委抽调64名副科职以上领导干部,组成16个工作指导组,每周三下午定期到镇(乡)开展指导工作。自活动开展起,指导组共走访基层群众3500多人次,接访群众480多批次,参加镇村两级社情民意分析会280多场次,参与协调化解各类矛盾纠纷360多起。指导组成员发挥其所在部门职能优势和自身专业特长,帮助基层群众解决实际问题50多个。

【组建人民调解专家库】 首批入选专家130人,涵盖50多种调解专长。在重点区域、重点领域、重点行业探索建立"专家会诊制",攻克重大疑难矛盾纠纷。按照"组团服务、分级负责、优势互补"的原则,构建覆盖全市的"专家会诊"网络体系。

【建立长效基层治理工作机制】 网格指导员制度。各镇(乡)、园区、街道在社区网格化管理基础上,从机关干部中选拔优秀工作人员担任网格指导员,每个网格指导员挂钩指导一个村,并设立AB角,确保工作不脱节。网格指导员每周驻村工作一天,通过与网格员、村干部、老干部调解员以及村民

5月15日,市召开人民调解工作专家库启动仪式 (市委政法委/提供)

面对面接触,了解更多社情民意,再上报到镇(乡)、园区、街道层面。同时对网格员工作给予指导,协助村居做好相关工作。

社情民意分析会制度。定期召开镇村两级社情民意分析会,村居通过每周一次的社情民意分析会,与网格员、村居干部、老干部调解员等交流一周社情民意,对于事关民生、公共安全、社会治安、特殊人群、矛盾纠纷等各类信息,进行分析研判。镇级通过社情民意分析会,听取网格指导员汇报各自村居的情况,对全镇矛盾纠纷和群众反映强烈的热点问题及时掌握,并作为决策部署的参考依据。

推行"三议"工作法。推行以村级重大事项由村(居)民提议、村(居)两委商议、村(居)民代表会议决议为内容的"三议"工作法,完善村(居)民民主决策制度,提升基层民主管理水平。

【专业调解机制建设】 加强婚姻家庭纠纷、环保纠纷和劳资纠纷等16个专业调解站建设,实现常态化、实体化运行。整合资源,组建医疗纠纷人民调解委员会,通过引入独立的第三方调解新机制,在全市推行以院内调解、人民调解、司法调解、医疗风险分担机制有机结合的"三调解一保险"为特征的医患纠纷预防和处置工作机制,修复医患关系。

【社会稳定风险评估机制建设】 市委、市政府印发《关于深化重大决策社会稳定风险评估机制实施意见》。全年共报备社会稳定风险重大工程项目121个,稳评数同比上升16%。全年共排摸发现并上报涉稳预警信息78条,下发督办通知3份,组织开展专项督察行动2次。推进重大项目稳评,在"基层基础杯"竞赛考核中,专设占比5%的"源头预防"即社会稳定风险评估考核项目。重点对海工船舶工业园区的启东胜狮能源装备有限公司年产1.59万个近海集装箱生产项目进行社会稳定风险评估。督促市住建局牵头对市区北部区域达标尾水排海工程项目实施社会稳定风险评估。

【治安防控体系建设】 构建全市"天网"工程,全市所有村埭路与公路出入口、村公共服务中心、项目农业单位等重要防范目标出入口,共安装视频监控点3000多个,监控终端建于基层派出所,通过集成系统上传市公安局指挥平台。人防方面,将保安联防队员工资提高到1920元/月,并缴纳"五险一金"。每个派出所成立视频巡逻专门队伍,24小时值守,逐步形成视频巡逻与路面巡防一体化的巡防模式。不断健全点线面结合、网上网下结合、人防物防技防结合、打防管控结合的立体化社会治安防控体系,公众安全感明显提升。

【重点地区排查整治】 抓源头排查。全市16个镇乡、街道、园区共排摸出治安重点地区33个,确定市级挂牌整治1个。

抓重点整治。对排查出的重点地区进行全面梳理分析,按照"一点一档"工作要求,全程跟踪每个地区的整治情况。8月起,市委、市政府组织多部门开展连兴港港区专项治理活动。拆除港区200多间违章建筑,清理港内110多艘无主浮子筏、水泥船,并在港口南侧建设一座通航船闸。

抓长效机制。坚持每季对全市各地治安重点地区排查整治工作进行考核,并将检查情况列入"基层基础杯"季度考核。对排查整治工作不力的单位进行跟踪督办,保障全市重点地区排查整治活动的持续开展。

【打黑除恶】 开展打黑除恶专项活动。7月17日,召开全市公安机关打黑除恶动员部署会,对全市所有涉黑涉黄涉赌涉毒线索进行梳理。专项活动中,共刑事拘留涉黑人员36人。2014年共打击涉黑涉恶团伙23个,刑事拘留涉黑涉恶人员193人,破获黑恶案件55起。

抓好冬季打防。围绕"两抢一盗"等多发性侵财犯罪、黑恶势力犯罪、电信网络诈骗犯罪"三个重点",组织开展冬季打防攻势专项行动。共刑事拘留各类犯罪嫌疑人174人,其中涉侵财犯罪46人、涉黑涉恶犯罪21人、涉毒犯罪12人、涉娼涉赌犯罪15人,逃犯11人,侵财型案件同比下降20.2%。

【社会组织培育】 全年共新增社区社会组织521个,民政部门登记注册187个。2014年年底通过验收,对全市100个优秀社会组织分别给予5000元的资金扶持。

【启动志愿服务】 2014年,全市2000多名机关干部自愿报名,到社区报到,服务领域涉及法制宣传、矛盾调解、心理疏导等多方面。对志愿者实行分类管理,逐步健全志愿服务供需对接机制和志愿者配置机制。畅通志愿者参与社会治理服务渠道,发挥机关干部志愿者的积极作用。

【外来人口管理服务】 推行"三位一体"(即以基层各级新市民管理服务机构为总牵头,以企业及小区为管理服务主体,公安机关负责业务指导的模式,充分发挥各方的业务优势,对辖区内的新市民进行有效管理和服务)新市民管理服务模式。实施新市民素质提升工程。市新市民中心协调有关成员单位在市职教中心挂牌成立新市民培训学校,通过校校联合、校镇联合、校企联合的形式,为外来务工人员提供各类就业培训。全市有定点培训机构13家,培训工种涉及50多种。全年共计培训外来务工人员782人,投入资金44.7万元,分别比上年同期提高13%和8%。开展新市民"十佳"职业明星评选、"融入进取"好人评选、新市民读书活动等系列活动,挖掘先进典型。全市共评选出30位职业明星,9位"融入进取好人"。

【特殊人群管理服务】 全市有安置帮教在册人员2094人,重点刑释解教人员接送率达100%,帮教管控率达100%,就业安置率达99.5%。全年未发生社区服刑人员恶性重新犯罪案件。社区矫正工作和安置帮教工作,多次在省、南通市司法行政会议上作经验交流。

【严重精神障碍患者专项排查】 市政法委协调卫生、公安、民政等部门,按照"三清三落实"(底数清、病情清、去向清,治疗落实、监护落实、康复落实)工作要求,共组织开展四次滚动排摸工作。在全面摸清底数的基础上,规范信息采集、明确责任主体、实行责任查究,取得专项排查工作阶段性成效。

【基层服务平台建设】 推进市、镇、村三级社会治理服务平台建设。市级层面,筹建市社会管理服务中心。镇级层面,加强镇(街道、园区)政法综治工作中心规范化建设,各镇(乡)街道通过新建、租用、改建等各种途径,解决中心用房困难。77%的乡镇、园区中心建设达到南通市示范级要求。村(社区)层面,在全市城乡社区全面推进"一委一居一监一站一办" 综合服务管理平台建设。推进社区"一站式"服务平台建设,市综治办、民政局、财政局统一指导、统一标准、统一验收。全市90%的村(社区)完成建设,并验收合格。对建设规范并通过验收的村居,分别给予1万元的奖励和补助,共计发放补贴267万元。

【综治信息化建设】 2014年,全市乡镇(园区、街道)和全部村居的315条VPDN(虚拟专用拨号网)线路全部开通,率先实现综治信息系统线路"村村通";市、镇、村三级开通电脑账号328个、手机账号329个,率先实现村级电脑账号和移动终端全覆盖。全市累计整合各类数据2819条,录入机构信息1592条、人员信息9051条。市综治信息系统整体工作得到省、南通市政法委肯定。

【平安创建系列活动】 全市平安创建已发展到涵盖全市公共安全、民生服务等20多个行业和区域,活动项目达63个小项。通过系列平安创建,逐步实现积"小平安"为"大平安"的目标。10月28日,全省"和谐婚姻幸福家庭"引导工作现场推进会在南通召开,与会人员观摩启东市第21期"幸福家庭讲习班"。至2014年,由启东市法院和妇联联合举办的"幸福家庭讲习班"共开办21期,累计审理离婚、赡养、抚养等案件503起,参加讲习班的人数达2万余人次。

【推行"听看考"考核模式】 2014年起,参照经济工作模式,对综治法治基层基础重点工作实行季度"听看考",即"首月听"(听取ppt形式的工作汇报)、"次月看"(观摩各地特色工作项目)、"季末考"(汇总13个部门提供的数据形成考核结果),并在全市综合考核中设立"基层基础杯",全市乡镇、园区、街道分2组开展竞赛,每组设立金、银、铜杯,全年发放奖金80万元。

(马 昕)

法治政府建设

【概况】 2014年,市政府深入贯彻落实党的十八大、十八届三中、四中全会精神,全面落实国务院《全面推进依法行政实施纲要》《关于加强市县政府依法行政的决定》和《国务院关于加强法治政府建设的意见》,加快政府改革创新,坚持依法科学决策,加强行政执法监督,强化依法行政理念,注重矛盾纠纷化解,不断增强领导干部运用法治思维和法治方式处理问题的能力,推动法治政府建设,为全市经济社会健康可持续发展提供强有力的法治保障。

【行政管理体制改革】 推进吕四港镇行政管理体制改革试点工作,不断完善吕四港镇"前台+后台"的基层政府新型运行方式。推进"区镇合一"加快融合,市制订滨海工业园(近海镇)、船舶工业园(寅阳镇)、滨江精细化工园(北新镇)"区镇合一""三定"(定机构,定编制、定职能)规定,突出便民服务、综合执法、社会管理"三大平台"建设,第一批事权共196项明确下放三镇(区)。推进大部门制改革,强化机构和职责整合,加快形成精干高效的市政府组织体系。

【行政审批制度改革】 推进简政放权。市出台《关于进一步简政放权深化行政审批制度改革的实施意见》,确定以构建"5张清单、5个平台、5项重点改革和5大监管体系"[①]为主要内容的简政放权、转变职能的基本框架。5张清单全部编制完成,并向社会公布。推进审批提速。市共取消、整合行政审批事项247项,压缩服务承诺时限751个工作日。推进服务创新。市全面推进"三个一"联合审批,即推行"一窗式"联合审批、"一车式"联合踏勘、"一表式"联合竣工验收,有效提高办事效率。

【社会管理体制改革】 实施基层组织减负增能。2014年,市政府印发《启东市推行"政社互动"指导意见》,全面梳理完成《基层群众自治组织依法履行职责事项》和《基层群众自治组织协助政府事项》两张清单,为实现政府行政管理与基层群众自治的有效衔接和良性互动奠定基础。建设社区"一站式"服务平台。全市建成"一站式"服务平台242家,全面建立便民、高效的社区服务管理创新模式。培育社会组织。全市共培育社区社会组织521个,完成社会组织评估数112个。

【依法科学民主决策】 市政府法制办起草《启东市重大行政决策程序规定》,就重大行政决策事项范围、基本程序、基本制度、公众参与、专家论证、合法性审查、实施评估等做出明确规定。全年10大类33项民生实事项目列入决策范围。并就对接上海工作加大决策力度,积极承接上海产业

① 5张清单、5个平台、5项重点改革、5大监管体系:"5张清单"指精简行政审批事项和环节,建立行政审批事项目录清单;梳理明晰政府职权,建立政府行政权力清单;推进投资审批制度改革,建立投资审批"负面清单";规范收费行为,建立行政事业性收费目录清单;清理项目资金,建立政府部门专项资金管理清单。"5个平台"指政务中心、网上审批、资源交易、公共服务、信息公开服务平台。"5项重点改革"指深化建设项目审批制度、工商注册登记制度、重点镇(区)行政审批制度、社会组织和中介机构管理制度、民生领域行政服务等重点领域改革。"5大监管体系"指强化监管制度、政府责任、行政执法、社会诚信、考核评价等体系建设,推动政府管理由事前审批向事中事后监管转变。

4 月 4 日，全市举行行政执法资格考试　（市法制办/提供）

转移，持续推进沪启园区合作。全年共引进 32 家上海企业。同时，通过签订责任状、加强督办督察、开展效率效能考核等方式，推动政府决策贯彻落实。

【规范性文件法制审核】 市坚持做到凡市政府常务会议议题必须先经政府法制审核，审核不通过的，不列入市政府常务会议讨论。2014 年，市法制机构对市政府常务会议共 11 次会议涉 59 个议题进行全面法制审核，出具 59 份法制审核意见，对市政府出台的规范性文件及时上报南通市政府和启东市人大常委会备案。市法制办通过查看部门发文簿和公权网法制监督系统申报相结合的方式组织全市规范性文件备案审查工作。开展新法和规范性文件实施情况评估。市开展 2014 年度新法执行情况和规范文件实施情况检查评估工作，对市国土局等 5 个部门共 10 部新法及规范性文件进行检查评估，形成评估报告。

【政务公开】 出台《市政府办公室关于印发启东市政府信息公开工作考核办法的通知》和《市政府办公室关于进一步做好政府信息依申请公开办理工作的通知》，进一步提高部门政府信息公开办理工作的规范化水平，加大热点难点领域信息的公开。在市档案馆、图书馆和行政服务中心，配备查阅设施，悬挂政府信息查阅中心牌子，为公众查阅政府信息提供便利。

【法制监督】 严格落实《江苏省行政执法证件管理办法》，组织 2014 年全市行政执法资格考试，全市 40 多个行政执法部门共 1784 人行政执法人员参加考试，167 名执法人员因考试不合格被吊销或暂停行使执法证件。组织市行政复议应诉通报会、行政执法文书研讨、行政处罚案卷评查等系列执法质量提升活动。建立行政监督联动机制。市政府法制办联合监察等部门开展全市行政执法责任追究专项行动，对全市 12 个重点执法部门的行政执法情况集中检查。

【接受专门监督】 接受人大政协监督。市人大、政协组织专项执法检查，市法制办办理人大代表建议 206 件、政协委员提案 239 件，办结率为 100%。强化纪检监察监督。加强对重点项目监督检查，以效能考核为抓手，强化作风建设。注重审计监督。全年完成审计项目 74 个，促进增收节支 8715 万元，其中核减固定资产投资 8610 万元，移送案件线索 3 件。

【社会监督】 通过政府网站、政务微博、启吾东疆论坛等网络载体，广泛收集社会公众提出的意见和建议，供领导决策参考。科学分类网络信息，规范处置流程及时限，重大舆情第一时间上报，并尽快跟进处理措施、及时上报结果。针对收集的相关问题建议，落实责任，加强督察，妥善解决。

【行政复议】 规范复议办案程序。通过整合资源、明确职责、规范流程，严格一人主办、两人承办、三道审核，确保复议案件办理质量进一步提高。畅通复议受理渠道。通过设立法制办专门信箱和网上行政复议受理平台，广泛受理各类行政复议案件，2014 年，市收到行政复议申请 39 件，受理 30 件。

【行政应诉】 组织召开 2013 年度行政复议和行政诉讼工作情况通报会，邀请海门、启东法院的领导现场指导行政应诉工作，形成预防和化解行政争议的合力。针对市行政败诉案件较多的实际，市政法委会同政府法制办组织召开全市推进依法行政和法治政府建设专题调研座谈，主要就全年出

12 月 10 日，全市行政机关主要负责人行政诉讼出庭应诉工作推进会在法院召开　（市委政法委/提供）

现的败诉案件进行分析和研讨。推进行政机关主要负责人出庭应诉工作。市在原有的行政机关负责人出庭应诉的基础上提出更高的要求，明确全市各部门、各镇(乡)发生的行政诉讼案件，行政机关主要负责人一律出庭应诉。12月，市长黄卫锋直接出庭应诉一起房屋产权登记行政诉讼案，并在庭审现场召开行政机关"一把手"出庭应诉推进会，获得群众和媒体的普遍赞誉。2014年，行政机关主要负责人出庭应诉率达100%。

【争议化解】 开展行政调解。加强行政调解与人民调解、司法调解对接，健全行政调解组织网络，严格落实统计报送、情况分析、考核评估、信息公开等制度。推进行政指导。将行政指导贯穿于行政管理、行政执法工作全过程，综合运用政策辅导、走访约见、规劝提示、奖励引导、警示告诫、案件回访、行政建议等柔性执法方式，提升行政机关服务发展能力，有效预防行政纠纷发生。加强信访办理。严格落实市领导接待日制，领导干部下访制，市、区镇、村(社区)三级现职党政领导包案制，通过联合会办、信访救助等方式，加大信访综合化解力度。至11月底，共办理群众来信879件，接待到市上访512批4982人次。

【强化依法行政理念】 年初出台《2014年全市依法行政工作要点》，对全年工作进行具体部署和责任分解，结合"基层基础杯"考核，对乡镇(园区)法治政府建设考核进一步细化为3大块10个条目进行考核，并评选依法行政先进单位和先进个人。坚持领导干部学法规范化。全面落实市领导常务会议学法制度，2014年市政府常务会上对新修订的《中华人民共和国环保法》《中华人民共和国预算法》《中华人民共和国安全生产法》进行专题学习，同时邀请专家、学者到启东做法治讲座。坚持执法人员学法常态化。做到年初有计划、年中有检查、年末有考核。坚持重点执法部门学法专业化。市政府法制办会同法院、政法委、监察局等部门通过座谈会、分析会等形式上门指导。围绕"法树形象、法护成长、法伴我行、法润民心、法佑平安"五大主题，开展"法润启东普法惠民村村行"活动。发掘市草根普法名嘴资源，创作沙地特色的普法宣传作品。通过"法律知识大家讲、法律讲堂大家听、法律案例大家评、法治歌曲大家唱、法治戏曲大家演"五种形式，建设"法治正能量加油站"，宣传普及法律知识。

(华晶金)

公　安

【概况】 2014年，启东市公安局突出创建平安法治建设示范区目标，抓住完善立体化、现代化社会治安防控体系建设主线，创新工作机制，筑牢矛盾控制防线、反恐防恐防线、专项安保防线及舆情监管防线，不断增强战斗力和影响力，为启东经济社会发展创造安全有序环境。截至12月31日，共破获刑事案件1168起，其中八类案件(故意杀人、故意伤害致人重伤或者死亡、强奸、抢劫、贩卖毒品、放火、爆炸、投毒)92起；抓获刑事作案成员1023人，其中刑事拘留746人、执行逮捕443人、移送起诉801人；行政拘留1141人。全年完成环崇明岛女子国际公路自行车赛、上海亚信峰会、南京青奥会、十八届四中全会、环太湖国际公路自行车赛、APEC会议等12项大型系列安全保卫任务。

【维护信访秩序】 针对当前"以闹牟利"现象较为突出情况，市公安局开展治"闹"专项行动。全年在"闹"访中强制带离36次，带离84人，治安拘留27人，刑事拘留4人。做到将违法行为与诉求分离处理，就事论事处理违法行为，引导群众依法维权。当好职能部门后盾，坚决支持职能部门依法办事，按原则办事。坚持将打击矛头对准骨干和幕后组织者，实行组织者必拘、资金链必查。在对相关事情处理后，通过一定渠道和方式向相关群众讲清事情原委、相关政策，减少事情负面影响。打破处置涉稳案件一般不宣传的思维定势，主动宣传，提高宣传时效性和针对性，减少谣言空间，提高宣传效果。

【职业罪犯管控】 依托"破小案、保民生、强基础"专项行动，市公安局对全市200余名主观恶性强、作案周期短、出狱即犯罪的职业罪犯实行侦查式管控，逐一分析、逐一研判、逐个见底，并对其中的高危对象，安排便衣跟踪取证，强行突破。专项行动开展后，共抓获职业罪犯31名，盗窃电动车、入室盗窃2类案件发案同比分别下降8%、2%；破获系列盗窃案件11串72起。

【侦办民生案件】 市公安局针对2014年起大要案件总量、恶性程度"双降"现象，将侦办大要案件的机制、手段用于侦办入室盗窃、盗窃电动自

青奥安保　　(市公安局/提供)

行车和诈骗等民生案件。全年共破获民生案件544起。

【拓展打黑除恶领域】 7月17日，市公安局召开打黑除恶推进会，抽调民警实行封闭式办案，并对吕四、汇龙、王鲍三个重点地区进行挂牌整治，将打黑除恶向拆迁领域、工程领域拓展。行动开展后，刑事拘留涉黑人员共138人。

【道路交通安全管理】 市公安局科学调整勤务模式，主动查处一般性交通违法行为，从严查处酒后驾驶、"三超一疲劳"(超速超员超载和疲劳驾驶违法行为)等严重交通违法行为，预防和遏制重特大交通事故的发生。全市共查处各类交通违法行为18万起，其中饮酒驾驶776起，醉酒驾驶100起，破获交通肇事逃逸15起。

【消防安全监管】 市公安局以能单独扑救一起小型火灾为标准，在南阳、王鲍等镇建成6个专职消防队；以能单独扑救一起中型火灾为标准，在汇龙、吕四、滨海、滨江建成4个大型消防站；以消灭亡人火灾和重大财产损失火灾为目标，推进消防安全"防火墙"工程，开展基层"网格化"、重点单位"户籍化"和"九小场所"(小商场、小生产加工企业、小歌舞娱乐场所、小美容洗浴场所、小旅馆、小网吧、小医院、小学校、小餐饮场所)消防安全标准化建设。全年共下发行政处罚决定书753份，下发临时查封决定书37份，责令"三停"(停止施工、停止使用、停止营业)单位56家，行政拘留11人。

【危险物品安全监管】 市公安局推进危险物品单位安防达标建设，严格落实危险物品安全生产主体责任，强化对危险物品的动态监控，加强生产、储存、运输、销售、使用等流向监管，堵塞安全监管漏洞。加大非法枪爆物品、管制刀具的查禁收缴力度，严防流失社会，造成危害。全年对全市31家剧毒品单位、6家易制爆单位、6家烟花爆竹批发企业、5家涉枪单位、3家放射源单位对照达标标准进行逐一检查验收，下发安全隐患整改通知书25份，

4月15日，省委常委、纪委书记弘强一行视察市便民服务中心公安窗口
(市公安局/提供)

整改各类隐患281处。

【执法监督】 市公安局建立科学考评机制，完善不同意见备案制度和审核、审批机制，强化执法部门负责人办案审核、指导作用，强化专、兼职法制员案件处理前置审核程序。投入近100万元扩容改造同步录音录像设备，提升录音录像设备画面辨析度、录音清晰度，提高监控覆盖率，延长录像保存时间；配发300余台警务通，实现路面警力全部警务通执法，有效压缩执法随意性。改造完成30个执法办案场所，建成涉案财物管理中心1个、集中办案中心4个，增购抓捕器、专业防护装备和防暴装甲车等装备。

加强内部和外部监督，强化信息公开力度，制订出台《执法办案过程中说情打招呼行为登记备查制度》。

【户籍管理】 市公安局规范审批流程，提高户口材料质量，确保全市户口迁移、身份变更等无一差错。落实全市户籍窗口服务电话回访制度和社区民警代办制、预约延时制、户籍民警定期进村办理制等便民措施。全年共办理外县市投靠户口手续1152份、户口准迁手续(工作调动)412份，更改(正)学龄前儿童姓名561份、出生日期205份，核销死亡人员户口未注销人员30名，注销重户及非法登记户口36名，接待各类来信来访1211人次，为民排忧解难45件。

【出入境管理】 全年共受理中外申请人34584人次，同比增长36.5%，其中办理受理护照申请14107人次、港澳证申请16199人次、大陆证申请1278人次、境外人员各类签证手续177人次、境外人员临时住宿登记9946人次；查处涉外案(事)件4起，同比下降30%，协助办理妨碍国边境案件2起，遣送涉及电信诈骗台湾人2名、非法入境越南女性1名。

【监所管理】 全年累计羁押各类犯罪嫌疑人、被告人和罪犯866人次，处理出所914人次，成功实现无脱逃越狱、无牢头狱霸、无自残自杀、无群众投诉、队伍无违法违纪的"五无"目标。

【"110"接处警】 市公安局完善指挥中心岗位规章制度和应急预案，强化扁平化指挥和反恐处突实战能力。围绕出警、反馈、审批、报立案件等环节，采取专人查看、上网通报、电话催办、短信催结等方式，提升接处警数据质量。在技术论证、价格听证、人员配备论证的基础上，完成全市DS接处警设备升级改造完善。主动对接市效能办，确保"110报警服务台"与"12345民生服务热线"的无缝对接。全年共接

电话报警298081起，其中有效报警107486起。在有效报警中，刑事案件2667起（盗窃2367起、“两抢”12起、强奸7起）、治安案件2807起、纠纷23435起、求助9670起、交通事故34076起、火警1236起。

【见义勇为表彰】 2014年，市公安局完成全省社会组织等级评估，完善基层工作站和志愿者队伍建设，推动成立启东市见义勇为人员权益保护工作协调小组，建立300万元见义勇为专项资金。加大优抚工作力度，组织见义勇为人员健康体检和外出疗养，在春节期间慰问全市109名见义勇为先进分子，扶贫慰问6名特困户并发放慰问金15.48万元，投入3.8万元与平安保险公司续签见义勇为人员不特定保险和人身伤害险协议。加强动态表彰奖励，召开专题表彰会，表彰见义勇为先进集体1个、先进个人4名，推荐优秀代表参加省级、南通级先进分子评选，共有7人获省级荣誉，44人获南通级荣誉。依托启东电视台、《启东日报》等媒体，宣传见义勇为人员优秀事迹，共播出见义勇为故事34期，刊发人物专访故事10个。市见义勇为基金会被南通市评为见义勇为工作先进集体。

【硬件建设】 市公安局着力解决用地指标和资金瓶颈，按照2014年“四所四队”，即近海所、汇龙镇所、王鲍所、寅阳所，交警近海中队、久隆中队、寅阳中队，刑侦大队汇龙中队；2015年“两所一队”，即看守所、开发区所、交警城区二中队；2016年“两所一中心”，即海复所、启隆所、指挥中心的建设计划实施基层所队硬件建设，力争三年后启东公安基础建设实现较大突破。

【队伍建设】 全局857名民警中，分别有801人、537人、36人取得基本级、中级、高级执法资格证书，11人通过国家司法考试。推进辅警正规化建设，稳妥实施非执法、非涉密岗位辅警化，将民警置换到一线执法岗位。同时，按照“基层优先、实绩优先”原则，高标准建设副科、正股、副股后备人才库，增强启东公安发展后劲。健全重点所队、重点工作、难点问题、信访案件督办体系，注重民意类、基础类、机制类等隐性政绩的收集应用。强化战时奖惩。青奥安保期间，通报表扬10人、嘉奖26人、提交记三等功1人，同时对青奥期间脱岗3个小时的1名民警给予行政记过处分。强化战时考察。青奥安保期间，对100余名后备干部人选跟踪考察，淘汰一批作风不实、主动性不强的后备干部。加强社区警务建设。全年评选季度之星78人次、问责社区民警14人、所队领导3人。

（王 卫）

检 察

【概况】 2014年，启东市检察院把握“抓牢业务、抓强创新、抓紧队伍”三项主业，坚持以改革精神、法治思维和民生理念，深挖检察工作内涵，努力打通联系服务群众“最后一公里”，各项检察工作取得新进展。全年共获得市级以上集体类奖项17个，有54人次受到市级以上表彰奖励，检察院获“全国检察宣传先进单位”称号，被江苏省检察院记集体二等功一次。

【重点领域犯罪惩治】 市检察院密切关注社会治安和公共安全出现的新特点、新动向，积极参与治安重点地区和突出治安问题专项整治，依法起诉严重暴力犯罪、黑恶势力犯罪、多发性侵财犯罪、毒品犯罪、网络犯罪和危害食品药品安全等犯罪案件361件437人。参与整顿和规范市场经济秩序，依法起诉合同诈骗、非法经营、虚开增值税发票等扰乱市场经济秩序犯罪案件10件19人。开展打击虚假诉讼专项活动，建立虚假诉讼“二三四”工作机制①，共查办8起虚假诉讼案件，5人受到司法处罚。

【检察服务】 市检察院延展“检察长宣讲团”工作辐射面，开展职务犯罪预防“进机关、进企业、进农村、进学校、进社区、进家庭，服务经济、服务民生、服务社会”的“六走进三服务”活动22次。服务生态文明建设，积极参与环境联动执法专项行动，提前介入并批捕启东市某化学有限公司涉嫌污染环境案，通过实地查看私设暗管情况，引导侦查取证，取得良好的社会效果。

【参与和创新社会治理】 市检察院强化社会风险研判工作，对办理的职务犯罪案件和普通刑事案件进行深入调研，总结案件特点，预测发案趋势，提出风险防范对策。如针对惠萍、寅阳沿江船舶工业带造船企业，外来务工人员多，盗窃公司电缆、入户行窃、滋事斗殴甚至强奸妇女等案件屡有发生的情况，通过召开企业安保工作座谈会，开展送法进公司等方式，总结普通刑事案件规律，预测发案趋势，提出风险防范对策，为推进综治工作、平安建设做出积极的努力。

【职务犯罪案件查处】 市检察院深入开展查办发生在群众身边、损害群众利益职务犯罪专项行动，加强与纪检监察部门协作配合，严肃查处重点领域职务犯罪大要案。共立案侦查16件20人，大要案率100%。通过办案，挽回直接经济损失851万元。高度重视发生在群众身边的职务犯罪行为，开展盐务系统“小专项”打击行动，办理窝串案成效明显。推行“一体化”办案机制，在南通市检察院的统一指挥下，成功办理南通市房管系统贿赂案件。市检察院推动“智慧反贪”“智慧反渎”建设，推进侦查信息化和装备现代化，将话单分析、行动轨迹

① “二三四”工作机制：二，即两种工作模式，打造成熟监督机制。一是借力模式，形成虚假诉讼监督合力；二是独立模式，提升民行干警办案能力。三，即三维监督体系，编织严密惩处网络。一是先期沟通案情，快速体现监督效果；二是建议暂缓执行，有效节约司法资源；三是结合职务犯罪，深入挖掘“案中案”。四，即四项延伸重点，扩大案件监督成效。一是司法处罚加大惩罚力度；二是跟踪监督化解潜在风险；三是以点带面督促履行职责；四是以案说法强化警示教育。

5月28日,市检察院接受涉案人近亲属赠送的锦旗　（市检察院/提供）

分析、测谎、心理跟踪监护等技术侦查手段和方法运用始终,实现高效办案。规范办案工作区建设,严格遵守各项办案规定,对讯问职务犯罪嫌疑人实行全程同步录音录像,自觉落实案件审查报备报批、职务犯罪嫌疑人“入所”前谈话等制度,主动接受上级部门、内部纪检监察、人民监督员对侦查活动的监督。市检察院举办“以家风带社风,以家风促政风,以家风强党风”主题廉政征文,开通“启检预防”公众微信平台,召开盐业系统典型案件剖析会,全年开展预防调查15次,形成预防调查报告4份,专项调研报告11份,提出检察建议2份,均被采纳。推进预防工作社会化、系统化,对5个政府重大投资项目开展专项预防,接受行贿犯罪档案查询2018批次,组织参加廉政公益海报、预防公益短片创作评选活动,深入机关、学校、企业、村镇、社区开展警示教育和法制宣讲26场,3000余人受到教育。

【打击各类刑事犯罪】 市检察院通过采取繁简分流、轻案提速等措施,受理审查逮捕案件321件397人,审查起诉案件638件808人,依法批准逮捕各类犯罪嫌疑人287人,提起公诉794人。从重从快起诉故意杀人、绑架、强奸、抢劫、聚众斗殴、寻衅滋事、毒品犯罪案件107件146人。强化证据审查,坚守预防冤假错案的底线,建立“双向证据核查法”,对涉案证据进行纵向和横向核查,保证案件审查质量,被《检察日报》头版报道,案件审结率居南通市第一。

【诉讼活动监督】 市检察院开展刑事立案、侦查监督,与全市12家行政执法机关进行行政执法与刑事司法信息共享,发出追捕犯罪嫌疑人意见书1份,发出《纠正违法通知书》2份。有效开展审判监督,对632件刑事案件提出量刑建议。构建民事行政检察多元化监督格局,受理民行申诉案件56件,成功办理南通市首例支持起诉环保公益诉讼案件,依法监督损害环境公益的不法行为。

6月26日,市检察院召开不批准逮捕公开听证会　（市检察院/提供）

【化解涉案社会矛盾】 市检察院开展涉法涉诉信访改革工作,把化解社会矛盾贯穿于执法办案的全过程,严格执行办案风险评估预警、听取被害人意见以及不批捕、不起诉、不抗诉案件答疑说理等制度,灵活运用刑事和解、民事调解、控申疏解等工作机制,调处轻微刑事案件、民行申诉案件和涉检信访案件,把好案件导入关、办理关、终结关,共受理各类信访126件,未发生一起涉检越级上访。一名控申干警被省检察院评为“优秀办案能手”。

【完善便民利民举措】 市检察院建成检察“便民大厅”,实行控申举报、行贿档案查询、律师接待、案件受理、案件查询“一站式”服务。推进案件信息公开,在“人民检察院案件信息公开网”对外公开重要案件信息、法律文书、程序性信息等591条。完善信访便民机制,推行“便民大厅”全天候接待、检察长下访巡回接待、派驻检察室前置接待、网络平台对话接待的“四合一”接访模式,接待群众举报、控告、申诉、咨询180批次,4次收到上访者、涉案人亲属赠送的感谢锦旗。

【特殊群体权益维护】 市检察院强化未成年人权益保障,建立加强与诉讼参与人、青少年保护组织、其他司法机关及职能部门“四沟通”机制,依法对涉罪未成年人作出附条件不起诉决定

2件3人,封存犯罪记录18件23人,指定辩护人29人,合适成年人介入6件6人,开展心理疏导和矫治帮教18人次。深化刑事被害人救助全覆盖工作机制,对10名因遭受故意伤害、交通肇事致伤致死的被害人或其近亲属开展救助,救助金额7万元,依法保障弱势群体的合法权益。

【执法规范化建设】 市检察院建立"问题导向型"规范执法工作机制,建成集案件受理、律师阅卷、讯问、询问、听证和解于一体的群众工作中心和办案工作区,实现办公与办案相互分离、专区专用,方便案件当事人和来访群众,隔断律师与承办人员的非正常接触。在检察内网建成"网上办案互动监管平台",实现监管人员"一对一"、问题通报"面对面"、整改落实"点对点"工作机制,有效规范网上执法办案活动,提高网上办案质量,连续六年在南通市案件质量评比中名列前茅,被《检察日报》亮点栏目介绍。

【接受内外部监督】 市检察院坚持重要事项、重大案件请示报告制度,自觉接受党委和上级院的领导。优化"阳光检察"工作,加强与代表委员的沟通联系,开展"代表委员联络月""检察开放月"、专题报告反贪工作等活动5次。通过寄送报纸杂志、短信平台、手机报、QQ群等渠道,向人大代表及时传递资讯、征询意见。结合检察官走社区、进企业、进学校等活动,建立经常性征求群众意见制度,通过案件回访、上门走访、电话调查、发放征求意见表等形式,及时收集、反馈群众的意见和建议,接纳群众有序参与和监督检察工作。

【队伍建设】 市检察院推出"英才培育积分计划"和适岗性调研,重视援疆援藏工作,1名优秀青年干警被选派代表省市院到拉萨市检察院挂职锻炼,并受到记功奖励。重视对青年干警的培养和锻炼,全年组织青年干警参加各类培训72人次,11人在市级以上条线技能比武中获奖,一篇论文在中央综治办举办的征文活动中获奖。

(秦晓微)

审　判

【概况】 2014年,启东市人民法院共受理各类案件14858件,审执结13315件,同比分别增长5.48%和18.65%,总结案数、法官人均结案数继续保持南通第二。破产审判工作成为最高法院改革试点。市法院获全省公共机构"节能示范单位"、全省"维护妇女权益示范岗"、全省"优秀人民法庭"等30多个省市级荣誉。1人被南通中院记个人三等功;法警队获全省综合技能比武第三名,被评为公正廉洁执法示范点;3名法官被评为启东市公正廉洁执法先进个人。

【刑事审判】 2014年,市人民法院共审结各类刑事案件629件,判处罪犯788人。依法审结涉案金额达270万元的"7·3"特大跨境电信诈骗、涉案金额达2119万元的卞某等7人虚开发票与虚开抵扣税款发票等一系列重大案件,9名被告人被判处十年以上有期徒刑,一批严重侵害公民财产权益、扰乱市场经济秩序的犯罪分子受到法律严惩。依法判处贪污、受贿等职务犯罪案件18件21人,无一适用缓刑。坚持罪刑法定、疑罪从无、非法证据排除等法定原则,依法否决对被告人王某等人犯组织、领导、参加黑社会组织罪的指控,并建议撤回对施某开设赌场罪、张某非法行医罪的指控,一批事实证据存疑的案件被变更起诉或退回补充侦查。健全完善从宽处理机制,对情节轻微、主观恶性较小、社会危害程度轻的涉少、侵财、危险驾驶等犯罪,依法从轻、减轻处罚,提高刑罚适用的社会效用。

【民事审判】 2014年,市人民法院审结民商事案件8623件,其中47.1%以调解方式化解。审结婚姻、赡养、抚养、继承等案件1775件,公开发布十大典型案例,选择典型案件深入各镇(乡)开展巡回审理活动。发挥"幸福家庭讲习班"品牌效应,运用"群众说事、妇联说理、法官说法"模式调处婚姻家庭纠纷,被全省"和谐婚姻　幸福家庭"引导工作现场会推介观摩,受到与会省市领导一致肯定。加大金融债权司法保护力度,依法审结金融借款合同、民间借贷案件1213件,妥善化解某电动工具公司系列借款案件。依法审结建设工程合同、房屋买卖合同纠纷案件320件,协调化解东方明珠商铺买卖系列案件。针对房地产市场疲软致商品房销售违约案件增多的情况,及时开展审判调研,报送的情况反映被省委《快报》《江苏信息》录用。

【执行工作】 2014年,市法院共执结各类案件4062件,同比增长57.99%。健全完善乡镇、园区协助执行网络,基层组织协助案件执行1854件次。强化

10月28日,"白头偕老、和谐婚姻"——第二十一期幸福家庭讲习班现场观摩会在启东法院第一审判法庭举行　(市法院/提供)

对失信被执行人的信用惩戒，将735名失信被执行人纳入全国法院失信被执行人名单库，限制其进行商业活动和高消费；通过《启东日报》及网站、微博、微信等平台公开曝光拒不履行义务的失信被执行人71人。自12月初公开曝光后，44名被执行人自觉履行义务。加大强制执行力度，全年共司法拘留83人，移送追究刑事责任12件，限制出境3人，拘留人数同比上升315%，实际执行率达56.95%，执行标的到位额3.15亿元。

【助推经济转型】 利用破产清算和重整手段帮助企业依法有序退出市场，继续审理好惠港、豪威、爱德华、南通贸联等公司破产案件，受理有重大影响的“金双喜”系列破产清算案件和万广置业破产重整案件。其中“金双喜”系列案件涉案金额达24.5亿元，安置职工228名；完成万广置业涉案房产续建工程，交房工作基本完成，保障361户购房者的合法权益。审结股权转让、股东资格确认、损害公司利益等纠纷32件，引导公司规范运营。

【依法行政】 2014年，市法院审结公共道路致人损害、房屋拆迁安置补偿等涉政府民事案件63件，协调化解涉圆陀角旅游度假区池塘租赁纠纷系列案件，在诉讼中做好法律释明工作，提高群众对政府工作的认同度。重视非诉行政案件的司法审查，全年共审查行政机关提出的申请273件，裁定准予执行269件；按照“裁执分离”原则，审查拆迁类非诉执行案件9件，裁定准予执行8件。加强与海门法院沟通联系，建立行政诉讼协调工作机制，协同化解涉启行政诉讼案件，受到南通中院肯定。配合开好市长出庭应诉观摩庭，协助召开全市行政机关负责人出庭应诉推进会。

【保障科技创新】 2014年，市法院共受理侵害商标权、著作权权属、商标合同等知识产权纠纷65件，同比上升140%。重点加强对创新程度高、促进产业增长作用明显的知识产权的保护，通过司法裁判、巡回普法等形式，强化企业的知识产权意识。与工商行政部门建立保护知识产权联系机制，实现行政查处、司法维权的有效对接。

【立案审理】 畅通诉讼服务通道，对部分困难群众提供电话预约立案或上门立案服务，设立民生案件绿色通道，有效解决群众立案难问题。重视解决群众反映强烈的案件审、执周期过长的问题，挖掘、整合全院资源，开展办案竞赛，动员干警加班加点加快审理案件，每季度对办案多的人员进行表彰。制订《关于开展院领导插庭办案的实施意见》，院领导带头办案106件，审判业务庭庭长共办案1125件。全院共有14名法官办案超300件，最多的法官审结案件400件，全院结案数同比上升18.65%，法定正常审限内结案率96.07%。

11月8日，金双喜实业发展有限公司第一次债权人会议在市法院召开

（市法院/提供）

【信访矛盾化解】 按照诉访分离要求，及时甄别、分类处理群众来信来访，引导当事人依法有序行使信访权利；畅通申诉渠道，及时受理、全面复查申诉案件，严格依法作出裁定。全年共复查各类申诉案件46件，依法改判3件。加强初信初访源头防范，坚持中层干部轮流接访制度，从源头上化解矛盾。转变处访模式，引导群众通过远程视频反映信访诉求。7月，首次受理市民与最高法院的远程视频接访。全年共受理最高法院视频接访案件7件，办结4件。完善重点信访案件院领导定期接访与包案化解制度，对重点信访案件进行全面排查梳理，摸清案件总量、类型、诉求，把54件重点信访案件包案到具体院领导，一批信访积案得到彻底化解。

【基本民生保障】 2014年，市法院妥善审结劳动争议、追索劳动报酬纠纷等案件392件，追索劳动报酬600余万元，避免群体性劳资纠纷10起。审结刑事附带民事及自诉案件38件，做好被告人退赃、赔偿工作。加强未成年人权益保护，及时发送校园伤害案件司法建议，利用法制讲座等形式，提升教育机构防范和应对校园伤害案件的能力，校园伤害案件数量明显减少。做好困难当事人的司法救助工作，发放司法救助金10.7万元；减、缓、免交诉讼费40.5万元。

【规范审判权力运行】 2014年，市法院严格规范案件程序变更、审限延长和案件报结等手续，落实案件审限届满前的提示、催办、督办制度，从严杜绝超审限现象。健全审判质效分析、通报工作机制，共发布审管通报40期，强化质效考评导向功能，引导法官公正高效办案。开展案件质量评查活动，共组织案件质量评查1963件，庭审评查188次，裁判文书评查306篇，定案把关评查71件，健全评查结果通报、整改、反馈机制，全面提高案件质量。依法纠正和查处虚假诉讼案件,对涉嫌虚假诉讼的8件案件予以纠正。

【执纪监督】 2014年,市法院重视对投诉举报和网络舆情的核查处理,对程序不规范、工作不细致的干警进行诫勉谈话。查找梳理司法风险点,整治群众反映强烈的突出问题。实行院领导轮值制度,每周由一名院领导带班开展审务督察,全年共完成审务督察55次,编发督察通报12期。

【司法民主公开】 2014年,市法院重视人大代表、政协委员联络工作,通过电话、函访、座谈等形式,征求代表、委员意见建议263次,组织代表、委员旁听评议案件庭审50人次。自觉接受检察机关法律监督,审结检察建议案件18件。规范人民陪审员工作,实行扎口管理、轮流陪审制度,人民陪审员审理案件达4165人次,陪审率连续三年达100%。开展网上诉讼服务中心建设,上网发布裁判文书3328份,开展网络庭审直播6次;3月,首次入驻淘宝网司法拍卖平台,并成功拍卖两家破产企业的机器设备,全年在淘宝网组织挂单网拍90次,成交金额超5000万元,平均溢价率达20%,为当事人节省佣金260万元。

(谢黎明)

司法行政

【概况】 2014年,全市司法行政系统把握政法工作三项任务,加快构建"四个全覆盖"(矛盾纠纷排查调处全覆盖、公共法律服务全覆盖、特殊人群服务管理全覆盖、法制宣传教育全覆盖)工作体系,突出抓好"法治宣传、法律服务、特殊人群管理"等重点工作,各项工作成效显著。市司法局获评全省"六五"普法中期先进集体,市法律援助中心获评全省司法行政先进集体。宣传教育科获评全省2013~2014年度省级"青少年维权岗"。"法治正能量加油站"获2014年度市委宣传部的"正能量加油站"优秀组织奖。

12月10日,"普法名嘴"进社区宣讲十八届四中全会精神(市司法局/提供)

【法制宣传】 围绕"法树形象、法护成长、法伴我行、法润民心、法佑平安"五大主题,市司法局开展"法润启东·普法惠民村村行"活动,发放法律书籍3500多册,举办法治讲座、法律咨询57场次。开展以"强化法治信仰、提升法治能力"为主题的公务员法治理念学习教育活动以及"护航青奥、你我同行""农民工学法活动周"等活动。利用市草根普法名嘴资源,创作具有沙地特色的普法宣传作品,打造"普法名嘴个人品牌"。汇龙镇光荣村黄建荣、自来水厂方金妹、公安局朱雨生等多人被评为南通市十佳"普法名嘴"。通过"法律知识大家讲、法律讲堂大家听、法律案例大家评、法治歌曲大家唱、法治戏曲大家演"等多种形式,及时宣传普及当前村居民关注的热点法律法规,引导村居民自觉学法守法遵法。开通启东市司法局普法微信公众号。拓展启东普法网的版面容量,开通启东市司法局微信公众平台,在《启东日报》开设《以案说法》专栏。培育"省市法治文化示范点",建设"市县有场馆、镇乡有中心、村居有站点"的层级式法治文化阵地网络。启东市在南通市率先明确镇(乡)、园区、街道法治文化阵地建设标准,得到南通市委政法委、南通市司法局的肯定。

【基层司法所建设】 加强司法所现代化建设水平,为15家基层单位统一配备一体机、打描仪、执法记录仪等设备。参加全省司法所长综合培训,提高基层人员的综合素质和业务水平。推进个人调解工作室建设,在全市各个镇(乡)开展以人民调解员个人名义进行调解工作的试点工作。

【安置帮教】 2014年,全市共有回归社会刑释人员474人。至年底,有刑释人员2029人,被列为高危险人员78人。重点刑释人员接回率100%,帮教管控率100%,就业安置率99.5%,当年重新犯罪率控制在1%以下。做好服刑人员的信息核实工作,有效消除"三假"(假姓名、假地址、假身份证)人员。按照一般对象由其家庭成员或村居负责接回,重点对象由基层政府落实必接必控,解矫人员由司法所落实对接的分类衔接管理,有效防止回归人员的脱管漏管。多渠道安置刑释人员,全年为9名刑释人员落实临时救助,为2名对象修缮房屋,为6人办理医保,为6人落实临时住处,为38人进行过渡性安置,提供就业推介、就业培训人数达138人次,对47名服刑人员未成年子女进行帮扶。利用市公共法律服务中心,扩容安置帮教管理服务中心,形成救助—教育—培训—就业的安置新模式。延伸帮教,推动发展多元化的帮教工作。

市司法局主动进监所帮教，促进罪犯改造。搭建与监狱的双向远程视频会见系统，并与龙潭、常州、溧阳等监狱达成共建意向。

【社区矫正】 落实监管措施。2014年共开展调查评估347例，实施风险评估并落实分级管理，对重点社区服刑人员全部落实手机定位监控；严格落实惩处，累计警告143人次，收监执行9人；在合作镇试行“矫正三宝”（执法记录仪、矫正日历、矫正成绩单），推进规范执法。上好入矫第一课，坚持每周二组织集中入矫宣告并开展入矫教育；开展好常规教育，开展监禁与非监禁刑罚对比教育、警示教育、法治教育、心理健康教育，全年共组织集中教育31批次，受教育人数达1395人次；试行提级谈话教育制度，开展个别谈话教育，提升教育效果。开展“五扶一促”（扶心、扶困、扶技、扶业、扶学、促转变）活动。全年落实责任田2人，落实临时救助等37人次，心理疏导87人次，技能培训17人次，指导或推介就业54人次。推进科技强矫。为各镇（乡）司法所、街道、园区增置执法技术装备，稳步提高定位监控率至90%。

【构建公共法律服务中心】 2014年，市司法局在南通市率先建立集“法律咨询、法律援助、法治宣传、法务代理、公证服务”等多种功能于一体的县市级法律便民平台——启东市公共法律服务中心。形成以市公共法律服务中心为支撑，镇（乡）、园区、街道法律服务平台为依托，以广大法律服务工作者为主体的公共法律服务网络。将公共法律服务纳入社区建设的“共建共享”机制，打造城市20分钟公共法律服务圈。依托司法所建立镇（乡）公共法律服务中心，形成农村半小时公共法律服务圈。

【法律援助】 《中国法律援助》杂志专题介绍市受理强制医疗法律援助案件的典型经验。市法律援助质量管理和案件组织工作，在全省县级市中名列前茅。先后在大调解中心和看守所增设两个法律援助接待窗口。建立潜在受援人资料库。全年办理法律援助案件1600余件，接受咨询1万余人次，为群众挽回损失2100余万元。

【律师工作】 2014年，市司法局开展律师进社区活动。选派29名优秀律师与城区29个社区结对挂钩，义务担任社区的法律顾问，定期开展法律咨询活动，帮助解决辖区内的涉法问题。围绕城市拆迁、环境保护、社会保障等社区居民关注的热点、难点问题，普及法律知识，及时调处居民间的矛盾纠纷，维护社区和谐稳定。

【公证工作】 全年办理各类公证6051件，为当事人起草修改法律文书600多份。推出公证减免收费方面的“九项措施”，即对低保困难家庭、残疾人和五保户办理公证予以减免收费；对见义勇为、革命伤残烈属公证予以减免收费；对涉及请求国家赔偿的公证事项予以减免收费；对涉及请求给予社会保险待遇或者最低生活保障待遇的公证事项予以减免收费；对涉及请求给付赡养费、抚养费的公证事项予以减免收费；对涉及进城务工人员请求支付劳动报酬的公证事项予以减免收费；对涉及请求发给抚恤金、救济金的公证事项予以减免收费；对涉及救灾、扶贫、遗体捐赠等有关社会公益的公证事项予以减免收费；立遗嘱人死亡后，对继承人实行免费查询公证遗嘱信息。办理符合惠民措施的公证事项50多件。

（陈卫红）

3月，市法律援助中心组织各律师事务所在紫薇公园开展“法润东疆惠民志愿服务”活动

（市司法局/提供）

人民武装

【概况】 2014年,启东市人武部把培育当代革命军人核心价值观融入到经常性思想政治教育和军事训练实践中,开展"牢记强军目标、献身强军实践"主题教育。抓好军事斗争准备。深入贯彻落实军区民兵工作"四项改革"会议精神,开展民兵整组;着眼海上民兵建设需要,健全建强海上民兵队伍,完成省军区赋予的参加军委总部组织的海上民兵侦察行动演练任务;着眼全时战备要求,不断完善战备设施,并对全市40名专武干部进行战备法规集训和考核;严把征兵质量关口,完成全年征集优质兵员的任务。10月29~31日,市人武部组织6支民兵应急分队在辖区内2个空军雷达站和1个导弹营发射阵地分别组织重要目标协防演练。12月,市国动委参加军分区组织的"通动—2014"国动委演练。

【战备建设】 2014年年初,市人武部完善战备值班设施,升级改造连兴港哨所战备设施。4月、5月,省军区司令员李克让、副参谋长赵铁海先后对连兴港哨所战备建设情况进行检查调研,给予高度肯定。结合防台防汛工作,市人武部组织全市38名专武干部,对辖区内险工险段现场勘察。

【海上民兵建设】 5月28日,启东市海洋渔业局人民武装部挂牌成立。市人武部结合海上民兵出海作业多、海洋气候复杂、海洋权益保护要求逐年攀升等特点,先后3次组织海上民兵骨干、沿海乡镇民兵营连长和全体专武干部开展海洋权益维护暨海洋防灾减灾专题学习,并邀请省、市专家进行辅导。先后4次组织海上民兵骨干和民兵哨所人员对部分国家的战舰、飞机图片以及相关特征进行专题识别集训,提升海上民兵对敌情的辨别能力。7月18日,市人武部组织10艘民兵船赴山东荣成海域参加军委总部组织的海上民兵侦察行动演练。演练中,有1个单位、2艘民兵船、11人受省国动委通报表彰,2名现役干部受军分区嘉奖。

【双拥共建】 2014年,市人武部协调驻启部队开展送温暖活动,组织干部职工参加义务献血,与贫困学生结成助学对子,走访慰问困难群众,累计捐款捐物5万余元。市、镇两级人武部机关开展军区营连主官慰问活动,累计发放慰问金1.2万余元,部分乡镇人武部结合农村危房改造,解决部分军人家庭和复转军人住房问题。协调市委、市政府相关部门完成海防三团雷达观察所和连兴港哨所迁建问题。

(陈　杰)

人民防空

【概况】 2014年,全市人防工程新立项12个,完成年度任务454%;新开工12个,完成年度任务336%;新竣工7个,完成年度任务168%。对全市52个已建成的人防工程进行安全大检查,人防工程维护管理完好率达90%以上。坚持依法筹集人防易地建设费,全年完成目标任务302%。严格人防经费管理,全面落实人防经费专款、专户、

6月,市人防办组织开展全市人防工程安全检查,图为动员会

(市人防办/提供)

专用规定。各项预期工作目标圆满完成，综合指标在南通各县（市、区）中名列前茅。

【人防工程行政审批】 落实“一站式服务、一站式审批”要求，清理行政审批事项，简化审批流程，规范审批内容，提高办事效率。“人防行政窗口”全年共办件160项，无差错、无投诉，承诺件提前办结率达100%，实际用时平均缩短20%以上，群众满意率达100%。

【人防工程平战结合】 按照“谁使用、谁负责”的原则，每一个竣工项目都签订人防工程安全使用责任书，明确责任和义务，人防工程平战结合率达95%。贯彻执行人防法律法规和《江苏省物业管理条例》，广泛接受社会监督，对使用中存在的违规行为坚决予以纠正。

【人防指挥通信与警报建设】 高标准推进“515”指挥所工程建设，地下指挥所基本建成，地面指挥所正式启用。全面落实战时人防指挥机构实名制，完成“通动—2014”国防动员指挥演练参演和保障任务。加强警报体系建设，新增新型固定电声警报器2台、多媒体防空防灾警报终端1台。加强警报维护管理，召开警报器维护管理工作会议，出台《启东市防空警报器维护管理暂行办法》。加强警报设施检修，保持警报系统良好使用状态，圆满完成“8·1”警报试鸣任务。

【人防宣传教育】 3月中旬，联合北城区街道开展“平安网格”创建活动启动仪式暨长江新村“长乐”网格应急演练活动。“5·12”防灾减灾日，在汇东新村社区举办“防空减灾手牵手，平安和谐心连心”广场宣传活动。10月，在城区各社区开展人防进社区工作调研。开展人防知识进学校活动，教育范围普及到全市21所中学、2所小学，共发放民防知识读本1000多册。加强人防通讯报道工作和人防网站建设，在国家、省、市及启东市各类媒体、刊物发表文章信息68篇次，超额完成南通民防局下达的报道任务，人防网站建设受到上级民防好评。

（陈　华）

消　防

【概况】 2014年，全市共接警658起，其中社会救助32起、抢险救援58起、抢救被困人员40人、疏散被困人员11人，抢救财产总价值5000余万元，相继成功处置南通东泰新能源设备有限公司、世纪家园小区等火灾灾情。全年未发生较大火灾事故。至年底，市消防大队共受理消防设计备案老年关爱之家28起，已验收合格26家。

【火灾防控】 2014年，市消防大队集中开展以制药化工企业为重点的易燃易爆场所专项治理和市政消火栓专项治理，对人员密集场所、高层地下建筑、施工工地、火灾高危单位和“三合一”场所开展全面检查。联合协调住建、房产、文化、工商、城管等相关部门落实高层建筑消防安全监管职责。开展非法建筑专项治理，会同卫生、商务、民政等部门开展商场、市场、医院、养老机构“清剿火患”行动，整改火灾隐患。全年共检查单位2325家，发现火灾隐患或违法行为1928处，督促整改火灾隐患或违法行为1870处，下发责令改正通知书1107份，临时查封单位37家，责令“三停”单位50家，拘留9人，罚款206余万元。

【消防队伍及设施建设】 至2014年底，全市有4支政府专职消防队、6支乡镇保安消防队（南阳、东海、海复、王鲍、合作、启隆）、2支企业消防队（大唐电厂、中远船务）以及80名专职消防员。市政府投入860万元购置抢险救援车，投入340万元购置抢险器材装备。由市财政与6个乡镇共同出资40万元用于乡镇保安消防站的营房建设和日常运行维护。消防大队11种基本个人防护装备和32种特种个人防护装备逐步配齐，并先后配备攻坚组装备、大功率机动消防泵、机动链锯、无齿锯等装备，大队装备建设水平进一步提升。

【消防安全宣传教育】 2014年，消防大队累计开展消防宣传“五进”（进企业、进学校、进农村、进社区、进家庭）活动60余次，举行消防知识讲座20次，受教人数达5000多人。结合安全生产月、“3·15”和“11·9”消防日等特殊时段，通过设立宣传站点和辖区LED屏幕，累计播放消防宣传片20余条、发放宣传资料近万份。在国家级媒体刊登新闻16条、省级媒体刊播新闻32条、市区级媒体23条。

（徐燕燕）

居民参与灭火演练　　（市消防大队/提供）

农村工作 农业

责任编辑：黄亦美

综　述

【概况】 2014年，全市实现农业总产值122亿元，渔业总产值63亿元，农民人均纯收入16760元，比上年增长11%。农业现代化指标实现值在全省位次明显提升。

*现代农业转型提质。*全市完成项目农业总投入23.1亿元，新增扩建农业项目208个。启东现代农业示范园、启东现代渔业精品园、吕四水产品集中加工区、临海高效设施渔业园、丰盈现代农业产业园、吕四港农业产业园六大园区提档升级，启东现代农业示范园达到省级农业园区建设标准。新增国家级示范合作社2家（启东市琰丰蔬菜专业合作社、启东市农武蔬果专业合作社）、省级示范合作社13家、南通示范合作社16家；新增南通市级以上龙头企业8家，省级以上农业科技型企业7家；新建家庭农场478家，获评省示范家庭农场2个（启东市冬娟家庭农场、启东市姚成庙家庭农场），培育"全托管"规模经营主体58个；合作镇曹家镇村朱锦荣被农业部评为"全国种粮大户"。海洋渔业转型升级，更新改造渔船191艘，建造远洋渔船8艘，建造总量和投资规模列全省第一。总投资20亿元的中国供销·启东农产品国际物流港基础设施开工建设，农产品直供基地扩展到666.67公顷，农产品出口总额1亿美元，名列全省第5位。建成二星级以上为农服务社244家，实施农业科技开发项目87项，服务农户4万多户；推广新技术新成果10项，惠及农民20万人；农业科技贡献率达63.3%。新培育绿色、有机、无公害农产品23个，新申报国家地理标志产品1个，获评省名牌农产品1个（南通国安水产有限公司"GASC"牌梭子蟹、鮟鱇鱼）、省著名商标1个(南通京海申水产有限公司"京海申"商标)。新增农机化科技示范基地6家，农业机械化水平达78%。农产品检测合格率达99%，农业信息化服务覆盖率达60%。

5月8日，中国·启东(绍兴)现代农业招商推介会在浙江绍兴举办

（市委农工办/提供）

*人居环境不断改善。*新建农村公路59公里，改造农桥120座，安装路灯1.3万盏；疏浚整治横河民沟3100条、乡级河道6条段，疏浚土方230万立方米，埋设贯通涵1万多座。汇龙、合作、南阳3个镇顺利实施中央财政农田水利重点县项目，建成节水灌溉设施73.33公顷、过路涵303座、横河衬砌护坡43公里，全市农田水利现代化水平达81.3%。实施国家农业综合开发土地治理项目3个，建设高标准农田1200公顷。建成省三星级"康居乡村"2个、省二星级"康居乡村"72个。新建镇(乡)污水管网16.5公里，完成农村无害化户厕改造2.5万多座。农村环境长效管理落实到位，农村河道管护工作全面加强，河道保洁实施市场化运作。建成启东市级"美丽乡村"10个、南通市"美丽乡村"2个，南阳镇启兴村被评为"江苏省最具魅力休闲乡村"，合作镇、北新镇获评南通市农村环境长效管理示范镇。实施十大造林绿化工程，新增造林面积5333.3公顷，列南通市之首。畜禽养殖粪污集中处理中心主体工程竣工，全市建成20立方米化粪池740个、50立方米沼气池46座。秸秆禁烧与综合利用工作扎实推进，完成秸秆机械化

南阳镇启兴村田园春色　　（市委农工办/提供）

还田面积3870公顷，农业废弃物综合利用率达92.7%。

强村富民成效显著。村级经济持续增长，全市实现村级总收入1.77亿元，村均67.8万元，80%的集体经济薄弱村村均收入超过30万元。全年组织农业技术培训6000人次，培训持证农民3000多人，持证农民占比提高到22%。新增农村转移劳动力5665人，95%的行政村建成充分就业村。支农贷款持续增长，全年发放支农贷款11.2亿元。全国首创支渔贷款“渔网贷”，40多户实施渔船改造的渔民受益。政策性农业保险品种扩大到17个，农业保险覆盖面达63.1%。3000多名机关干部与87个薄弱村和1000多名困难户结对帮扶，农村低收入人口脱贫率达81.9%。新型农村合作医疗参加率达99.95%，居民受益11.7万人次；农村最低生活保障标准提高至每月370元，农村五保户标准提高至每年7070元，无保障老年基础养老金标准提高至每月90元；被征地农民社会保障5月1日起全面实施，1.8万名被征地农民受益；养老服务体系不断完善，新建各类养老机构9家，新增养老床位949张。

（卜锦明）

农村改革和农民保障

【南通市级中心镇建设】　2014年，南阳镇、北新镇2个南通市级中心镇建设有序推进，中心镇路网、产业园区、民生项目等基础设施加快建设。南阳镇重点推进南阳物流园、神通产业园、现代农业产业园、汽车市场建设。北新镇建设新材料产业城，重点推进化工园区隔离带搬迁和“清水湾”、绿洲嘉园安居房建设等重大项目。

【一事一议资金财政奖补】　2014年，通过村申报、镇初审、市审核等环节，全市共有93个村实施94个财政奖补项目，其中水泥道路建设项目41个，总长度59.07公里；路灯亮化工程46个，安装路灯12816盏；文化体育场所5个；小型水利项目1个；植树造林项目1个。项目总投入3765.36万元，其中省财政奖补资金2223万元，一事一议资金348.75万元，乡镇资金209.23万元，村集体资金546.2万元，社会捐助资金422.18万元，其他资金16万元。

【政策性农业保险】　2014年，全市在巩固和发展成熟险种的基础上，发展高效设施农业保险，新开办蛋鸡、肉鸡、露地葡萄、梨、四季豆5个新险种。全年保费收入3823万元，其中小麦、油菜、玉米、棉花等传统种植业险种保费收入1729万元，能繁母猪等高效农业险种保费收入2094万元，高效农业保费占农业保险总保费的比例为55%。全年共计支付理赔款1329.66万元，其中传统种植业赔付124.27万元，高效农业赔付1205.39万元，惠及农户1.75万户。

【农村土地经营权确权登记试点】　2014年，根据省农委最新的确权登记要求，市全面完善已开展登记工作村的确权登记方案。在东海镇仲辉村、锦绣村开展新一轮的确权试点工作，年底基本完成，为全市开展确权登记工作提供经验。

【提高村干部报酬】　2014年，村干部报酬中财政支付部分与上年农民人均纯收入的增幅同步增长，经营性奖励与村级经营收入密切挂钩，2014年，各镇（园区）村级党组织书记的报酬、奖金总额一般平均不少于2.9万元（不含星级津贴），其他村干部报酬、奖金总额一般平均不少于2.57万元。

【被征地农民基本生活保障】　2014年，根据省政府下发的93号令，对被征地农民纳入社会保障体系进行充分调研，形成《启东市征地补偿和被征地农民社会保障办法》，从5月1日起全面实施。针对新的保障办法与旧的保障办法之间存在被征地农民保障前后标准不一致、启东市级和省级文件不能衔接、16周岁以上人员和16周岁以下人员的待遇悬殊过大等问题，根据市政府常务会议意见，形成《启东市被征地农民社会保障衔接办法》，享受衔接补助的对象超过8000人。2014年，全市新批征地103.9公顷，城建用地43.2公顷。已完成47.43公顷的安置任务，63个组（次）完成安置方式选择。新批的征地和城建用地需安置被征地农民1925人，已完成安置548人，其中选择货币安置方式的有63个村民组（次），安置人数548人，扣除土地补偿费集体留成部分后，完成安置补助费分配2726.02万元。经市有关部门审核后共确认人均耕地在0.2亩及以下村民组累计达336个，全市被征地农民老年生活困难补助享受对象累计达9496人，累计发放资金2301.93万元。9830多人享受渔民生活困难补助，1030人享受盐民生活补助。

（卜锦明）

农村经营管理

【农村土地经营权流转】 2014年,全市新增土地流转面积3200公顷,累计流转面积3.2万公顷,占全市总承包土地面积的50%,其中专业大户1032个,经营土地面积9350公顷;家庭农场552个,经营土地面积2220公顷;土地合作社143个,土地入股面积3020公顷,其他合作社295个,经营土地面积1166.6公顷;从事土地"托管"生产经营主体153个,托管经营土地面积2166.6公顷;农业企业60家,直接租赁经营土地面积1040公顷。

【农村土地股份合作】 2014年,在尊重广大农民群众土地承包权益的基础上,坚持"依法、自愿、有偿"的原则,加大农村土地股份合作的宣传引导力度,实现承包土地入股、资产股份经营,建立利益共享机制,全年新增农村土地股份合作社10家,全市累计143家。

【土地承包纠纷仲裁调处】 2014年,市加强专职仲裁员队伍建设,聘请23名兼职仲裁员,全年共有16个农户申请仲裁,立案审理4起。推进"诉调对接"机制,注重与人民法院、信访大调解部门和镇(乡)进行沟通联系,形成配合密切、共同协商的土地纠纷调处机制。

【农民负担监督管理】 2014年,市继续执行农民负担预决算审批、农民负担监督卡和专用票据制度。全市农民负担监督卡发卡率达98%以上,专用票据使用率达100%。全市没有出现"乱收费、乱摊派、乱集资"和变相加重农民负担的事件。围绕一事一议资金项目化管理的实施情况,是否存在挤占、挪用、平调、统筹一事一议资金等方面,对全市11个镇2013年度一事一议筹资筹劳金进行抽审。2013年,全市实际收筹筹资筹劳资金2773.11万元,收筹率为93.02%。对审计发现的一事一议支出不合理、项目化管理不到位等问题,与相关镇、村进行沟通,并下发整改通知,限期整改,有效地规范村级一事一议资金的使用。

【一事一议资金项目化管理】 2014年,全市议立项目875个,项目资金总额2045.52万元,占议筹资金72.6%,其中农田水利项目185个,安排资金314.17万元;道路桥梁项目239个,安排资金656.99万元;安全饮水项目17个,安排资金39.88万元;环境整治项目233个,资金718.7万元;植树造林项目123个,安排资金173.12万元;公墓管理项目57个,安排资金104.85万元;偿还债务项目21个,安排资金37.81万元。

【专项治理涉农乱收费】 2014年,市委农工办以纠正和查处各种违规违纪收费、健全监管机制为重点,深入整治重点领域涉农乱收费现象,联合市物价局下发《关于开展涉农乱收费排查治理工作的通知》,明确工作要求、排查治理内容等,通过查看会计账簿、凭证、发票,查阅档案资料,召开座谈会,走访相关村镇干部群众等方式,对2014年向农民、村级组织、农民合作社的收费情况进行核查。在排查中,除发现少数村存在着报刊公费订阅突破限额问题,没有发现向农民、村级组织、农民合作社乱收费问题。

启东市农民专业合作社辅导员培训班 (市委农工办/提供)

【发展村级集体经济】 2014年,通过扶持、盘活、挖掘、管控等措施,发展村级集体经济,全市实现村级总收入1.77亿元,全市261个村的经营收入都超过20万元,223个村的村营收入超过30万元,139个村的村营收入超过50万元,其中最高的汇龙镇城北村达749万元。

【扶持集体经济薄弱村】 2014年,全市继续执行市政府《关于扶持发展经济薄弱村的实施意见》,扶持经济薄弱村发展物业经济,168个村的扶持项目中有130个村项目基本完成,其余38个村项目处于实施阶段,有37个村项目办理房屋产权证和国有土地使用证,通过南通市审计局的审计评价。2014年,每个集体经济薄弱村15万元的扶持项目返还收益全部划转到村账上。

【农村集体三资管理】 2014年,针对启东少数镇区村级代管资金银行存款多头开户现象,下发《关于规范村集体经济组织银行存款账户管理的通知》,要求各镇区对银行开户情况进行一次全面清理,保留一家银行开设基本账户。进一步规范公共资源交易行为,充分利用镇、园区公共资源交易平台,严格依据法律法规和相关程序,公开、公正进行公共资源的运营配置,充分实现公共资源使用价值最大化。

【内部往来专项检查】 2014年,市委农工办采取随机抽查的形式,检查100多个村2013年度的"内部往来"

科目的三级明细账簿，针对发现的问题，分村进行交换，并提出整改意见，进一步规范村级财务行为。

【村级债务化解】 2014年，市建立村级债务申报制度，严格债务化解要求。年底全市村级债务总额为4172万元，比年初的4269万元减少97万元，化解率为2.27%。

【财会人员培训】 2014年，针对各镇(乡)、园区培训不同需求，市委农工办采取分镇分批分层次的方法，对村会计和村民主理财组人员进行培训。全年共计培训人员548人次。

【农村脱贫帮扶】 2014年，完成全市人均纯收入低于5000元的农村贫困户的建档立卡和更新工作。经统计，全市共有低收入农户16314户26146人。至年底，低收入人口脱贫21414人，脱贫率累计达81.9%。

【城乡建设用地增减挂钩】 2014年，在南阳镇、北新镇两个中心镇开展城乡建设用地增减挂钩工作，全年完成拆旧面积26.7公顷，下拨拆旧复垦成本和相关工作经费1600多万元。

(卜锦明)

村庄环境整治

【概况】 在全面完成农村环境整治任务的基础上，2014年主要开展以生活垃圾处理、沟河保洁、农路管护、绿化养护、乱堆乱放整治、乱贴乱画清理为主要内容的农村环境长效管理工作，通过不断加大财政投入，完善环卫基础设施，加强农村环境队伍建设，深化长效管理工作机制等措施，农村环境整体面貌进一步改善。吕四港镇如意村，王鲍镇聚星村、建群村，汇龙镇东郊村，合作镇五星村，东海镇云祥村、显中村，南阳镇启兴村，近海镇爱民村、向西村10个村获评启东市美丽乡村称号，北新镇、合作镇获南通市农村环境长效管理示范镇(乡)称号，吕四港镇如意村、王鲍镇建群村获南通市美丽乡村称号，南阳镇启兴村被评为江苏省最具魅力休闲乡村。

吕四港镇如意村村貌　(市委农工办/提供)

【农村河道管护】 2014年，市委农工办会同市水务局对市农村环境长效管理工作现状、存在问题进行调研，向市委、市政府报送《关于农村河道管护工作的调研报告》，经市政府常务会议决定，下发《启东市农村河道长效管理实施办法》，明确水务局负责一二级河道管护，各镇(乡)、园区负责乡级河道、横河、民沟的管护。制订管护标准和市级财政奖补资金标准，一级河道每年每公里管护经费1500元，二级河道3000元，三级河道1750元，民沟按每年每人2元补助，同时要求镇级财政配套不得低于市级奖补标准。市农村环境长效管理办公室(简称市长效办)与财政局、水务局专门制订河道管护考核办法。2014年，全市共计配备管护人员1604人。村级农村环境整治管理组同每位环境管护员签订一年期的承包合同，明确双方的权利和义务、责任和职责、区域和任务，同时明确考核管理和奖惩办法。并为全市签订承包合同的环境管护员办理人身意外伤害及附加医疗保险，市级财政支付保险费11.2万元。

【加强考核督查】 2014年，村镇市三级农村环境长效管理工作机构分别建立每日有明察暗访记录、每旬有点评分析、每月有考核排名的工作机制，发现存在问题，及时督促整改。市长效办在月度暗访督察中采取分组巡回检查，对每镇(乡)、园区每月督察不少于2次的办法，对生活垃圾处置、沟河保洁、绿化养护、农路管护、乱堆乱放整治、乱贴乱画清理等工作每项每月发出不少于50张的催办通知书，限期未整改到位的发督办通知书，并加倍扣分。每季度，长效办组织各有关部门人员赴镇(乡)、园区进行实地考核。月度暗访和季度考核综合得分作为农业农村工作杯考核的重要依据。

【推行服务外包】 2013年，东海镇将4个村和一个镇区的环境管护承包给启东市云丰劳务专业合作社，取得成功。2014年5月起，该镇全面实施农村环境管理服务外包，分片外包给云丰劳务专业合作社和恒丰、祥丰、兴丰三个保洁服务队，农村环境管护员与劳务专业合作社和保洁服务队签订承包合同，年承包金总额284万元。北新镇、王鲍镇、东海镇、寅阳镇、海复镇、圆陀角度假区将三、四级河的保洁实施市场化运作。

(卜锦明)

种植业

【概况】 2014年，全市农业实现产效并举。现代农业稳步发展。全市高效设施农业面积累计达1.43万公顷,占总耕地面积的20.02%,高效设施农业全面推进。全市新建规模以上设施大棚(钢架大棚、钢架连栋大棚、竹架大棚、智能温室等)面积931.8公顷。传统农业稳中有升。传统农作物产量稳定增长,综合效益增幅明显,规模养殖持续发展,规模养殖占比上升至97.46%。全市外向农业实绩显著。农产品出口创汇1.07亿美元,列南通六县(市、区)第二,全省各县(市)第五。

【粮棉油生产】 2014年,传统农业生产形势总体平稳。油菜亩产190公斤,小麦亩产404.4公斤。玉米亩产414公斤,大豆亩产151公斤,棉花亩产80公斤。

棉花培管　　(市新闻信息中心/提供)

【蔬果生产】 2014年,全市蔬菜播种面积4.77万公顷,蔬菜总产量115.78万吨,蔬菜总产值15.95亿元。四青产业、果蔬产业、特色产业稳步发展,露地蔬菜生产特色凸显。以青毛豆为主的“四青作物”面积3.33万公顷,大葱、地产三宝、韭菜、洋扁豆、青皮长茄等启东特色蔬菜在省内外有一定知名度,并且生产规模渐增、市场需求发展潜力较大。根据基地调查,前期受阴雨天气影响,对蔬菜(尤其是西甜瓜)生产有较大影响,常规蔬菜价格变动幅度比上年有所扩大。

【现代农业建设】 2014年,全市高效设施农业面积累计1.43万公顷,占总耕地面积的20.02%。全市新建规模以上设施大棚(钢架大棚、钢架连栋大棚、竹架大棚、智能温室等)面积931.8公顷。外向农业实绩显著。农产品出口创汇1.07亿美元,列南通六县(市、区)第二,全省各县(市)第五。

【农产品质量建设】 2014年,市农委依据《中华人民共和国农产品质量安全法》要求,围绕提高农产品质量,保障农产品消费安全的目标,大力推进标准化生产,强化农产品质量安全监管,不断提升监管能力,加强农产品质量建设。根据省、南通市农业主管部门提出的工作要求,继续建立健全农产品监管体系和检测体系,加强推进省、市全程质量监控试点项目的建设,做好农产品“三品”申报认定认证工作。全市获无公害农产品认证的农产品222个,产量为31.05万吨,占可食用农产品比重为25.13%;获绿色食品认证的农产品7个,产量为3175吨,占可食用农产品比重为0.26%;获有机食品认证的农产品38个,占可食用农产品比重为0.03%。继续开展无公害农产品监督抽检和蔬菜农残例行监测工作,对相关的农贸市场、蔬菜生产基地、批发市场和超市的蔬菜进行农药残留监测,监测品种基本涵盖启东市场上常见的蔬菜品种,至年底,共检测样品4039个,其中定性检测3658个,定量检测样品381个,检测合格率为99.35%。向南通市农检中心报送检测简报48期,完成省农委要求的例行抽样任务4次,共抽取样品180个,一个样品检测出农残超标。

【农业技术服务】 惠农政策全面落实,市农委继续开展好以科技“三下乡”、农技培训、“科技入户”“农技110”咨询为主要内容的为农服务工作。全年共组织送科技“三下乡”活动10多次,发放各类技术资料20万余份。举办各类农业职业技能、农民创业和新型职业农民培训班22期,免费培训农民2984人,其中职业技能培训1832人、农民创业培训451人、新型职业农民701人。2014年,全市获南通市级三等奖以上的科技成果4项,四大主导产业良种覆盖率达95%以上,新技术应用覆盖率达95%以上。

【农业行政执法】 2014年,市农委开展春季农资打假护农、水产品安全专项整治行动、农药监督管理年活动、夏季百日行动、秋冬季农资打假5个专项整治行动。全年共抽检农资样品65个,其中肥料19个、农药21个、兽药25个,对检测不合格的13个产品均立案查处。全年累计出动执法1000人次,检查农业投入品销售场所450多家,共查处案件20起,其中种子2起、农药4起、兽药10起、肥料4起,结案18起,办案准确率100%,涉案金额22万元,挽回经济损失40万元。全年共受理电话、来信、来访投诉、举报案件及督办案件3起,对于电话、来信、来访举报案件做到100%受理。组织农作物事故鉴定11起,其中出具鉴定报告7份。

(王　岳)

养殖业

【概况】 2014年,市农委在抓好养殖技术推广和重大动物疫病防控工作的同时,也做好畜禽生态养殖的推进落实工作。全市畜禽的免疫密度一如继往地达到100%,耳标佩戴率100%,抗体有效保护率达80%。同时利用科技入户工程和三新(新品种、新技术、新模式)工程,向养殖户推广畜禽科技养殖技术,确保市畜禽养殖量及畜产品质量不断提高。

【畜禽饲养】 2014年,全市生猪出栏量33.26万头,其中规模养殖出栏量32.42万头,规模养殖比上年净增7200头,规模占比达97.46%,其中大中型养殖场规模比重为57.6%，超额完成省年初下达的规模比重57%的目标任务。家禽年末总出栏量1578.79万羽，其中肉鸡总出栏量1146.45万羽，规模出栏量1019.19万羽，规模出栏占比88.9%。蛋鸡年末存栏164.65万羽，其中规模养殖存栏140.61万羽，规模占比85.4%。奶牛年末存栏1045头，其中规模养殖1045头，规模占比100%。

【重大动物疫病防控】 为预防重大动物疫病的发生，市防治重大动物疫病指挥部精心部署，指挥部每个成员都能坚守岗位，恪尽职守，及时做好重大动物疫病的免疫、消毒等工作，实行全年值班制度，保持24小时通信畅通，各类应急处置制度台账完整。全市没有发生一起重大动物疫情，确保全市畜牧生产的健康发展。

【畜禽粪污治理】 2014年，市继续开展畜禽养殖粪污治理工作，完成对全市养殖场（主要是生猪）化粪池、小型沼气建造。全市完成建设20立方米化粪池330个、50立方米小型沼气22座。各镇（乡）和相关部门密切配合，治理工作有序开展。

【动物防疫和动物卫生监督】 贯彻落实《中华人民共和国动物防疫法》和《江苏省动物防疫条例》等法律法规，强化各项防治措施，及时做好春、秋两季动物疫病的集中免疫行动，开展夏季消毒灭源工作。加强对规模畜禽场的监管，以及对畜禽饲养、经营、加工销售等企业和个人的防疫条件的监督。严格把好动物及产品的检疫关，确保畜禽产品质量安全。开展畜禽生产环节投入品监管专项活动。加强瘦肉精常年监测工作，全年共检测生猪34643头，没有发现一例阳性案例。

（王　岳）

林　业

【概况】 2014年，全市新增成片造林合格面积4106.6公顷，超过南通全市新造林的三分之一，列南通市第一，全省第二。

寅阳镇晁汀村道路绿化　（市委农工办/提供）

经省林业局森林资源监测中心核查：新造林抽查吕四港镇，合格率达99.7%；上年度造林保存率抽查南阳镇，达98.3%。

【实施十大绿化工程】 2014年，全市重点实施沿路沿水造林绿化、镇（乡）造林绿化、干线公路绿色通道达标、城区造林绿化、镇村景观造林绿化、农村家园造林绿化、优质苗木基地、园区造林绿化、农村道路造林绿化和省级村庄绿化示范村建设十大工程，森林资源增速明显。经南通市核实新增合格成片造林面积4106.6公顷，其中新增沿路绿化1533.33公顷，沿河绿化1200公顷，新增优质苗木基地266.67公顷，新增农民家园绿化133.33公顷，省级村庄绿化示范村完成15个。

【林政管理】 全年共进行林政执法检查20多次，其中放生野生动物2次，查处乱占林地事件1次，查处乱伐林木案件3次，立案查处3件。开展森林植物检疫工作，防止危险性森林病虫害的传播，全年共检疫调运植物或植物产品67次，开出出省检疫证51张，省内检疫证16张。

（王　岳）

蚕桑业

【概况】 2014年，全市投产桑园面积5001亩，共发蚕种8025张，全年生产蚕茧333.6吨，平均张种产茧41.6公斤，蚕茧总产值1035.36万元，全年平均茧价31.04元/公斤。通过推广蚕桑资源综合利用技术，增加蚕桑生产综合效益，全市蚕桑总产值1292.02万元，亩均产值2583.52元，与上年持平。

【蚕期布局】 全年设立春蚕、中秋蚕和晚秋蚕3个蚕期。时间布局：春蚕、中秋蚕和晚秋蚕出库时间分别为4月24日、8月26日、9月12日。数量布局：春蚕、中秋蚕和晚秋蚕比例为100:36:6。品种布局：春蚕期饲养“锡方×春蕾”品种、中秋和晚秋蚕期饲养“菁松×皓月”品种。

【蚕桑病虫防治】 在蚕病防治上，加强对野外昆虫发病态势的监测和应对农田生物类农药药害防范技术的培训力度，家蚕血液型脓病区域性流行现象有所遏制，平均张种产茧量比上年提高0.6公斤。在桑树病虫害防治上，全市设立测报点3个，向省农林厅植保总站上报测报情况27次，发布蚕桑病虫防治情报6期，重点抓好对桑螟、桑蓟马、桑疫病的监测和防治，继续推广应用桑保农药，秋蚕用叶质量达到近年最好状态。

【养蚕保险】 2014年继续推广养蚕保险工作，投保养蚕户4232户，参加保险蚕种7589.48张，其中668.88张蚕种发生不同程度险情，511个蚕农

蚕茧收购 (姜新春/摄)

户获保险赔偿金 18.30 万元。

(王 岳)

海洋与渔业

【概况】 2014 年，全市共有渔业镇 1 个，渔业村 8 个，渔业服务有限公司 16 家，渔业户 36605 户，渔业人口 54068 人，其中传统渔民 18631 人，渔业从业人员 43844 人（渔业专业人员 29463 人）。全市渔业总产量 36.5 万吨（捕捞产量 20.3 万吨，养殖产量 16.2 万吨），比上年增长 1.36%；完成渔业总产值 63 亿元，比上年增长 8.62%。

【海域使用管理制度改革】 2014 年，市政府整合机构，将滩涂资产管理委员会及其办公室并入海洋与渔业局，理顺市海域管理体制。市海渔局创新海域使用管理，探索海域使用权“直通车”制度，稳步推进健全养殖用海和建设用海储备制度。建立启东市海域使用动态监管中心，实现机构、编制、人员、经费、职能五落实。完善海域占用补偿制度，对海域养殖面积合理评估，分别补偿，有效解决海域补偿的争端。

【海洋捕捞】 2014 年，全市有海洋捕捞生产渔船 752 艘，总吨位 5.56 万吨，总功率 9.95 万千瓦。作业类型包括流动张网、定置张网、桁拖网、流刺网及杂渔具等其他类作业。渔获物资源特征为鲳鱼、带鱼、小黄鱼等经济鱼类，渔获量有所下降，小杂鱼（黄鲫、梅子鱼等）、虾蟹类等次生资源产量上升。渔业产量与产值比上年略有增长。

【远洋渔船】 2014 年，启东市顺丰远洋渔业有限公司 8 条鱿鱼钓船已建成 2 艘。江苏源友远洋渔业有限公司 6 条金枪鱼延绳钓船全部建成。14 条远洋渔船主机功率总计 12386 千瓦，总投资 3.27 亿元，规模为江苏第一。

【渔船更新改造】 2014 年，全市参与更新改造渔船 191 艘，其中新建大马力渔船（10.25 千瓦以上）81 艘，294 千瓦以上渔船 1 艘。引导渔民淘汰木质渔船新建钢质渔船。在省财政对更新改造 36 米、24 米钢质海洋捕捞渔船，分别补贴 30 万元/艘和 20 万元/艘的基础上，市按省补资金的 100%进行配套补贴，全年省市两级财政共补助资金 4000 多万元，规模居全省首位。

【高效现代渔业】 2014 年，市强化临海高效设施渔业园区、浅海设施养殖园区、三疣梭子蟹与脊尾白虾产业园区三大园区建设，新增高效设施渔业面积 1380 公顷，其中新增三疣梭子蟹与脊尾白虾混养面积 679.93 公顷，新建南美白对虾养殖面积 233.33 公顷（其中温室大棚 100 公顷），新增浅海养殖面积 388 公顷，新增泥鳅养殖、小龙虾养殖、扣蟹培育、池塘标准化改造 78.73 公顷。在启东渔业精品园——启东市黄海滩涂开发有限公司养殖池塘中应用物联网信息技术，实施面积 666.67 公顷，用户 160 户。

【渔网贷】 2014 年，针对渔船更新改造过程中，船主面临资金压力过大的问题，市海渔局和中国民生银行启东支行联合推出船网工具指标抵押贷款——“渔网贷”，成为全国首创。2014 年，通过“渔网贷”，有 40 多户实施渔船改造的渔民，获贷款总额 4300 多万元。

【渔业产业企业升级】 2014 年，全市培育江苏双林海洋生物药业有限公司、南通京海申水产有限公司、南通丁布儿海苔食品有限公司等一批上规模、上档次的水产品加工企业。全年新增南通市级渔业龙头企业 4 家，总数达 29 家，建成农业部水产健康养殖示范场 2 个、省级水产品出口示范基地 3 个，在南通市内领先。

【渔业标准化示范区建设】 2014 年，市海渔局按年初序时完成规程修订、汇编标准体系、宣传贯彻、标准实施等任务，申请制订省标 1 项。全年组织标准化推广应用培训 25 次，参培人数 1000 人以上。

【水产品质量建设】 2014 年，市海渔局共组织执法检查 16 次，出动执法人员 152 人次，检查养殖生产经营企业及养殖户头 86 家，发放水产食品安全生产相关法律法规资料 1600 余份，媒体宣传 4 次。

【渔业科技培训】 2014 年，市海渔局共举办各类渔业科技培训班 68 期，培训渔业一线人员 3050 人次。其中，阳光培训工程共 11 期，培训 250 人；职业渔民培训 18 期，培训人员 1000 人次；渔业科技入户培训 36 期，培训人员 1800 人次；基层渔技推广人员培训 3 期，培训人员 60 人次。通过对示范户的测产统计，户均亩产量、户均亩产值、户均效益均比周边养殖户平均值增加 10%以上。辐射带动周边渔（农）民 5000 户、辐射面积 3466.67 公顷，

新投入使用的300吨级新型渔政执法船 （市海洋局/提供）

户均亩效益较前三年平均值增加10%以上。

【水产品药物残留快检】 2014年，市快检室共同完成403个快速检测工作任务，包括赴如东异地抽检样品50个。检测品种包括河蟹苗种、南美白对虾、刀额新对虾、脊尾白虾、青虾及淡水鱼，检测指标为孔雀石绿和呋喃唑酮，检测合格率100%。

【水产养殖病害测报】 7月，市水生动物疫控中心实验室获实验室资质认证证书。全年完成水产养殖病害测报检测样品84份，检测品种包括南美白对虾、脊尾白虾、扣蟹、三疣梭子蟹和淡水鱼，检测出鲫鱼锚头鳋和脊尾白虾白斑病毒阳性样品2份。开展远程诊断，使用远程诊断系统来协助病害检测。通过《启东水产养殖渔事信息》简报、南通渔技110短信平台，及时发布病害防治和测报预警信息。

【海洋生态环境保护】 2014年，市海渔局加强海洋生态保护，对海洋工程的环境影响实行公示公告制度，并对照相关措施在工程实施过程中进行监督检查，督促施工单位和业主单位做好海洋环境保护工作。成立海洋环境监测站，开展近海水质监测，为市海洋行政管理、海洋经济发展和海洋生态恢复，提供科学、公正、准确的海洋环境基础数据。完成市级海洋功能区划编制，按照科学规划、合理利用、功能协调、区划明确的要求，科学编制全市海洋功能区划，为市海域使用管理和海洋环境保护工作提供科学依据。

【创新渔情信息采集】 2014年，市海渔局每月坚持深入三个采集点，重点采集条斑紫菜、梭子蟹和脊尾白虾生产与销售基础数据，科学分析上报，服务领导决策，指导渔民生产。在开展专题业务培训、控制报送时间节点、定期开展数据核查、整合各类技术服务平台等方面不断创新举措。10月，农业部全国水产技术推广总站领导到启东调研渔情信息采集工作，肯定市政策扶持服务采集企业的做法。

【渔业安全生产】 2014年，启东渔政监督大队会同中国海监5030船、相关镇、边防、安监、新闻等单位开展12次海上浮子筏执法行动。组织开展海上、港口渔业安全生产大检查70次，参加人员520人次。开展专项安全生产执法检查，对发现的隐患及时整改到位。全年共组织和参与海上抢险救灾5次。

【海洋渔业行政执法】 2014年，市海渔局加强基础管理，保护渔业资源。做好海洋捕捞许可证年审及渔船柴油补贴发放工作。全年共发放渔船柴油补贴12321.91万元。

【长江禁渔、海洋伏季休渔】 禁渔伏休期间，市海渔局共组织渔政船海上执法巡航48个航次，204天，1083小时，11430海里，共登临检查渔船402艘，立案205起，结案172起，处罚220.4万元。

【海洋监察】 2014年，市海渔局创建海监执法达标大队，开展执法监察实践。在海监执法工作中，采取书面检查与定期检查相结合，联合检查与突击检查相结合的方法。坚持开展“海盾2014”“碧海2014”专项执法行动，对全市岸线做到每月一次以上的巡查，广泛开展海域使用和海洋环境保

6月12日，市海渔局、公安局、安监局、文广新局、水务局、沿海各区镇开展联合执法行动，专项整治打击在启东沿海作业的“浮子筏” （市海渔局/提供）

护日常监察活动。全年共查处海监案件7起。

(冯　琪)

现代农业

【概况】 2014年,全市完成项目农业投入总额23.1亿元,其中农业龙头企业投入10.5亿元,农业园区投入12.6亿元。南阳镇、合作镇、王鲍镇被评为启东市现代都市农业先进镇。

【农业龙头企业】 2014年,全市新增扩建农业龙头企业96家,总投入10.5亿元,新增南通市级龙头企业8家,新增江苏名牌产品1个、江苏省著名商标1个,新认定南通市知名商标3个,通过"三品"认证的农产品58个,在审批阶段的"三品"认证农产品72个,南通京海申食品有限公司被亚信峰会组委会指定为清真食品供应商。

【农业园区建设】 2014年,全市新增扩建农业园区112个,总投入12.6亿元。嘉仕生态科技有限公司在南阳镇新建大棚基地200公顷;南通恒昌隆食品有限公司在北新镇新建大棚基地66.7公顷,并带动基地周边露地蔬菜种植面积233.3公顷。嘉仕有机农业科技有限公司启隆基地被认证为中国安全食品产业园;南阳镇现代农业产业园被认定为全国青少年蔬菜生产基地。

【农业招商引资】 5月,市在浙江省绍兴市召开农业产业化专题招商会,20个农业投资项目集中签约,总投资达6.9亿元。其中,内资项目18个,总投资5.9亿元;外资项目2个,总投资1600万美元。11月,在广东省汕头市举办农业招商会,有24个项目集中签约,总投资达12.31元。同时各镇(乡)、园区利用各自的招商队伍进行农业招商活动,取得很好的效果。

【农民专业合作】 2014年,市委农工办建立合作社重点名录,选择160家农民合作社组成政府优先扶持名录,突出抓好名录内160家合作社的规范建设,规范财务管理,健全运转机制,并开展星级农民合作社评比,评选出三星级农民合作社10家,二星级26家。对2012年、2013年省级农民合作社扶持项目的实施单位开展现场检查,对检查中发现的问题进行限期整改,顺利通过省级验收。争取省级财政对农民合作社的财政政策扶持,共为13家农民合作社申报省级专业补助资金260万元。农武蔬果专业合作社、琰丰蔬菜专业合作社被农业部等九部委评为国家农民合作社示范社。全年新增省级合作社示范社13家、南通市级合作社示范社16家。

【实施一村一品工程】 2014年,依托资源优势,因地制宜,继续做大"四青"作物、"启东三宝"、大葱等特色产业,高标准建设一批"一村一品"专业村,南阳镇高效农业专业村、王鲍镇大葱种植专业村、寅阳镇花菜种植专业村等初见成效。做好全国"一村一品"示范村(镇)的申报工作,9月,东海镇兴垦村获全国"一村一品"示范村称号。

(卜锦明)

农业机械化

【概况】 2014年,全市农机装备总量持续增长,新增各类农机具3119台(套)。其中,拖拉机联合收割机100台。农机总动力达54.13万千瓦,比上年增长6%。

【农机购机补贴】 市农机局加强资金透明度,向社会各界公开购机补贴资金使用情况及进度,及时将全市农机购置补贴工作进展情况报送相关部门,并在全市范围内公开咨询及监督投诉电话。全年共计发放中央、省补贴资金407.83万元、启东市级财政补贴资金112.37万元,购机补贴惠及全市1240户。

【农机安全生产】 严把年检关口。全年发放农机驾驶证198本,审验换证500多人,新入户拖拉机75台、联合收割机52台,检验变型拖拉机634台、手扶及小型拖拉机178台、大中型拖拉机129台,检验联合收割机87台,注销拖拉机178台,当年新增拖拉机、联合收割机上牌率达100%,存量拖拉机、联合收割机补上牌20台,参加农机政策保险近400台,无挂车手扶拖拉机实行备案管理997台。

开展农机安全生产专项整治。市农机局以安全生产责任制建立、制度执行和农机安全隐患排查治理为主要内容,重点开展农机安全生产年、农机安全生产月、农机安全生产"六打六治"打非治违专项

农民选购农机　(王婷婷/摄)

行动[①]等活动。全年共开展农机安全检查65次，出动农机监理人员208人次，开展联合执法12次，出动安监、交警等人员96人次，查处纠正各类违章135起，安全隐患整改40次。

【农机项目编报实施】 2014年，市农机推广站承担了江苏省农机三新工程项目“玉米生产全程机械化技术集成推广”。在实施该项目的基础上，全年举办农机现场会2次。6月12号的播种现场会演示小麦联合机收获、小麦秸秆粉碎还田、玉米免耕施肥播种等作业环节，并展示青贮收获机、机械化病虫害防治植保机等各种农机新机具，取得良好效果。9月18号的收获现场会对玉米青贮收获、土地旋耕、小麦播种、机械植保四大类进行演示。市农机推广站被江苏省农业机械技术推广站评为2014年度江苏省农机新技术推广先进单位。

【农机化科技示范基地】 2014年，按照《启东市农业机械化科技示范基地评选奖励办法》，经各镇（乡）、园区申报，市农机局和市财政局联合审核验收，评选出6个启东市农机化科技示范基地，分别为启东市布衣农机服务专业合作社（启隆乡）、启东市兴民农机服务专业合作社（启隆乡）、启东市华丰农业发展有限公司（寅阳镇）、启东名胜水产品养殖专业合作社（王鲍镇）、启东市北新镇民旺农机服务专业合作社（北新镇）、启东市琰丰蔬菜专业合作社（北新镇）。

【新技术集成与推广】 2014年，市农机局继续承担水稻膜下滴灌种植农机新技术的引进应用及试验示范工作。在汇龙镇近江农机合作社进行该项目的试验示范。经南通市农委专家测定，2014年水稻膜下滴灌示范区的最高产量为762.1公斤/亩，最低产量为513.3公斤/亩，平均亩产630.4公斤。

【农机培训】 2014年共培训拖拉机、联合收割机驾驶员205名，其中193名学员取得驾驶证，合格率94%；举办农机获证奖补培训班七期，培训学员480名；举办新型职业农民农机培训班三期，培训学员200名。在省农机局组织的新型职业农民培训工作绩效考评中，启东市农业机械化技术学校取得第二名的较好成绩。

（王　岳）

农业综合开发

【概况】 2014年，全市农业综合开发项目有高标准农田建设项目、一般土地治理项目、产业化经营财政补助项目、滩涂配套项目四类，争取各级财政资金3295万元。其任务为高标准农田建设项目1200公顷，滩涂配套项目1个。产业化经营财政补助项目5个。

【高标准农田示范工程项目建设】 高标准农田示范工程项目治理面积1133.33公顷，总投资2430万元，财政投资2210万元，自筹资金221万元。项目区坐落在王鲍镇久东村、更生村、久隆村3个行政村，南阳镇的新河村、乐庭村、耕南村、启兴村4个行政村。全年新建排灌站14座，100千伏安变压器14台，0.4千伏低压线3.48公里，10千伏高压线1.15公里，T50的排水渠道7.86公里，机耕桥13座，φ30厘米×6米的路下涵60座，φ30厘米×8米的路下涵35座，φ40厘米×6米的路下涵151座，φ50厘米×6米的路下涵114座，φ100厘米×6米的路下涵2座，埋设低压管道49.96公里，面宽3米的水泥路27.75公里，仓库250平方米，晒场250平方米，植树12990株，技术培训农民1605人次，示范推广553.33公顷。

【滩涂配套项目】 滩涂配套项目治理面积333.33公顷，总投资500.5万元，财政投资455万元，自筹资金45.5万元。项目区坐落在寅阳镇圆陀角村。全年新建排灌站4座，100千伏安变压器6台，0.4千伏低压线4.11公里，埋设低压管道3.5公里，机耕桥3座，φ40厘米×6米的路下涵8座，面宽3米的水泥路4.95公里。

【产业化经营财政补助项目建设】 全年产业化经营财政补助项目有5个。

启东市阳大畜牧专业合作社实施的库容2000吨禽肉冷藏加工崭建项目，项目建设总投资155.66万元，其中财政补助100万元。新建冷库672平方米，购压缩机2台、蒸发式冷凝器1台、中间冷却器1台、贮液器1台、屏蔽氨泵2台、油分离器1台、循环桶1个等设备共计9台套。

启东市丰盈獭兔专业合作社实施的南通市启东市年出栏150万只獭兔养殖基地扩建项目，建设总投资152.97万元，其中各级财政补助100万元，自筹52.97万元，新建兔舍2311.2平方米、购置湿帘120平方米、清粪机4套、1530型风机12台、自动饮水系统4套等，引进种兔200只。

启东市东黄海紫菜专业合作社实施的南通市启东市25万箱紫菜储藏扩建项目，建设总投资163万元，其中各级财政补助100万元，自筹63万元，建设储存库1026平方米，购置全自动供菜机1套等。

启东市恒富隆农产品种植专业合作社实施的南通市启东市1800吨四青作物加工扩建项目，建设总投资155.3万元，其中各级财政补助100万元，自筹55.3万元，建加工车间723平方米，购置速冻前处理生产线1套，含双效清洗机1台、带式漂烫机1台、常温水预冷机1台、振动沥水机1台、提升机1台、振动布料机1台，SLD-

① 农机安全生产“六打六治”打非治违专项行动：打击整治拖拉机运输机组、联合收割机及外省牌证变拖无牌无证、违法载人、超速超载、脱检脱保等违法行为；推进滩涂作业拖拉机无牌无证、违规上道路行驶、不遵守进滩涂作业管理制度等行为；打击整治农机维修、报废回收企业制售假冒伪劣农业机械和私自拼装、改装报废等行为；打击整治跨行政区域发放农业机械牌证，给非拖拉机发放拖拉机牌证，伪造、变造或者使用伪造、变造拖拉机、联合收割机证书和牌照；打击整治违反省公安厅、省安监局、省农机局《关于规范农业机械作业用散装汽油购销工作的通知》要求，违规储存柴、汽油、油库安全管理不到位以及不按规定配备消防器材等行为；打击整治以各种名义向农机手乱收费、搭车收费等违规行为。

E-2000 型流态化速冻机 1 套等。

启东市洪飞臻品农产品专业合作社南通市启东市 2000 只纯种本地山羊繁育基地扩建项目，建设总投资 154.71 万元，其中各级财政补助 100 万元，自筹 54.71 万元，建羊舍 1390 平方米、病羊隔离舍 50 平方米、饲料仓库 100 平方米、消毒室、兽医室151 平方米，添置自动饮水设备 2 套、饲料搅拌机 3 台、青饲料铡草机 1 台、粉碎机 2 台等，引进种羊 25 头。

（王　岳）

水　务

【概况】 2014 年，启东市水务局实施农村水利建设工程，完成河道疏浚整治土方 230 万立方米，埋设沟河贯通涵 1 万多座，完成中央财政农田水利项目建设，总投资 3006 万元。改造一二级河道危桥 6 座，并推进全市涵闸改造及沿江沿海河口整治，加强水利工程的维修养护，做好防汛防旱各项工作。

【农村河道疏浚整治】 2014 年，全市农村河道疏浚整治任务超额完成。复标疏浚乡级河道 6 条段，清淤土方 27 万立方米，疏浚整治横河、民沟 3100 条，清淤土方 203 万立方米，累计完成土方 230 万立方米，占年计划数的110%。

【实施沟河贯通专项工程】 2014 年，年度计划埋设贯通涵 1 万座，实际完成埋设 10027 座，水系畅通状况得到有效改善。

【完成中央财政农田水利项目】 2014 年，重点县项目涉及汇龙、合作、南阳 3 个镇。项目总投资 3006 万元，其中省以上财政投资 1800 万元，工程已经完工，建成节水灌溉设施 1100 亩，过路涵 303 座、横河衬砌护坡 43 公里。新批 400 万元土地出让金项目（南阳农业园区）全面完成。

【一二级河道危桥改造】 2014 年，市水务局推进通启河南阳镇少直桥和合作镇德元桥修建工作，完成翻建水利危桥 2 座、维修水利危桥 2 座、拆除废弃危桥 2 座。

【农村河道长效管护】 2014 年，市水务局加强农村河道长效管护工作，8 艘机动保洁船常态化巡航保洁，全年打捞水面漂浮物及垃圾 500 多吨。市政府出台《启东市农村河道长效管护实施办法》，改革乡镇三四级河道长效管护的模式，完善管护机制，明确管护经费，市水务局成立“河长制”办公室（“河长制”，即由各级党政主要负责人担任“河长”，负责辖区内河流的水环境治理和水质的改善），加强保洁工作的考核和督察。

【涵闸改造】 根据连兴港区安全隐患综合整治及连兴港开发建设需要，市政府决定在长江口实施连兴套闸工程。市水务局经过前期港区清理及施工准备工作，10 月，连兴套闸开工建设，12 月前完成下游围堰施工。完成协兴闸、新港闸水电配套等附属工程，完成两闸结算编制及审计工作。推进市涵闸改造及沿江沿海河口整治，开展五效闸、三条闸、桃花洪闸、戤效闸、塘芦港新闸等沿江沿海涵闸的规划设计工作，完成五效闸、三条闸、桃花洪闸初步设计编制。加强水利工程的安全运行，实施三条闸、桃花洪闸闸门更换及三河闸启闭设备维修等前期工作，并指导协助完成茅家港闸、黄海滩涂小闸、启隆乡望江村水闸的维修除险等工程。

【岁修养护】 2014 年，市水务局筹措上级资金实施水利工程的改造和维修养护，争取应急抢险资金 300 多万元。实施头兴港、灯杆港、桃花洪、连兴港护坡加固；实施头兴闸闸墩及钢板防护、闸站安全设施安装、灯杆港两侧防汛道路建设、自围堤及小闸除险等维修项目，及时消除工程隐患，保障水利工程的正常运行。组织对东部一线海堤隐患地段（协兴闸北侧堤防、黄海高涂围堤、寅兴垦区围堤等）实施除险加固工程。

【水利工程规划】 根据省、市上级水利部门的工作部署，配合做好江堤、除涝工程、长江北支的调查研究，做好江海堤防提标、区域除涝工程、长江北支专题研究等规划编制的各项前期工作。同时做好“十二五”水利规划的评估及“十三五”水利工程规划的编制，并针对水利现代化的要求编制细化实施计划。

【服务市重大项目建设】 2014 年，市水务局服务指导好沿江涉水工程的配套建设，并做好协助京沪重工报批、连兴港船厂转让改造等项目的服务工作。做好挖入式港池、新村沙岸线整治、江海产业园等工程推进的业务指导。参与平原水库、崇启大桥上游岸线整治等市重大项目推进的服务工作。完成部队靶场的土堤施工、茅家港临时码头等工程的建设，保障临海公路顺利建设。牵头做好蒿枝港公共码头的用海手续报批工作。

【防汛防旱】 2014 年，市水务局为有效应对突发事件，针对存在的薄弱环节，修订完善全市防汛抗台预案，编制台风期间人员撤离安置预案、防汛抗台期间应急抢险预案，规范防汛防台工作程序，提高工作效率。针对市沿江涉河项目及沿海围垦工程的实际情况，局认真排查梳理，对每一条岸线，每一个水利工程，都落实责任单位和责任人员，确保防汛不留死角。组织对江海堤防、水闸等水利工程设施以及防汛物资配备等进行全面检查，及时做好各类水利工程水工建筑物、机电设备及其配套设施维护和检修，组织完成水利工程薄弱环节的修复，及时消除工程隐患，为防汛及排涝安全做好准备。

【水源调度及生态换水】 2014 年，全年开闸排涝 560 多闸潮次，累计排水 4 亿多立方米，确保强降雨期间及时除涝，使内河水质得到有效改善。

【水政水资源】 2014 年，市水务局严格水利工程管理范围内占用审批和凿井审批工作，抓好水事违法案件的查处，制止或查处水事违法案件 34 多起。抓好水资源费、水费的收缴工作。全年共征收水资源费 389.3 万元，上缴省级南水北调基金 126 万元，征收水利工程水费 630.2 万元。

（陆雪雷）

综 述

【概况】 2014年，面对错综复杂的宏观经济形势，全市上下积极应对，高标准打造产业平台，大力度狠抓项目建设，突出培优扶强，强化要素保障。全年累计实现规模工业产值1500亿元，与上年相比(下同)，增长10.2%；规模工业增加值338.6亿元，增长11%；全市工业经济保持平稳增长的发展态势。

【工业运行】 2014年，全市加强预警监测，实行星级管理，强化政策支持，全市工业经济发展取得新成效。累计完成全部工业应税销售574.7亿元，增长6%。新增规模企业24家、亿元企业30家、10亿元企业2家。支持韩华新能源、东成工具等企业引进新技术、新工艺、新设备；推动企业股改上市，碧松照明在“新三板”挂牌，新增“新三板”入轨企业3家。

【项目建设】 2014年，全市始终把项目建设作为支撑发展的重要基础，把上大项目、强产业链作为主攻方向，立足区位优势，持续攻坚突破。全市新开工亿元以上工业项目85个，其中亿元以上项目25个。30个项目列入省沿海开发“六大行动”计划，13个项目列入南通市重点项目库。广汇能源、宏华海洋、京沪重工、神通能源装备、远驰自动化、国动产业园等项目加快建设，林洋光伏、东岳药业、丰益日化、西西艾尔等项目竣工投产。

【转型升级】 2014年，全市五大产业集群累计完成工业应税销售265.3亿元，增长10%，占全市工业应税销售总量的46.2%，集聚度比上年年底提高1.6个百分点。高新、新兴产业占比提升，完成高新技术产业产值686.1亿元，占规模工业产值的比重达45.7%，比上年年底提高3个百分点；完成新兴产业产值555亿元，占规模工业产值的比重达37%，比上年年底提高2.7个百分点。全市每度电产生的工业应税销售、工业净入库增值税分别高于南通全市平均数31%、76%，列南通第一。

(杨 娟)

产业发展

【概况】 2014年，根据全市《关于进一步加快工业经济产业集聚发展的意见》，依托现有的产业基础和载体平台，壮大海工装备、新能源及光电、电动工具、新医药和节能环保五大产业集群。2014年，五大产业累计完成产值867.7亿元，增长15%。

【海工装备产业】 海工装备特色产业是全市最具发展潜力的特色产业，已集聚一批国内一流的海工装备制造企业，形成鲜明的产业特色，同时基地充分发挥沿江岸线资源优势，推进特色基地基础设施和重特大项目建设，服务海工装备工业企业发展，并以海洋工程装备、重大技术装备、海工船舶配套、高技术船舶“四业并举”的发展格局为目标，逐步打造成为国家级海洋工程装备产业基地。代表企业中远船务、宏强船舶、南通太平洋海工、胜狮能源装备、宏华海洋油气装备等均为10亿元以上企业。2014年，海工装备产业累计完成产值149.5亿元，增长23.4%。

9月19日，中国·启东海工船舶工业园招商推介会在上海举办

(寅阳镇/提供)

【新能源及光电产业】 全市依托省光伏新能源产业园和龙头企业韩华新能源，重点发展光伏新能源的上下游企业、LED光电上下游企业、核电风电配套设备、新型高效能量转换、输变电成套设备等新能源装备制造企业，加快建设海上风力发电等新型能源产业，主要产品包括光伏太阳能电池组件、风力发电、风机叶片等，代表企业韩华新能源、东泰新能源以及龙源、华能风电等企业。韩华新能源2014年累计完成产值74亿元，增长13%。2014年，新能源及光电产业累计完成产值132.1亿元，增长7.3%。

【电动工具产业】 电动工具产业是全市区域经济发展中最具地方特色的传统优势产业，也是最具发展潜能的优势产业之一。市电动工具整机及零配件生产企业迅速集聚、迅猛发展，已形成规模化的产业集群。同时按照创新驱动、品牌经营、规模集聚、外向开拓四大战略，电动工具产业呈现量质并升的健康发展态势，许多企业初具品牌意识，拥有自主产品商标。至2014年底，电动工具产业拥有中国驰名商标2件，省著名商标、省级名牌产品13个，国内注册商标729件。东成、国强两企业的8大系列产品被评为国家免检产品。2014年，电动工具产业累计完成产值267.3亿元，增长11.8%。

【新医药产业】 全市新医药特色产业依托传统支柱产业医药化工产业，逐步淘汰落后化工企业，建设新型医药研发和制造基地，实现产业的转型升级，产业规模逐渐壮大，市场竞争力显著增强，在全市产业格局中的地位不断凸现，呈现良好的发展态势。至2014年底，全市新医药产业拥有超过80家企业，初步具备抗感冒、抗肿瘤、治疗心血管疾病的原料药及中间体、制剂等产品群，拥有"盖天力""白加黑""第六要素""达喜"等名牌产品。希迪制药、诚信制药等一批技术含量高、投资规模大、市场前景好的项目加快建设。2014年，新医药产业累计完成产值109.5亿元，增长21.2%。

【节能环保产业】 全市凭借有利的江海区位优势，借助上海等地在流体传动领域的技术开发和市场优势，大力发展高效节能环保装备及基础件产品，节能环保产业的规模总量、产品门类和竞争实力都得到显著提升。充分利用全市节能环保装备争创国家火炬计划的有利时机，引导企业整合资源、优势互补，做大企业规模，加快全市工程技术研发中心和重点实验室建设，增强企业自主创新能力，着力培育和引进专业化的研发、技术服务，鼓励企业走"专""精""特""尖"发展道路。代表企业有江苏神通阀门、瑞帆环保、南通南方润滑等。2014年，节能环保产业累计完成产值209.3亿元，增长15.9%。

(杨　娟)

重点企业选介

【江苏大唐国际吕四港发电有限责任公司】 公司为大唐国际发电股份有限公司、中国大唐集团公司、南通国有资产投资控股有限公司分别以55%、35%和10%的比例出资设立的有限责任公司。公司于2003年9月18日在启东市工商局注册成立，负责大唐吕四港电厂项目的建设、生产、经营。该电厂是江苏省"十一五"规划中的大型电厂，国家电网公司、华东电网公司和中国大唐集团公司"十一五"规划中的重点电源建设项目。地处"长三角"负荷中心，位于启东吕四港镇东部，厂址东临黄海，沿海堤纵向深入大海3.4公里，南距上海市(崇明)约50公里，西距南通市约70公里，是名副其实的海上电厂。项目规划容量420万千瓦，一期工程建设4台60万千瓦级超超临界燃煤机组，同步建设两个3.5万吨级(水工结构5万吨)泊位的运煤码头，投资112.7亿元；二期规划2台100万千瓦级超超临界燃煤机组。电厂主设备选用国内最先进的超超临界技术，节能效率高，通过海水直流冷却，节约大量淡水资源，具有显著的节能优势；环保技术设施先进，符合设计排放标准。2009年12月，国家发展和改革委员会以发改能源〔2009〕3305号文，核准大唐吕四港电厂4×660MW"上大压小"新建工程。2010年，大唐吕四港电厂一期工程4台机组全部投产发电，不但能满足南通地区的电力需要，还可向"长三角"其他地区提供电力，对华东地区电源布局、促进"长三角"地区发展发挥重要作用。2011年5月，电厂4台66万千瓦"上大压小"新建工程获"中国电力优质工程奖"。2014年，实现销售收入48.08亿元，与上年相比，下降11.4%；入库税收5.83亿元，增长32.9%。

【韩华新能源(启东)有限公司】 成立于2004年8月，是一家集硅棒、硅片、太阳能电池片、电池组件、BIPV的研发、光伏发电系统的生产、销售为一体的高新技术企业。2005年10月，公司的第一条电池生产线投产。公司在国内提供系统集成服务，2006年初，成立上海林洋太阳能科技有限公司，在上海成功竞标1MW的光伏并网发电项目；2006年底，公司投资5000万元组建BIPV生产线，开辟国内光伏应用新渠道。2006年12月21日，公司在美国纳斯达克成功上市，成为国内第33家在纳斯达克上市的企业。也实现南通地区企业在欧美资本市场上市零的突破。公司占地面积1平方公里，注册资本2.6亿美元，总资产30多亿元，员工1万多人。公司产品质量均达到国际同类产品的先进水平、在国内同类产品中处于领先地位、市场占有率和知名度居行业前列，产品远销欧洲、南美、中东等地。2011年，韩华新能源荣登"Lux十大光伏组件制造商"(Lux's top-ten list of PV module companies)之列。2014年，实现销售收入51.92亿元，比上年增长1.6%；入库税收2.40亿元，比上年增长422.1%。

【中远船务(启东)海洋工程有限公司】 属于中远集团，总投资32.1亿元，注册资本4亿元，利用岸线2000米，占地105.33公顷。基地建设规模为年造各类海工平台6座、平台模块10座，年钢材加工量约13万吨。主营海洋工程装备制造、改装业务的核心企业，为国际石油公司提供海洋工程装备设计和建造一站式服务，是中国海洋工程装备制造业的先行者和领军者，中国

4 月 14 日,中远海工承建的“希望 4 号”(N419)圆筒型海洋钻井平台顺利进坞 (寅阳镇/提供)

船舶行业唯一“国家科技进步一等奖”的获得者，是中国唯一具备 FPSO 总包建造能力的企业。2009 年,中远船务为挪威公司建造的世界最先进首座圆筒型超深水海洋钻探储油平台,被誉为海工装备制造业“皇冠上的明珠”,标志着中远的海洋工程装备设计与建造能力已跻身世界先进水平。2011 年，启东中远向船东交付 6 艘船，包括 2 艘在欧洲工作的风车安装船和 4 艘巴西石油公司的穿梭轮,总交易额达 6 亿美元。2012 年,中远二期工程项目启动,新建 1 座滑道、1 座舾装码头、切割加工及部件装焊车间、分段装焊车间等生产设备设施，同时完成办公楼、辅助生活办公楼等设施建设。建成后,启东中远海工将形成每年建造 6 座海工产品，钢材加工量为 13 万吨的生产规模。2013 年 5 月,中国首个圆筒型浮式生产储油船总包项目在公司合龙。2014 年,实现销售收入 32.05 亿元，比上年下降 17.7%;入库税收 1.98 亿元,比上年增长 28.6%。

【江苏东成电动工具有限公司】 创立于 1995 年,是国内专业电动工具制造重点骨干企业之一，为中国电器工业协会电动工具分会理事单位。公司工业生产基地占地面积 11.28 万平方米,建筑面积 5.8 万平方米;拥有现代化的工业厂房和一流的生产及检测设备;有员工 2700 余人。公司主要生产各类电动工具产品及转子、定子等零配件，所生产的电动工具产品凡是在国家 3C 认证范围内的,均已通过认证并取得认证证书。公司通过 ISO 9001:2008 体系认证。2003 年,“东成”商标被认定为江苏省著名商标;2008 年,东成电动工具产品被评定为江苏省名牌产品;2009 年,“东成” 品牌被认定为江苏省出口名牌;2010 年,“东成”商标又被认定为中国驰名商标。东成产品广泛运用于建筑装修、家居装潢、石材加工、船舶工业、水利工程等众多领域。东成产品在全国各大中城市均设有特约经销商，并同时出口到东南亚、南亚及中东等 30 多个国家和地区。2011 年,“东成”品牌被认定为江苏省重点培育和发展的国际品牌。2014 年,实现销售收入 23.61 亿元,比上年增长 21.7%;入库税收 1.74 亿元,比上年下降 7.1%。

【江苏林洋电子有限公司】 公司为专业从事智能电能表和用电管理类产品研发、生产和销售的国家级重点高新技术企业,中电联常务理事单位,中国电科院合作企业，中国电子信息百强企业,产品获“中国名牌”称号。公司拥有国内领先的自动化、智能化、环保型制造设备,配置各种高标准、全性能的检验检测设备，创立国家级电能表检测仪校准实验室。林洋公司建立国家博士后科研工作站、江苏省电力电子应用工程技术研究中心和江苏省企业技术中心，先后在江苏启东本部、南京、深圳等地成立技术研发中心,承担实施多项国家、省级科技攻关项目。2006 年 1 月,被江苏省知识产权局认定为“江苏省知识产权先进企业”。公司在全国 20 多个省、市设立销售分公司及办事处、产品覆盖全国各地并出口到多个国家和地区。2011 年 8 月 8 日,公司在上海证券交易所成功上市,标志着林洋公司已进入规模化发展的快车道。公司被认定为“2013 年国家火炬计划重点高新技术企业”。2014 年,实现销售收入 19.93 亿元,比上年增长 18.7%;入库税收 2.35 亿元,比上年增长 27.9%。

【江苏好收成韦恩农化股份有限公司】 企业的前身是成立于 1970 年的启东农药厂(江苏好收成集团),是农药、化工及中间体产品的国家重点专业生产厂家，位于江苏省启东市滨江精细化工园(老启东港),是一家专注于高新技术化工产品研发和生产的外商投资股份有限公司,2001 年 8 月成立,2008 年 2 月整体变更为股份有限公司。2012 年，公司占地面积 38 万平方米,建筑面积超过 10 万平方米,资产近 10 亿元。公司作为江苏省科技厅认定的江苏省高新技术企业，是国内首批采用草甘膦新工艺——IDA 工艺，也是国内最早实现国际领先生产技术——空气氧化技术批量生产 97%高含量草甘膦原药的厂家,全部 IDA 工艺,产能 7 万吨/年,并配套有近 20 万吨的各类型草甘膦制剂产品，可生产 30%~88.8%含量草甘膦制剂,覆盖草甘膦胺盐、异丙胺盐、钾盐、二甲胺盐等各类制剂。2004 年起,公司先后获得“N-膦酰基甲基亚胺基二乙酸的生产方法”“N-膦酰基甲基甘氨酸的生产方法”等十多项发明专利和实用新型专利,乙氧呋草黄通过“江苏省科技成果鉴定”,草甘膦中间体双甘膦获江苏省“高新技术产品认定证书”。公司从年产值 1000 多万元,职工 60 多人,占地 1 公顷的微小企业，成长为年产值 20 亿元,职工近 1000 人,占地 60 多公顷的集团公司。2006年起,公司草甘膦自营出口额连续四年位居行业前五,2008年,公司整体出口额名列中国农化领域出口第8位。2014年,实现销售收入15.24亿元,比上年下降10.9%;入库税收4864万元,比上年下降29.4%。

【南通永安纺织有限公司】 创立于1974年,是一个以棉纺织为主,涉足棉花收购、加工、织布的纺织企业,江苏省农业产业化重点龙头企业。公司占地35万平方米,有员工1700人。拥有2家棉花加工企业和拥有22万纱锭,20台套气流纺,300多台织机,具有年收购、加工皮棉1.5万吨、纺纱3万吨、制线1500吨、织造各种面料坯布3000万米的生产能力。公司通过ISO 9001:2000质量管理体系认证和ISO 14001:2004环境管理体系认证。2014年,实现销售收入11.03亿元,比上年下降3.4%;入库税收1527万元,比上年下降50.3%。

【南通太平洋海洋工程有限公司】 南通太平洋海洋工程有限公司创立于2007年,在全球范围内面向石油及天然气行业提供解决方案。公司专注于行业中技术先进的产品,有全新的现代化生产设施,并与行业中一流的公司建立良好的伙伴合作关系。公司总部办公室设立在上海,生产基地在长江入海口,紧邻上海,占地面积1.6万平方米。公司产品主要涵盖四个领域:液化石油气/天然气运输和储存,海工吊车,深海钻探系统和海洋石油/天然气生产系统。3月,与挪威Hamworthy Oil & Gas System(简称HOGS)公司签订3个LNG再气化模块项目的建造合同。2013年1月,南通太平洋海工获得道达尔的认证,成为法国道达尔石油集团在中国的首家此类项目产品供应商。2014年8月,江苏省经信委认定公司技术中心为省级企业技术中心。2014年,实现销售收入13.98亿元,比上年增长19.9%;入库税收2152万元,比上年增长36.1%。

【江苏海四达集团有限公司】 江苏海四达集团有限公司前身是成立于1969年的启东化肥厂,1992年成立江苏海四达电源股份有限公司,是集科研开发和生产经营为一体的国家重点高新技术企业,是一业为主、多元经营的省级企业集团。拥有控股子公司12个。母子公司的合计注册资本超过3亿元,拥有总资产8亿多元,固定资产3亿多元。公司占地面积31万平方米,建筑面积8万平方米,员工1600多人,其中科技人员占20%。公司生产经营的产品有电池、化工、机电、特种气体、包装材料等五个大类,产品应用于航天、军事、交通、邮电、农业等多个领域,畅销欧美及东南亚几十个国家和地区。公司建有专门从事科研开发的省级工程技术研究中心和省级技术中心,所研制开发的动力型、高温型、低温型、快充型等二次电池高新技术产品具有自主知识产权,达到国际同类产品的先进水平和国内领先水平。先后承担和实施国家级和省级科技计划项目36项,有13项被国家科技部等五部委联合认定为国家重点新产品。已先后申报国家专利26件,其中发明专利10件,实用新型专利16件,已被授权的发明专利6件,新型实用专利15件。公司先后通过ISO 9002:1994质量体系认证、ISO 9002:2000质量体系认证、军工产品ISO 9001:2000质量体系认证、ISO 14001:2004环境管理体系认证,并获国防科工委颁发的武器装备科研生产许可证。公司的主导产品“海四达”牌充电电池为江苏省名牌产品。2014年,实现销售收入7.50亿元,比上年下降9.7%;入库税收4681万元,比上年增长1.4%。

【启东胜狮能源装备有限公司】 公司由在香港联合交易所有限公司上市的胜狮货柜投资。胜狮货柜为全球第二大集装箱制造商及亚太区主要物流服务经营者之一,在中国共设有11家集装箱制造厂。项目位于启东海工船舶工业园内,计划投资2亿美元,建设集装箱研发制造中心,打造全球集装箱生产示范基地。一期工程于2011年10月开工建设,2012年6月建成投产。拥有3条专业集装箱生产线,主要生产国际标准集装箱、特种箱、冷藏箱,具备年产30万TEU集装箱和年产6万台冷藏柜的生产能力,附设专用码头为集装箱进出口提供有力物流保障。2014年,实现销售收入16.37亿元,比上年增长80.3%;入库税收136万元,比上年下降78.7%。

(曹军华)

2014年全市50家重点工业企业名录及主要指标

表10

单位:万元

序号	单位名称	应税销售			入库税收		
		本期	同期	增幅(%)	本期	同期	增幅(%)
1	江苏大唐国际吕四港发电有限责任公司	480803	542707	-11.4	58268	43856	32.9
2	韩华新能源(启东)有限公司	519199	511259	1.6	24044	4605	422.1
3	中远船务(启东)海洋工程有限公司	320451	389236	-17.7	19777	15379	28.6
4	江苏东成电动工具有限公司	236145	216617	9.0	17448	18772	-7.1
5	江苏林洋电子股份有限公司	199293	167869	18.7	23460	18345	27.9
6	江苏好收成韦恩农化股份有限公司	152379	171043	-10.9	4864	6893	-29.4
7	南通永安纺织有限公司	110305	114132	-3.4	1527	3070	-50.3

续表 10

序号	单位名称	应税销售			入库税收		
		本期	同期	增幅(%)	本期	同期	增幅(%)
8	南通太平洋海洋工程有限公司	139829	116623	19.9	2152	1582	36.1
9	江苏海四达集团有限公司	75052	83112	-9.7	4681	4618	1.4
10	启东胜狮能源装备有限公司	163688	90775	80.3	136	641	-78.7
11	江苏神通阀门股份有限公司	47264	48428	-2.4	6106	6002	1.7
12	启东乾朔电子有限公司	39982	55034	-27.4	3905	3284	18.9
13	江苏宏强船舶重工有限公司	83862	59561	40.8	2040	809	152.1
14	南通艾德旺化工有限公司	53618	48180	11.3	2610	1749	49.2
15	启东盖天力药业有限公司	32990	28365	16.3	7152	6070	17.8
16	启东道达重工有限公司	30256	35519	-14.8		3889	-144.3
17	江苏瑞帆环保装备股份有限公司	21995	38512	-42.9	1097	2793	-60.7
18	南通东泰新能源设备有限公司	21860	41055	-46.8	1560	1631	-4.3
19	拜耳医药保健有限公司启东分公司	31709	20014	58.4	7587	6188	22.6
20	启东姚记扑克实业有限公司	30511	30542	-0.1	3454	3665	-5.8
21	南通迪皮茜电子有限公司	25880	29309	-11.7	1795	2234	-19.6
22	江苏国强工具有限公司	33533	29717	12.8	3420	2056	66.3
23	启东市南方润滑液压设备有限公司	20501	29717	-31.0	1314	1688	-22.2
24	江苏捷捷微电子股份有限公司	22556	19237	17.3	4354	3406	27.8
25	江苏科本医药化学有限公司	33640	30924	8.8	1240	882	40.6
26	江苏皇室食品工业有限公司	32798	28406	15.5	1102	1093	0.9
27	启东金美化学有限公司	22165	22131	0.2	2643	2163	22.2
28	启东润滑设备有限公司	18516	21112	-12.3	2333	2247	3.8
29	恒升化工(启东)有限公司	28584	24615	16.1	2516	1348	86.7
30	启东尤希路化学工业有限公司	22430	19015	18.0	2330	2355	-1.1
31	南通协鑫热熔胶有限公司	26348	24289	8.5	1236	876	41.1
32	启东泰安建材有限公司	16201	22720	-28.7	1049	1142	-8.1
33	启东浦发建材有限公司	10888	13607	-20.0	565	996	-43.2
34	江苏西欧电子有限公司	16563	18059	-8.3	1235	1424	-13.3
35	江苏三上机电制造股份有限公司	14338	17465	-17.9	1852	1378	34.4
36	江苏康耐特光学有限公司	23384	18612	25.6	1221	829	47.3
37	江苏希迪制药有限公司	29026	19124	51.8	521	667	-21.9
38	南通市南方润滑液压设备有限公司	15233	16581	-8.1	995	1223	-18.7
39	南通柏盛化工有限公司	7984	14334	-44.3	968	1675	-42.2
40	启东市联通测功器有限公司	12422	12673	-2.0	1563	1849	-15.5
41	南通通宇机电科技有限公司	1621	15230	-89.4	93	1166	-92.0
42	启东益鎏电力器材有限公司	20863	15682	33.0	1155	909	27.1
43	江苏嘉盟电力设备有限公司	14399	14689	-2.0	883	1144	-22.8

续表 10

序号	单位名称	应税销售			入库税收		
		本期	同期	增幅(%)	本期	同期	增幅(%)
44	华能启东风力发电有限公司	17294	16910	2.3	1378	464	196.6
45	启东东岳药业有限公司	12837	15987	-19.7	281	622	-54.8
46	南通东泰电工器材有限公司	10410	10589	-1.7	1101	1764	-37.6
47	南通市滨海装饰材料有限公司	15407	17046	-9.6	610	327	86.7
48	绿洲生物技术(南通)有限公司	10795	15279	-29.3	313	464	-32.4
49	启东市汇通螺丝厂	13803	11970	15.3	1329	1134	17.2
50	启东松川油压科技有限公司	17197	14383	19.6	1504	578	160.1

(大工业办)

重大项目选介

【华峰集团超纤项目】 该项目位于吕四港经济开发区，总投资51亿元，占地44.07公顷。建设年产7500万米产业用非织造布超纤材料，项目采用先进的工艺路线、精良的工业装备，生产过程自动化和信息化程度高，各方面均达国际先进水平。产品适用于高铁、动车和汽车内饰材料、军用装备材料、高档体育用品、劳保防护鞋及服装用材料等。

【卓达集团建筑新材料项目】 该项目位于吕四港经济开发区，占地面积133.33公顷，总投资55亿元，投产后年产新型建筑材料1000万平方米，实现年销售收入55亿元，利税2亿元。

【广汇能源综合物流发展有限公司LNG分销转运站工程项目】 该项目位于吕四港经济开发区，总占地133.33公顷，总投资18亿元。主要建设内容：海域建设1个10吨级LNG卸船泊位，建设3890米栈桥一座，并预留一个卸船泊位、两个液体化工泊位。陆域建设2个5万立方米LNG低温储罐，LNG装车区以及相配套的公用工程设施。项目于2014年1月开工建设。

【荣泰商城大润发超市项目】 该项目位于启东市汇龙镇，总投资5000万美元，规划用地2.8公顷，总建筑面积5.5万平方米。建设主体为大型超市，建成后年销售5亿元，利税2000万元。

【启东大富豪高档黄酒项目】 该项目位于启东经济开发区，占地3.33公顷，分2期建设，总投资10亿元。项目建成后，大富豪高档黄酒的总生产能力达10万吨，总储酒能力达20万吨，年销售5亿元，利税5000万元。

【江苏京沪重工有限公司高技术海洋工程装备及大型特种钢结构制造项目】 该项目总投资19.8亿元，主要建设内容为对原有厂房、车间、码头进行改造，改建重建出运码头300米及出运平台，新建生产、办公、生活用房等196204平方米，添置钢材预处理、切割、焊接、涂装、起重等设备1514台(套)。

【启东中海阔港务有限公司仓储物流项目】 该项目位于启东市海工船舶工业园，占地面积32.13公顷，总投资10亿元，项目建设2个5000吨级、1个3000吨级、2个1000吨级公用散杂货泊位，预计年通过能力384万吨，达产后将实现年营业收入1.2亿元。

【启东东岳药业有限公司原料药项目】 该项目位于启东滨江精细化工园，总投资3.55亿元，新增土地8公顷，新建厂房等建筑面积25800平方米。可年产盐酸苯海拉明、拉米夫定、氟伐他汀钠等原料药1820吨。项目于2014年1月开工建设，全部达产后可新增年销售收入10亿元，利税2.79亿元。

【江苏希迪制药有限公司荷尔蒙制剂项目】 该项目位于启东滨江精细化工园，总投资1.2亿元，占地面积4.2公顷，新建办公楼、生产车间、仓库等建筑物8850平方米，购置高效粉碎机等国产设备36台(套)。年产5亿片荷尔蒙制剂的生产能力。销售收入可达100亿元，利税5亿元。

【中国供销·启东农产品国际物流港项目】 该项目位于启东市南阳镇，总投资20亿元，总占地66.67公顷，总建筑面积70万平方米，一期开发24.33公顷。主要建设农产品交易集散中心、副食品粮油贸易中心、冷(储)冻品物流中心、名特优农产品展示、展销中心、农资交易中心、质量检测、商务及生活配套服务中心等。建成后实现收入30亿元，完成税收2亿元。

(大工业办)

民营经济和中小企业

【概况】 2014年，启东围绕南通民营经济工作会议所确定的民营经济发展总体目标和工作部署，突出“更高层次转型发展、更为务实融合发展、更加明晰特色发展、更浓氛围创新发展"的工作主题，全市民营经济保持平稳的发展态势。全市实现规模以上民营工业增加值214.61亿元，占全市总量的72.10%。完成固定资产民间投资373.93亿元，占全市总量的77.90%。实现民营经济入库税金77.80亿元，占全市总量的82.7%。新增民营小规模纳税人2362户，新增一般纳税人302户。全市个体工商户67733户，私营企业23942家，私营企业注册资本额804.7亿元。引进市外民资计划投资额千万元以上项目68个，引进市外民资注册资本额70.30亿元，平均单体规模为10338万元。培大扶强成效喜人，南通二建集团以营业收入385.26亿元入选"2014中国民营企业500强"，位列中国民营企业500强第72位。南通二建、恒大地产2家企业入围2014年南通市地方税收超亿元企业榜单。"三名"培育成效显著，新增江苏著名商标7件、江苏名牌产品10件、南通知名商标16件、南通名牌34个。启东盖天力药业有限公司董事长徐无为被授予"2014南通民营经济'三名'年度人物"。

【组织推进】 明确工作目标，制定具体措施，形成层层传送压力、级级分解任务、人人承担责任的工作格局，确保目标任务按节点推进、按责任落实。调整民营经济指标体系和考核办法，充实调整民发办成员单位，把工作重心放到鼓励民营经济转型升级。强化动态分析，及时发现亮点，查找薄弱环节，对主要经济指标，逐月轧进度、赶序时、搞讲评，每月公布民营经济发展实绩，依次排名定位，不断提高组织民营经济的针对性和有效性。制订各镇(乡)、园区和民发办成员单位民营经济工作联绩考核办法，调动镇(乡)、园区和部门发展民营经济的积极性与创造性。以大力实施沿海开发、江海联动战略为契机，实施项目带动战略，参与民资招引各类宣传推介活动，有针对性地开展专题招商活动，确保月月有招商活动，季季有招商攻势，不断提高招商引资的针对性和实效性。围绕"签约项目抓开工，开工项目抓进度，竣工项目抓投产，投产项目抓达效"的要求，加强重特大项目跟踪服务，全力抓跟踪、抓协调、抓跟进，进一步提高服务效率，推动项目早开工建设、早竣工投产。

【转型驱动】 突出民营企业技术研发的主体地位，优化完善科技扶持、政策激励，引导企业以市场为导向，以产品研发、技术合作为主要手段，加大科技投入，加快新品开发，提高自主创新能力。林洋电子被省委、省政府授予江苏省优秀民营企业，优创生物的异种脱细胞真皮基质敷料获2014年度江苏省中小企业专精特新产品称号。推动产业集群不断发展壮大，海工园被认定为第四批"江苏省特色产业集群"。组织南通东之杰公司参加在镇江举办的2014年江苏省工程机械、现代农业装备产业中小企业协作配套对接会。做好数字企业的创建工作，组织企业参加在南京举办的2014江苏中小企业数字化技术应用国际研讨会，与电信公司合作，组织开展万家小微企业商务智能软件包免费送活动，15家企业被认定为南通三星及以上数字企业，其中江苏神通阀门股份有限公司被省认定为五星数字企业。鼓励中小企业创新创业、做强做大，组织南通新育网络科技有限公司总经理周佳兵参加由省经信委组织的2014中国江苏中小企业创新创业大赛。突出龙头培育，打造小巨人企业和行业单打冠军，全力放大"单打冠军"企业对县域经济发展的引擎效应。

【优化服务】 建立启东市中小企业官方微信服务平台，扩大民营中小企业的服务对象和范围，第一时间使民营企业掌握最新政策，多渠道了解政府扶持民营企业各类信息，全年发布中小企业政策法规、创业辅导、融资担保、银企对接、服务机构、人才招聘、企业培训、他山之石、项目申报、活动指南等各类资讯信息250余条。有计划地开展对中小企业主的培训，提高启东企业家队伍的整体素质，推动中小企业人员、文化、技术和管理水平等综合素质的全面提升，组织全市10家企业的高层管理人员赴南通参加2014年首期以"企业家的困局与解脱之道"为主题的江苏省中小企业竞争力大讲堂。组织企业参加由南通市经信委组织的金融超市银企对接活动暨新三板股权融资、自贸区机遇和影响讲座以及省专精特科技小巨人企业挂牌业务培训。学习借鉴外省知名企业先进经营管理理念和新型商业模式，帮助民营企业提升核心竞争力，举办2014年启东市中小企业互联网思维专题论坛，组织全市中小企业经营管理人员参加工信部在南通举办的第八届全国中小企业节和由省中小局组织的赴浙江体验式培训活动。强化融资性担保行业监管，加强对担保公司的风险防控，完成对非法集资风险专项排查，确保担保公司健康发展。组织有关金融机构、担保公司和民营企业举办融资需求银企对接活动，为广大民营企业提供融资服务。全市全年完成累计融资担保额5.5亿元，在保企业户数980户，其中2014年担保企业70户，担保笔数80笔，担保总额4亿元。

（黄 勇）

综　述

【概况】 2014年,面对复杂多变的国内外经济形势,商务部门确立“领跑沿海、融入上海、包容四海”的战略定位,全力保增长、促转型、惠民生,全市商务工作在困境中取得一定的成绩,但部分指标完成情况与年初目标比仍有较大差距。

对外贸易相对稳定。全市完成进出口总额30.72亿美元,比上年下降5%。其中,出口23.05亿美元,比上年下降13%;进口7.67亿美元,比上年增长31.7%。启东市外贸进出口、出口、进口总量分别列南通五县(市)第三、第二和第二位。进出口增幅、出口增幅、进口增幅分别列南通五县(市)第五、第五和第二位。

利用外资总量偏小。2014年,全市利用外资总量偏小,与兄弟县(市)相比差距较大。全年累计新批外商投资企业26家,增资扩股企业14家;累计新增工商登记注册外资5.4亿美元,实际到账外资5567万美元,仅完成计划的16.9%,启东市利用外资在南通六县(市、区)排名垫后。

外经合作态势良好。2014年,全市实现对外承包劳务营业额4.58亿美元,比上年增长10.4%;新增境外投资中方协议投资额8886万美元,比上年增长112.3%。

服务外包取得突破。2014年,全市12家服务外包企业实现服务外包业务合同额11555万元,比上年增长45.98%,服务外包业务执行额9163万元,比上年增长50.68%。全市新获确认服务外包企业6家,列入服务外包统计的企业近20家。

(薛　庞)

对外贸易

【概况】 2014年,全市完成进出口总额30.72亿美元,比上年下降5%。其中,出口23.05亿美元,比上年下降13%;进口7.67亿美元,比上年增长31.7%。

【进出口企业】 2014年,启东市有进出口实绩企业311家,其中超100万美元企业140家,超500万美元企业50家,超千万美元企业25家,超亿美元企业6家。进出口前20强企业共计实现进出口25.66亿美元,占全市进出口总额的83.53%。20强企业中有12家企业实现正增长,6家超亿美元企业中有3家企业实现正增长,为全市外贸进出口增长奠定基础。

全市311家外贸进出口企业中负增长企业共145家,占比46.62%。外贸国际形势恶化、对日汇率波动等因素,造成全市部分骨干企业进出口量下滑。50家外贸进出口骨干企业中有21家企业进出口同比负增长。

2014年启东市外贸进出口前20强企业情况

表11　　单位:万美元

序号	企业名称	进出口	同比(%)
1	韩华新能源(启东)有限公司	99413.3	5.9
2	启东太平物流装备有限公司	35114.1	925.4
3	启东胜狮能源装备有限公司	25404.7	77.9
4	南通太平洋海洋工程有限公司	24851.4	-2.9
5	江苏好收成韦恩农药化工有限公司	19645.5	-17.7
6	中远船务(启东)海洋工程有限公	17421.6	-77.1

续表 11

序号	企业名称	进出口	同比(%)
7	江苏皇室食品工业有限公司	6747.1	19.3
8	江苏东成机电工具有限公司	5137.4	2671.6
9	江苏康耐特光学有限公司	4081.2	115.1
10	南通艾德旺化工有限公司	2060.0	13.9
11	江苏龙腾鹏达机电有限公司	2041.9	0.0
12	江苏国强工具有限公司	1945.4	41.6
13	南通蒂龙针织制衣有限公司	1793.1	168.4
14	江苏中源特种货柜制造有限公司	1783.4	17.5
15	江苏科本医药化学有限公司	1696.8	-12.1
16	南通润邦海洋工程装备有限公司	1599.7	100356.5
17	欧爱克斯(南通)服饰有限公司	1562.0	-1.0
18	启东金美化学有限公司	1554.2	-10.5
19	江苏海四达电源股份有限公司	1448.0	-8.9
20	江苏林洋电子有限公司	1300.0	-2.4

2014 年启东市 21 家骨干企业负增长情况

表 12　　单位:万美元

序号	企业明细	1~12 月进出口	进出口同比(%)	2013 年 1~12 月进出口
1	南通太平洋海洋工程有限公司	24851.4	-2.9	25600.4
2	江苏好收成韦恩农药化工有限公司	19645.5	-17.7	23879.9
3	中远船务(启东)海洋工程有限公	17421.6	-77.1	76177.2
4	江苏科本医药化学有限公司	1696.8	-12.1	1929.3
5	欧爱克斯(南通)服饰有限公司	1562.0	-1.0	1577.2
6	启东金美化学有限公司	1554.2	-10.5	1736.8
7	江苏海四达电源股份有限公司	1448.0	-8.9	1588.8
8	江苏林洋电子有限公司	1300.0	-2.4	1332.3
9	南通迪皮茜电子有限公司	1145.3	-25.3	1534.1
10	南通宏强船舶重工有限公司	1101.5	-79.5	5376.2
11	江苏欣捷衬布有限公司	1062.8	-1.9	1083
12	启东华新制衣有限公司	1049.3	-34.0	1589
13	江苏东成服装进出口有限公司	943.4	-5.0	993.3
14	启东市众恒源照明科技有限公司	855.2	-29.2	1207.3
15	启东乾朔电子有限公司	844.6	-12.9	969.8
16	启东金和食品有限公司	777.8	-26.7	1060.7
17	天同精细化工(南通)有限公司	696.8	-28.4	973.2
18	东京时装(启东)有限公司	615.5	-6.6	658.7

续表 12

序号	企业明细	1~12 月进出口	进出口同比(%)	2013 年 1~12 月进出口
19	南通日燃工业制造有限公司	553.7	-16.5	662.9
20	启东尚顶机械有限公司	551.7	-53.4	1184.5
21	启东华泰陶瓷制品有限公司	532.9	-4.6	558.5

【主要外贸板块】 2014 年，新能源和海工船舶两大板块的进出口总量占比分别为 32.4%和 35.5%，累计进出口同比较上年分别增长 5.6%、下跌 17.7%。电动工具板块增长较为明显，1~12 月进出口累计比上年增长 36.5%，当月进出口亦比上年同期增长 34%。食品和其他板块均有不同程度的增长。医药化工 1~12 月进出口比上年下降10.7%。

2014 年启东市外贸七大板块进出口情况

表 13 单位：万美元

七大板块	进出口	同比%	占比%
新能源	99486.5	5.6	32.4
医药化工	30500.3	-10.7	9.9
海工船舶	108939.4	-17.7	35.5
电动工具	13521.9	36.5	4.4
纺织品	14741.5	-1.2	4.8
食　品	12516.6	9.7	4.1
其他板块	25582.5	4.9	8.3

【机电产品出口】 机电产品是启东市第一大类出口产品，2014 年出口总量占比达 75.4%，1~12 月累计出口 16.94 亿美元，比上年下降 6%；高新技术产品作为全市出口第二大类产品，比上年有所下降；纺织产品出口有所增长，农产品出口略有增长。

按行业分进出口情况

表 14 单位：万美元

行　业	累积进出口	进出口同比(%)	进出口占比(%)	累积出口	出口同比(%)	出口占比(%)
纺　织	15624.7	4.5	5.1	14958.7	9.4	6.5
高新技术	116397	2.9	37.9	89637.6	-2.2	38.9
机　电	231761.5	-6	75.4	169374.8	-16.2	73.5
农产品	12295.4	-0.6	4	10684.1	3.1	4.6

【亚洲市场出口】 2014 年，启东市对亚洲、非洲、北美洲、大洋洲、欧洲、拉丁美洲及东盟组织、欧盟组织125 个国家和地区有贸易往来，其中亚洲依然是全市最大的出口市场，占比高达 62.5%，1~12 月累计出口额 14.42 亿美元，比上年下降 11.7%。三大传统市场中，欧洲市场出口同比下降 9%，日本市场依然良好。美国市场增长 10%。

按产销洲别、国别分进出口情况

表 15 单位:万美元

洲/国	累积进出口	进出口同比(%)	进出口占比(%)	累积出口	出口同比(%)	出口占比(%)
亚　洲	190215	-3.8	61.9	144163	-11.7	62.5
非　洲	2694	-79	0.88	2694	-79	1.17
欧　洲	64447	13.5	21	37346	-9	16.2
拉丁美洲	10608	20.9	3.45	10596	20.8	4.6
北美洲	32519	-6.8	10.6	29022	6.2	12.6
大洋洲	6724	-45.2	2.2	6676	-43.4	2.9
美　国	31363	-4.8	10.2	27893	10	12.1
日　本	50064	13.1	16.3	47143	16.3	20.5

【加工贸易】 加工贸易一直在启东市出口产品贸易方式中占主导地位，2014 年 1~11 月累计出口 12.96 亿美元，占比高达 62.34%，同比较上年同期下降 25.5%。一般贸易出口 7.83 亿美元，比上年增长 4.4%。

按产品贸易方式分进出口情况

表16 单位:万美元

贸易方式	累积进出口	进出口同比(%)	进出口占比(%)	累积出口	出口同比(%)	出口占比(%)
一般贸易	95608	5.9	31.12	85662	5	37.16
加工贸易,其中	207393	-10.5	67.51	144805	-21.1	62.82
1.来料加工装配贸易	2314	55.3	0.75	802	-3.9	0.35
2.进料加工贸易	205078	-10.9	66.76	144003	-21.1	62.47

【重点外贸企业进出口运行】 韩华新能源(启东)有限公司。2014 年实现进出口 9.94 亿美元，比上年增长5.9%。订单情况稳定，国际市场份额逐步增加，产品销量以 20%的速度递增，2014 年产能达 1.9GW。

南通太平洋海洋工程有限公司。2014 年实现进出口 2.48 亿美元，比上年下降 2.9%。公司有 4 条 12000 方的 LEG 船，1 个 2000 吨吊车 C024，2 个 7000 立方米液罐，1 个 WARTSILA 模块 M012 和 1 个增压泵模块 M016 交付，形成出口 1.7 亿美元。

启东胜狮能源装备有限公司。2014 年实现进出口 2.54 亿美元，比上年增长 77.9%。该企业从 2013 年起跃入启东市出口额超亿美元企业的行列。

江苏好收成韦恩农化有限公司。2014 年实现进出口 1.96 亿美元，比上年下降 17.7%。该公司的草甘膦销量占整个国际市场的 6.7%，随国际市场需求的扩大该企业的外贸业务量和价格也持续稳定增长。公司在建一条产能 1.5 万吨的生产线，2015 年底投产；新增一条 1 万吨 2,4D 原药生产线。

启东太平物流装备有限公司。2014 年实现进出口 3.51 亿美元，比上年增长 925.4%。其中出口比上年增长 1148%，实现出口 2.3 亿美元。

中远船务(启东)海洋工程有限公司。2014 年实现进出口 1.74 亿美元，比上年下降 77.4%。全年在建的项目总出口额达 8.70 亿美元，分别有生活平台、钻井平台、辅管船、风车安装船。启东中远由于希望 4 号平台上的液压缸的生产质量原因，需要返厂修理，造成平台交付延迟，其他平台虽在启东中远生产，但以南通中远名义出口，因此出口下降比例较高。

(薛　庞)

利用外资

【概况】 2014 年，全市累计新批外商投资企业 26 家，增资扩股企业 14 家；累计新增工商登记注册外资 5.4 亿美元，实际到账外资 5567 万美元，仅完成计划的 16.9%。

实际利用外资总量较小，重大外资项目未能实现突破。2014 年全市利用外资呈“低迷”状态，2013 年结转和存量外资基本没有，加上新批外资项目个数偏少，因此外资到账脱幅较大。尽管各镇、园区都有一定数量的在手、在谈外资项目，但大部分项目还在洽谈推进阶段，尤其是重特大外资项目储备较少，也未能取得突破，导致全年利用外资缺口较大。

(薛　庞)

外经合作

【概况】 2014年,全市上报境外投资企业6家,中方协议投资额8886万美元,比上年增长120%;实现对外承包劳务营业额45835万美元,完成年计划的102.8%,比上年增长18.4%。其中江苏中信建设集团营业额达3.9亿美元。至2014年底共审批备案项目38个,外派人员390人,其中外经公司项目14个,外派人员69人;八方公司项目14个,外派人员69人;中信公司项目6个,外派人员166人,江苏启安建设项目4个,外派人员86人。

【对外投资】 通过广泛宣传政策、一站式服务、及时回访等方式,推进现有境外投资企业的中方投资。2014年,中方协议投资额8886万美元。报批境外投资企业6家,分别是三信服装辅料孟加拉有限公司中方协议投资额500万美元;江苏中信建设集团中沙建设工程有限公司中方协议投资额5000万美元;中信(香港)建设工程有限公司中方协议投资额3000万美元;江苏中信建设集团老挝分公司中方协议投资额100万美元;江苏中信建设集团缅甸分公司中方协议投资额100万美元;江苏好收成韦恩农化股份有限公司增资186万美元。

【对外承包工程】 壮大队伍。市商务局帮助启东中远船务取得对外承包工程经营资格,至2014年底,全市有7家承包劳务经营权企业,2家劳务合作、3家建筑承包、1家设备安装、1家船舶制造。经营的规模、涉及的行业不断扩大。同时做好跟踪服务工作,支持企业品牌建设。中信建设集团位列全球最大250家国际承包商第175名。

拓展市场。鼓励开拓对外承包工程市场,提升对外承包工程规模和质量,做到国别市场有拓展,总承包项目有进展。江苏中信建设开辟新市场老挝、缅甸,并在沙特承接总包业务,改变原来只做分包的局面;江苏启安建设两支队伍分别进入尼加拉瓜、沙特;外经公司拓展泰国业务,解决国内招工困难的局面。

多种经营。推动相关对外承包工程企业做好对外承包工程项下设备和材料的自营出口,提高经济效益,江苏启安建设、江苏南通二建2家企业已通过有关企业进行对外贸易经营者备案,准备自营出口;江苏中信建设已经实现货物自营出口。

【对外劳务市场集中整治】 在《启东日报》刊登启动对外劳务市场联合整治公告,公布投诉举报电话,在启东电视台连续播放联合整治公告,通过平台电子显示屏不间断播出整治信息、投诉举报电话,同时协调社区组织出国劳务政策法规宣讲、发放宣传资料,进一步营造联合整治的氛围,提高广大群众的参与度。

【国家外经扶持政策】 积极为外经公司、八方公司、中信集团、启安集团、外派劳务服务中心申报国家对外经济技术合作专项资金,共计获批94.04万元。

【提升服务质量】 安装联网两台对外劳务自助查询机,投入使用18米的电子显示屏,不间断宣传经营权企业、招工信息、预警信息等,在启东电视台和《启东日报》上刊登外派劳务服务中心公告。印制5000份出国劳务须知、5000份《对外劳务合作管理条例》《对外承包工程管理条例》宣传手册大范围发放,根据实际情况及时与公安出入境窗口、人才市场联系,把宣传资料放到出入境办理处、人才招聘处进行发放。提醒劳务人员通过正规途径出国务工,把好最后一道关。

(薛　庞)

招商引资

【概况】 2014年,启东市先后举办第七届国际经贸洽谈会、科技节暨沿海开发经贸洽谈会,在上海、深圳、北京举办2014中国·启东投资环境推介会等13场境内外专题招商活动,并在美国、加拿大、新加坡、泰国、老挝等国家和中国台湾、香港地区举办启东投资环境说明会,进一步扩大启东的知名度和影响力。与此同时,邀请国内外大企业、大公司到启东考察。全年应邀到启东考察企业近千家,其中上市企业、央企、中国500强企业、世界500强企业近百家。通过开展系列招商引资宣传推介和重要客商拜访活动,取得较为明显的效果,一批外来投资项目签约落户启东。全市共新签约项目82个,其中内资项目54个,总投资452.55亿元;外资项目28个,总投资20.718亿美元。全市超亿元项目44个,总投资449.95亿元,超5亿元项目5个,超10亿元项目13个;签约外资项目中,超3000万美元项目7个。项目涉及海工装备、新材料、服务外包、节能环保等新兴产业。

【创新招商模式】 利用启东市招商在线网(www.qdinvest.gov.cn)的载体优势,吸引客商访问、咨询。2014年,通过招商在线网网络咨询和电话咨询的客商近百名,来自上海、浙江、北京、安徽等地。推进委托招商,利用上海外高桥、台湾工商建研会、日本山田商务咨询株式会社等专业机构客商资源优势,开展委托代理招商,取得成效。专门成立产业招商队伍,从全市选拔优秀人才,到招商一线从事产业招商工作,专攻与启东市五大产业配套的项目。拓宽招商思路、招商模式,利用新媒体建设微信招商平台,实现实时互动和有效宣传,努力实现产业招商、网络招商、委托招商、微信招商等招商方式齐头并进。

【重大项目招商】 继续把招大引强作为招商引资工作的重点,把国企、央企、世界500强和行业龙头企业作为招商引资的主攻方向,全力攻坚、奋力突破。建立健全重大项目工作推进机制,每个重特大项目都由市领导挂帅、相关部门跟踪推进。2014年,全市共新领证领照项目96个,其中内资项目70个,总投资346.14亿元;外资项目26个,总投资4.43亿美元。内资项目中,超亿元项目34个,超10亿元项目10个,分别为卓达新材料科技集团南通有限公司、泰和能源股份有限公司、江苏华峰超纤材料有限公司、启东传化滨江开发建设有限公司、启东协兴港建设开发有限公司、江苏蓝海园企业管理有限公司、上海振华重工启东海工股份有限公司、江苏泰城旅游开发有限公司、启东碧桂园房地产开发有限公司、南通卓达港务有限公司;外资项目中超1000万美元项目20个,超5000万美元项目1个,为启东东凌铝铸件。

【招商考核】 通过开展主题竞赛、考核评比等激发全市上下招商引资的热情。坚持强化领导促招商,完善"每月会办、双月点评、每季考核、半年现场会"的工作推进机制和重大项目市领导挂帅责任制,每季由市主要领导召开利用外资点评分析会,加强督促检查,强化序时推进。坚持节会活动促招商,以举办国际经贸洽谈会、科技节暨沿海开发经贸洽谈会等重大节会为契机,对镇(乡、园区)节会目标任务进行考核,实现压力有效传递,以市领导小分队拜访为契机,推进一批重点、重大项目快落地、顺利签约、快速进展。坚持主题竞赛促招商,全年每季度通过开展"听看考""百日攻坚"等主题竞赛活动,持续营造比学赶超的良好氛围,激发全市上下招商引资的热情。坚持点评考核促招商,对招商引资、利用外资、项目建设等工作实行"旬汇报、月点评、季考核",实行"十天一统计、每月一点评"考核制度,每旬对各镇(乡、园区)新在手在谈、新签约和新领证领照项目实行汇总统计,加强督察考核力度。

(薛　庞)

经贸节会

【第十五届中国·启东天汾科技五金交易会】 2月4日,第十五届中国·启东天汾科技五金交易会在天汾国际电动工具商贸城举行。随着启东天汾科技五金交易会影响力的不断扩大,越来越多的客商前来参展,交易会的规模越来越大。交易会场总摊位1300多个,其中会展中心摊位620个,租赁和自用门面房400多个,场内外地摊300多个。参展企业达850多家,汇聚国际、国内多个知名品牌,交易会参观人数达8万人次,意向成交额达66亿元。

(曹军华)

【国际经贸洽谈会】 5月16~17日,中国·启东国际经贸洽谈会召开,加拿大、韩国、新加坡、日本等国家及中国香港、台湾等地区的200多名中外客商参加大会。国际经贸洽谈会以"融入上海凸显江海优势　聚焦沿海持续开发开放"为主题,重点推进先进制造业、新兴产业、现代服务业等。节会期间,全市共新签约项目42个,总投资257.8亿元,其中内资项目24个,总投资215.8亿元;外资项目18个,总投资6.75亿美元。

【科技节】 11月12~13日,2014中国·启东科技节暨沿海开发经贸洽谈会召开,德国、意大利、加拿大等国家的300多名海内外客商和30多所高校、科研院所的150多名专家教授参加节会。科技节以"科技开启梦想,人才引领未来"为主题,旨在进一步树立科技兴市、人才强市战略,整合创新资源,激活创新要素,促进技术、人才、信息的共通共享,实现科技与资本、科技与生产、科技与人才的有效对接。节会期间,全市共签约项目40个,总投资237亿元。其中内资项目32个,总投资200.6亿元;外资项目8个,总投资6.05亿美元。项目涉及新材料、高端装备制造、新能源、节能环保等多个领域。

【境内投资推介会】 2014年,市委、市政府先后在上海、浙江、深圳、成都等地举办"2014中国·启东圆陀角旅游度假区投资环境推介会""第六届投资中国——高新技术产业投资大会启东市VIP专题推介会"、启东城市和环境建设专题推介会等一系列投资环境推介活动,并赴中国香港、台湾地区开展"2014年中国启东投资环境说明会(香港)"等招商活动。全年有70多批境内客商到启东考察并达成合作意向。

【国(境)外招商】 2014年,先后在美国、新加坡、泰国、老挝等国家开展"海工装备专题招商会"等境外招商活动,扩大启东在海外的知名度和影响力。通过推介,有50多批次的境外客商到启东考察,并表达合作意向,一些企业签订合作意向书。

(薛　庞)

江边黄昏　(徐双双/摄)

开发区(园区)建设

江苏省启东经济开发区

【概况】 2014年,启东经济开发区以“争创国家级开发区”为目标,注重创新发展,加快提档升级,着力推进创新型经济园建设,新能源、电子信息、海工装备、生物医药等先进制造业集聚发展,总部经济、服务外包、科技孵化等现代服务业初具规模,全区经济社会呈现大发展、快发展的良好态势。全年实现地区生产总值74.4亿元,同比增长10%;工业总产值552亿元,其中规模以上工业总产值460亿元,占全市总量的30.7%,同比增长8.9%;实现入库税收8.39亿元;完成全社会固定资产投资55.5亿元,同比增长43.6%;进出口总额稳步增长,其中出口总额达17.02亿美元。2013年,在全省89家省级开发区科学发展综合评价中,启东经济开发区名列第三。

【产业发展】 2014年,启东经济开发区坚持先进制造业和现代服务业“双轮驱动”战略,培育新兴产业。先进制造产业特色鲜明,新能源、电子信息、海工装备、生物医药等主导产业集聚发展。林洋电子、优思通讯、乾朔电子、海四达电池等电子信息产业规模不断扩大;韩华新能源、东泰新能源、湘电海上风电等新能源产业抢滩列阵;盖天力药业、艾力斯医药、绿洲生物等为主体的生物医药产业加速发展。信息服务、电子商务、现代物流、融资租赁等新型服务业初具形态,国动通信、中信科技等项目加紧开工建设,晟峰软件园、雅鼎资产、国动产业园等已签约项目全力推进。

【招商引资】 2014年,启东经济开发区创新工作机制,突出产业链招商,全力招引大项目。先后在上海、深圳等地举办招商活动22次,在手在谈项目35个,其中重特大项目22个;完成签约项目15个,其中外资项目2个,内资项目13个;完成工商注册登记项目10个,其中外资2个,内资8个。招商机制进一步完善,上海地区再设四个招商分局,形成比学赶超的浓烈氛围。按照“产业集聚、企业集群、发展集约”原则,主动承接上海产业转移与要素溢出,与上海都市工业园、上海国家外包服务基地等建立常年合作关系,产业链招商进一步扩大。总投资18亿元的姚记泰城项目、总投资13.6亿元的国际高端原木家具生产基地、总投资10亿元的海四达新能源、总投资10亿元的大富豪精品黄酒等15个项目完成签约。

【项目建设】 2014年,启东经济开发区坚持“一个项目、一个领导、一套班子、一抓到底”工作机制,开展“项目突破年”活动,推进项目早开工、快建设、早达效。全年新开工项目23个,竣工投产7个。台晟软件园、塔达希时装总部、国动通信总部、中信科技总部等项目加紧推进。林洋光伏科技正式投产,全年实现应税销售2亿元;总投资4000万美元的江苏凯帝商业设施、总投资3亿元的松川液压和总投资1.5亿元的朗高能源科技正式投产,凯帝实现应税销售5000万元,松川实现应税销售2亿元,朗高能源科技实现应税销售5000万元;韩华新能源新型太阳能组件设备正式投入运行。

【城市建设】 创新型经济园建设全面推进,高99米、建筑面积9.2万平方米的地标性建筑科创大楼主体竣工。推进动迁工作,全年完成腾房639户,交净地24块。围绕“拆迁有新房、往年无欠账”的工作目标,加大投入、加快推进,动迁安置实现良性互动。2014年,安置房开工建设50万平方米,竣工20万平方米。

(项　羿)

江苏启东吕四港经济开发区

【概况】 2014年,江苏启东吕四港经济开发区围绕“打造上海北翼第一海港”目标,突出“融合创新、转型跨越”工作主题,构建融合发展先行区、接受辐射先导区、协调发展示范区,促进吕四大港快速和谐开发。

【港口建设】 2014年,环抱式港池匡围、防沙导流堤工程完工。进港航道一期工程完成航道疏浚土方2500万立方米,满足小庙洪水道5万吨航道所需水深条件。东港池航道疏浚工程开工建设,完成疏浚量500万立方米。环抱式港池进港航道初步设计获省发改

环抱式港池吹沙工程 (郁卫兵/摄)

委批复,完成控规编制,进港航道一期工程完成航道疏浚土方量50%。渔港扩建区项目基础设施初步设计通过评审并获得省发改委批复,吕四新渔港经营、管理模式创新方案策划由上海海洋大学研究,形成拍卖市场初步策划方案。加快推进新材料产业园主干道路、给水管网、消防站等基础设施建设。

【重大项目】 2014年,大唐电厂二期完成可研报告编制,上报省能源局。广汇项目陆域部分综合办公楼主体工程完成,储罐基础施工进度完成50%;引桥和码头工程开工建设。卓达新材料地块吹沙完成。华峰年产7500万米产业用非织造布超纤材料项目完成工商注册,获得项目备案,完成项目社会稳定风险评估和节能评估,厂区地块开始软地基处理。

【招商引资】 充分借助渔港经济区、环抱式港池载体平台,加大临港产业招商力度。2014年,组织举办吕四港(北京、沈阳)投资合作恳谈会、参与2014启东国际经贸洽谈会、上海启东投资环境推介会、科技节等节会活动,吸引广东、上海、沈阳等地35批次客商到区考察,成功引进东凌粮油加工中转、卓达新材料等项目。全年累计签约项目8个,超10亿元项目4个;新注册项目5个,协议总投资127.7亿元;新增工商注册外资3.04亿美元。

(沈威宇)

启东滨海工业园

【概况】 2014年,启东滨海工业园实现规模工业产值104.2亿元,与上年相比(下同)增长12.5%;实现工业企业入库税收2.3亿元,增长14.3%;实现公共财政预算收入2.05亿元,增长31%。园区各项经济指标持续攀升,保持良好的发展态势。

【项目建设】 2014年,园区共有签约落户重大项目24个,总投资153亿元,包括投资20亿元的军民融合产业园、投资20亿元的台一集团漆包线制造和室内养殖等项目。新建重大项目14个,总投资17.2亿元,包括投资4亿元的拓领科技、投资1.6亿元的国凯机电、投资1.6亿元的盈润精密模塑等项目;竣工项目13个,总投资18亿元,包括投资6.4亿元的西西艾尔气雾推进剂、投资3.2亿元的致达产业园英普环保、投资3.2亿元的优萌热交换系统等项目;试生产项目9个,总投资12亿元,包括投资1.5亿元的舜天纺织、投资1.3亿元的汉福空气处理设备、投资1.3亿元的力福通起重机械等项目,形成新的经济增长点。

【转型升级】 2014年,园区以争创省高新技术产业园为目标,以调高、调强、调优为导向,持续推动产业结构优化。新兴产业快速发展。推动新能源、新材料等新兴产业规模化、集群化发展,全年实现高新技术产业产值46.5亿元,增长86%,新增省高新企业8家。现代服务业蓬勃发展。全年实现全部服务业投入工作量11.7亿元,增长25%;实现重点服务业项目营业收入4.2亿元,增长345%。科技创新水平持续提高。通过强化企业创新主体地位,加快创新载体建设,推进产学研合作,4人入选东疆英才计划。总建筑面积4.5万平方米的滨海博士创业园启用,有中科院光电遥感中心、迪英生物、纳美科技等多家科研机构签约入驻,园区整体科研实力进一步增强。

【产城融合】 2014年,园区围绕建设宜商宜居的滨海新城的理念,科学定位与建设生产空间、生活空间和生态空间,推进产城融合发展。基础配套不断完善。全年实施基础设施项目12个,总投资2亿元,重点推进拓展区滨洲大道、通海大道等8条道路延伸段工程,并同步实施供电、给水、污水、路灯等配套工程,拓展区"13横3纵"道路网体系基本形成。优化设置公交运营线路,向新建区域及大学城延伸,新建22个公交站点,进一步优化园区公共交通。配套能力持续提升。在建功能配套项目10个,总投资额72亿元,其中投资额超5亿元以上服务业项目5个。外高桥海韵广场基本竣工,进口商品直销中心等品牌商业服务抓紧办理入驻手续,滨海时代金街项目加快推进。四海家园一期工程竣工,首期390套职工公寓投入使用,已有21家企业近400名职工入住。发展教育配套。南通大学启东校区启用,首批919名大学新生入学,后续工程抓紧施工中。总投资3亿元占地140亩的滨海实验学校进入竣工收尾阶段,学校规划小学6轨、初中10轨,为园区职工子女提供教育资源。

(严陶君)

启东滨江医药化工园

【项目建设】 2014年,园区实现5000万元以上新开工项目16个,道明、丰益、东岳药业、东岳化工、无机化工、朗源、苏博、宇林8个项目完成土建工程,安装设备;派尔科、宏峰、佳友、希迪三期、好收成二期、云帆二期6个项目土建工程基本完成;尤希路化学、诚信药业、恩杰斯音响等新开工项目全速推进。

【招商引资】 2014年,园区立足精细化工、新医药、新材料等产业,开展产业招商,完成产业规划编制,发布产业招商目录,成立上海产业招商局,出台《全民招商引资考核管理意见》,开展各种产业招商活动。全年新增注册外资2902万美元,实际到账外资1264万美元,新签约投资超亿元项目5个,包括总投资2998万美元的新加坡联合环境项目、总投资1.2亿元的南通世纪之花纺织印染项目、总投资1.5亿元的上海电气国启环保科技项目、总投资1亿元的江苏宏泽添蓝项目等。

【人才科技】 2014年,区镇共引进国家千人计划专家2名;新入围省“双创”人才1名,总数达5名;新批高新技术企业3家,总数达14家;新批省级工程技术研究中心1家,总数达7家;新认定民营科技企业8家,总数达52家。

【环保安全】 2014年,化工园区环境治理方案通过专家审查,获江苏省、南通市政府批复。按照整治“五个必须”回头看,清洁生产现场“清污分流、污污分流、干湿分离”,危废堆场“八防”措施的要求,企业环保治理登上新台阶。园区加大污水处理厂提标改造,供热中心、固废处置中心等基础配套工程建设,从根本上解决园区发展瓶颈。通过专家检查、企业互查、领导督察等形式,累计发现安全隐患251条,对3家企业实行停产整治,对6家企业法人代表进行约谈。

(袁晔晔)

启东海工船舶工业园

【概况】 2014年,启东海工船舶工业园成功申报江苏省海工船舶特色产业集群、江苏省海工装备出口基地。市海工园围绕打造“中国一流、世界知名的海工及重装备产业基地”目标,海洋石油钻井装备制造、海洋特种船舶制造、港口能源装备制造三大产业板块逐步成型。园区有15家企业,计划总投资超300亿元。全年园区实现规模工业总产值175亿元,比上年增长22.1%;高新技术产值153亿元,比上年增长29.1%;新兴产业产值107亿元,增长27.9%;规模工业应税销售106.5亿元,比上年增长23.7%;新增注册外资4978万美元,实际到账外资1776.3万美元,实现公共财政预算收入2.6亿元。

润邦海洋推出第二代海上风电安装平台　(寅阳镇/提供)

【经济发展】 在建项目跟踪服务。围绕太平洋海工二期、中远海工二期、宏华海洋等重特大项目抓好跟踪和督察服务,强化过程管理,及时了解企业项目建设和生产运行中的新情况、新问题,确保项目快推进、快投产、快见效。全年新开工项目19个,新竣工项目12个,新投产项目6个,中远二期项目全面竣工投产,太平洋二期、宏华宏海吊、港池项目、京沪重工、宏强海工产品转型升级等项目加快建设。

项目配套服务。成功申报并获批省海工船舶特色产业集群、省海工装备出口基地和南通市特色产业基地。引导企业依靠独立研发、合作和引进等方式,实现转型升级。宏华海洋、太平洋海工被省科技厅新认定为省高新技术企业,宏强重工、太平洋海工、宏华海洋被省经信委认定为省级企业技术中心,宏强重工、润邦海洋、太平洋海工被省经信委认定为省两化融合转型升级示范试点企业。

【招商引资】 强化队伍建设,通过公开招考,录用4名招商人员。强化招商实绩,全年先后到启东考察和洽谈业务的企业有新加坡茂洋船舶、汉能控股、天津海王星海洋工程等企业客商近200人次。9月,在上海召开船舶产业推介会。促成法国雅凯控股集团与华滋奔腾船业的合作。利用市平台引进总投资3000万美元的启东长胜纺织科技有限公司,总投资1.5亿元的上海基澎机械科技有限公司,总投资1.2亿元的南通世纪之花纺织印染有限公司及中易科技等4个项目,还有现代服务业项目1个,租厂房等项目2个。

【基础建设】 2014年,围绕“一横三纵”主干道和功能区加快建设。海工大道胜狮至三条港段基本完工,实现通车;海工中路试运行,道路的绿化、亮化等完成施工招标;中心功能区的海欣花苑一期主体工程完成,装饰工程加快推进。二期六栋安置房进入封顶并完成主体验收;西功能区江欣家园商业街、蓝领公寓、白领公寓等建设有序推进,雨污水管、自来水、燃气等配套工程及时跟进。江海污水厂的管网改造工程不断完善，逐步实现正常运行。消防站建设完成施工图设计，施工便道、线路搬迁等前期工作。

（谢福林）

启东市科技创业园

【概况】 2014年，启东市科技创业园围绕"强化服务理念，创新服务方式，不断完善孵化功能，努力提高孵化质量，促进科技成果转化"主题，培育一批具有先进水平、拥有自主知识产权的科技项目，经济指标实现新的增长，通过国家级科技企业孵化器年度考核评价，省级科技公共服务平台绩效评估。全年新增孵化面积13866平方米。在孵企业数达87家，当年新增27家，其中大学生创办孵化企业59家；全年实现技工贸收入4.59亿元，实现税收5049万元，R&D投入2275万元；提供就业岗位1379人，其中大专以上学历人员达1122人，为企业培训技术工人1362人次，进行创业培训2期62人次。

【科技项目孵化】 2014年，一批优质科技项目相继落户。其中"基于多层膜控释药技术的氨溴索缓释混悬液制剂的研制""自洁式高效空气净化过滤器""全色域多通道智能调光调色LED照明系统的研发""基于水汽相变的协同烟气余热深度利用和$PM_{2.5}$高效脱除技术研究""工业高浓度含酚废水资源化关键技术及成套装备研究开发"等一批新技术列江苏省技术创新基金、科技支撑项目。"船用LNG再气化装置关键技术研发及产业化""煤制油(气)苛刻工况成套特种阀门关键技术研发及产业化"2项科技成果列江苏省科技成果转化项目，"基于北斗卫星通信的漂流浮系统研发"列江苏省产学研联合创新资金项目。全年知识产权申请数88件，当年知识产权授权数52件，其中发明专利3件。

【公共技术平台服务】 发挥已建成的启东市科技成果转化服务中心省级科技公共服务平台作用。2014年累计服务企业227家次，江苏道达海上风电工程科技有限公司的"一体式海上测风塔"获国家创新基金200万元的支助；江苏先科药业有限公司"基于多层膜控释药技术的氨溴索缓释混悬液制剂的研制"、启东百盛冶金设备有限公司"自洁式高效空气净化过滤器"2项科技项目分别获江苏省创新基金25万元的支助。"全色域多通道智能调光调色LED照明系统的研发""与防波堤相结合的新型高效率波浪能发电及利用关键技术""基于水汽相变的协同烟气余热深度利用和$PM_{2.5}$高效脱除技术研究""工业高浓度含酚废水资源化关键技术及成套装备研究开发"4个项目分别获江苏省科技支撑项目80万元的支助；"船用LNG再气化装置关键技术研发及产业化""煤制油(气)苛刻工况成套特种阀门关键技术研发及产业化"2个项目分别获江苏省科技成果转化1200万元、900万元的支助；"基于北斗卫星通信的漂流浮系统研发"获江苏省产学研联合创新资金50万元的支助；江苏神通阀门股份有限公司获"江苏省知识产权战略推进计划"100万元的支助，天津大学与江苏道达海洋重工股份有限公司、东南大学与江苏瑞帆环保装备股份有限公司、江苏科技大学与南通太平洋海洋工程有限公司合作共建"企业研究生工作站"。江苏神通阀门股份有限公司实施"江苏省博士计划"，江苏省太阳能电池及应用工程技术研究中心通过绩效评估。"加速区"内的澳瑞思、巨龙、倍佳、富莱克、万惠、恒立、中冶、混合器7家企业被江苏省科技厅认定为"江苏省高新技术企业"，富莱克、万惠等16个企业22个产品被江苏省科技厅认定为"江苏省高新技术产品"；恒瑞、百凌、富莱克、启重等16家企业被认定为"江苏省民营科技型企业"；江苏优创生物医学科技有限公司"异种脱细胞真皮基质"被江苏省科技厅认定为"江苏省专精特"新产品；巨龙石化装备公司与清华大学建立实验室，优创、倍佳、大同、三信、先施、吉利6家企业分别申报"科技部技术创新基金""江苏省技术创新基金"；森田、万惠、中冶、三上、金和5家企业分别申报"南通市名牌产品"，澳瑞思、恒立两家企业分别与南京理工大学、东南大学签订"产学研"合作协议；先施药业科技有限公司完成在上海股权交易中心股权融资的申请文件，以及审计、股改等前期工作。公共服务平台与启东万惠机械制造有限公司合作共建的齿轮检测服务中心，全年累计为各类生产企业开展检测服务达156批次。

【创业苗圃建设】 为降低科技创业门槛和成本，扩大创新创业服务对象的范围，营造局部优化的创新创业环境，让"预孵化"企业共享创业优惠政策扶持，2012年下半年在孵化器南区建立的创业苗圃通过2年多的培育和运行，苗圃面积从当初的500平方米增加到2014年的1700平方米。搭建的创业苗圃服务平台及其内设服务机构自身的各项管理制度不断完善，放大"专业孵化+天使投资+创业导师"的功能。2014年，有2名创业导师、2名创业辅导员、3名企业联络员，使2013年11月前进入创业苗圃的软件开发、文化创意设计、电子信息技术、网络通信技术等10个处于不同阶段的"种苗"成功设立企业并相继进入孵化器继续培育。2014年又有以历届、应届大学毕业生为主创办的以膜技术、红外遥控技术、电力电子技术、煤矿瓦斯抑爆技术、电子商务等9个科技项目入驻创业苗圃。

【加速区建设】 孵化器北区首期建设的4平方公里加速区已入驻企业169家，形成28家规模以上企业，2014年实现销售收入23.2亿元，上缴税收2.17亿元。"自洁式高效空气净化过滤器"项目获2014年度江苏省创新基金的支助、"异种脱细胞真皮基质"被认定为2014年度江苏省"专精特"新产品，22个产品被认定为2014年度江苏省高新技术产品，"基于北斗卫星通信的漂流浮系统研发"列2014年度江苏省产学研联合创新资金项目，7家企业被认定为2014年度"江苏省高新技术企业"，4家企业被认定为2014年度"江苏省民营科技型企业"，1家企业与清华大学建成"石油化工萃取分离新型塔内件和数字模型"实验室。

【人才引进】 2014年，依托市科协建

立的省级“海智基地”平台,在集聚国际化人才和海外创新资源服务地方经济发展方面实现突破。江苏捷捷微电子有限公司被推荐为重点海智企业,开展与西欧一些国家的技术、人才引进对接活动,破解半导体大功率器件平面工艺技术,推动该企业的技术进步。江苏神通阀门股份有限公司实施的海外博士(陈林)引进计划,获得江苏省“博士计划”资金支助。

【服务企业】 咨询服务。为企业提供科技项目申报、培训、科技信息等方面的咨询服务。全年为企业培训技术工人1360人次,创业培训2期62人次;协助22家企业申报各级各类科技计划项目43项;帮助22家企业引进科技成果30项;服务20家企业签订产学研合作协议20项;协助36家企业申请专利74件,其中发明专利24件;组织33家企业参加2次校企人才交流会;为15家企业引进创新创业人才29名;为13家企业22个产品申报并确认“江苏省高新技术产品”等。

创业服务。组成服务小组,细化服务内容,将办证办照、人员招聘、管理咨询等工作全部纳入服务范围。同时,对于新创办的科技型企业为其提供各类科技项目申报信息,协助企业申报各级各类科技计划,为刚创办的企业提供政策支持。对于市外境内科技人员、留学人员到启东创办的科技型企业,专门组织人员实行全程保姆式服务。

信息服务。建设高校可转化科技成果项目库、国内专家库、企业项目需求库和科技成果转化网站,以及上海交通大学启东工作站、南京理工大学军民两用技术服务中心·启东中心和南京农业大学启东专家工作站等服务机构,为企业提供有用实效可靠的信息价值,起到降低创业成本的作用。

投融资服务。根据企业发展的需求,适时组织企业与金融部门开展“银企”对接活动,为优秀科技型企业争取金融部门信贷、授信额度的支持。实施先施药业科技有限公司在上海股权交易中心股权融资的申请,粉嘟嘟网络科技有限公司天使投资资金的增值服务等工作。

(许建聪)

启东江海产业园

【概况】 启东江海产业园是江苏、上海两地政府为贯彻国家战略开发的沪苏合作示范项目,由启东市人民政府、上海城投(集团)有限公司双方共同投资开发建设。园区位于启东市中部沿海区域,北靠吕四大港,南邻启东滨海工业园,西至临海高等级公路,总规划面积约39平方公里。2014年12月,江海产业园党工委、管委会正式成立,机构设行政编制19人,事业编制5人。

江海产业园以国家级园区的规划理念、开发水平和管理要求来建设,全面构建“一个中心、两类基地、四大产业”的现代新型产业体系。其中,“一个中心”是指区域生产性服务业中心;“两大基地”分别为“先进制造业基地”和“战略新兴产业基地”;“四大产业”分别为通用航空产业、新能源汽车产业、现代装备制造业、现代服务业。园区按照沪苏合作、接轨上海、面向国际的“产业高地、生态新区”这一功能定位,打造成具有现代化、国际化、规模化、高效化、低碳化以及国内一流水平的“产城融合发展新区”。

【规划编制】 2014年,江海产业园20平方公里区域建设用海总体规划、通航基地发展与投资机会研究、产业发展规划和空间概念规划通过专家评审,江海产业园通用航空临时起降点选址报告、建设工程选址报告(航行分析)完成送审稿,东元湾江海滩涂综合开发试验区规划完成初稿。

江海产业园20平方公里区域建设用海总体规划获得江苏省人民政府同意,省海洋局出具区域建设用海规划初步审查意见函,区域建设用海总体规划上报国家海洋局。《启东市人民政府关于设立江海产业园通用航空机场的请示》在省政府办公厅牵头下,在华东民航局江苏监管局、江苏省交通厅和省发改委完成流转,省政府同意设立江海产业园机场,并发函至南京空军司令部,南空航管处初步同意800米跑道的审批,审议选址报告。江海产业园调整为“江苏省滩涂围垦综合开发试验区”的请示材料已报送至省发改委、省沿海办,江海产业园项目列入《江苏沿海滩涂围垦开发利用规划纲要中期评估报告》。

【启动区建设】 2014年,10号地块106.67公顷土地全部完成土地平整工作,首期启动区13.33公顷土地达到建设施工标准。总投资额1.37亿元的经二路、通沪路、启沪路、通海路、启海路等道路的路基、水泥稳定层建设完成,固定投资额3000万元。总投资额7000万元的规划展示楼开工建设,施工单位及部分大型机械入驻建设现场,完成主体建筑的桩基工程,现场办公用房等临时设施搭建完毕。

【项目建设】 2014年,总投资额5000万美元的罗斯福生态农业项目选址方案、罗斯福俱乐部布局方案确定,启动项目所在地块的土地收储、外围用水配套建设等工作,项目所在地块土地利用调整规划获省国土资源厅批准。

(肖 莹)

启东圆陀角旅游度假区

【概况】 2014年,启东圆陀角旅游度假区按照“日出江海,韵动中国”的总体形象和国家级旅游度假区的标准,以江海文化为内涵,美食美景、运动休闲为吸引,推进旅游文化及相关产业规划建设、招商引资工作。基本完成以“海上生明月”为核心规划的园区总规,在手在谈旅游项目10余个,在建旅游项目3个,完成投资17亿元。10月,在深圳举办“中国启东圆陀角旅游度假区投资推介会”。2014中国·启东科技节暨沿海开发经贸洽谈会上,园区与旅游投资客商签订投资意向。全年累计接待各类客商100多批次;累计接待各类游客19万人次,其中黄金海滩(购票)、圆陀角景区(免费)共计接待18万人次,景区营业收入326万元,同比增长55.2%。

【实事民生】 7月初,园区正式启用便民服务中心,中心设置民政、计生、

圆陀角风景区鸟瞰　　（周　全/摄）

农保、社保、新农合、规划、土管等窗口，全面提升服务效能。实施港口区域安防工程，有效维护港口的治安。完成辖区内的道路亮化工程，连兴港套闸工程、消防站工程开工建设，江海污水处理厂完成前期规划及图纸审批。

【重点项目】 恒大海上威尼斯。2014年完成投入15.66亿元。7月，首期商住顺利交付，项目应税收入8.56亿元。威尼斯酒店客房完成内装修，会议、运动、健康、饮食、商业、娱乐、儿童七大中心加快内装修。碧海金沙工程围堰合龙，美食、酒吧、商业街加速推进。

新湖综合度假区。该项目是一个集旅游、商务、休闲、娱乐、运动及住宅于一体的大型综合度假社区。2014年累计投入近1亿元，太阳湖红线内区域开挖完成，强弱电、给水、燃气、道路工程同步推进，体育公园草坪成坪。

黄金海滩风景区。项目占地约166.67公顷，11月，完成黄金海滩升级改造项目总体规划和控制性详规，规划以AAAAA级景区的标准，增加景区游乐项目，提升景区景观环境，完善景区服务配套。

（董　波）

船舶工业带一景　　（市新闻信息中心/提供）

港口建设与管理

【概况】 2014年,启东港口泊位共64个,其中万吨级以上泊位启海港区18个,吕四港区2个,生产性泊位6个,修造船、海工泊位58个。全年,启东港口货物吞吐量共完成609.46万吨,其中煤吞吐量550.52万吨,集装箱吞吐量完成13.93万标箱。

【港口规划】 与交通部规划研究院和南通市港口局多次汇报交流,形成吕四港区、启海港区启东区域规划修编初步方案。沿海吕四港区把塘芦港建港方案纳入总规,调整环抱式港池岸线功能,增强岸线使用的兼容性;沿江启海港区崇启大桥往西至红阳港规划调整为城市生活岸线,红阳港至启海交界规划调整为旅游岸线,岸线布局更加科学。

【港口课题研究】 结合北支航标设置和经济发展现状,开展长江口北支自然条件与河势演变分析、港口航道发展现状与规划分析、长江口北支航道工程方案等方面研究,委托江苏交规院水运监测中心编制《南通长江北支航道工程方案研究报告》,深化通航标准、航道选线、局部工程措施等方案研究。

【港口基础设施建设和维护】 推进小庙洪5万吨级航道疏浚和环抱式港池进港航道疏浚工程。环抱式港池进港航道疏浚工程开始,待疏浚到-9.5米后,5万吨级航道疏浚开始施工。推进启海港区北支锚地工程建设,市政府决定继续沿用在省级环境保护区内建设锚地的方案,待保护区调整后开展后续锚地工作。重点做好航道扫测、航标维护、航道清障等工作。委托上海海测大队对进港航道进行2次扫测,及时掌握通航条件变化情况,并将相关情况告知企业用于产品出海安全评估;委托连云港航标处进行航道航标的日常维护,保障船舶、海工产品入海通航安全;联合海渔等职能部门进行吕四港进港航道及周围海域、北支航道内异物清障工作,确保沿江沿海船舶企业的船只顺利出江出海。

【吕四港区】 *环抱式港池进港航道一期工程初步设计获交通运输厅批复。*吕四作业区环抱式港池是吕四港区的重要组成部分,是南通市临港产业布局的重要依托和港口可持续发展的重要保障。2014年,匡围工程基本完工,码头工程项目前期工作抓紧推进。环抱式港池进港航道一期工程全长9419米,航道按5万吨级散货船舶乘潮单向通航(乘潮历时4小时、通航保证率90%)标准建设,航道有效宽度为170~200米,航道底标高为-10.8米。工程总概算为12.37亿元。

*吕四港区广汇能源LNG码头工程岸线获交通运输部批准。*交通运输部正式批复同意南通港吕四港区广汇能源启东LNG分销转运站码头工程使用港口岸线,长度为431米。拟建工程位于吕四港区大唐电厂码头东侧,按最大靠泊15.1万立方米LNG船舶的要求,建设1个320米长LNG泊位和2个工作船泊位(水工结构按靠泊1000吨级船舶设计),长111米,设计年通过能力180万吨。LNG专用泊位独立布置,可以减少港区散货交叉作业和环境污染,提高泊位利用效率,有利于港口集约化、规模化生产。

*吕四港区广汇能源LNG分销转运站(码头水工部分)初步设计获省批复。*省交通运输厅批复中指出,根据《江苏省发展和改革委关于广汇能源综合物流发展有限责任公司南通港吕四港区广汇能源LNG分销转运站项目核准的批复》精神,该工程经委托中交水运规划设计院有限公司进行技术审查咨询,并组织有关单位和专家审查,初步设计文件的内容和深度基本符合国家和交通运输部有关规定的要求。LNG码头布置在吕四港区规划的液体散货功能区的东侧,与其西侧相邻的规划液体化工品码头间距大于200米。LNG码头通过3890米的引桥与后方陆域罐区相连,并根据广汇能源的发展规划,在码头东侧预留可能续建1个LNG泊位和2个液体化工品泊位。码头呈T形布置,近期满足1.91万立方米~7.55万立方米LNG船满载吃水的靠泊要求,远期满足15.09万立方米LNG船满载吃水的靠泊要求。建设规模近期LNG吞吐量为60万吨/年,远期吞吐量为115万吨/年。

【启海港区】 南通港启海港区寅阳作业区太平港务码头工程初步设计获交通运输厅批复。根据江苏省发展和改革委员会苏发改基础发〔2013〕1005

5月29日，南通港吕四港区广汇能源LNG分销转运站码头工程初步设计审查会召开　（市港口局/提供）

号《省发展改革委关于核准南通港启海港区寅阳作业区太平港务码头工程项目的通知》文件精神，省交通运输厅经委托江苏省交通规划设计院股份有限公司进行技术审查咨询，并组织有关单位和专家审查，认为该工程初步设计文件的内容和深度基本符合国家和交通运输部有关规定的要求。拟建工程位于长江口北岸三条港上游侧约170米，拟建码头距离长江入海口约13.5公里。此工程建设2个3000吨级多用途泊位、5个3000吨级件杂货泊位及相关配套设施，码头水工程结构均按5000吨级设计，码头设计年吞吐量为件杂货275万吨、集装箱（商品箱）12万TEU（集装箱运量统计单位）。设计年通过能力为件杂货295万吨，集装箱（商品箱）15万TEU。工程总概算为54278.25万元。

（施春艳）

口岸管理

【概况】 2014年，市口岸办突出一类口岸开放申报和启东综合保税区申报工作重点，协调抓好口岸建设和口岸管理。8月10日，国务院以国函〔2014〕108号文，批复江苏省人民政府，同意江苏启东港一类口岸对外开放。

【口岸开放】 2014年，临时开放实现第11次延期，临时开放码头增加至10个，即大唐吕四港电厂码头、中远海工（启东）码头、太平洋海工码头、惠港造船码头、振华重工码头、向海重工码头、华滋奔腾船舶码头、润邦海洋重工码头、胜狮货柜（太平港务）码头、道达重工码头。

【综合保税区申报】 2014年，全面启动综合保税区申报工作。综保区可行性报告编制工作完成，向省政府上报请示，展开涉及地块的土地规划调整工作。

【口岸运行】 2014年，国际航行船舶进靠启东口岸51艘次（海关提供数据），其中新船出口11艘。江苏大唐电厂进口煤炭341350吨。口岸全年进出口总额30.7亿美元，其中出口23亿美元，进口7.7亿美元。其中，太平洋海工进出口2.48亿美元、中远船务进出口1.74亿美元、太平物流3.51亿美元。全年共向船舶企业出具海事支持函50份，因船舶出入境向政府办协调出具支持文件8份。

【口岸建设】 2014年，完成启东海事边检大楼及家属楼项目土建工程移交，装修施工招标多次参与市场询价，招标文件讨论。10月，完成招标，装修施工单位年底进场；海关生活保障楼验收；启动国检区域规划重新调整，完成办公老楼和办公南楼安全性鉴定、抗震鉴定，新改造方案报省检验检疫局审批；完成江苏海事局长江口北支监管救助基地吹沙工程，配合南通海事局完成配电房工程和雷达站工程。

（蒋青云）

海　关

【概况】 2014年，南通海关驻启东办事处（以下简称办事处）以争创"四好"（把好国门、做好服务、防好风险、带好

港口灭火应急救援演练　（市港口局/提供）

队伍)基层海关为着力点,创新工作理念和工作方法;优化监管,提升监管效能;改进服务,推进启东外向型经济转型升级,圆满完成全年工作任务。全年累计监管进出口货物109.7万吨,货值11.51亿美元;监管进出境船舶51艘,征收税款9460.93万元;办理加工贸易合同设立327份,备案金额5.19亿美元。办事处监管科被南通海关表彰为“四好科室”,3人受到南京海关嘉奖。办事处连续12年蝉联“南通市文明单位”称号。

【通关监管】 2014年,办事处共监管进出口货物109.7万吨,货值11.51亿美元,分别同比增长36%、51.44%;监管进出境船舶51艘,审批供船物品97批次价值328万美元;征收税款9460.93万元,其中加工贸易内销补税6117.94万元,同比增长65.94%;办理加工贸易合同设立327份,备案金额5.19亿美元,分别同比增长7.21%、19%;核销到期手册305份,同比增长36.77%;移交案件及线索11起,累计涉案货值1056万元,涉税约198万元;全年通关无纸化、税费电子支付分别达95%和94%,位列南京关区前沿。

【开放型经济】 *助推启东市开放型经济发展。*2014年,实现外贸进出口总值30.7亿美元,占同期南通市进出口总值的9.7%。其中,进口7.7亿美元,增长31.7%,占同期南通市进口总值的8.4%,比上年提升1.6个百分点;累计实现贸易顺差15.3亿美元。韩华新能源(启东)有限公司外贸进出口总值9.94亿美元,位列南通地区进出口十强第4名。启东太平物流装备有限公司外贸进出口总值3.51亿美元,跻身十强企业第10名。

*服务大型进出口企业。*推进启东中远海工加工贸易联网管理,实现启东加工贸易管理方式的转型升级。2014年上半年办事处完成自身业务人员加工贸易联网知识、技能的培训、储备,完成对中远公司的核查、盘点等准备工作;8月中旬,启东地区首本电子账册正式开通并于10月顺利切换运行;与启东中远海工进行支部共建,以党建促进海关工作更好地融入和促进发展;加强对辖区内企业的指导,引导企业合法经营。2014年,江苏太平洋海工被认证为AA类企业,为启东地区的第2家AA类企业;加快对启东胜狮能源装备有限公司、启东太平物流装备有限公司未离境集装箱凭保函办理退税速度,全年完成出口退税3.2亿元,支持企业扩大再生产;大量减免启东地区船舶企业风险担保金,全年累计减免金额2.4亿元。

*做好地方政府的参谋助手。*2014年,制发《政策快递》10期、《海关工作专报》5期,及时就启东外贸发展提出海关的意见和建议。11月,办事处根据地方政府关注的热点,形成《南通海关驻启东办事处关于中国(上海)自由贸易试验区政策参考及工作建议》一文上报政府供决策参考。

【口岸开放】 2014年8月,国务院以《国务院关于同意江苏启东港口岸对外开放的批复》(国函〔2014〕108号)文批复江苏省人民政府同意启东港口岸对外开放。启东临时口岸开放延期第11次获批,临开码头数量增至11个(胜狮货柜、太平港务统计为2个码头),其中修造船码头10个、散杂货码头1个;临时开放泊位12个,其中修造船码头11个,散杂货码头1个,全年完成货物吞吐量524.7万吨。自2009年5月临时开放起,启东口岸累计进出境国际航行船舶156艘次。办事处监管区域包含吕四港区和启海港区,两大港区实际监管岸线约39公里,建成由80台视频监控摄像组成的全覆盖的海关电子监控“网络”。

针对启东口岸船舶监管业务快速增长的实际,办事处建立启东地区监管场所资料库,辖区内所有临时开放码头内的监管场所示意图、基本情况等均有详细的资料;主动加强办事处监管业务和监管资源的整合,将时间性要求强的现场视频监控职责于2014年上半年移于南通海关监管现场,统一由武警监控;对船舶监管由原先“100%登轮全项目例行检查”转变为“重点船舶重点项目重点抽查”,着重对重点航线风险国籍船舶、船供等业务重点抽查,同时加大巡查力度;加大对监管场所检查指导,全年多次通过现场指导和会议形式对监管场所进行政策培训和指导;召开监管场所规范管理推进会,对视频监控操作不规范、码头整体示意图、视频提示标示图缺失、摄像头校准位置不规范、模糊不清等问题,均逐一督促企业进行整改;按照正式验收审批要求,将企业生产能力、经营范围、设备情况、泊位、围网卡扣、视频等资料整理汇总装订成册,形成《监管场所资料库》一书,做好一类口岸开放准备工作;建立《视频监控联系配合办法》,完善视频监控职责统一扎口管理的目标;完成辖区老码头视频监控系统升级指导工作,联系技术部门对监控用电脑进行升级,并稳妥切换至4.0版。

【文明创建】 2014年,办事处创新文明服务方式,促进服务效能和服务水平的提升,服务型海关建设卓有成效。加强与企业面对面的沟通,及时进行政策宣讲和解决问题。全年召开现场会及政策宣讲会8次,受益企业150多家360余人,现场解决、解答企业各类疑难问题7个。创新文明服务手段,开通“启东办关企联络微信群”,微信群有工作对象30多家企业100余名人员,累计通过微信群进行政策宣传102次,回答咨询36次,发布通知15次,预约海关服务16次。加强结对共建,开展爱心帮扶。实施“开门共建”,办事处领导走访相关企业及部门30多家,开展现场办公和政策宣讲,了解企业对办事处政风行风工作的反馈意见。参与“双联双争”“结对帮扶”、创卫创模等社会公益活动,全年关员个人捐款6000余元。

(施卫国)

出入境检验检疫

【概况】 2014年,南通检验检疫局启东办事处(以下简称办事处)共检验检疫出入境货物5355批/8.4亿美元,同比分别减少47%和增加31%。其中,出境5085批/7.6亿美元,同比减少48%和增加23%;入境270批/0.85亿美元,同比减少4.7%和增加180%。签发各类原产地证书3560份,金额3.2

亿美元，同比批次减少3%、金额减少20%。其中，一般原产地证书971份，金额0.74亿美元，同比分别减少21%和64%；普惠制原产地证书1382份，金额1.6亿美元，同比批次减少4%和金额增加56%；9种自贸区优惠原产地证书1207份，金额0.9亿美元，同比分别增加21%和6%。实验室检测1240批/1914个样品，同比基本持平。

【宏观质量管理】 指导建成启东金和食品东元紫菜养殖基地、南通金鼎海苔紫菜养殖基地、启东家和食品梭子蟹养殖基地等5个1107.07公顷省级出口农产品示范基地，并通过GAP认证，通过省农委、省海洋渔业局和江苏检验检疫局联合考核。搭建"启东·天汾出口电动工具质量安全示范区"内服务平台，在启东·天汾电动工具专业网提供国内外最新技术法律法规信息以及CE认证、UL认证等资料，方便区内企业查询。开展质量月活动，组织企业参加"树标对比提升"活动，促进企业之间互相交流提高。加强风险管理宣传工作，发放《进出口商品质量安全风险宣传手册》及调查问卷20份，回收20份。建立企业监管档案，发挥企业质量监督员的作用。

【进口工作】 针对启东船用产品进口多的情况，与局机电科、认监科配合，全力服务船舶企业，支持地方支柱产业发展，提供"3C"免办服务。对重点企业重点服务和监管。针对韩华新能源公司进口设备多而时间跨度长的特点，办事处指定专人负责，定期集体会诊，及时指出企业存在的安全隐患和在安装过程中存在的违反安全标准的情况，要求企业严格纠正错误，达到安全标准要求。

【风险分析】 2014年，办事处共检出不合格货物127批/774万美元，批次和货值的不合格率分别为2.37%和0.92%，不合格率同比分别上升2.28%和0.17%，进出口产品质量相对稳定，部分重点敏感产品质量问题值得关注。调查启东地区9批出口工业产品退运案例，货值50万美元，主要退运产品是泛光灯、电动工具用电池、钓鱼船、医药中间体（如氰胞嘧啶）等，并帮助企业分析履行合同质量条款的情况，查找原因并督促企业整改。

【对皇室食品实行分类管理】 针对江苏皇室食品工业有限公司出口量大，船期急，仓库库存压力大的情况，办事处多次会同省局、南通局食品检验监管部门深入企业调研，掌握国内外对相关产品的要求，要求企业提升实验室检测能力，最终对该食品企业实施二类企业管理模式，提升该企业的出口通关速度，全年出口货值接近5000万美元。

【采信企业检疫合格证明】 2014年，启东新造集装箱出口大幅增长，特别是具有高附加值的冷冻集装箱增长更为显著。面对出口批次多、时间紧等特点，办事处帮助企业进一步完善质量管理体系，培训质量监督员，掌握新造集装箱的检疫要求及集装箱用木地板的质量控制要求，在企业检疫合格的基础上，对单证进行审核，符合要求的直接给予放行。根据企业的类别，按一定比例进行现场抽检，确保检疫质量又方便企业，全年共报检出口集装箱815批/5.5亿美元。

4月，商检工作人员在企业检查　　（南通商检局启东办事处/提供）

【电子签证、通关和报检等现代化手段运用】 企业在原产地企业备案平台进行网上申请，经过书面审核，直接获得备案，外口岸签证机构能快速调用当地产品的原产地信息进行签证。辖区内在南通、启东口岸起运的产品无论是一般工业品还是食品，全部实施电子通关。2014年9月起，试点无纸化报检。

【作风建设】 提高行政效率，维护进出口企业的利益。2014年，共取消近5000批/2亿美元一般工业制成品的检验检疫，推动启东贸易便利化。实验室通过认可、计量认证、食品检测机构资质等三合一复评审，并顺利完成16个亚青会进口水产品贝毒素检测任务。结合国家质检系统窗口达标建设要求，将窗口工作区、等待休息区、公示展示区域有机划分，合理使用。重申效能建设"优质服务七项制度"，坚持实施24小时预约报检、签证，延时加班服务。坚持园区上门服务制度，多次举办检验检疫政策及业务咨询会。签发各类优惠原产证书2353份/2.32亿美元，为启东市出口货物获得进口国关税优惠2500多万元。

（顾　耘）

水上安全监督

【概况】 2014年，南通启东海事处运用信息化手段，强化现场管理，消除事故隐患；利用查研定改评方法，创新支部工作，加强队伍建设；服务启东市一类口岸开放，推动启东海事处基础建设。

全年走访船舶、港航企业、地方政府职能部门共计36次,收集意见37条。

【水上安全监管】 *强化日常巡查,加大现场监管力度。*启东辖区沿海涉水工程面广、船杂、人多,沿江船舶修造企业、砂石码头分布狭长。2014年,南通启东海事处执法人员对辖区水工现场拉网式巡查。对当场可以纠正的事故隐患责令其立即整改,并针对发现的无证施工等现象严肃处理。加强对船舶超载运输、配员不足等违章违法行为的查处力度。在对部分船舶实施的行政处罚中,执法人员充分重视调查取证的作用,确保程序合法,在查实水工违法行为时多方位采用照相、录音等手段,注重提升行政处罚效果。

*开展专项整治,维护水上通航秩序。*2014年,结合"打非治违""水上交通安全大检查"、APEC会议、"青奥会""亚信会"船舶专项安全检查、"安全生产月""七打七治"各个节前安全大检查、砂石运输船舶整治等一系列专项活整治动,根据辖区实际特点,加强宣传贯彻力度。11月初,海巡艇"06911"正式列编后,增加陆域巡查与水上巡航频次,对辖区船舶修造企业、砂石码头以及水工施工现场全面检查,维护辖区水上交通安全。执法人员加强对辖区企业、船舶的宣传力度,从源头上降低安全生产风险;督促辖区水工施工单位、船舶修造企业、砂石码头等有关涉水生产经营单位开展自查自纠,发现存在的突出问题和危险因素,落实整改,消除事故隐患,将自查自纠情况及时向南通启东海事处汇报;加强涉及水上交通安全重大事故隐患和重大危险源的现场巡查,督促企业落实整改、监控措施;推动建立隐患排查治理长效机制。根据企业提供的隐患自查表,对沿江、沿海水上水下活动梳理摸底,排查涉水工程存在的问题和隐患,提出整改建议,及时向南通海事局和当地政府报告,并跟踪整改落实情况,督促建设、施工等单位落实安全生产主体责任。对现场检查过程中发现的违法施工行为、主体责任不落实等行为责令责任施工单位停工,依法实施行政处罚。

*防抗恶劣天气,预防险情事故发生。*2014年,启东辖区多次遭遇雾霾、台风以及寒潮等各种恶劣天气,尤其是第一季度,平均有一半左右时间处于寒潮、大风、大雾等恶劣天气之中。南通海事局、启东海事处分别在6月、11月召开沿江沿海防台会议和防寒潮大风以及冬季交通安全工作会议,要求参会企业强化安全意识,排查、整改隐患,反馈整改情况,全面消除隐患。

*加强节日安全监管,保障水上交通安全。*2014年每逢节日前夕,执法人员对辖区各修造船企业、启东港砂石码头、大唐吕四港电厂、沿江、沿海涉水工程等单位开展全面安全大检查,加大现场检查力度,排查、督促整改事故隐患,做好水上安全方面的宣传和指导。

*加强水工整治,督促完善相关手续。*2014年,针对辖区部分港航企业海事相关行政许可手续尚不完善,南通启东海事处多次向南通海事局、启东市政府相关领导及地方相关职能部门汇报或通报情况,针对需办理海事项目列出推进的项目清单,划定具体路线图。此外,联合长航公安、市安监局、渔政等职能部门对各个涉水工程开展联合检查,确保施工安全。全年,南通启东海事处先后召开协调会、安全例会20余次,走访启东地方政府、相关部门及手续不完善企业120余次,发放各类宣传材料、指导性文件、专题报告200多份。在相关职能部门的指导下,针对重点工程逐一跟进,重点突破,多个水工工程手续审批工程有序推进。

*处置突发险情。*2014年,南通启东海事处发挥启东市水上搜救中心办公室指挥、协调作用,全年启东市水上搜救中心处置各类水上突发公共事件12起,其中风灾事故1起,险情11起(其中非启东市搜救责任区5起),救助遇险船舶11艘,救助遇险人员187人(其中11人为未涉及船舶的海上捕捞、采摘作业人员),人命救助成功率100%。

【服务地方经济】 *提前介入服务,宣传法律法规。*2014年,南通启东海事处主动帮助指导企业完善报批手续。及时向企业宣传海事法律法规以及办理行政许可的条件和程序,要求企业及时办理相关手续。提前介入服务挂钩重特大项目企业,向企业提供精确的水域环境资料和气象变化情况;加强与港口、安监等部门相互间的信息沟通和情况交流,确保项目和码头安全有序;及时收集和反馈企业的需求,帮助企业解决难题,保障项目及时开展,促进建设单位提高安全意识,落实安全措施,保障水上交通安全和防止环境污染。

*主动沟通协调,支持地方建设。*2014年,执法人员在做好法律法规宣传的同时,多次陪同启东市政府、吕四港经济开发区、吕四入海航道导流堤项目部等单位,到江苏海事局、南通海事局就海事行政许可手续的办理进行汇报、沟通和协调,在较短的时间内,完成一大批涉水工程行政许可。邀请上级领导到启东沿江沿海进行考察,与启东市领导搭建交流平台。利用海事优势,协助政府谋划好江海整体布局,从港口功能的定位,航道的建设,岸线的使用,码头的建造等方面献计献策,把海事优势转化为江海科学开发的助推器。推进启东市政府与南通海事局第三次战略合作,服务启东市一类口岸开放,推进启东江海科学开发。

*服务新船下水,加强现场安全监管。*2014年,辖区沿江船舶工业带的启东宏强船厂、上海振华重工启东海洋工程有限公司(原启东道达重工)、南通太平洋海工以及启东中远海工等多家船舶修造企业先后计有27艘新造船或海工平台在长江北支完成各类涉水作业,为做好新造船涉水作业的安全保障,南通启东海事处督促企业制定详细的作业方案、安全措施和应急预案并认真落实,要求企业使用有资质的作业单位和合格的作业船舶,办理海事相关手续;结合防风、防雾工作,加强信息服务和现场巡查;加强现场监管和维护,对作业方案、安全措施的落实情况进行作业前检查,对作业人员进行码头现场安全教育与宣传,向作业时段进出启东沿江港口的船舶发送安全信息,对作业现场进行安全维护等;对作业拖轮的船舶状况、配员等进行检查,办理现场签证手续。

破解服务难题，心系港航企业。2014年，南通启东海事处利用海事的技术和行业优势，为企业破解难题，服务企业发展。冬季，大唐吕四港电厂电煤需求量巨大，进出港船舶多，吕四港航道日渐繁忙。为缩短船期，保障电煤运输安全，南通启东海事处特意为其开辟“绿色通道”，在安全检查和签证等方面提供方便，向船舶发放安全宣传手册，提供吕四港水文、潮汐及进港航道等资料。针对吕四港航道渔网碍航情况，多次报请启东市政府协调渔政、公安、边防、海事等部门开展联合执法，有效清除吕四港航道内的渔网，提供良好的通航环境。全年共服务电煤运输船239艘次，运煤510多万吨；为服务中远船务出产多种海工产品，在防抗恶劣天气和海工平台进坞拖带各环节，主动为其联系熟悉当地水文的全回转、大马力拖轮。多次联合南通海港引航站、启东市地方职能部门对吕四港区广汇能源启东LNG分销转运站码头工程现场检查，并主动为该工程业主单位答疑解惑。

（彭玉章）

公安边防

【概况】 启东有131公里江海岸线，启东边防大队是南通边防部队管辖面积最大、管辖人口最多、维稳任务最繁重的边防大队。2014年，下设7个边防派出所，有官兵112人，其中干部84人，战士28人，海防工作区总面积420.7平方公里，横跨沿海六个乡镇，有1个省级、2个市级经济开发区和12个出海港口。常住人口9.9万人，占全市总人口的8.6%；流动人口3.5万余人，占全市流动人口的30.3%；企事业单位225家，总投资额700余亿元，占全市总投资额的35%。

7月，启东边防大队完成全省公安边防派出所工作规范化建设会议筹备工作，各级领导及与会代表对塘芦港、吕四港两个边防派出所规范化建设情况给予高度肯定。全年，启东边防大队以“严防大案要案、紧抓民生小案、压缩民转刑案”为重点，有效维护启东边防辖区的治安秩序，完成“两会”、亚信峰会、青奥会安保等警务工作任务。大队各级共接处警4131起，受理刑事案件380起，破获72起，移送起诉26人，受理治安案件680起，查处610起，处罚421人，调处各类矛盾纠纷2162起。

【警务工作与社会维稳】 *加大巡逻防范力度*。2014年，大队通过勤务制度改革，逐步形成“有警出警，无警巡逻”的日常巡逻防范机制，路面巡逻警力实行“巡逻、处警、查控”三位一体运行模式，在辖区重点区域和案件高发地段实行24小时巡逻防控机制，强化社会面控制能力，确保辖区社会治安秩序的持续稳定。全年大队各级共盘查可疑人员5421人、盘查可疑车辆2192辆，盘查过程中抓获网上逃犯4人，及时发现并救助群众31人，调处各类矛盾纠纷510余起，群众见警率与满意度逐步提升。塘芦所积极整合辖区滨海工业园区已建101个视频图像监控点，巡逻防范效能得到提升。青奥会期间，塘芦所借助视频图像监控，及时发现并上报辖区可疑人员动态信息。

加强案件侦破力度。围绕“提升基层单位侦办重大、疑难、复杂案件能力”为总目标，协调人员，成立专职侦查办案队伍，详细制定日常运行规范、绩效奖惩办法等多个规范性文件，并针对所辖边防派出所实际情况，采取分片管辖、驻点办公的模式，分南北两片设立侦查一中队、二中队，分别驻点吕四所、塘芦所。大队加大与市局刑侦、治安等部门的沟通协调，派员跟班学习、跟班作业，能力素质提升显著。“两会”及青奥会安保期间，侦查办案队侦破查处各类刑事、治安案件164起，抓获网上逃犯4人，收缴枪爆物品和管制刀具共计23件；国庆安保期间，侦查办案队会同茅家所，成功抓获一盗窃团伙，带破盗窃案件20余起。

全力完成安保任务。2014年，各项重大安保任务较多，大队采取早研究、早部署、早落实的工作模式，在“两会”、亚信峰会、青奥会、APEC会议等重大安保任务期间，通过召开安保工作部署会议、边防辖区风险评估会议、阶段工作部署推进会议等形式，立足边防辖区治安秩序实际情况，对安保工作期间的巡逻防范、重点人口管控、矛盾纠纷排查等工作进行全面部署。安保工作期间，大队各级共出动警力1200余人次，车辆400台次，调处各类矛盾纠纷840余起，成功处置16起群体性事件与6起群众进京赴宁上访事件，启东边防辖区未发生1起重大恶性案件、未发生1起安全责任事故、未发生1起民转刑案件，各项安保工作取得圆满成功。

优化纠纷调处机制。立足启东市边防辖区“三多”（矛盾纠纷多、上访人员多、信访案件多）实际情况，塘芦所探索建立“多元融合式调处中心”，为辖区企事业单位成功调处各类矛盾纠纷390余起；连兴所联合劳动保障部门、园区管委会等部门，在恒大警务室建立“劳资纠纷调解站”，成功调解各类劳资纠纷148起，协调工资款项3000余万元；吕四所立足现有“海上纠纷调解委员会”的构建模式，融入“渔港党员调处队伍”，于9月成功调处一起涉海纠纷，协调款项200余万元；青奥会安保期间，茅家所完善矛盾纠纷调处机制，妥善处结一起长达两年的涉法信访案件以及一起涉及20余人的集体上访事件。全年大队各级共调处各类纠纷2162起。

【警务创新与港口管理】 *推进民生警务建设*。2014年初，大队专门召开基层基础工作专题部署会，并先后两次联系治安大队，组织各所社区民警开展社区警务培训工作，并对各级走访任务完成情况按月排名通报，全年各所共走访群众9.7万余人，走访率均达98%以上，群众见警率与识警率显著提升。五仓所、茅家所、吕四所等多个所探索建立“户口事项办理告知制度”，有效缩减群众的户口办理时间。塘芦所整合各方资源，创新建立“一站式”企业门牌办理方式，得到辖区企事业单位的一致好评。

创新爱民固边模式。2014年，在促进全市边防辖区警民关系和谐的基础上，大队围绕“完善群防群治力量、促进沿海经济发展、密切警民鱼水关系”三项工作目标，全面整合资源，深入挖掘爱民固边战略潜在优势，被启

塘芦港边防派出所为居民"一站式"办理进南京车辆通行证
(市新闻信息中心/提供)

东市委、市政府评为2014年"拥政爱民先进集体"。大队各级牵头建设完善群防群治力量,并围绕沿海现代农业、先进制造业、新能源产业等产业发展方向,牵头驻地政府,完善社会管理、加强公共服务,特别是在公安边防业务方面,如户籍办理、出海船舶管理、暂住人口管理等方面成效显著。连兴所与驻地企事业单位协商,共同制定"准入制"暂住人口管理模式;蒿枝所联合市人民医院开展定期义务巡诊活动;塘芦所联合园区企事业单位开展大学生暑期实习招聘会;连兴所联合连兴港村关工委开展"留守儿童七彩夏日"活动等。

拓展平安港口建设维度。2014年,针对"浮子筏"违法出海、摩托艇无证载客出海等港口突出问题,先后组织12次海上联合执法,全年共查扣、拆解违法浮子筏136条,办理船管案件398起。针对港口区域治安乱点盲点以及消防安全隐患,采取走访摸排、重点管控、建立档案和联合处置等方法,严厉打击违法行为,全力消除港区生产安全隐患,港口治安状况较往年有明显改观。五仓所和连兴所依托港口长效管控机制,完成亚信峰会环沪海上安保任务。2014年,连兴所就港区棚户区安全隐患向市委、市政府做专题报告,并以连兴港闸迁建工程为契机,配合多个部门共同开展港区安全隐患排查整治活动,港区环境得到显著提升;吕四所联合多个涉渔涉海部门,共同开展摩托艇生产安全隐患排查活动,全面强化摩托艇管控措施,有效提升港口生产安全秩序。

【执法规范化建设】 2014年,大队根据上级安排,筹备全省公安边防派出所工作规范化建设会议,将塘芦所与吕四所打造为大队执法规范化建设标兵单位,并对各单位执法场所进行统一、逐步改造,为执法规范化建设提供物质保障。在执法器材方面,大队统筹协调资金,为基层统一购买配发处警记录仪、现场勘查包、警用腰带等执法设备,硬件设施得到完善。大队还采取实地检查、网上督察、卷宗评比等形式对各单位接处警、执法办案以及案件回访等相关制度落实情况定期检查,并选送部分新民警到刑侦中队跟班学习,官兵规范执法意识及业务素质得到提升。

【加强综合保障能力】 2014年,共争取地方政府支持262.11万元,完成罚没款73万元。连兴所、蒿枝所土建工程竣工验收,茅家所土建工程通过中间验收工作。协兴所完成"绿色农场"建设工程,五仓所、蒿枝所、塘芦所等单位结合营区实际情况,对办公楼门头、办公器材等方面改造修缮。加强车辆管理,9月,大队所有在编车辆顺利通过车辆检测线。

(鞠坤安)

胜狮货柜
(市新闻信息中心/提供)

产业发展

【概况】 2014年，全市建筑业企业坚持"质效双升、科学发展"，整体实力和质量效益同步提升。全年建筑业总产值突破800亿元，同比增长15.3%；缴纳税收21.1亿元，同比增长19.2%。南通二建、中信、启东建筑、启安集团获江苏省建筑业百强企业；南通二建、中信、启安、启东建筑、启益集团获江苏省建筑业竞争力百强企业。南通二建集团跃升中国企业500强第308位，排名中国建筑业竞争力百强企业第17，第七次居省建筑业百强企业综合实力类第1；启安集团连续五次获省建筑业百强企业建筑安装类机电安装第1，跻身中国建筑业成长性百强企业；中信集团挺进全球最大国际承包商250强，继续保持江苏省建筑业百强企业外经类十强；南通二建、启东建筑、启安集团荣膺"全国优秀施工企业"；南通二建集团获天津市五一劳动奖状，成为除央企外进津施工企业2家之一；南通二建、江苏八建集团被市委、市政府评为金牌建筑业企业。

【经营业绩】 2014年，完成房屋建筑施工面积8417万平方米，同比增长11%；承建10万平方米以上项目145个，超亿元项目401个；完成企业营业额868.3亿元，同比增长15%，其中境外劳务营业额30.2亿元，同比增长34%。建筑业总产值中，南通二建集团完成401.4亿元、中信集团完成124.8亿元、启东建筑集团完成76.7亿元、启安集团完成59.1亿元、启益集团完成50.7亿元。南通二建、启东建筑、中信、启安、启益集团、骅东公司和江苏八建集团成为全市纳税强企。

【市场开拓】 2014年，超10亿元产值以上区域市场达10个。东北市场完成89亿元、天津市场完成72亿元、山东市场完成47亿元、北京市场完成43亿元，占据外地企业榜首位置。上海、南京、无锡、南通等传统市场继续巩固，并不断辐射带动周边市场。西藏、贵州等西南市场强势提升，新疆、宁夏、青海、甘肃等西北市场增幅明显。省内徐州、连云港、盐城等苏北市场发展迅猛。境外市场持续壮大，中信集团完成境外劳务营业额4.1亿美元，阿尔及利亚、科威特及沙特阿拉伯项目相继中标开工。

【项目建设】 各企业集团以战略合作为导向，与万科、保利、绿城等30多家知名企业建立战略合作伙伴关系，市场竞争优势不断放大。南通二建集团签约史上最大体量哈尔滨国际农业博览中心项目，合同造价90亿元；中润六公司签约总造价30亿元聊城凤凰湖景观工程；东昂公司承接的河北涿州京石客运站场大市政二期项目，成为天津市场首个市政道路BT项目。启东建筑集团承建总造价5亿元连云港港汇·凤凰名都群体高层住宅小区。启安集团中标海宁7.7亿元尖山100WM地面光伏并网发电工程，成为公司历史第一大单；承接的2.1亿元武汉老浦片商业及住宅项目综合机电专业分包工程，创公司单体安装之最。中信集团同沙特阿拉伯签订系列重大项目建设合作框架协议。

【转型升级】 南通二建集团加大对实力子公司承接大体量、BT项目资金投资支撑，与东凯兴公司合作签订17亿元新村沙开发项目；获批发行15亿元短融债券，实现通过资本市场直接融资的历史性突破；沈阳公司对辖区各地定额标准实行定量分析；九公司项目模拟股份制管理模式唱响全国；东联公司创新标准化管理，提升管理效率。骅东公司利用南通二建集团、名瑞商贸、名仕建设三大融资平台，不断拓宽融资渠道。启安集团承建的新疆光伏项目如期并网发电，在光伏产业界打响品牌。中信集团承接辽宁核电生活区核电·兴海湾项目；中信科技大楼加紧施工。全年新增建筑业企业21家，总数达264家，其中特级资质2家、一级资质10家、二级资质46家。启益集团、腾龙市政成功晋升施工总承包市政公用工程一级资质，启安集团取得化工石油工程施工总承包二级资质。

【质量安全管理】 创优争先。2014年，全市建筑企业共创省级以上优质工程29项，其中国优工程4项。南通二建集团承建的石家庄阿尔卡迪亚项目，南通二建集团承建、启安集团参建的南京鼓楼医院仙林国际医院基本医

无锡绿城玉兰花园，由南通二建集团承建 （市住建局/提供）

疗区工程，启东建筑集团参建的新疆独山子国家石油储备基地工程获中施协颁发的2013~2014年度国家优质工程奖。南通二建集团承建的沈阳铂尔曼酒店等3个项目被中施协评为贯彻实施建筑施工安全标准示范单位。南通二建集团承建的南航自动化教育科研楼等8个工地被评为AAA安全文明标化工地。

创新成果。2014年，共取得国家级QC成果22项、省部级工法13项、实用新型专利26项、省级新技术应用示范工程18项。南通二建集团天津公司通过中建协认证中心"三位一体"管理体系监督审核。中信集团被江苏省认定为建筑企业技术中心。启安集团通过"质量、环境、职业健康"一体化管理体系监督审核，"提高地下车库空心楼盖施工一次合格率"项目获全国化工工程建设优秀QC成果一等奖。南通二建集团陈建国获全国工程建设质量管理先进工作者称号，启东建筑集团樊天平被授予国家优质工程突出贡献奖，启安集团张健等4人被评为全国优秀项目经理。

人才培养。全行业拥有注册建造师3225人，其中一级建造师923人、二级建造师2302人；120名小型项目管理师、911名安管人员、2630名特种作业人员通过考试考核。

行业管理与服务

【概况】 2014年，市政府按照《关于进一步加快建筑业发展的激励意见》，每年安排专项资金，对建筑业企业创优夺杯、科技创新等进行表彰奖励。年初，市政府出台《关于进一步加强全市建设工程安全监管工作的意见》，全面强化启东市建筑市场与工程现场的两场联动，建筑市场监管体系、诚信体系不断完善。行业主管部门引导企业科学发展、转型升级，推进银企合作，帮助解决企业发展融资困难；同时严格监管，大力督促各责任主体落实安全生产责任制，通过节后复工、安全生产月、建筑起重机械、消防设备检查等专项整治活动，实施安全监督网格化管理，倡导企业绿色、文明、安全施工。对建筑工程安全监管严重违法行为，坚决予以行政处罚，全年先后责令停工非法施工项目17个，立案查处未履行安全生产职责行为案件12起，依法拆除违法安装起重机械16台，罚款10.5万元。

铁军风采

【概况】 南通二建集团面对宏观经济下行压力加大的严峻挑战，加大开拓力度，在诸多市场矛盾交织的包围中寻求突围和突破，2014年，实现企业总产值442亿元，同比增长15%；新签合同额471亿元，同比增长16%；剩余合同额417亿元，同比增长28%。

启东建筑集团把握稳中求进的工作总基调，优化结构占市场，创新管理争效益，增创发展新优势，实现质效并增新突破，全年完成经济总量80亿元，其中建筑施工产值76.7亿元。

骅东公司面对国家宏观调控和经济下行的严峻形势，着力发展建筑、房产业，实现公司在房市弱势下的稳增长。全年公司开发房产面积120多万

石家庄阿尔卡迪亚，由南通二建集团承建 （市住建局/提供）

平方米，取得较好的经济和社会效益。

启安集团认真贯彻安装做专、土建做优、企业做大的经营思路，创新机制、创新管理、创新科技。全年完成建筑业施工总产值59.1亿元。承建施工面积290万平方米。

中信集团抢抓新机遇，把握结构升级、创新驱动两个核心，应对防控风险，创新内涵发展，全年完成施工总产值153.15亿元(其中国内产值124.81亿元，国外产值28.34亿元)。

启益集团坚以市场开拓为根本，以诚信经营为原则，以经济效益为中心，把握"稳健发展"主题，全年完成施工产值51.2亿元。

2014年启东市建筑企业获省级以上优质工程

表17

奖项名称	授予单位	获奖工程	承建或参建单位名称
2013~2014年度国家优质工程奖	中国施工企业管理协会	南京鼓楼医院仙林国际医院基本医疗区工程	江苏南通二建集团有限公司(承建) 江苏启安建设集团有限公司(参建)
		石家庄阿尔卡迪亚16#-19#楼工程	江苏南通二建集团有限公司(承建)
		独山子国家石油储备基地工程	启东建筑集团有限公司(参建)
石油优质工程金质奖	石油天然气工程建设质量奖审定委员会、中国石油工程建设协会	新疆独山子国家石油储备基地	启东建筑集团有限公司(承建)
2014年度用户满意建筑工程	中国质量协会、全国用户委员会	三亚市花梨翠园商住楼	江苏南通二建集团有限公司(承建)
2014年度全国建筑业绿色施工示范工程	中国建筑业协会	天津门道口村还迁房(景澜嘉苑)项目	江苏南通二建集团东裕建设有限公司(承建)
		天津北辰区小淀示范镇农民安置用房温家房子安置区C组团	江苏南通二建集团东裕建设有限公司(承建)
		山西金域王府一期工程一标段	江苏南通二建集团东昊建设有限公司(承建)
		南京紫金(江宁)公共配套服务中心	江苏南通二建集团东佳建设工程有限公司(承建)
		南京生物医药谷研发中心	江苏中润建设集团东顺建筑有限公司(承建)
		无锡银华金融大厦	江苏中润建设集团东煜建筑有限公司(承建)
		南通华润橡树湾四期-2项目	江苏南通二建集团第七建筑安装工程有限公司(承建)
		盐城凤凰文化广场	江苏南通二建集团东佳建设工程有限公司(承建)
2014年度住房城乡建设部绿色施工科技示范工程	住房和城乡建设部	南京航空航天大学将军路校区自动化教学科研楼、信息科学教学科研楼及地下车库工程	江苏南通二建集团东佳建设工程有限公司(承建)
2014年度全国优质工程金奖	中国建设工程质量协会	陈家镇裕安社区配套商品房六期、天鹅湖小镇水岸国际天鹅明珠酒店、南通中南世纪花城2期23号楼	江苏中信建设集团有限公司(承建)
2014年度华东地区优质工程奖	上海市建筑施工行业协会、江苏省建筑行业协会、浙江省建筑业行业协会、安徽省建筑业协会、福建省建筑业协会、江西省建筑业协会	李沧区文昌阁社区城中村改造B01-06地块商品房项目16#楼	江苏南通二建集团东联建筑安装工程有限公司(承建)
		青岛苏宁电器胶东半岛总部项目	江苏南通二建集团东联建筑安装工程有限公司(承建)
		永和新城E块农民安置房	江苏南通二建集团第十二建筑安装工程有限公司(承建)

续表 17

奖项名称	授予单位	获奖工程	承建或参建单位名称
2013年度江苏省“扬子杯”优质工程奖	江苏省住房和城乡建设厅	中国药科大学江宁校区图书馆	江苏南通二建集团东良建设工程有限公司(承建) 江苏启安建设集团有限公司(参建)
		东宝路地块项目A幢、B幢及地下室	江苏南通二建集团东佳建设工程有限公司(承建)
		宿迁市国际会议中心（星辰国际会议中心）	江苏南通二建集团第六建筑安装工程有限公司(承建)
		苏州中润广场商务办公楼	江苏南通二建集团第六建筑安装工程有限公司(承建) 江苏启安建设集团有限公司(参建)
		中央景城二期17#、20#、30#楼	江苏南通二建集团东田建设工程有限公司(承建)
		苏州工业园区地理信息研发楼	江苏南通二建集团第二建筑安装工程有限公司(承建)
		绿城·无锡玉兰花园项目A-2组团A区B03#楼	江苏南通二建集团第十二建筑安装工程有限公司(承建)
		南通产业技术研究院首期建设项目一期工程二标段	江苏南通二建集团有限公司(承建) 江苏启安建设集团有限公司(参建)
		连云港新华广场2#楼	启东建筑集团有限公司(承建)
2014年度江苏省“扬子杯”优质工程奖	江苏省住房和城乡建设厅	南京鼓楼医院仙林国际医院基本医疗区工程	江苏南通二建集团东良建设工程有限公司(承建) 江苏启安建设集团有限公司(参建)
2014年度建筑“长城杯”银质奖工程	北京市优质工程评审委员会	西北旺新村三期(南)居住项目北区2-6#楼工程	江苏南通二建集团第九建筑安装工程有限公司(承建)
2014年度上海市建设工程“白玉兰”奖(市优质工程)	上海市建筑施工行业协会	金山新城区A-4地块新建商品房项目40#、46#、47#楼	江苏南通二建集团东旺建设工程有限公司(承建)
2013年度重庆市“巴渝杯”优质工程奖	重庆市建筑业协会	重庆国际博览中心S区(南区)	江苏启安建设集团有限公司(参建)
2014年度黑龙江省建设工程质量“龙江杯”工程	黑龙江省建筑业协会	大庆油田供排水调度中心及配套附属设施	江苏南通二建集团东林建设工程有限公司(承建) 江苏中信建设集团有限公司(承建)
2014年度河北省建设工程“安济杯”奖(省优质工程)	河北省建筑业协会	国际城四期70#住宅楼	江苏南通二建集团东良建设工程有限公司(承建)
2013年度新疆建筑工程“天山奖”(自治区优质工程)	新疆维吾尔自治区住房和城乡建设厅、建筑业协会	新疆大学科学技术综合楼工程	江苏南通二建集团东耀建设工程有限公司(承建)
2014年度北京市安装工程优质奖	北京市建筑业联合会	北京东亚·中轴国际机电工程	江苏启安建设集团有限公司(承建)
2014年度结构“长城杯”银质奖工程	北京市优质工程评审委员会	北栋住宅楼等3项	江苏南通二建集团东联建筑安装工程有限公司(承建)
2013年度天津市建筑工程结构“海河杯”奖	天津市建筑业协会	义乌北方国际商贸城E区一期楼宇经济高层用房14#、17#	南通启益建设集团有限公司(承建)
2014年度北京市室内装饰行业“天坛杯”银奖工程	北京室内装饰协会	育民小学分校改造工程	南通启益建设集团有限公司(承建)

续表 17

奖项名称	授予单位	获奖工程	承建或参建单位名称
2014 年度天津市装饰“海河杯”工程	天津市环境装饰协会	天津盈润园住宅项目三期 5#、6# 楼	江苏南通二建集团第八建筑安装工程有限公司(承建)
2013 年度北京市室内装饰行业优质工程	北京室内装饰协会、北京市工商联装饰行业商会	北京市西城区天池名门办公楼装修改造工程	南通启益建设集团有限公司(承建)
2013 年度北京市室内装饰行业精品工程	北京室内装饰协会、北京市工商联装饰行业商会	中国人民武装警察部队后勤基地立体库房装饰装修工程	南通启益建设集团有限公司(承建)
2014 年“申安杯”优质安装工程奖	上海市安装行业协会	张家港孚宝仓储有限公司液体化工仓储二期 D 工程安装工程	江苏南通二建集团有限公司(参建) 江苏启安建设集团有限公司(参建)
2014 年上海市建设工程金属结构“金钢奖”(市优质工程)	上海市金属结构行业协会	中远船务(启东)二期分段装焊车间工程、西马克梅尔工程(中国)联合厂房(二期)工程、太古冷链奉贤区立体冷库(一期)工程	江苏启安建设集团有限公司(承建)
2013 年度上海市优质工程(结构工程)奖	上海市建筑施工行业协会	泗泾南拓展大型居住社区 (20-01) 地块Ⅱ标 13#、14# 楼	南通启益建设集团有限公司(参建)
2013 年河北省结构优质工程	河北省住房和城乡建设厅	华堂高尔夫庄园第九标段酒店公寓	江苏中信建设集团有限公司(承建)
2014~2015 年度第一批湖北省建筑结构优质工程	湖北省建设工程质量安全协会	十堰市东风一小教学楼	江苏中信建设集团有限公司(承建)
2014 年度黑龙江省建设工程“甲级优质”奖	黑龙江省建设工程质量龙江杯评审委员会、黑龙江省建筑业协会	2013 年度：大庆市三永湖区域综合整治项目二期 A1#、A2#、A3# 楼	江苏中信建设集团有限公司(承建)
		2014 年度：纳帕英郡一期 2#、3#、7#	江苏中润建设集团东洲建筑有限公司(承建)
		2014 年度：新城月亮湾居住小区 B-01#、02#、03#、04# 住宅楼	江苏中润建设集团东泽建筑有限公司(承建)
2013 年度黑龙江省建设工程“结构优质”奖	黑龙江省建设工程质量龙江杯评审委员会、黑龙江省建筑业协会	大庆外国语学校工程(宿舍、公寓部分)一标段工程	江苏中信建设集团有限公司(承建)
2013 年度辽宁省优质主体结构工程	辽宁省建筑业协会	辽阳京都城一期 A 组团 8# 楼工程	辽阳骅东置业有限公司(承建)
		沈阳龙湖道义 E1 地块一期四组团 B41# 楼工程	南通启益建设集团有限公司(承建)
2014 年上半年陕西省建筑优质结构工程	陕西省建筑业协会	巨力公司高陵办公楼工程	启东建筑集团有限公司(承建)
2014 年山西省优良工程	山西省建设工程质量监督管理总站	长风大厦	江苏南通二建集团长盛建筑安装工程有限公司(承建)
		绿都名苑 27#、29# 商住楼	江苏南通二建集团东昊建设有限公司(承建)

(张　宇)

住房和城乡建设

【概况】 2014年，启东市在完善城乡规划体系的同时，推进安置房、保障房、商品房建设，不断加快道路、绿化、燃气、供水等市政公用事业建设，并切实履职，做好规划审批、基本建设管理、城建监察等工作，为城乡建设和发展做出应有的贡献。全年完成城乡建设总投资100亿元，其中市政基础设施建设25亿元。

【城乡规划】 2014年，启东市住房和城乡建设局(简称市住建局)围绕新一轮《启东市城市总体规划(2012~2030)》，进一步完善城乡规划体系，高质量开展各专项规划、地块控规的编制，加快实现启东建成“上海一小时交通圈内重要节点城市、苏中苏北接轨上海的桥头堡”目标。

城区规划编制和研究。完成消防、供热、城市排水(雨水)防涝、应急避难场所等专项规划；完成新城区修规、惠和片区控规、城北工业区控规和230平方公里农民建房(启动区)修规；推进蝶湖景区、江海南路景观河、灵秀公园、新城区体育中心、文化中心等重点项目的规划编制；开展中心城区重要节点的交通疏导、中央路北侧专业市场、城东片区、城北片区的规划研究。

镇乡规划调整和修编。南通市级中心镇：北新镇、南阳镇完成总体规划论证和报批，以及道路系统、绿地系统、水环境系统、空间特色等专项规划的编制和报批。沿海重点镇：吕四港镇总体规划通过省建设厅组织的论证，进入成果完善报批阶段，并完成供电、供水、道路等专项规划的编制和报批；寅阳镇总体规划上报市政府批准；近海镇的总体规划修编工作加快推进。惠萍镇、海复镇、王鲍镇、东海镇、启隆乡的总体规划完成成果论证和报批工作，获得市政府的批复。同时，北新镇和南阳镇在镇区建设用地范围内编制镇区控制性详细规划，获得市政府的批准。全年共组织召开北新镇黄仓集镇宽心河东侧EJS、东海镇新安集镇A01、A02地块等30余个地块控制性详细规划专家评审会。

规划审批与管理。市住建局严格规范“一书两证”审批程序，实行逐级报批，层层审核，严把建设项目的报建关、审核关。全年发放规划条件意见书250份；选址意见书20份，发证面积6.99万平方米；用地规划许可证132份，发证面积118.97万平方米；建设工程规划许可证138份，发证面积217.49万平方米；规划核实发证123份，发证面积178.87万平方米。

【市政设施建设管理】 以“路畅、树绿、水清、街美”为目标，市住建局大力推进城市基础设施建设，城市面貌日新月异，城市功能不断提升。

市政道路。以“贯通环线路、打通瓶颈路”为首要任务，市住建局重点推进华石北路、中央路西延、世纪大道西延、丁仓港南路、和平北路等23条城市道路建设。其中，华石北路、中央路西延、和平北路、紫薇东路、惠阳路(人民路以南)竣工通车；丁仓港南路、江海路南延推进顺利。新城区、东城区的南苑东路、华山中路、牡丹江东路(建设路至华山路段)竣工通车。城市交通节点逐个打通，城市路网不断完善。由中央路、华石路、世纪大道、丁仓港路组成的城市外环线基本贯通。在市政道路建设过程中，供水、路灯、雨污水

丁仓港滨河公园绿地　　(唐卫卫/提供)

管网、交通设施和其他专业管线等配套设施同步实施，有效杜绝道路的二次开挖。

城市园林绿化。市住建局全力推进"绿色启东、生态启东"建设，全年新增绿地77万平方米，总投资约2亿元，启东市通过省园林城市的考核验收。丁仓港滨河公园占地30万平方米，总投资约1亿元，初步建成向市民开放。该公园按河道景观化理念，在河道两岸布置带状绿地和公园，同时完善护栏、桥梁、亭廊、亲水平台等憩息设施，是市东城区最大的集生态、休闲、健身为一体的滨河绿地空间。S336线、松花江路东延、新安江路、惠阳路、世纪大道西延、中央路西延、南郊家园B标、北上海花园、北新家园、城东花园、东疆花园等道路和安置房小区配套绿化与主体工程同步实施。启东东、北、南3个高速出入口绿化占地10万平方米，完成提升改造。民胜路、牡丹江路转角节点游园、紫薇苑北侧小游园、法音寺西侧节点对外开放；南苑中学西侧、紫薇苑东南侧等节点游园开工建设。

排水设施。加快城市封闭式排水系统建设，新建、改造城区泵站涵闸10座；改造长龙东路、长龙西路、公园北路、建材街、城河新村等60多处排水管网，增加排水连接管1350米，新建盖板沟620米；疏通市政管网120公里；整治南郊家园北横河、惠阳河(人民路—世纪大道)、汇东小区北横河等河道。对城区9500多个排水井盖进行"拉网式"排查，修复、处置300多处存在安全隐患的井盖设施，着重加强排水窨井盖和雨水口设施安全管理，对城区主干道窨井安装防坠网4000多个，做好排水窨井盖和雨水口设施的日常维护工作。

污水处理。全市建成污水处理厂11座，实现集镇生活污水处理全覆盖。9个建制镇污水管网加快建设，全年新增集污管网16.5公里。城市污水处理厂共处理污水1552万吨，COD累计削减量约2913.93吨，日平均处理污水量4.3万吨，污水经处理后各项指标均达到国家排放标准。城市污水集中处理率85%以上。

基础设施维护。每日由专职人员对市区道路进行巡查，发现问题及时落实相关单位维修。全年维修建新路等小区外围人行道4500平方米，更换路沿石1300米，更换井盖900多套。维修路灯10000多套，确保亮灯率≥98%。完成南城河北侧护栏、南城河桥梁亮化、人民路灯柱、红红火火景观灯、电视塔亮化等8个亮化工程的改造。同时，对养护任务的下达、现场签证、竣工验收等各项流程制订规范标准，在日常养护月考核的基础上要求养护单位进行自检，市住建局进行定期和不定期的抽查，从制度上杜绝质量和造价中的漏洞。

【房地产市场管理】 2014年，全市房地产市场保持稳定发展。全年共批准商品房预售许可39个、共计94.66万平方米，批准商品房现售备案33个、共计139.93万平方米。全市累计销售商品房9116套，同比减少6%；销售面积96.11万平方米，同比减少8%；销售金额61.14亿元，同比减少19%。商品房销售套数、销售面积、成交合同金额等指标在南通各县市中名列前茅。二手房累计交易2463套，同比减少34%，销售面积31.31万平方米，同比减少33%。在稳步推进商品房开发销售的同时，市住建局不断提高行业管理水平，开展房地产开发企业违规预(销)售行为专项整治活动，通过组织企业自检、现场检查、电话问访等方式，对全市房地产项目的预(销)售行为进行一次全面的摸排梳理，对发现的违规行为进行清理整顿；对市区房地产项目的售楼处现场公示情况进行抽查；对企业违规预收定金、违规售后包租等行为进行立案查处；组织开展全市房地产估价机构房地产估价报告的抽查活动。

【住房保障与建设】 住房保障房。2014年，市住建局以解决低收入家庭住房为重点，制定完善配套政策，推进住房保障建设工作。修订完善《启东市经济适用住房管理办法》，公布经济适用住房申请条件及保障标准。第五批经济适用住房完成分配销售。此次经适房房源164套，申请户199户，经审核，进入选房抽签应到140户，实际参加抽签128户，其中12户放弃购房。全年实际享受廉租房实物配租139户，实际享受补贴41户、补助金额共计101726元，廉租住房保障达到"应保尽保"目标。下发《关于开展城市危房和老旧房屋安全排查治理工作的通知》，各镇(乡)、园区、街道及市有关部门共排查房屋2101幢，排查总建筑面积160.72万平方米。其中，公房266幢，建筑面积13.63万平方米；私房1835幢，建筑面积147.09万平方米。

安置房建设。安置房建设逐步实现市委、市政府提出的"零过渡、零脱幅、零差距"的目标。全年在建项目19个，施工总面积175.05万平方米；新开工团结新村(二期)、台角小区(五

北上海安居小区　　(郁卫兵/摄)

期)、彩臣三村东侧高层、东疆花苑(三期)、北新镇新水湾、惠萍家园(一期)、南郊家园C标(二期)、文汇新村(二期)、城东花园C标、惠萍家园(一期)等10个地块，新开工115万平方米；全年竣工56万平方米，交付使用5440套安置房。建设过程中,市住建局严格落实《安置房建设项目安全质量管理意见》《安置房建设项目安全质量管理考核办法》《安置房建设管理办公室工程建设内部管理办法》等文件，重点强调"三个严格、三个确保"制度，确保工程建设质量。即对工程施工、监理和材料选用,严格实行招投标制度，以确保质优价廉；对工程项目质量管理,建立一套严格的质量监管体系,实行建设单位、监理单位、施工单位、质检单位四层把关制度，对建设的每道环节进行全面把关验收，对各分项工程,严格实行交叉作业、整体推进的施工操作制度,以确保一次性到位。

【房屋产权交易】 市房屋产权管理所进一步规范房屋登记行为，完善登记发证工作流程及工作要求，加强登记质量管理。严格执行岗位责任制,审核校验办证登记的前置条件，做到一项不漏,一件不少。全年共办理商品房注册登记44宗、房屋初始登记221宗、商品房转移登记4921宗、二手房转移登记2893宗,他项权登记7976宗,变更、遗失、更正、限制登记共计1684宗,房屋面积测绘143件,接待单位或个人查阅房产档案1.2万余人次、全年实现房屋登记质量零事故。

【房屋征收】 严格按照《启东市国有土地上房屋征收与补偿暂行办法》等政策法规,进一步明确征收的范围、标准、程序,确定征收补偿的内容、安置方式,依法发出房屋征收决定2份。全年完成拆迁1855户、腾房2586户、交净地101块。对全市拆迁评估机构进行重新备案,根据要求进行审查,通报拆迁评估机构的审查结果,进一步规范各评估机构出具评估报告的要求。对入启施工的拆房公司全部进行备案，并签订房屋拆除施工安全责任状,督促各拆房工地做好日常安全防护工作。

【民生项目建设】 *公共服务设施建设*。亿丰商城对外营业,城市综合体金融中心、文峰改造二期、人民医院病房大楼、城南邻里中心加快建设;城东客运中心、城东片区邻里中心基本完工。

安全供水。市区凯旋华府一期,善成一村D区、中成一号、东郊村农民联建房二期、金盛花园一期等10多个小区完成自来水安装,吕四大唐电厂生活供水计量设施、来鹤路北侧拆迁安置区21#~28#楼室外供水工程、来鹤路东延段至建设路DN300供水总管安装工程等全面完成,累计铺设DN100以上管道45000多米。区域供水通久线(启东专线海门段)和惠阳线、惠萍泵站建设取得实质性进展。全年完成售水4142万吨，水费回收率97.8%,漏损率20%。水质综合合格率100%。

安全供气。全年新增中低压燃气管道128.46公里,发展天然气居民用户6450户、工商业用户45户,城区管道天然气气化率达98%。全市供应天然气2105.8万立方米(其中液化天然气4093.49吨)、液化气19900吨。全市所有燃气企业完成燃气经营换证工作,全市(除东海镇以外)各镇(乡)已具备天然气通气条件。全年对所有燃气企业开展安全检查50余次,组织4次燃气安全生产专项大检查，进行为期两个月的燃气安全生产摸底专项普查,共开出整改通知书3份,查处非法倒气窝点3个、无证上岗5起。同时,对全市16处违章压占现场进行检查,并提出整改要求。

老小区改造。完成建都城河新村、瀛东小区、文秀新村、金恒花苑等10个老小区改造，新增停车位1200多个,有效缓解停车难的问题。

【白蚁防治】 市白蚁防治所坚持"预防为主、防治结合、综合治理"的指导思想,以"服务社会、服务群众"为宗旨,做好全市房屋白蚁防治工作。全年完成施药面积300万平方米,596幢房屋,其中下乡施药99次。接报白蚁危害70户,上门鉴定59户,灭治施药42户。对绿城·玫瑰园一期实施IPM示范项目推广试点,推动白蚁防治绿色环保。完成2002年、2006年、2010年度白蚁预防过房屋的回访复查工作。

【基本建设管理】 *落实施工许可管理办法,严格把好发证关*。全年共核发施工许可证135份，许可建筑面积252.53万平方米。严格审查建设单位法定手续办理情况、房地产项目容积率的执行情况，对符合竣工验收备案条件的工程及时给予办理备案手续，办理房屋竣工验收备案项目共116个,备案面积230万平方米。组织对兴都财富广场、欣乐城等地块进行深基坑支护工程评审,确保基坑施工的安全。

严格施工图审查。全年发放施工图设计审查合格证138份，审查面积120万平方米，确保报建项目的施工图设计审查合格率达100%。

加大对建筑工程抗震设计审查力度，在初步设计评审阶段就对抗震专项审查，严格把关大型公共建筑及学校、医院等人员密集场所的抗震设防力度,强调寅阳、和合、惠萍、东海应进行7度设防。把好抗震设防审查证书发证关，全年发出抗震审查证书123份,审查面积129万平方米。

根据《江苏省建筑节能管理办法》和《南通市建筑节能管理实施细则》，进一步加大建筑节能宣传力度，修订完善《建筑节能宣传手册》并发至全市各房地产企业、施工企业、设计企业、监理企业。同时,抓好建筑节能闭合管理,从规划评审、初步设计评审、施工图审查、建筑节能专项验收各个环节抓好建筑节能的落实。2014年,民用建筑节能专项验收备案68.63万平方米，其中居住建筑56.2万平方米,公共建筑12.43万平方米。

严把项目信誉保证金、工程款支付保证金的交纳关。要求建设单位签订自律公约,作出按合同付款、不拖欠工程款的承诺。全年收缴建设单位信誉保证金和项目支付保证金共计5814万元,办理保证金退款3534万元。

【建设工程造价管理】 2014年,市住建局贯彻住建部《工程造价信息管理办法》,建立健全启东工程造价信息网络平台，加快市工程造价管理工作向规范化、流程化、便捷化迈进的步伐。做好人工成本信息采集与发布工作，并根据市场变化情况及时发布价格调整文件，全年共发布《启东建设工程造价信息》6期，出台烧结保温砖（淤泥）补充定额、三轴搅拌桩机机械台班补充定额、灌注桩后注浆补充定额三个补充定额，完善计价机制。全年共受理现场安全文明施工措施费考评单102个，核定现场安全文明措施费347个项目、工程类别及工期12个项目。

【**建设工程质量监督**】 全年共监督建设工程1162个、907万平方米，竣工工程390个、109万平方米，出具工程质量监督报告390份，工程质量均处于受控状态，实现工程结构安全、使用功能和观感质量三大保证目标，住宅工程分户验收覆盖率与合格率均为100%。强化对重要建筑原材料的质量控制，对进入市工程项目的重要建筑原材料实施登记、送检和抽检。加强对预拌混凝土的质量控制，对全市预拌混凝土企业进行质量监督检查。强化对不合格检测报告的闭合处理，各检测机构对在检测过程中出现的不合格检测报告，应按相关规定在24小时内通过工程质量监督平台，进行网上申报，对不合格的检测报告，及时开出工程质量监督抽检通知书，按照验收规范作相应处理。强化对安居工程的质量监督，把安置房工程的质量监督作为工作重点，对发现的质量问题及时发出整改通知书。强化进度节点（隐蔽工程）申报制度，利用工程质量监督管理平台，要求各责任主体，对涉及工程结构安全和使用功能质量的重要部位和关键工序设置告知点，并将进度告知点作为工程实体质量监督抽查的重点。

【**城建档案管理**】 2014年，市城建档案馆以声像档案收集和村镇建设档案管理为重点，加快全市建设档案信息化步伐。

加快建设档案和信息收集。全年接收进馆530个单体建筑安装工程档案和41个市政基础设施工程档案，出具149份档案接收证明。全年共入库档案5127卷，共完成61601张文字、15405张图纸的数字化扫描处理。馆藏档案61399卷。

加强村镇建设档案管理指导。分批、多次深入指导镇（乡）创建省级村镇建设档案室。2014年，吕四港镇、东海镇村镇建设档案室晋升为"省特级村镇建设档案室"，惠萍镇村镇建设档案室晋升为"省一级村镇建设档案室"，启东市成为南通地区村镇建设档案室通过定级评估最多的县（市）。

提升城建档案服务水平。全面更新服务理念，变被动为主动，采取上门服务、电话咨询、网络公示、跟踪反馈等方式拓宽服务渠道，提升档案服务水平。全年共接待查档701人次、提供档案1385卷，复印文字材料7976张，图纸368张。

开展城建档案宣传活动。在启东市图书馆展厅和市行政中心二楼大厅开展"影像城建"——启东城市建设专题图片展。图片展共设九大篇章，反映2010~2013年启东安置房建设、道路扩建、老小区改造、绿化种植等方面取得的城市建设成果，通过镜头向市民展示城市建设的发展足迹和城市面貌的变化。开展"走进城建档案"主题宣传活动，通过图片展、悬挂横幅标语、竖立宣传撑牌等形式加强市民对于档案的认识。利用《启东日报》登载《纪念"6·9"国际档案日　认真履行档案工作职能　积极服务经济社会发展》宣传文稿和城建档案业务知识问答，简要介绍启东市城建档案馆的馆藏档案内容和服务方式，让更多的人了解城建档案、利用城建档案。市城建档案馆被评为南通市"国际档案日"优秀组织单位。

【**城建监察**】 围绕城市建设、工程管理、房产开发、村镇建设、公用事业五大监察重点，开展城建监察执法工作。共查处各类案件143起，其中规划建设类55起、房产类4起、市政公用事业类5起、住宅装饰装修79起，罚款总额73.51万元。执法过程中，每一个行政处罚案件均做到事实清楚、程序合法、法律适用正确、自由裁量适中，无错案、积案，无行政复议、行政败诉案件。利用"安全生产月""12·4"全国法制宣传日等，深入建筑市场、工地、群众中宣传相关法律法规，共制作下发《中华人民共和国城乡规划法》《中华人民共和国建筑法》《建设工程质量管理条例》等宣传册3000余册，发放燃气、住宅室内装修等方面宣传单4000多份。开展城乡规划实施、基本建设、工程检测、房地产等方面的专项检查，对发现的违法违规行为在查实有关情况的前提下，要求当事企业、个人立即加以整改，问题突出的进行立案查处。

（陈　华）

国土资源管理

【**概况**】 2014年，市国土资源局面对日益增长的用地需求，坚持"节约集约、高效利用"的原则，积极拓展用地空间，全力破解用地难题，为经济社会发展提供用地支持。积极向上争取各类用地指标。为中远船务争取30.07公顷专项用地指标，为新村沙、新湖项目争取126.67多公顷未利用地指标，缓解企业的用地矛盾；抢抓时间，积极向上报批各类用地，2014年报批用地9个批次、3个单独选址项目共266.6公顷。推进土地出让。在土地市场非常不景气的情况下，想尽办法加大土地招商力度，提高土地出让收益。市区南苑中学东侧地块、华山路东侧地块、永安棉纺厂地块等重要商住用地吸引碧桂园等知名房地产企业竞相投资，三地块起拍价94360万元，成交价119760万元。2014年共挂牌出让土地147宗402.87公顷，出让金收入43.46亿元，其中出让工业用地60宗179.67公顷，出让经营性用地87宗223.2公顷。科学编制和修改规划方案。做好土地规划修改工作，为城市建设、北新镇和南阳镇中心镇建设、综合保税区和圆陀角度假区水木影城建设及京沪重工、宏强、大富豪酒业、姚记等重大项目建设用地调整纳入允许建设区和有条件建设区，并获得省政府批准。

【**资源保护**】 坚持严格的耕地保护制度，依法依规管地用地。继续强化耕地保护共同责任机制。市、镇、村层层签订耕地保护责任状，明确各级政府一把手对耕地保护工作的共同责任，从严落实耕地保护"问责"机制。继续做好全市耕地后备资源和高标准基本农田调查工作,申报2014年度"双百整治"工程高标准基本农田建设项目。推进城乡建设用地挂钩周转工作。做好《启东市2013年度城乡建设用地增减挂钩(第一批)实施规划》的编制、公示、听证及专家论证等工作,项目区规模22.13公顷,已经获得省厅批准,其中12.13公顷完成用地报批,并完成南阳、北新、寅阳三镇2014年度26.67公顷拆旧挂钩的入库工作。完成寅兴垦区外侧53.33公顷占补平衡项目土地整治。位于黄金海滩风景区的占补平衡项目完成工程设计、招投标、吹沙、开挖民沟和新建道路、桥梁、进排水涵以及土地平整等全部工作,进入申报验收阶段。

【执法监管】 严厉查处违法用地,化解处置信访矛盾,确保实现"三零"(零问责、零约谈、零扣减)目标。开展2013年度迎接国土资源部卫星监测图片执法检查工作。围绕2013年土地变更调查的2528个图斑积极开展核查工作,对变更调查中发现的违法用地仔细核查,依法立案,严肃查处,积极整改。加强执法监管,严肃查处各类违法用地行为,全年共立案查处违法用地31宗,发出行政处罚听证告知书31份,发出行政处罚决定书31份,向市人民法院申请强制执行18宗,向市公安局移送7宗。全面清理处置闲置空闲土地和城镇低效用地。对近三年来全市闲置空闲土地和城镇低效用地的开发利用情况进行全面调查和清理,调查清理闲置空闲和征而未供土地465.92公顷,其中已开发利用177.75公顷,并制定措施和方案,推进闲置空闲土地的再开发、再利用。化解处置信访矛盾。前移信访调处阵地,建立基层信访调处机制,做到早掌握、早介入、早处置,绝大多数老上访户的诉求得到妥善解决,已基本息访,新的信访问题也及时得到化解,未发现新的缠访闹访,大大压减越级信访总量。

【基础管理】 严格地籍登记发证审核,做好土地权属调处和征地供地、土地开发复垦等地籍审查,加强测绘管理等地籍保障服务,维护群众土地权益。规范土地登记发证工作。强化地籍登记发证,共发放国有土地使用证2720本,他项权利证书1890本。积极稳妥地开展海域证换发工作,认真研究国家海域管理新的法律法规,通过与海洋、规划、发改、环保、住建等部门衔接,为滨海工业园区外侧826.33公顷土地办理海域证换发国有土地使用证,为推动市沿海经济发展尤其是滨海工业园区的远期发展提供用地保障。推进第一次地理国情普查工作。根据上级安排和部署,年初成立启东市第一次地理国情普查领导小组,制定普查工作实施方案,召开农林、水利、交通、卫生、教育、建设等数十个部门的地理国情普查资料收集工作会议,完成地表覆盖、国情要素、内业采集、外业核查、遥感解译、样本制作等相关工作。规范征地行为。严格执行上级有关被征地农民补偿安置的通知要求,进一步规范征地行为,维护被征地农民权益。开展征地项目社会稳定风险评估,建立征地风险预警机制,有效减少征地矛盾。

【机关作风建设】 以开展党的群众路线教育实践活动为抓手,以南通市局关于推进"一评五制"(万人评议机关、首问负责制、服务承诺制、效能公示制、干部内部交流轮岗制、失责追究制)建设为重点,转变干部作风,提高履职效能。开展"保姆式"服务。简化办事流程,将土地出让合同等原需要法定代表人或权利人现场签字的,改为凭委托书和公章即可办理;对土地一级市场地价评估资料流转由原项目单位自送,改由利用科与地价事务所内部流转办理。公开服务承诺,缩短办结时间,对23项行政服务事项办理承诺时限再次压缩,提高服务效率。在行政服务上,听取服务对象的建议,取消地价评估机构评估报告备案,改为由行业统一管理。进一步完善急办件绿色通道制度,明确规定急办事项一律进入绿色通道,全程跟踪服务。国土窗口连续三季被评为最佳办事窗口。强化廉洁从政,筑牢反腐防线。开展廉政风险防控建设,制定下发《关于启东市国土资源系统2014年党风廉政建设实施意见》,严格执行党员干部廉洁自律各项规定,依法行政。强化反腐倡廉日常警示教育,做到警钟长鸣、防微杜渐。

(陆　伟)

城市管理

【概况】 2014年,启东市城市管理行政执法局(以下简称市城管执法局)以服务发展、关心民生为主线,坚持把群众路线教育实践活动、人大评议活动与城市创建工作充分结合,扎实有序开展城市环境综合整治,加强市容市貌管理、环卫管理、物业管理,推进数字城管建设,提升城市形象。

【城市环境综合整治】 环境综合治理有序实施。作为"931"①"951"②环境整治工作的牵头单位,落实牵头部门责任,充分发挥市城市环境综合整治推进小组办公室的作用,健全工作协调机制,促进上下联动、部门协作,协调解决整治工作中遇到的重大疑难问题,确保整治工作顺利推进。列入年度整治目标责任书的25个"九整治"项目完成率为95%,"三规范"项目全面实施。

【市容市貌管理】 流动摊贩整治成效显著。市城管执法局按照定人、定岗、定时、定责任的"四定"要求建立网格化管理机制,采取"定点管理、巡回管理、错时管理"相结合的方法,集中开

① "931":即"九整治""三规范""一提升"。"九整治"是指整治城郊结合部、城中村、棚户区、老旧小区、背街小巷、城市河道环境、低洼易淹易涝片区、建设工地、农贸市场;"三规范"是指规范占道经营、车辆停放、户外广告设置;"一提升"是指提升城市长效管理水平。

② "951":即"九整治""五规范""一提升"。"九整治"同上;"五规范",指规范占道经营、车辆停放、户外广告设置、洗车场经营行为、车辆修理场所管理;"一提升"同上。

整治后的乐天玛特广场 (市城管执法局/提供)

展金鹰、乐天玛特两大广场和人民中路市容秩序专项整治，取缔无证摊点近300个。联合公安、工商、卫生、环保等部门对市区违规烧烤、夜排档摊点进行为期十天的集中整治，共计教育查处132处摊位。对长龙街道路两侧及周边小区内长期占用公共停车位的无牌或报废车辆进行集中整治。2014年共计教育、取缔流动摊贩（占道经营)达6000余人次、超门窗经营1300多处;科学规划设置早点、水果、修理、排档和当地农户季节性瓜果销售等五大类近千个便民摊点；配合市政府做好民胜路夜排档、花鸟市场搬迁工作，新设夜排档门店27个、花鸟摊位15个;完成第一批18个水果摊置换新亭工作。全面实施市容环卫责任区制度，与市区沿街单位、门店签订市容环卫责任状计7000多份。江海北路商业街店招牌整治工程进入改造阶段。对市区破损广告、占道凉棚及不规范遮阳设施进行专项整治，合计拆除破损广告、占道凉棚及不规范遮阳设施230多处,拆除各类横幅、字幅340多条。

做好创卫迎检工作。对照创卫标准和城市容貌标准，重点做好主次干道、重点广场、菜场周边等地的市容管理工作，确保管理无盲区，卫生无死角,秩序不拥堵。

控制违章搭建初现成效。建立执法大队与中队分级负责、属地管理、整体联动的违建查处机制，完善以辖区中队、街道、村(居)物业为一体的防控网络,制定依法处置流程。2014年,共接处各类违法建设191起，计3650.3平方米,其中现场拆除98起,计1532.7平方米。

【环卫管理】 环卫扩容升级稳步进行。推进在滨江化工园区建设的生活垃圾飞灰填埋场、在世纪大道南侧和中央大道北侧港东路东侧建设的垃圾中转站的项目进度。巩固和完善城区主次干道、公共场所16小时、12小时、8小时分级保洁制度,对新城区牡丹江路、松花江路、花园南路的清扫保洁由8小时改为14小时，接管河南东路、丁仓港路(中央大道—世纪大道),基本实现城区道路全天候无缝隙保洁;对城区8条主要河道和水系，按责任制形式,每天保洁一次,每半月投药一次,确保河道岸坡无杂草、无乱堆杂物,水面无漂浮垃圾,水域蚊蝇密度降低到最低限度。专门增配8名环卫人员、4辆电瓶三轮车,每天对市区新老小区成堆建筑垃圾进行巡查清理。集中整治城区死角垃圾，共突击清理民胜路世纪大道交界处、公园南桥、公园南桥下等地段死角垃圾150多吨。对城区所有公厕感应器、管件、小便器、上下水管路和果壳箱、垃圾桶进行拉网式检查，并及时维修和更换损坏的设施设备。

【物业管理】 物业监管水平不断提高。作为物业管理服务行业主管部门，市城管执法局采取切实有效措施解决物业管理工作中存在的问题。出台《启东市前期物业管理招投标办法》《启东市物业服务项目退出管理办法》《启东市物业管理工作考核办法》,建立《物业服务企业月月考》制度,加强物业服务企业资质升级、物业用房、物业服务合同的备案管理,健全监督、奖罚管理机制，规范物业管理行业的进入和退出机制。强化物业属地管理职能,指导南、北城区街道办分别组建城南、城北物业公司,建立乡镇物业管理网络,建立局物业管理联络员队伍，加强物业管理工作指导和培训。关注老旧小区改造，协同街道化解老旧小区存在的突出矛盾,确保老旧小区基本保洁、基本保绿、基本养护服务正常运作。严格把好维修资金使用关，提升全市物管整体服务水平。

【数字城管建设】 2014年，市城管执法局围绕“第一时间发现问题,第一时间处置问题,第一时间解决问题”的目标,在各执行部门的通力配合下,完成数字城管监控平台建设,起草出台《启东市城市综合管理案件接处工作规程》,制定一系列配套规章制度。从6月初开始试运行至年底,共上报问题7483

6月26日,南城区街道业委会成立(换届)暨属地化管理工作会议召开
(市城管执法局/提供)

4 月 23 日,市城管执法局组织“城管小卫士”开展宣传活动
(市城管执法局/提供)

条,完成 7000 条,处置率达 93.5%。

【城管宣传教育】 全面改版城管网站,在网站发布城管法律法规及工作职能、动态等,在市区候车亭设置城管宣传橱窗,并新增百余个城管公益性广告版面,组建城管志愿者队伍,组织“城管小卫士”向沿街门店发放《城管执法温馨告知书》等宣传资料,每天出动城管宣传车,深入街道、社区反复宣传。在《启东日报》开辟每月一期的城市管理专版,开设《岗位明星》《城管故事汇》《城管动态》《你问我答》等专栏,宣传城市管理和执法中先进人物、法律法规、重点整治工作等。2014 年,共在各种媒介发布信息通告等 18 个,回复、解决群众提出的意见和问题共 862 个,宣传报道城市管理工作文章共 112 篇。

(沙晓辉)

供　电

【概况】 2014 年,启东市供电公司完成供电量 26.35 亿千瓦时,同比增长 0.43%,售电量 25.2 亿千瓦时,同比增长 0.27%;最高负荷 48.1 万千瓦,同比下降 10.8%;全口径线损率为 4.38%;完成固定资产投资 2.83 亿元;业扩报装完成 2.45 万户,新增容量 37.61 万千伏安,同比增长 5.04%。被国家电网公司评为实施“县供电企业管理提升工程”先进单位,被中国质量协会评为“全国实施用户满意工程(服务类)先进单位”,被江苏省电力公司评为安全生产先进集体。

做好 220 千伏沿海、110 千伏惠阳输变电工程及 220 千伏邢柏—新安线路工程的属地管理工作。完成部分 110 千伏变电站准化整治、35 千伏变电站主变调换等工作。推进“一流配电网”建设改造,全年累计完成配网投资 1.85 亿元,努力解决局部电网存在的“低电压”“卡脖子”问题。加快推进农网升级改造工程,共完成农网投资 1.47 亿元,着力提高农村电网供电可靠率、电压合格率。

启动“智慧苏电、幸福民生”优质服务主题活动、“整治用电安全隐患”专项行动,开展供电所服务环境集中整治和供电所服务水平提升活动,组建 1.96 万人的台区服务网络,进一步提高居民安全用电意识,提升供电服务质量。坚持“客户导向”业扩报装服务理念,简化冗余办事程序,打造业扩报装“直通车”式服务。建立“特殊客户服务档案”,定期为残疾人、“五保”户上门服务。

(姚薇薇)

交通运输

【概况】 2014 年,市交通运输局机关内设科室 7 个,分别是:办公室、人事科、计财科、安全科、法制科、工程科和监察室。下属事业单位 5 个,分别是:市交通运输管理所、市地方海事处、市综合性能检测站、企业与港务管理办公室和南通市交通工程质量检测站启东分站。12 月,根据市政府机构改革要求,将原启东市铁路办公室和启东市港口管理局归并启东市交通运输局,市交通运输局挂市港口管理局、市铁路办公室牌子。至 2014 年底,全市公路总里程 3585.96 公里,公路密度达 244.19 公里/百平方公里。其中,高速公路 40.25 公里,一级公路 233.40 公里,二级公路 144.22,三级公路 301.18 公里,四级公路 2846.93 公里,等外公路 9.99 公里。公路客运站 1 个。

航道总里程 649.3 公里。其中,五级航道 53.85 公里,六级航道 88.15 公里,

迎峰度夏项目施工　　(市供电公司/提供)

七级航道 73.42 公里。通航船闸 1 座。

港区 2 个。其中，吕四港区规划岸线 33.3 公里；启海港区规划岸线 18.3 公里。码头泊位 64 个，其中生产性泊位 6 个，修造船、海工泊位 58 个。

【基础设施建设】 加快推进各项在建工程建设。全年完成交通投资 9 亿多元。临海高等级公路竣工通车。交通部门推进临海公路各项工作，6 月，道路主体工程交工通车。路灯、安保设施、绿化中分带等全部到位，南段绿化准备交工验收。天汾大道道路基本贯通，桥梁半幅合龙，完成总量的 80%；丁仓港路北延汇龙镇段路面施工完工，南阳镇地段拆迁工作未能启动；通海大道东延主体工程完工；通吕运河护岸工程主体工程完工；头兴港河护岸工程板桩和沉桩全面完成；120 座农桥和 9 座交通危桥改造全面完工。新建工程加快前期工作。海启高速工可和初步设计通过审查，市政府专门成立服务指挥部，前期工作启动。国道 345 和国道 335 工可方案上报省发改委审批。志圩公路中段、天江公路、永兴路东段拆迁工作全力推进，启动招标。其中，志圩公路拆迁总户数 181 户，签约 153 户，完成 108 户；天江公路北新段总户数 141 户，签约 138 户，完成 81 户；王鲍段总户数 161 户，签约 126 户，完成 115 户；吕四段总户数 113 户，签约 35 户。交通融资全力推进。新增贷款 13 亿元，为交通工程建设的正常推进提供保障。

【公交建设管理】 优化公交线路。新增 103 路永阳至行政中心、109 路南阳镇至行政中心线路，实现江海路、公园路南北纵向贯通；新增 311 路汇龙至灯杆港线路，解决沿江公路西段沿线居民的出行；延伸 106 路，将原讫点海洪路延伸至圩角镇，向城郊结合部拓展；将原 228 路更改为 107 路，方便汇龙中学和建设路新建小区居民出行；优化 225、230、233、234、235 路等往北部吕四方向班线，解决 U 型线路运行弊端，减轻江海路、公园路、人民路的交通压力。

加大投入力度。新增和更新 49 辆公交车，新投放车辆为节能环保大容量公交车。新建南阳镇港湾式停车站投入使用。新建城区电子站牌 10 个，城区内新建和改造公交站亭 60 个，新建城乡公交站点站牌 1000 多个。

推进数字化公交建设。全市所有公交配备语音报站功能。在 2012 年城市公交开通启沪一卡通的基础上，在城乡公交上投入使用一卡通，安装调试到位。城区内 10 个电子站亭牌安装到位，开通手机公交网络平台，让市民实时掌握公交车动向。

【公路养护管理】 推进路域环境专项整治，公路管护部门组织对公路用地范围内的违章现象进行全面调查摸底，形成整体工作方案，并召开全市性会议进行大力度推进，各镇（乡）组织对县乡道两侧进行丈量、清表，开挖排水沟，推进绿化工作。加强农村公路养护管理，重点推进农村公路安保达标村建设，在上年创建示范村的基础上，全面推开农村公路养护管理工作。抓好农村公路修补工作，打造“畅、洁、绿、美、安”公路新形象。

【安全管理】 市交通运输局通过健全安全生产网络、开展安全生产检查、完善安全应急预案等措施，提升安全管理水平，确保安全生产形势持续好转。推进专项行动，强化安全监管，确保全行业安全稳定。严格安全生产“一岗双责”职责，专门制订安全生产管理目标责任制，层层细化分解，安全生产各项工作任务落到实处。安全隐患治理有力推进。组织实施“安全隐患排查治理”活动，深入企业、单位、现场严格安全隐患排查，把隐患解决在萌芽状态。开展春运、国庆重大节日安全生产大检查、“夏季安全生产百日竞赛活动”“安康杯”劳动竞赛、“七打七治”专项活动，做到有方案、有计划、有部署、有检查、有总结，组织严密，措施有力，检查严格，落实有序。全面完成南通市局“科技兴安”各项任务，飞鹤分公司、公交公司、各出租汽车公司、危货企业全部安装营运车辆 GPS 监控系统，所有客运车辆全部安装 3G 监控设备，实行实时监控，运行状态良好。

【精神文明建设】 品牌形象不断提升。继续深入开展“共产党员先锋岗”“和谐客运红旗岗”主题活动，推进客运行业“服务规范化建设年”活动，创设“和谐运输、服务随行”“东疆的士、传播文明”“温馨小站、服务至上”三大创建活动载体，明确具体的目标、标准、对象和考核办法，强化现场考评验收，构建优质服务环境。飞鹤分公司打造“启沪”快线客运品牌和“彩虹班”服务品牌，实施零距离服务。公交公司创建公交服务品牌，将汇龙至吕四班线更名为“纯阳线”，将汇龙至寅阳班线更名为“曙光线”，努力做到“零投诉”“零事故”“零违法”。加强重点工程、重点部

客运站开通“校园直通车”，方便学生 （王婷婷/摄）

位的监督管理，着力打造廉洁工程。开展“六五”普法宣传教育活动，推进系统内的法制宣传教育工作，全系统未发生行政复议被撤销或变更案件。参与政风行风热线活动，抓好“12345”热线和网民投诉，着力解决群众关心的热点、难点问题。办理人大代表建议、政协委员提案37件，满意率达100%。

(陈永兵)

铁路筹建

【概况】 2014年12月19日，宁启铁路二期工程建设全面展开。宁启铁路南通至启东段是客货兼顾的国家Ⅰ级干线铁路。新建铁路自南通东站接轨引出，向东经过南通市经济技术开发区、通州区、海门市，终至启东市吕四港镇，全长93.6公里，工程总投资65亿元。南通东至启东段为单线预留双线，电力牵引，设计旅客行车速度160公里/小时，预留每小时200公里；启东至吕四段为单线，设计行车速度每小时120公里。宁启铁路启东段的站房设置2个，即启东站和吕四站。启东站为客运和货运站，面积计划为8000平方米，地点正对华石路和站前路的交叉口北侧。吕四站为货运站，地点在吕四港镇二补村，龚家镇的北侧、跨蒿枝港桥下来落地即为场站。

4月，铁路总公司在西安召开全国铁路工作对接会，省铁路办第一时间与铁路总公司就江苏铁路建设展开蹉商，特别是在宁启铁路二期工程投资比例上，路省有较大分歧。省铁路办据理力争，通过与总公司的多次协商，最终达成路省投资比例7:3，为宁启铁路二期工程工可报告的出台奠定基础。8月中旬，宁启铁路二期工程工可报告历时5年获路省联合批复。

市铁路办在紧盯工可报告的同时，4月，完成宁启铁路二期工程规划选址、国土预审的续办；5月，完成宁启铁路二期工程社会稳定风险评估报告；6月，完成宁启铁路二期工程初步设计方案的预审工作；11月，宁启铁路二期工程初步设计获得路省联合批复；12月18日，宁启铁路二期工程完成招投标工作。中标单位中铁十局于12月19日进驻启东，宁启铁路二期工程建设全面展开。

同时，市铁路办做好沪泰宁(北沿江)城际铁路从南通东延至启东申请工作；委托中铁上海设计院和江苏省交科院开展启东至上海过江通道前期的深化研究工作；吕四港专用线委托设计院开展前期调研工作。

(金　华)

环境保护

【概况】 2014年，市环保局坚持以生态文明建设为引领，以建设美丽启东为目标，以改善环境质量、推动产业结构调整、增进民生幸福为重点，围绕国家生态市、国家环保模范城市创建和节能减排、环境监管、经济建设等重点工作，着力解决危害群众健康、影响可持续发展的突出问题，为打造美丽启东提供有力的环境支撑。

【环境空气质量】 1.二氧化硫、二氧化氮、可吸入颗粒物、细颗粒物、一氧化碳、臭氧。2014年，启东市市区建成区内共设置2个大气自动监测站点，分别在启东市环境监测站和南苑中学。南苑中学子站因系统更新调试，全年共监测361天；环境监测站子站全年共监测365天。

对照《环境空气质量标准》(GB3095—2012)标准，2014年市区建成区受细颗粒物和可吸入颗粒物影响，环境空气质量未达到二级标准。环境空气质量日综合评价达标天数为303天，达标率为83.0%。

二氧化硫年均值为16微克/立方米，24小时平均第98百分位数为36微克/立方米，达到年均值一级标准和日均值一级标准，日评价达标天数365天，达标率100%。

二氧化氮年均值为20微克/立方米，24小时平均第98百分位数为57微克/立方米，达到年均值一级标准和日均值一级标准，日评价达标天数365天，达标率100%。

可吸入颗粒物年均值为64微克/立方米，达到年均值二级标准，但24小时平均第95百分位数为152微克/立方米，未达到日均值二级标准，日评价达标天数345天，达标率94.5%。

细颗粒物年均值为43微克/立方米，未达到年均值二级标准，24小时平均第95百分位数为111微克/立方米，未达到日均值二级标准，日评价达标天数312天，达标率85.5%。

一氧化碳年均值为0.601毫克/立方米，24小时平均第95百分位数为0.974毫克/立方米，均达到年均值一级标准和日均值一级标准，日评价达标天数365天，达标率100%。

臭氧日最大8小时滑动平均值的第90百分位数为135微克/立方米，

6月5日是世界环境日，市环保局联合北城区街道在市人民公园广场开展环保宣传活动 (姜新春/摄)

达到日均值二级标准，日评价达标天数348天，达标率95.3%。

2.降尘

2014年，市区自然降尘平均值为7.1吨/平方公里·月，比参照标准(8.0吨/平方公里·月)低0.9吨/平方公里·月，与上年持平。

3.降水

全年共收集降水样品76个，降水量为1041毫米。PH值范围为4.22~6.67，年平均值为5.35。全年酸雨出现频率为44.7%，比上年(酸雨出现频率为36.4%)有所上升。

【水环境质量】 1.水源水

饮用水源地南通洪港水厂取水口：2014年，南通市环境监测中心站的监测结果表明，南通洪港水厂水质达到《地表水环境质量标准》(GB3838—2002)中Ⅲ类水质标准，有毒有害物质均为未检出，全年12次监测水质的达标率为100%。

备用水源地汇龙地面水厂取水口：2014年监测结果表明，汇龙地面水厂水质能达到《地表水环境质量标准》(GB3838—2002)中Ⅲ类水质标准。

2.长江水

2014年长江北支启东段的总体水质符合《地表水环境质量标准》(GB3838—2002)中的Ⅱ类水质标准，达到其水质功能类别的要求。

近岸水域(距北岸500米)水质：各项水质指标年均值均符合《地表水环境质量标准》中的Ⅱ类水质标准，水质状况为优。

中泓两侧水域(距北岸1000米、2000米)的水质：各项水质指标年均值均符合《地表水环境质量标准》中的Ⅱ类水质标准，水质状况为优。

与2013年相比，长江北支启东段水质无明显变化。

3.主要内河水

市监测的六条主要内河水系的水质均达到相应的水质类别要求。

①通启运河：近海大桥监测断面(省控)，总体水质符合《地表水环境质量标准》(GB3838—2002)中的Ⅳ类水质标准，与2013年比较，水质状况有所下降；聚南大桥监测断面(省控)，总体水质符合Ⅲ类水质标准，水质为良好，与2013年比较，水质无明显变化；塘芦港新闸监测断面(省控)总体水质符合Ⅳ类水质标准，与2013年比较，水质无明显变化。通启运河总体水质符合Ⅳ类水质标准，与2013年比较，水质状况无明显变化。

②通吕运河：天汾大桥(省控)监测断面水质符合Ⅲ类水质标准，水质为良好，与2013年比较，水质状况有所好转；大洋港桥(南通市控)总体水质符合Ⅳ类水质标准，与2013年比较，水质状况无明显变化。通吕运河整体水质符合Ⅲ类水质标准，水质为良好，与2013年比较，水质状况有所好转。

③三和港：沿江公路桥断面(启东市控)总体水质符合Ⅳ类水质标准，与2013年比较，水质状况有所下降。

④蒿枝港：海复大桥断面(启东市控)总体水质符合Ⅳ类水质标准，与2013年比较，水质状况有所下降。

⑤南引河：民主三条桥(南通市控)总体水质符合Ⅲ类水质标准，水质状况为良好，与2013年比较，水质状况无明显变化。

⑥头兴港：永阳南桥(南通市控)总体水质符合Ⅲ类水质标准，水质状况为良好，与2013年比较，水质状况无明显变化；沿江公路桥断面(启东市控)总体水质符合Ⅳ类水质标准，与2013年比较，水质状况无明显变化。头兴港河整体水质符合Ⅲ类水质标准，水质为良好，与2013年比较，水质状况无明显变化。

4.城镇地表水

头兴港河永阳南桥断面水质指标的年均值符合《地表水环境质量标准》(GB3838—2002)中的Ⅲ类水质标准，水质状况为良好。南城河和平南桥断面水质指标的年均值符合《地表水环境质量标准》(GB3838—2002)中的Ⅳ类水质标准。两条河水质相比较，头兴港河的水质好于南城河。与2013年同期相比，两断面水质无明显变化。

5.地下水

2014年，市潜水层设1个测点：汇龙镇民主街高宅浅井；第三承压层设2个测点：东元水厂深井和吕四水厂深井，于5月、8月各监测一次，分析项目22项。监测结果表明，汇龙高宅浅井水质类别符合《地下水质量标准》(GB/T14848—1993)Ⅳ类标准。东元水厂深井水质符合Ⅲ类标准，为“良好(Ⅰ类)”；吕四水厂深井水质符合Ⅲ类标准，为“良好(Ⅰ类)”，启东市第三承压层总体水质符合地下水标准Ⅲ类，水质级别为“良好(Ⅰ类)”。

【声环境质量】 1.功能区噪声

2014年，市区共设7个功能区噪声测点，其中居民文教区3个测点、混杂区2个测点、工业区1个测点、交通干线两侧1个测点。监测结果表明，各个功能区环境噪声年均值均符合《声环境质量标准》(GB3096—2008)中的相应标准，各测点季度的测定结果也均符合《声环境质量标准》(GB3096—2008)中的相应标准。和上年同期相比，功能区噪声质量等级没有变化。

2.交通噪声

2014年，市区主干道昼间交通噪声平均值67.9分贝，符合《声环境质量标准》(GB3096—2008)中4类区昼间标准，道路交通噪声质量等级为好。在监测的路段中，超标路段长1.08公里，占监测路段总长的5.7%，与上年同期比较，交通噪声质量等级无变化。

3.区域环境噪声

2014年，市区设置128个区域环境噪声监测点，覆盖面积18.0平方公里。昼间等效声级平均值为54.3分贝，噪声质量等级为较好，与2013年相比，区域环境噪声质量等级没有变化。声源构成以生活源为主，占58.6%，其次是交通源，占21.9%，工业源占11.7%，施工声源为7.8%。

【环评管理】 2014年，市环保局依托项目环保审批职能，切实为招商引资项目服务，为重点建设项目服务，为全市发展大局服务，不断深化环评管理，优化环评服务，把住污染控制关口，推动优化产业布局，调整产业结构，促进全市经济社会的又好又快发展。

严把建设项目环境准入关。 全面落实空间、总量、项目准入“三位一体”的环境准入制度和公众参与制度，把项目审批与区域环境质量、环境基础设施建设、产业结构调整、污染减排相挂钩，强化以新带老，增产减污，总量消减替代等措施，严格控制重污染项

目,推动经济发展和产业结构优化。全年共现场踏勘咨询项目370场次,审批及预审建设项目354个(登记表156件、报告表140件、报告书13件、上报类审批项目20件、否决25件)。

靠前服务全市重特大项目。从被动受理转变为主动提前介入,加强建设项目指导与协调,及时掌握建设项目信息,主动提供政策性指导意见和合理化建议,实行全方位跟踪服务。先后完成飞灰填埋场、江海产业园、恒大碧海金沙、新湖、滨海污水处理厂、城市污水处理厂三期、国动产业园、京沪重工等一批重大项目规划环评的评审与审批,对华峰、中化、北部区域排口等特大项目进行全程咨询服务。对挂钩服务的国动产业、祥之杰、大润发等项目进行全程跟踪,协调解决推进中的问题。

规范项目环评审批行为。为进一步规范环评管理,局印发《关于进一步加强建设项目环境影响评价服务工作的通知》,并编印启东市环保局环保窗口服务卡,把环评流程、编制时效、环评机构选择、合同管理等内容以服务卡方式在行政中心环保服务窗口公示,接受社会各方监督;针对公权网上运行中的缺失情况,及时与公权办协调,将建设项目登记表类的审批纳入公权运行范围,做到环评审批公权运行全覆盖。

【污染物减排】 做好排污许可证发放。市环保局严格执行江苏省人民政府第74号令《江苏省排放水污染物许可证管理办法》,对工业企业排放的主要污染物浓度、排放总量、排放去向等进行规范化管理,实现从源头上规范工业企业的排污行为。对照排污许可证发放条件,认真审读企业环保资料,核算总量许可指标,全面采用新办法新格式,对35家企业发放新版式的排污许可证。

完成清洁生产企业审核。从切实提高清洁生产水平、保证清洁生产审核质量、确保实现持续清洁生产三方面入手,确保清洁生产审核工作有效开展。会同市发改委发布《关于公布2014年度启东市清洁生产审核重点企业名单的通知》,聘请三位技术咨询专家对企业清洁生产方案及推行过程进行技术指导。在实施过程中,加强指导服务,组织召开中期评估会议,及时做好18家企业的评估验收工作。

推进大气污染防治工作。建立完善大气污染联席会议制度,制定《启东市大气污染防治行动计划实施方案》,分解部署2014年度启东市大气污染防治10大类46项工作;加强重点行业烟气治理提标改造,国信热电、大唐电厂全面开展燃煤锅炉的除尘改造,达到国家规定的烟尘排放新标准;推进挥发性有机物污染治理,13家企业按照《挥发性有机物污染防治技术政策》,编制一厂一策的治理工作方案;开展大气源清单编制工作,上报50家企业的相关数据;整治燃煤锅炉,推进高污染燃料禁燃区、市经济开发区、生态红线区内28家企业清洁能源、可再生能源、热电联产机组替代或淘汰。

做好主要污染物减排监测。根据主要污染物总量减排监测办法的要求,加强污染源监督监测工作,做好在线监控系统比对监测,建设更加规范的减排监测体系。完成市7个国控重点污染源的季度监测任务,配合市监测中心站完成对县(市、区)国控重点污染源的抽测,抽测企业覆盖全部国控企业,国控重点污染源达标率为70%。

【环境执法监管】 2014年,市环保局累计完成企业现场监察2000多次,严肃查处涉及治理设施不正常运行、无证超期排污、无环评手续或违反"三同时"等环境违法行为,立案46起,罚款189.6万元,申请强制执行30件。

深化环保执法"亮剑行动"。自7月中旬"亮剑行动"开展后,共出动监察人员3161人次,检查企业1243厂次,重点查处涉重、化工医药、印染等重点行业环境违法行为及突出环境问题。对严重环境违法行为,一律实行关停、停电等"十个一律"措施。联合公安部门查处原启东市新义电镀厂偷排重金属废水违法行为,涉案业主被采取刑事强制措施;查处启东通惠化工有限公司长期超标排放违法行为,企业已拆除主要设备,停止生产;对南通恒升印染有限公司私设暗管排放水污染物的行为提请实施停产整顿,并取得市政府同意,进入法院强制执行程序。

实施电镀行业专项整治。根据市《电镀企业规范化专项整治工作方案》,按照"规范一批、搬迁一批、关闭或转产一批"原则,对全市17家电镀生产企业进行专项整治。7家实行规范化整治的电镀企业基本完成整治任务,10家搬迁、关闭、转产企业完成整治任务,其中5家企业关闭或转产,其他5家企业停产,办理搬迁入园。

开展沿河排口专项整治。按照"手续必须合法齐全、设施必须配套建设、排口必须规范设置、排放必须稳定达标"的"四个必须"整治要求,联合水务部门对全市47家沿河排口企业开展专项整治,严厉查处非法排污和超标排污等环境违法行为。30家企业按照要求规范设置废水排口,其中13家企业竖立排污口标志牌,10家企业做到生产性废水不外排,1家企业关闭,1家企业即将转产,2家企业待迁,对3家违法企业进行行政处罚。

推进化工园区规范化整治。从2014年开始,省有关部门对省沿海地区15个化工园区进行为期一年的环保专项整治。市环保局在深入调查摸底的基础上,由滨江化工园区委托江苏省环境科学研究院编制园区环境综合整治方案。8月,召开企业环境综合整治动员会,分析各企业的存在问题,提出有针对性的综合整治标准。9月,会同化工园区召开整治工作专项推进会,49家企业与会。整治期间,依法采取"限期治理一批、停产整治一批、取缔关闭一批"等措施,重点抓好依法实施关闭取缔、强化废水收集和处理、加强废气收集和治理、加快环境敏感目标搬迁、完善环境风险防控体系等整治任务。

抓好夏秋季秸秆禁烧工作。按照市秸秆禁烧领导组的总体安排,市禁烧办设在局监察大队,负责文件起草、人员安排、组织落实的总体协调工作。局抽调5名人员参与全市督察巡查工作,落实专人对每天的督察情况进行汇总通报。2014年夏秋季,全市未有被国家、省、南通市通报的火点,未发生因大面积焚烧秸秆引起的大气污染问题。

加强重点环境信访问题调处。全年共受理各类环境信访 1747 件。其中，省级以上转办件 100 件，同比下降 8.2%，信访案件的调处率、按期办结率均达 100%。注重关口前移，主动到容易诱发环境信访的重点企业和重点区域，了解和掌握群众和企业主的诉求，对环境安全问题和污染隐患做到“早发现、早处置、早消除”。每月做好信访分析工作，重点分析越级访、重复访的信访事项。

【生态文明建设】 编制系列生态文明建设规划。编制完成《启东市生态文明建设规划》，并通过环保厅组织的专家评审；启动重要生态功能保护区规划调整工作，编制《启东市生态红线规划》，确定饮用水源地保护区、省级自然保护区、沿海重要湿地、5 条重要清水通道维护区为市的生态红线区域，总面积 349 平方公里；编制《启东市生态红线区域保护规划》《启东市生态红线区域保护监督管理暂行办法》《启东市生态红线区域保护专项资金管理暂行办法》。

推进创模创生态迎查工作。创模创生态工作通过国家技术调研和技术评估后，市政府对照专家组意见，围绕创建进程暴露出的存在问题和薄弱环节，制订整改方案，推进迎查工作。同时，组织开展创模、创生态台账资料的增补、完善工作，完成技术报告、工作报告的初稿，启动技术报告 PPT、宣传片、展板等准备工作。对需要整改的企业进行回头看，分组对企业开展督查，在督促整改的同时，完善“一企一档”及相关台账资料。

抓好农村环境综合整治。以保障农村群众环境权益、改善农村生产和生活环境为目的，编制《启东市农村连片整治规划》(2013~2017 年)和《启东市覆盖拉网式农村环境综合整治 2013~2014 年度实施方案》。有序开展月度农村“四位一体”中的垃圾处置暗访及参与市农村环境综合整治长效管理办公室组织的“四位一体”季度考核工作。指导有关镇(乡)申报省级生态村、南通市级生态村的资料编制工作，合作镇曹家镇村、吕四港镇如意村被评为江苏省生态村。

(茅文湖　朱陈博)

紫薇公园一景　　(钮伟钢/摄)

邮 政

【概况】 启东市邮政局有在编员工534人，内设综合管理部、人力资源部、市场经营部、计划财务部4个职能部门和金融业务、电子商务、函件业务、发行投递、集邮5个专业,52个邮政服务网点和139个苏邮惠民加盟店。2014年,启东市邮政局围绕省、南通市公司的工作要求,以“务实创新、稳健发展”为总基调,以“转型升级、调优结构”为主线,积极组织发动,努力开拓思路，有效实现经营工作稳步增长、管理工作创新务实、创先争优屡获佳绩、文明创建持续深化。

【服务延伸】 通过金融网点销售转型、营投岗位“双星”评定、综合技能“全员轮训”、农村邮路跟测优化等活动，不断改善服务环境，提升服务能力。增设代理金融“四不出村”助农服务站,开办“福农卡”电费预存代扣,推进“村邮站”和“苏邮惠民”加盟店平台建设,提供更多惠民、便民、利民服务。开展名址数据库维护工作，积极为全市中小企业形象宣传、产品推广做好服务,延伸邮政服务链条。

【公益活动】 参与条块组织的道德讲堂、正能量加油站、文明城市创建、结对共建献爱心等活动。同时,深入社区村镇开展邮政杯门球赛、“邮政爱心书屋”、纳凉晚会、“七彩夏令营之邮政体验日”等活动,切实履行“双拥”职责。常态化开展“爱心邮路”帮扶工作,深化特色邮路创建,成立“红色邮路”党员帮扶小分队，充分发挥党员的先锋模范带头作用，进一步营造投递段道帮扶孤寡老人等社会弱势群体的良好氛围。

【队伍建设】 重视民主管理工作,坚持局务公开和职代会制度，抓好职工小家建设,组织开展评比系列“十佳”和最美员工活动,选树培育省、市邮政系统优秀党员和南通市劳模各1人。充分关心员工生产生活，每逢纪念日都开展节日主题活动，常态化开展职工谈心和关爱职工家庭活动，开设局领导(主席)信箱,畅通职工诉求渠道,员工幸福指数持续提升。

(王 欢)

中国电信

【概况】 2014年,中国电信启东分公司(以下简称启东电信)以“让客户尽情享受信息新生活”为使命，深化改革,推进互联网化转型,加快全业务规模发展步伐,加大社会渠道建设力度,加速通信网络升级换代，致力为广大市民用户提供内容丰富、业务领先、服务贴心、价格合理的优质服务。公司年度绩效考核列南通六县(市、区)第一。

【经营发展】 2014年,启东电信坚持围绕“宽带中国”战略,投身政务信息化、行业信息化、农村信息化建设,业务涵盖4G移动业务、宽带接入业务、网络视讯业务、固定电话业务、网元出租业务以及各种行业信息化业务。启东电信近三年业务收入复合增长率保持南通地区领先。加大社会渠道建设力度，基本形成覆盖全市的代理零售网络;持续开展“通信升级、满意服务”系列活动，丰富完善电信政务通信网络;推广行业信息化应用,组织召开全市“数字企业”创建活动推进会。

【网络保障】 2014年，启东电信推进通信网络升级换代，逐步调整投资结构,重点投资光缆建设、宽带接入和无线网络优化建设,已经建成一个业务种类全、覆盖范围广、通信质量高、服务能力强的综合信息网络。加快建设和优化4G网络,采用国际主流4G技术,具有技术更成熟、覆盖范围广、漫游更方便、终端更丰富等特点。4G网络覆盖启东主城区和主要乡镇,广大市民用户可以自有选择“低门槛、大流量、可分享、可自选”的4G套餐。

【服务优化】 2014年,启东电信加强客户响应及重大项目支撑保障工作,缩短响应时限,提升服务感知,完成市政府大楼搬迁、公安及社会面监控维保等重大项目的建设和响应工作;持续提升客户服务能力，开展“为民服务、创先争优”活动,完善各项服务规范,落实“首问负责制”,使服务管理规范化、制度化,不断提升客户满意度;加强网络媒体舆情监控，做好电信服务的宣传解释,树立良好的服务品牌。

(张 端)

中国移动通信

【概况】 2014年，中国移动通信集团江苏有限公司启东分公司秉承“正德厚生、臻于至善”的企业核心价值理念，以4G建设发展和信息化应用为重要手段，加快市场发展进程，通过技术创新、管理创新、服务创新提升自身竞争力，自觉维护市场竞争秩序，促进移动通信市场持续、健康、和谐发展。在启东建有460多个基站，网络容量超过80万用户。提升渠道优势，加强城市、乡村的网络布点，全市有营业厅180多家，特约代理店遍布启东城乡，周到便捷的服务赢得用户的广泛认可。公司先后被评为江苏放心消费创建活动先进单位、南通市优秀志愿服务集体等。

【信息化服务能力提升】 2014年，启东移动加快实现转型，在提供移动通信业务基础上依托自身的呼叫服务和互联网服务能力为各行业客户提供固定电话、互联网专线、数据专线、室内无线覆盖、监控网络以及智能化工程、软件平台开发、信息系统集成等综合信息化服务。2014年，启东移动建设“蓝天卫士”实时监控平台，为各乡镇实时监控秸秆禁烧禁抛发挥重要作用，解决各乡镇在秸秆焚烧期间采用人海战术进行防控的难题，得到各级政府的肯定和表扬。

【服务体系优化】 公司落实全过程品质管理，以投诉处理为抓手，以责任考核为手段，加强服务标准落地，通过落实对全业务产品质量、流程优化、不知情定制管控等具体工作的考评，从对外落实客户满意度向内外兼顾全过程品质管理转变。全面落实国务院、省、市纠风办关于民主评议部分公共服务行业政风行风的工作要求和部署，通过“落实组织保障、提升员工意识、关注社会热点、重视客户监督、强化服务宣传”等五个方面进行提升与拓展，赢得启东移动客户的肯定与信赖。

（卞红华）

中国联合网络通信

【概况】 2014年，中国联合网络通信有限公司启东市分公司（简称启东联通）秉承“责任、创新、诚信、奉献”的企业核心价值观，狠抓队伍管理，不断提高人员的业务素质，在通信行业市场竞争中发挥主动性，实现收入的稳定增长，2014年完成收入约6100万元，用户数约20万户。同时，公司在规范客户服务、安全生产管理、参与社会公益等方面多管齐下，全方位发展，得到社会的支持与认可。

【网络建设】 公司以全业务经营和4G发展为引擎，坚持以用户为中心，加强技术、业务、服务和管理创新，不断提升综合实力和核心竞争力，积极推进固定网络和移动网络的宽带化，为广大用户提供全方位、高品质信息通信服务。在全国范围启动“光网世界·沃宽天下”宽带提速工作，加大技术创新力度，积极构建下一代信息网络基础设施，启东联通共开放3G基站150多个、4G基站60多个，为启东地区的联通用户提供良好的网络服务。

【客户服务】 树立精品服务意识，创建品牌示范窗口，改变过去窗口的单项业务受理为全业务受理，使用户办理业务更加方便、快捷。根据用户需求，不断添加和完善便民服务措施，新增叫号机、客户休闲区。坚持强调和监督服务规范用语与文明礼仪。开展“文明单位”活动，落实服务承诺制度。在接受用户业务咨询、宣传发展联通业务的同时，认真解决用户反映的通信问题，力争做到当场解决，或立即“上门服务”“及时服务”；参与市委、市政府组织的扶贫帮扶活动，以及残联、民政局、慈善基金会组织的扶助残疾人献爱心活动等一系列公益活动。

（袁海洪）

黄金海滩采文蛤　（郁卫兵/摄）

服务业综述

【概况】 2014年,启东市深入实施服务业提速发展计划,以建设服务业集聚区为载体,以发展重大服务业项目为抓手,改造提升传统服务业,发展生产性服务业,培育新兴服务业,实现经济社会的全面协调可持续发展。全年实现服务业增加值301亿元,比上年增长(下同)13%;完成服务业投资额181.1亿元,增长34.7%。商贸流通业日益繁荣,全年实现社会消费品零售总额285.91亿元,增长11.9%。服务业入库税收33.73亿元,增长20%。

【集聚发展】 2014年,服务业集聚发展有效提升,各级各类服务业集聚区达到8个,其中江苏省、南通市级4家,启东市级4家。全市4家江苏省、南通市级集聚区入驻企业达1100家,实现营业收入212.8亿元,税收收入6.16亿元。集聚规划日益完善,组织对创新型经济园、圆陀角旅游度假区、启东科技创业园、金凤凰创业园及壹伍壹拾文化产业创意园、圣合圣心玫瑰文化产业园、国动产业园、亿丰商城的发展规划进行初审,组织南通天汾电动工具城发展规划专家评审会。

【项目建设】 2014年,全市项目建设迅速推进,共实施1000万元以上服务业项目74个,其中南通认定的亿元以上项目21个,亿元项目新开工建筑面积114.2万平方米。亿丰商城、太平港务、恒亚建材市场三期等重大项目相继竣工。文峰二期、大润发超市、恒大海上威尼斯、蝶湖会议中心等一批大体量建设项目推进顺利。

恒大威尼斯一景 (钮伟钢/摄)

【科技服务】 2014年,启东科技服务业迅速发展,科技公共服务能力不断强化,区域创新体系不断完善。全市拥有国家火炬计划特色产业基地2个,省级科技企业孵化器5家,国家级1家,省级科技公共技术服务平台3个,省级企业院士工作站6家,省级工程技术研究中心29家,南通市级工程中心118家,省级企业研究生工作站15家,省重点实验室1个,基本形成"以政府投入为引导、企业投入为主体、社会广泛参与"的多元化中小企业技术服务支撑体系。

【旅游业】 2014年,旅游业全面融入大桥时代、对接上海市场,旅游产业发展态势良好,实现快速健康良性发展。全市游客接待量突破311万人次,增长14%左右;旅游总收入突破37亿元,增长15%左右;旅游项目建设投入突破25亿元,增长4%左右。项目开工数、项目投入量均位于南通市各县(市、区)前列。全市有旅游景区(点)3家,省级自驾游基地1家;省四星级乡村旅游点2家,省三星级乡村旅游点2家;四星级酒店2家、三星级酒店5家、准五星级标准酒店2家,在建高星级标准酒店4家;旅行社及分社9家、服务网点8家;全市各类规模以上餐饮企业拥有餐位约2.8万个,各类住宿接待单位拥有床位约9500个。

【房地产业】 2014年，全年累计商品房施工面积408.03万平方米，增长23.7%；累计竣工面积91.29万平方米，增长102.7%。全年累计销售商品房9135套，销售面积87.84万平方米，完成商品房销售金额55.68亿元。翡翠苑、碧桂园、欣乐城及绿地集团开发的新村沙项目等相继开工建设。

(周丹丹)

※房地产企业选介※

启东先豪房地产开发有限公司

【概况】 公司成立于2003年9月30日，由启东康宝建筑材料厂与香港先豪玩具企业有限公司合资成立，公司总投资1000万美元，注册资本500万美元。公司开发龙豪国际花园一期、二期多层住宅和龙豪海景湾一期别墅。2014年，共销售龙豪国际花园一期、二期多层住宅59套，龙豪海景湾59套，总销售面积8350平方米，总销售额4680万元。

启东市建都房地产开发有限公司

【概况】 公司成立于1997年10月，具有房地产开发壹级资质，注册资本5000万元，是江苏博圣集团有限公司的全资子公司。公司主要开发的楼盘有豪门广场、博圣广场、明天广场、港城公寓、北辰公寓、车城公寓、环球大厦、滨海福海新城白领公寓、吕四港城公寓和御龙苑等。2014年，共销售110套，销售面积1.46万平方米，销售额9891万元。

启东市开来房地产有限公司

【概况】 公司成立于1993年3月，贰级资质，有各类专业和技术人员30多人。2003年起，开发建设金水苑、香榭水岸三期、台角新村、江海影城、开来华府和博士花园等商住项目。公司多次被评为启东市"纳税20强企业""地税纳入超10亿突出贡献企业""金牌企业"，南通"最佳信贷诚信企业""诚信单位"，江苏"AAA"资信等级。公司开发建设的有台角新村、香榭水岸三期和开来华府住宅小区。2014年共销售住房76套，销售面积1.02万平方米，销售额6788万元。

南通银洲房地产开发有限公司

龙豪海景湾 (钮伟钢/摄)

【概况】 公司成立于1991年，2004年4月以南通银洲房地产开发有限公司为核心组建江苏银洲集团。集团注册资本6000万元，在职员工200余人，国家壹级开发资质企业，连续多年获南通市房地产开发20强企业。公司开发的皇家花园总建筑面积26万平方米，总房源1796套。2014年，开发销售紫薇苑45套，面积2718平方米，销售额3481万元，销售皇家花园住房92套，面积1.2万平方米，销售额1.11亿元；销售IFC金融中心、世纪家园、万豪花园等住房411套，面积4.02万平方米，销售额2.53亿元。

南通迪颖房地产开发有限公司

【概况】 公司成立于2005年5月，注册资金2000万元。公司开发东方维也纳花园一期。2014年，共销售26套，面积3731平方米，销售额3308万元。

启东市中邦房地产开发有限公司

【概况】 公司是中邦置业集团公司在启东注册成立的分公司，负责开发的启东城中城项目总建筑面积200万平方米，总投资60亿元。中邦参与开发占地近2平方公里的大型社区"联洋社区"，位于上海浦东，成功塑造"联洋"品牌形象，被评为第一批上海市房地产类著名商标，并成功开发联洋花园、联洋年华、中邦水雅颂等项目。2014年，共销售中邦上海城住房239套，面积3.14万平方米，销售额2.77亿元。

江苏南润集团房地产有限公司

【概况】 公司组建于2003年，注册资本3000万元，主要从事房地产开发、物业管理服务等。公司开发南润花苑、景秀天城等住宅。2014年，共销售南润·景秀天城住房66套，面积6407平方米，销售额4132.9万元。

南通恒亚房地产开发有限公司

【概况】 公司成立于2010年1月27日，注册资本3000万元，是一家大型的专业房地产开发企业。集团公司有员工1000余人。公司总部设在昆山，主要办公地点位于启东。公司在启东开发的重点项目是启东恒亚家居购物广场。2014年，共销售恒亚国际建材广场、恒亚家居购物广场商铺46套，面积630平方米，平均售价1.21万元，销售额763.8万元。

上海亿丰企业(集团)启东投资有限公司

【概况】 公司成立于2010年12月，主要开发建设亿丰(国际)商城项目。2014年，共销售181套，面积4220平方米，平均售价1.59万元，销售额6707万元。

南通华府置业有限公司

【概况】 公司成立于2011年1月,注册资本7000万元,主要经营房地产开发建设、销售。公司开发建设海上华府项目,总投资6亿元,总用地面积7.70万平方米,总建筑面积约14.53万平方米。项目建设内容为高层住宅、中高层住宅、多层住宅、文化影视城、商业建筑及配套设施。2014年,共销售83套,面积9087平方米,销售额4151万元。

启东御和湾置业有限公司

【概况】 公司成立于2011年1月,是以房地产开发,销售为主的企业,公司注册资金5000万元。有职工58人,有职称的专业人员38人。公司开发建设御和湾、城市一品两个项目,项目总建筑面积达80万平方米。2014年,共销售御和湾中央公园小区492套,销售面积4.90万平方米,销售额4.04亿元。

江苏欣乐房地产发展有限公司启东分公司

【概况】 公司成立于2004年1月8日,位于吕四港镇鹤城南路,公司主要从事房地产开发、室内装潢、建材销售。2014年,公司共销售鹤城苑253套,面积2.89万平方米,销售额1.84亿元。

启东碧桂园房地产开发有限公司

【概况】 碧桂园地产是中国房地产与建筑业500强10强企业,成立20多年,涉及全国200多个城镇,有超过150万名业主选择碧桂园。2007年,碧桂园在香港上市。2014年,有超7万名员工。启东碧桂园项目位于牡丹江路南苑中学东面,毗邻惠阳河。2014年,共销售住房957套,面积11.24万平方米,销售额7.11亿元。

启东绿城香格置业有限公司

【概况】 绿城房地产集团有限公司是国内知名的房地产企业之一,具有国家壹级开发资质,总部设在杭州。成立于1995年,2005年转制为外商独资企业,是香港上市公司——绿城中国控股有限公司。启东绿城香格置业有限公司系绿城集团与宁波香格房地产有限公司共同出资注册成立的房地产企业。公司开发的“启东出(2009)923号地块”项目位于市民乐东路与长江东路之间,启秀花苑小区东侧,占地245亩。2014年,绿城·玫瑰园销售住房480套,面积6.6万平方米,平均售价8367元,销售额5.52亿元。

(曹军华)

商贸流通

【概况】 2014年,全市累计实现消费品零售总额285.91亿元,比上年同期增长11.9%。全年净增限上企业11家,限上大个体23家。商贸流通增势平稳。

【重点商贸流通项目】 2014年,市商务局重点关注文峰、大润发项目建设,文峰大世界二期实施主体工程建设,大润发项目地面工程建设,文峰大世界二期封顶。推进市场建设,完成原钢材市场搬迁前的调查摸底,在多次召开经营户座谈会的基础上制订搬迁实施方案,相关政策报市政府,多次督促建设方加快新市场及配套建设进度;跟踪协调二手车市场开工前的各项准备工作,已完成审图、规范许可证、消防审核等手续,土建至地面二层。

【商贸流通保供】 制订《启东市市区大型商业场所突发事件应急预案》《启东市生活必需品市场供应应急预案》和反恐应急预案,在靖江水污染后第一时间内,联系全市几大超市,启动应急预案,确保在出现突发事件时,保证生活必需品供应,保障人民生活、维护社会秩序和人民群众生活必需品的供应和市场稳定。做好苏果超市(启东)有限公司与百润商业、安润和公司之间由于租赁产生矛盾的协调工作。

【市场运行监测预警】 根据商务部和省商务厅2014年对主要生活必需品、生产资料和重点流通企业监测制度调整的要求,新增8家商务部直报企业,确保数据上报的及时、正确,使整个市场运行监测和网上直报工作井然有序;全年报送月度(专题)分析10篇,周分析55篇,商务信息148条,并先后完成药品流通统计、商务服务业、商贸流通业、再生资源回收行业等统计工作。做好鲜茧收购资格复审工作及鲜茧技术人员的培训工作,牵头工商、物价、农委等部门做好2014年春茧收购工作;开展典当、拍卖等行业风险排查工作,上门了解企业的运营模式,确保企业依法经营;继续做好再生资源经营企业备案登记和报废汽车拆解监管工作;完成2014年度591辆黄标车核查工作;开展全市电子商务企业调查摸底,做好电子商务示范企业报表上报工作。

【单用途商业预付卡管理和专项检查】 根据《单用途商业预付卡管理办法(试行)》(商务部〔2012〕第9号令)、省商务厅《江苏省〈单用途商业预付卡管理办法(试行)〉实施细则》(苏商规〔2012〕4号)和《关于开展单用途商业预付卡专项检查行动的通知》(苏商秩〔2014〕962号)的文件精神,结合实际开展行动。强化组织领导,明确检查目的。大力宣传讲解,部署检查步骤。加强日常管理,推进备案工作。

【生猪屠宰监管】 在抓好平常性的执法检查的同时,开展打击私屠滥宰专项整治活动,在元旦春节、中秋国庆前后,做好专项整治活动;加强屠宰场的检查,开展对生猪屠宰环节鲜肉和肉制品质量专项检查活动。2014年共生猪进点屠宰221847头,全社会消费总量274207头(外进猪肉52360头)。组织执法检查480次,参加4968人次。加强病害猪及产品的无害化处理的监管工作。全年共收取病害猪451头,病害猪产品5.04万公斤,全部解送到焚烧场进行无害化处理。对屠宰环节中的下脚油脂肉,按上级规定,督促具有资质的企业进行回收,确保不合格肉品不流入市场,让广大市民吃上放心肉。实时监控三个屠宰场。对已安装监控系统的汇龙、吕四、海复3家屠宰场,进行实时监控,建立回放查看制度,认真把关,发现问题,及时指正,确保屠宰环节安全,不留盲区和死角。

【酒类流通管理】 2014年，酒类经营网上备案登记新增6家。按要求实行窗口对接，按时限和规范进行办理，确保服务对象便捷满意，提高服务效能。对酒类批发经营的随附单编号，网上登记，向社会公布。开展执法检查，促进和推动酒类商品经营者行为规范，确保酒类流通正常有序。全年共组织力量履行日常检查56次，参与检查540人次。

【成品油市场管理】 全年共组织58次重点检查活动，由消防和安监共同参与的18次，由局分管领导带头参与的13次，由职能科室组织的27次，发现问题及时提出整改意见，并要求限期整改，指导成品油经营企业的安全生产工作。会同安监、消防等部门开展整治活动，以安全月活动，对全市109家加油站(点)，协同所在镇(乡)开展拉网式专项检查活动。会同市质监局召开全市成品油经营企业管理工作会议，贯彻落实安全生产工作，通报加油站年检工作情况，宣传计量标准化工作，并提出要求。组织对全市109家加油站(点)负责人安全知识培训，印制发放加油站安全工作台账200多套，实行规范化管理。整顿行业秩序，开展塘芦港、连兴港地区加油站(点、船)专项整治活动。在2013年重点整治的基础上，2014年对连兴港群众反映的热点问题和重点户头，开展专项整治检查活动，协调矛盾。配合市有关部门和上级商务部门，对塘芦港、大洋港加油企业了解工作，做好对个别企业的接访、协调和应诉等处置工作。在做好全市加油站点的规划工作、修编全市加油站点发展规划的同时，做好2014年加油站新建和迁建计划的编制工作，并报省厅同意。做好年检工作，对全市109家加油站点进行一年一度的证书年检。对年检中查出存在问题，及时反馈给各有关企业，限期整改。指导加油站的管理工作，不断提升加油站的管理能力，有效监管成品油经营市场。做好油气回收改造工作。对中石化6家加油站的油气回收改造工作，制订实施计划，督促进度，2014年10月全部完成，并通过验收。按照生态建设要求，落实1家加油站的在线监控建设。

【“双打”工作】 市政府专门成立由26个核心部门组成的启东市打击侵犯知识产权和制售假冒伪劣商品工作领导小组。各部门成立部门“双打”工作组，建立上报案件及信息制度，根据部门职能工作的实际情况确定“双打”侧重点，将“双打”工作成果进行量化考核，引导市场主体诚信守法经营，形成全市“双打”行动的高压态势。结合全市侵犯知识产权和制售假冒伪劣商品行为的特点，明确全市“双打”工作的执法重点：以打击侵犯著作权、商标权、专利权以及植物新品种权等行为为整治重点内容；以产品制造集中地、商品集散地、侵犯知识产权和制售假冒伪劣商品案件高发地为整治重点地区；以新闻出版业、文化娱乐业、高新技术产业和农业为整治重点领域；以图书、音像、软件、汽车配件、手机、药品、种子等为重点查处产品。严厉查处侵犯驰名商标、涉外商标的违法行为；严厉查处违法印制、出售商标标识及包装、装潢的行为；严厉打击利用互联网侵犯注册商标专用权和销售假冒伪劣商品的行为；加强对著名商标、地理标志的保护；查处假冒伪劣商品的源头，构成刑事犯罪的坚决移送。

【安全生产】 2014年，市商务局与重点企业签订安全生产责任状，将责任落实到位，同时多次召开专题会议，牵头消防等部门对重点商贸流通企业进行多次实地检查，开展夜间巡查，查找隐患，落实整改，确保商贸流通领域安全无事故。针对世纪联华地下停车场无人管理问题，主动与消防共同牵头，要求业主在按消防要求做好整改的同时，切实做好后续管理。

(薛　庞)

供销合作经济

【概况】 2014年，市供销总社紧扣“改造自我、服务三农”总要求，突出新农村现代流通网络建设和农产品批发市场建设重点，提升供销社参与全市农业产业化建设贡献份额，探索供销合作社创新发展、全面发展新路。全年市供销总社共建为农综合服务社27家，完成提档升级改造13家。自2009年起累计实现建设总数244家，基本实现全市村级为农综合服务社建设全覆盖。

【启东农产品国际物流港】 中国供销·启东农产品国际物流港项目在启东落户后，该项目的筹建按预定时序推进。建成后的物流港将成为全国网络市场体系中的区域性核心市场。

【万源农副产品联合社】 市供销总社依托万源联合社平台引领全市农产品营销，该联合社汇聚全市100多家农产品企业，注册资金2000万元，集聚和整合启东市农副产品的资源和优势，提高全市农副产品产销的组织化、集约化程度。

【启东农产品供应网】 启东农产品供应网是由市供销总社倡导并组建的专业性信息平台，该网站的建设，填补启东市农产品信息互换的空缺，强化全市农产品产销信息的收集、整理和集中发布，信息量涵盖全市80%以上的农业生产企业、专业合作社及生产基地，信息门类包括全市90%以上的农副产品。

【基层供销社重组】 根据省供销社提出的“基层供销社重组”工作要求，按照“五个有”“三个联结”和“三大功能”(有证照、有场所、有标识、有人员、有收入；组织联结、资本联结、业务联结；组织功能、经营功能和服务功能)重组标准，2014年，市供销总社开展基层供销社恢复重建的试点工作，通过依托现有的集体商业企业，规划重组方案，先后完成新港、近海、南阳3家商业企业作为基层社重组试点工作。通过重组，逐步恢复供销合作社原有的经营项目，做强实体，扩大为农服务功能，并为全面推行重组积累经验。

(施新建)

粮油贸易

【概况】 2014年，全市粮食系统加快转型升级，推动科技创新，在狠抓科学保粮、推进仓储设施建设、强化购销效益、深化放心粮店管理、落实市场监管职责等方面取得较好成绩。

【"放心粮店"创建】 2014年,市粮食局在"放心粮店"创建工作中着重抓好质的提高,做好放心消费创建工作,组织食品安全宣传周活动,开展复审工作,维修"放心粮店"店牌。

【粮食流通监管】 2014年,市粮食局加大储备粮检查力度,促使企业在粮食安全、台账资料、库区环境、粮温监测等各个方面强化管理。创新粮食收购秩序、粮食库存、放心粮店、成品粮油销售、粮食质量安全监测等专项检查,共检查各类粮食主体的粮食200多批次,维护市场秩序稳定。

【储备库建设】 2014年,市粮食局加快储备库建设速度。争取国家和省支持,储备库项目完成70%。"危仓老库"维修改造工程全面展开。江海粮管所和合粮库、海东粮管所日新河粮库和启东市粮油实业公司惠丰粮库利用省级和本级财政支持,共投入500多万元改造仓房屋顶、墙面、地面及内部设施等,购置功能提升设备,建设信息化系统,全面完成各项改造任务。

【地方储备粮管理】 2014年,市粮食局贯彻落实省政府丰产增储行动计划,适度调整地方储备粮规模,在原有的基础上翻番。执行储备粮轮换管理制度,创新轮换方式,按照粮食市场供求和需要轮换的实际情况,确定轮换数量,保证轮换目的,增加市场供应,为销区粮食安全提供有力保障。

(季 炬)

盐业盐政

【概况】 2014年,全市实现食盐和工业用盐销售总量14398吨;实现销售收入3388万元,占年计划96.8%。

【食盐市场监管】 2014年,市盐务局坚持依法行政,突出工作重点,严格履行法定监管职责,保持对打击各类盐业违法行为的高压态势,规范食盐市场流通秩序。全年累计出动执法人员1000余人次,出动执法车辆200余台次,检查碘盐零售户2500余户,走访食品加工点、餐饮点、各类食堂、农户和居民灶台3000余家,共查处盐业违法案件50起,罚款2.7万元,查处盐产品19吨,没收盐产品8吨,发放各种宣传资料1.7万余份,媒体宣传15次。全市未发生任何食盐安全事故。

【工业副产盐监管】 2014年,市盐务局继续加强对启东好收成韦恩农化有限公司工业副产盐的监管,同时加强对2家销售对象的监管,从源头到终端确保没有一粒工业副产盐流入食盐市场。

【盐政宣传】 在"3·15""5·15"期间,分别与市疾病预防控制中心、汇龙镇政府、市文广局、市新闻信息中心等部门协作,在人民公园市民广场和圩角镇农贸市场开展2次集中宣传活动,共发放宣传资料2500余份,接受群众咨询350人次。同时还参与政风行风热线活动,起到较好的宣传效果。

(茅海荣)

烟草专卖

【概况】 2014年,市烟草专卖局(分公司)共完成卷烟销售34912箱,同比增长1.21%;实现含税销售额10.48亿元,同比增长8.45%;税利24832万元,同比增长9.4%;销售结构120.08元/条,同比增长7.6%,主要经济运行指标在高平台上继续攀升。

【专卖管理】 2014年,市烟草局开展"冬季会战""闪电15、16号"、专项治理走私烟及"抓烟机",清理无证经营、借证经营、证址不符等专项整治行动。通过"联合查案"、错时制监管、"APCD"工作法、专销良性沟通机制等方法,严格落实市场监管责任,确保市场不失控,提升市场监管能力。全年共查获涉烟违法案件100起,查获各类违法卷烟76.22件,没收各类假冒卷烟2.36件,到账罚没款11.92万元,1万元以上案件18起,其中20万元以上案件1起,5万元以上4起。破获"7·25"通过互联网出售假烟的网络案件,逮捕4人,取保候审1人,共受理举报投诉88起,处理88起,发放许可证281份,延续许可证791份。

【市场营销】 2014年,市烟草局坚持以市场为导向,调整经营思路,注重市场变化,注重需求预测,以"一条烟也是珍贵"的态度,准确掌握市场信息,科学研判市场动态。坚持优质服务,积极向零售户提供高标准服务和亲情服务,客户满意度不断提升。强化"三员(客户经理、专卖员、送货员)互动平台"的使用监督,创新优化配送线路,配送效率指标明显提升,网上订货率保持在99%以上,人均销量在南通系统率先"破九"(多于其他分公司0.5条/人)。

【基础管理】 2014年,市烟草局对"三重一大"事项、工程投资、物品采购、宣传促销等工作环节和信息及时公开,对重要事项依法公开。全年共公开事项80项。严格规范"三项工作"制度,严格执行管理流程,全年各项物资采购及工程建设,全部按流程规范运行。财务预算管理落到实处,注重成本费用控制,按大监督的要求重新制定完善费用列支(使用)标准,加强重点费用的审核和控制,全年宣传促销招待费用、会议费用、车辆运行费用同比大幅下降。强化资产管理,利用办公楼搬迁,先后两次对公司资产进行全面盘点,对需转移、报废、出售、出租的资产严格按资产管理规定予以处置,确保资产安全完整。落实安全生产责任制,确保全年安全无事故,并通过省局安全生产标准化建设检查。序时推进基建工程各项工作,完成办公楼主体建设装潢工程和设备设施的安装及附属工程的各项工作,通过建设竣工验收和消防竣工验收,通过南通市局、省局对办公楼工程的一审和二审,做好基建档案的移交,并于6月完成新大楼的搬迁。

【企业文化】 2014年，市烟草局坚持员工教育培训制度，全年学习教育培训800多人次。承担企业的社会责任，组织开展爱心服务活动8次，学雷锋活动4次，慰问困难群众50户，共捐助资金6.7万元，其中公益慈善捐款2.15万元。加强文明创建，做好2013~2015年省文明单位和2013~2014年南通文明单位预申报工作。

（苏建辉）

石油经营

【概况】 2014年，中石化启东分公司（简称启东分公司）完成销售总量96336吨，其中零售量82836吨、汽油零售销售50830吨，柴油零售销售32006吨，直分销1.35万吨，实现非油品销售612万元。IC卡充值2.15亿元，发卡6500多张。

【加油站综合服务】 确保油品质优量足。严禁不合格油品进入加油站，严格加油机流量计精度管理。

营造舒心消费体验。做好现场服务。坚持使用文明用语，做到主动、热情。灵活运用“八步法”和销售技巧“六要点”，高峰期要做到“加一看二照顾三”；自助站员工耐心指导客户自助加油，并积极宣传促销措施。提高加油效率，提升油站服务功能，为客户创造价值。提升油站形象，对加油站等服务窗口进行整治，统一“6S”管理；年销量3000吨以上的站规范开展交接班仪式。确保油源供应稳定，避免出现脱销断档。完善便民服务，在保证6项便民服务设施的基础上，因站制宜增设特色服务。售卡充值网点合理安排营业时间，方便客户。规范发票管理，为客户开具发票提供便利，规避税务和舆情风险。打造安全消费环境，开展加油站风险排查和隐患整改工作，消除安全隐患；严禁“三违”行为，避免加油过程中的喷洒滴漏现象；做好车辆疏导，防止磕碰造成客户纠纷。

做好增值服务。全面推广加油卡电子商务平台；积极推广自助圈存业务。完善加油卡系统服务功能；推广全国充值卡。

拓展非油服务。优化便利店商品结构，优选地方特色商品，为集团客户提供送货上门。重视非油品质量管控，严禁假冒伪劣、过期变质等商品进店销售，践行“易捷万店无假货”承诺。扩大便利店门店数量，增加小站便利店业务，科学合理制定油品和非油品任务指标，完善油品损耗考核办法；执行非油品销售多劳多得制度，推广自助加油。

【优质服务月活动】 按照南通分公司党委苏通办〔2014〕83号《关于印发2014年“比学赶帮超”活动实施细则的通知》的文件精神，在公司内部开展零售、非油品、安全等工作的“比、学、赶、帮、超”活动。对外落实“每一滴油都是承诺”的社会责任口号；承诺“易捷超市无假货”；强化员工职业道德教育；实施“双满意”工程；为客户提供增值服务，实现供求双方合作双赢，提升社会公众和广大客户的满意度。

【安全生产】 启东分公司开展2014年全国“安全生产月”和“安全生产万里行”活动，组织加油站事故事件典型案例通报的学习和加油站应急预案和演练活动。在开展“安全生产月”活动中，突出“安全责任、重在落实”主题，吸取山东青岛“11·22”事件经验教训。各加油站加强风险管理，开展隐患排查，落实隐患整改等一系列措施，强化加油站的管理工作。组织全体员工进行应急预案演练，合格率达100%。强化安全环保意识，开展“低头捡黄金”活动，发动全体员工在日常的现场巡查和作业场所查找安全管理漏洞，查找安全薄弱环节，杜绝未遂事件的发生。2014年，启东分公司上报南通分公司“低头捡黄金”隐患事件11起，其中受到南通分公司奖励2起。

【网建工作】 扩大终端销售，为网络发展工作，工作人员积极与政府职能部门协调沟通，加快项目审批进度。大众加油站迁建工程于11月竣工，江海加气站12月竣工。

（黄妙新）

美丽乡村 （钮伟钢/摄）

财 政

【财政收入】 市十六届人大三次会议审议通过的2014年全市财政总收入预算为156.42亿元,其中一般公共预算收入65.56亿元,基金预算收入58.13亿元;全市一般公共预算支出为62.55亿元,基金预算支出为58.13亿元。2014年,全市完成财政总收入168.4亿元,为预算的107.7%,同比增长20.7%。其中,一般公共预算收入67.25亿元,为预算的102.6%,增长14.9%;基金预算收入67.39亿元,为预算的115.9%,增长24.2%。

【财政支出】 由于省市专项补助、上年结转等因素,全市一般公共预算支出最终调整为77.2亿元,预计完成一般公共预算支出73.99亿元,为预算的95.8%,增长8.2%。由于基金收入超收等因素,基金预算支出最终调整为84.56亿元,完成基金预算支出68.22亿元,为预算的80.7%,增长26%。

【平衡情况】 全市一般公共预算可用财力77.2亿元(含上年结转及上级专项补助),一般公共预算支出73.99亿元,收支相抵结余3.21亿元,为结转下年支出。全市基金预算财力84.56亿元,基金预算支出68.22亿元,基金预算结余16.34亿元,为结转下年支出。

【财源建设】 落实财税政策,减轻企业负担。继续推行“营改增”重大结构性减税政策,研发和技术、陆路运输、文化创意与鉴证咨询服务等纳税受益户数迅速增长,以小企业为主体的部分现代服务业减税受益力度较大,并对制造业产生重要的“溢出”效应。落实各项财税扶持政策,减轻企业税负。

优化服务举措,支持企业发展。争取上级节能与环保、中央基本建设、农业保险、成品油价格补助、渔船改造补贴、住房保障补助等专项资金4.17亿元;安排企业创新与转型升级专项补助7774万元、外贸稳增长专项补助1000万元;落实财政资金2842万元,支持金融、旅游等现代服务业发展。

筹措资金,推动项目建设。全年筹措资金超60亿元,重点支持市政、交通、环境、社会事业和园区建设等公共基础设施和社会公益事业项目。

【收入征管】 抓责任落实。按照确定的目标任务,做好收入任务分解,明确国税、地税、财政三部门各自职责,并序时对照任务的落实情况,及时优化细化工作措施;年中强化预测分析,动态跟踪全市重点税源企业完税情况,密切关注重点行业、新兴产业的发展情况,定期召集相关部门分析财税形势;落实督察考核机制,对收入完成情况较好的镇(乡)、园区,及时兑现相关奖励政策。

抓税收征管。财税部门围绕“依法征税、应收尽收”的原则,全面强化税收征管,加大对重点税种、重点行业和重点企业的监控力度,确保各项税收优惠政策有效落实,避免“应征漏征、应征少征、应征缓征”等情况的发生。

抓非税管理。2014年,市、镇二级全面推行非税收缴管理新模式,非税收入管理基础数据库创建全部完成,从制度上、技术上堵住非税征管工作的漏洞。全市纳入非税管理的执收单位达356家,搭建非税征收网点500多个。全年办理市镇二级非税业务27万件,完成非税收入11亿元。

【公共支出】 发展基础教育。全年教育事业的财政投入19.98亿元,占全市财政总支出近三分之一。投入2.39亿元,重点支持校安工程建设;投入1.37亿元,修建维护学校基础设施,为基层中小学添置各类教育设备设施;投入4497万元,回购和新建6所基层公立幼儿园;投入1.8亿元,新建滨海实验学校。

保障民生事业发展。落实好各项惠民政策,不断完善民生保障机制,全年投入各类保障资金15.36亿元。城乡居民基本养老金补助2.09亿元,新型农村合作医疗补助1.14亿元,计划生育家庭奖励扶助7527万元;五保户、“三无”老人、孤儿和残疾人等困难群体的最低生活保障支出5322万元;为保障基本药物制度镇、村全覆盖,促进基层卫生事业健康发展,补助社区卫生服务中心、服务站资金1.33亿元;为提高公共卫生服务均等化水平,基本公共卫生服务保障支出3362万元。

重点支持城乡统筹发展。全年“三农”投入12.98亿元,预算内安排支农支出比上年增加2.47亿元。“一折通”发放农资综合补贴、粮食直补、农作物良种补贴1.08亿元;安排专项资金

1.2亿元，支持农村绿化造林工程；安排专项资金7000万元，支持农村土地增减挂钩；小农水重点县项目投入4030万元；安排专项资金3765万元，实施村级公益事业一事一议财政奖补项目94个；安排专项资金1455万元，建设农桥179座。

【财政改革】 推进镇(乡)、园区财政管理体制改革。2014年年初，市财政局根据“导向激励、财力下倾、公平效率”三大原则，对镇(乡)、园区财政管理体制作调整，调动各镇(乡)、园区培植财源、组织收入的主观能动性，保障镇(乡)、园区履行各项公共服务职能；新体制通过改革转移支付办法，规范财政分配制度，完善考核激励机制。

深化国有资产监管体制改革。强化对公有制经济的领导和指导，构建“出资人代表—国有资产经营公司—相关控股(参股)企业”三级管理体制，明确国有资产经营公司经营投资方向，国有资产和资源统筹整合力度得到强化，国有资产监管体系进一步完善。

探索政府投资基本建设项目管理系列改革。会同相关部门研究出台相关规定，加强对项目的专业性论证、材料采购、造价控制、资金支付等重要环节的管理，提高财政资金使用效益；制订《政府投资建设项目协审管理办法》。

实践政府投融资和债务管理的新模式。启东市城市投资经营中心对接资本市场，成功发行一期企业债18亿元；加强地方政府性债务管理，对市债务存量进行科学的清理甄别，将政府、部门举借的债务纳入一般债务和专项债务，经上级批准后，分类纳入预算管理，并按照预算管理要求规范管理。

【财政管理】 资金管理。严格根据财政资金审核、拨付的各项制度、规章、程序，高效管理使用好财政资金，提高政府采购管理水平。全年完成政府集中采购、招投标1100次，交易总额近100亿元；投资评审管理成效显著，全年评审项目620个，送审金额29.86亿元，节省财政资金1.13亿元。

预算绩效管理。建立健全财政支出绩效评价操作规程、绩效目标管理和绩效跟踪管理机制，并通过试点推广，扩大绩效目标管理范围。2014年，16个部门17个超30万元的项目纳入预算绩效管理，编制绩效目标的试点项目资金达6.6亿元。

监督检查。组织对全市城镇和农村低保金、绿化租地造林资金等专项检查；加强日常财政监管工作，纠正违规行为，收缴违规资金，提高预算单位财务内控意识和严肃财经纪律的自觉性。

(王　雷)

国家税收

【概况】 2014年，启东市国家税务局共组织入库地方级税收收入33.3亿元，同比增长16.95%，其中两税入库24.91亿元，同比增长12.63%；市本级企业所得税入库8.43亿元，同比增长31.9%。全年实现公共预算收入突破10亿元大关。税收总量及增幅均排名六县(市、区)第一。

【推进结构性减税】 完成全年“营改增”扩围的各项目标任务，全年共有1158户纳税人纳入试点范围，累计入库“改征增值税”5802.69万元，总计减负4000万元左右。

【兑现税收优惠政策】 全年办理出口退(免)税11.98亿元、其他各类政策性减免等退税1.32亿元。

【税收管理改革】 市国税局在南通国税系统率先全面推进税收管理改革，推进机关管理实体化、纳税服务一体化、风险管理一条龙和执法内控一盘棋建设，特别在改革配套措施完善、税收职责清单试点、岗责体系建设、风险管理运行机制完善等关键环节、关键节点，在南通国税系统起到典型和示范作用。2014年，江苏省国税局领导到启东调研，对局税收管理改革的进展和取得的成效给予充分肯定。

【风险管理】 市国税局建立上下联动的信息情报管理机制，形成市局面上整体推进和分局点上重点突破的情报管理模式，全年累计采集外部情报3万多条，实现应对成效1.1亿元。探索实施团队化运作模式，注重应对资源的整合和知识经验的融合；严格执行税收检查任务管理办法，试点运用《风险管理工作模板》和《纳税评估法律适用指引》，进一步规范应对实施；完善稽查审理和评估复核跟踪机制，加强税收检查质量的跟踪管理，提升风险应对质效。2014年，累计应对纳税人1004户次，入库税款、罚款、滞纳金1.53亿元，应对总成效达2.22亿元，情报转化、专项分析的成效超过85%；运用稽查手段检查各类纳税人112户，查结96户，稽查补税入库总额2752万元；应对成效在南通六县(市、区)排名第一。

【纳税服务】 整合纳税服务职能和服务资源，实现纳税人所有办税事项向纳税服务机构集中。全面落实纳税服

5月，国税干部进企业为纳税人解决申报问题　　(市国税局/提供)

务工作任务管理办法，采取电话、信函、短信等远程服务方式，尽可能减少对纳税人正常生产经营的打扰。建立“实体+平台”的咨询辅导体系，全年共向纳税人发送政策宣传短信178691条，发送成功率达95.5%；共接受电话咨询14718次；先后组织新办纳税人培训和税收政策解读等64场次，共向5924户次纳税人宣传有关税收政策。落实“便民办税春风行动”，推行错峰办税，放宽发票管理，探索非接触式服务，持续推进网上申请、CA认证、影像系统、自助办税设备在税务实务中的运用。纳税人准期申报率从95.6%提高到99.5%，网上提交申请率较上年提升50%以上，为纳税人减少办税时间1000多个小时，纳税人满意率达99.9%。

【依法行政】 市国税局全面落实依法行政各项工作要求，初步形成分层级执法内控组织架构；完善岗责体系，制订各岗位、各环节执法工作标准，修订集体议事、稽查审理及风险应对工作等规则、制度；确定风险防控的重点项目和重点环节，对全局性6项内控重点项目进行标准细化和责任分解，按节点开展2454户次的内控测试，发现问题162户次；建立专职执法监督队伍，开展注销税务登记、货劳税税收优惠、税务行政处罚等6项专项执法督察。

（杨天涯）

地方税收

【概况】 2014年，全市共组织入库地方税收58.26亿元，同比增收9.57亿元，增长19.7%。其中，完成一般预算收入45.88亿元，同比增收5.49亿元，增长13.6%，占全市公共财政预算收入的68.2%。入库各项基金费3.52亿元，同比增长13%；入库社保（四险）8.94亿元，同比增长9.5%；入库医保基金5.83亿元，同比增长26.7%。

3月，市地税志愿者进社区开展服务活动　　（市地税局/提供）

【征管改革】 9月1日，按照新的征管模式，率先启动，试点先行。市地税局修订下发20项改革配套文件。试点改革经验在南通市局推进会上作专题介绍，省局、南通市局均以专题简报的形式予以推介。制订出台《基础管理事项岗责体系》《税源基础事项业务处理要求》，强化征管质量指标监控，关键指标如准期申报率始终保持在99.90%以上，准期入库率保持在98.30%以上，基础管理类16个指标有12个在南通保持第一，其余指标全部列前三名。新欠发生率仅为0.02%，欠税总额128万元，两项指标均为六县（市）最低。

【综合治税】 强化多部门税收联合监控管理，全年通过综合治税入库税款5.21亿元。在施工量明显下降的情况下，通过“先录后证”“先清后验”等税收前置措施，控牢建设项目税收，入库市内工地项目税收46264万元。全年收集52个综合治税合作单位涉税情报133项，利用大企业风险识别系统，对29家重大企业进行风险策略指引，应对入库税款2950万元，全年通过风险应对入库税款3.03亿元。开展建筑房地产业、商业银行、办理出口退税企业等专项检查，查获百万元案件2起，千万元案件1起。全年查补税款2085.57万元，在六县（市）名列第一。

【纳税服务】 2014年，市地税局组织19期培训，培训全市4000多名办税员；制作办税指南视频，对新办纳税人开展即时辅导；利用“纳税人之家”平台，指导纳税人规范销售发票开具、使用；组织餐饮业双定户定额调整民主评税会，公开定额全过程，就双定户定额标准、调整依据及相关程序等问题进行评议。按时答复12366推送工单、网民提问和“12345”热线，及时回复率和满意率均达100%；推出的“私人订制”服务被市行政中心推介。一分局、三分局、稽查局均获评启东市“人民满意服务示范窗口”。

【队伍建设】 发挥系统内2位中国好人的正能量。以“地税周周讲”为平台，全年共培训33期、1698人次，组织实战测试12次，8人获“三师”（注册税务师、注册会计师、律师）资格，2人获得“双师”资格，“三师”比例达25%；1人在中级职称考试中获全国总分第一名，受到中华会计网校的专项表彰。

（徐坚笙）

综 述

【概况】 2014年,全市共有各类金融机构68个。其中,银行业金融机构17个,保险机构26个,证券机构2个,私募基金及投资管理企业11个,融资性担保公司4个,小额贷款公司6个,典当行1个,融资租赁公司1个。至12月底,全市金融机构各项存款余额951.17亿元,各项贷款余额562.52亿元。金融城乡网点布局全面拓展,全市共设有银行网点近200家,可受理银行卡的特约商户近4000家,村级行政区已实现全覆盖。丰泽财富等互联网金融、诺亚财富启东公司等第三方理财等新兴业态在启东出现。制订《关于加快创业投资和股权投资发展的若干意见(试行)》《关于加快企业在新三板等场外市场挂牌交易的意见》《启东市企业信贷突发事件应急处置办法》等政策文件,为地方金融稳定、有序发展提供制度保证。

【直接融资】 2014年,全市通过债券市场发行各类债券28.2亿元,分别是2.7亿元的“临海公路私募债”、7.5亿元的“14南通二建债”、18亿元的“14启东经营债01、02”。超额完成南通在重点经济工作考核中下达市债券融资5亿元的任务。

【改善金融环境】 2014年,全市通过宣传金融生态建设、探索信贷创新、整治非法金融、开展金融债权专项整治、打造诚信中介,以及开展“金融生态乡镇”“金融生态村”“信用户”评选等活动,维护金融债权,创新银企合作机制,强化征信体系建设,政府、银行、企业之间诚信合作、良性循环、互动共赢的格局日益完善。

(龚宝妹)

中国人民银行启东市支行

【概况】 2014年12月末,全市本外币各项存款余额951.17亿元,比年初增加115.71亿元,增幅为13.85%。各项贷款余额562.52亿元,比年初增加55.21亿元,增幅为10.88%。

【推出“渔网贷”产品】 年初,立足市渔业生产实际,研究信贷机制创新,在市政府和民生银行启东支行支持配合下,创新推出以船网工具指标作抵押的贷款新品种“渔网贷”,支持渔业生产。至12月末,通过“渔网贷”,有38户实施渔船改造的渔民获总额4000万元的贷款支持。相关情况被《金融时报》专题报道。

【专项贷款】 支行督促指导启东农商银行出台家庭农场、农机购置等专项贷款实施办法,积极向上争取支农再贷款4000万元、支小再贷款1亿元,支持小微企业和三农经济的发展。督促珠江村镇银行发放3000万元专项贷款用于支持环保节能型科技小微企业发展。

【担保业务】 2013年,针对市融资性担保机构担保基金规模偏小、业务发展缓慢和中小企业融资难等问题,政府设立国投担保公司。2014年,支行引导辖内金融机构配合国投担保公司开展业务。年末,辖内10家银行与其分别签订银担合作协议,发放担保贷款32笔,合计发放贷款3.56亿元,余额2.56亿元。

【金融生态创建】 长效机制建设。加强部门间联动,健全乡镇、园区考核机制。推动市政府出台《启东市民间融资突发事件应急预案》,加强与法院沟通联系,健全金融案件执结联动机制,加强执行力度。

综合评估申报。配合上级将工作重点向金融生态环境实际状况评估转变,及时改进金融生态环境建设中存在的问题和薄弱环节,做好综合评估自查材料的申报,在全省综合评估中排名第15位。

加强创建宣传。6月,开展金融生态宣传月活动,宣传金融生态优秀市建设的基本知识、征信知识、人民币反假和支付惠农等方面内容。

【风险防控】 健全风险监测指标。根据上级行要求和辖内实际情况,增加对银行机构不良贷款变动处置、小额贷款公司逾期贷款变动处置、辖内重点骨干企业贷款异动及拖欠银行贷款本息情况和重点骨干企业客户涉及重大诉讼情况的监测,进一步规范监测对象和内容。

加强日常风险监测和处置。按月

对相关指标进行分析，并在第一时间进行预警。加大对民间高利借贷风险向银行业传递的防控和处置。针对辖内某公司突然倒闭，导致部分担保企业资金链紧张和银行信贷不良资产急剧上升的风险隐患，做好协调处置工作。通过建议政府设立资金周转池、参与破产清算、多次召开银政企协调会议，确保辖区经济金融安全运行。

执行重大事项报告制度。为及时掌握辖区金融机构运行情况，有效处置突发事件，加大对重要事项报告制度执行的督促检查，要求全市银行业机构按月报送重大事项，无重大事项发生的，实行“零报告”制度。8月，对全市银行机构执行重大事项报告制度的情况开展现场检查。报送和检查情况纳入对银行机构综合评估，确保重大事项报告制度执行到位。

【农村金融综合服务站建设】 通过与农商银行沟通联系、实施业务培训、召开推进会、加强督促检查，至12月末，建成240家金融综合服务站，实现所有行政村全覆盖。二代货发试点工作，作为分行首批二代货发（运用无线射频扫描技术，实现现金入库及查库等日常操作的现代化管理系统）试点行，通过充实人员、积极配合软硬件安装、组织业务学习培训、加强系统测试，确保二代货发顺利上线运行。

【外汇管理改革】 2014年，外汇部门成功办理南通地区首笔跨境人民币境外放款业务。成功办理市首家外资融资租赁公司外汇登记、首例外资企业A股减持和首例中资企业短期外债余额指标下放，为启东农商银行成功开办外汇业务。

【金融维权】 加强金融消费权益保护工作站建设，与12345热线联动，畅通金融消费者维权渠道，全年直接受理投诉案件9件。

【征信服务】 通过充实人员、设置指示牌、优化工作流程、改进服务方式，做好市民个人信用报告查询服务工作。加大征信查询收费宣传力度，提高市民认知度。

【人民币流通满意工程】 做好辖内银行间计划调度工作，满足辖区合理现金需求。有计划地增加各种面额货币投放，优化辖内流通中现金的货币结构。加快残损币特别是小面额残损币的回笼，提高人民币流通质量。推行收支两条线工作，实现股份制银行柜面现金支付能全面记录冠字号码。

（刘　汇）

中国工商银行股份有限公司启东支行

【概况】 2014年末，中国工商银行股份有限公司启东支行人民币各项存款余额为97.88亿元，较年初增加1.54亿元，其中储蓄存款增加4.47亿元，对公存款下降2.46亿元；人民币各项贷款余额53.1亿元，较年初增加2.62亿元，其中公司类贷款较年初增加3.44亿元，个人类贷款较年初减少8200万元。全年完成中间业务收入12320万元，实现拨备前经营利润2.85亿元。

【中间业务】 强化公私结算服务，推广品牌投行业务，拓展银行卡业务、贵金属业务市场，推广互联网金融，企业经营水平和盈利能力得到显著提升。全年，实现中间业务收入12320万元，同比增长16%，实现拨备前利润2.85亿元，实现净利润2.07亿元，人均创利超150万元。

【资产业务】 全年项目贷款累计投放5.23亿元；大资管业务累计发生额68.59亿元，较上年增加12.25亿元，增幅21.74%。通过苹果贷、供应链融资、小微企业票据直贴业务、建筑企业保函业务等重点业务实现资产经营的新成效。至年底，本外币各项贷款余额55.66亿元，比年初增加3.29亿元，其中公司类贷款增加4.11亿元，个人类贷款较年初下降8200万元。强化信贷人员业务培训，开展信贷客户体检活动，全面排查潜在风险，提升信贷管理水平。坚持公私联动，稳步实施存量贷款结构调整计划，全力防控贷款劣变。一户一策制订不良贷款处置方案，不良贷款处置及风险暴露贷款的清收处置取得新突破，余额控制在上级行规定的控制范围内。

【负债业务】 重视招商引资项目的营销，开展重点目标客户的攻关，推进“工商企业通”业务发展，抓好有贷客户存贷比提升，强势推动裸贷整治。储蓄存款强化公私联动和产品联动，推动代发工资业务发展，拓展个人中高端客户，全面营销私人银行客户。至年底，全行本外币各项存款余额99.72亿元。

【内控案防】 坚持专业案防分析制度，深化各专业条线内控案防管理。做好案防重要风险点防治工作，加大现金、业务印章、重要空白凭证、客户对账等关键环节风险控制力度。加强员工行为动态管理，严格对网点负责人、现场管理人员和客户经理的管理，落实关键岗位人员轮换及强制休假制度。加强中间业务收费管理。开展重点违规行为治理，全年实现“零案件、零重大事故、零重大负面舆情”的管理目标。

（周　键）

中国农业银行股份有限公司启东市支行

【概况】 2014年末，中国农业银行股份有限公司启东市支行各项存款余额127.10亿元，比年初增加11.48亿元；各项贷款余额44.47亿元，其中人民币贷款余额43.10亿元。年末法人贷款实现零不良。全年实现拨备后利润1.92亿元。

【个人业务】 至年末，支行本外币储蓄存款比年初净增10.5亿元，四行增量市场份额名列第一；个人资金总量比年初增加13.9亿元；贵金属销售19.5公斤；基金销售11.69亿元；个人贵宾客户比年初增加4225户；个人电子银行注册户新增90220户；企业电子银行注册户新增856户；新增金融IC借记卡67765张；新增贷记卡发卡4808张；新增有效商户59户；新增有效转账电话142户。

中国农业银行启东支行开展“金融知识万里行之走进幸福二村”活动

（农业银行启东支行/提供）

【公司业务】 至年末，支行人民币对公时点增量1亿元；新增各类账户655户，新增法人折效客户457户，新增国际结算户12户，新增法人优质客户6户。全年新发放人民币贷款2.4亿元；信贷客户及关联单位月平均存款增长1.3亿元。

【信贷业务】 支行切实防范平台、房地产、产能过剩、影子银行、流动性、IT、市场和操作八大类风险，促进全面信贷管理水平的提升。通过信贷组合持续优化，使潜在风险客户退出。夯实信用风险管理基础，对重点风险领域进行排查和治理，逐步提高评级、经济资本、分类、拨备等方面精细化管理水平。初步建立全行操作风险评估体系，推动基层网点规范化管理，深化信贷管理“三化三无”(制度化、规范化、程序化；无不良贷款、无低效贷款、无不合理经济资本占用贷款)等工作。全年累计清收不良贷款2353万元，退出潜在风险贷款3460万元，累计清收委托资产贷款165万元。

（汤巍威）

中国银行股份有限公司启东支行

【概况】 2014年，中国银行股份有限公司启东支行本外币各项存款余额为83.23亿元，较年初增长2.67亿元；本外币各项贷款余额为62.88亿元，较年初新增1.82亿元；实现税后净利润1.35亿元。支行员工积极担当，勇于奉献，取得良好的社会声誉，获2011~2013年度南通市平安金融示范单位等荣誉。

【资产业务】 2014年，支行人民币贷款余额为61.40亿元。其中：人民币公司净贷款余额46.33亿元，实现中小企业新模式客户新增1.04亿元；零售贷款余额14.94亿元，较年初增长1.24亿元，发放小微贷款3620万元。坚持深耕、优化，以及中小型企业客户并重发展的经营策略，做好与企业需求的对接。年内叙做首笔订单融资项下人民币协议融资业务，联动引入海外资金，发行首笔非公开定向债务融资工具，为企业成功开立NRA基本账户等创新业务，满足不同客户需求。

【负债业务】 支行积极争取沿江、沿海产业带及各工业园区内的基础建设资金、企业代发薪等资金的落地，并通过配备理财类、交易类等产品，提高资金留存率。2014年，实现企业代发薪16.23亿元，实现个人中高端客户新增502户，资产新增6050万元。本外币储蓄存款余额52.01亿元，较年初增长3.50亿元。

【产品拓展】 2014年，支行信用卡有效发卡4283户，实现信用卡人民币收单4.86亿元；代理基金销售1.31亿元；拓展个人网上银行8406户，手机银行6804户；国际结算量为8.28亿美元。全年共实现中间业务净收入7159万元。

【合规运营】 推进“平安中行、平安金融”创建工作，落实网点“安全轮值制”，提高全行员工的风险意识；扎实开展安全预案演练，组织“预防外部欺诈电信诈骗百日宣传教育”活动，成功阻截4起电信诈骗，挽回损失35.7万元。

【文明创建】 确立“支行为基层，全行为客户”的理念，持续深化服务内涵，修订一系列适合行特点的服务规划和措施，打造亲情化、个性化的服务品牌。组织东疆志愿者团队、巾帼服务队深入社区、街巷、学校，开展金融知识、反洗钱、反假货币等宣传活动和义务劳动；支行青年志愿者们还与南阳镇良仁村开展关爱孤老结对活动，在特定节日为老人送去关爱。

（王 健）

中国建设银行股份有限公司启东支行

【概况】 2014年，中国建设银行股份有限公司启东支行实现全口径存款余额118.59亿元，各项贷款余额73.06亿元。实现中间业务净收入1.12亿元，四行占比32.35%，较年初提升1.93个百分点。完成税前利润3.27亿元，列四行及系统第一，同比增加4257万元，增幅为15%；净利润2.46亿元，列四行及系统第一，同比增加3193万元，增幅为15%。

【存款业务】 在一季度存款旺季落实市民健康卡、银医通等战略推广业务前期筹备工作，及时对日均存款、时点存款实施绩效激励方案，强调银票保证金、国际业务存贷类等产品对日均存款的支撑。做好利率上浮、惠存通、聚财宝以及理财产品等特色储蓄业务宣传与咨询服务工作。年末完成全口径存款余额118.59亿元，四行占比

28.03%,列第二,较年初提增0.7个百分点;新增8.22亿元,四行占比28.93%,列第二。一般性存款余额118.51亿元,四行占比28.03%,列第二,较年初净增0.73个百分点;新增8.54亿元,四行占比29.29%,列第二。储蓄存款72.35亿元,四行占比24.8%,列第二,较年初上升0.49个百分点;新增6.94亿元,四行占比28.13%,列第二;对公存款46.16亿元,四行占比35.22%,列第一,比年初提增1.89个百分点;新增1.6亿元,四行占比35.73%,列第二。

四行日均存款相比,支行对公存款日均余额与新增同列第一,其余均列第二。其中,全口径日均余额116.31亿元,四行占比28.54%;日均新增8.24亿元,四行占比28.23%。一般性存款日均余额115.96亿元,四行占比28.53%;日均新增8.34亿元,四行占比28.15%。储蓄存款日均余额70.39亿元,四行占比24.66%;日均新增5.92亿元,四行占比25.47%。对公存款日均余额45.57亿元,四行占比37.67%;日均新增2.42亿元,四行占比37.91%。

【信贷业务】 支行各项贷款余额73.06亿元,四行占比30.95%,继续保持四行第一。其中,对公贷款56.44亿元,四行占比30.36%,列第一;个贷余额16.52亿元,四行占比33.15%,列第一。

择优发展公司信贷业务。全年完成固贷实际投放6.09亿元,已批待投放固贷1.7亿元,发放理财产品7.3亿元,组织落实储备项目9个30亿元、中票项目1个3亿元以及大客户综合授信申报审批41亿元。

发展住房贷款业务。全年共计投放房贷1054户4.07亿元、消费贷款213户1.87亿元;新增个人自住房贷款2.04亿元,市场占比50.04%,列四行第一;公积金贷款余额7.58亿元,市场占比60.41%,新增8460万元,四行占比72.25%,均列第一。

信用卡分期业务。全年完成分期业务8685万元,较上年增加3525万元,增幅68%;其中专项分期为3483万元,一般分期为5202万元。

不良资产转化与压缩工作。通过打包转让、减免息回收对公不良资产4200万元,回收个贷不良贷款800多万元。妥善处理一起被诉案件,避免经济损失150余万元。

【国际业务】 支行完成对公外汇存款余额4479万美元,当地四行占比55%,列第一;日均存款余额7035万美元,日均新增3054万美元,完成计划数的156.3%。外汇贷款余额9907万美元,四行占比52%。实现跨境人民币业务10.19亿美元,绝对额与完成率均列南通系统六县市第一,比上年同期净增3.42亿美元,四行份额占比55%,列第一。完成国际结算6.73亿美元,四行占比31.5%;结售汇2.53亿美元,实现外汇中间收入1293万元,完成率超过100%。

【战略性业务】 支行有AUM 1000万元以上私人银行客户58个,当年新增15个,计划完成率系统第一。新增有效代发工资13户,累计代发192户,代发人数33282人,户均代发3.77万元,列系统第一。新增贷记卡14174张,完成率116.75%,列系统第一;贷记卡客户净新增10718户、完成率109.97%。其中信用卡预审批系统发卡9097张,成功率50.67%,超出系统平均数10多个百分点,列第一。全年拓展有效商户收单193户、完成率112.87%,列系统第二。单位结算卡、现金管理系统、企业自助系统实现网点全覆盖,覆盖率分别达71%、34%和50%,列系统第一。在系统内首发"鲁班"龙卡,全年发行15270张,列第一;独家签约居民健康卡框架协议,首批12万张卡进入集中制卡、软件改造和设备进场阶段。

【产品创新】 加大产品创新激励力度。在全省系统内首发沿海滩涂资源开发贷款2.8亿元,办理首笔大额换币种跨境双向结售汇业务和出口收益保2号产品1亿元。成功营销南通分行最大金额出口保付业务1亿元,以及首单入总行资金池的资产收益型理财1.8亿元,股权收益权理财产品5.5亿元。成功办理汇贷盈、存汇盈以及进出口银行代理业务、小企业善融贷业务等。

【网点"三综合"转型】 采取专题推进会、网点主管例会、经验交流会等多种形式,针对"三综合"(三综合是指功能综合化、柜员综合化和营销队伍综合化)后的岗位分工、岗位职责、弹性排班以及业务技能、风险防范等开展经验交流与学习培训,确保"三综合"转型顺利进行,全辖15个营业网点除营业部外,其余均按计划完成转型工作。

【网点改扩建】 对全省系统内面积最小的网点——江海路分理处,按新开网点建设标准完成扩租建。对10年以上未装修的北新、吕四网点重新设计装修。近郊南阳中心镇新设网点获上级行审批通过,年内完成装修。结合启东区域情况,推进离行式自助银行布局,年内新增南通大学启东校区、宝岛花园东门、宝岛花园北门、紫薇苑、香格花园离行式自助区5个,累计在用自助区12个。

【内控管理】 开展廉洁合规、优质服务培树活动,实现全年无"四类案件"(防火、防盗、防抢、防诈骗)、无安全生产等级事故的目标。支行通过省、市、县三级文明单位验收考核,获省分行维稳先进单位等称号。加强内控制度建设,及时堵塞漏洞。组织开展为期5个月的"管控关键环节,防范突出风险"案件专项治理活动,组织员工观看警示教育影像、座谈讨论以及"会计印章业务知识""柜面业务安全无事故""百日竞赛网上答题"测试活动等。

(吴玉章)

江苏银行股份有限公司启东支行

【概况】 至2014年末,江苏银行股份有限公司启东支行实现外币一般性存款余额45.4亿元,各类贷款余额37.79亿元,中间业务收入2300多万元。

【资产业务】 至2014年末,支行各类贷款余额37.79亿元,比年初新增

8.26亿元，其中公司贷款新增6.85亿元。支行抓好信贷资产有效投放，服务中小企业继续确保政府平台类贷款的发放，先后发展河海嘉裕、东方船用设备、东岳药业、华亿液压、千帆印染等一批实体型生产企业；与政府有效对接，发放城投、交通、滨海工业园等政府平台类贷款6亿多元。

【负债业务】 至2014年末，支行本外币一般性存款余额达45.4亿元，比年初新增7.1亿元，其中对公存款比年初新增6.61亿元，储蓄存款比年初新增4885.26万元。支行从授信资源入手，强调对公授信企业的存贷比，通过投行、保函、银承、现金池管理等公司业务，拓展存款渠道，营销绿色存款。持续开展广开户活动，巩固对公存款。抓零售业务转型，旺季抓建筑施工企业、企事业单位的年终分配，并开展零售竞赛活动。

【中间业务】 支行加强理财基础资产项目的营销和上报，拓展投行业务等新品种，叙做集万迅公司的3亿元投行项目；先后发展开发区、盐城华晟置业、大长江房产等多笔委托贷款；营销国内保理、票据池、财务顾问、贷款承诺、委托贷款等业务，推动中间收入的稳步增长。2014年，中间业务收入2300多万元。

（张　艳）

交通银行股份有限公司启东支行

【概况】 2014年，交通银行股份有限公司启东支行在业务结构调整、创新业务发展等方面取得积极进展。年末，各项存款余额13亿元，各项贷款余额13.5亿元，资产质量运行良好。参与创建分行“五星级网点”建设，在行规行约、内控制度、服务考核、应急预案、服务宣传、经验交流方面，取得较大进步。开展员工行为管控专项行动风险排查工作，每周及时上报风险排查情况，持续提升内控水平，避免案件发生。

（谢忠涛）

上海浦东发展银行股份有限公司启东支行

【概况】 至2014年末，上海浦东发展银行股份有限公司启东支行实现各项存款余额14.51亿元，比年初新增2.30亿元，其中对公存款余额10.75亿元，比年初新增1.39亿元；储蓄存款余额3.77亿元，比年初新增9093万元；个人金融资产余额8.14亿元，比年初新增3.35亿元。

【业务拓展】 至2014年末，支行直接或间接融资9.66亿元，比年初新增4.99亿元，其中银票敞口6250万元，信用证敞口7000万元，再保理敞口1.33亿元，券商定向资管7亿元。

【经营效益】 全年实现营业收入6278万元。实现对公中间业务收入777万元，其中对公基础性中收301万元；实现个金中间业务收入211万元，其中财富类190万元。

（沈翠娥）

中国邮政储蓄银行启东市支行

【概况】 2014年，中国邮政储蓄银行启东市支行严格执行精细化管理，稳步推进经营体制改革，强化风险管控制度，优化资源配置，推动企业良性高效发展。全年实现储蓄存款余额88.91亿元，个人贷款余额11.12亿元。支行营业部保持省级青年文明号称号。

【个人贷款】 2014年，支行根据市场变化，及时调整组织架构，实现信贷业务发展与管理分离。结合农业现代化衍生的金融需求，做好农村信贷服务创新，如渔船网批质押贷款、渔船改造工程贷款、滩涂养殖批量化小额贷款、紫菜加工行业小额贷款等，丰富支行信贷种类，扩大规模。全年发放各类贷款累计2347笔，金额7.43亿元，信贷总规模列南通地区县支行第一。

【对公业务】 2014年，支行拓展优质对公客户，全年新增40多家，行业涵盖机电、贸易、汽车配件、房地产、个体户、乡镇财政等，新增沉淀余额4000多万元。开展供应链融资、同业授信、公司信贷、外汇业务、票据贴现等一系列市场调研工作，储备并开发新客户，其中大唐发电厂为全区第一个县行自主成功开发的公司信贷项目。全年发放贷款额4亿元。

【风险管控】 加强全面风险管理体系建设，构筑业务、风险、审计多层级全过程的防控体系。成立案件防控领导小组，层层签订案件防控责任书，构建资金安全联动机制。加强邮银案件联防，坚持邮银联席会议、案防工作会议及风

邮政储蓄银行启东市支行领导慰问困难群众

（邮政储蓄银行启东市支行/提供）

险报告工作制度,深化案件专项治理。开展多类别检查活动,加强检查的深度和力度,提高检查质量。强化资产保全制度的落实,建立部门间正常的信息沟通和联合机制,有效控制不良贷款逾期率,至12月底全行总体不良率0.46%。

(沈玲妤)

中国农业发展银行启东市支行

【概况】 2014年,中国农业发展银行启东市支行全年累计发放贷款4.66亿元,年末贷款余额22.36亿元,存款余额4.12亿元,实现中间业务收入188.12万元。

【存款业务】 始终坚持"存款立行、贷款兴行"的经营战略方针,充分利用项目贷款营销契机,密切与地方政府互利共赢的合作关系,积极拓展财政性存款占比的份额,克服政策性银行无公众存款业务的短板。

【贷款业务】 2014年,启东农业发展银行重点做好地方粮食储备贷款发放、监管工作,稳健推进中长期信贷业务,全年累计发放启东市城郊骨干河道整治工程项目贷款、吕四港经济技术开发区新港闸防洪除涝工程项目贷款4亿元,获批中长期水利建设项目贷款2个,额度达6亿元;重点突击水利建设项目、农民集中住房建设项目、吕四经济开发区新型城镇化建设项目等,贷款总量约45亿元。

(高建飞)

江苏启东农村商业银行股份有限公司

【概况】 2014年末,江苏启东农村商业银行股份有限公司(以下简称启东农商银行)总资产347.52亿元,比年初增加54.98亿元,增幅18.79%;负债总额330.19亿元,比年初增加51.96亿元,增幅为18.68%;所有者权益合计17.33亿元,比年初增加3亿元,增幅为21.07%。各项存款269.95亿元,比年初增加46.03亿元,增幅20.55%,本地存款市场份额28.74%,比年初上升1.45个百分点;各项贷款168.92亿元,比年初增加24亿元,增幅16.56%,本地贷款市场份额30.71%,比年初上升0.97个百分点;存贷比62.58%,比年初下降2.14个百分点。五级分类划分不良贷款余额2.68亿元,比年初微升3810万元,不良贷款占比1.59%,与年初持平。实现营业收入18.89亿元,比上年增收3亿元,增幅19.34%。实现净利润27716万元,比上年增盈5116万元,增幅22.64%。

【信贷投放】 2014年,启东农商银行组织两期信贷投放专项竞赛活动,多次召开业务促进会,贷款户数与增量显著增加。年末,贷款户数净增668户,其中小企业净增21户,自然人净增703户。全行户均贷款180.96万元,比上年增加13.76万元,客户经理人均管户87.24户,比上年上升0.57户。

【信贷支农】 与市农委、市农机局等部门合作,出台针对家庭农场、针对农机购置等专项贷款实施办法,全年累计发放上述贷款398万元。

【支持实体经济】 积极争取支农再贷款4000万元、支小(支持小微企业)再贷款1亿元、再贴现资金3.42亿元,惠及109家企业、54个农户;其中通过再贴现资金利率杠杆,农商银行降低直贴利率,累计为66家企业节约财务成本近200万元。

【创新信贷服务方式】 启东农商银行成立文峰建筑业支行、天汾电动工具支行、吕四海洋产业支行为客户定向服务;结合省联社小微企业贷款转贷方式创新试点要求,修订推出新版"流转贷"产品,首批惠及100家小微企业,全省首推养老服务"安居乐"贷款产品。

【政银企合作】 2014年,启东农商银行累计深入经济开发区、滨海工业园区、滨江精细化工园区等地召开5次不同形式的政银企座谈会,参与座谈企业近百家。

【全省首推"颐养天年"安居乐贷款】 2014年,启东农商银行正式出台《"颐养天年"安居乐贷款管理办法》。该办法是全省银行机构中首个支持养老机构专项贷款管理办法,重点支持医养结合型养老机构,个人创办的家庭化、小型化养老机构以及运营公有产权(公建民营)、租赁房产运营的养老机构等;贷款期限灵活。对于购置或自建的普通养老机构(传统的养老院、关爱之家、托老院等)期限一般不超过5年;购置或自建的医养融合型养老机构(护理院)期限最长可达10年。同时提供多种担保方式,对于有商品房抵押且有民政、财政资金补贴的养老机构抵押率最高可放宽至100%。全年累计支持养老服务业贷款800万元。

【国际业务开办】 11月28日,启东农商银行正式开办国际业务。截至12月31日,累计为全市51家进出口企业开立外汇结算账户;办理汇出汇款9笔19万美元;汇入汇款8笔28万美元;出口托收4笔36万美元;结售汇业务13笔67万美元。

【理财产品发售】 7月,启东农商银行发行第一期"启富东疆·稳赢理财"系列保本型理财产品。全年累计发行10期理财产品,发售金额24157万元;各期理财产品期限最短32天,最长90天,客户收益率4.2%~4.6%不等;年末理财产品余额4866万元。

【商务转型】 2014年,启东农商银行全面启动商务转型工作。8月16日,召开商务转型工作启动大会,聘请南京大学商务转型专家组进行辅导,启动商务转型工作。开展商务转型基础资料调查和梳理工作,并多次召开培训会,实施总行商务转型"十大模块"建设定型工作。

【农村金融服务站升级工程】 启东农商银行依托原助农取款服务点,建设升级农村金融综合服务站。全年完成240家金融综合服务站升级工作。

(陶帅君)

民生银行股份有限公司启东支行

【概况】 截至2014年12月31日，民生银行启东支行各项存款余额13.05亿元，比年初增加3875万元，其中大公司存款余额8.97亿元，较年初增长1.47亿元；中小存款余额4100万元，较年初增长2587万元；小微存款余额623万元，较年初减少247万元；储蓄存款3.6亿元，比年初减少1.31亿元；贷款余额5.02亿元，比年初减少9500万元。其中，公司贷款1.52亿元，个人贷款余额34980万元。支行零售贵宾客户数900户，私人银行达标客户数6户。全年累计管理理财资产15.02亿元。2014年，支行被评为客户服务标杆网点。

（陆红池）

民生银行启东支行开展理财咨询服务 （民生银行启东支行/提供）

南京银行启东支行

【概况】 截至2014年末，南京银行启东支行各项存款余额达23亿元，表内外各项信贷资产达33亿元，居民理财产品销售超过25亿元。

【特色产品】 支行“鑫梅花”理财产品以“稳健”为经营特点，收益一直处于当地银行业较高水平，金梅花借记卡在全国范围内任一银行自动取款机上取款免手续费；免小额账户管理费；免借记卡年费；免短信通知费；个人信用贷款无抵押、免担保，一次授信，循环使用；成本低、随借随还，贷款最高额度可达100万元。

（秦子童）

招商银行股份有限公司启东支行

【概况】 截至2014年12月31日，招商银行股份有限公司启东支行存款余额10.70亿元，其中对公存款9.37亿元，储蓄存款1.33亿元。贷款余额6.58亿元，其中单位贷款5.75亿元，个人贷款0.83亿元。替代性表外资产业务余额20.47亿元。不良贷款10.19万元。

【业务拓展】 分析研究启东社会经济地方特色，重视客群建设。其中，在政府平台类客户中，先后走访、营销启东市城投、国投、交通、吕四开发区、启东经济开发区、滨海工业园等多个核心单位，联络银企合作关系。在实体经济企业中，对南通二建、启安集团、西欧电子、德林通信、中超建设、林洋集团等多个骨干企业，作走访、营销，促成开户，建立授信业务关系。在零售条线上，营销成功多位超千万AUM个人高端客户、有效金葵花客户及多个个贷客户。

【内部管理】 针对客户经理队伍整体素质急待提升，营销机制不健全，考核不完善等问题，组织制定《对公客户经理考核管理办法》《授信业务流程补充规范》等4个管理文件，提高内部管理水平。

【风险防范】 注意合规经营的教育督导，防范操作风险及道德风险，在信贷资产的管理上，坚持共同商量、集体决策，对每个授信客户的引入都以授信项目专题会议共同分析，完善风险防范措施及确定合理的授信方案，平日注重廉洁自律，主动上交礼金礼品，在全行上下营造廉洁自律、合规经营的良好氛围。

（施晓燕）

中信银行启东支行

【概况】 2014年，中信银行启东支行年末各项存款时点余额16.68亿元，各项

中信银行启东支行在文峰大世界开展业务推广活动 （中信银行启东支行/提供）

贷款余额7.37亿元,其中零售管理资产余额2.87亿元,比年初增加1.43亿元。

(郁海燕)

江苏启东珠江村镇银行

【概况】 截至2014年12月底,支行各项存款余额3.80亿元,比年初增长1.37亿元,其中,对公存款余额2.71亿元,储蓄存款余额1.09亿元。

【不良贷款实现双降】 截至12月31日,支行不良贷款余额为730.61万元,较年初减少610.78万元,不良贷款占比由年初的5.32%下降为1.90%。新增贷款没有一笔逾期欠息或关注类贷款,资产质量明显改善,业务发展步入良性循环。各项贷款余额3.85亿元,比年初增长1.33亿元,利息收入为2293.61万元,实现净利润777.96万元,考核利润为997.73万元。其中非农贷款占比21.65%,较年初下降10.75%。

【产品创新】 支行提出发展中小企业、微小贷、"三农"业务的市场规划,成立微小贷中心。创新推出"流水贷""超值贷""富农贷""惠农贷""随薪贷""好易贷"等小微金融产品。至12月底,受理业务673余笔,成功放款494笔,合计3.91亿元。

【网点建设】 渠道逐步拓宽。支行完善同城、非税账户等结算功能与渠道,成功申请并开通票据业务,改善支行的支付结算功能。

物理网点扩张迅速。2014年10月汇龙支行成立,吕四支行完成开业准备工作,久隆支行处于装修阶段。

(李玲玲)

广发银行股份有限公司启东支行

【概况】 2013年12月20日,广发银行启东支行在启东开业,支行围绕绩效指标,贯彻"在前进中转型,在发展中优化"的总体要求,坚持以经营效益为核心,狠抓资产和负债两项重点工作,着力提升客户、产品、渠道效能,做到市场和指标兼顾、效益与质量并重,实现各项业务的持续发展和经营管理水平的有效提升。至2014年12月31日,实现储蓄存款余额9840万元,对公存款余额11.28亿元,个人贷款余额1175万元,单位贷款余额15.94亿元,理财产品3.2亿元,发卡2008张,授信16.06亿元,在第二和第三季度启东同业信贷投放考核中,净增额和投放增幅双获第一名。

(顾伟玲)

广发银行启东支行工作人员为客户提供服务 (广发银行启东支行/提供)

中国人民财产保险股份有限公司启东支公司

【概况】 至2014年底,中国人民财产保险股份有限公司启东支公司累计实现保费收入15574万元,完成年度计划的101%,同比增长20.22%,市场份额37.9%,同比2013年的36.26%上升1.64个百分点。

【业务结构调整】 车险、非车险、农险三条产品线业务发展严格按市公司的指导方针推进。车险业务紧贴市场,及时调整承保和费用政策,成为公司业务上规模的关键,车险业务保持30%以上的增长速度,超过启东财产保险市场的平均增速;非车险业务保持快速发展,在拉动规模的同时,成为公司效益的主要来源;协助政府完成高效农业保险55%以上的占比目标,并且在确保独家承办的基础上,加快农村意外险和家财险等民生保险的发展。

【非车险业务】 针对公司非车险保费量较小的实际情况,抓好非车险展业团队建设。非车险业务在全市各经营单位中保持较快发展势态,全年实现保费收入2564万元,同比增长17.6%。

(陆凯兵)

中国人寿保险股份有限公司启东支公司

【概况】 2014年,中国人寿保险股份有限公司启东支公司当地市场占有率维持在65%,继续占据启东寿险市场主导地位。全年总保费收入3.57亿元,其中个险期交总量3759.92万元,团险短期险保费1404.7万元。

【服务创新】 2014年,公司按照中国人寿总公司的统一部署,开始正式推广e宝账系统,通过互联网及手机APP两个版本,完成系统注册、签订协议并绑定保单,享受保单管理、查询、交费、保全、理赔等五类服务功能,将实现面向客户全自助电子化服务。

【慰问“安康关爱行动”参保老人】 “安康关爱行动”是中国人寿保险股份有限公司专为60周岁以上老年人开设的一项意外伤害保险。2014年共有78411人参加保险，541人获赔，赔付金额128.59万元。慰问人员到北新镇中心敬老院、王鲍镇中心敬老院，详细询问老人的身体状况和生活情况，并分别向老人们送上节日的祝福和5000元慰问金。为近海镇向阳村关爱老人之家和惠萍镇大兴村安居之家每位老人送上慰问品。

【风险管控】 重视合规经营，加强内部管理和风险防范。全年开展诚信我为先、集资诈骗专项治理、反商业贿赂、预防机构案件、存量风险回头看等多项风险排查和整治。加强宣传教育，完善防控机制，强化源头治理，守住不出系统性风险的底线。

（宋泽源）

中国太平洋财产保险股份有限公司启东支公司

【概况】 2014年，中国太平洋财产保险股份有限公司启东支公司实现保费收入3500万元，全年处理财产保险赔案4450件，赔付金额2348万元。拓展新险种，做好新车代理承保业务，加强日常管理、业务管理、单证管理，严格核赔制度，加强理赔力量，提升客户服务质量。

（赵海阆）

中国太平洋人寿保险股份有限公司启东支公司

【概况】 2014年，中国太平洋人寿保险股份有限公司启东支公司完成总保费5800万元。其中包括个险、团险、银邮业务，占年计划的112%，同比增长

人寿保险公司启东支公司进社区开展业务咨询活动

（人寿保险公司启东支公司/提供）

2.6%。受理各类理赔案件240起。全年赔付总金额218万元。累计实现承保利润450万元。

（沈 强）

天安财产保险股份有限公司启东支公司

【概况】 2014年，天安财产保险股份有限公司启东支公司坚持以客户为中心，坚持有效发展、管理转型、降本增效，经过公司员工的共同努力，险种结构不断优化，保费规模稳步攀升。全年实现保费收入1630万元，比上年增长13.19%。其中非车险642万元，占比39.38%，赔款支出816万元，简单赔付率50.06%。

【提升服务质量】 天安财产保险公司在全系统启动“客户关怀工程”，进一步强化理赔服务，使对外服务成为公司推动销售、参与竞争、实现目标的根本手段。2014年实行3G移动查勘、微信查勘等快速查勘手段；实行万元以下案件一纸快赔服务；实行理赔人伤、法律诉讼前置服务；实行派送燃油、电瓶充电等道路救援服务，实现对消费者无盲区零距离服务。

（瞿鸣辉）

启东市龙城典当有限责任公司

【概况】 2014年，启东市龙城典当有限责任公司共办理各类典当业务6448笔，累计发放典当质、抵押贷款2988.36万元，同比减少27.2%，全年营业收入86.17万元。

（孙裕平）

南通恒源拍卖有限公司

【概况】 2014年，南通恒源拍卖有限公司共组织拍卖会47场，拍卖标的涉及房地产、地方储备粮、库存物资、机器设备、租赁权、强制拍卖物品等各类资产，全年累计成交额5400多万元。

（倪 霞）

计划管理与宏观调控

【概况】 2014年,全市完成地区生产总值739.13亿元,按不变价计算比上年增长10.6%。其中,一产增加值68.55亿元,增长3.2%;二产增加值369.03亿元,增长10.4%;三产增加值301.55亿元,增长13.0%。产业结构进一步优化,三次产业结构调整为9.3:49.9:40.8,服务业增加值占地区生产总值比重达40.8%。完成财政总收入168.40亿元,同比增长20.7%,其中一般公共预算收入67.25亿元,同比增长14.9%。完成全社会固定资产投资483.41亿元,同比增长18.7%,其中工业投资301.94亿元,同比增长10.7%;服务业投资181.13亿元,同比增长34.7%。

【工业经济】 2014年,全市完成规模工业产值1500.11亿元,同比增长10.2%;实现工业应税销售574.74亿元,同比增长6.0%;实现规模工业入库税收32.76亿元,同比增长16.5%。完成工业用电量17.35亿千瓦时,同比增长1.2%。全年完成新兴产业产值558.95亿元,同比增长20.7%,在规模工业产值中的占比达37.3%;完成高新技术产业产值678.71亿元,同比增长19.6%,在规模工业产值中的占比达45.2%;五大产业集群完成应税销售265.26亿元,同比增长9.8%,在工业应税销售中的占比达46.2%。新增规模企业24家、应税销售超亿元企业15家、超10亿元企业2家;全市50强重点工业企业累计完成应税销售335.88亿元,占全市规模工业应税销售总量的66.6%,其中韩华新能源应税销售超50亿元。

【现代服务业】 2014年,全市完成服务业应税销售370.21亿元,增长26.9%;实现入库税收33.73亿元,增长20%,增幅列南通各县(市)第一。现代服务业集聚区建设取得阶段性进展,八大集聚区快速发展,规划编制进一步完善,有省级集聚区1个,南通市级集聚示范区1个,南通市级集聚区4个。新开工亿元以上服务业项目17个,文峰二期、绿地新村沙、协兴港综合开发等项目有序推进,圆陀角景观大道完成设计。科创大楼、国动产业园、温商总部、博士生产业园等项目推进建设。广发银行启东支行开业,互联网金融、第三方理财等新兴业态不断出现,全市各类金融机构达68家,全年发行各类债券28.2亿元。启东市在省金融生态市排名中提升6位。

【重大基础设施建设】 2014年,吕四港环抱式港池匡围、防沙导流堤工程全面竣工,进港航道一期工程基本完成。渔港经济区两闸外迁、道路、内港池码头和护岸工程全部完工,初步满足渔船停靠、卸货等需要。一类口岸开放获国务院正式批复,报验工作全面推进。临海高等级公路竣工通车,宁启铁路启东段、海启高速启东段开工建设。综合保税区可研申报工作扎实开展。

【重大载体建设】 2014年,启东经济开发区在省级开发区科学发展综合评价中名列第三,并推进申报国家级开发区工作。吕四港经济开发区港口基础设施建设步伐加快,石化新材料产业园道路、排水等各项配套工程基本完成,广汇能源项目获省发改委正式批复,陆域海域工程全面开工建设,华峰超纤、卓达新材料等一批重大项目开工筹备,渔港经济区品牌体验馆、海鲜街完成规划设计。滨海工业园推进产城融合,博士创业园投入使用,入驻科研机构10家。滨江医药化工园加强环保治理,园区环境治理方案获省政府批复,污水处理厂提标改造加快推进。海工船舶工业园获批省海工装备出口基地。江海产业园首期启动区建设全面推进,通航产业园报批有序进行。

【重大产业项目实施】 2014年,全市新开工亿元以上工业项目85个,新竣工亿元以上工业项目25个。华峰超纤、卓达新材料等项目成功落户,广汇能源、宏华海洋、神通能源装备等项目加快建设,林洋光伏、丰益日化、西西艾尔等项目竣工投产,列入省沿海开发"六大行动"计划的30项重大项目和重点工作推进顺利。

(刘宏杰)

国有资产投资管理

【概况】 2014年,启东市国有资产投资控股有限公司总资产为43.77亿元,净资产达10.4亿元,在建工程估算总投资达6亿元，完成实际投入5.54亿元，直接融资23亿元，公司营业收入突破1617万元。

【重大投资项目建设】“蝶湖酒店”项目。至2014年底，项目主体结构封顶，幕墙、钢结构施工收尾，消防及空调排管等部分有序推进施工。同时，依法开展项目的对外转让工作。

南通大学启东校区项目。一期工程行政办公楼、专业教学楼、大学生活动中心、食堂、后勤辅助楼、学生宿舍、教工宿舍等已竣工验收，并投入使用。一期第二批图书馆、实训楼工程土建基本完成，图书馆及报告厅装修工程开工。一期第三批教学楼、学生宿舍、教工宿舍桩基工程全部完工并检测合格，土建单位完成招标，并开工建设，基础钢筋验收合格，基础工程完工。

人才公寓项目。人才公寓桩基工程全部完工，土建施工完成招投标。

协兴港综合开发项目。2014年5月，项目码头工程施工队伍进场，至年底，码头工程完成总项目的70%。后期吹沙平整、基础设施配套工程在准备阶段。

【融资工作】2014年，公司调整融资策略，加强与各大商业银行、国有银行沟通协调，拓宽融资渠道，坚持保存量争新增。全年完成贷款8亿元，另有5亿元项目融资在积极推进。公司为其他融资平台提供担保，累计总额达24.5亿元。在成功发行一期债券的基础上，公司开展发行18亿元的二期企业债券的申报工作，已取得省发改委转报文，并上报至国家发改委审核。

【担保工作】至2014年12月底新增担保额1.94亿元，担保余额1.81亿元，在保企业19家。

【资产管理】2014年，公司加强对资产巡查管理，处置多起非法侵占国有资产行为。全年资产管理收益达1650万元。

（张天安）

协兴港综合开发工程 （郁卫兵/摄）

人事管理与人才资源开发

【人事管理】2014年，启东市人力资源和社会保障局(以下简称人社局)规范机关事业单位公开招聘工作，公开选调公务员、事业人员35人，为教育、卫生等60家事业单位公开招聘工作人员171人。通过继续教育、职称评审考试等方式提高事业单位队伍素质，全市共1万多人参加培训及考试。做好“吃空饷”“在编不在岗”“超编进人”等问题专项治理工作。

【沪启人才合作】2014年，启东驻上海工作站及诺姆四达驻启东工作站实现实体化运作，启东与上海人才网实现互通连接，人才需求信息在上海人才市场同步发布，直接接受上海人才平台服务。启东市与上海各大高校、科研院所广泛合作，聘请一批招才专员，乡镇根据各自产业特点与相关高校及科研院所达成合作联盟。

【载体建设】2014年，市人社局巩固发展高校毕业生就业见习基地，林洋电子、神通阀门等12个基地共吸收200多名高校毕业生就业见习。清华大学博士研究生社会实践工程继续保持领先，全年有7位清华大学博士研究生到启东为昂彼得堡等5家单位解决7项技术难题。做好企业申报博士后工作站和博士进站项目的服务工作，全年共为3家企业申报江苏省创新实践基地，其中海四达公司获省批准，两位博士成功进站。

【人才招聘】2014年，市人社局共举办2014年春季人力资源交流会、吕四及滨海工业园专场招聘会等市内招聘活动30场次，参会单位累计300多家，提供需求岗位近7000个，现场达成就业意向人数3000人；赴高校集中地区开展9场较大规模的就业“双选”洽谈会，带领重点企业赴上海、西安、武汉、成都及省内等地开展小分队招聘50场次，接洽应届高校毕业生4.6万多人次。完成启东人才网升级改造，网上日点击率突破4000次，达成就业意向近万人。

【缓解企业用工难问题】2014年，市人社局在巩固原有40多家劳务输入培训基地的同时，与甘肃省临夏州达成长期劳务合作协议，临夏州专门在启东设立劳务输出工作机构，首批30多名工人抵达启东市。发展盐城技师学院等技工院校联盟，为胜狮货柜等企业引进急需的技术工人。

（项翊君）

机构编制工作

【概况】2014年，全市由编办管理的机构有477个，其中行政机构70个、事业机构407个。全市编制总数为16976名，实有人员总数为15459人。其中，行政编制3076名，实有在编行政人员2949人；事业编制数13900

12月31日,启东市深化行政审批制度改革工作新闻发布会召开
(市编办/提供)

名,实有在编事业人员12510人。

【行政审批制度改革】 按照省、南通市文件要求,确定以构建"5张清单、5个平台、5项重点改革和5大监管体系"为主要内容的简政放权、转变职能的基本框架。出台《关于进一步简政放权深化行政审批制度改革的实施意见》,对市进一步简政放权、深化行政审批制度改革工作作出总体部署。

【政府机构改革前期工作】 根据上级统一部署,结合实际,稳步推进大部制改革,强化机构和职责整合,规范机构设置,理顺权责关系,完善体制机制,加快形成精干高效的市政府组织体系。此轮政府工作部门限额为22个左右,整合市卫生局、人口和计划生育委员会,组建市卫生和计划生育委员会;工商、质监、食药监机构在机构限额内实行"三合一",组建市市场监督管理局。市编办初步拟定启东市人民政府职能转变和机构改革方案。

【吕四港镇行政管理体制改革试点】 市编办会同法制办等部门,指导吕四港镇做好行政事权对接工作,组织吕四港镇赴先进地区学习考察,完善吕四港镇"前台"+"后台"的基层政府新型运行方式。指导吕四港镇建立起行政事业机构整合设置、人员编制精干、管理扁平高效、运行机制灵活的新型基层政府架构,全面提升社会管理能力、公共服务能力,建设服务型基层政府。

【"区镇合一"加快融合】 在调查研究的基础上,制订滨海工业园(近海镇)、船舶工业园(寅阳镇)、滨江精细化工园(北新镇)"区镇合一""三定"规定。突出便民服务、综合执法、社会管理"三大平台"建设,启动沿海前沿重点中心镇、市级中心镇行政管理体制改革试点工作。指导推进"区镇合一"区域加快融合,有效整合资源,凸显板块优势,提高机构运行效率。

【事业单位分类改革】 2014年,初步划分出行政类事业单位1家、公益一类事业单位263家、公益二类81家,暂划入公益一类34家。按照政府职能转变和机构改革的总体要求,统筹推进承担行政职能的事业单位改革,进一步理顺政府与事业单位的关系,按照"两个不突破"(不突破现有机构限额、不突破现有人员编制总额)的原则,把属于政府的行政职能划归相关行政机构。配合卫生部门深化医药卫生体制综合改革,促进优质医疗资源纵向流动;配合教育部门推进义务教育共同体建设,推动市义务教育优质均衡发展。

【事业单位法人治理结构建设试点】 结合医疗卫生体制改革,市组建以市人民医院、市中医院为龙头,下辖11家镇中心卫生院的两大医疗集团。两大医疗集团分别成立理事会和监事会并组建集团成员单位管理层。各成员单位均为独立法人主体,医院院长是单位的法定代表人,对理事会负责,主持医院的日常工作。

【机构编制核查】 围绕机构和人员编制的"四清二对应",即机构清、编制清、领导职数清、实有人员清,实现具体机构设置与按规定审批的机构相对应、实际配备人员和财政供养人员与批准的编制和职数相对应的目标,市编办开展机构编制核查工作。自7月起,历时3个月,经过单位自查、联合审核、公示监督、信息汇总四个环节,核清全市机构和人员编制及实有人员底数,完善全市党政群机关及所有事业单位的机构编制档案。

【机构编制总量控制】 市编办把机构编制"总量控制"作为研究机构编制事项的重要原则,坚持在充分挖掘现有编制潜力的基础上实现编制效用最大化。强化日常监督管理,注重盘活用好机构编制资源,坚决守住"只减不增"底线,落实上级关于财政供养人员只减不增任务。强化对人员编制的源头管理,编制使用和进人程序均有据可查,提高市机构编制信息的有效性和准确性。

【事业单位登记管理】 事业单位登记管理局推行预约服务、上门服务,完善网上登记管理服务。开展登记档案标准化建设,完善档案收集整理,提高登记档案的利用和服务价值。在市法制办的指导下,建立设立、变更、注销登记申请等不予受理通知书、申请补正材料通知书、未按期报送年度报告警告书、收缴事业单位法人证书和单位印章凭证等17项事业单位登记管理法律文书示范文本,为登记局加强依法行政推出新举措。

【中文域名管理】 根据上级要求印发《关于做好政务和公益域名注册、网上名称和网站标识管理工作的通知》,并开展专题培训。2014年底,全市已注册中文域名单位258个,其中政务52个,占机关总数的75%;公益206个,占全市可注册事业单位的51%。

(王 佳)

工商行政管理

【概况】 至2014年12月底，全市实有各类市场主体9.45万户，注册资本(金)1145.43亿元，较2013年分别增长7.02%和13.53%。其中，内资企业2.67万户，注册资本1124.72亿元，较2013年分别增长9.88%和13.52%；外商投资企业489户，注册资本31.92亿美元，外方认缴28.39亿美元，较2013年分别增长4.8%、14.6%和16.65%；个体工商户6.78万户，资金数额20.7亿元，较2013年分别增长7.11%和14.36%；农民专业合作社960户，出资总额17.32亿元，较2013年分别增长15.8%和11.9%，市场主体总体呈现数量持续增加、资金规模持续扩大趋势。全年立案查处一般程序案件519件，办结412件，罚没款入库360余万元，其中商标侵权案件30件、食品案件83件、产品质量案件50件、反不正当竞争案件4件、广告案件60件、农资案件1件、登记类案件140件，其他类型案件151件。查扣侵犯“DELIXI”驰名商标双电源自动转换开关297台，涉案金额17.64万元；查扣侵犯“水星”驰名商标床上用品506条，涉案金额5万多元；查扣侵犯“大嘴猴”注册商标专用权服饰784件、服装料片178.8公斤、包装袋4950个、商标吊牌2400件；查扣涉嫌侵权电动工具3800多台，假冒洋河蓝色经典“天之蓝”酒57瓶、“海之蓝”酒216瓶、“五粮液”白酒80箱。

工商局执法人员在检查服装商标 （潘　杨/摄）

【优化服务机制】 公司注册资本登记制度改革后，设置改革咨询导办服务台，开通咨询专线，在各注册窗口设置改革告示牌，并在启东电视台《社会关注》栏目录制注册资本改革专题片，加强社会宣传；调整公司登记权限，推进公司注册就地便民登记；充实登记队伍力量，调整工作人员配备，压缩公司登记审批事项，不断缩短发照期限，当场发照率达90%，最长的发照期限不超过3个工作日。全面部署和推进落实网上登记；鼓励和推进药品零售企业的连锁经营，与药监局会商，就名称核定事项形成会议纪要；在股东变更过程、公司注销等过程中及时与地税部门信息反馈，5月，与地税局签订印花税委托代征协议，代征股权转让印花税和所得税9800万元，服务地方税源经济发展。贯彻执行“先照后证”登记改革工作，已办理先照后证审批341件。加强分局窗口的硬件建设，对9个分局陈旧的注册大厅重新装修，统一更新窗口公示内容，印制十类登记注册指南，并在局门户网站公示；更新和规范个体工商户、个人独资企业等各类示范文本；建立启东工商外资企业协会QQ群，及时解答企业提问；定期对各分局窗口进行抽查。驻行政中心工商窗口，获全市“人民满意服务示范窗口”称号。

【市场升级改造】 完成城区三个市场升级改造工程，其中人民桥市场完成改造面积3605平方米，全部摊位拆除重建，水电安装齐全；按标准改造熟食间4间、活水鱼间3间、活禽宰杀间1间及公共厕所；周边门店统一安装店牌。长兴果品市场完成地面改造1600平方米、下水管道40米。长龙市场完成改造面积3090平方米。全市完成熟食预进间标准设置5间。至年底，城区除2个拆迁市场及和平市场外，农贸市场升级改造工程全部完成。

【农贸市场安全管理】 参与文明办、环保局、城管局牵头各类整治创建活动，对照各部门督查发现的问题，逐一查看整改，确保农贸市场整治创建任务达到标准。在全市农贸市场推行早管巡查制度，制订农贸市场集中整治实施方案。开展农贸市场安全隐患排查及调研。利用3个月的时间，先后对全市各类有形市场开展2次全面摸底调查，重点对市场规模、安全生产、消防隐患、食品安全等进行实地察看。至2014年底，全市共有各类注册登记的农贸市场64家，未登记的便民市场17家，自发形成分布在小区通道或路边的马路市场21家。共排查出存在火灾隐患的45家；设施陈旧、棚顶存在严重安全隐患的1家；设施简易抗灾能力差、电线私拉乱接的49家；21处马路市场均存在交通安全隐患；17家便民市场多数因土地使用权问题无法取得营业执照，并及时将排查出来的问题以报告或函告的形式向政府及相关职能部门汇报或抄告。全年先后组织4次农贸市场安全(火灾)隐患集中排查，并就排查问题向安监、消防部门告知。

【驰名商标使用管理】 配合新《中华人民共和国商标法》实施，对东成电动工具、林洋电子、盖天力制药等6家拥有驰名商标的企业主动上门调研，指导企业解决相关问题7个；对全市68家商标印制企业、164家广告经营企业逐一走访指导；强化对专卖店、大型商场、批发交易中心等重点场所驰名商标使用行为的排查，共检查专卖店89家、大型商场和超市58家，发放商标管理提示书 386 份。

【"三名"商标申报】 围绕全市规模较大的注册商标企业、符合区域转型发展的高新技术企业等重点企业，深入推进实施商标战略，走访各类企业 40 家。2014 年获新认定国家驰名商标 1 件，江苏省著名商标 7 件，南通市知名商标 18 件。

2014 年"三名"商标新认定企业名录

表 18

申报类别	序号	商标注册人(利害关系人)	商标名称
驰名商标	1	江苏神通阀门股份有限公司	蝶球
著名商标	1	江苏风神空调集团有限公司	风神
	2	南通永安纺织有限公司	银海
	3	南通京海申水产有限公司	京海申
	4	启东泰安建材有限公司	太安
	5	江苏嘉盟电力设备有限公司	MELEC
	6	江苏南田工机有限公司	N&T
	7	启东尤希路化学工业有限公司	尤希路
知名商标	1	江苏启安建设集团有限公司	启安
	2	启东市恒怡电源有限公司	恒怡电源
	3	启东市东蕾出租汽车有限公司	东蕾
	4	南通东之杰电气有限公司	DZJ
	5	南通海嘉复合材料有限公司	海嘉
	6	江苏康耐特光学有限公司	康耐特
	7	江苏康耐特光学有限公司	conant
	8	启东市恒盛仪表设备有限公司	恒盛
	9	启东市隆恩油脂有限公司	江海
	10	南通润邦海洋工程装备有限公司	润邦海洋
	11	启东风华电声有限责任公司	FH
	12	南通新浪海苔食品有限公司	优基
	13	启东市生力电动工具厂	生力军
	14	启东市希士水泥有限公司	希士
	15	启东市东浦五金有限公司	东浦
	16	启东市忠辉果蔬专业合作社	王鲍地产三宝

【商标兴农】 对具有启东地方特色的农副产品香芋、王鲍香沙芋、洋扁豆、大红袍赤豆、山羊、文蛤等知名农产品的品牌使用现状进行调查，确立加快运用农产品商标和地理标志，组织农民进行产业化经营，促进农业增效、农民增收的发展思路。以水产、紫菜等区域特色农业为重点领域，以涉农经济组织为重点对象，创造条件扶持其申报三名商标。以名牌商标企业为龙头，带动种植户、养殖户产业化经营，发展壮大区域特色产业群。组织开展商标"一乡一品、一企一标"活动，广泛推行"公司+农户+商标"经营模式，将分散的农户以农产品商标为纽带、以龙头企业为通道连接市场，利用商标扩大农副产品知名度，提高市场竞争力和农业产业化程度。

【扶助企业融资】 全年共受理抵押登记 95 份，其中新登记 37 份，被担保的主债权 8.03 亿元，抵押物价值 12.46 亿元；变更登记 25 份，被担保的主债权 1.55 亿元，抵押物价值 3.6 亿元；注销登记 33 份，被担保的主债权 6.01 亿元，抵押物价值 10.7 亿元。搭建银企交流平台，协调民生银行启东支行有针对性地为会员集中开办特色金融服务产品"商贷通"，配合做好会员信息的查询和相关材料的核对工作。

【食品安全监管】 各类专项整治。开展节日热销食品专项整治，对节日食品加强抽查力度，防范食品安全隐患。开展农村食品专项整治、农村市场“四打击四规范”①专项整治，对大型商场、超市、集贸市场、城郊结合部等重点区域，加大巡查力度。开展婴幼儿配方乳粉的专项整治，制作300份婴幼儿配方乳粉销售区的标签，督促分局进行实地检查。

问题食品清查。开展魔爽烟类食品、烤鱼肝片、儿童鱼肝油、不合格乳制品、粉皮非法添加、超过保质期食品等问题食品清查，对重点经营场所进行全面排查，并做好相应宣传工作，有效预防食品安全事故发生。

食品抽检。共抽检食品260批次，包括月饼、校园食品、冷冻食品、酒类、肉制品、糕点、蜜饯、茶叶、调味品、面制品等多个品种，其中不合格25批次，立案查处案件11起。

【广告监管】 加大服务力度。加强广告人才实践基地建设，依托知名广告骨干企业以及极具发展潜力的新媒体公司建设广告人才培训平台并做好广告人才培养对接工作。为企业与政府、企业与企业之间牵线搭桥，助推南通梵高文化创意产业园有限公司在惠萍镇工业园区设立南通壹伍壹拾文化创意产业园，产业园各项硬件设施基本到位。

规范广告发布行为。上门指导规范23家广告发布单位实行广告承接登记、审核、档案管理制度，规范签订广告合同。开展行政指导5次，发出违法告知通知2份，行政告诫通知1份，责令改正通知5份。

规范监管举措。制订出台《关于加强全市户外广告监督管理的意见》，实行定期检查督办及户外广告登记信息公示两项制度，确保审批登记和监督管理无缝衔接。重点加强对市区人民路、江海路、花园路以及苏336省道和苏221省道沿线户外广告的检查力度，开展房地产、电视购物、网络广告等专项整治工作，共办理各类违法广告案件60件，其中包括一起在启东有一定影响的群体性消费者申诉转办的某房地产企业虚假宣传案件，罚没数额较大，有效平息群体性事态的发展。

【商标监管】 改变以往单向监管执法的方式，把行政监管与服务有机结合，对商标权利人的权利和义务实施全方位监管。保障商标权利人权利，与商标权利人联合打假，共同开展“涉外商标专用权保护”和打击“傍名牌”等专项行动，查处和打击侵权行为。同时，保证商标权利人责任和义务的履行，帮助商标权利人正确使用注册商标，指导其建立健全商标商品入场审核的管理制度，督促商标权利人把好商品准入关。坚持以主动出击、联合打假为主要手段，关注与人民群众生产生活密切相关的热点商品。全年共办理侵权和不正当竞争案件34件。其中一起网络销售侵犯“大嘴猴”注册商标案，涉案金额达155万元，移送公安机关查处。

【证照监管】 开展查处取缔无照经营百日竞赛活动，通过责任区季度考核和平时抽查相结合的方式加强对基层分局证照管理的督察，共排查出无照经营户1279户，发出整改通知1190多份，整治无照经营户832户，立案查处83件，已结案75件；向市政府、市安委会、市有关职能部门抄告有前置许可和有安全隐患的无照经营户787户。

【安全生产监管】 制订文件强化监管责任。制订《启东工商局安全生产监管信息上报移送办法》《关于明确启东工商局安全生产组织领导机构的通知》《关于明确启东工商局局领导班子成员安全生产职责的通知》系列文件，层层签订2014年启东工商局各级安全生产工作责任状，强化责任追究制度，落实24小时专人值班和领导带班制度，建立节日期间安全生产预警制度，严格落实安全生产重大事项报告制度。

开展重点行业领域市场主体专项检查。将危险化学品销售、烟花爆竹销售、食品销售、集贸市场、娱乐场所、餐饮场所等涉及安全生产的重点行业领域市场主体的行为作为监管重点，开展拉网式安全生产专项大检查，共检查除食品销售外的各类重热点行业市场主体2246户。

开展安全生产专项整治活动。配合安监、公安、食品药品、卫生、海事、海渔等职能部门，开展安全大检查活动，对检查中发现不属于工商职能的安全隐患，及时移送相关职能部门，同时向安委会书面报告。配合市消防大队进行非法建筑消防安全专项整治，各分局对113处名单进行实地检查，对无照经营户采取有效监管执法措施，对需要移送其他职能部门的及时书面报告。

牵头抓好金鹰广场内部消防安全专项整治。多次召集各成员单位分管领导会议，实行节日期间各部门驻场式管理和平时不定期检查相结合的方式，加强金鹰广场内部经营户的证照管理，清理无照经营户56户，均全部规范领照；要求金鹰广场落实主办单位日常消防安全管理责任，发放消防安全提示书200多份，努力将金鹰广场内部消防安全隐患降到最低。

【房地产市场、建材市场整治】 立案查处房地产案件38件。在南通市工商局组织的评比中，市工商局被评为南通工商系统房地产市场专项整治执法竞赛优胜单位。同时加强建材市场监管，先后抽检钢材、细木工板、电缆30多批次，没收不合格钢材68吨、不合格电缆1280多米。

【“红盾护农”保春耕专项执法行动】 在春耕和夏播期间，加大对农资市场监管执法和市场巡查力度，共抽检化肥4个批次370吨，没收不合格复合肥100吨。

【消费维权】 全年共接待咨询1518件，受理申投诉891件，办结859件，

① 四打击规范：严厉打击无证无照行为，规范食品生产经营者的主体资格；严厉打击销售、使用无合法来源食品和原料的违法行为，规范食品生产经营者的采购活动；严厉打击生产经营侵权仿冒和“五无”食品违法行为，规范食品包装标签标识管理；严厉打击生产经营“两超一非”等劣质食品行为，规范食品生产经营过程。

办结率96.4%;受理举报395件,办结384件,办结率97.2%;办理诉转案223件;电话回访满意率96%,出现场处理纠纷68起。其中,成功调处的美容服务纠纷在社会上取得良好反响,案例在《中国消费者报》予以刊登。在全市范围内举办微电影大赛,向全体市民征集与消费维权相关的微电影参与评比。开展假冒伪劣商品销毁活动,将近年来在执法过程中收缴的假冒伪劣商品和过期商品送市滨江工业园区销毁,共销毁酒类899箱、衣服8件、食品15公斤、农药264瓶。开展水产品市场专项整治,与有关部门定期联合开展取缔无照经营、查处问题水产品、整治缺斤少两等不法行为执法行动,并在吕四水产路安装3块消费提示牌。邀请全市18家单位在人民公园广场开展大型宣传咨询活动,共发放宣传资料5200份,接待消费者咨询465人次,受理投诉12件。

【商品监测】 全年共抽检皮装5个批次,羽绒服5个批次,电器10个批次,服装20个批次,羊绒衫50个批次,成品油10个批次,童装4个批次,衬衫6个批次,铝合金14个批次,钢材10个批次,墙地砖5个批次,液化气5个批次,汽油10个批次,液化灶具10个批次,电线电缆10个批次,防水涂料6个批次,平板电脑5个批次,眼镜5个批次,蚕丝被5个批次,并对不合格商品进行立案查处。

【电动汽车销售专项调查】 根据群体性信访事件,对启东市场上电动汽车的销售情况开展专项调查,召开电动三轮、四轮车经营户行政约谈会,对电动汽车的销售作明确的要求,经营户签订承诺书,取得较好的效果。

(高莉莉)

物价管理

【价格指数】 2014年,启东市居民消费价格总指数为102.6%,商品零售价格指数为101.3%。除烟酒类价格呈下降趋势(98.9%)以外,其余各类消费品价格指数均有所上升,分别为食品类103.5%、衣着类102.5%、家庭设备用品及维修服务类101.8%、医疗保健和个人用品类103.6%、娱乐教育文化用品及服务类103.6%、居住类102.3%,交通和通讯类价格平稳。其中,食品类中油脂价格下降幅度明显,为95.6%,其余涨幅不等,分别为粮食类102.9%、蛋类106.0%、水产品类102.4%、菜类101.5%,肉禽及其制品价格基本持平。总体来看,2014年居民消费价格未显大起大落。

【发挥价格调节基金作用】 2014年,市物价、财政部门动用价格调节基金9万元,分别对启东乐天玛特、苏果和世纪联华3家超市予以农副产品平价直销奖励。

【平价商店动态管理】 2014年,市物价局制订《关于对农产品平价商店实施考核奖励的意见》,采取定期考核与不定期考核、社会力量监督与行政力量监督相结合的办法,指导监督新老平价商店加强长效管理。定期开展复验工作,落实考核通报制度。完善动态管理机制,年内主动向上级部门申请取消6个平价商店的经营资格。规范拨付省级平价店补助及奖励经费共计43万元。

【房价调控】 2014年,市物价局继续落实保障性住房惠民政策,制订部分经济适用住房的销售价格。完善普通商品房价格备案制度,引导房地产开发企业在宽松的市场环境下合理定价。主动公开近8000套商品房"一房一价"的备案价格。

【资源价格改革】 2014年,市物价局落实"十二五"水价改革政策,开展相关情况的综合调研,做好水价格系列改革的前期准备,为试行水成本公开制度和制定供水延伸服务收费管理办法积累资料。落实高污染企业超标排污差别水价政策,对试点镇(乡)开征污水处理费。有序推进阶梯式燃气价格改革,及时做好政策请示和与企业的沟通协调,在完成居民用气量调研和成本监审工作的基础上,拟定市民用燃气阶梯式气价方案。继续化解热力价格矛盾,执行煤热价格联动,服务经济建设。

【初步完成医改任务】 按省试点县市标准,市物价局对启东2个市级医院和6个中心卫生院分类制订医药价格综合改革方案,2014年8月10日起正式实施。调研社会办医政策落实情况,贯彻落实公立医院与非公立医院水电同价、非公立医院医疗服务收费市场调节等价格政策,为深化医疗卫生体制改革积极履职。

【重点价格监管】 *严格教育收费*。市物价局贯彻落实中小学校舍安全工程建设、教育收费等相关政策,核定市区部分幼儿园的暑期带教收费标准,对启东中专三个年级共10个专业的实习材料收费予以审核调整。严格执行省培训收费管理办法,规范非法定培训收费管理行为。

跟踪热点问题。市物价局严格审核物业服务收费备案标准,突出做好群众反映问题的情况调研和矛盾化解,广泛征求社会意见,多次与城管部门会商会审,确保即将出台的物业服务收费管理实施细则积极可行。回应市民"停车难"的呼声,制订公布市机动车停放服务收费管理暂行办法,明确新客运站的停车服务收费标准。开展出租车价格调研,完成关于出租车起步价要求调整为每3公里10元的人大代表提案答复。在车辆救援服务、殡葬服务、农电服务、医院自制剂等方面落实相应的价格措施,完成农资价格、垃圾处理收费、固废处置收费、吕四船闸收费和车用燃气销售价格等专项调研任务。投入约2万元专项资金制作涉农收费公示牌,督促全市镇、村做好涉农收费公示工作。

维护价格秩序。市物价局开展对民办幼儿园保教收费、医院医药价格以及汽车4S店、餐饮住宿等行业明码标价的专项检查,配合上级部门对市商业银行、市人民医院及涉车行业部分单位的价格政策执行情况予以查处。配合医保部门,督促全市医保定点零售药店加强价格诚信建设。开展对商品房"一房一价"明码标价的不定期监管。邀请

12月，市物价局在乐天玛特广场开展价格诚信宣传 （市物价局/提供）

南通市价格检查分局的领导到启东就如何开展医改公立医院的价格检查工作作业务辅导。指导商业银行开展服务价格信息公示工作。组织执法人员参加省、市组织的关于反价格垄断等多项执法培训，提高执法预见性。

强化维权保障。市物价局把矛盾不反复作为"12358"价格为民维权目标，价格举报中心全年共受理办结价格举报及政务热线转办的价格咨询或投诉案件106件，重点查处涉及商品房"一价清"收费、危固物品处置收费、有线电视收费以及医院药品价格等举报案件。关注市民呼声，市物价局领导亲自买票乘坐农村公交，配合执法人员了解票价执行情况，就农村公交从执行优惠价到回归正常票价的"虚涨"现象做好价格宣传，使负面价格舆论在第一时间里得到有效控制。就群众举报有关部门收取下岗职工劳动代理费事宜向省级部门作书面政策请示。按国家发改委下发标准加强价格举报管理信息系统硬件配置，保障全国"金价工程"子系统建设。

【价格事权规范】 2014年，市物价局主动清理规范价格公共权力事项，完成价格权力清单和全市行政事业性收费清单的编报。增设价格行政征收事项1个、行政确认事项3个、行政奖励事项3个以及价格争议调解、价格诚信建设等其他价格服务事项。主动公示、规范价格备案管理行为，把收费年审和核定非法定培训收费定为即办件处理，普遍简化优化办件流程。积极应对涉及经济适用房价格的行政诉讼案件，完善政府信息公开各项制度，规范依申请公开答复。

【价格监测和成本工作】 2014年，市物价局继续提高价格监测服务功能，上报价格监测分析50多篇，完成上级部门布置的专题价格监测调查任务，利用政务网站、政务微博、信息公开平台等渠道，发布民生价格信息200多条。完善成本工作机制，兼顾做好价格成本监审和调查，坚持精准"出数字"。2014年，成本工作为科学实施价格改革以及经济适用房价格、住宅小区停车、物流企业服务等民生关切提供积极保障，在引导农民种养殖方面也起到一定作用。

【价格认证公共服务】 2014年，物价局价格认证中心按照省定涉税价格认定新技术标准，完成对全市门面商铺和别墅住宅等涉税价格的调整，出台新增住宅区和老小区新增住宅楼的涉税基准价，实现全市存量房涉税统计工作全覆盖，完成对省级版存量房纳税评估系统的更新升级。注重提高"三涉一调"(涉税、涉案、涉纪、调解价格矛盾)个案认定技术水平，全年价格认证中心共办理价格鉴证或认证事项720件，鉴证认证标的额8236.9万元；完成涉税认定291件，标的额7.76亿元。与市应急办、市大调解中心沟通，做好在政府重大项目和突发事件中提前介入价格认证服务，及时化解在东辰公寓集资房、政府道路施工、突发火灾等事件中引发的价格纠纷。

（胡梅梅）

统计管理

【概况】 2014年，全市统计工作以提高统计数据质量，发挥统计自身优势为目标，依法完成市第三次全国经济普查(简称三经普)工作，市统计局获评省级先进集体；在南通市统计局组织的统计工作目标责任制考核中获评优胜单位等。

【完成第三次全国经济普查】 在第三次全国经济普查中，市统计局建立分包乡镇制度，业务骨干全部深入普查小区，加强对基层普查工作的业务指导。加强与工商、税务部门沟通协调，比对单位核查名录库，查找遗漏单位，确保应登尽登。全程开展数据审核工作。组建数据质量专项督导组、安排业务骨干多次深入乡镇指导乡级普查机构开展数据审核。加强对重点领域、重点行业的普查数据审核。针对审核发现的存疑数据，开展经普专项执法检查，保障数据质量。采取有效措施把好名录库源头数据关。规范部门行政登记资料上报制度。为解决部门资料取数难问题及部门联络员变动频繁的状况，市经普办对规范名录库部门资料报送制度提出新的实施意见，要求编办、民政、国税、地税和工商部门共同协作实施。从名录库中筛选剔除部门行政登记资料的"三无"(无固定人员、无固定场所、无经营活动)单位，对部门登记信息要求及信息处理系统不一致，提供的单位资料跟实际有一定误差的，将工商和民政的资料跟税务部门的资料进行比对，提高入库单位名录质量。做好部门间单位指标的衔接工作，对各个部门上报表中的必填指标做出规定，对单位统计口径进行统一,完善名录库指标。

【统计服务】 2014年,根据省统计局制订的GDP核算方案,市统计局强化月度GDP数据的监测和评估分析,并及时做好与部门的沟通和指导。出刊《启东统计手册2013》、编印《统计月度快讯》、报送各类信息100多篇。加大信息分析力度,研究制订《启东市统计局统计信息考核奖励办法》,将动态信息、专题分析等纳入年度绩效考核。发挥数据信息窗口功能,扩大月度统计资料发放范围。做好政府门户网站数据栏目的内容保障,提高统计来信、来函的办理答复效率。加强对重点行业和重点企业评估。对经济发展有影响力的行业龙头,以及全社会关注度高的行业,如对制造业中的神通阀门、船舶装备行业中的中远船务进行重点评估。加强对统计基层和调查对象的业务指导和组织协调。

【统计信息化建设】 2014年,全市继续推行"三上"(规模以上工业企业、限额以上批发零售住宿餐饮企业、资质以内建筑企业和房地产开发企业)企业联网直报,扩大数据采集范围。组织基层统计人员开展企业一套表平台操作应用和管理的培训,提高基层统计业务水平。

【统计依法行政】 2014年,市统计局加大对重点行业、重点企业统计违法案件的查处、通报力度,结合第三次经济普查,对普查登记中存在的各种不配合行为采取政策宣传讲解、下发催报单等方式予以解决。先后组织工业、投资、服务业等执法专项检查。

【统计法制宣传】 2014年,市统计局通过定时定点发放法制宣传单、开展问卷调查等方式,对《中华人民共和国统计法》《统计违法违纪行为处分规定》《经济普查条例》加大宣传力度。建立《经济普查》专栏,通过网页让公众了解经济普查进展情况及相关的普查知识。选取部分规上单位,开展统计法律知识的宣传,并选择1~2个具有行业代表规上单位,进行统计法律执法检查。

【基层基础建设】 *推进统计规范化建设*。按照省、南通市局的统一部署和要求,市争取乡镇、街道统计规范化建设合格率达到100%,国家级、省级开发区统计机构建设合格率达到80%,联网直报企业建设合格率达到100%。重点推动各乡镇、街道在健全统计机构基础上配备相应的统计力量。做好对第一批单位以奖代补资金使用的督导检查、第二批单位奖补资格的确认工作。

建立企业电子台账。整合各专业要求,开发并实施满足一套表需要的企业电子台账,进一步提升统计报表指标整合能力、技术对接能力及专业联动能力。

加强基层业务培训。制订主要业务岗位管理标准规范,加强基层培训,规范业务操作。建立乡镇、联网直报企业统计人员调整报备制度、新进人员培训制度。做好统计从业资格认定和统计人员继续教育工作。建立工作长效机制。完善《乡镇、街道统计工作规范》《企业统计工作规范》,健全规范化建设确认和退出机制。

强化考核机制。2014年,市统计局制订乡镇(街道、园区)统计机构规范化创建验收标准和考核细则,完善考核方法,多次召集乡镇、园区统计站长会议,要求开展有特色的统计工作。

(陈静红)

※附※

国家统计局启东调查队

规范统计调查业务流程。2014年,国家统计局启东调查队从任务部署、数据采集、数据处理、数据报送、数据发布、统计分析、整理归档7个环节对照业务标准化流程进行梳理排查。对不能落实到实处的,要求限期整改,并把检查结果作为年终考评的重要依据,明确要求所有专业的样本确认、统计法律事务告知、资料签收签领等基础性制度要落到实处。

完善调查数据审核评估办法。2014年,国家统计局启东调查队制订《启东调查队统计调查数据审核和评估制度》《数据质量管理和责任追究制度》《数据使用和发布工作制度》,规范启东队各类调查数据的审核、评估、发布、管理各个环节。规范对各专业如城乡居民收入、粮食产量、居民消费者价格、规下工业等的数据评估,综合历史数据、样本数据、主要宏观数据、相关部门行政记录、经济发展的支撑点及调查数据质量,每季度由专业人员、综合科和队领导等对数据进行综合评估,使调查数据更符合启东地区实际生产经营情况。

基层调查人员培训。2014年,国家统计局启东调查队各专业开展包括夏粮秋粮测产培训、CPI手持数据采集、规下工业、城乡一体化、畜禽监测年定报等专题的业务培训会议。全年共开展三经普个体户抽样调查、对地农作物调查、采购经理调查等辅调员培训40多次。

深入基层指导调研。2014年,国家统计局启东调查队落实下基层指导工作制度和访户制度,与辅调员、调查对象、企业等建立良好的关系,开展各项调查工作。夏粮预产期间,调查队业务人员深入各产量点,协同辅调员到田间地头一起完成测产工作。8月,到东海镇丰盛村、寅阳镇建丰村等10多户棉农家中,对近两年棉花种植情况进行调研。10月,走访南通二建集团有限公司等两家国家级样本单位。

三经普个体户抽样调查。上半年,国家统计局启东调查队专业人员完成三经普个体户登记、数据审核等普查工作。做好两员选聘培训工作,多次组织业务培训。深入普查一线开展实地调研,抽查部分个体经营户,深入了解其经营状况、营业收支等经济指标数据,现场检查摸底调查工作质量,加强对普查工作的业务指导。组织开展数据质量审核工作,确保普查数据客观准确,符合当地水平和行业特征。

统计执法。2014年,国家统计局启东调查队各专业开展统计执法工作检查,对检查到拒报、迟报、提供不真实或者不完整统计资料的违法行为,统计执法检查领导小组依法进行严肃查处。对有迟报现象的1家单位发送催报通知单,同时探索和推进柔性执法,通过政策和法律引导等途径,推进调查工作的正常开展,提升执法效能。

统计服务。2014 年,国家统计局启东调查队利用“统计开放日”、法制宣传日、专业样本轮换、三经普等契机,进行统计法律法规宣传;与全市政务信息公开平台联网,及时更新维护发布全队工作动态、调查信息、调查数据等栏目;与文广新局合作,联合发布主要农产品价格数据,每月定期在《启东日报》等媒体提供发布城乡居民收入、价格指数等主要调查指标新闻信息;联合市统计局、发改委、农委等部门定期召开会议,依托一体化城乡住户调查数据,加强对启东城乡居民收支结构、增收亮点难点分析,为政府的科学决策提供数据支撑。

信息分析。2014 年,国家统计局启东调查队深入企业、养殖大户、农户家中调研,开展生猪养殖效益调查、家庭农场发展经营状况调研、棉花生产形势调研、小微工业企业税负情况调研等多项专题调研。全年被总队内网录用工作信息 36 篇,经济信息 29 篇,统计分析 8 篇。

(范蓓蓓)

审计管理

【概况】 2014 年,启东市审计局共完成审计项目 74 个,其中含 500 万元以上项目 56 个,另外完成 500 万元以下的工程项目 414 个。查出违规金额 743.75 万元,促进增收节支 8715.38 万元。审计发现并移送案件线索 3 条,立案 2 条,涉案人员中 1 人被撤销党内和行政职务,1 人移送司法机关进一步查处。被报纸杂志和网站录用文章和信息 210 篇次。在南通市审计系统综合考核中局获二等奖;固定资产投资审计二科被评为启东市“人民满意服务示范窗口”;7 人次受到市委、市政府表彰嘉奖,3 人次受到南通市审计局表彰。

【预算执行审计】 2014 年,市审计局重点关注社会保障资金、土地出让金、农业项目专项资金及其他财政专项资金收支情况,并对部分“以奖代补”及相关补助资金使用情况进行延伸审计调查。审计追缴镇(乡)年度目标管理责任制考核中多支付的 26 万元奖金;对于土地出让金欠交数额巨大的问题,审计建议多部门联合,多措并举,确保土地出让金应收尽收。向人大常委会作的本级预算执行和其他财政收支情况审计工作报告获高票满意通过。

【“两区三园”审计】 2014 年,市审计局对启东经济开发区、吕四港经济开发区、滨海工业园、滨江精细化工园、海工船舶工业园近两到三年财政收支情况进行审计。关注园区的“三公”经费、收入管理、资产管理、工程管理及财务管理等方面。针对个别单位“三公”经费掌控不严;个别园区不能及时足额收取土地出让金;个别园区工程合同的履约保证金收取流于形式,提前支付工程款项;某开发区过渡房建设管理不够规范,建设过渡房未履行招投标程序,未签订施工合同等;仍存在白条支付工程款和办公用房租金现象,个别园区不能按规定代扣代缴个人所得税等问题,审计建议园区加强“三公”经费管理,及时收取土地出让金,严格履行招投标程序,规范财务管理,加大对闲置资产的处置力度,以利于企业资金使用更好地周转。

【城建资金审计】 2014 年,市审计局重点关注部分政府会议纪要的落实情况,将城建指挥部部分会议纪要中提出的有关需企业履行的经济义务未得到落实的情况向政府作专题汇报后,市政府召集相关部门负责人对会议纪要进行全面回头看,严格督察,确保纪要提出的条款执行到位。

【交通建设资金审计】 2014 年,市审计局指出大量专项补助资金被滞留于融资平台,不能发挥作用的情况。在延伸审计中发现某镇拆迁补偿项目缺少监督确认手续。就交通重点工程农村房屋相关的拆迁补偿无正式依据的情况,审计多次建议尽快出台正式文件。5 月,大交通指挥部起草拆迁补偿安置办法,并及时向市政府汇报,经市政府第 25 次常务会议讨论通过,于 6 月 3 日出台《启东市交通重点工程农村房屋拆迁补偿安置办法》,提高拆迁补偿标准,对农村规模养殖补偿标准、集中安置区农民建房标准等作出明确规定。

【校安工程审计】 2014 年,市审计局审计发现部分学校工程质量问题较为突出,影响使用,并存在一定的安全隐患;个别项目增加工程不能严格履行有关事前报批手续;有关质量保修的合同约定不规范,将保修期应为 5 年的工程内容约定为 2 年,造成提前支付工程质量履约保证金,削弱保修义务的履行;督促校舍办全额收取未收或少收的履约保证金 682.5 万元;责令相关部门如数退回违规收取的校安工程白蚁费、防雷费、人防费共 115.92 万元。市政府听取校安工程审计结果汇报后专门召开会议,研究调整校安工程建设管理体制,加强工程和资金管理。

【城镇保障性安居工程专项审计】 2014 年,市审计局重点关注棚户区改造安置、保障性住房分配和管理,审计促进财政将省财政厅和省住建局下发的超额完成保障性安居工作目标任务奖励资金 43 万元拨付到位。

【政府投资审计】 2014 年,市审计局共完成政府投资审计项目 470 个,其中 500 万元以上项目 56 个,送审金额 18.62 亿元,核减 8610 万元。对启东市第一中学、南通大学杏林学院启东校区、启东市吕四鹤城初级中学、吕四港环抱式港池、启东市蝶湖商务酒店、启东市丁仓港滨河公园等 8 个总投资约 32 亿元的重点项目进行跟踪审计,重点关注隐蔽工程、变更签证和合同外增加项目等主要节点。探索社会审计参与政府投资项目审计。会同监察局、招投标中心异地聘请造价咨询单位对政府交办的安置房开展结算审计,并订立《启东市审计局固定资产投资项目委托审计协议书》,建立项目分配、质量控制、考核奖惩、廉政建设等制度,有效控制审计质量,防范审计风险。2014年安排启隆乡职工保障房、南郊家园B区、东疆花苑安置房等6个项目分别由常州中信造价咨询有限公司、江苏富华工程造价咨询有限公司两个单位进行审计。

【国有土地使用权出让收入专项审计】 2014年，市审计局选派11名审计人员赴常州参与为期两个半月的全国国有土地使用权出让收入专项审计，同时配合苏州国土审计组在启东开展审计工作。

【经济责任审计和二级单位财政收支审计】 2014年接受并完成市纪委、市委组织部委托的9个单位10位领导干部经济责任审计。实施住建局下属5个单位财政收支审计。审计发现一单位内部控制薄弱，虚列药品支出、篡改药品消耗数据、药品盘亏等问题，审计将此问题移送至市纪委，该负责人被主管单位撤销党内职务和行政职务。

【内部审计建设】 2014年，全市内审机构共完成内审项目212个，查出损失浪费35万元，提出建议意见被采纳269条。查出并移送案件线索7条，建议给予行政处分13人，实际给予党纪政纪处分10人，2人被判刑。

【队伍建设】 2014年，市审计局选派审计业务骨干全程参与南通市审计局大型审计项目，通过"以审代训"方式，提高审计干部业务水平。加强审计项目审理复核，严格项目评优，组织人员对2013年度完成的审计项目进行质量评比，在南通市组织的优秀审计项目评比中，市审计局3个项目分别被评为优秀审计项目和表彰项目。

（沈晓燕）

质量技术监督管理

【概况】 2014年，全市产品质量省级监督抽查合格率为98.4%，食品抽查合格率为98%。新增江苏名牌产品3个、新增南通名牌产品7个。推进标准计量工作，国家级启东养老服务标准化试点以94.5的高分通过验收。推进万亩青毛豆省级农业标准化示范区建设项目，通过省质监局组织的验收。

【食品安全监管】 2014年，市质量技术监督管理局(以下简称市质监局)组织开展全市重点食品专项检查和日常监管巡查工作，累计出动1000多人次，排查食品生产企业和小作坊160多家，确保生产过程中使用合格原料，不违规添加食品添加剂和违禁品；对省级监督抽查中查到生产不合格产品的企业复查整改结果，确保其符合生产要求。对52家食品企业QS(食品生产许可）证书到期换证企业予以帮助和指导，47家企业通过专家组现场验收。全年先后开展肉制品专项整治、大桶饮用水专项整治、糕点企业专项检查等多次食品专项整治。联合各乡镇卫生所开展食品小作坊生产经营活动现状调查摸底，完成对食品小作坊基本情况的调查。

【特种设备安全监管】 2014年，市质监局进一步细化对镇(乡)、园区的安全生产目标责任考核，指导镇(乡)、园区开展特种设备安全管理工作，有效落实基层政府的属地管理责任。继续推行安全责任告知制度，全年已告知特种设备使用单位465家，新增特种设备安全责任告知率达100%。2014年，组织开展多次安全生产大检查，共对80家单位进行全面和专项检查，共发现存在隐患单位30家、设备145台，隐患35条，共发出安全监察指令书14份，督促整改事故隐患，对于整改不力的单位，依法查处。开展气瓶、电梯、涉氨(冷冻)承压设备使用等专项安全整治。特种设备安全监察科与局稽查大队、检验机构共出动检查人员300余人次，检查气瓶充装、检验单位30家次，市区内十余家大型商场、超市的自动扶梯、自动人行道以及货梯。针对不规范行为，检查人员发放安全监察指令书，责令限期整改。重视辖区内投诉率较高的小区电梯的安全运行情况，多次向市政府及相关部门提前作出通报预警，协调、督促物业公司与维保单位做好小区电梯的维修工作，确保电梯安全使用。

【实施名牌战略】 2014年，市质监局组织企业实施名牌战略，上报名牌企业培育名单。同各乡镇经济发展办和市科技局联系，挖掘启东优势企业。对有申报意向的每家企业进行实地走访，申报江苏名牌产品12个、申报南通名牌产品35个。获评江苏名牌产品10个、南通名牌产品34个。

2014年启东市获评江苏名牌产品企业名录

表19

序号	企业名称	备注
1	南通山本电动工具有限公司	复评
2	江苏苏洋机电工具有限公司	复评
3	江苏东成电动工具有限公司	复评
4	南通市南方润滑液压设备有限公司	复评
5	启东混合器厂有限公司	复评
6	江苏神通阀门股份有限公司	复评
7	江苏港龙纺织有限公司	复评

续表 19

序号	企业名称	备注
8	江苏宏强船舶重工有限公司	新评
9	南通国安水产有限公司	新评
10	江苏启尖丝杆制造有限公司(原启东润泽机床附件有限公司)	新评

2014 年启东市获评南通名牌产品企业名录

表 20

序号	单位名称	备注
1	美通(南通)重工有限公司	新评
2	江苏索利得电器有限公司	新评
3	江苏嘉盟电力设备有限公司	新评
4	启东市金达农副食品有限公司	新评
5	启东市万佳四青作物专业合作社	新评
6	南通新浪海苔食品有限公司	新评
7	江苏龙腾鹏达机电有限公司	新评
8	启东腾达阀门有限公司	复评
9	启东市富强橡塑制品厂	复评
10	启东市恒安防爆通信设备有限公司	复评
11	江苏咪咪电缆有限公司	复评
12	启东大同电机有限公司	复评
13	启东尤希路化学工业有限公司	复评
14	启东市吉利饲料厂	复评
15	江苏宏强船舶重工有限公司	复评
16	南通东之杰电气有限公司	复评
17	江苏启粮集团驾校有限公司	复评
18	南通东利德工具有限公司	复评
19	南通盛乐防爆电器有限公司	复评
20	南通申东冶金机械有限公司	复评
21	江苏风神空调集团股份有限公司	复评
22	江苏国莱特空调设备有限公司	复评
23	江苏欧瑞防爆电气有限公司	复评
24	江苏碧松照明电气有限公司	复评
25	南通市滨海装饰有限公司	复评
26	江苏瑞帆环保装备股份有限公司	复评
27	江苏孝君水产品进出口有限公司	复评
28	南通好又鲜水产食品有限公司	复评
29	南通京海申水产有限公司	复评
30	南通丁布儿海苔食品有限公司	复评

续表 20

序号	单位名称	备注
31	江苏苏洋机电工具有限公司	复评
32	南通山本电动工具有限公司	复评
33	启东市南方润滑液压设备有限公司	复评
34	江苏启尖丝杆制造有限公司	复评

【质量振兴】 2014年,市质监局推广先进的质量管理方法,落实培育计划。全年申报南通市质量标兵企业4家;组织20家新申报名牌企业参加首席质量官培训;组织40多家省市名牌企业申报江苏省质量信用A级企业;10家企业申报现场管理良好行为企业;组织指导4家企业4个课题参加市局举办的2014年“南通四建杯”推广应用先进质量管理方法QC小组成果发布。成功举办第四届启东市市长质量奖评选,江苏神通阀门股份有限公司获奖。

【认证认可】 2014年,市质监局继续加大对全市电动工具生产领域强制性认证产品的整治力度,并结合具体情况制订服务企业、提升企业获证率的具体措施,至年底吕四地区共有19家企业办理3C认证(强制性产品认证制度)。完善更新3C认证企业等重点产品生产企业的质量信用建档工作,并对30家开展质量管理体系认证的企业进行实时跟踪调查,维护电动工具市场经济秩序。

【标准计量】 2014年,市质监局强化政策激励引导,兑现奖励措施,相关企业2013年的奖励总额达119.38万元。鼓励企业采用国际标准和国外先进标准,2014年完成9家企业44个采标产品。全年组织申报标准化良好行为试点企业4家、农业标准化示范区1家、省农业地方标准6个。国家级启东养老服务标准化试点通过验收。万亩青毛豆省级农业标准化示范区建设,项目推进扎实,服务措施到位,示范效应明显,通过省质监局组织的验收。与吕四港镇政府、电动工具商会合作,稳步推进电动工具联盟标准化试点工作,初步构建标准化体系的框架。

【计量检定】 2014年,市质监局完成对全市30家社区卫生服务中心的计量器具的免费检定,共免费检定计量器具650台(件)。完善集贸市场计量器具的免费检定实施方案和检定计划,共完成12家农贸市场、800多台电子计价秤免费检定。根据年初人代会上人大代表提出“加强对加油站监管力度,让消费者放心”的建议,市质监局除在每年的3月、9月对全市加油站的加油机进行周期性强制检定外,全年不定时安排局计量科和计量所检定人员随机抽检。通过重点监控、推行加油站计量合格确认、诚信计量评比等各种手段,建立健全加油机长效监管机制,确保加油机计量的准确可靠。与市商务局联合举办加油站计量人员岗位资格培训,40多人参加培训并接受考核。

【执法打假】 2014年,市质监局共出动执法人员800多人次,受理各类投诉举报60多起,立案查处各类案件23起,其中大要案件5起、制假售假案件3起、无证案件2起、食品案件5起、特种设备案件3起、建材质量案件9起、计量案件1起。

(范凤玲)

安全生产监督管理

【概况】 2014年,全市安全生产形势持续稳定好转,亡人事故起数和死亡人数比上年分别下降18%、25%,未发生较大以上生产安全责任事故。市政府被南通市政府评为2014年度安全生产目标管理先进单位。

【安全生产检查及事故隐患整改】 2014年,市安监局先后组织开展“一节两会”期间安全生产大检查、化工企业安全生产大检查以及安全生产检查整改专项行动等活动。全年共督促整改一般事故隐患17220多条,4个南通市级、35个启东市级挂牌督办的重大安全隐患全部整改到位。

【打非治违专项行动】 2014年,市安监局坚持将工作重点从事后查处向事前防范转移,进一步整合部门执法力量,提高执法效率,构建由政府统一领导,各部门相互配合、共同参与的联合执法工作机制。以粉尘防爆、危险化学品、交通运输、建筑施工等行业领域为重点,开展“七打七治”①打非治违专项行动,共出动执法检查人员2543人次,检查企事业单位、场所2996家,查处事故隐患378条,已完成整改346

① “七打七治”:打击破坏损害油气管道行为,整治管道周边乱建乱挖乱钻问题;打击危化品非法运输行为,整治无证经营、充装、运输,非法改装、认证,违法挂靠、外包,违规装载等问题;打击无资质施工行为,整治层层转包、违法分包问题;打击客车客船非法营运行为,整治无证经营、超范围经营、挂靠经营及超速、超员、疲劳驾驶和长途客车夜间违规行驶等问题;打击“三合一”“多合一”场所违法生产经营行为,整治违规住人、消防设施缺失损坏、安全出口疏散通道堵塞封闭等问题;打击非法违法出海捕捞行为,整治涉渔“三无”船舶、违规越界作业、渔船及渔业辅助船擅自改变作业性质、非法载人载货等问题;打击非法设计、无资质设计行为,整治不符合安全生产规范标准的建设项目和生产经营场所、擅自改变用途等问题。

新《安全生产法》培训 (市安监局/提供)

条，整改率91.5%，行政处罚案件10起，责令停产停业停止建设7家。

【改善重点领域安全状况】 2014年，市安监局注重改善重点领域安全状况，在危险化学品领域，继续推进“两重点一重大”(重点监管危险化工工艺的化工装置、重点监管危险化学品的生产储存装置和危险化学品重大危险源)生产储存装置自动控制改造工作，加强第三轮小化工专项整治，对园区外化工企业实施强制关闭搬迁，推进“二道门改造”和“化工企业独栋厂房作业人数不得超过10人”改造工作；在烟花爆竹领域，联合公安等部门，对全市烟花爆竹批发企业和零售网点扎实开展安全检查，严厉打击无证经营、超量储存、销售非法产品等行为。对全市68家可燃粉尘企业进行专项检查，督促23家铝镁机加工企业迅速停产停业整顿。

【夯实安全生产基础】 2014年，全市镇乡(园区)安全生产监管机构调整优化，同时，增加20名乡镇行政编制用于基层安监机构编制，全市基层专职安监人员增加至88人。市规模以上工贸企业全部完成三级标准化创建；规模以下企业完成484家，在南通各县市区中名列前茅。开展以“强化红线意识、促进安全发展”为主题的安全生产月活动，组织开展新的《安全生产法》系列培训宣传贯彻，开展送教下乡和巡回培训，提高从业人员的安全生产素质。

(陆辉标)

南城河美景 (沈冬云/摄)

科技管理与服务

【概况】 2014年,市科技局以推进创新型城市建设为核心,着力加强产业技术创新、企业自主创新和社会发展创新,加快推进创新人才、创新载体和创新环境建设,加速高新技术产业发展,促进产业转型升级,实现科技进步与经济社会发展的紧密结合、相互促进与协调发展,全面提升沿海开发水平,为争当江苏沿海开发排头兵,率先基本实现现代化提供强有力的科技支撑。2014年,市科技局被评为江苏省知识产权工作先进集体,北新镇被评为省创新型试点乡镇。

【高新技术产业】 2014年,在巩固提高生物医药、精细化工、机电一体化、电子信息、节能与环保五大高新技术产业集群的基础上,海洋生物、海工装备、新材料等一批新兴高技术产业迅速崛起,形成新的特色产业。全市实现高新技术产业产值678.71亿元,占规模工业的比例达45.26%,同比增长19.5%。企业研发投入占GDP比例达2.4%。全年有118个产品被认定为省级以上高新技术产品,43家企业新被认定为高新技术企业,其中3家被认定为国家火炬计划重点高新技术企业。

【产学研合作】 2014年,市科技局组织开展“启东—上海高校技术转移联盟产学研合作洽谈会”、“启东—华东理工大学产学研合作洽谈会”“启东—哈尔滨工程大学产学研合作洽谈会”、“2014中国·启东科技节产学研洽谈会”及“启东—复旦大学科技、人才专题对接会”“启东—上海交通大学科技、人才专题对接会”等10多次较大规模的产学研活动,全市企业的产学研合作范围扩大、领域拓宽、程度加深、质量提高。全年全市组织实施产学研合作项目168项,技术交易额2.16亿元,带动企业投入28.56亿元。

11月,产学研合作洽谈会现场　　(市科技局/提供)

【知识产权工作】 2014年,市科技局全面推进知识产权工作。运用多种媒体,加大知识产权宣传教育力度,以增强全民自主创新能力和知识产权保护意识。全年举办专利知识培训班6期,参加培训1200多人次。培育企业开展国家知识产权管理标准化创建工作,有2家企业已申报。加强企业知识产权管理示范创建工作,新培育13家创建单位。启东滨海工业园申报江苏省知识产权试点园区。推进省企业知识产权战略推进计划项目的实施。全市实现专利申请量3676件,授权量1378件,其中发明专利申请1419件。万人发明专利拥有量达8.75件。神通阀门张逸芳获评“省十大杰出专利发明人”。

【科技项目与科技成果】 全年立项省以上项目26项,获上级项目资金支持3560万元。获南通市以上科技进步奖19项,其中省科技进步三等奖1项,南通市科技进步一等奖2项、二等奖4项、三等奖12项。全年共组织南通市科技成果鉴定21项,共向高校、科研院所输送企业项目需求信息350多项,向企业发布高校、科研机构最新成果信息2000多项。

【农业科技】 2014年,市科技局把推动农业科技创新作为社会主义新农村建设的重要工作来抓,培育各类科技创新服务载体，全面推进产学研合作，组织申报实施各类科技计划项目，开展科技“强农惠民”工作。全市累计拥有省级现代农业科技园1个、省级农业科技型企业7家、省级科技型农业专业合作社4家、南通市级农业科技型企业14家。按照江苏省科技超市标准，进一步抓好启东设施蔬菜产业分店和便利店建设，同时新建启东特种水产产业分店1家、便利店3家。开展科技服务活动，带动农民增收致富。在2014年省科技厅组织专家组开展的省科技服务超市万村行活动中，市科技超市分店被评为优秀，2家便利店被评为合格。

2014年，全市共组织开展各类送科技下乡活动12次，制作设施蔬菜、特种水产等产业各类科技展板80多块，展出150多板次，发放科技图书和科技资料3000多份。与农委、海渔局组织推广农业新技术新成果10项，其中农业8项、海洋渔业2项，惠及农民群众6万人。

【科技创新服务体系建设】 市科技局推进科技企业孵化器建设，全市科技企业孵化器总面积累计达45万平方米，新增入驻企业25家。全市累计拥有国家级科技企业孵化器1家、省级科技企业孵化器5家。推进企业研发中心建设。全年新增省级工程技术研究中心3家、南通市级工程中心10家。新增省企业研究生工作站10家。新增省企业重点实验室1家，实现启东零的突破。启东市政府与华东理工大学共建南通功能材料研究院产业基地协议正式签约，相关项目落户滨海工业园。开展科技金融工作。2014年，启东市海信机械等11家企业获省科技成果转化风险补偿专项资金贷款3550万元。推进省高层次人才引进计划。2014年，全市有5人获“双创计划”立项，人数列南通六县(市)第一。

【科技宣传】 2014年，市科技局进一步强化科技进步在综合考核中的考核力度，通过全市组织实施的“人才科技杯”夺杯竞赛活动，每月通报各镇(乡)、园区科技创新工作目标任务完成情况；专题组织召开科技创新工作点评会，总结经验，指出问题，分析原因。组织召开高新技术企业推进会，分析形势，宣传政策，落实各项工作措施，调动企业抓创新、谋发展的积极性。加大科普宣传力度，营造创新创业氛围。2014年科普宣传周和科技节期间，科技局编印《科技创新政策百问》宣传手册，发放到全市科技型企业，会同有关部门共同组织开展科普宣传周活动，组织开展科技进村入户、科技融入社区等活动。有科普文艺专场演出，专家教授现场指导到田头，专家学者作专场报告，老专家、老科技工作者科技咨询和义诊活动，医务专家进村作健康知识讲座，科技资料赠送活动等；发放科普资料8000份，各镇(乡)印发科普小报、科普资料1.5万份。

2014年启东市获省级以上立项科技计划项目

表21

序号	项目类别	项目名称	承担企业	立项经费(万元)
1	国家创新基金	一体式海上测风塔	江苏道达海上风电工程科技有限公司	200
2	省创新资金	基于多层膜控释药技术的氨溴索缓释混悬液制剂的研制	江苏先科药业有限公司	25
3		自洁式高效空气净化过滤器	启东百盛冶金设备有限公司	25
4	省科技支撑(工业)	与防波堤相结合的新型高效率波浪能发电及利用关键技术	江苏道达海上风电工程科技有限公司	80
5		全色域多通道智能调光调色LED照明系统的研发	江苏林洋电子股份有限公司	80
6		工业高浓度含酚废水资源化关键技术及成套装备研究开发	启东市巨龙石油化工装备有限公司	80
7		基于水汽相变的协同烟气余热深度利用和PM2.5高效脱除技术研究	江苏瑞帆环保装备股份有限公司	60
8	省科技支撑(农业)	湖羊规模化精细饲养技术的集成与创新	启东瑞鹏牧业有限公司	50
9	省科技支撑(社发)	废轮胎无催化低温热解循环利用新技术应用研究	启东金匙环保科技有限公司	35
10	省重大科技成果转化	船用LNG再气化装置系列产品关键技术研发及产业化	南通太平洋海洋工程有限公司	1200
11		煤制油(气)苛刻工况成套特种阀门关键技术研发及产业化	江苏神通阀门股份有限公司	900
12	国家农转资金	特色风味水产食品生物加工关键技术集成与示范	南通好又鲜水产食品有限公司	60

续表 21

序号	项目类别	项目名称	承担企业	立项经费(万元)
13	省产学研联合创新资金	基于北斗卫星通讯的漂流浮标系统研发	南通三信塑胶装备科技有限公司	50
14	省博士计划	陈林	江苏神通阀门股份有限公司	15
15	省知识产权战略推进计划		江苏神通阀门股份有限公司	100
16	知识产权管标先进单位		江苏风神空调集团股份有限公司	5
17	省企业重点实验室	江苏省核电阀门重点实验室	江苏神通阀门股份有限公司	300
18	省工程技术研究中心绩效评估优秀	江苏省太阳能电池及应用工程技术研究中心	韩华新能源(启东)有限公司	30
19	企业研究生工作站	复合筒型基础海上风电工程施工技术研究(天津大学)	江苏道达海洋重工股份有限公司	5
20		烧结烟气新型高效复合除尘技术及成套装备的研发(东南大学)	江苏瑞帆环保装备股份有限公司	5
21		江苏南通太平洋海洋工程研究生工作站(江苏科技大学)	南通太平洋海洋工程有限公司	5
22	省双创人才	郭玉海	江苏凌海新材料科技有限公司	50
23		赵波涛	南通布洛思生物科技有限公司	50
24		梁卓旺	江苏先科药业有限公司	50
25		任世阔	江苏诚信制药有限公司	50
26		杨文华	中远船务(启东)海洋工程有限公司	50
	合　　计			3560

2014 年启东市获南通市以上科技进步奖获奖项目

表 22

序号	项目名称	申报单位	获奖类别
1	第三代核电站高效安全隔离装置关键技术研发和产业化	江苏神通阀门股份有限公司、东南大学	江苏省科技进步三等奖
2	太阳能光伏及风力发电用大容量储能系统	江苏海四达电源股份有限公司	南通市科技进步一等奖
3	12000 立方米半冷半压式 LEG 船	南通太平洋海洋工程有限公司	南通市科技进步一等奖
4	大型高炉(>3200m³)煤气全干法除尘及综合节能减排技术与装备	江苏瑞帆环保装备股份有限公司	南通市科技进步二等奖
5	51%草甘膦异丙胺盐水剂清洁生产新工艺	江苏好收成韦恩农化股份有限公司	南通市科技进步二等奖
6	第三代核电站用核级高压球阀	江苏神通阀门股份有限公司	南通市科技进步二等奖
7	超大空间用立式环射送风空气处理机组	江苏风神空调集团股份有限公司	南通市科技进步二等奖
8	通信用后备式锂离子电池组	江苏海四达电源股份有限公司	南通市科技进步三等奖
9	FKGA43-TLY2122 型智能防窃电专变采集终端	江苏林洋电子股份有限公司	南通市科技进步三等奖
10	整体煤气化联合循环发电(IGCC)系统用控制装置	江苏神通阀门股份有限公司	南通市科技进步三等奖
11	生物酶法制备氨基多糖新型食品添加剂	江苏双林海洋生物药业有限公司	南通市科技进步三等奖

续表 22

序号	项目名称	申报单位	获奖类别
12	紧急避孕药醋酸优力司特(CDB-2914)的研究与开发	江苏希迪制药有限公司	南通市科技进步三等奖
13	HT 系列自行式直臂型高空作业平台	美通重工有限公司	南通市科技进步三等奖
14	利用偏三甲苯在自制催化剂体系中合成 2,3,5-三甲基苯醌的工艺研究与应用	南通柏盛化工有限公司	南通市科技进步三等奖
15	风电安装船桩腿桩靴结构制作工艺	南通润邦海洋工程装备有限公司	南通市科技进步三等奖
16	复式低碳全新风水源热泵	江苏国莱特空调设备有限公司	南通市科技进步三等奖
17	安全耐压内绝缘型塑封半导体器件	江苏捷捷微电子股份有限公司	南通市科技进步三等奖
18	鲜食杂交玉米新品种——苏珍紫糯 3 号的选育与应用	启东市农家丰新品种研究所	南通市科技进步三等奖
19	准干切削用特种微量润滑油	启东尤希路化学工业有限公司	南通市科技进步三等奖

(许海英)

防震减灾

【概况】 2014 年,市地震局重点围绕健全地震监测预报、震灾预防和地震应急救援三大工作体系,不断加强防震减灾能力建设。

【地震监测】 台站建设维护与监测环境保护。圆陀角强震台建设完成并开始试运行。加强对地震台站设施的维护,做好地震观测环境的保护工作。

宏观测报管理工作、异常的核实工作。制订 2014 年度震情监视及短临跟踪工作措施,强化震情监视和短临跟踪工作。全年共接报 3 起异常报告,其中 1 起地裂异响、1 起人感摇晃震动、1 起地热异常,都及时调查核实,分析原因,作出判断。

【群测群防】 健全防震减灾助理员、联络员制度,进一步完善地震宏观异常测报网络,地震灾情速报网络,防震减灾科普宣传网络。

【震害预防】 市地震局贯彻《防震减灾法》《地震安全性评价管理条例》及有关规定,做好新建、扩建、改建建设工程的抗震设防监督管理工作。对必须进行地震安全性评价的重大工程项目实行跟踪管理,确保监管到位。

【地震应急】 8 月 6 日,启东市发生 3.0 级地震,震中位置:启东市东海镇,距市区 13 公里。接到震情后,市地震局立即启动地震应急预案,开展应急工作。通过速报网络和实地调查,搜集震情灾情信息。据调查,震感范围主要在东海镇、近海镇、惠萍镇、滨海园区,震感不强烈、不普遍,仅东海镇的星宏村较多人有感外,其他地区都是少数人有感,启东市市区个别有感。没有发现有关人员伤亡和财产损失的信息,群众也没有恐慌情绪。通过电视、政府网站、广播等公共媒体报道地震情况,宣传防震减灾知识;加强宏观测报工作,要求测报点加密观测,不疏漏可能的异常信息,应急工作有序高效。

【防震减灾社会动员】 地震安全社区示范建设工作。汇东新村(创建省级)、世纪家园(创建国家级)等 2 个社区按照地震安全示范社区创建标准,开展创建活动。

防震减灾法律法规及地震科普知识的宣传。参与科技送下乡、科普宣传周、防灾减灾日等活动,全年共发放宣传资料 6000 多份,赠送防震减灾书籍 300 套。

(许海英)

气象测报

【概况】 2014 年,市气象局在全面推进气象现代化建设和县级基层气象业务体制综合改革中,全面提高公共气象服务能力和水平,晴雨预报准确率达 95%以上,气象服务的社会效果显著。加强气象为农服务力度、广度和深度,在全市逐步有计划完善农村基层气象防灾减灾组织体系,积极试点开展面向新型农业经营主体的直通式气象服务,探索和拓宽专业气象服务的新方式、新渠道和新方法,增强专业气象服务针对性和时效性。

【气象现代化建设】 大气探测网络。2014 年,市气象局根据中国气象局统一部署,启用新型自动气象站进行地面大气探测,统一采用先进传感器和光纤传送数据,确保气象观测数据实时采集、及时上传、传输稳定。经 2012 年、2013 年两年改造、布设在全市各乡镇田间的 23 套区域自动气象站,运行稳定,其数据除上传至省气象局外,还能够实时显示于各乡镇办公大楼的多媒体气象信息屏。市气象局在藏缘、新桃源和江天生态园等新农业生产基地设立农田小气候观测站,在沿江沿海有 4 套交通气象站用于实时观测长江和黄海上的各类气象数据,为农业生产、航运和渔业生产直接提供服务。

气象业务系统。2014 年,市气象局启用新的预报服务业务一体化平台,完成气象数据采集和使用的无缝对接,提高天气预报的时效性和准确率,气象服务的精细化程度越来越高。在市区的部分社区、各乡镇部分村委会,示范建设 45 块户外 LED 电

气象仪器维护 (市气象局/提供)

子显示屏,用于实时发布各类气象信息(含实时天气预报、预警信息和渔场预报等)。

【气象服务】 公共气象服务。2014年,在新的预报服务业务运行机制下,市气象台做好每天常规天气预报的制作和发布传递,加强与广电、报纸等传统媒体的合作,市气象局开通"启东气象"新浪和腾讯微博、"启东天气"微信公众号,通过网络时代新媒体,有效拓展和群众的交流渠道。通过学习辅导,岗位培训和竞赛,提高灾害性天气(台风、强对流、暴雨等)、节假日(春节、端午、国庆等)和重大社会活动(春运、中高考、环太湖自行车赛等)期间的服务能力与质量。

为农气象服务。2014年,市气象局向国家气象局争取"三农"服务专项资金40万元,全部投入乡镇气象信息发布体系的建设。在2013年推广气象信息服务站和气象信息队伍建设的基础上,依照市委、市政府颁布的《启东市气象灾害防御规划》进行气象灾害应急准备认证工作,完成全市四分之一行政村的认证。会同市农委作栽站、植保站、蔬菜站、市蔬菜专业合作社、市家庭农场、镇农村服务中心等专家举办多次座谈会,请他们对农村专项气象服务提出意见和建议。通过和市农工办合作,市气象局将种养殖大户和参加农业保险的用户纳入气象专业服务对象,进行"直通式服务"。

专业气象服务。2014年,市气象局加强对江对海气象服务的力度。和中远海工、太平洋海工、宏华海洋以及大唐电厂、中交三航局广汇能源码头建设项目组等多家沿江大型船舶制造企业签订气象服务合同,为其提供定时、定点和随时的气象服务,在工程进度安排和安全作业生产等领域密切合作。

【气象宣传】 在人民广场开展定点宣传,针对2014"天气和气候:青年人的参与"主题,联合汇龙中学、南苑中学和长江小学等学校组织气象知识进课堂、中小学生进气象站等科普活动,拓展孩子们的知识面,使他们在遇到灾害性天气时能及时有效应对,增强他们应用气象信息的能力。

(龚溪峤 黄 诚)

日出黄海 (钮伟钢/摄)

综　　述

【概况】　2014年，全市共有中小学校幼儿园142所，其中小学49所、初中23所、普通高中6所、职业高中2所、特殊教育学校1所、注册幼儿园61所。小学在校学生共计37557人，一年级至六学级学生数分别为5822人、6253人、6345人、6078人、6622人、6337人；初中在校学生19624人，初一至初三学生数分别为6123人、6634人、6867人；普通高中在校学生10982人，高一至高三学生数分别为3146人、3709人、4127人；职业高中在校学生5789人，职高一年级至三年级学生数分别为2043人、2030人、1716人；特教学校在校学生共有115人；在园幼儿18015人。全市共计在校学生92082人。全市共有在职教职工7415人，离退休教职工6210人。全市学校占地面积256.70万平方米，校舍建筑面积110.98万平方米。

【各类教育协调发展】　学前教育。市教育局出台《公办幼儿园管理办法》，加强对幼儿园的规范管理。推进公办幼儿园建设，2014年完成4所公办幼儿园的建设任务。至年底，全市共有公办幼儿园34所，占比为54.8%。城乡学前三年幼儿入园率达95%以上。

义务教育。全市小学入学率、巩固率保持100%，初中入学率、巩固率分别为100%、99.75%，全市初中后升学率达98.70%，三类残疾儿童少年入学率达96.63%。以上各项指标均达到或超过省定标准。

高中阶段。汇龙中学创四星材料通过省级书面评估并接受省评估组现场验收。每月一次的校长论坛，着眼教育管理中的实际问题，通过相互交流、思维碰撞，校长们解决问题的能力得到提升。

职社教育。至年底，共建成5个省级品牌专业，5个省和国家级实训基地。开展形式多样的农村劳动力转移培训、农村实用技术培训、企业职工的职业技能培训等，基本满足全市各行各业群众的学习需求。

【素质教育】　市教育局坚持以质量为中心，优化教育管理，稳步提升教育质量。中考成绩稳中有升，高考、对口单招成绩继续保持全省领先，小学、初中学业水平测试合格率、优秀率等指标省市领先。学科竞赛中学生的获奖人数和层次都在全省前列。围绕全面提高学生综合素质为目标，开展国家学生体质健康标准测试和阳光体育冬季长跑活动、中小学生篮排球赛、中小学生艺术节、中小学生“三独”（独唱、独奏、独舞）比赛等10多项赛事，吸引10多万名学生参加，促进全市中小学生综合素质的整体提升。海复小学男子排球队、长江中学女子排球队获南通市少儿排球比赛冠军。少直小学、南苑中学、启东中专女子篮球队包揽南通市小学、初中、高中女子组冠军。少年宫二胡齐奏获全国“魅力校园”春节

4月，启东市第九届中小学生“三独”比赛在实验小学举行

（市教育局/提供）

联欢晚会一等奖,并入选南通市“濠滨夏夜”专场演出。

【教育现代化建设】 全年校安工程共实施新建单体22个,新建面积9180平方米。实施加固项目15个,总加固面积3.13万平方米。至年底,20个新建项目、12个加固项目竣工。重点建设项目进展顺利。折桂中学一期工程、滨海实验学校主体工程全部完成;新城区高级中学一期工程主体结构竣工,二期工程施工中;和合小学新建工程、近海小学原地重建工程全部竣工验收;建新中学原地重建一期工程完成竣工验收,二期及附属配套工程进入评审阶段;和睦幼儿园原地重建工程、城北小学新建工程、鹤城中学新建工程办理前期手续。全市共有26所学校改造塑胶运动场,至年底完成23所。

【教育均衡化程度不断提升】 市教育局制定《义务教育管理共同体组建实施方案》,将全市73所学校组建为19个教育管理共同体,通过“以城带乡”“以强带弱”“以强带新”,使优质教育资源在短时间内得到有效扩张。秋季开学后,各教育管理共同体活动频度高、形式多、效果好,进一步促进市教育事业均衡发展。针对城乡师资配备不均衡的问题,出台《启东市义务教育学校教师流动实施方案》及《启东市义务教育学校交流教师考核细则》,为师资水平均衡发展提供制度保障。全市符合交流条件的教师交流比例为16.25%,超过省定15%的标准。

【教师队伍建设】 坚持以打造名教师、名校长为目标,以培训为依托,深入实施培训、青蓝、科研三大工程,教师队伍建设得到全面加强。全市幼儿园教师全员培训合格率、优秀率均达100%,培训成绩在南通名列前茅。中小学教师全员培训中,100%的教师完成所有培训任务,优秀率达95%以上。全面推行“15/20/10”模式(启东高效课堂的模式。“15”,是指15分钟温故、自学、群学;“20”,是指20分钟展示交流质疑、训练点拨提高;“10”,是指10分钟当堂检测反馈),举办小学“东疆之春”大型教研活动、初高中“江海星光”教研活动,取得良好的效果。一大批骨干教师、优秀教师、省市名师领跑教育教学教研工作,全年共有38人次教师获南通市优课评比、基本功竞赛、微课大赛一等奖以上好名次。教师论文评比的参与人数、获奖人数居南通市前3名。

在全系统深入开展党的群众路线教育实践活动,认真查找“四风”中的存在问题。通过向社会发放评议书,广泛征求意见,努力改进工作;对所有来访、来信、来电及上级转交件及时登记、查处、报结、反馈,做到“件件有答复,事事有回音”,全年核查来信、来访、来电180多件(次)。参与监督办理市政府12345服务热线转来的投诉件和咨询件共488件,做到件件有答复、件件有落实。

【推进教育公平】 按照《义务教育法》的规定和要求,义务教育阶段学校全部实行划片招生,学生全部免试就近入学。外来务工人员子女享受“同城待遇”,就近安排上学,与施教区内的孩子混合编班学习。严格控制义务教育阶段学校办学规模,通过拆班、扩班等形式,缓解部分学校因外来务工人员子女过多而出现的“大班额”问题。通过学校向户籍所在村镇、社区取证、核实并进行公示接受社会监督等工作程序,对义务教育阶段家庭经济困难学生给予生活费补助,资助比例为在校生的8%。2014年春季学期发放生活补助费498.56万元,涉及学生9485人次。做好非义务教育阶段家庭经济困难学生的资助工作,春季学期发放普通高中国家助学金178.5万元,涉及困难学生1190人次;发放中等职业学校助学金29.63万元,涉及学生395人;学前教育家庭经济困难儿童生活补助费166.5万元,涉及在园儿童1665人次。

【校园安全】 市教育局多次联合市公安、交通、安监等部门开展大规模安全工作专项检查,抓安全责任落实,排查并及时消除安全隐患。全市所有学校均成功创建为“启东市平安学校”和“南通市最安全学校”,36所学校获江苏省“平安校园”称号。投入资金2500多万元,新建16所学校食堂。全市69所中小学食堂中,10所被评为南通市A级示范食堂,34所被认定为启东市A级食堂。

(费雷雷)

学前教育

【概况】 全市有幼儿园61所,办园点31个。在园幼儿18015名,幼儿入园率96.1%。

【保教质量攀升】 完成4所镇(乡)公办幼儿园建设。借助“启东名园长打造

11月5~6日,启东市幼儿园区域游戏微视频评比在慕卿幼儿园举行

(市教育局/提供)

工作室”“名师打造工作室”QQ群，实施幼儿园名师带教和支教园长工作制度，开展城乡幼儿园对口支教工作，率领全市幼师围绕江苏省教育规划“十二五”重点课题“基于幼儿可持续学习的教师教育行为优化研究”展开深入的市本研究，帮助农村幼儿园提高保教质量和教科研水平。5~6月，组织全市幼儿教师参加南通市组织的全员网络培训。启东市被评为南通市“先进项目县(市、区)”。8月，启动“启东市幼儿园课程游戏化建设项目”；10月，组织“2014年启东市幼儿园音乐研究中心组培训活动”；4月、12月，组织两次名师送教活动；12月，长江、城北幼儿园向全市幼教同行作幼儿园优质区域游戏现场成果展示活动等。大同、王鲍幼儿园接受省优质园的现场评估验收；大兴、万安幼儿园分别向全市幼教同行开放全园半日教育活动。大兴与实验幼儿园被确认为江苏省级幼儿园课程游戏化建设项目单位，大兴与实验幼儿园、城北与和睦幼儿园、海复与慕卿幼儿园被确认为南通市级幼儿园课程游戏化建设项目单位。通过国家和江苏省学前教育系统网络平台，对全市幼儿园进行信息采集，为发展市学前教育的科学决策提供一手资料。

(费雷雷)

小学教育

【概况】 全市有小学49所，其中直属小学2所，镇(乡)小学47所。教学班851个，在校学生数37557人，毕业生数6128人。

【青年教师研修小组活动】 为促进青年教师成长，各个学科成立以市级学科教研员为导师的青年教师研修小组，并定期开展活动。11月14日，小学数学组在南苑小学活动；12月11日，小学英语组在实验小学活动。活动形式多样，有网络研修学习心得交流，有青年教师课堂展示，还组织全市的优秀教育人才作课堂教学示范。

【“校长杯”教学比赛活动】 各参赛选手均由各教育管理共同体选拔产生，每个共同体由5人组成，其中校长代表4人，中层代表1人，基地学校最多3人，成员学校代表不少于2所2人。11月17~19日，市级比赛分成三个语文、数学、综合组分别在汇龙小学、实验小学、长江小学举行。比赛共55人参赛，最终产生3个团体奖和28个个人一等奖。

【中年教师优课评比】 启东市小学教师队伍多年没有得到青年教师的补充，中年教师逐渐成为教师队伍的主力军。为推动中年教师投身高效课堂建设，给中年教师提供专业发展的平台，不断提高中年教师的课堂教学实施水平，确保教学质量无盲区，组织开展“中年教师优课评比活动”。比赛依据《2014年南通市课堂教学改革指导意见》，以及市贯彻实施高效课堂建设的有关要求进行评比。参赛对象均为在编在岗的40周岁以上(含40周岁)的教师，其中英语、科学、劳技、美术、音乐五个学科为35周岁以上(含35周岁)。涵盖语文、数学、英语、品德、科学、劳技、音乐、美术、体育、信息技术共10个学科。比赛组织实施分层选拔，市级比赛的参赛教师均为各教育管理共同体选拔产生，并按比例产生获奖选手。活动的组织、比赛活动的规范，有力促进中年教师的专业素养提高。

【教师队伍提升工程】 2014年，市小学教师参加南通市、江苏省教育行政部门组织的各种专业素养比赛，频频获奖。5月，2名教师获南通市“行知杯”教学技能比赛一等奖，其中1人获南通市总工会颁发的“五一创新能手”称号。11月，在“第五届小学语文实验教科书(苏教版)课堂教学大赛”中，1人获特等奖，1人获录像课一等奖。小语教师中有1人被评为江苏省特级教师，3人被评为南通市学科带头人，10人被评为南通市骨干教师。

【组织和承办多级别的大型教研活动】 4月1~16日，南通市小学数学高效课堂教学模式展示研讨会暨十四届“东疆之春”大型教研活动在实验小学举行，共500多人参加活动，展示研讨各县区在高效课堂建设中的经验与成果，启东市以学生在课堂中有没有“独立自主地思考、自信大方地表达、从容淡定地互动”为标志的高效课堂展示获得与会教师以及南通市教科研中心领导的好评。4月17~18日，启东市紫薇小学承办“南通市小学英语高效课堂观摩研讨会”，充分体现启东市小学英语学科近几年高效课堂建设的成果，也对市小学英语高效课堂建设起到推动作用。4月25日，“南京·启东小学英语新教材教学研讨会”在启东实验小学报告厅举行，启东和南京的优秀教师作精彩的课堂教学展示。9月11日，四年级数学学科教学质量专题分析会在江苏省启东实验小学召

实验小学教师汪东玮获全国小学语文课堂教学大赛特等奖，图为比赛现场

(市教育局/提供)

南通市小学数学高效课堂暨第十四届"东疆之春"教学专题研讨会在实验小学举行 (市教育局/提供)

开。11月19日，在长江小学举行"新课标 新理念 新教材"的新教材培训活动，共200名五、六年级英语教师参加研讨培训。

(费雷雷)

初中教育

【概况】 全市有初级中学23所，其中直属初中8所，镇(乡)初中15所。教学班415个，在校学生数19624人，毕业生数7152人。

【教学质量管理】 2月15日、8月28日，两次召开市初中教学质量分析会。5月4~27日，分别召开初三中考适应性测试质量分析会。9月27日，召开2014年启东市初中教育工作会议。进行教学管理专项检查。3~6月，市教育局对全市23所初中的中考学科复温情况进行全面调研指导。9~12月，对全市8所初中教育共同体进行综合调研督导。

【初中高效教学】 2014年，全市加大深化实施初中"15/20/10"高效教学范式的力度，制定实施方案，细化操作要求，完成各学科"15/20/10"操作手册的修改。3月，召开初中各学科中考复温高效教学研讨会。4~5月，初中各学科参加南通市学科基地高效课堂教学活动。5月12日，参加2014年南通市第一次初中课堂教学改革现场推进会。11月27~28日，在百杏中学举行2014年启东市初中"校长杯"高效课堂教学竞赛。

【校本教研培训】 8月，做好暑期教师两周的校本培训工作，对全市初中各学科教师进行暑期全员培训和校本培训。8月13日，进行暑期初中培训者的培训；8月16~17日，进行中考学科教师全员培训；8月18日，各学科进行40周岁以下青年教师专题培训。12月25~27日，组织全市初中校长参加第七届江苏省初中校长论坛。

【教育教学竞赛】 2月，举行启东市初中数学说题比赛暨南通市选拔活动，2名教师获南通市一等奖，3名教师获南通市二等奖。3月，各学科进行启东市初中微课评比活动。4月，组织启东市级评审。

(费雷雷)

高中教育

【概况】 2014年，全市共有普通高中6所。共有77个高一班级，82个高二班级，89个高三班级。共有在校学生10982人。

【高考位居全省前茅】 2014年高考，市文科均分299.22分，仅差全省本二线(301分)1.78分；理科均分327.68分，超出全省本二线(312分)15.68分。全市文科本一率为10.55%，超出全省平均(7.79%)2.76个百分点；本二以上率为49.15%，超出全省平均(26.77%)22.38个百分点。理科本一率为29.82%，超出全省平均(15.22%)14.6个百分点；本二以上率为63.21%，超出全省平均(40.86%)21.35个百分点。全市文理考生本一率24.96%，超出全省平均(10.3%)14.66个百分点；本二以上率66.40%，超出全省平均(33.07%)33.33个百分点。高分段人数：文理科全省前20名1人，

11月27日，2014年启东市初中"校长杯"高效课堂教学竞赛在百杏中学展开 (市教育局/提供)

前100名4人，前1000名32人。

（费雷雷）

中等职业教育

【概况】 全市有中等职业学校2所，即江苏省启东中等专业学校、启东市第二中等专业学校。学校开设数控、机械、电子、计算机应用、财经商贸、建筑、船舶制造等十多个大类三十多个专业，在校生5789人。2014年，全市招收职业学校学生2058人，完成计划的111.2%，职高学生毕业率100%，毕业生就业率98.1%。对口高考报考人数578人，本科上线率52.25%，比省平均高出30个百分点，总上线率100%。市中职学生参加中级工考核通过率98.6%。

【提升办学水平】 实施职业教育专业规范化、特色化、品牌化建设战略，市积极创建并申报省级品牌专业。2014年，第二中专的计算机应用专业被评为省级品牌专业，至此，全市有5个新一轮省级示范专业，并建成电子、机电、计算机、会计等5个省级品牌专业。在南通市职业学校技能大赛中，市获4金19银34铜。10月，组织2014年启东市职业学校技能大赛，共有200多人参加12个工种的比赛。在省职业学校文明风采大赛中，启东市获2金5银7铜，获奖率达62%。启东中专的《中等职业教育专业课程改革的实践与研究》及启东第二中专的《探析全面构建实践教学与理论课程融为一体的创新人才培养模式》两项成果获省教学成果二等奖，列省市同类学校前茅。2014年，市有三位老师在省“两课”评比中获奖，其中获省一等奖第一名。在2014年度南通市信息化大赛中，学校获3金5银6铜，后在省级比赛中获1银1铜。

2014年，市有50位教师参加省级骨干教师培训、技能竞赛培训、新课程培训及管理者培训，教学水平有较大提高。

（费雷雷）

特殊教育

【概况】 启东市特殊教育学校占地面积10158平方米，校舍建筑面积4600平方米，2014年新建塑胶场地和跑道。学校有15个教学班，教职工44人，在校学生120人。

2014年，学校获启东市“三八红旗手优秀群体”“启东市青少年科技创新大赛团体二等奖”等称号，3位学生在江苏省中小学生纵横码输入法比赛中获团体一等奖，3位学生在启东市残疾人才艺比赛中获三等奖。学校成功举办主题为“康教结合课程模式的实践研究”南通市特殊教育研讨会。

（费雷雷）

普通高等教育

【南通大学启东校区建成启用】 8月，南通大学启东校区一期工程首批项目正式投入使用。其中包括教学5号、6号楼、行政楼、学生宿舍1~3号楼、第一食堂、大学生活动中心、后勤辅助用房、教工宿舍、篮球场、排球场、400米标准田径场、体育看台、附属设施，总建筑面积约5万平方米。第二批建设项目5月开工建设，8月初封顶，进入内部装饰装修阶段，其中包括图书馆、实验实训中心2个建筑单体，总建筑面积约2.4万平方米。

9月13日，启东校区正式启用，首批890名新生报到（录取新生919人，录取率100%，实际报到890人，报到率97%）。办学层次以本科为主，设11个专业：国际经济与贸易、公共管理类(行政管理、城市管理)、汉语言文学、日语、英语、工程管理、电子信息工程、计算机科学与技术、光电信息科学与工程、地理科学类、海洋技术。启东校区有常驻教职员工近100人，其他专业课教师均由南通大学统一安排。9月16日上午，学校举行校区启用仪式、张謇塑像落成及新生入学典礼三大活动。

※附※

南通大学启东校区建设大事记

2009年12月30日，南通大学与启东市政府签订《关于共建南通大学启东校区的协议书》。2010年10月18日，南通大学与启东市政府签订《关于南通大学杏林学院迁址启东市办学的协议书》。两份协议的签订，开创省内校地合作办学新模式。

2010年10月29日，启东校区举行奠基仪式。12月31日，省发改委发文同意南通大学启东校区正式立项。

2011年4月15日，省教育厅发文同意立项。项目占地80公顷，总建筑面积32.7万平米，预算总投资7.89亿元。2011年底，可研报告成功获批。根据省发改委和教育厅批复，一期工程总建筑面积11.4万平米，分三个阶段建设，首批工程包括教学楼、综合楼、学生宿舍、第一食堂、大学生活动中心、后勤辅助用房、教工宿舍、标准田径场及看台，共11个建筑单体，总建筑面积约5万平方米；第二阶段工程包括图书馆、实验实训中心，总建筑面积2.4万平米；其他为第三阶段工程，总建筑面积约4.1万平米。

2013年1月15日，一期工程首批项目全面开工建设。5月底，一期工程11个建筑单体全部封顶。

2014年5月，第二阶段建设项目图书馆、实验实训中心开工建设，8月初全部封顶。8月，一期工程投入使用。9月13日，南通大学启东校区正式启用。

（沈华忠　张松华）

成人教育

【"江苏学习在线"应用推广】 2014年,市加强"江苏学习在线"应用推广,倡导"江苏学习在线"网上课程自主学习。全市在"江苏学习在线"注册学习用户2681个,实名注册用户2381人,累计学分50万分,共获学习证书2028张,获月度、季度和年度"学习之星"共128个。市被江苏省社会教育服务指导中心评为2014年度"江苏学习在线应用推广先行区"、2014年度"网上学习优秀组织奖"。列全省第三,南通市第一。

【开展现代农民教育培训工程】 全市各镇(乡)成人教育中心校、各职业中学,实施现代农民教育培训工程,开展农民实用技术培训、创业农民培训、返乡农民工培训等,共举办现代农民教育培训班167期,受训总人数16593人次,完成南通市教育局下达的任务数110.6%。

(费雷雷)

民办教育

【概况】 年初,全市有民办幼儿园33所。通过汇龙镇等3个镇政府的共同努力,启东市天天幼儿园等4所民办幼儿园回归公办。至年底,全市民办幼儿园29所,民办非学历教育培训机构19个。

(费雷雷)

市直属学校选介

【江苏省启东中学】 2014年,学校有学生2975人,班级60个,教职工335人。其中,专任教师280人,江苏省特级教师6人,硕士研究生48人,南通市级以上学科带头人6人,骨干教师5人,启东市学科带头人及骨干教师30人。学校升学率100%。

创新人才培养模式。学校形成以学科竞赛为龙头,文艺、体育、科技特色并举的办学特色,深化教学改革,构建实践性、体验性、自主性教学相结合的"新课堂",促进学生多元发展。2名学生入选全国中学生数学、化学奥赛冬令营,1名学生获江苏省第14届中学生现场作文大赛高中组特等奖。2名学生在北京大学2015全国中学生艺术冬令营活动(民乐类二胡只招收2名学生)中以优异成绩与北大签约。

教师队伍建设。学校注重"教、学、研"相结合,以科研带动和促进教师培训,以教师提高促进教学有效性的提升,以教学有效性的提升促进学生学习质量的提高。教师自制课件到录播教室上课,拍摄多堂高质量的教学观摩课及微课。1人获优质课比赛江苏省二等奖,2人获南通市优课评比一等奖,2人获南通市优课评比二等奖。1人获国家教学成果二等奖、江苏省教学成果特等奖。1人获南通市高中化学青年教师基本功大赛一等奖,4人获启东市微课比赛一等奖。1人参加南通市第八届中小学优秀班会课比赛,获高中组一等奖。

【启东市汇龙中学】 2014年,学校有学生2798人,班级60个,教职工322人。其中,专任教师272人,江苏省特级教师1人,硕士研究生28人,南通市级以上学科带头人10人,骨干教师6人,启东市学科带头人及骨干教师59人,本三以上升学率99%。学校获评全国生命教育科研先进单位、全国环境教育示范学校、江苏省环保联合会"会员单位",被南通市教育局确认为南通市高中英语学科基地学校。

教学管理。加强校本课程和环境活动课程的建设,推进课程改革,加强教研组、备课组建设。共开设全校性教研课28节,循环课286节,检查交流性听课53节。

教师队伍建设。通过教科研"青蓝工程"建设,深入推进教科研队伍建设,共有22对师徒成功结对。2014年,学校完成南通市级课题4个、启东市级课题3个、校级课题3个。全校教师共发表省、市级论文共48篇,组织参加省"创新杯""师陶杯"和第八届教师专业成长优秀论文评比论文评比活动,共有21篇论文获等级奖。组织参加各级优课比赛,共有24人获等级奖。

【启东市大江中学】 2014年,学校有学生1524人,班级44个,教职工286人。其中,专任教师250人,硕士研究生13人,南通市级以上学科带头人1人,骨干教师3人,启东市学科带头人及骨干教师13人,升学率98%。学校先后被评为第29届全国青少年科技创新大赛科技教育创新优秀学校,南通市依法治校先进学校、南通市法治建设工作先进学校。1人获全国模范教师称号,1人获南通骨干教师称号,1人获南通市园丁奖,1人获启东园丁奖,7人通过启东市教育局优秀教育人才的考核,2人获中学高级教师称号,5人获启东市优秀教育工作者称号。

教学管理。学校强化重点开展科技活动,"学会发明"校本课程的开发与实践研究获省教学成果一等奖,江苏电视台到学校就科技创新教育作专题采访,9件创新作品南通市出线,获省青少年创新大赛参赛资格。

【启东市东南中学】 2014年,学校有学生1256人,班级30个,教职工200人。其中,专任教师175人,硕士研究生8人,启东市学科带头人及骨干教师10人。学校升学率100%。

教学科研。学校开展课题研究,省级课题《农村中学现代信息技术与综合实践活动的整合与探索》顺利开题,《男女生学习物理差异性研究》在2014年南通市教科研成果评比中获第八届优秀教育科研成果评选二等奖。开展教科研交流活动,鼓励教师撰写教学反思和教研教改论文,有20多篇论文在省、市论文评比中获奖。在"启东市第三届先进教研组和先进教研个人"评选活动中,学校生物、数学两个教研组获评启东市先进教研组。

素质教育。学校社团举行高一高二年级"英语演讲赛"活动,2人获南通市中学生英语口语比赛二等奖。团委举行"我的中国梦"爱国主义主题演讲比赛。参加南通市三星级以上中学田径运动会,学校被南通市教育局授予"体育道德风尚奖"。参加启东市中学生篮球、排球比赛,学校获启东市普通高中男篮比赛第二名、女排第一名。

【启东市吕四中学】 2014年,学校有学生1547人,班级33个,教职工200人。其中,专任教师181人,硕士研究生15人,南通市级以上学科带头人2人,骨干教师1人,启东市学科带头人及骨干教师20人.有33人次在各级刊物上发表论文,其中省级以上论文33篇,有16人次教师论文或成果在各级比赛中获奖,有16人次在各项教学技能比赛中获奖,有5人次辅导学生参加各级各类比赛获奖。升学率100%。2014年高考,本一上线7人,本二上线135人,高二年级小高考参考人数520人,通过率达99.7%,2人达AAAA。

教学管理。学校推行备课组建设,以各年组为单位开展"15/20/10"课型的组内示范课,组织准备典型的校级教研课,共开设校级教研课27节。

【江苏省启东中等专业学校 南通广播电视大学启东分校】 2014年,学校有中职学生数2638人,成人教育学生数1751人,全日制班级79个,成教班级67个。2014春季共招函授本专科学员92人、开放本专科学员74人、奥鹏西南大学本专科学员87人,合计253人。教职工321人,其中专任教师281人,硕士研究生26人,南通市级以上学科带头人1人,骨干教师7人,启东市学科带头人及骨干教师22人,单招升学率100%,就业班学生就业率98%。学校培训处在全市开设9个授课点,办班13个,培训农村劳动力、技术人才871人;涉及工种有餐厅服务员、客房服务员、家政服务员、服装制作工、数控车工、装配钳工、焊工、有机合成工、人力资源培训师等14个,涉及企业有百悦大酒店、世邦机械、百超医疗、东华服装、启隆乡、众恒源照明等10多家。

加强教学科研,提升教学水平。2014年,学校组织教师参加启东市和南通市两级公共基础课两课评比,4位教师获南通市二等奖;组织开展校级专业技能课程两课评比,确定11位教师参加南通市比赛。在南通市信息化大赛中,2个队获南通市一等奖并进入省赛集训队,3个队获南通市二等奖,3个队获南通市三等奖。《电子工程制图Protel DXP 2004》获南通市第十二次优秀教育科学成果评选三等奖。在2014年江苏省技能大赛中,1人获二等奖,5人获三等奖。在江苏省第六届职业教育创新大赛中,校"基于射频管理技术的实验室精确管理系统""株距可调试直立播种杆""恒线速度控制器"三个项目入围省创新比赛,并分获一、二、三等奖,金牌数位于南通各职业学校第一。

实训基地建设。6月,学校成功举办第八届教师技能节和第九届学生技能节,共有672名学生和118名教师参加现场阶段的比赛,从中选拔优秀选手,组建2015年省市技能集训队。全年学校共投入440万元的实训基地专项建设资金,新建各专业实训室。中央财政支持的数控实训基地设备全部到位。江苏省高水平电子实训基地验收工作完成。

【启东市第二中等专业学校】 2014年,学校有学生2923人,班级60个,教职工233人,其中专任教师196人,硕士研究生14人,南通市级以上骨干教师1人,启东市级学科带头人3人,启东市级骨干教师6人。学校专科升学率为100%。参考的有431人,其中238人考上本科,本科率55.22%。学校共有18人次在南通市技能大赛中获等级奖,其中1人获得建筑CAD项目一等奖,2人获建筑工程算量二等奖。完成省级职业教育教学改革研究课题1个、省"十二五"规划课题2个、南通市教改课题3个,教师发表或获奖的论文达40多篇。

教师队伍建设。学校加大教师培训和考核的力度,着力培养教师在操作能力、理实一体化教学能力、项目课程和教材开发能力、企业实际工作能力。实施专业课教师"技师化工程",鼓励专业教师利用节假日进企业实岗训练。制订《学校骨干教师示范课活动方案》,推动教研活动。开展所有教研组长在内的好课评比,各专业办开展专业教师的技能比赛,提高教师教学素养。

培训工作。学校开设建筑类施工预算等培训,合计培训94人次。组织一次建筑专业统一岗位考试考前培训,合计培训74人次。联合妇联组织妇女马达车工培训70人次,村干部计算机技能培训52人次。实施"校校联合""校企合作",探索"订单式"人才培养模式。上海兆祥建筑公司派优秀的建筑人才到校上课,并提供奖学金。

【江苏省启东实验小学】 2014年,学校有学生3689人,班级90个,教职工274人。专任教师267人,其中研究生2人,本科学历的教师216人,占80.90%;大专学历教师45人,占16.85%;中师学历教师4人,占1.50%。有江苏省特级教师2人,南通市学科带头人11人,南通市骨干教师13人,南通市新坛新秀1人,启东市学科带头人16人,启东市骨干教师27人。学校获江苏省科学教学特色学校、江苏省健康促进(金牌)学校、江苏省节水型学校、南通市"巾帼文明岗"、南通市体育传统项目学校等称号。两项十一五信息技术国家级子课题顺利结题。

教师队伍建设。实施教师队伍的立体建设工程、名师培养工程和新教师五年跟踪"新秀"工程,加大骨干教师队伍的梯队建设,有65位教师参评启东市、南通市学科带头人、骨干教师。

(费雷雷)

文化综述

【概况】 2014年,启东市文化事业繁荣发展。年末全市拥有文化馆(站)13个,公共图书馆1个,图书总藏量60万册。广播电视覆盖率100%、有线电视入户率95.9%。做优做强"百姓自助舞台""村村乐"等传统群众文化活动。组织"起舞东疆"舞蹈大赛、"启东好声音"等活动。深入开展"全民阅读、书香启东"系列活动,办好"启吾大讲堂",全年举办讲座17次。实施江海文化精品创作工程,发展启东版画、评弹北调、吕四渔歌等特色艺术门类,在南通市第六届精神文明建设"五个一工程"评选中,电影《左眼不跳财》、电视纪录片《我的家在太阳岛上》、歌曲《心梦飞》、图书《到江尾海头去》和图书《亲家母》5件作品入选,获奖数量创历史新高。加强新闻宣传,全年有2件新闻作品获中国广电协会城市台优秀新闻一等奖。中青年美术工作者创作的16件版画、4件水彩水粉画和2件中国画作品入选南通市中青年美术作品展览。加强文物保护,修缮省级文物保护单位——苏北抗大九分校旧址,并通过省文物局、南通市文广局文物处组织的专家组验收。开展可移动文物普查工作,初步认定全市有291件可移动文物。全年共办理政协委员提案9件,人大代表建议2件。

(季洪丹　何　健　黄前进)

文化活动

【"三下乡"演出活动】 1月21日,南通市暨启东市文化科技卫生"三下乡"服务团慰问演出在王鲍镇义南村举行,70多名演员冒着严寒送上精彩的文艺节目,市文化广电新闻出版局(简称文广新局)也选送2个节目,分别是二胡齐奏《战马奔腾》、小品《农村户口》,整台节目历时一个半小时。

"三下乡"文艺演出　　(市文广新局/提供)

【"全民阅读、书香启东"系列活动】 4月22日下午,"全民阅读、书香启东"系列活动启动仪式在市图书馆底楼报告厅举行。此次"全民阅读、书香启东"系列活动时间从4月下旬起至10月底结束,重点开展十大类阅读活动,即党员干部"读书创新发展"主题读书活动,企业职工"爱岗敬业、服务社会"主题读书活动,青少年学生"以书为伴、健康成长"主题读书活动,离退休干部"老有所学,老有所成"主题读书活动,"快乐阅读、幸福生活"系列读书活动,"知识关爱"新市民读书活动,"相伴相亲,书香家庭"读书活动,"心灵鸡汤馆"主题活动,部队战士"建工军营、岗位成才"主题读书活动和"青春作伴,书香悦读"青少年文化读书活动。启动仪式上,南通大学继续教育学院院长刘明作题为"中国梦与中国蓝水海军的建设"讲座。

【"千戏下基层"演出活动】 7月14日,"千戏下基层"夏季纳凉晚会在北新镇邦道村举行首场文艺演出。该项活动是2014年政府"文化惠民工程"之一,旨在推进新农村文化建设,加快完善农村公共文化服务体系。7~9月共计送戏60场,送戏范围覆盖全市

12个乡镇以及街道社区等，受益观众超过10万人次。

【"起舞东疆"全民舞蹈秀活动】 "起舞东疆"全民舞蹈秀分为海选、复选、决选三轮进行，12场海选参与人数3500多人，共计340余组，其中年龄最大的80岁，最小的仅有4岁，共选出53组晋级复选。复选于8月16~17日晚在位于市区人民东路的欣乐城售楼广场举行。决选于8月29日下午在启东市广播电视台演播大厅举行，最终决出最佳表演奖、最佳编排奖、最佳风尚奖、最佳创意奖、最佳活力奖、最佳风采奖6组及优胜奖9组。

【南通市"濠滨夏夜"广场群众文艺调演活动启东专场】 深入推进"中国梦"宣传教育活动，喜迎新中国建立65周年，启东积极响应南通市委宣传部、南通市文化广电新闻出版局、南通市总工会联合举办的"中国梦·江海风"——南通市"濠滨夏夜"广场群众文艺调演活动，精心组织启东专场，展现市精神文明建设和群文风采，启东专场演出时间为8月30日，由歌舞、器乐、语言、戏曲、声乐五大类12个节目组成。

【"正能量加油站"】 2014年，启东以村公共服务中心、社区休闲文化广场、网格健身点等阵地为依托，通过买单赠送便携式音响设备，创新性地在城乡和社区建设"正能量加油站"，组织群众开展健康向上的文化活动，及时宣传党的政策法规等。8月13日晚，局组织一支由8人组成的文艺小分队开赴海复镇举行首场文艺演出，节目包括声乐、器乐、舞蹈等，活动不定期经常举行。

（季洪丹　何　健　黄前进）

8月29日，"起舞东疆"全民舞蹈秀决选，图为颁奖现场　（市文广新局/提供）

文化市场管理

【概况】 2014年，全市共有娱乐场所83家、网吧63家、出版物发行经营单位151家、印刷企业136家、演出经营单位6家、电影放映单位2家，文化市场经营单位400多家，从业人员近万人。

深化文化市场行政审批制度改革，推进简政放权，规范行政审批行为，坚持依法审批、公开公正、便民高效，注重事中、事后监管。文化市场监管立足长效，制订岗位责任制、目标考核制等多项制度，抓好日常检查，做好重点巡查，充分发挥社会监督的作用，加强多部门联合执法；以创文明、优环境、保平安为目标，开展"文明场所""诚信场所"和"平安场所"的创建活动，继续抓好"星级场所"创建活动。组建社会治安综合治理、安全生产等创建工作领导机构，签订社会治安综合治理、安全生产工作责任状，组织开展消防灭火演练等，确保整个文化市场平安有序。宣传、保护知识产权，进一步巩固政府机关软件正版化整改成果，推动建立软件正版化工作长效机制。全年市文化市场综合执法大队开展以网吧接纳未成年人为重点的寒暑假网吧整治行动，集中开展文化市场各项专项治理，开展打击查堵政治性非法出版物、扫除淫秽色情文化垃圾、整治学校周边环境和迎青奥文化市场专项整治等活动；以"净网"行动、"清源"行动和"秋风"行动为载体，深入开展"扫黄打非"活动，严厉打击侵权盗版和非法出版物。2014年，文化市场综合执法大队先后出动检查500多人次，检查经营单位200多家次，收缴盗版光碟7000张，收缴盗版书刊2000册，行政处罚5家，罚款3.8万元，取缔游商地摊3个。

（季洪丹　何　健　黄前进）

新闻出版（版权）管理

【概况】 2014年，全市共有出版物发行经营单位151家、印刷企业136家。以"净网"行动、"清源"行动和"秋风"行动为载体，深入开展"扫黄打非"工作。落实行政审批制度改革，推进新闻出版行政审批工作标准化、规范化和信息化建设，坚持依法行政，规范行政行为，将工作重心从注重事前审批向注重事中监管、事后执法转移，做到行业自律、政府引导、行政监管并重。加强版权宣传保护，开展版权知识宣传。加强版权监管，完善版权管理体制机制，加强版权行政执法人员培训，提高版权行政执法能力。开展打击侵权假冒专项行动、"剑网行动"，严厉查处侵权盗版大案要案。巩固政府机关软件正版化整改成果，推动建立软件正版化工作长效机制，软件正版化工作在有影响的企业中逐步推行。

（季洪丹　何　健　黄前进）

图书发行

【概况】 2014年,市新华书店实现销售4850万元、利润121万元,分别完成省集团公司下达指标的92%和36%。

教材教辅征订发行。在2014年度学生数比2013年度减少3200人的形势下,新华书店2014秋季教辅销售同比达101.63%。加强与教育行政部门的沟通协作,做好中、小学教材发行工作。在完成"课前到书、人手一册"工作的同时,做好教材调剂工作,深入各校走访并征求意见,对学校追加、追减的订数及时进行调剂、上报,确保教材征订和发放足额、配套、齐全。为避免出现教材错订、漏订和重订的现象,书店克服教材版本庞杂、品种繁多等困难,采取业务人员填写订单、业务科长查对、业务经理复核的工作方式严把"订单关"。9月,针对学期中学生遗失课本等现象,书店开设新华书店紫薇路门店,专门销售教材库存书,为家长们解决学期中间因学校提前教授新课而购买教材难的问题。

一般图书销售。书店制订以重点书、文教书和读书活动用书带动一般图书销售的发行战略,不断寻找新的效益增长点。积极组织货源,特别是教辅图书做到早动手、早进货,抢占市场先机。调整图书结构,形成由常销书、动销书、畅销书组成的合理备货体系。充分利用节假日,开展促销活动,成功举办圣诞、元旦营销活动。加强与市图书馆、学校等合作,多次陪同相关人员赴南京参加馆藏图书会,完成馆藏图书的采购工作。组织签名售书活动。与市税务部门合作,开展《老马识毒》签名售书活动,带动保健类书目销售。推行图书卡团购活动,全年共完成270万元的图书卡销售任务。

企业文化建设。2014年,书店以争创新一轮文明单位为抓手,打造学习型、服务型、创新型、和谐型"四型"书店。开展"员工阅读周"等活动,列出书目推荐员工阅读,提高员工的综合素质。响应市政府开展的"农村书屋""送书下乡"等活动,捐资出力。打造和谐平安书店。派专人参与南通市消防中队举办的消防知识培训活动,并通过培训考核。

(陈　东)

市图书馆

【概况】 2014年,启东市图书馆为读者提供办理新证服务4068余张,接待外借读者144655人次,为读者提供图书外借297659册次,接待内阅读者54240余人次,提供内阅服务271200册次,放映数字电影89场次,接待电子阅览和数字影像观众2560余人次,修补图书1420余册,编目图书37548册,馆藏图书达360944册。

二楼展厅先后承办"第四届中国画作品展""2014启东市漫画展""南通市教师美术、书法作品展"和"法制廉政"书画展等展览,共计16次。

"启吾大讲堂"日趋成熟,数量从上年度8次大型讲座上升为17次。举办"社会主义核心价值观""海洋强国背景下的南海问题""少年儿童文学公益讲座""科学健康知识""如何提高孩子注意力"等专题讲座,内容涵盖政治、经济、军事、文化、心理等各个方面。

组织开展"少儿新春猜谜""沐浴书香、传承美德"亲子共读、"弘扬优秀传统文化,建设民族精神家园"红领巾读书征文、"亲近阅读　点燃梦想"主题征文等系列读者活动。推广数字阅读,组织馆员在居民小区出摊宣传图书与数字图书馆;继续扶持"书香军营"建设,为他们提供动图书与电子阅读器;利用馆内多媒体设备举办少儿及老年电脑培训,将数字阅读作为培训内容之一。利用馆藏图书信息资源优势,做好《信息窗》和《科技信息》等二、三次文献的编撰,为农村读者提供种养殖信息的课题跟踪服务。

共享工程支中心做好资源点播、知识讲座、基层点业务培训等业务工作。加强数字图书馆建设,南通六县一市已共建共享南通市数字图书馆,南通市数字图书馆可供持证读者免费阅读的数据库达20个。

落实市、镇两级图书馆图书"通借通还"工程软硬件设备经费,并组织好招标采购,为搞好图书馆全市乡镇分馆建设和资源共享奠定基础。

(季洪丹　何　健　黄前进)

市文化馆

【概况】 2014年,启东市文化馆围绕党的群众路线教育实践活动这一中心,努力实现文艺创作目标,开展公共文化服务与活动,加大力度推动非物质文化遗产保护工作。

红领巾读书征文颁奖　　(市图书馆/提供)

【文艺创作】 2014年,馆文艺创作之音乐方面:杨晓燚创作的器乐曲《春的律动》,在江苏省文化干部业务大比武中获铜奖;袁水芳创作的歌曲《爱是同心圆》入围青奥会会歌征集前50名;马瑞雪创作的《要做一名合格党员》《襄阳意象》等歌曲在全国性的征歌活动中获奖。舞蹈方面:陈艳艳编排的舞蹈《再次跳舞》《断桥》《中国字画,爱唱情歌》《美极》等作品,分别在省市各级各类比赛中获金奖。书画方面有马瑞雪创作的漫画《垃圾桶的拒绝》。

【公共文化活动与文化服务】 2014年,完成四期《启东文艺》的出版任务,并开展丰富多彩的文化活动。举办元旦象棋比赛,3月9日,启动"2014中国象棋擂台赛",活动历时一年,受到全市象棋爱好者的欢迎;举行春节第二届"免费开放市民文体周"并赴启东消防大队送戏慰问;为启东文艺团队和乡镇农村文艺队提供艺术辅导,完成送戏下乡60场;"百姓自助舞台"和"少儿雏鹰天地"在完成日常演出的同时,增设两台流动演出;完成启东市第九届青少年才艺大赛启东赛区的比赛承办工作;配合省市音协,全面做好2014年音乐考级服务。

开展文化交流。5月,崇明启东海门三地文化馆与三县(市)的摄影家协会共同承办第三届崇启海摄影联展;8月,完成南通"濠滨夏夜"启东专场的演出;9月27~28日,赴上海崇明送戏两场,进行"文化大串门";10月,与海门进行文化交流,相互送戏;在十月份的公共文化服务展示月期间,挑选一批书画、摄影作品参加南通市群文书画摄影展,同时制作展示启东文化馆风采的短片及相关展板。

【非物质文化遗产保护】 做好非遗保护等专项工作的经费预算报告。完成南通市第三批非物质文化遗产传承基地及江苏省第四批非物质文化遗产保护名录的申报。在南通市的传承基地申报中,三家单位申报5个项目。在江苏省批次的保护名录申报中,申报《沙地灶头画》《吕洞宾的传说》《洋钎说书》3个项目。2014年,市非物质文化遗产中心以"点亮你的童年——传统文化进校园"为宣传主旨开展非遗日宣传活动:选派辅导老师到吕四、近海等几所小学,传授非遗知识;把34个市级非物质文化遗产制成展览板,送进启东所有的乡镇小学展出;配合江苏省非遗保护中心,完成《江苏省非遗志》启东部分的编撰工作。同时,作为上海音乐学院研究生部实践基地,中心于7月赴上海与上音研究生部师生开展音乐交流研讨活动;11月,上海音乐学院研究生部师生到启东,进行专题采风和交流演出。

(季洪丹 何 健 黄前进)

启东版画院

【概况】 2014年,启东版画院围绕全国美展和省、市美展开展系列创作活动,共有70多件次作品分别入选第十二届全国美展和省、市美展,并取得优异成绩。

【精品创作】 在"庆祝中华人民共和国成立65周年江苏省美术作品展览"中,院6件作品入选,其中朱建辉《秋天里》、章水雄《理想家园》、朱海燕《哈尼山水》、陈刚《净土》、王帅《米字格之十六》5件作品获优秀奖。朱建辉《秋天里》、朱海燕《哈尼山水》、陈刚《净土》3件作品入选第十二届全国美术作品展览,入选数在全国基层画院中名列前茅。3月,南通市中青年美展中,院14件版画作品入选展出,在首届南通市美术作品大展中有26件作品入选展出。另外,朱建辉创作的《人民的儿子·邓小平》、朱海燕创作的《春天的总设计师·邓小平》两件作品入选在中国美术馆、重庆美术馆展出的"春天的故事——全国版画精品艺术展"。在第七届美术报艺术节"新境新象——江苏当代版画研究展"中,院朱建辉、章水雄、朱燕、朱海燕、王帅等5位画师的10幅作品应邀参加展览,朱建辉的《尼泊尔印象》系列作品应邀参加"第七届美术报艺术节——留痕·版画邀请展"。在"江苏省中青年美术作品展览"中,有14件作品代表南通在江苏省美术馆展出,朱建辉的《索》还应邀参加"双城记·英国皇家版画家协会/南京版画院交流展"。

【艺术宣传】 院先后组织画师赴广州、广东美术馆参观第十二届全国美展版画展,前往浙江杭州、嘉兴参观第十二届全国美展油画展,全山石艺术馆的俄罗斯油画展以及第十二届全国美展插图、漫画、年画、动漫、书籍装帧展,增强画师的创作热情,增添画师的创作经验。《南方科技报》《南通日报》《美术报》《今日版画》《库艺术》《三角洲》《南通画报》等报纸杂志分别发表朱建辉、章水雄、朱海燕等画师的作品、介绍文章和学术文章,还编辑出版《启东版画院院刊》第50期与各界交流。12月,由南通市文联、南通市美协主办的"一线·朱建辉版画艺术展"在南通市中心美术馆开幕,共展出作品57件。

2014年乡镇文艺调演 (市文广新局/提供)

《哈尼山水》(作者:朱海燕)

《净土》 (作者:陈 刚)

《春天里》 (作者:朱建辉)

2014 年启东版画院作品参展、获奖、发表、收藏一览

表 23

作者	作品题目	展览、发表、收藏等情况	时间(月)	主办单位
朱建辉	十二生肖 NO.7	骏马迎春——2014 南通书画名家作品邀请展	1	南通市文广新局
	生态·状态(二)	2014 南通市中青年美术作品展览	3	中共南通市委宣传部、南通市文广新局、南通市文联
	生态·状态(三)			
	春天里			
	茧·东方	三角洲《南通画报》发表	3	《南通日报》、南通市文联
	索线·阐释			
	生态·状态(一)			
	生态·状态(二)			
	藏书票作品 1 件	《中国藏书票三十年》发表	4	岭南美术出版社、中国美术家协会藏书票研究会
	无声 2	第十五届全国藏书票暨小版画艺术展	4	中国美术家协会藏书票研究会、广东省美术家协会版画艺委会
	索	双城记·英国皇家版画家协会/南京版画院交流展	6	南京市文广新局
	港湾音符	三角洲《濠河》杂志发表	7	《南通日报》、南通市文联
	秋天里	庆祝中华人民共和国成立 65 周年江苏省美术作品展览	9	中共江苏省委宣传部、江苏省文化厅、江苏省文联
		第十二届全国美术作品展览		国家文化部、中国文联、中国美协
		《第十二届全国美术作品展览·版画作品集》		人民美术出版社
	生态·状态(一)	庆祝中华人民共和国成立六十五周年首届南通市美术作品大展	9	中共南通市委宣传部、南通市文广新局、南通市文联
	生态·状态(二)			
	生态·状态(三)			
	春天里			
	秋天里			

续表 23

作者	作品题目	展览、发表、收藏等情况	时间（月）	主办单位
朱建辉	释（一）	《今日版画》发表	9	杭州《今日版画》杂志社
	茧（一）			
	索线·阐释			
	锐（二）			
	生态·状态（三）			
	瞬间·永恒			
	脉			
	释（二）			
	春天里			
	人民的儿子·邓小平	春天的故事·全国版画艺术精品展	9	中央文献研究会、中国美术家协会、中国国家画院
	尼泊尔印象（一）	2014 第七届美术报艺术节——留痕·国际版画邀请展	11	美术报社、南通市人民政府
	尼泊尔印象（三）			
	十二生肖·NO.2	2014 第七届美术报艺术节——新境新像·江苏当代版画研究展		
	十二生肖·NO.3			
	生态·状态（二）	《2014 第七届美术报艺术节作品集》发表		
	十二生肖 NO.2			
	十二生肖 NO.3			
	十二生肖 NO.4			
	十二生肖 NO.5			
	生态·状态（二）	《美术报》2014 年 11 月 22 日第 122 版发表		《浙江日报》
	十二生肖 NO.2	《新境新像·江苏当代版画研究展作品集》发表		香港美术出版社
	十二生肖 NO.3			
	十二生肖 NO.4			
	十二生肖 NO.5			
	十二生肖 NO.7			
	十二生肖 NO.10			
	《生态·状态》系列、《索线》系列等 57 件	一线·2014 朱建辉版画艺术展	12	南通市文学艺术界联合会
章水雄	家园	骏马迎春——2014 南通书画名家作品邀请展	1	南通市文广新局
	掠过家乡上空的鹰（二）	2014 南通市中青年美术作品展览	3	中共南通市委宣传部、南通市文广新局、南通市文联
	一枝黄花			
	捭			
	韵	第十五届全国藏书票暨小版画艺术展	4	中国美术家协会藏书票研究会、广东省美术家协会版画艺委会
	掠过家乡上空的鹰	三角洲《濠河》杂志发表	7	《南通日报》、南通市文联

续表 23

作者	作品题目	展览、发表、收藏等情况	时间(月)	主办单位
章水雄	理想家园	庆祝中华人民共和国成立65周年江苏省美术作品展览	9	中共江苏省委宣传部、江苏省文化厅、江苏省文联
	掠过家乡上空的鹰(二)	庆祝中华人民共和国成立65周年首届南通市美术作品大展	9	中共南通市委宣传部、南通市文广新局、南通市文联
	一枝黄花			
	掸			
	净			
	小指山			
	掸	2014第七届美术报艺术节——新境新像·江苏当代版画研究展	11	美术报社、南通市人民政府
	小指山			
	掠过家乡上空的鹰	《2014第七届美术报艺术节作品集》发表		
	生命印象No.8	《新境新像·江苏当代版画研究展作品集》发表		香港美术出版社
	花之语			
	掠过家乡上空的鹰			
	掸			
	生命印象			
	长江岸边我的家			
朱　燕	莲	骏马迎春——2014南通书画名家作品邀请展	1	南通市文广新局
	书架系列之一	“三月画会”第三届女画家作品展	3	南通市文联
	清风系列之一			
	清风系列之二			
	清风系列之三			
	江风海韵	2014南通市中青年美术作品展览	3	中共南通市委宣传部、南通市文广新局、南通市文联
	怀古之清风习习之一	第十五届全国藏书票暨小版画艺术展	4	中国美术家协会藏书票研究会、广东省美术家协会版画艺委会
	江风海韵	庆祝中华人民共和国成立65周年首届南通市美术作品大展	9	中共南通市委宣传部、南通市文广新局、南通市文联
	痕之一			
	痕之二			
	痕之三			
	清·尘			
	清·尘	庆祝中华人民共和国成立65周年江苏省美术作品展览		中共江苏省委宣传部、江苏省文化厅、江苏省文联
	清·尘	2014第七届美术报艺术节——新境新像·江苏当代版画研究展	11	美术报社、南通市人民政府
	痕之二			
	造化之一	《2014第七届美术报艺术节作品集》发表		

续表 23

作者	作品题目	展览、发表、收藏等情况	时间（月）	主办单位
朱　燕	造化之一	《新境新像·江苏当代版画研究展作品集》发表	11	香港美术出版社
	造化之二			
	清·尘			
	蕴之一			
	蕴之二			
	痕之二			
朱海燕	美丽的孩子之六	2014 南通市中青年美术作品展览	3	中共南通市委宣传部、南通市文广新局、南通市文联
	山水之三			
	依荷听雨			
	迹之一	第十五届全国藏书票暨小版画艺术展	4	中国美术家协会藏书票研究会、广东省美术家协会版画艺委会
	藏书票	第十五届全国藏书票暨小版画艺术展	4	中国美术家协会藏书票研究会、广东省美术家协会版画艺委会
	迹之二			
	春天的总设计师·邓小平	春天的故事·全国版画艺术精品展	9	中央文献研究会、中国美术家协会、中国国家画院
	哈尼山水	庆祝中华人民共和国成立 65 周年江苏省美术作品展览	9	中共江苏省委宣传部、江苏省文化厅、江苏省文联
		第十二届全国美术作品展览		文化部、中国文联、中国美协
		《第十二届全国美术作品展览·版画作品集》		人民美术出版社
	美丽的孩子之六	庆祝中华人民共和国成立 65 周年首届南通市美术作品大展	9	中共南通市委宣传部、南通市文广新局、南通市文联
	山水之三			
	依荷听雨			
	哈尼山水			
	美丽的孩子之五			
	山水	2014 第七届美术报艺术节——新境新像·江苏当代版画研究展	11	美术报社、南通市人民政府
	依荷听雨			
	山水	《2014 第七届美术报艺术节作品集》发表		
	禅	《新境新像·江苏当代版画研究展作品集》发表		香港美术出版社
	哈尼山水			
	山水			
	山水之二			
	依荷听雨			
	空间			
	哈尼山水	《美术报》2014 年 11 月 22 日第 122 版发表		《浙江日报》
	水印木版画版痕语言的探索	《库艺术》42 期 P253 发表		江西美术出版社
夏水涛	远古回响	2014 南通市中青年美术作品展览	3	中共南通市委宣传部、南通市文广新局、南通市文联
		庆祝中华人民共和国成立 65 周年首届南通市美术作品大展	9	中共南通市委宣传部、南通市文广新局、南通市文联

续表 23

作者	作品题目	展览、发表、收藏等情况	时间(月)	主办单位
陈　刚	西山爽水	2014 南通市中青年美术作品展览	3	中共南通市委宣传部、南通市文广新局、南通市文联
	西山爽水	庆祝中华人民共和国成立六十五周年首届南通市美术作品大展	9	中共南通市委宣传部、南通市文广新局、南通市文联
	净土			
	瓶中的山水			
	净土	庆祝中华人民共和国成立 65 周年江苏省美术作品展览		中共江苏省委宣传部、江苏省文化厅、江苏省文联
		第十二届全国美术作品展览		文化部、中国文联、中国美协
		《第十二届全国美术作品展览·版画作品集》		人民美术出版社
丁静时	韵	“三月画会”第三届女画家作品展	1	南通市文联
	真水无香			
	踩文蛤			
	真水无香	2014 南通市中青年美术作品展览	3	中共南通市委宣传部、南通市文广新局、南通市文联
	藏书票	第十五届全国藏书票暨小版画艺术展	4	中国美术家协会藏书票研究会、广东省美术家协会版画艺委会
	真水无香	庆祝中华人民共和国成立 65 周年首届南通市美术作品大展	9	中共南通市委宣传部、南通市文广新局、南通市文联
	故园			
王　帅	云南物语之二	骏马迎春——2014 南通书画名家作品邀请展	1	南通市文广新局
	时代(二)	2014 南通市中青年美术作品展览	3	中共南通市委宣传部、南通市文广新局、南通市文联
	米字格之十六	庆祝中华人民共和国成立 65 周年江苏省美术作品展览	9	中共江苏省委宣传部、江苏省文化厅、江苏省文联
	时代一	庆祝中华人民共和国成立 65 周年首届南通市美术作品大展	9	中共南通市委宣传部、南通市文广新局、南通市文联
	云南物语之三			
	头像之 NO.5			
	头像之 NO.7			
	时代一	2014 第七届美术报艺术节——新境新像·江苏当代版画研究展	11	美术报社、南通市人民政府
	头像 NO.7			
	米字格之十六	《2014 第七届美术报艺术节作品集》发表		
	生命之源	《新境新像·江苏当代版画研究展作品集》发表		香港美术出版社
	云南物语之一			
	米字格之二			
	米字格之十六			
	无题			
	头像 15			

(季洪丹　何　健　黄前进)

广播电视

【概况】 2014年，启东广播电视台以十八大精神为主线，深入贯彻习近平总书记系列讲话精神，坚持“新闻立台、栏目名台、机制优台、经营富台、网络稳台、人才强台”的发展战略，广播电视宣传工作、事业建设、队伍建设等各项工作有新的发展与进步。

【新闻宣传】 广电新闻宣传凸显亮点。广电新闻宣传坚持以学习宣传贯彻十八大、十八届三中、四中全会精神和习近平总书记系列讲话为主线，以党的群众路线教育实践活动为重点，围绕市委、市政府中心工作，按照市委十二届六次、七次全体(扩大)会议的总体部署，巩固壮大积极健康的主流舆论，为开创启东科学发展新局面提供强大的精神动力。围绕“领跑沿海、融入上海、包容四海”的发展战略，唱响主旋律，打好主动仗，策划实施多项重大主题宣传活动，包括十八届三中、四中全会精神的学习贯彻落实、对接上海自贸区系列报道、践行群众路线改进工作作风、践行社会主义核心价值观、阔步迈进大港时代，以及首季“开门红”、全市重点工作“听看考”、城市建设、创新社会治理“三强化三提升”等专题报道。局台突出新闻创优重点，加强对外宣传。全年共有4件新闻作品获南通市一等奖，4件作品获省三等奖，2件作品获中国广电协会城市台优秀新闻一等奖。电视访谈节目《社会关注》、广播对农直播《金色大地》分获南通市创新创优栏目二等奖。全年电视新闻被中央电视台用稿3条、江苏电视台用稿50多条、南通台用稿160多条，并有多条视频新闻被网易、凤凰网等主流网站刊播。搞好业务培训、业务研讨和业务竞赛，培养学习能力、实践能力和创新能力。先后3次组织采编部人员参加南通市局组织的节目创优点评会。全程监控采编播流程，提高节目质量。坚持月度好稿评优。开展宣传线“岗位大练兵、记能大比武”活动，在南通市记能大比武新闻策划、消息写作、现场新闻特写和言论写作竞赛中，台共夺得3个二等奖、2个三等奖，综合成绩在南通市各县(市)新闻媒体中位居前列。

【事业建设】 做好宣传、组织动员、设备器材供应、入户安装等工作。总投资779万元的室外音柱(高音喇叭)安装工程全部完成。各行政村每只埭每隔200米就有一只室外音柱，方便镇村干部开展工作，使老百姓及时了解镇村工作动态。中广有线启东分公司对广播、电视设备进行升级换代，升级改造农村有线电视网络。做好网络设计系统的规划，为广播电视事业的发展，提供技术支持和保障。

【广告经营】 2014年，广播电视台策划实施“2014新春贺岁套播广告”、2014少儿春晚、“起舞东疆”全民舞蹈秀、春季房展会、大型车展、大型建材展等专项活动，拓展广告经营业务，集聚主流媒体的人气。中广有线启东分公司拓展经营业务，提升服务质量，全年经营创收2012万元。

（何　健）

启东日报

【概况】 启东市新闻信息中心为中共启东市委直属正科级公益型事业单位，下设办公室、编辑部、记者部、社会部、视觉部、专刊部、新媒体部、广告部八个科室。2014年，市新闻信息中心以党的十八大精神为指导，始终坚持正确的舆论导向，坚持“三贴近”原则，不断创新办报理念和办报思路，用新闻手法及时准确地传递市委、市政府的声音，反映人民群众的需求，沟通党和人民的联系，引导社会舆论的方向，激励广大民众的意志，在服务市委、市政府中心工作、服务全市改革发展稳定大局、服务民生实事工程和弘扬、传播正能量等方面做出积极的探索和实践，为全市经济社会又好又快发展营造良好的舆论氛围。

【舆论引导】 加大宣传党的十八届四中全会精神力度，用3个整版的篇幅，高强度地报道全会决定、习近平总书记关于决定出台的说明和图标式决定解读等。开设《党的群众路线教育实践活动专题》《践行群众路线，创新社会治理》等专栏，及时报道市开展教育实践活动的动态、特色和亮点。围绕市委“打好八大攻坚战、实现八大新突破”和“突出关键　狠抓落实　奋力实现攻坚突破新成效”的工作主题，集中力量、超前谋划，形成宣传强势，较好地发挥党报的喉舌作用，体现主流媒体的权威性。围绕全市各地各部门在产业升级、沿海开发、对接上海、科技引领、城镇建设、民生改善、生态建设、党建创新等方面的具体部署和工作实践，坚持策划先行、栏目带动、精品跟进，相继推出《聚焦五大产业集群　推动创新转型发展》《志愿服务进社区　党员干部当先锋》《践行核心价值观　传递社会正能量》《实事工程进行时》特别报道、《动迁又动情　真心换民心》《到项目建设一线去》《创新转型看企业》等30多个专栏，策划做好“两会”、经贸洽谈会、科技节等重大节会，以及启东港获批国家一类口岸、南通大学启东校区启用、宁启铁路启东段工可报告获批等重大事件宣传报道，形成月月有重点、季季掀高潮的报道特色。

【民生宣传】 2014年，《启东日报》推出《蹲点最美乡村》《网格员的民情日志》《最美劳动者》《新农业新农民》等栏目，写出一大批离群众更贴近、更有特色的优秀新闻作品。社会版策划推出《寻找启东好人》《社区故事汇》《百岁老人身边的孝星》等栏目，从身边的好人好事中，挖掘人性闪光点，弘扬真善美，倡导“人人都有正能量”的理念。民生版迅捷、客观、真实地报道社会热点，关注事关民生的政府工程和举措，与12345政府服务热线实现联动，对群众反映的民生问题进行实地调查，以记者追踪的形式予以报道，使版面充分呈现可读性、贴近性和服务性，赢得社会多方关注和好评。

【载体创新】 2014年，《启东日报》进行全新改版，重大活动、重要新闻、重点工作的宣传报道，打破版面、题材等限制，全方位、立体化、高密度联动做大做强主流新闻，影响主流高端读者，提升媒体影响力。同时，增扩至定期八版，自采新闻量、当地新闻资讯量进一步扩容。全年共出版220期，编辑版面1800个，其中启东新闻版面约占70%。形成教育、法治、健康、楼市、金融、家居、汽车等每周一期的特色专刊。与市人大、政协、法院、总工会、人民医院、慈善基金会、汇龙镇、农委、城管、住建、供电等20多家单位合作，每月推出一期专版，为联办部门与社会、读者加强了解和沟通架起一座桥。以“3·15”消费者权益日、经贸洽谈会、教师节、科技节等特定时段为契机，策划推出各类特刊。与吕四港镇、吕四港经济开发区合作，每半月出版一期对开四版的《港城吕四》。与旅游局合作，编辑出版三期《乐游启东》杂志。继续组织好小记者活动，不断扩大《启东日报》小记者团的社会影响力。

【新媒体建设】 根据新形势下受众需求的变化，继续完善启东新闻网、启东手机报、数字报，全新打造《启东日报》官方微博、微信客户端等新媒体开发，全力打造全媒体宣传新格局。各采编部门联动策划，形成良好的报网互动，构建全媒体宣传矩阵，有效提升媒体的传播力、引导力、影响力。全年《启东日报》日发行量2.7万份，启东新闻网平均日点击量在4000以上，启东手机报用户超过5000户，启东日报官方微博粉丝超过1.2万人，微信粉丝超过1.5万人，微信单篇图文阅读量最高突破7万人次，其中“宁启铁路启东段工可报告获批”微信阅读量突破6万人次。

【内部管理】 2014年，市新闻信息中心对原有各项制度进行梳理汇总，形成6万字的制度汇编，为规范管理提供执行依据。修改完善《绩效考评条例》。注重学习培训，全年选送10多名骨干编辑记者参加全国报纸新闻策划和改版创新的专题培训，寻求平面媒体创新发展的思路和举措。组织开展技能大比武、岗位大练兵活动，通过新闻竞赛的形式，在实践中不断提高采编人员业务水平和思想素质。

(陈晓菊)

启东通讯

【概况】 2014年，《启东通讯》履行党委、政府机关刊物发布政令、指导工作、探索思路、传递信息、交流经验、展示风采、开拓视野、服务经济等工作职责，围绕市委、市政府的各项中心工作，深入全面地宣传市委、市政府的重大决策部署，及时反映全市经济社会发展过程中的新动态、新举措、新经验，在发挥好党委、政府机关刊物的舆论导向和工作指导作用方面作进一步的努力和尝试。

【主题宣传】 2014年，《启东通讯》重点宣传贯彻中共启东市委第十二届六次、七次全体(扩大)会议，市人大十六届第三次、市政协十四届第三次会议等重大会议精神，设置《领导要论》《特稿》等栏目，安排足够版面，进行较大篇幅的宣传报道。同时，围绕市委、市政府提出的“打好攻坚战、实现新突破，奋力开启全面小康社会建设新征程”“突出关键，狠抓落实，奋力实现攻坚突破新成效”的工作主题，在《政务论坛》《工作研究》《发展方略》《观察思考》《惠民实事》等栏目中，对各镇(乡)、园区、部门探寻的良策、采取的举措、取得的成绩，作深入细致的报道，全年采编《我市物流业发展现状的分析及对策思考》《住建工作亮特色，整改落实显成效》《老镇换新颜，群众喜开颜》等一批有深度和质量的文章，全方位、深层次、多角度反映启东经济社会发展的崭新面貌和深远规划，充分发挥机关刊物探索思路、指导工作、展示形象的阵地作用。

【创新特色】 2014年，《启东通讯》继续加强党风廉政建设教育，开设《党建与法治》《廉政建设》等栏目，增设《党的群众路线教育实践活动》专题栏目，用生动现实的例子和言简意赅的道理警示教育广大党员干部廉洁自律、奉公守法、勤政为民，发挥党刊在思想宣传阵地中应有的教育引导作用。办好《行业新风》《八面来风》《新农村建设》等栏目，及时反映各行各业的先进事例，为城乡统筹发展、精神文明建设提供宝贵的现实经验和先进典型。在丰富杂志内容、提升杂志可读性上作探索，着力办好《瀛东漫笔》《江海潮汐》《人物风采》等特色专栏，围绕启东江海地域特色文化和东疆优秀儿女作笔触细腻的报道，全年采编《“新土”殡葬习俗中的沙地文化》《王鲍殉国七十周年祭文》《大力神之歌》等一批可读性强的文章。此外，在封面版式和文章插图上也作一定的探索。

(朱鼎鼎)

2014年出版的《启东通讯》　　(启东通讯杂志社/提供)

体　育

【基本公共体育服务体系建设】 *体育设施建设速度加快。*市体育局利用37万元省级补助资金，新增16套室外健身路径等健身设施，巩固城市社区“10分钟体育健身圈”建设成果。主动配合住建部门做好健身步道规划、建设、管理，确保完成5公里，力争建成10公里。投资1000万元对启东体育馆进行维修，努力提高体育设施使用效率，建立全民健身电子地图，提高维修更新体育设施的主动性和实效性。启隆乡建成市第一个乡镇体育公园，获得南通市专项补助资金10万元。

*开展体育社团发展年活动。*2014年是体育社团发展年，明确开展体育社团发展年的目的意义、时间步骤和有关事宜。新成立市健身气功协会、市太极拳协会、市游泳协会、市跆拳道协会、市轮滑协会等体育社团。全市共有体育社团237个（其中启东市级体育社团27个），实现体育组织向基层延伸。市老年人体育协会被南通市民政局评为AAAA级社会组织，成为启东市首家AAAA级体育社团组织。制订《启东市体育社团考核奖励办法》，形成良性激励机制。

*培训社会体育指导员。*全市有社会体育指导员2430名，其中国家级3名，省级44名，南通市级879名，启东市级1504名，大学生村官成为二级社会体育指导员。举办二级社会体育指导员培训班，项目包括健身气功、健身舞、健身秧歌等。

【群众体育】 春节期间，市体育局组织各体育社团开展“红红火火过大年”系列健身活动，举办启东市2014年庆元宵万众健步走活动，50支代表队2000多人参加。举办市篮球比赛、游泳比赛、轮滑比赛、交谊舞比赛、乒乓球比赛、羽毛球比赛等第十七届全民健身节系列活动。在人民公园首次举办“传递正能量　共建好家园”全民健身·体彩专场乘凉晚会。与文广新局合创健身舞《启东步步高》，在全市推广。举办市庆祝第六个全民健身日暨特色体育社团创建汇报展演。与市妇联联办第二届“全民健身　和谐同行”居家健身家庭展示活动。邀请南京体育学院教授孙飚在“启吾大讲堂”作以“科学健身知识”为主题的讲座。与市文明办等部门联合主办“传递正能量绿色出行你同行”世界无车日活动，自行车协会会员代表、居民代表数百人参与骑行。2014年，在江苏体育网共发表65篇涉体信息。

【各类赛事举办】 5月14日，成功承办2014年环崇明岛女子国际公路自行车赛(上海崇明—江苏启东赛段)的启东段赛事，近20个国家和地区的选手参赛。11月4日，成功承办2014年第五届环太湖国际公路自行车赛（启东—崇明赛段)的比赛，共15个国家和地区的20支车队参赛。此外，成功承办2014年江苏省门球比赛、2014年江苏省体育传统项目学校小学生排球夏令营比赛、南通市少儿羽毛球比赛和全国女子围棋甲级联赛启东站比赛、2014中国姚记扑克江苏省掼蛋大赛启东赛区“体彩”杯选拔赛。

【赛事参与】 市体育局与教育局联合召开体育传统项目学校训练工作会议，并授予汇龙中学、实验小学等13所学校“启东市级体育传统项目学校”称号，有效推进中小学体育特色学校建设。推进“阳光体育进校园”活动，全市篮球、排球、乒乓球、足球、田径比赛如期举行。组队参加上级比赛，并取得较好成绩。在省县组田径比赛中，第二赛区团体排名列第九，又前移1名。在南通市少儿排球比赛中，长江中学、海复小学均获冠军。在南通市少儿乒乓球比赛中，启东市获男子少年乙组团体冠军，儿童甲组男子组、女子组双双获得团体第二名。在南通市少儿击剑比赛中，倪闻慧获女子少年组重剑冠军，高渝婷获女子儿童组佩剑冠军，朱超获男子儿童组重剑冠军。在南通市少儿摔跤比赛中，冯碧薇获少年组女子58公斤级冠军。在南通市少儿田径比赛中，陈裕雯获女子少年甲组跳高冠军，朱馨叶获女子少年乙组跳高冠军，黄佳豪获男子儿童组80米栏冠军。汇龙中学黄皆皓获江苏省第九届中学生棋类锦标赛高中男子组象棋冠军。在韩国仁川举行的第十七届亚运会，启东有2名优秀运动员吴健（田径）、黄柳燕(女子排球)代表中国参赛。在江苏省第十八届运动会上，王璐璐100米栏、许诺击剑各获得1块金牌。

【体育产业】 全年体彩销量完成11281万元，位居南通市第一，全省排名第31名。成功申报2个省体育产业发展引导资金项目(江天生态农庄有限公司、南通金双洋射击运动有限公司)，各获得50万元奖励。组织南通金双洋射击运动有限公司、江天生态农庄、江苏君领游艇俱乐部参加南通市体育用品展示会。更新扩充体育产业名录库。谋求与旅游等部门的深度融合，打造“江海交汇体育休闲旅游”的体育产业特色。

（吴　伟）

9月22日，世界无车日活动在市人民公园广场启动

（市新闻信息中心/提供）

综 述

【卫生改革】 2014年,市卫生局围绕建立现代医疗卫生体系,在优化卫生资源配置、夯实医疗卫生基础、加快公立医院改革、构建分级诊疗制度、营造良好医疗环境、巩固放大特色优势等方面积极探索,把增投入、建体系与转机制、调结构紧密结合,着力解决长期积累的以药补医等深层次问题,深化医改先行先试工作取得阶段性成效。两大医疗管理集团完成组建,正式运行。全市组建健康管理团队252个,家庭医生制度和乡村医生签约服务全面展开。国家基本药物制度不断完善,在基层医院住院的低保、五保户及农村70周岁以上老人基药免费工作全面启动。乡镇卫生院医养结合转型改造工作稳步推进。

【公共卫生】 2014年,全市11类43项基本公共卫生服务项目全面开展,居民电子健康档案建档率97%。60岁以上老年人免费健康体检率92.2%。高血压、糖尿病规范化管理率达88%。3岁以下儿童系统管理率95%,孕产妇系统管理率98%。居民健康知识知晓率89%,健康行为形成率87%。“妇幼健康服务年”活动深入开展,全市爱婴医院通过南通市复评。孕产妇艾滋病、梅毒、乙肝母婴阻断传播免费检测率100%。农村孕产妇住院分娩补助3496人次。完成农村妇女“两癌”筛查2.9万名,确诊宫颈癌15人,癌前病变44例,乳腺癌10例。在全国范围内率先启动妇女宫颈癌预防项目。全市无孕产妇死亡,婴儿死亡率3.7‰。寅阳、南阳、王鲍、惠萍四镇完成数字化门诊建设,基础免疫接种率99%以上。在南通地区率先建立医院传染病首诊诊断、报告处置预警阻断机制。H7N9、埃博拉出血热等重大传染病防控科学实施,法定传染病总发病率控制在150/10万以下。全人群艾滋病抗体检测率10.9%。启东市顺利通过省卫生应急示范市评估验收。

5月30日,南通市副市长朱晋到市人民医院调研公立医院改革工作
(市卫计委/提供)

【农村卫生】 2014年,新农合人均筹资标准480元,财政补助385元,参合率99.95%。全年12.95万人获住院医药费补偿,政策补偿比市级医院76.5%,基层医院80%。全面推行大病保险制度和重大疾病救治,有效防止因病致贫、因病返贫。推进新农合支付方式改革,基金运行安全、平稳、高效。

【爱国卫生】 2014年,启东市顺利通过国家卫生城市评估,吕四港镇通过省级卫生镇复审暗访。全市新增省级卫生村22个,新增农村无害化卫生户厕2.5万座。农村饮用水监测实现水厂、乡镇监测点全覆盖,合格率97.67%。市建成苏中苏北首批“江苏省灭蚊先进城市”。公共场所禁烟长效管理措施落实到位。

【卫生监督】 卫生监督员均配置移动执法终端,实现案件调查取证、信息上报、文书制作等现场制定、现场打印。全年审核发放卫生行政许可证668

7月9日，市通过省疾控中心组织的城区灭蚊达标工作考核

（市卫计委/提供）

件。圆满完成两会、中高考、观音节等重大社会活动的卫生安全保障。开展餐饮食品安全、公共场所卫生、非法行医等专项整治行动20多次。

【医政管理】 严格落实医疗质量和医疗安全核心制度，逐级落实医疗安全管理责任制，继续推行"三好一满意"活动，不断优化服务流程，严格落实"三合理"规范，努力控制药占比和医疗费用。开展医疗质量检查、院感控制、抗菌药物合理使用、病历书写规范等专项质量管理活动。落实构建和谐医患关系各项措施，医疗机构建立医患关系沟通科，中心卫生院以上设置有摄录设施的医患沟通谈话室。在南通地区率先成立医疗纠纷人民调解委员会。人民医院中医科成为南通市重点专科，人民医院病因室被评为南通市医学重点学科，中医院五官科通过省重点建设专科中期评估。人民医院转升三级综合医院，中医院通过国家中医药局三级乙等中医医院评审，第三人民医院转升二级综合医院。开展全国农村中医药工作先进单位创建，基层中医服务能力全面提升，各镇社区卫生服务中心建立中医药综合服务区建设得到省、市卫生部门高度肯定。

【基础设施建设】 卫生信息化一期建设获省示范单位称号，二期建设稳步推进，完成卫生信息数据中心建设，市、镇、村三级医疗机构实现新农合联网即时结报，初步实现基于居民健康信息的医疗卫生信息数据集中存储、统一管理、协调使用。120急救指挥调度中心整合完成，全市建成7个急救分站，基本建成覆盖全市、功能完善、反应灵敏、运转协调、管理规范、保障有力的院前急救网络。公共卫生大楼、中医院门诊大楼启用，人民医院新病房大楼、第三人民医院病房大楼在建设之中，筹建市精神卫生中心和残疾人托养康复中心。6家镇中心卫生院完成两个数字化预防保健门诊改造，5家乡镇卫生院通过省示范乡镇卫生院验收，5家村卫生室通过省示范村卫生室验收，25家村卫生室按省示范村卫生室标准基本完成改造。

【卫生行风建设】 深入开展"阳光用药工程"，巩固"无红包医院"创建成果，深化"开门评医"活动，全面推行群众满意度第三方函调制度。完善医德医风诚信档案建设，构建医德诚信体系，推进诚信建设规范化、常态化。党的群众路线教育实践活动深入开展，党风廉政建设扎实推进，健康大讲堂、送医下乡等"十大卫生惠民举措"广受群众欢迎，广大医职员工积极参与"启东好人"评选、骨髓干细胞捐献、巾帼文明岗创建等活动，精神文明建设得到进一步提升。

（徐卫菊）

疾病预防控制

【概况】 2014年，市疾病预防控制中心（以下简称中心）在编53人，其中45名专业技术人员，中高、中级技术职务分别为6人、25人。全年参加上级培训44人次。省、市疾控信息及刊用报道31篇。

【疫情报告管理】 2014年，共报告法定甲乙丙类传染病17种2228例，死亡病例5例、艾滋病4例、狂犬病1例。总发病率198.27/10万，较上年（1456例）上升53.02%。全年报告甲类传染病0例，报告乙类传染病12种1120例，丙类传染病5种1108例，其他传染病6种149例。甲乙类传染病中，全年无鼠疫、霍乱、传染性非典型肺炎、脊灰、人禽流感、甲型H1N1流感、出血热、乙脑、登革热、炭疽、流脑、百日咳、白喉、新生儿破伤风、钩体病、血吸虫病、人感染H7N9禽流感报告。做好疫情预测预警工作。共发生预警信息92起，予以及时调查并处理。对各医疗单位的日常疫情报告和管理做好业务指导。针对手足口病疫情防控的严峻形势，各级成立防治领导小组和疫情处置组，对全市医疗卫生单位的医务人员进行多次全员培训。全年共报告手足口病病例1072例，发病率为95.40/10万，其中1例为重症病例（并发脑膜炎），其余为临床轻症病例。

【卫生应急】 中心制订各类突发公共卫生事件应急预案，并做好各类应急物资的储备。一旦发生突发公共卫生事件，立即开展流行病学调查，进行初次报告，根据事件进展及处理情况及时报告进程，并按时完成结案报告。全市共报告2起突发公共卫生事件，分别为3月20日汇龙镇南苑小学水痘暴发疫情、6月3日东海镇东海小学水痘暴发疫情，2起疫情发生病例49名，涉及师生2986名，经过妥善处理后均被迅速扑灭。

【疾病防治】 3月底，中心组织对卫生所和医疗机构传染病管理专业人员进行培训,4月1日起全市各医疗单位恢复设置规范的腹泻病门诊。组织2次霍乱防治工作检查,并以简报形式通报发现的存在问题;4~10月,全市共报告腹泻病人15524例(其中腹泻病门诊报告3318例,村级报告12206例),采样检索3144例,采样检索率为20.25%,占全市总人口的2.80‰。

结核病防治管理执行网络每日巡查制度,市结核病定点医院确诊肺结核病人530例,其中初治涂阳101例、复治涂阳34例、涂阴395例,完成结核病人发现任务的101.92%。学校肺结核疫情发生7起,累计筛查密切接触师生2240名,发现活动性肺结核病例1例。定点医院对活动性肺结核患者,及时给予落实抗结核治疗管理。

采取多种措施提高高血压、糖尿病等慢性病发现率、管理率和控制率。至2014年底,管理高血压患者140555人,规范管理124846人,高血压患者发现率53.21%,规范管理率88.82%。管理糖尿病患者36876人、规范管理32529人,糖尿病患发现率69.81%,规范管理率88.21%。

艾滋病病毒抗体筛查:外出劳务人员1541名、看守所拘押人员508名、临床手术病人和孕产妇等人群55374例、城区娱乐场所从业人员709名,共发现HIV感染者33例。

【免疫规划】 接种点按周接种。共报告AFP病例2例,报告率为1.91/10万。全市通过大疫情系统报告麻疹疑似病例25例,其中实验室确诊麻疹病例2例,排除病例23例,共接种密切接触者2776名,有效地控制麻疹疫情的扩散和蔓延。在稳步提高常住儿童常规免疫接种率的同时,积极采取措施,定期进行流动儿童的调查摸底登记,及时建卡、建证,消除"免疫空白"人群。严格落实"谁接生,谁接种"责任制,在稳固提高新生儿乙肝疫苗接种率和首针及时接种率的基础上,开展乙肝病例的流行病学调查和实验室检测。全市大疫情系统共报告急性乙肝病例7例、个案调查7例,个案调查率100%。

【地方病、寄生虫病防治】 中心对全市碘盐批发层零售及居民户碘盐进行监测:加工层监测12批,监测结果表明合格率均为100%,没有发现不合格碘盐;对居民层随机抽样监测,采集5个乡20个村300份居民盐样,合格碘盐食用率为98%;碘营养抽样调查:完成8~10岁儿童和育龄妇女各50份盐样和尿样检测;饮用水水碘监测:以各乡镇为单位开展监测,全市完成农村水厂检测点枯水期和丰水期饮用水水碘监测工作任务,并以乡镇为单位完成水碘监测数据转化工作。

2014年,结合中央公共卫生专项资金疟疾防治项目,加强组织领导,提高疟疾传染源发现能力、病例诊治能力和应急处置能力,开展健康教育和科学研究,巩固消除疟疾工作成果。共发生7例疟疾症病人,均为输入性病例,发病率为0.64/10万。

与江苏省疾病预防控制中心共同开展科研项目"新布尼亚病毒潜在宿主及媒介研究",启东市负责课题的现场蚊虫标本采集及生态学研究工作,每月采集母猪、小猪血清各30份,同时每月在猪养殖场附近采集家养鸡血清30份,在农贸市场采集猪脑30份,购买各类活野鸟采集血清和鸟脑。每月下旬以人工捕捉和诱蚊灯法在养殖场内捕获成蚊,在附近沟渠内捕捉蚊幼虫,同时在养殖场周边采用蚊帐法捕捉外环境成蚊,每月连续监测2天。成蚊冷冻后进行分虫种鉴定,猪、鸡、鸟血清冷冻后定期送至省疾控中心。

【健康教育与促进】 健康知识普及。编印健康教育入户资料、编制健教处方、编制各类卫生防病宣传折页、向省征订慢病读本、制作健康教育光碟、针对埃博拉疫情,及时编制埃博拉防控宣传专辑,挂放到卫生局网站向全市发布,并在市区宣传栏中开辟专版向市民普及埃博拉出血热防控知识。

健康教育阵地建设。向省市征订《健康之窗》宣传画,编制《健康之窗》专刊,在市区主干道、公园、车站等处宣传专栏中刊出108块版面、编制公民素养宣传广告,在市区5个大型电子屏中循环播放。实施健康大讲堂活动。

开展全民健康生活方式行动。展开全民健康生活方式指导员工作、建设健康步道、开展健康素养知识学习与考试活动、举办万人有奖知识竞赛、开展徒步健身活动、创建健康促进学校。

健康教育工作调查评估。中国健康教育中心和省健康教育所专家组到启东,调研公共卫生服务项目健康教育工作,通过工作汇报、座谈会、实地查看等多种形式,了解启东市工作开展情况,并给予良好的评价。

【检测能力建设】 做好实验室内质量控制工作,自己安排理化7个项目、微生物2个项目、现场科2个项目的内部质量控制项目的考核。做好实验室能力验证和实验室间的比对,参加江苏省疾病预防控制中心组织的盐碘外质控考核、尿碘质控考核、冻干牛血中铬的考核、模拟尿中铅的考核;参加扬通徐镇泰疾控系统实验室能力建设联合工作网组织的水中总氰化物、海产品中总汞及半固体培养基混合菌种鉴定;参加南通市疾病预防控制中心组织的水中氯化物、液体培养基中混合菌种鉴定考核;参加江苏省疾病预防控制中心组织的水中总硬度的质控考核。从考核反馈的结果看,各项考核均取得合格或满意的结果。

【公共卫生监(检)测】 中心对全市9000多人食品从业人员进行健康检查。对市3家相关企业的有毒有害因素进行监测;共对79家企业进行职业性健康监护,职业健康体检4673人次;常规开展职业卫生网络直报工作。消毒效果监测:幼托机构消毒质量监测,共监测全市幼托机构4家;医院消毒效果监测,采集城区内6家医院的相关样品。放射卫生监测:配合南通市疾控中心对全市41个放射单位144名放射作业人员进行个人剂量每三个月一次的收、发、送监测;对全市38个放射单位放射线装置进行监测。学校卫生监测:开展学生常见病督导以及学生常见病监测与防治现状调查;对全市所有中小学校学生的因病缺课情况进行调查,由于无重大传染病的流行,学生缺课情况相对较少;开展小高考前、高考前、中考前考点以及考生食宿点的餐具监测;逐步开展学校教育环境卫生监测。公共浴室监测:公共浴室监测、旅馆业卫生监测、歌舞厅、电影场馆等娱乐场所监测、车站商场监测、美容美发业监测、足浴业监测、游泳场所监测、餐饮场所监测和对17个二次供水点进行水质监测。水质监测:全市共设置生活饮用水监测点数44个,其中国家饮水安全工程监测点40个,省级监测点4个;不同水源类型枯丰水期水样监测;不同类型水厂水样监测。

(董凯英)

卫生监督

【卫生许可】 2014年,市卫生监督所共受理承诺在规定时限内办理的案件668件,其中餐饮服务许可证523件,公共场所许可证145件;受理承诺在规定时限内办理的案件402件,已办结372件,无1件违诺、超时。把卫生许可证发放的管理、卫生许可后经常性监督工作同实施卫生监督量化分级管理制度相结合,对学校食堂、公共场所和餐饮服务单位实施卫生监督量化分级管理公示制度。

【餐饮消费安全专项整治】 2014年,市卫生监督所推行食品安全管理员计分管理,分别从从业人员的健康和培训档案、餐厨废弃物处置、索证索票制度等十项食品安全管理员职责履行情况进行评分,连续两次评分低于30分的,责令餐饮服务单位重新聘请。加强农村家宴食品安全监管工作,下发相关文件,要求各监督分所发动乡村医生对辖区内做家宴的民间厨师进行调查摸底,实施10桌以上家宴加工申报、民间厨师登记备案、体检和培训、预防性监督检查及食品安全事故报告等五项制度,并签订食品安全工作责任书,明确其在食品安全工作中的相关责任。先后开展节日期间餐饮服务环节食品安全专项检查、学校食堂食品安全专项检查、餐饮服务环节水产品专项检查、鲜肉和肉制品专项检查、餐饮具和食用油专项检查、餐饮服务单位量化分级专项工作、重大活动期间餐饮安全保障、餐饮具集中消毒单位专项检查等专项整治,出动卫生监督员2700人次,检查单位3100户次,出动执法车辆550多车次。强化业户责任意识与法律意识,做到被监督单位全面覆盖,彻底消除监管盲点,确保各项工作责任落实,始终保持打击食品违规行为的高压态势,有效防范食物中毒等公共卫生事件的发生。

【学校卫生监督】 2014年,市卫生监督所联合教育、新闻媒体等部门开展秋季学校食堂食品安全、学校卫生综合监督和两轮的学校及周边食品安全等4次专项检查,检查内容涵盖食品安全、饮用水卫生、教学环境、生活设施卫生等方面,并召开学校食品安全暨综合卫生监督管理负责人培训会议,切实保障市学校师生的健康权益。至年底,有25所学校食堂被评定为A级学校食堂,其中10所被南通市教育局和南通市卫生局评定为A级示范学校食堂。通过综合监督检查,督促学校制订和完善传染病突发事件应急预案、疫情报告制度并指定专人负责传染病的疫情报告,建立健全学生健康档案。

【重要节日及重大活动食品卫生监督保障】 市卫生监督所总结经验,制定方案,系统筹划,落实责任,全面履行卫生监督职责。强化自身管理,实施卫生安全承诺制度。明确宾馆饭店法定代表人是单位卫生安全的第一负责人,对单位卫生安全承担管理责任。派员驻点,加强接待宾馆卫生监督工作。在重大活动期间对重点接待单位实行驻点监督,派出监督员进驻重点接待宾馆饭店,对供餐食谱、原材料采购索证、食品加工过程、菜肴供应时间及供餐食品留样等环节实行全程监督。

【公共场所卫生监督】 市卫生监督所制订《启东市2014年公共场所卫生监督工作计划》,采取"错时监督"和"回头巡查"等有效措施,结合创卫工作,在全覆盖检查的基础上,重点加强对市区美容美发、歌舞厅、旅店、沐浴场所等公共场所单位的督察指导整改工作。采取城乡联动的方式,开展游泳场馆、集中中央空调系统使用单位清洗消毒、餐饮服务就餐场所卫生监督、人群密集公共场所专项整治,对5家游泳馆、20家集中空调通风系统的使用单位、辖区内营业面积100平方米以上且安装有空调设施的97家餐饮服务就餐场所进行专项检查,并邀请《启东日报》等新闻媒体对游泳馆专项整治情况进行报道。

【生活饮用水监管】 结合启东创建国家卫生城市的要求,开展集中式供水单位及二次供水单位的监督检查,对全市2家集中式供水单位和8家二次供水单位进行检查,包括组织管理、人员管理、设施卫生、消毒情况、水质检测、二次供水设施维护清洗情况等,并规范二次供水单位的卫生管理档案。根据"健康江苏2014卫监二号执法行动方案",对2家涉水产品生产企业进行监督检查,重点检查生产企业的功能区布局情况、从业人员的健康证明持有情况及卫生知识培训情况、原辅料进货的索证索票情况等,总体检查情况较好,基本符合卫生要求。按照南通市所下达的抽检计划,对市区内8家二次供水单位的水箱水每季度进行采样,针对第三季度1家监测不合格单位责令立即进行水箱的清洗消毒,后重新检测结果合格。

【医疗服务市场整顿规范】 市卫生监督所开展打击非法行医专项整治专项行动,制订具体实施方案,对于严重违法行为,集中力量重拳出击。构建打击涉医违法监测监控体系。至2014年底,全市建立295个医疗服务监测哨点,其中一级哨点16个,二级哨点279个,并形成一套较完善的哨点管理制度,创建2家市级示范哨点。通过监测哨点共收到11条非法行医信息,其中8条非法行医信息已立案查处。开展医疗机构临床用血、直属学校医务室、抗菌药物临床应用、血液透析室感染控制规范化等专项整治行动,分别对9家市属医院、17家学校医疗服务机构、196家医疗机构及人民医院、中医院、二院、三院等四家单位进行专项督察,及时指出存在问题并责令限期整改。

【行政执法案件查处】 全年市卫生监督所共实施办理结案餐饮服务、公共场所、医疗卫生等卫生行政处罚 110 件,罚款金额 24 余万元。其中,餐饮服务处罚案件 63 件,罚款金额约 13.4 万元;公共场所处罚案件 22 件,罚款金额 3.1 万元;消毒卫生处罚案件 2 件,罚款金额 0.2 万元;医疗卫生处罚案件 23 件,罚款金额 7 万元。对所有处罚案件严格执行行政执法审批制度,确保行政处罚程序规范。在行政处罚案件实施过程中,严格执行立案审批、调查终结审批、行政处罚决定审批等程序,并确保各个审批环节与网络同步,由稽查科负责对行政处罚案卷整体质量的稽查审核,2014 年度所作出的卫生行政处罚案件中,未发生一起行政复议和行政诉讼。

【投诉举报】 2014 年,全市受理市 12345 热线签转的诉求信息共计 105 件,接待其他各种形式的投诉举报案件 55 件,对不属于卫生监督所职能的,及时告知其职能单位及投诉方向,对属于卫生监督所职能范围的,及时转交有关现场科室查处,其中属所职能的共计 136 件,经核查后立案查处 13 件,取缔无证经营户 21 户,责令改正 68 户,调解处理 34 件,对留有联系方式的举报者,均在规定期限内及时给予答复,做到件件有落实,件件有回应。

【卫生监督宣传】 市卫生监督所围绕社会关注和群众关心的问题,充分发挥新闻宣传的舆论导向作用,全年在江苏卫生监督信息网发表工作报道 15 篇,南通卫生监督信息网发表工作报道 30 篇,《启东日报》发表工作报道 8 篇,其他媒体发表工作报道近 20 篇。

(丁 恒)

食品药品监督管理

【概况】 2014 年,市食品药品监督管理局以全市药品生产流通领域集中整治行动为抓手,严厉打击制售假劣药品、医疗器械违法行为,引导企业规范经营,进一步建立健康有序的药械市场秩序。全年共出动执法检查 2000 多人次,检查涉药涉械单位 500 余家,立案 63 起,结案 63 起,查处跨省假药大案 2 起,移送公安假药案件 4 起。加强对药品、医疗器械、保健食品化妆品的日常监管,保障全市人民的饮食用药安全。

【破获假药大案】 继续深挖 2013 年底查处的"十味玉泉胶囊"等10 多个品种的系列假药案,联合公安部门到湖北武汉荆州、广东东莞等地深查制假售假窝点,对销售假药团伙陈某等人执行逮捕。此案牵出的案中案涉案金额达 1.22 亿元,抓捕犯罪嫌疑人 40 多名,受到药监和公安部门的高度重视。至此,已经连续四年破获千万元以上大案要案。由于在药品打假治劣方面成效显著,受到国家药监总局表彰,《法治中国》栏目也进行专题跟踪报道。

*查获启东市首起网络销售假药大案。*年初执法人员在开展互联网药品专项检查时发现,启东市百业网上有一条销售追风透骨丸的信息,宣称能治好各种风湿关节疾病,且通过淘宝网销售给全国患者。此信息引起执法人员高度重视。经南通市药检所检验,该药擅自添加多种止痛成分,为假药。移送公安后,联合公安部门到浙江杭州淘宝总部、山东菏泽、山东郓城等地多次侦查,成功取缔 3 个制假窝点,拘留山东籍制假人员 3 名。该假药销售网络遍布全国 7 个省市,案值达 100 多万元。

【医疗器械监督管理】 利用培训学习等各种形式,对医疗器械产供用单位宣传贯彻新颁发的《医疗器械监督管理条例》,组织医疗器械生产和经营企业到管理相对较好的企业进行学习,取长补短,规范经营医疗器械;组织开展医疗器械"五整治",即医疗器械虚假注册申报、违规生产、非法经营、夸大宣传、使用无证产品,重点对全市范围内生产的无菌、植入类产品、医疗机构使用高风险医疗器械产品及体外诊断试剂进行检查;抓好农村药品医疗器械执法检查工作,做到对药械批发、连锁企业、零售药店监督检查全覆盖,覆盖面达 100%。在检查的 190 多家单位中,查处无证经营三类医疗器械案 10 起,查处使用过期医疗器械案 1 起。

【服务医药企业】 严格执行首问负责制、服务承诺制,实施"网上申报、网上审批、一站式审批、一条龙服务",缩短办理时限;推行一条龙保姆式全程跟踪服务,实现从"等企业上门"到"找上门为企业服务",提前介入了解情况,掌握研发动态,并主动提供技术指导,为企业解决实际问题,全力助推医药产业健康快速发展。

在艾力斯生物医药建设项目、盖天力药业扩建项目中,实时跟踪项目进展情况与存在问题,深入项目现场督促项目建设进度,帮助企业联系南通市局专家进行申报资料及安装图纸审核,帮助企业邀请 GMP 专家现场指导,派服务组专业人员到现场业务指导,帮助整改项目建设中存在的专业性问题。

在拜耳医药新品种的引进中,局主动帮助办理品种转移和申报的相关报批,和现场检查指导。成功引进凯泥丁进口分包装项目,另有两个品种也在积极争取之中。盖天力药业的主打产品拿到国家局扩大适应症的批文,适应症从肝癌扩大到乳腺癌、肺癌等多种癌症,新建车间顺利通过新版 GMP 认证,使单个产品(金克槐尔)销量从原来的 1 亿元扩大到 3 亿元。艾力斯生物医药的国家一类新药艾力沙坦酯顺利通过国家局的注册核查与新版 GMP 认证检查。

【保健食品化妆品监管】 针对保健食品会销坑骗诸多市民、多次被群众举报的现象,市食品药品监督管理局开展打击非法会销保健食品的专项行动。执法人员对经常举办保健食品促销活动的会堂、酒店等地方进行明察暗访,采取政策宣讲、提前备案、严厉查处、媒体警示等措施,规范会销产品,严厉打击非法会销行为。共检查非法会销点 8 个,核查会销产品 13 个,媒体专题宣传报道 3 次,市保健食品非法会销现象基本消失,有效整顿保健品食品市场秩序,维护消费者的利益,受到群众欢迎。

【法治工作】 市食品药品监督管理局

坚持执法为民的理念，以加强法制宣传、搞好法规培训为基础，全面落实执法责任制、规范执法行为；严把案件核审关，强化案件核审和错案责任追究制度；深入推行说理式行政处罚文书，进一步规范自由裁量权，加强法制监督；落实案后回访制度，强化行政指导工作。全年共接到各类举报投诉68起，其中立案查处9起。涉及药品、医疗器械的共54起，占72.5%；涉及保健品、化妆品的14起，占27.5%。通过多年药械专项治理，药品、医疗器械环节的投诉量逐年减少。保健品化妆品监管为新增加的工作职能，市场较为混乱，经过专项整治，投诉量开始下降。

【食品药品安全科普宣传站实现全覆盖】 9月起，市食品药品监督管理局先后投入20余万元，在全市开展食品药品安全科普宣传站建设工作。所有的科普宣传站按照统一要求，悬挂统一的标示牌，统一设置内容与风格一致的饮食用药安全科普宣传栏，提供饮食用药安全科普知识宣传片，张贴宣传海报，每站确定饮食用药安全宣传员，定期接受食品药品监督部门的业务培训。在推进过程中，把食品药品科普宣传站打造成食品药品监管工作、普及食品药品安全知识、发挥社会共治功能的重要平台和科普阵地。全市共建成食品药品科普宣传站304家，实现全市所有镇（乡）、街道、村居全覆盖。科普宣传站建设做到“两个突出”：突出关注特殊群体。与民政部门联系，在汇龙镇等全市8家中心敬老院建立食品药品科普宣传站，关注老年人身体健康；先后在启东市实验幼儿园和惠萍中心幼儿园建立2家食品药品校园科普宣传站，引导社会关注儿童合理用药问题。突出资源整合优势。整合社会科普资源，加强科普阵地建设。与司法部门联手，在市庙港河西侧灵秀中路建设一条约500米长的食品药品科普宣传文化长廊；与市科协合作，市区200多个科普橱窗成为市流动的食品药品科普宣传站，在“安全用药月”等重要时段，科协橱窗成为宣传食品药品科普知识重要载体。

（周蕾蕾）

市直属医疗卫生单位选介

【启东市人民医院】 2014年，市人民医院总收入7.04亿元，同比增加6879.37万元，增幅10.82%；业务总收入6.19亿元，同比增加6184.97万元，增幅11.10%；业务支出62387.92万元，同比增加6067.6万元，增幅10.77%；业务结余8060.89万元，同比增加811.76万元，增幅11.20%；固定资产3.54亿元，同比增加982.54万元，增幅2.9%；净资产6.86亿元，同比增加9672.72万元，增幅16.40%；人均业务收入（在编人员）85.12万元，同比增加8.5万元，增幅11.09%；全年每出院人次费用9263.10元，同比增加265.76元，增幅2.95%；门诊病人平均费用295.50元，同比增加14.95元，增幅5.33%；门急诊量573509人次，同比增加65304人次，增幅12.85%；急诊诊疗66353人次，同比减少2911人次，降幅4.20%；出院病人48529人次，同比增加2688人次，增幅5.89%；实际占用总床日数512625床日，同比增加20984床日，增幅4.26%；实际病床周转次数60.7，平均住院日10.5，床位使用率175.6%；手术11017台次，同比增加304台次，增幅2.83%；危重病人抢救数2603人次，抢救成功数2527人次，抢救成功率97.1%。

2014年，院内安排各类讲课71讲，外出短训833人次、外出进修59人次。全年共实施省部级以上课题7个，市厅级课题14个。有2个江苏省卫生厅临床多中心项目、3个南通市青年科研基金项目获得立项，还获得国家实用新型专利2个，南通市新技术引进奖二等奖1个、三等奖1个。发表各类论文217篇，出版专著2部，其中SCI论文15篇、中华医学系列杂志论文6篇、核心期刊论文34篇。

*医院被省卫计委确认为三级综合医院。*年初，院加快推进医院基础建设和信息化建设，不断提升医院在医疗服务领域的综合优势。9月26日，省卫计委专家组一行到医院进行现场检查验收。专家组一行对照三级综合医院评审标准，围绕医院科室设置、人才队伍现状、临床技术开展情况、规章制度、设备设施、对口支援开展情况、信息化建设现状等多个方面进行检查，通过检查，专家组对于市人民医院三级医院创建情况给予高度肯定。11月底，省卫计委正式发文，确认人民医院为三级综合医院，纳入三级医院管理。

*严格落实医疗准入制度，规范执业行为。*根据《中华人民共和国执业医师法》，对执业资格考试合格的7名人员和新进人员进行执业注册和执业变更。对照《启东市人民医院手术分级管理制度》，对全院手术医师进行分级管理评价与再授权。根据《江苏省医疗技术临床应用能力技术审核办法》，顺利通过省卫计委组织的消化内镜四级、呼吸内镜三级、消化内镜三级、普外内镜三级、关节镜三级、泌尿内镜三级、妇科内镜三级、鼻科内镜三级、咽喉内镜三级等二类医疗技术的现场审核验收。

*提升病历质量。*2014年，院主要从病历书写着手，进一步落实临床科室病历质量管理员制度，全年共抽检运行病历5020份，阳性病历有826份，甲级病案率为96%。同时加大对病历终末质量控制力度，做到病历份份查，在进入病案室前由所在科室质管员查，进入病案室后由病案室工作人员查，医务科再按比例抽查，以发现归档病历中存在的病历质量问题。全年共抽查归档病历5048份，其中有问题病历3115份。不断完善住院病历质量考核制度，细化考核内容，增强病历质量考核的可操作性。通过考核手段，将病历归档的及时性与晋升晋级和绩效考核相挂钩，督促全院临床医师及时完成并上交病历，全年仅发现14份迟交病历。组织开展2014年度全院优秀病历评比活动，对书写优秀的病历按一、二、三等奖等次予以奖励。

*完善医患沟通和纠纷处置机制。*全年共回访41416人次，对于问卷调查和电话回访中出现的问题及时向相关职能科室通报，患者的满意度有明显提升。为方便接待患者投诉，2014年，院将投诉接待人员安排在门诊大厅服务台，全天专职做好投诉接待工作，全年共接待投诉71起。科学做好医疗纠纷点评、考核。全年共召开三次医院医疗事故鉴定小组会议，对赔款

案例进行集体讨论,分析原因,找出存在问题。全年医院赔偿的26例案例中,全都进行内部责任追究,落实个人责任款14.46万元,集体责任款(风险金)22.79万元,并对相关责任人进行诫勉谈话。全年医院赔款81.07万元,较上年有明显下降。

做好埃博拉出血热的预防保健工作。做好埃博拉出血热疫情防控工作。根据上级部门有关要求,制订医院埃博拉出血热疫情防治工作方案,成立疫情防治专家组,并落实好24小时应急值守,组织医护人员进行埃博拉出血热防控知识培训和应急演练。

做好人感染H7N9禽流感的防控工作。定期组织召开医院人感染H7N9禽流感防控领导组会议,坚持向市卫生局上报人感染H7N9禽流感相关病例监测日报表,包括肺炎病例和重症肺炎病例数的收集、汇总和上报工作。作为定点收治医院,不断完善防控预案,开展应急培训,加强应急值守,有效落实发热病人的预检分诊,发热门诊设置和人员、器材、消毒物品的配备,应急病房和ICU隔离抢救病床全面落实,做好设施设备、药品、耗材、防护用品等医疗器材的物资储备,确保能随时应对突发事件的发生。

传染病管理和上报工作。2014年,全院共发现和报告法定传染病14种1125例,无死亡病例和甲类传染病报告,乙类传染病报告9种327例,丙类报告2种786例,其他传染病报告3种12例。与上年同期(436例)相比,法定传染病报告数上升158.03%,报告病例数有所上升的有伤寒、副伤寒、手足口病、麻疹、风疹、疟疾、流行性腮腺炎、肺结核、淋病、尖锐湿疣、生殖器疱疹、生殖道沙眼衣原体感染。而肝炎、梅毒较2013年同期呈现下降趋势。病种分布为:肝炎16例、伤寒3例、副伤寒3例、流行性腮腺炎7例、麻疹2例、风疹1例、疟疾2例、手足口病779例、肺结核101例、性病共211例,其中梅毒180例、淋病19例、尖锐湿疣8例、生殖器疱疹2例、生殖道沙眼衣原体感染2例,未发生漏报和迟报。每月每季度进行传染病疫情常规分析并在医院内网上通报到院内各相关科室。每周下科室进行传染病管理检查,全年共进行传染病管理督促检查156次。在做好传染病上报工作的同时,院还按时开设肠道门诊,对四类腹泻病人及腹泻采样检索按要求进行登记、采样、送检和旬报告。4~10月,全院共登记报告腹泻病489例,开展病原检索114例,检索率为23.31%,有效地防控霍乱的发生和流行。

12月27日,国家中医药管理局专家组对市中医院三级乙等中医医院创建工作评审检查 (市卫计委/提供)

加强对新生儿乙肝疫苗和卡介苗接种登记工作的督促和检查,使乙肝疫苗的接种率除禁忌症外达100%。全年出生新生儿2665名,实际接种乙肝疫苗2642名、卡介苗2636名,禁忌症分别为23名和29名,实际接种率分别为99.14%和98.91%。

(徐卫菊)

【启东市中医院】 2014年,市中医院有医务人员510人、病床数428张、门诊量25200日次、收住病人数20363人次、全院业务收入2.78亿元。通过南京中医药大学的审核评估,成为南京中医药大学的教学医院。五官科通过省重点专科中期评估。医院投入80多万元购置核心交换机,并安装成功。8月起,医院参照公立医院体制改革实施方案,取消药品加成政策,所有药品(除中药饮片、医院制剂外)实行零差率销售,破除以药补医机制。10月16日,新门诊大楼竣工使用。创新服务举措:各楼层设置收费室,患者或家属可以在一个楼层上完成挂号就诊、交费等步骤;在门诊的影像科、B超室、心电图室设置电子叫号系统;在南通地区首家启用自动化药房;建立传统的针灸科、推拿科,设立综合治疗区;新建一级临床科室"治未病"科,设置健康状态辨识及其风险评估区、健康咨询与指导区、健康干预区及辅助区。加强内部管理。强化各类护理人员"三基"培训,深化医药贿赂专项治理,抓重点环节、重点岗位、重点人员的风险预警、风险控制和动态管理,实行重点岗位的轮岗,完善药剂科、总务科、设备科等重点科室的各项采购监督制度。落实"阳光用药"各项措施,重新修订《抗菌药物使用管理办法》,严格落实各科药占比。

(徐卫菊)

人民生活

【概况】 2014年，全市居民人均可支配收入为23908元，人均消费支出18776元，分别比上年增长9.7%和8.4%。其中，城镇居民人均可支配收入为31708元，人均消费支出26248元，分别比上年增长9.0%和6.9%；农村居民人均可支配收入16762元，人均生活消费支出11931元，分别比上年增长11.0%和11.5%。年末，全市城镇和农村居民人均住房建筑面积分别为38.7平方米和59.6平方米。

（市统计局）

劳动就业

【概况】 2014年，市人社局以创建省级创业型城市为抓手，出台《启东市创建省级创业型城市实施方案》《启东市企业吸纳就业困难人员社会保险补贴暂行办法》等文件，实施小额担保贷款等扶助政策，印制《启东市创业扶持政策宣传手册》，放大创业带动就业倍增效应。为帮助创业人员降低创业成本，减少创业风险，先后成立启东科技园、金凤凰创业园等10个创业孵化基地。全年共成功帮扶创业1260人，发放小额担保贷款1405万元，带动就业570人。启东市被省政府评为创业型城市。加强劳动技能培训，进一步提升劳动者素质，先后开展驾驶员、企业高级工、人力资源管理师、物流师等各类培训及考试，共完成职业技能鉴定取证48597人，农村劳动力培训转移45665人。通过专项援助、社保补贴等措施，做好大中专毕业生、“4050”人员、“零就业”家庭等重点困难群体的就业帮扶。通过各类就业帮扶举措，市城镇登记失业率稳定在3%以内的低水平。加大高技能人才引进力度。全年有1名高技能人才入选江苏省高技能人才引进评选，累计有3名，列南通各县市之首。

（项翊君）

社会保障

【概况】 2014年，全市扩大企业职工养老、医疗、工伤保险及城乡居民保险覆盖面，企业养老保险新增参保1.5万人，城乡居保参保人数保持在30万人左右，各项基金征缴额增长达15%。围绕应发尽发稳步提高保障待遇。老年无保障居民基础养老金提高到每月90元，共有23.94万人受益。职工医疗保险与南通实现并轨，提高统筹层次。连续第9年提高企业职工养老金。做好医疗保险城乡统筹前期准备工作。

【劳动争议仲裁】 2014年，市人社局共办理市长信箱、12345热线平台、信访挂号件等各类信访532件，查处各类劳动保障投诉案件256件，为2493人次劳动者追发工资待遇2291.72万元，督促113家用人单位为468名劳动者申报补办社会保险。受理人事劳动争议案件530件。受理工伤申报760件，完成行政复议、行政诉讼39起。

【军转安置】 至2014年底，全市共有1000多名企业军转干部，人数列南通各县市首位。市人社局通过节日慰问、困难帮扶、沟通疏导等方式，保持企业军转干部队伍的稳定。全年共有24名转业干部进行选岗安置。

（项翊君）

民政事业

【城乡低保】 市民政局出台《启东市社会救助居民经济状况比对办法》。落实城乡低保标准自然增长机制，7月1日起，城乡低保标准分别提高到每人每月540元、370元；60年代精减老职工生活补助费城乡居民每人每月调增至540元、520元。

【专项治理】 组织开展城乡低保对象全面复核暨规范化管理专项督察活动，上门走访10994户农村低保、485户城市低保，走访率100%，核减农村低保3116户、城市低保97户，每月核减低保金94万元。

【救灾救济】 加强临时救助力度，全市投入233.4万元救助5660户10264人；发放春荒52万元、冬令款192万元，救助24446人次。

【医疗救助】 全市投入医疗救助资金

2260万元，资助困难群众参合参保、即时、门诊和住院医疗救助。

【国家级养老服务业标准化试点通过验收】 4月25日，启东国家级养老服务业标准化试点通过考评组验收，成为江苏省首个通过验收的该类项目。2011年，启东申报国家级"养老服务标准化试点"工作。2012年，市开始养老服务标准化试点。2014年，全市共收集和制订各类标准249余项，其中服务通用基础标准60项、服务保障标准93项、服务提供标准96项，涵盖老年人生活照料、康复护理、精神慰藉、紧急救援、机构建设和社会参与等服务要素。4月下旬，高分通过国家专家组考评验收。

【养老设施建设】 《启东市社会养老设施布局专项规划》(2012~2030) 正式发布实施。出台扶持民办养老机构建设会议纪要2份。投资200万元，完成北新中心敬老院综合楼项目建设和汇龙等6所中心敬老院医务室项目建设。全市建成民办养老院2家、护理院1家、老年关爱之家6家，新增床位949张。

【居家养老服务】 修订出台《关于推进居家养老服务中心(站)建设的实施意见》，新增4家AAA级中心(站)和35家AA级站。虚拟养老院(老年呼叫服务中心)在城区范围内试点运行，全年服务享受政府补贴的老人146人，自费老人2637人。

【安康关爱行动】 全市7.74万名老年人参加意外伤害保险，参保率达30%。2014年，全市老年人意外险共赔付541例，理赔128万元。

【尊老金发放】 全市80~89周岁老人44451人、90~98周岁老人6897人、百岁老人258人，全年发放尊老金3804万元。

【社会福利】 7月1日起农村五保供养综合标准从每人每年6480元提高到7070元，集中、散居城市"三无"老人基本生活费标准为每人每月1200元、980元。孤儿集中、分散供养标准分别提高到每人每月1340元、810元。

【优抚安置】 为619名重点优抚对象免费医疗巡诊，为残疾军人配发假肢及病理鞋24人次。向406位伤残军人配发康复器具703件。组织对878份烈士证、814份伤残军人证材料的调查核实和证件换发工作。全面实施退役士兵城乡安置一体化安置，义务兵安置补助金基数提高到3.13万元。开展退役士兵免费职业技能培训，393名2013年冬季退役士兵参加培训。

【婚姻与收养】 2014年结婚登记9912对，离婚登记2556对；办理收养登记68件。

【烈士纪念设施保护】 出台《关于加强和改进对重要纪念设施管理保护工作的通知》，投入90余万元，组织对15处零散烈士纪念设施和革命纪念地实施抢修。

【政社互动】 制订推行"政社互动"工作的指导意见和操作办法，完成基层群众自治组织协助政府工作事项和基层群众自治组织依法履行职责事项两清单，试点工作有序推进。

【城乡社区建设】 制订《关于推进城乡社区"一站式"服务平台建设工作的实施意见》。全市297家社区全部建成"一站式"服务平台。深化城乡和谐社区建设，城乡和谐社区建设合格率分别达95%、87%。

【社区社会组织】 出台《关于进一步培育和扶持社会组织发展的通知》，建立政府购买社会组织服务机制，明确政府购买服务内容，细化示范社区社会组织评估考评细则。全市新培育社区社会组织518个，完成社会组织评估数176个。

【福彩销售】 加大福彩宣传和销售力度，全年完成销售1.38亿元，筹集福彩公益金1170万元，销售总量实现"南通第一、全省第九"。启东市被省民政厅评为省福利彩票销售十强县(市)。

【慈善事业】 全市募集慈善善款1442万元，开展定向捐赠、儿童大病救助、助学、助残、助医等多项救助，支出救助资金1158万元。

(王　英)

老龄工作

【概况】 2014年，市老龄协会认真履行职责，重点开展《老年人权益保障法》等法律法规的宣传培训工作；针对"长寿之乡"品牌效应、老年人优待政策落实，开展专题调研；实施为老维权服务，推动"安康关爱行动"。老龄协会被南通市老龄委评为"2013~2014年南通市敬老先进社会组织"。

【敬老舆论宣传】 制作26幅宣传展板，将《老年人权益保障法》和新"二十四孝"的中心内容以图展形式，在全市12个镇(乡)和开发区、南北街道进行巡回展出，历时5个月，观看人数达4.85万人。与市老龄办联合在《启东日报》开辟"夕阳红"老龄专版，每季度一期。与市老龄办、民政局联合举办"敬老月"文艺专场演出。与市委宣传部、老干部局、文明办等单位联合举办第二届启东老干部书画交流展。全市各级老龄协会采取多种形式宣传《老年人权益保障法》等涉老法律法规和孝亲敬老先进事迹。全年全市共印发宣传资料15000多份，举办纳凉晚会105场次，培训讲座45场次，制作宣传横幅39条，宣传橱窗及板报265期。

【老龄课题调研】 *"长寿之乡"品牌效应调研。*通过调研和收集整理，最终从加强品牌宣传、编制发展规划、开发特色产业、整合旅游资源、发展养老事业五个方面，形成《关于充分发挥"长寿之乡"品牌效应，助推全市经济社会又好又快发展的建议》，提供给市委、市政府决策参考。调研成果得到市委、市政府领导的重视和肯定。《启东通讯》和《东疆论丛》都予以刊载。

*老年人优待政策落实情况调研。*重点对2011年市政府颁发的《启东市老年人优待办法》进行分门别类，逐一

列表细化，向21家责任单位发出书面调查函，实地走访部分敬老院，了解情况，征求意见，形成调研报告。调研报告为市领导和老龄工作主管部门了解掌握目前全市老年人优待政策落实情况、今后制定和完善相关政策、改进工作措施等提供第一手决策参考资料。

【为老维权服务】 健全、完善全市三级老龄（老年人）协会为老维权组织网络，基本实现全覆盖。与司法局联手开展为老维权现场观摩、培训、交流活动，召开全市为老维权法律援助工作现场推进会。全市各级老龄协会与相关职能部门共受理老年人矛盾纠纷案件2350余起，成功调解1580余起。

【老龄志编撰】 核实、校对、修正和补充《南通老龄志·启东老龄篇》初稿，及时完成资料上报。

【助推“安康关爱行动”】 继续与市老龄办、中国人寿启东支公司联手开展“安康关爱行动”进万家活动。至年底，全市老年人意外伤害保险参保份数达78411份，完成年初下达指标的98.47%，参保覆盖率达32.45%。全年为参保老年人赔付意外伤害保险人数达557人，赔付金额129.2万元。

【论坛征文】 参与“南通长寿健康论坛征文”，市报送的9篇参选论文全部入围，其中8篇获优秀论文奖，在南通各县（市、区）中名列前茅。

（洪善宽　李松涛）

慈善事业

【概况】 至2014年12月16日，市慈善基金会共募集资金1746.42万元，救助支出1157.624万元。同时，加强对资金的管理，促进积存资金的保值增值，至12月16日，实现资金增值收益334万元。

【协议认捐】 基金会抓好协议认捐履约率，通过了解认捐企业运营状况，邀请企业参加慈善救助活动，以通信方式告知慈善项目的实施情况、善款的去向，春节慰问爱心企业家父母、力所能及帮助捐赠企业协调处理矛盾等方式，加强与认捐企业的沟通。认捐企业均能自觉履行承诺，及时解缴认捐款，保障慈善基金会救助项目所需的资金。2014年，基金会接收协议认捐款711万元。

【引导冠名基金】 基金会做好冠名基金的引导工作，向企业家宣传助学、助医、助困等较有影响的救助项目。基金会原有“启聪工程”（救助先天性听障儿童）、“佳琪助学基金”（资助吕四地区贫困学生）2个大型专项冠名基金，以企业分期捐款的方式稳定运行。2014年，新增一家企业设立冠名基金。南通东顺置业有限公司董事长周小飞捐资设立“新悦爱心助学基金”，每年捐资30万元，资助市贫困学生。2014年，基金会接收冠名基金62万元。

【定向捐赠】 基金会在实践中逐步完善定向捐赠操作流程，每笔定向捐赠均由捐赠者、受捐对象、慈善基金会三方签订协议，资金按捐赠者意愿及时划转，记录在案。为加强定向捐赠款的监督管理，强化对资金使用的反馈、跟踪、检查，由理事长带领财务人员到镇（乡）询问了解资金划转、使用、结报情况，督促资金接收所在镇（乡）政府加强监督，让捐赠者放心，让老百姓受益。2014年，市村镇道路建设基本处于扫尾阶段，市政府取消对农村道路建设的补贴，农路建设量缩减，道路建设方面的定向捐赠较往年有所减少，敬老、助学等方面的定向捐赠有所增加。全年基金会共接收定向捐赠款326万元。

【“慈善一日捐”】 2014年，新增“一张纸献爱心”活动，即各单位、各部门将废报、废纸出售，收入捐给慈善事业，营造慈善献爱心氛围。一个多月，基金会共接收一日捐款277.22万元。

【助学项目】 2014年，基金会对全市小学、初中、高中阶段的贫困生给予资助。小学生每人600元，初中生每人1000元，高中生每人1500~2000元。其中对孤儿资助2500元。基金会以“励志·感恩教育会”的形式发放助学金，合作小学的受助学生代表全市受助贫困生参加活动。此项活动共发放资金106.27万元，1040名贫困生受助。资助开发区中学晨曦班30万元，用于补贴贫困学生生活费用和优秀学生的奖励。资助新录取本三、大专的贫困大学新生。全年有51名学生受助，救助额由原来的3000元/人提高至低保家庭子女5000元/人、非低保家庭子女4000元/人，共发放资金22.8万元。

【捐赠血透机项目】 基金会向市中医院捐赠10台血透机，合计价值163万元，旨在有效缓解市血透机紧缺的现状，逐步解决尿毒症患者血透难的问题。同时，市中医院每年需向市慈善基金会捐出10台血透机总价3.5%的医疗费用收入，用于市慈善基金会对尿毒症患者的救助。

【省贫困家庭儿童重大疾病慈善救助项目】 基金会做好申请材料的接收工作，及时将市重大疾病患儿上报省慈善总会，同时根据各校上报的困难学生资料，筛选符合项目救助的对象，通知其家长申报，争取做到应救尽救。2014年，全市有48人次受助，发放省、市慈善资金56.12万元，项目中受助金额最高的一名患儿张炳熠，已获四次救助，共计12.8万元。

【救助重大器官移植者、低保户、低保边缘户患大病者】 基金会对重大器官移植者给予大额救助，支出救助资金23万元。对低保户、低保边缘户患大病者给予临时救助，全年有四批次202人受助，发放救助资金85.75万元。

【“牵手助医”项目】 基金会配合南通市慈善总会实施“牵手助医”项目，主要资助南通地区贫困家庭大病患者，按每人1万元的标准给予救助，全市有10人受助。自2012年该项目实施起，已为市34名患者提供救助。

【助残】 基金会实施“启聪工程”，资助0~5周岁先天性听障儿童安装人工耳蜗，以改善患儿的听、说能力。全年资助3名听障儿童，每人5万元，共支出15万元。向市特教学校捐资5万元,用于资助在校贫困的残疾学生和奖励特教优秀教师。配合南通市慈善总会实施为听障人员免费安装助听器的活动,市7名贫困听障人员受益。

【"慈善情暖启东"春节慰问活动】 由各镇(乡)、园区、街道遴选慰问对象,范围为家庭成员患重特大疾病的低保户或低保边缘户(优先考虑低保户)。省慈善总会出资4万元,南通市慈善总会、启东市慈善基金会各出资8万元,共20万元,慰问200户,每户1000元。

【"携手养老"项目】 2月21日,国务院办公厅下发《国务院关于建立统一的城乡居民基本养老保险制度的意见》,意见中提到"鼓励其他社会经济组织、公益慈善组织、个人为参保人缴费提供资助"。基金会深入调研,通过市农村社会养老保险事业管理处,了解全市低保、重残人员的参保情况及政府的补贴政策和具体操作办法,掌握相关数据,配合市政府推进和完善覆盖全体城乡居民的基本养老保险制度,保障市低保、重残参保人员基本生活。1~11月,支出养老金资助款49.3万元,6163人受益。此项目是基金会成立后实施的受益面最广、覆盖面最大的一个项目。

【慈善宣传】 基金会通过市政府信息中心开办政务专题网页。网页设有慈善新闻、慈善项目、通知公告、慈善之星、爱心之窗、捐赠方式6个板块。办好《工作简报》《慈善档案》固定宣传载体。与《启东日报》、启东电视台建立长期合作关系。《启东日报》扩版每月开设一期"慈善专栏",启东电视台反复播放《慈善的足迹》、慈善公益广告,增强慈善宣传的社会效果,扩大传播范围。2014年,两大主流媒体对基金会实施的"启聪工程"项目进行重点宣传。

(周嘉生)

人口和计划生育

【概况】 2014年,全市共出生6325人,出生率5.57‰,其中,政策内出生6248人,一孩5023人,二孩1189人,多孩36人。全市共死亡8245人,死亡率7.26‰。自然增长率为-1.69‰。出生人口性别比为105.22,持续保持在正常范围之内。免费孕前优生健康检查省下达任务完成率100.28%。

【实施"单独两孩"政策】 4月1日,市人口计生委召开全市单独两孩政策和再生育审批专题培训会。同时,发挥广播、电视、报刊、网络等媒体的作用,开展多种形式宣传活动,做好新闻宣传和社会宣传。落实国家、省关于"进一步简化再生育审批程序、提高审批工作效率"的要求,全年再生育申请受理共1935件,批准发1919件。其中,城镇单独受理量为275件,占所有受理量的14.2%;城镇单独已批准发证275件,占批准量的14.3%;6件在新政实施后生育,予以补办手续,给予发放符合生育政策证明,占城镇单独批准量的2.2%。

3月28日,全市启动实施单独两孩政策 (市卫计委/提供)

【开展"免费避孕药具优质服务月"活动】 2014年,市人口计生委结合"三下乡"活动开展大型宣传服务6场次,各镇级计生部门组织开展宣传服务活动共计15场次。全市集中发放与上门发放宣传品共计5000多人份,避孕药具4000多人次,随访服务4000人次。全市上报避孕药具可疑不良事件405例。开展RTI综合防治(已婚育龄妇女生殖道感染综合防治)与"两癌"(乳腺癌、宫颈癌)筛查相结合的生殖健康服务,把"两癌"筛查、生殖健康检查和避孕节育随访服务相结合。全市46021名妇女参加妇女病普查。

【孕前优生健康检查】 2014年,全市有3221对计划怀孕夫妇接受孕前优生健康检查,发现高风险人群917人,有效降低出生缺陷发生的风险。

【社会抚养费征收】 2014年,市人口计生委规范社会抚养费征收管理,共立案300例,结案392例,申请法院强制执行205例,征收到位561.45万元。

【落实奖励扶助政策】 2014年,市人口计生委做好农村奖特扶工作,抽调17名业务骨干组成4个工作小组下到各个乡镇,对全市2014年度新申报的14226名农村部分计划生育家庭奖励扶助对象,228名计划生育家庭特别扶助对象,9095名持独生子女父母光荣证企业退休职工一次性奖励和城镇老年居民一次性奖励对象进行资格审核。在各乡镇街道初审的基础上,采取核实查阅证件资料、询问当事人、走访群众和调查个人信息相结合的办法对申报对象逐一审验,确保符合条件的全部纳入奖励扶助范围。

【提升流动人口公共服务均等化】 2014年,市人口计生委贯彻落实《江苏省实施〈流动人口计划生育工作条例〉办法》,规范流动人口一孩生育服务登记。全年向流动人口发放便民维权服务指南、现行生育政策、生殖保健知识等宣传折页、年画等3万余份,现场解答群众计生知识咨询1万人次。在东海、惠萍、海复、南阳等乡镇的流动人口比较集中的企事业单位新增安装7台二代身份证自动取套机。免费为流入的育龄妇女提供国家规定的基本项目技术服务,至年底,为流入已婚育龄妇女提供免费服务980人次,流动人口免费技术服务率、免费孕环情检查率均在95%以上。

【打击"两非"专项行动】 3月上旬,市人口计生委向省人口计委宣教中心征订500份打击"两非"(非医学需要的胎儿性别鉴定、非医学需要的人工终止妊娠)宣传海报,及时下发到全市各村居、卫生院和镇(乡)世代服务中心。4月,制作《打击"两非"行为》动漫公益广告,并在启东电视台黄金档期间播出。与卫生部门联合执行凭证引产制度,即严格落实全市所有医疗机构接诊孕14周以上引产孕妇时都需其提供乡镇人口计生行政部门出具的准予终止妊娠证明的介绍单,同时要求引产登记本要记录完整清楚,杜绝漏登、错登,凭证引产率、引产证明规范率必须达100%。

【生育关怀"太阳岛"工程】 2014年,市人口计生委每季度确保开展一次失独家长志愿者培训、心理辅导与社会实践活动。5月25日,以"生育关怀共享亲情"为主题,集中开展"5·29"会员活动日系列活动。通过入户调查、软件开发和数据录入,建立生育关怀"太阳岛"服务动态信息管理系统,初步实现对失独家庭的现代化、科学化、高效化的服务与管理。该信息系统得到国家、省和南通计生协的高度赞扬和充分肯定,作为全国推广项目。以资助项目的方式,引导社会力量,通过提供精神慰藉、经济救助、项目帮扶、安置就业等形式,帮扶计生困难家庭。10月22日,江苏省"思源工程——生育关怀行动"帮扶基地揭牌仪式在启东市黄海滩涂开发有限公司举行。

【人口信息化金人工程】 2014年,市人口计生委拓宽统计信息渠道,完善人口计生与卫生、民政、公安、社保、教育等部门信息共享工作机制。至年底,市数据库人口信息覆盖率达95%以上,出生人口漏报率、出生政策属性差错率、出生人口性别差错率控制在1%以内,个案数据项目完整率达99.7%,逻辑准确率和数据更新及时率达99%。

【人口理论研究】 2014年,市人口计生委组织撰写的论文《城镇化进程中外来农村转移劳动力人力资本与收入的关系——以南通市为例》获江苏省哲学社会科学界第八届学术大会优秀论文三等奖;参与南通市人口计生委课题《江苏完善计划生育利益导向政策研究》,获江苏省卫生和计划生育委员会、江苏省人口学会2014年度人口发展优秀研究成果一等奖,同时获南通市人口计生委、南通市人口学会2014年度人口发展优秀研究成果特别奖。

(龚敏健)

9月18日,中国计生协生育关怀携手行·太阳岛联谊活动在启东举行

(市卫计委/提供)

住房公积金管理

【概况】 2014年,全市归集住房公积金6.66亿元,完成年度目标6.56亿元的101.47%,比上年同期增加7259.42万元,同比增长12.24%。归集余额为17.87亿元。全年新建人数13419人,已建净增人数为7444人,完成年度目标4200人的177.24%。全年新建单位136个,已建单位净增数为123个,完成年度目标110个的111.82%。年末欠缴单位31个,单位欠缴率为2.51%。

【贷款发放】 2014年,公积金管理部共向893户职工家庭发放住房公积金贷款3.05亿元,个贷比率为77.34%。累计为12461户职工家庭发放贷款25.22亿元。至年底,贷款余额为13.1亿元。管理部连续八年实现贷款零逾期。

(徐 菊)

社会矛盾调解

【概况】 2014年,全市市、镇、村三级调解组织共调处各类矛盾纠纷3587件,成功调处3550件,调处成功率为98.97%,防止群体性事件155件,防止民转刑案12件,防止越级上访25起。全市大调解机制呈现出不断深化发展的良好态势。

【矛盾排查受理】 2014年,启东市社会矛盾调解服务中心巩固"敞开窗口集中受理、统筹条块联合办理、依托中心统一管理"的接访工作模式。在接访大厅增设法律援助窗口,为上访群众提供专业法律服务。全年市中心共接待群众来访614批次3635人次,直接受理调处各类矛盾纠纷218件,分流

24件。加强对镇(乡)调处中心的指导督察,每月至少下基层一次面对面了解工作情况,每季对重点工作开展一次集中督查和考评。镇(乡)调处中心共排查各类矛盾纠纷725件,受理调处矛盾纠纷652件。完善巩固十户调解信息员、调解小组长、老干部调解员为主体的村居调解组织网络。全市村居共排查矛盾纠纷2811件,受理调处矛盾纠纷2693件。组织开展元旦春节期间社会矛盾纠纷集中排查和劳资纠纷、农民工工资等专项排查活动。强化"三色"预警机制,加强矛盾信息收集研判。健全疑难复杂纠纷听证和会办督办机制,共开展听证对话5次。对重大矛盾纠纷或跨地区、跨部门的矛盾纠纷,通过召开协调会议合力调处,共召开协调会18次,化解15起复杂矛盾纠纷。发挥市矛盾调解中心督办职能,对分流到相关部门和镇(乡)处理的案件,加强跟踪督办。健全市领导接访包案机制。全年市四套班子领导在市中心共值班接待群众来访301人次,协调调处疑难复杂矛盾纠纷8件。全年向市委市政府报送《重大矛盾纠纷专报》4期。

【"三下基层"主题活动】 5月,市调解中心部署开展"信息排查下基层、法律宣传下基层、矛盾化解下基层""三下基层"主题活动。通过建立基层联系点,组织调解员走村入户调研走访,了解掌握社情民意,面对面接待群众、现场化解矛盾问题。对排查中发现的各类矛盾纠纷逐案、逐人、逐项建立台账,"一对一"落实包案领导、调解员、处置措施。严格分级调处,加强巡回调处,提高调解成功率。活动中共排查各类矛盾纠纷312件,开展法制宣传18场次,化解矛盾积案47件。

【构建第三方医患纠纷调处机制】 2014年,市调解中心探索建立以院内调解、人民调解、司法调解、医疗风险分担机制有机结合的"三调解一保险"为特征的医患纠纷预防和处置工作新机制,成立启东市医疗纠纷人民调解委员会,聘请80名医学专家、16名法律专家。8月,"三调一保"第三方医患纠纷调处机制正式运行,至12月底,共接待医疗纠纷24件,调解成功10件,成功率100%,履约率100%。涉及赔偿诉求481.2万元,经调解实际赔付64.7万元。

【队伍建设】 针对市、镇、村三级调解员的不同工作特点,执行分级培训制度。利用大调解培训学校,组织开展示范培训和对新任调解员的岗前培训,提高全市各级调解员的业务水平。改进培训教育方式,创新教育培训载体。全年调解业务培训巡回讲师团共深入镇(乡)、村(居),上门对基层调解员进行业务辅导培训8次。各镇(乡)利用例会、进村入居培训、旁听法院庭审等形式,对村居调解员业务培训46次。继续开展优秀调解组织、优秀调解员、优秀信息员"三优秀"评比活动。

(徐建平)

关心下一代

【概况】 2014年,全市关心下一代工作以加强青少年思想道德建设为主旨,创新工作特色,打造工作品牌,建设长效机制,取得一定成绩。5个单位、11人被评为南通市关心下一代先进集体和先进个人,4个校外教育辅导站、4名校外辅导员被评为南通市优秀校外教育辅导站和优秀校外教育辅导员,受到南通市委、市政府表彰。市关工委撰写的《切实加大创建力度不断推动基层建设》《加强关工委基层组织建设的探索与实践》分别在全省关工委工作会议、南通市第八期关工干部培训班上作介绍。市委组织部、市关工委和海工船舶工业园党工委联合摄制的微电影《一个人的学校》入围全国第三届"为了明天——关爱青少年彩虹行动"微电影大赛,获江苏省党建微电影类二等奖。全年全市各级关工委在《中国火炬》、省、南通市关工委机关刊物及《启东日报》录用稿件达200多篇。

【"爱学习、爱劳动、爱祖国、践行中国梦"主题教育活动】 2014年,市关工委在全市青少年中组织开展"爱学习、爱劳动、爱祖国、践行中国梦"主题教育活动,结合开展"八礼四仪"教育。6月,市关工委召开主题教育现场推进会,进行专题培训和典型推进。7~9月,全市开展主题教育征文活动,79篇作品获奖,《启东日报》设专栏刊登主题教育征文评比结果和部分优秀征文。全市8万多名中、小学生参加全省"三爱一践行"(爱学习、爱劳动、爱祖国,践行中国梦)书签制作大赛。市关工委和教育局对296件选送作品组织评比表彰,市教育局关工委和实验小学获全省优秀组织奖,另获15个一等奖、35个二等奖。

【校外辅导站长效机制建设】 队伍建设。市关工委举办校外辅导站培训班,推广吕四港镇"校站结合"的工作经

7月18日,南阳镇关工委在佐鹤村召开"三爱一践行"主题教育现场推进会

(市关工委/提供)

明珠新村关工委开展"七彩夏日"暑期活动，活动中社区关工委"五老"让青少年识别农作物 （市关工委/提供）

验。全市调整充实一批校外辅导站常务副站长，同时吸收挂钩学校负责人、大学生村官参加领导班子。动员更多的"五老"、假期回乡大学生和社会上有特长的志愿者加入校外辅导员行列，全市1800多名退休教育工作者参与校外辅导站工作。

电子阅览室建设。2014年，全市新建电子阅览室220家，实现全市村(社区)电子阅览室的全覆盖。市财政安排资金240多万元购置电脑723台，桌椅723套，镇区(街道)村(社区)跟标电脑443台，桌椅521套。全市电子阅览室实现"五有"，即有场所，有不少于6台以上的电脑及桌椅，有管理员，有管理办法，有管理岗位职责。

辅导站活动创新实践。参与南通市文明办、关工委组织开展的"知礼仪、讲文明、展风采"微型剧评选展播活动，南阳镇关工委、秉章村校外辅导站的《小野花开》获一等奖，北城区街道办关工委、长江社区校外辅导站的《传承中华美德，弘扬文明礼仪》获二等奖，另有北新镇关工委和教育关工委、实验小学、南苑中学的作品获优秀奖。市关工委组织全市各辅导站开展"缤纷的冬日""七彩的夏日"等专题活动。汇龙镇光荣村校外辅导站"无缝交接，让三方都放心"的做法在《中国农民日报》《南通日报》等报刊上作介绍。

【"三好"标兵竞赛评选】 2014年，市文明办、教育局、团委、妇联、关工委五部门联合开展"三好"标兵评选活动，在全市300名"三好"标兵候选人中，评选表彰100名，择优13名学生和2个单位上报南通参评"三好"标兵和常态化建设先进单位。在中小学生中组织开展"常怀报国之心、仁爱之心、感恩之心、责任之心、奉献之心"的五心教育实践活动。近海镇关工委开展"走近军营""寻找最美逐梦人""文明伴我行""认知孝道，践行大爱"等专题活动，该关工委获南通市"三好"标兵竞赛评选活动优秀组织奖，其经验在南通市"三好"标兵竞赛评选活动长效机制建设现场推进会上交流。

【参与社会治理】 开展法制宣传教育活动。市关工委通过举办法制讲座、法制故事会、开设模拟法庭和旁听现场庭审、道德讲堂等形式，对未成年人进行法制宣传教育。开展网吧义务监督活动，对网吧实行定人定点监督，每周坚持到网吧监督，并做好相应记录。开展结对帮教转化活动。2014年，全市组织帮教小组505个，参与帮教工作的"五老"1883多人，重点抓好789名问题青少年帮教工作。市公安局关工委组织"五老"对市90后青少年吸毒情况作专题调查，撰写的调研报告《关于启东市90后青少年吸毒情况调查》在《江苏关工》上刊登。开展帮困助学活动。在全市开展调查摸底，排出24名孤儿，建立信息数据网，对他们实施关爱。

【组织建设】 2014年，全市有社区网格2000余个，关工组织建在网格上的约占60%。加强领导班子建设。市委对市关工委组成人员进行调整和充实。各镇区(街道)和村(社区)根据实际情况对班子调整充实。开展工作调研。围绕电子阅览室建设，撰写的《关于电子阅览室的建设和管理的调研报告》《关于加强全市村(社区)公共服务中心电子阅览室建设与管理工作的意见征求稿》得到市委分管领导的肯定和批示。

【"五好"关工委创建】 2014年，全市13家"五好"关工委通过南通验收，其中寅阳镇关工委、吕四港镇巴掌村、合作镇曹家镇村被授予南通市关心下一代工作"五好"示范镇、村(社区)称号，另有10个村(社区)通过南通市关心下一代工作"五好"示范村(社区)复查。全市有9个镇(街道)22个村(社区)通过启东市关心下一代工作"五好"先进村(社区)达标验收。

（施洪辉）

社会万象

【企业电子商务，乍暖还寒】 9月上旬，根据省经信委和南通市经信委的工作部署，市发改委联合汇龙镇、吕四港镇、启东经济开发区、海工船舶工业园等镇(乡)、园区，利用半个多月时间，对市大中型企业电子商务应用情况进行调查。

现状："触网"企业不足三成。此次调查涉及40家企业，基本涵盖市大部分骨干企业。调查显示，40家大中型企业中，不少企业都有自己的官网，但真正开展电子商务的企业很少。已初步开始涉足电子商务应用的企业有11家，其中网上购销环节应用电子商务的仅8家。有29家企业从未使用过电子商务，占比达72%。

调查发现，多数企业的电子商务活动仅限于在网上发布和收集信息，网上支付和物流配送并未得到普及。据统计，参与调查的企业2013年度销售收入近190亿元，而通过电子商务实现的销售额为3.52亿元，仅占全部销售额的1.84%。

问题:缺少政策平台支撑。大中型企业之所以在电子商务领域止步不前,主要源于其产品的特殊性。如乾朔电子主要生产手机连接器、笔记本电脑连接器、手机扬声器等,与三星、LG等进口手机生产厂家建有长期合作关系。启东润滑设备公司生产的润滑设备,主要应用于宝钢、鞍钢等冶金及重机企业。这些企业的产品都不适用电子商务交易,也缺乏可参考的成功商业模式。

而据了解,电子商务的概念应该包括信息流、资金流和物流,但是由于目前电子签名、电子记录、电子文档等尚未成为被法律确认的有效证据,加上企业间是非接触的,双方的诚信非常重要,企业一般不敢在网上进行资金支付。对此,不少参与调查的企业认为,只有通过立法解决诸如交易手段和诚信等问题,才能营造支付、物流、信用、网路等宽松的电子商务环境。

调查中,不少企业表示,财税政策、技术政策、人才政策等政策环境支持不足,上下游产业链、社会服务平台所提供的信息化支撑环境不足,是制约企业开展电子商务的主要因素。政府应该加强信息化推广与人才培养支持,如推广信息化服务活动、专业培训活动,举办论坛与成果展等,或者建立公共信息库,通过电子政务提高企业效率。

方向:政企合力加大投入。尽管市大中型企业在网络营销方面业绩平平,但不少企业正逐步加大信息领域的投入力度。历年来,市大中型企业电子商务应用投资总额达1965万元。2013年,大中型企业电子商务采购额达10342万元。相当一部分企业准备加大投入,拟建适合企业的电子商务项目。

市相关部门也加大信息建设的扶持力度。强化数字企业的创建工作,与电信公司合作,组织开展万家小微企业商务智能软件包免费送活动,全面提高企业信息化水平。加快公共服务平台建设,为企业提供信息查询、技术创新、质量检测、法规标准、管理咨询、创业辅导、市场开拓、人员培训、设备共享等服务。

【过期药品回收遇“尴尬”】 11月14日,市确定兴华大药房、民乐大药房、本草大药房、百信大药房4家药店为首批回收家庭过期药品定点药店。但回收情况有些“遇冷”,各定点回收箱经常出现“饿肚子”的现象。

过期药品回收箱乏人问津。记者走访市4家过期药品回收药店,发现群众的积极性并不高。本草大药房的回收箱内只有一盒过期药,而民乐大药房的回收箱内一盒也没有。位于花园路的百信大药房将回收箱摆放在大门口最引人注目的位置,回收到的药品算是最多的一家药店。工作人员告诉记者:“20多天共收到25盒过期药,其中还包括不少我们工作人员投放的。”

市民多将过期药品当“垃圾”。记者从这几家药店的工作人员口中了解到,很多买药的市民看到过期药品回收箱后都会问同一个问题:“我把药给你们了,有没有什么赠品或者购药时能够有优惠?”当听到工作人员们表示没有赠品或购药优惠,这只是一项公益事业,出于市民自愿时,不少人往往就不愿意了。

据了解,市民家里有了过期药,一般都是直接扔掉。记者针对“过期失效药品如何处理”这一问题,随机采访几个市民,市民们表示要么把过期药品直接丢进垃圾桶,要么“压箱底”直到大扫除时一起丢弃。

呼吁市民勿将过期药品乱丢弃。市食药监局综合监管科负责人表示,市民都知道,服用过期失效药品会危害人的身体健康。但是,市民往往不知道,过期失效药品也是不能乱丢乱弃的。药品都是由一定化学成分的物质经过加工制作而成,随意丢弃会产生一些化学反应,对环境造成污染。另外,乱丢过期失效药品,如果被一些不法商贩收集起来,再用非法手段重新包装后流入市场,将会对居民用药安全构成威胁。市有关部门将在全市通过各种渠道加强宣传,提高市民的安全用药意识和自我保护意识。

【农残检测点成了摆设】 每天清晨,在全市各大农贸市场,市民匆匆地来,拎着大袋小袋的菜品又匆匆离开。尽管有人在购买蔬菜时为农残超标表示出担忧,却很少有人到农贸市场的农残检测点去检测。是不知道,不愿意,还是担心被拒绝?记者作了一番调查。

菜场:一年送检的不到10人。市农委农产品质量安全监测中心主任郭亮介绍,市区城南、城西、城北、城河、人民桥、花园路等6个农贸市场均设立农残检测点。检测点除每天对进场蔬菜进行质量抽检外,也向市民提供免费农残检测服务。

11月13日上午,记者到城河菜场,通过观察发现市民在购买蔬菜时都会挑挑拣拣,生怕买到农残较多的菜品,却没有一人到农残检测室对买的菜品进行检测。记者又从花园路农贸市场了解到,菜场在很多年前就设置农残检测点,但每年主动要求进行农残检测的消费者不到10人。

市民:有人不知道有人怕麻烦。农贸市场农产品检测中心为何门庭冷落?记者随机采访几位市民。在花园路菜场买菜的陆先生说:“我经常来这里,也知道有农残检测点,但以为它只是用来抽检的,还不知道可以为市民提供免费检测服务。”当问及以后会不会进行检测时,陆先生坦言不会。他说,平时买菜的量很少,拿去检测太麻烦了,而且菜场平日里会进行抽检,他也挺放心。

花园路农贸市场农残检测员陈静每天都要花一个半小时,检测从市场内抽检的十多个蔬菜样品,并将检测信息公布出来。陈静告诉记者,检测一个菜品需要花十几分钟的时间,大多数市民怕麻烦不愿意进行检测。采访中,还有不少市民表示,大部分蔬菜的农残在清水里浸泡后也能得到有效去除,不愿浪费时间进行检测。

农委:“三道关”确保菜篮子安全。据介绍,地产的“放心菜”从基地进入市场,需要经过基地自主检测、镇(乡)农产品质量安全监管所检测及农贸市场农残检测、市农产品质量安全监测中心抽检“三道关”。全市主要蔬菜生产基地均建有基地农残检测室,在城区规模较大的农贸市场设立农残检测点,目的就是防止农残超标的蔬菜流向市民餐桌。同时,还将加强对城乡各个农贸市场蔬菜农残抽检力度,逐步建立农产品质量安全可追溯体系,从源头上保证蔬菜安全。如果在抽检中发现农残超标问题,将立即联合相关执法部门进行处理,确保市民吃上放心蔬菜。

【老年助餐服务，要走的路还长】 4月，占地120平方米的南城区街道居家养老助餐中心正式运营。它是全市首家居家养老助餐中心，主要为辖区内60周岁以上的有助餐需求的老人提供中午助餐服务。每个组合餐价格在6.5元至8元之间。然而，运营半年的居家养老助餐中心“走”起来还显得步履蹒跚。

*助餐服务，助力居家养老。*南城区街道居家养老中心主任张冬梅介绍，早在2009年，南城区街道办便开始推行居家养老服务。当年4月，南城区居家养老服务中心正式挂牌成立。居家养老服务的对象是辖区内60周岁以上，有生活照料需求的居家老年人；服务的内容包括钟点家政、家庭保洁、心理慰藉、管道维修、水电服务等。

“今年初，居家养老服务的内容又有了延伸，开始推行老年助餐服务。”张冬梅告诉记者，南城区街道成立居家养老助餐中心主要是为辖区15个社区内有需求的居民提供午饭送餐服务。该中心采取平价零利润助餐的模式，需要助餐服务的老人可到所在社区申请，经街道居家养老服务中心核准身份后，就能享受平价送餐服务。“目前每份组合餐为一荤两素一饭一汤，定价为6.5元。符合政府援助服务的对象还可以享受民政部门发放的每月100元或80元的补贴。”

*运营半年，“常客”仅18人。*2012年，南城区街道办曾对社区老年居民订餐服务需求进行调查摸底，居民对街道办食堂持欢迎态度。因此，南城区街道办决定将筹建社区食堂纳入居家养老的服务范围。然而，居家养老助餐中心成立后，固定在中心就餐的老人并没有预期中多，平均每天仅为二三十人。而南城区60周岁以上的老年人共有9556人。

为何顺民心、应民意，南城区街道居家养老助餐中心却门可罗雀？南城区街道办副主任龚玉萍认为，宣传不到位是主要原因。“知道的人不多，来吃的自然就更少。”龚玉萍说，2014年1月，居家养老助餐中心试运行时，曾邀请下辖15个社区的近百名网格长免费试吃，希望借由网格长的力量，达到一定的宣传目的。“但从目前的情况看，效果并不理想。”龚玉萍了解到，南城区街道办仍然很多有助餐需求的老人不知道居家养老新增这一服务项目，而一部分老人即便得知街道办成立“老年食堂”，但对于订餐的流程、餐费及政府补贴等具体问题知之甚少。

此外，众口难调是南城区街道居家养老助餐中心面临的又一大困惑。龚玉萍说，老人们的需求不尽相同，不过，由于种种原因，目前，助餐中心仍无法针对老人的个性需求提供定制服务，有助餐需求的老人只能吃“大锅饭”。

*逐步改进，打造私人小厨。*如何维系助餐中心的口碑？南城区街道办同样煞费苦心。“目前，助餐中心采用的是‘联营’的运营模式。玫瑰园大酒店经招投标取得了服务资格，负责送餐服务。”

记者了解到，运营之初，老人们每天吃什么是由服务方玫瑰园大酒店决定的。但运营一段时间后，不少老人反映饭菜不合胃口。于是，南城区街道办要求酒店每天提供出4荤4素，由居家养老中心的工作人员按照大部分老人的心意，从中挑选出1荤2素，作为当天老人的午餐菜色。“在菜品的选择和口味上，我们在向老年人的需求靠近”，居家养老中心主任张冬梅表示。

【司法网拍，探索中前行】 1月1日，江苏省法院网络司法拍卖工作全面展开，所有需要进行司法拍卖的被执行财产一律通过淘宝网拍卖。3月，市人民法院首次在淘宝网发布拍卖公告，公开拍卖启东新科电动工具厂、江苏新赛尔机电制造有限公司及启东新科工具制造有限公司所有的机器设备。从传统的以拍卖公司为运作载体的司法拍卖，到如今热议的淘宝网司法拍卖，司法拍卖的形式正在历经一次变革。

网拍成交千万元，省40万佣金。“7月份，上海市宝山区共富路的一间车库门面被人以54万元的高价拍走。这一价格比评估价高了10多万元。”市人民法院执行局副局长陈杰告诉记者，年初，市法院正式以卖家身份入驻淘宝网，与淘宝网签署协议，开设启东法院司法拍卖交易大厅。陈杰与擅长网络操作的青年书记员王同武负责司法拍卖工作。

每次进入拍卖程序前，陈杰和王同武会将被执行财产的视频、图片、文字介绍等信息上传到拍卖交易大厅，给网民留下一定的时间浏览、咨询，确定拍卖意向。按照拍卖的流程，竞拍人先通过淘宝网实名注册的账号，并报名缴纳一定的保证金，然后在规定时间出价竞拍。“被执行财产最终归属出价最高的网民，他既可以选择支付宝等网络支付形式，也可以直接来我们法院，使用兑付现金的形式完成余下的交易。竞拍失败的网民会在3个工作日内获得淘宝网退回的保证金。”

“*网络拍卖最大的优势是低成本。*”陈杰向记者介绍，在传统司法拍卖形式下，对一般的拍卖品，拍卖公司会向委托方和买受人各收取约5%的佣金。而网络司法拍卖则是零佣金。记者了解到，截至10月，市法院共上网拍卖涉案资产46件。成功拍卖成交的有10件，成交金额近1000万元。如此计算，市法院节省的佣金有40多万元。

*较传统司法拍卖，网拍更透明。*除却低成本，公开、公平、公正是网络拍卖的另一大优势。陈杰告诉记者，在传统司法拍卖中，拍卖公司不依法实施拍卖，恶性竞争、与竞拍人串通、行贿腐蚀国家执行人员等现象屡有发生；许多拍卖公司的专业优势不明显，拍卖效果并不理想等弊端也令传统司法拍卖一度陷入信任危机。网络司法拍卖则大不相同。在拍卖中，竞拍者彼此或浏览网页的人看到的仅仅是淘宝网给各个账户设定的字符代码。竞拍者的真实信息仅后台程序操作人员可以看到。通过对拍卖信息的隔离保密，使整个竞拍过程更加公平、公正、公开。同时，由于互联网的广阔空间，网络司法拍卖摆脱传统司法拍卖中的地区限制，本地和异地的竞买者都可以参与，拍卖交易的达成有更多的可能。7月，吕四港镇环城北路一处房产就被一位来自四川的男子拍下。

*公众知晓度不高，探索中前行。*虽然网络司法拍卖兼具着零佣金、公开透明、廉洁高效等优势，但陈杰认为，总体而言，网络司法拍卖还是一个新生事物，处在探索阶段，并且面临着不少困难。

记者了解到，市网络司法拍卖启动大半年，有不少标的物出现流拍现象，甚至少部分标的物一再流拍，反复上架都没有市场。对此，陈杰表示，这一方面是因为市法院大部分标的物为房产,评估金额较高,且需要一次性付清;但更重要的是很多市民还不知道网络司法拍卖这一新鲜事物,对此有初步了解的一部分人群也多持观望态度。市法院公开拍卖的被执行财产多在启东,启东的市民理应成为参与竞拍的主力人群,但从拍卖现状来看,情势并不乐观。尽管淘宝网和各级媒体都做了不同程度的宣传,但网络司法拍卖依然不为许多人尤其是启东当地人所知,这直接影响着网络司法拍卖的效果。

【殡葬改革劲吹文明风】 清明时节是民众纪念先人、缅怀先烈的重要节日。如何让逝者安息,生者慰藉?近年市实施殡葬全面惠民政策,全市的公益性殡葬设施、节地生态殡葬方式广泛推广,使殡葬改革力度逐年增大,惠及广大城乡居民。

殡葬补贴普惠民生。市坚持以维护群众殡葬权益为宗旨,把殡葬改革纳入民生工程体系,不断推出惠民利民殡葬举措,实施殡葬基本服务补贴,从2012年的每具遗体350元到2013年的每具950元,惠民力度不断增大。出台《关于免除城乡困难群众、重点优抚对象基本丧葬服务费的通知》,实行政府购买服务,全市城乡低保、农村五保、城市"三无"、重点优抚对象死亡人员的遗体运输、普通火化设备遗体火化费、遗体消毒费和赠送一个赠送类骨灰盒费用由市财政负担。2012年1月1日起,实施全民惠民殡葬政策。凡启东户籍不享受丧葬补助待遇的城乡居民,均可享受基本丧葬服务项目费用免除,补贴标准为:启东市殡仪馆400元/具、九令殡仪馆350元/具,其中城乡低保、城市"三无"、农村五保和重点优抚对象享受的补贴标准调整为启东市殡仪馆950元/具、九令殡仪馆900元/具。2013年,惠民殡葬补贴标准再度调整,在启东市殡仪馆、九令殡仪馆火化的,未享受丧葬补贴待遇的启东户籍城乡居民,享受的基本丧葬服务项目费用补贴标准每具分别为950元、900元。是年,殡葬基本服务费用补贴共支出7736150元,受益对象8547人。

殡葬设施提档升级。启东市不断加大投入力度,对殡葬设施进行改造升级。针对九令殡仪馆房屋陈旧简陋,火化炉耗油量大、火化时间长、环境污染严重,已不适应环保型、节能型社会发展的实际现状,市多方筹资对九令殡仪馆实施改扩建,分两期实施的工程总投入达1009万元。2011年,投入500多万元对市殡仪馆进行全新改造、调整。

通过殡葬改革,市还对散葬墓、零星坟墓采取进骨灰堂或建条形墓深埋等方式实施集中搬迁,全市村级公益性公墓的整治收到显著成效。全市每个镇村都完成公益性骨灰堂建设,共建设骨灰堂337个,总建筑面积46875平方米,建成骨灰盒格位265960个;改造和建设条形墓25533个,占地面积186.07公顷,墓穴数347780个。

生态殡葬广泛推广。4月1日,市444位逝者在长兴岛至横沙岛海域进行骨灰撒海活动。市民政局社会事务科负责人丁建新介绍,"随着土地资源日趋紧张,传统墓葬无异于同子孙后代争夺土地,而且现在墓葬费用不断攀升,对后人来说也是一项不小的负担。与之相比,海葬既节约土地,又降低安葬费用,是文明而又节俭的葬法。"

市倡导新型殡葬方式,引导社会开展以海葬等为主要内容的"绿色殡葬",把殡葬改革列为新农村建设的重要内容,把殡葬改革与集约利用土地相结合,杜绝骨灰二次棺葬。把零散坟墓全部迁入指定的集体公墓,集中安放骨灰盒,实现骨灰存放由"入土到入室""零散到集中""村组到乡镇"的转变。建成标准化、统一化、规范化的集体公墓和公益性灵灰堂,并配有专人管理,负责公墓的清扫维护、绿化培栽、花木修剪等日常工作,为群众提供一个文明、生态、安全的殡葬环境。

(黄亦美)

开渔 (郁卫兵 王婷婷/摄)

汇龙镇

【概况】 2014年,全镇行政区域面积104.2平方公里,耕地面积6360公顷。总户籍人口25.19万人,其中农村人口8.3万人。有27个行政村、3个居委会。全年实现地区生产总值218.84亿元,财政总收入21.27亿元。农民人均纯收入16820元。镇获"全国文明镇"称号。

【工业经济】 2014年,全镇工业经济运行平稳,全年完成规模工业总产值130.12亿元,与上年相比(下同),增长6.7%,其中高新技术产值83.67亿元,增长8.1%,新兴产业产值62.11亿元,增长14.1%;实现工业应税销售57.69亿元,增长3.9%;完成固定资产投资33.99亿元,增长54.6%,其中工业投资20.81亿元,增长54.2%,第三产业投资13.18亿元,增长55.2%;工业入库税收5.42亿元,增长11.7%,完成财政预算收入5.38亿元,增长23.6%,其中国税2.15亿元,增长17%,地税3.23亿元,增长28.4%。

【开放型经济】 2014年,完成注册外资3148万美元,完成年计划的157.4%,外资实际到账856万美元,占全市到账总额5567万美元的16%。组织上海、深圳、北京等地投资招商活动8次。引进京沪重工、大富豪精品黄酒、上海瑞铂商业等8个项目,其中京沪重工总投资19.8亿元。

【科技创新】 2014年,新增省高新技术企业6家,全镇累计21家,占全市四分之一。林洋电子、优创生物、风神空调、捷捷微电子4家企业开发的新产品列国家火炬计划。林洋电子开发的高精度检测管理终端评为国家重点新产品。风神集团被省科技厅评为知识产权贯标先进单位。三信塑胶装备、巨龙石油化工、林洋电子、百盛冶金4家企业分别获得省产学研联合创新资金、省科技支撑、省创新资金奖励。全年获各项专利授权135件,其中发明授权10件。申报省高新技术产品30个。林洋电子等6家企业获启东市科技进步奖。风神空调、捷捷微电子两家公司的研发机构入选省重点研发机构。全镇10家企业18名高科技人才,申报市以上创新、创业、产学研、科技领军人才项目。启东混合器厂的"星辰"牌混合器被评为江苏省名牌产品,泰安建材、尤希路化工企业注册商标被认定为省著名商标。

【现代农业】 2014年,全镇新建(扩建)农业龙头企业5家,主要有大富豪黄酒、富强橡胶、东郊食品、东升威红木家具和城东蔬菜批发市场等,投资总额1.4亿元;新建(扩建)农业园区4家,主要有富虹花木、国药农业、万英和大陆大棚西瓜基地等。近江村农机专业合作社开展水稻、玉米膜下滴灌试验,其中100亩为水稻膜下滴灌试验,50亩为玉米膜下滴灌试验,取得亩产600公斤的好收成。南通市委常委秦厚德先后多次实地视察并表扬近江村农机专业合作社,两次带领南通市五县三区农业系统领导到试验基地召开现场会。积极申报大陆村、正诗村5000亩高标准农田项目,申请建设资金650万元,可行性研究报告通过国家农发办专家组评审。

【现代服务业】 2014年,全镇服务业增加值增长19%,社会消费品零售总额增长33%;实现规模以上服务业投资20.5亿元,增长36.8%。准五星博圣酒店、亿丰商城家具馆、奥联邦购物中心正式营业,银洲IFC、文峰二期、欣乐城步行街、大润发超市等一批重点服务业项目加快推进。开展服务业企业培大扶强工作,新增贸易企业10家,新增重点服务业企业9家。文化产业增量提速,南通五角星家居用品有限公司、南通京东科技信息有限公司成为新增定报文化企业。

【城市建设】 全年共完成腾房1370户,交净地41块。通过深入推行"三轮征询、三次公示"、整组动迁、组团奖励等方式,确保"沟通零距离,群众零顾虑、签约零障碍",实现江海南路南延推进短平快,启动2个月后就全线交付施工,南郊村蝶湖周边及新城区医院项目组团集中签约腾房有序推进,华石路提前交付施工。镇服务的城建项目、安置区建设开工情况良好,南郊村C区安置房、台角村安置区4期、城东村安置C区全面开工,黄浦江路、江海南路南延、惠阳路、新安江路全线施工。创卫创模推进有力,城中村和城郊结合部环境面貌显著改观,镇获市创建国家卫生城市先进集体称号。

【民生事业】 坚持民生需求服务导向，便民服务逐步完善，27个村"一站式"便民服务窗口全覆盖建设、4个村文化卫生公共服务中心试点建设加快推进，学前教育稳步推进，社会救助水平不断提高，养老服务体系进一步完善。抓好农村生态环境建设，近江村养殖场粪污治理工作推进有力，9月底全部关闭，周边居民生存环境得到切实改善。实施租地造林，完成租地造林533.33多公顷，制订下发《汇龙镇林下管护实施意见》，把林下土地发包到村，实行责绩考核，降低管护成本，提高管护质量。水利工程稳步推进，完成沟河护坡衬砌7660米，埋设贯通涵管820座。对各村村庄环境进行全面彻底的大清理，村容村貌有效改善，顺利通过省级验收。全镇27个行政村全部通过省"康居乡村"验收，南郊村、东郊村获省"三星级康居乡村"称号。

【社会治理】 创新社会治理，镇村互动、部门联动、领导带动，探索出从群众中来到群众中去——政民互动的"三民工作法"。深入群众多渠道倾听群众呼声，搜集各类意见建议306条，建立"两级民意分析会"制度，确保矛盾信息第一时间掌握，第一时间处置化解。实施网格指导员工作机制，进一步紧密联系群众，提供贴心服务。建立健全社会稳定情况定期分析研判制度，一批多年信访积案得到妥善化解，社会矛盾调处率和成功率分别达到100%和98%以上。通过开展互动式活动，教育引导群众"听党话、跟党走"，不断凝聚民心、民力，更好地实现村民自治管理。全年共举办"村村乐"纳凉晚会55场，网格健身舞基本实现全覆盖。发放"网格文化健康包"125个，定期为村民尤其是老人提供上门量血压等服务。发挥"正能量加油站"的作用，开展形式丰富的志愿服务、培育和践行社会主义核心价值观等活动。

2014年汇龙镇主要经济社会指标

表24

项目	单位	数量	项目	单位	数量
总面积	平方公里	134.63	粮食总产量	吨	21588
年末户籍人口	人	251930	棉花总产量	吨	637
耕地面积	公顷	6360	油料总产量	吨	9113
地区生产总值	亿元	218.84	水产品产量	吨	2690
第一产业增加值	亿元	4.63	工业总产值	亿元	772.12
第二产业增加值	亿元	116.92	企业实交税金	亿元	20.73
第三产业增加值	亿元	97.29	建筑业总产值	万元	753.98
财政收入	亿元	21.27	小学校数	个	9
农民人均纯收入	元	16820	中学校数	个	6
设施农业占地面积	公顷	1789	医疗卫生机构	个	103

2014年汇龙镇各行政村基本情况

表25

村名	人数(人)	耕地面积(公顷)	党组织书记	村委会主任
城北村	3266	47.32	陆碧辉	陆碧辉
克明村	4349	182.03	吴春花	吴春花
汇东村	3445	59.22	陆里	
城河村	2073	21.35	姜卫娟	姜卫娟
圩北村	2560	193.17	陈松岩	陈松岩
合兴村	1746	90.29	沙亚泉	沈燕燕
汇龙村	2162	3.67	施建英	施建英
东郊村	1782	77.34	吴正辉	吴正辉
城东村	3263	172.92	李雷兵	张瑞生
亚光村	4553	308.21	陆美	陆美

续表 25

村　名	人数(人)	耕地面积(公顷)	党组织书记	村委会主任
五四村	1974	109.02	施卫兵	施卫兵
永阳村	3969	275.34	张学洲	张学洲
台角村	3436	133.16	杨宇峰	李学明
冬藏村	3819	309	周洪菊	周洪菊
士清村	3685	311.4	刘　辉	刘　辉
圩南村	2417	191.57	朱峰鹤	朱峰鹤
爱新村	3308	222.32	顾卫平	顾卫平
万英村	2489	209.7	陆永辉	陆永辉
光荣村	2480	223.37	茅海红	茅海红
正诗村	4750	416.47	陈学兴	陈学兴
大陆村	2390	214.83	单　华	陈　平
近江村	3446	340.85	吴振兵	吴振兵
取丰村	1980	185.23	张亚琴	张亚琴
鹤群村	2420	184.93	刘永兵	刘永兵
临江村	2484	200.07	秦　忠	秦　忠
双庆村	3937	322.08	陈曙光	施正忠
南郊村	5228	353.89	郭正飞	郭正飞

(陈小茂)

北新镇

【概况】 2014 年,全年(区)镇完成公共财政预算收入 16453 万元，增长 18.2%；完成规模工业应税销售 64.8 亿元,增长 14.2%。有 13 家企业销售超亿元，其中超 10 亿元企业 1 家,超 5 亿元企业 2 家。开展“文明在北新”“北新好人”评选、“乡村道德讲堂”等活动,共评选“北新好人”10 人。

【项目建设】 2014 年,(区)镇实现 5000 万元以上新开工项目 16 个,道明、丰益、东岳药业、东岳化工、无机化工、朗源、苏博、宇林 8 个项目完成土建工程,安装设备;派尔科、宏峰、佳友、希迪三期、好收成二期、云帆二期 6 个项目土建工程基本完成；尤希路化学、诚信药业、恩杰斯音响等新开工项目全速推进。

【人才科技】 2014 年,(区)镇共引进国家千人计划专家 2 名;新入围省“双创”人才 1 名,总数达 5 名;新批高新技术企业 3 家,总数达 14 家;新批省级工程技术研究中心 1 家,总数达 7 家;新认定民营科技企业 8 家,总数达 52 家。

【三农工作】 2014 年,(区)镇实施阳大 1 万吨禽肉冷藏加工、亘泰饲料加工、光卫千亩大棚基地等农业项目 24

北新镇安联村农旺农机专业合作社大葱丰收　　(王婷婷/摄)

个,完成投资额1.735亿元,建成钢架大棚面积113.33公顷,建成永济、铁昌、建新等3.33公顷以上连片露地蔬菜基地9个。新建双华蔬果专业合作社等5家合作社,新建学兵家庭农场等6家家庭农场,南通欧福禽蛋有限公司被评为南通市级农业龙头企业,琰丰蔬菜专业合作社被评为国家级示范合作社,阳大畜牧专业合作社被评为省级示范社,民旺农机服务专业合作社等2家合作社被评为南通市级示范合作社,冬娟家庭农场被评为江苏省示范家庭农场,绿悠优家庭农场等7家被评为启东市级示范家庭农场。完成绿化种植面积573.33公顷,完成年度目标任务的113%。园区绿化"提档升级"工程进入编标阶段。

【城乡发展】 2014年,(区)镇邀请上海浦东规划设计院,对中心镇建设编制总体规划和城乡统筹规划。新水湾安置小区基本竣工;10月,绿洲嘉园安置小区开工建设。新镇区道路完成招投标,进入开工建设阶段;推进城市综合体、九年一贯制实验学校等规划设计。全年完成农村道路路灯安装6500多盏;投资500余万元,新建农村公路11.36公里。

【社会事业】 2014年,(区)镇城乡居民社会养老保险制度全面建立,共有19016名60周岁以上老人享受基础养老金,4133名80周岁以上高龄老人享受尊老金;开展困难群众生活救助工作,为193名重病患者办理大病医疗救助,为50名城镇就业困难人员办理社保医保补贴。对45户五保户、487户低保户、537个重残对象,做到应保尽保;教育资金投入进一步加大,适龄儿童入学率达100%,决心幼儿园回购取得突破;计划生育服务水平上新台阶,孕前健康检查完成率名列全市前茅。

2014年北新镇主要经济社会指标

表26

项 目	单 位	数 量	项 目	单 位	数 量
总面积	平方公里	105.45	粮食总产量	吨	21150
年末户籍人口	人	74203	棉花总产量	吨	1170
耕地面积	公顷	6016	油料总产量	吨	9588
地区生产总值	亿元	60.3	水产品产量	吨	5119
第一产业增加值	亿元	3.31	工业总产值	亿元	231.09
第二产业增加值	亿元	38.52	企业实交税金	亿元	3.26
第三产业增加值	亿元	18.47	建筑业总产值	万元	–
财政收入	万元	44028	小学校数	所	4
农民人均纯收入	元	16800	中学校数	所	1
设施农业占地面积	公顷	1142	医疗卫生机构	个	41

2014年北新镇各行政村基本情况

表27

村 名	人口(人)	耕地面积(公顷)	党组织书记	村(居)委会主任
三和村	2395	174.6	吴忠祥	吴忠祥
北新村	1931	133.93	钱永珍	钱永珍
建西村	2260	197.33	龚卫华	陈锋
光卫村	2525	225.2	范华华	范华华
富民村	2382	201.2	李红检	李红检
介英村	1827	184.6	陈洪钢	陈洪钢
灯杆村	4662	427	张建新	陆亚昌
普东村	2371	189.73	龚 辉	龚 辉
铁昌村	2623	206	方玉英	方玉英
庙南村	1987	165.73	施建香	施建香

续表 27

村　名	人口(人)	耕地面积(公顷)	党组织书记	村(居)委会主任
双仙村	3100	256.13	庄春花	庄春花
新桥村	3257	291.73	李卫忠	李卫忠
永济村	5065	476.13	杨向红	杨向红
花效村	2703	137.13	袁赛杰	陆建冲
邦道村	2327	166.93	倪晓红	倪晓红
永丰村	5113	500.4	袁惠新	袁惠新
振兴村	2587	233.93	薛永斌	薛永斌
民丰村	2355	185.33	陶汉菊	陶汉菊
新庄村	2669	247.4	陈　华	陈　华
永安村	4185	409.4	陈　辉	陈　辉
建新村	2598	269.2	王　辉	王　辉
安联村	3142	276	曹　辉	曹　辉
万安村	2303	221.33	袁永香	袁永香
红阳村	2841	300.13	沈赛兵	沈赛兵

(袁晔晔)

惠萍镇

【概况】 2014年，全镇行政区域面积75平方公里，耕地面积6408公顷，户籍总人口70885人，其中农业户籍人口66458人，辖15个行政村，912家工业企业，其中规模以上工业9家。企业从业人员12135人。辖区内有集贸市场5个，集贸市场成交额4.54亿元。社区卫生服务中心(医院)1个，分医院及村级卫生机构24个。中心敬老院1个，民办敬老院6个。中学2所，小学3所，在校学生3488人。幼儿园3所，金融机构7个。全镇地区生产总值58.75亿元，财政收入8839万元。农民人均纯收入17050元，比上年增长11%。

【招商引资】 2014年，镇拜访客商30多次，邀请客商到启东考察20批次80多人次，其中有中船集团、宝恒海洋、亚洲文化基金会、上海国际旅游度假区、天津海王星、红星美凯龙等项目。全年实际到账外资225万美元。上海普营公司投资的注册资金5000万元的江苏普营投资有限公司已形成销售；上海东全生物科技有限公司投资3亿元的医疗器械项目成功落户惠和工业园；上海来伊份公司投资的江苏来伊份食品有限公司注册；美国亚洲文化基金会投资1亿美元的水上乐园度假村项目在江海文化节上成功签约。

【项目建设】 2014年，项目建设实现“快施工、快建设、快竣工、快投产”。工业方面，落户于滨海工业园区的江苏国凯机电科技项目，总投资1.5亿元，用地3.33公顷，主体厂房竣工，设备安装完成。盘活存量土地1.33公顷的中迪钢结构项目，总投资3000万元，进入试生产阶段；总投资2000万元、占地1公顷的鼎峰钢结构项目，建成投产。总投资8000万元，新征用地2.67公顷的南方润滑技改项目，列入市重大项目库，办理规划建设等手续；农业方面，投资3000万元的蓝境农业园项目，用地20多公顷，完成道路、水利等基础设施建设，完成设施农业面积13.33公顷。投资600万元的恒富隆扩建项目，竣工投产。投资2000万元的海博冷冻水产品扩建项目，厂房结构封顶；服务业方面，总投资300万美元的侨园项目开工建设。总投资2000万元的大自然度假村二期项目，新流转土地10公顷。星河湾农业休闲项目，计划总投资8000万元，占地20公顷，完成投资4000万元，主体建筑结构封顶，水面整理和绿化初具形象。果园村等旅游项目，各项基础设施启动建设，各类果树开始栽种。

【民生事业】 2014年，“新医合”参合率达99.9%，收缴工作排名全市靠前。新型农村社会养老参保人数21047人。农村居民最低生活保障人数1335人，发放救助金634630元，实现动态管理下的应保尽保。实施农村困难群众危房改造工程，采取自建和镇统建相结合，确保工程质量。2014年，自筹700多万元，继续新建农村公路25公里。9月，启动总投资近700多万元的“农村公路亮化”工程，所有村中心路路灯亮化到位。冬季，40多万立方米小型水利工程开始建设。通过购买社会化服务、镇村联动等模式，村镇环境卫生有明显改善。加大对违章建设的管控力度，有效遏制各类违章建设。

【服务城建】 随着城市建设的南进东拓，2014年全镇涉及市级重大市政配套项目有丁仓港南路拆迁、建设南路拆迁、丁仓港安置区1期2期拆迁、惠和工业园2期拆迁、启东东车站拆迁让地和大兴镇公墓建设。通过统筹安排,各个项目的推进均取得阶段性成果。其中,丁仓港路南延拆迁路基区全线打通;丁仓港安置区1期20多户拆迁完毕开工建设;启东东车站拆迁让地7月完成,开始运营;大兴镇公墓涉及搬迁墓穴6753个,清明前全部搬迁完毕。

【平安创建】 通过镇、村全覆盖的"天网工程",加强对防控网点的视频监控。通过镇、村、组三级综治平安网格建设,完善情报信息预警机制、严打经常性机制、治安防范机制。通过加强专职联防队和治安志愿者队伍建设,构筑严密治安防控体系。转变服务理念,加强宣传引导。利用讲座、广播、横幅、宣传单等形式宣传平安法治。开展"交通安全示范点建设"、"无邪教村(社区)创建"等活动,形成各方齐抓共管、群众积极参与,共同促进社会和谐稳定的良好局面。加大治安整治力度,保持严打高压态势,有效打击违法犯罪分子。加大农村道路交通秩序整治力度,开展预防重特大交通事故发生的专项行动,创建平安路段。加大刑释解教人员的安置帮教工作,减少重新犯罪率。深入开展反邪教工作,落实三级维稳包干任务。

2014年惠萍镇主要经济社会指标

表28

项 目	单 位	数 量	项 目	单 位	数 量
总面积	平方公里	75	粮食总产量	吨	16450
年末户籍人口	人	70885	棉花总产量	吨	767
耕地面积	公顷	6408	油料总产量	吨	5981
地区生产总值	亿元	58.75	水产品产量	吨	5215
第一产业增加值	亿元	4.30	工业总产值	亿元	85.40
第二产业增加值	亿元	29.62	企业实交税金	亿元	1.85
第三产业增加值	亿元	24.83	建筑业总产值	亿元	1.6
财政收入	万元	8839	小学校数	所	4
农民人均纯收入	元	17050	中学校数	所	2
设施农业占地面积	公顷	1608	医疗卫生机构	所	28

2014年惠萍镇各行政村基本情况

表29

村 名	人口(人)	耕地面积(公顷)	党组织书记	村(居)委会主任
永胜村	5174	387.27	王 斌	王 斌
河湾村	3304	244.6	金卫东	金卫东
东兴镇村	3988	325	施 健	汤林波
鸿东村	4574	269.2	蔡汉忠	高 源
海鸿村	4082	329.2	顾云忠	顾云忠
鸿西村	3445	257.07	郁振群	郁振群
惠安村	4090	279.67	施冬平	施冬平
临河村	5051	306	李 红	李 红
惠和镇村	5737	375.27	沙振荣	沙振荣
士连村	4780	312.47	姜惠平	姜惠平
南清河村	4551	367.47	施振权	施振权
大兴镇村	4995	292	王欢欢	王欢欢
公和村	5284	438.2	施海燕	施海燕

续表 29

村 名	人口(人)	耕地面积(公顷)	党组织书记	村(居)委会主任
庙港村	5493	420	施伟巍	施伟巍
果园村	3707	286.47	汤林波	卫奇杰

(范雪飞)

寅阳镇

【农业农村】 2014年,新扩建现代都市项目14个,新建、扩建农业龙头企业5家、农业园区8个、水产养殖园区1个。新增设施农业197.33公顷;新增连片露地蔬菜36公顷。完成4个试点村土地确权登记发证试点工作。抓好海洋渔业安全生产,"三化五覆盖 "全面到位。突出做好连兴港港区安全隐患的整治,针对港区违章搭建、电力线路私拉乱接等突出问题,采取联合执法等多种方式进行专项整治。财政投入350多万元,完成成片造林360公顷。步梯村高标准水利建设通过市组织的验收,获市水利建设三等奖。

【村镇建设】 2014年7月,寅阳镇被列为全国重点镇。全镇实施农村公路亮化全覆盖工程,投入700多万元,安装农村埭路、中心路路灯7000盏,总里程超350公里,并完善路灯的长效管理措施。针对沿江船舶工业带外来人口多的现状,抓好沿江船舶工业带及周边区域农村环境整治工作。加大集镇改造,做好兴和南路雨污水、景观带、绿化、亮化等工程。完成项目拆迁约133.33公顷,拆迁约300户,实现征地拆迁"零上访"。先后完成太平洋二期、海工园中路、海工大道、中心功能区、西功能区等建设用地。加大重点区域内违章建筑的查处力度,共查处违建400多起。

【功能配套】 编制完成《启东市寅阳镇总体规划》(2013~2030),突出产业特色,从用地布局、交通规划、绿地系统等12个方面明确发展方向。

【社会事业】 以第二轮矛盾排查化解"百日攻坚"活动为契机,进行4次全区域的矛盾排查,有效化解多起沉积的矛盾。镇调解中心共接待受理各类社会矛盾324件,接待群众来询来访700多人次,排查各类社会矛盾261件,调处金额达300余万元。以"三强化三提升"工作为主线,坚持一周一次社情民意汇报会,半月一次的社情民意分析会。统筹推进民生事业。有线广播电视"双入户"工程有序推进。和合小学异地重建,大同幼儿园创省优工作有序推进。计生工作围绕生育关怀"太阳岛"工程,组织"爱在太阳岛、传递正能量"系列活动。医疗环境逐步优化,服务质量逐年提升。新农保完成全年任务的78.4%。发放临时救助、医疗救助等各类资金1563万元,完成村级一站式服务平台建设。严格落实安全生产"一岗双责""党政同责"制度。签订《安全生产责任书》,完善考核文件和相关应急预案,实现安全生产监管常态化。全面推进安全隐患的代理检查,查找隐患并整改到位。组织开展"灭火救援及应急撤离演练"。开展好重点领域、重点时段的安全生产专项整治工作。

寅阳镇雪菜种植基地 (寅阳镇/提供)

【文明创建】 以落实党风廉政建设责任制为主线,落实好"两个责任",履行好"一岗双责";以教育实践活动为契机,做好"四风"问题整治,健全制度体系。强化基层组织建设,配强村级班子;组织PPT制作、"海工新景"摄影等比赛;拍摄为民服务为题材的微电影《一个人的学校》。认真开展正能量加油站建设和志愿者队伍建设、南通市"诗词之乡"创建、"舞动寅城""寅阳清风"等活动,启动"寅城欢歌"文艺节目的下村入企演出。举办"歌唱祖国·海工园纪念建国65周年"合唱比赛等。

【管理创新】 用健全的制度规范行为。先后完善《领导干部结对挂钩制度》《信访包案制度》等,引导机关干部深入基层一线,面对面解决群众的实际困难。围绕"八项规定",健全《公务接待制度》《报销审批制度》等,细化接待标准,严格审批程序,强化监督执行。同时,健全《政府采购与招投标》《机关效能建设实施意见》等多项制度，促进日常从政行为的规范运行。创建“法耀寅城”法治文化品牌，开展“法治文化村村行”主题活动；创新农民工欠薪调解服务机制，不断健全和完善工资的支付、运作、监管机制；创优“人人安全”管理网络，健全高标准的安全生产运行体系；深入开展基层站所评议活动，拓展政风行风的监管体系；开展“百家民情”走访行动，变上访为下访，蹲点指导；开展“汇聚正能量，志愿服务行”主题活动，组建专业社工和志愿者队伍。

2014 年寅阳镇主要经济社会指标

表 30

项　目	单　位	数　量	项　目	单　位	数　量
总面积	平方公里	106.66	粮食总产量	吨	23273
年末户籍人口	人	84297	棉花总产量	吨	1933
耕地面积	公顷	6096	油料总产量	吨	8396
地区生产总值	亿元	57.41	水产品产量	吨	58873
第一产业增加值	亿元	6.11	工业总产值	亿元	223.08
第二产业增加值	亿元	27.18	企业实交税金	亿元	6.12
第三产业增加值	亿元	24.12	建筑业总产值	万元	2622
财政收入	亿元	2.6	小学校数	所	5
农民人均纯收入	元	17120	中学校数	所	3
设施农业占地面积	公顷	1541	医疗卫生机构	个	22

2014 年寅阳镇各行政村(居)基本情况

表 31

村(居)名	人口(人)	耕地面积(公顷)	党组织书记	村(居)委会主任
临海桥村	3007	279.09	施永帆	高亚英
庆佳村	2820	248.82	郁水华	许菊美
稷字村	2698	256.57	陆正彬	陆正彬
江楼村	2341	188.02	陆　英	陆　英
洪飞村	3055	236.67	沈　燕	沈　燕
和合镇村	4745	295.56	袁　洪	袁　洪
晁汀村	2768	247.06	沈　浩	沈　浩
和丰村	2151	150.15	陆武斌	陆武斌
农武村	2057	187.35	施兴涛	施兴涛
裕丰村	3656	293.81	黄凯萍	黄凯萍
东清河村	2664	240.77	秦汉兰	秦汉兰
步梯村	2212	209.07	黄胤凯	季仲平
建丰村	1851	144.87	黄建飞	黄建飞
林启村	3262	281.47	朱红星	秦卫冲
寅南村	2300	168.75	朱海兵	张新宇
寅中村	2704	229.55	吴允辉	陆　辉
寅北村	2515	229.83	施红辉	鲁俊生
江夏村	2102	146.86	郑芳如	郑芳如

续表 31

村(居)名	人口(人)	耕地面积(公顷)	党组织书记	村(居)委会主任
寅西村	2865	241.88	陆亚辉	陆亚辉
侯字村	2210	169.18	施风雷	施风雷
戤效港村	2245	201.71	张　伟	张　伟
益成村	2764	206.76	吕　娟	吕　娟
长兴村	5500	327.34	陆　宏	陆　宏
拥政村	3141	235.46	陆刚强	高赛昆
常乐村	4108	279.65	(暂无)	(暂无)
白港村	4309	336.20	顾李忠	顾李忠
寅阳居委会	2858	19.47	郁卫承	郁卫承
和合居委会	5296	8.60	陆正平	陆正平

(谢福林)

东海镇

【概况】 东海镇行政区划面积85.4平方公里,耕地面积8.16万亩,总人口69198人,其中农业人口66021人,下辖18个行政村。2014年,全镇实现地区生产总值23.12亿元,与上年相比(下同)增长11.10%,完成国地税收入5403万元,全社会固定资产投资8.76亿元。

【工业经济】 2014年全镇入库税收5403万元,同比增长21.5%,完成年计划的100.5%。其中国税收入3149万元,同比增长10.8%,完成全年任务的87.1%;地税收入2254万元,同比增长29.2%,完成全年任务的111%。规模工业实现产值6.46亿元,完成年计划的103.3%,同比增长18.52%。

招商引资。全年组织上海、北京、广东等地专题招商活动15次,取得较大成效。全镇新增注册外资2500万美元,实际到账外资150万美元。其中,湧玉水产实现2014年注册,同年到账。跟踪的重大项目有:中广核风电、双汇集团肉制品加工、海洋牧场目、林洋光伏发电等。

项目建设。全年全镇实施技改项目9个,完成全部工业投入5.1亿元,完成年计划的102%;新开工5000万元以上项目5个;新建竣工投产项目3个。推进和建设的共有7个项目,其中超10亿元项目1个、亿元项目2个、5000万元项目2个。

【农业经济】 2014年,全镇建设农业项目14个,已建设的农产品加工企业4个,农业园区建设项目10个,其中水产养殖园区2个,畜禽养殖园区1个,种植园区7个,累计投入4.42亿元。引进农业重点项目南美白对虾养殖基地,已开发面积33.33公顷。另引进20公顷大葱种植基地一个,6.67公顷大葱种植基地一个。推进农村土地流转试点,全年全镇共流转土地35284亩。全面推进绿化造林,全年全镇绿化造林总投资196万元,完成租地造林315.67公顷,道路绿化25.67公顷,苗圃10.8公顷,农村家园绿化18.07公顷,景观带绿化2.13公顷,创省级绿化示范村1个。

【社会事业】 社会保障规范健全,全年全镇新农保参保人数为20769人,其中新增人数为1070人,完成全年任务的78.38%。医保水平不断提高,新型农村合作医疗制度全面普及,农民参合率在99.6%以上。教育建设推陈出新,学校办学条件不断改善,东海、新安、大丰三所小学全部完善为标准化校舍。惠农补助发放到位,全镇共发放粮食直补资金、良种补贴及民政定

东安中学　　(东海镇/提供)

补等各类惠农补贴资金3000多万元。文化体育蓬勃发展，举办夏季乘凉晚会9台，全镇25支健身队伍参加“起舞东疆”东海赛区的海选。路桥建设再掀高潮，全年建设农村公路16公里、农桥27座，路灯2800盏全面开工建设，改造35家农户危房。创新模式试点发包，全年全镇的“四位一体”工作全部进行社会化发包，由4个劳务合作社负责，在全市考核中一直名列前茅。

【平安建设】 镇以“长安东海、法治东海、和谐东海”建设为重点，推行周五下村工作制，逐步形成部门联办、村居配合、齐抓共管的社会管理创新格局。全年共化解信访积案4起，占积案总数的100%，全镇各级调解组织接待调处各类矛盾纠纷275起572人次，其中镇调处中心直接接待调处30起(庭式调解20起，简易调解10起)，调解成功率达98%。

【党的建设】 开展全镇党的群众路线教育实践活动，取得干部受教育、问题得解决、作风大改善、形象再提升、人民更满意的成效。加强队伍建设，新招录13名村后备干部，开展4次相关的业务培训。党风廉政建设取得新成效，全年共接办“12345”政府服务热线任务单近900件，单次办结率达95%，回复处置满意率明显上升。

2014年东海镇主要经济社会指标

表32

项目	单位	数量	项目	单位	数量
总面积	平方公里	85.4	粮食总产量	吨	18376
年末户籍人口	人	69198	棉花总产量	吨	1600
耕地面积	公顷	5441	油料总产量	吨	5768
地区生产总值	亿元	23.12	水产品产量	吨	28395
第一产业增加值	亿元	5.46	工业总产值	亿元	15.36
第二产业增加值	亿元	10.85	企业实交税金	万元	9713
第三产业增加值	亿元	6.82	建筑业总产值	万元	3106
财政收入	万元	7013	小学校数	所	3
农民人均纯收入	元	17060	中学校数	所	1
设施农业占地面积	公顷	597	医疗卫生机构	个	25

2014年东海镇各行政村基本情况

表33

村名	人口(人)	耕地面积(公顷)	党组织书记	村委会主任
武东村	3453	272.61	张健	张健
丰盛村	3971	266.62	顾海涛	顾海涛
大丰镇村	3762	239.04	陈辉	张波
东安镇村	4546	362.39	徐建新	徐建新
丰利村	3482	274.24	崔健	崔健
仲辉村	2703	187.07	陆建标	陆建标
云祥村	3080	191.09	黄刚	黄刚
建民村	3442	267.82	倪菊英	倪菊英
锦绣村	3442	264.62	陈楠	李建冲
显中村	3666	263.04	陈霞	黄沈兵
兴旺村	2432	257.67	陆海军	陆海军
兴垦村	4340	375.61	胡松波	胡松波
东海镇村	2615	280.45	吴沈兰	吴沈兰

续表 33

村　名	人口(人)	耕地面积(公顷)	党组织书记	村委会主任
共乐村	3757	390.47	沈春健	沈春健
德字村	4653	438.17	陈永逵	陈永逵
戴祥村	4631	405.57	费永珍	费永珍
东余镇村	4270	372.92	陆溢波	陆溢波
星宏村	3776	314.93	张玉辉	张玉辉

(彭凤雁)

近海镇

【概况】 近海镇全镇总面积 109.6 平方公里，耕地面积 4951 公顷。人口 6.29 万人，辖 20 个行政村，1 个农村经济合作社，204 个村民组。2014 年，(区) 镇实现规模工业产值 104.22 亿元，与上年相比增长 12.53%；实现规模工业应税销售 47.70 亿元，增长 6.81%；实现规模工业入库税收 2.35 亿元，增长14.25%。实现预算内收入 2.95 亿元，其中税收收入 2.05 亿元，综合基金3159 万元，预算外收入 1.37 亿元。农民人均纯收入 16500 元。

【工业经济】 2014 年，近海镇招商引资成果丰硕，全年(区)镇签约落户重大项目 22 个，新增工商登记注册外资 747.4 万美元，实际利用外资 167.2 万美元。实现全部工业投入 56 亿元，开工建设重大项目 38 个，竣工项目 21 个，培育亿元以上企业 9 家，应税销售 2000 万元以上企业 16 家，形成新的经济增长点。新兴产业发展快速，实现高新技术产业产值 46.5 亿元，科技创新能力持续提高，4 人入选东疆英才计划，总建筑面积 4.5 万平方米的滨海博士创业园投入使用，10 家科研机构成功入驻，(区) 镇科研整体实力进一步增强。

【农业经济】 2014 年，近海镇以“特色农业示范村”建设为抓手，推进“一村一品”建设，初步形成一批布局合理、特色明显的高效设施农业产业基地。加大农业项目投入，推进金港食品、龙大农业、雄愈农业、适度农业等项目农业建设。重点培育的龙大高效农业示范园区建设，项目占地面积约 33.33 公顷，项目总投资约 6000 万元。新引进五家公司租地造林，优质苗木基地面积达 200 多公顷，以向阳村基地为立足点的大葱基地不断扩建壮大，杨香圃村、小闸口村等地南美白对虾养殖基地加快培育。完善农业服务体系建设，组织开展实用技术培训。壮大农村经济发展，全镇新发展各类合作经济组织 8 家，带动 300 多农户共同致富，全镇村集体经济总收入达 661.54 万元，其中有 4 个村超 50 万元。

近海镇大圩村高标准小型水利工程现场　　(近海镇/提供)

【实事工程】 2014 年，投入 160 万元的渔海花苑小区交付使用；近海镇标志性建筑财富广场进入地上二层施工阶段。投资 400 多万元完成规划范围之外 20.3 公里农路建设，投入 162 万元完成 10 座农村公路桥、17 座小型公益事业桥建设，实现交通畅通。强化农村路灯管护措施，制订使用维修细则，确保亮灯率。以向阳村、向北村、大圩村、公益村和爱民村为试点，农村公路安保设施建设工程全部完成。投入 600 多万元完成沟河贯通工程和沟河轮浚工程，埋设 DN40 涵5300 座，疏浚横河 19 条、民沟 1000 条、土方 100 万立方米，工程总量、质量和完成时间均在全市乡镇中领先，全市水利工作现场会在镇召开。完成绿化总面积 320 公顷，在农路两侧种植红叶石楠 100 多万株，实现农村埭路绿化全覆盖。开展村庄环境整治整村推进达标村创建活动，落实农村环境“六位一体”长效管理机制。投入 10 多万元，在镇主要河道放养蟹鱼苗，严厉打击非法电瓶捕鱼行为，查获非法捕鱼行为 30 多起，有效净化养殖环境。

【社会事业】 2014 年，农村养老保险制度全面建立，全镇参保人员 19113 人，参保率达 82.7%，列全市第二名。3551 名 80 岁以上老人享受尊老金；发

近海镇向北村志愿者服务点成立仪式 (近海镇/提供)

放临救资金16万多元，解决部分困难家庭燃眉之急；以居家养老为基础、社会服务为依托、志愿服务为支撑的“情暖夕阳”工程扎实开展，1673名志愿者定期为911名孤寡、空巢、残疾等生活有困难的老年人服务。学前教育投入力度加大，学前教育质量提高，滨海幼儿园扩建工程有序推进，协助市教育主管部门实施校舍安全工程，向阳小学、近海小学教学楼加固和新建工程基本完工。文化事业加快发展，培育“村村乐”“正能量加油站”等群众文化品牌，全镇20个村建立文艺表演队伍和健身操队伍，群众文化生活不断丰富。村一站式服务平台加快建设，导办、代办、领办机制启动运行，打造“便民直通车”。

【党建和精神文明建设】 2014年，近海镇深入开展党的群众路线教育实践活动，加强理论学习，切实查摆问题，深入对照检查，整改突出问题，进一步增强镇村干部的使命意识和责任意识，提高开展群众工作的水平和能力，增强党群干群关系。健全双月总结、季度点评、动态研判等工作机制，通过召开作风建设专题会议、加强效能督查、开展“5·10”思廉日活动等，不断提升机关工作效能，强化廉政意识，营造干事创业的浓厚氛围。以“传递正能量共建好家园”文明主题创建活动为主线，通过开展“情暖夕阳”典型评比、志愿服务、道德讲堂等系列活动，进一步提升村民文明素质和社会文明程度，加强精神文明建设和农村文化阵地建设。

2014年近海镇主要经济社会指标

表34

项　目	单　位	数　量	项　目	单　位	数　量
总面积	平方公里	109.6	粮食总产量	吨	22223
年末户籍人口	人	62951	棉花总产量	吨	1307
耕地面积	公顷	4951	油料总产量	吨	7442
地区生产总值	亿元	37.65	水产品产量	吨	34645
第一产业增加值	亿元	5.67	工业总产值	亿元	156.61
第二产业增加值	亿元	22.29	企业实交税金	亿元	2.72
第三产业增加值	亿元	9.69	建筑业总产值	亿元	9.96
财政收入	亿元	4.03	小学校数	所	3
农民人均纯收入	元	16500	中学校数	所	0
设施农业占地面积	公顷	1080	医疗卫生机构	个	23

2014年近海镇各行政村(居)基本情况

表35

村(居)名	人口(人)	耕地面积(公顷)	党组织书记	村(居)委会主任
公益村居委会	2663	221	华晶金	韩卫红
塘芦港村	3380	232	陆建英	陆建英
临海村	2088	231	沈翠如	沈翠如
爱民村	2163	159	李春风	黄建兵

续表 35

村(居)名	人口(人)	耕地面积(公顷)	党组织书记	村(居)委会主任
大圩村	2078	180.67	龚克娜	龚克娜
海丰镇村	2502	215	苏冲飞	苏冲飞
川流港村	2432	204	陈建华	陈　兵
杨香圃村	2640	181	陈　华	陈　华
合兴圩村	2758	219	顾　群	顾　群
利民村	4012	318.33	黄红香	黄红香
黄海村	4230	418	张晓燕	张晓燕
东进村	4230	418	范本思	范本思
小闸口村	3983	370	薛美珍	薛美珍
海界村	2441	215	毛永芳	毛永芳
协兴港村	3260	272	杨　勇	杨　勇
向阳村	3631	342	季小健	季小健
新阳村	2728	259	陆裕丰	陆裕丰
建东村	2209	190	李炳生	李炳生
向北村	3306	343	张裕玉	张裕玉
向西村	2700	271	陆亚声	陆亚声

（杨　蓉）

南阳镇

【概况】 全镇总面积126.8平方公里，总耕地面积7782公顷，总人口104888人，辖29个行政村，1个居委会。2014年，南阳镇积极建设南通市级中心镇，实现地区生产总值36.81亿元，同比增长19.5%；实现财政总收入1.62亿元，同比增长16.63%；农民人均纯收入16000元，同比增长10.34%。

【城镇开发】 做好发展规划。《镇域总体发展建设规划(2012~2030)》通过南通市级评审，其余五个专项规划完成编制。开展物流商贸园、机械阀门园、省级农业示范园三大专业园产业发展总体规划的编制，其中省级农业园区规划被纳入国家级农业园区组成部分。完善配套服务。神通能源装备基地配套到位，省级农业园区配套的农业生产条件初步具备，启东市现代农业规划、农产品展示中心建设完成整体设计，进入招标。农产品国际物流港配套工程初步设计已进行。居家养老中心基本落实意向。建设美丽城镇。雯雯置业、永盛置业等项目推进有力；11个村完成路灯建设共3100盏，南阳镇、永和镇镇区完成道路硬化工程3公里。全年完成农村公路约8公里、改造农桥12座。

【工业经济】 招商选资成效明显。全年共接待上海、浙江、广东等地的中外客商80批300多人次。新增注册外资1100万美元，共签约项目30个，其中亿元以上项目10个。项目建设强势推进。全年新开工1000万元以上项目20个，其中亿元以上项目2个。新开工项目建筑面积9.87万平方米，新开工项目竣工投产数4个。投入产出稳中有升。全年全镇完成规模工业投入量13.43亿元。实现规模工业入库税收8431万元。转型创新步伐加快。全年累计实现领军人才申报9人，立项9人；实现高新产业产值36001万元，新实施产学研合作项目3个。第三产业集聚发展。中汽之星进口汽车销售项目基础设施建设已施工，神通仓储物流项目相关手续已办理。紫峰科创园项目完成土地规划调整。

【农业经济】 现代农业项目纵深发展。全年龙头企业投入量22650万元，农业园区投入量42900万元。引进上海启龙现代农业、星尚苗木等12个重大农业项目落户园区，总注册资金3.5亿多元，完成基础设施投入超亿元。高效农业发展态势喜人。全年新增高效设施农业面积213.33公顷，新增标准钢架大棚73.33公顷，新发展露地蔬菜连片面积57.33公顷。农村发展环境逐步优化。新增造林面积411.2公顷，建成省级绿化示范村2个，高标准现代农村水利建设累计完成疏浚土方20万立方米，29个村全部通过省一星级“康居乡村”市级验收。三农服务水平不断提升。全镇新流转土地面积373.33公顷，其中成片33.33公顷(500亩)以上3宗。农民专业合作社累计达60多家，农民经纪人队伍发展到4560人，入社农民3.7万户，辐射带动农户4万户。

【社会事业】 民生保障稳推进。全年城乡居民参保人数30842人，新增2022人。1688名低收入困难群众享受低保待遇。惠民实事抓落实。全面实施“实事三百”工程，推进惠民措施落到实处。城市公交107、109线路顺利开通。新型农村合作医疗参合率达100%。深化平安法治建设。设立2个镇级法治文化示范点、14个村级法治文化园、12个家庭普法站。推进老集镇社区服务中心建设，被市委综治委评为社会治理创新项目，在全市推广。

【党的建设】 改进作风提升效能。调整充实村干部20多名，定向招录村后备干部6名。接待和受理群众来信来访150件（人）次，来信来访办结率98%。共接办市“12345”政府服务热线任务单1215件，单次办结率98.4%。强化服务。投资150多万元建设村一站式便民服务站，重点扶持启兴村公共服务中心建设，建成在全市硬件领先、软件优良的窗口式公共服务中心。组建“1+1+X”帮扶团队，实现“帮扶一个人，教育一大片，赢得众人心”的良好效果。共代办群众事项650多起，解决群众民事矛盾、纠纷30多起。

2014年南阳镇主要经济社会指标

表36

项　目	单　位	数　量	项　目	单　位	数　量
总面积	平方公里	126.8	粮食总产量	吨	31260
年末户籍人口	人	104888	棉花总产量	吨	1296
耕地面积	公顷	7782	油料总产量	吨	12337
地区生产总值	亿元	36.81	水产品产量	吨	3351
第一产业增加值	亿元	4.98	工业总产值	亿元	47.44
第二产业增加值	亿元	15.7	企业实交税金	亿元	1.39
第三产业增加值	亿元	16.12	建筑业总产值	万元	1146
财政收入	亿元	1.62	小学校数	所	4
农民人均纯收入	元	16000	中学校数	所	2
设施农业占地面积	公顷	1839	医疗卫生机构	个	32

2014年南阳镇各行政村基本情况

表37

村　名	人口(人)	耕地面积(公顷)	党组织书记	村委会主任
启兴村	4648	339.02	董国飞	董国飞
南兴村	3205	244.97	施陈泉	施陈泉
东昌镇村	5242	378.14	项　菊	唐士平
南阳村	5610	392.33	陆成兵	杜玉琴
秉章村	2956	265.49	陆　辉	陆　辉
佐鹤村	3357	259.45	龚峥嵘	龚峥嵘
良仁村	2246	163.67	曹丽平	曹丽平
红星村	3730	346.25	沈黎明	沈黎明
合丰村	2797	292.35	张　飞	黄鹤厅
汇城角村	2886	283.92	顾春英	顾春英
永和村	2616	209.38	王海龙	管　兵
安平村	2515	206.03	孙建新	孙建新
中北村	2686	239.29	顾琳琳	徐建彬
光明村	2505	259.53	包汤兵	朱丽丽

续表 37

村　名	人口(人)	耕地面积(公顷)	党组织书记	村委会主任
武陵村	3506	326.79	沈建兵	沈建兵
康乐村	2340	208.37	曹美香	袁雨琴
北清河村	4177	350.66	钱素菊	钱素菊
正谊村	3011	228.51	龚卫英	龚卫英
乐庭村	3210	208.49	钱素红	钱素红
新河村	4543	272.37	王元飞	王元飞
富兴村	2381	195.06	曹　辉	曹　辉
悦兴村	3137	250.43	龚黄新	龚黄新
永兴村	4781	370.43	杜建忠	杜建忠
曦阳村	2255	154.89	蒋洪兵	蒋洪兵
元祥村	2295	194.07	政　辉	政　辉
聚阳村	4667	285.93	陆海蓉	陆海蓉
元庆村	3015	242.46	黄玉萍	黄玉萍
耕南村	3853	284.02	冯　霞	冯　霞
小塘沙村	4243	327.15	徐海红	徐海红

(陈卫华　吴佐海　盛琬璐)

海复镇

【概况】 海复镇行政区划面积 73.8 平方公里,耕地面积 4127 公顷,户籍人口 5.57 万人,其中常住人口 5.12 万人,下辖 17 个行政村。2014 年,全镇实现地区生产总值 20.93 亿元,完成财政收入 3212 万元,其中国税收入 1535 万元,地税收入 1677 万元,农民人均纯收入 15200 元。

【工业经济】 2014 年,全镇实现规模工业总产值 9800 万元,比上年增长 8.9%;规模工业应税销售实现 3.07 亿元;规模工业入库税收 4911 万元;固定资产投资总额 6.34 亿元,工业增加值实现 9.61 亿元,比上年增加 8.2%。

招商引资。2014 年,全镇共新注册内外资企业 5 家,其中外资企业 1 家,是注册资金达 500 万美元的启东雄鹰农业机械销售有限公司;内资企业 4 家,分别是注册资金 500 万元的舒众工业设备启东有限公司、注册资金 2000 万元的江苏硕康光电有限公司、注册资金 200 万元的南通斯莉普纺织品有限公司和引税企业百信通通信工程有限公司。完成老企业增资 2 家,分别是增资 1.1 亿元的南通金天建设工程有限公司和增资 2000 万元的南通合诚纺织品有限公司。

项目建设。2014 年,全镇完成工业投入实物工作量 6.2 亿元,占全年任务 6 亿元的 103.3%,同比增长 206.7%;新开工 1000 万元以上项目 3 个;完成新开工建筑面积 3.15 万平方米,新建项目竣工投产 2 个。

【农业经济】 2014 年,全镇完成项目农业投入实物工作量 1.2 亿元,有农业龙头企业 2 个,新建农业(水产)园区 13 个。流转土地 533.33 公顷,种植大葱、蔬菜、西瓜等,其中全托管管理

位于海复镇的东南中学,是省爱国主义教育基地　(海复镇/提供)

200多公顷。全年全镇引进3个设施农业基地，已建成钢架设施大棚100公顷，完成全年任务的89%；建成2个优质苗木基地，占地共27.33公顷；签约7个露地蔬菜种植基地，新增6个专业合作社。

【村镇建设】 2014年，海复镇完成临海公路海复段辅道工程(1.3公里×4.5米)；投资90多万元翻建全长447.8米、宽9米的兴海路，并铺设20厘米厚混凝土。建设清虎村3万平方米农民集中居住区，一期工程6.67公顷竣工交付，2.3万平方米建筑已封顶；原东元水泥厂地块2万多平方米的海韵花园进入封顶阶段，东元湾海福园2万平方米整体配套设施完成，通过验收。

【社会事业】 2014年，海复镇完成创建1所公办幼儿园的目标任务，全镇公办幼儿园占比达100%。农村室外音柱全面建成，农村改厕完成全年任务，在接受南通市级验收时获好评。完成17个"一站式"社区工作站建设，建成率达100%。新农合和城乡居保参保率分别达99.9%和78%。完成"安康关爱行动"老年保险覆盖率达35%的目标任务。培育发展社区社会组织29个，其中培育示范社区社会组织7家。完成海复镇遇难烈士纪念地和渔民大队突围战烈士纪念地的修缮工作。"百姓舞台"、乘凉晚会等群众性文化体育活动蓬勃开展。垦牧艺术团在"百姓舞台"进城展演中获优胜一等奖。

【平安建设和精神文明建设】 2014年，海复镇完善社会治理"三强化三提升"。健全完善矛盾纠纷信息研判机制，建立大调解信息平台，全年矛盾纠纷调处成功率和重大矛盾纠纷发现预警均保持在98%以上。全面落实"家庭普法站"创建工作，海复镇有"汤协家庭普法站"和"石永明家庭普法站"两个家庭普法站，其余15个行政村的18个家庭普法站在健全完善中。在搬场村等地共创建14个"正能量加油站"，开展夏季纳凉晚会20场次，并送戏进城。

2014年海复镇主要经济社会指标

表38

项　目	单位	数量	项　目	单位	数量
总面积	平方公里	73.8	粮食总产量	吨	14396
年末户籍人口	人	55700	棉花总产量	吨	920
耕地面积	公顷	4127	油料总产量	吨	4517
地区生产总值	亿元	20.93	水产品产量	吨	31101
第一产业增加值	亿元	4.32	工业总产值	亿元	10.68
第二产业增加值	亿元	9.61	企业实交税金	万元	4375
第三产业增加值	亿元	7.01	建筑业总产值	万元	9800
财政收入	万元	3212	小学校数	所	2
农民人均纯收入	元	15200	中学校数	所	3
设施农业占地面积	公顷	661	医疗卫生机构	个	21

2014年海复镇各行政村基本情况

表39

村　名	人口(人)	耕地面积(公顷)	党组织书记	村(居)委会主任
兴益村	3226	252.3	任赛楠	杨美兰
滨海村	2578	175.1	顾海勇	顾海勇
家禄村	3872	344.3	顾松林	顾松林
五圩村	2201	174.5	姜建飞	姜建飞
庙基村	3004	232.5	丁　辉	丁　辉
四堤村	2849	250.5	姜善新	宋美华
三圩村	3870	328.9	徐莉娟	吴学兵
桃洪村	2518	184.9	陈　辉	陈　辉
安东村	2868	210.6	葛祥辉	葛祥辉

续表 39

村　名	人口(人)	耕地面积(公顷)	党组织书记	村(居)委会主任
季明村	2694	225.3	曹春健	曹春健
均里村	3092	273.8	黄新忠	黄新忠
糖坊村	2200	159.3	沙亚昌	沙亚昌
复南村	2578	201.3	王瑞金	黄红雷
清虎村	2380	151.3	李海东	赵卫生
搬场村	2205	193.8	郁卫飞	郁卫飞
垦牧村	3554	308.7	宋卫星	宋卫星
北固村	3904	363	王永煌	蔡忠昌

(陆　倩)

合作镇

【概况】 合作镇行政区划面积 88.7 平方公里，耕地面积 4983 公顷，总户籍人口 63850 人，辖 17 个行政村。全镇辖区内有集贸市场 4 个，文化站 1 个，卫生院 2 个，中小学校 6 个，幼儿园、托儿所 3 个，银行办事处、信用社网点 8 个。2014 年，全镇实现财政总收入 4690 万元。

【工业经济】 2014 年，全镇实现规模工业产值 5.3 亿元，同比增长 18.2%；工业应税销售 2.37 亿元；工业入库税收 1638 万元，同比增长17.9%。全年共签约项目 8 个，其中园区共建平台项目 2 个，镇项目 6 个。注册设立外资企业启东霖泽进出口有限公司，注册资本 50 万美元；全年完成新增工商登记注册外资 1215 万美元。皇兰工贸、琳之达等 5 个项目开工建设，安唯赛伦等 4 个项目竣工，俊浩机械等 4 个项目投产。

【农业经济】 2014 年，全镇项目农业总投入 1.45 亿元，新增扩建农业龙头企业 5 家，新增扩建农业园区 4 家；新增高效设施农业 166.67 公顷，其中新建扩建规模以上设施大棚 46.67 公顷；新增露地蔬菜 56.67 公顷。农民合作经济组织蓬勃发展，全年新增规范化合作社 8 个，家庭农场 32 家。实现村级总收入 1049 万元，村级经营收入807 万元，所有村全部达到 20 万元以上。

合作镇益丰蔬菜专业合作社西兰花基地　　(市新闻信息中心/提供)

【新农村建设】 2014 年，镇完成府前路道路工程与 2 公里污水管网工程建设；修建农村公路 5 公里，改造险危桥梁 21 座；完成高标准土方疏浚11.98 万立方米、河道轮浚土方 4.8 万立方米、沟河贯通埋涵 81 座；天网工程全面投入使用；新建"一站式"服务平台 16 个、村卫生室 1 个；村级居家养老服务站通过市级标准验收 5 家，新建农村幸福院 4 个；全镇有 9 个村完成路灯亮化工程。

推进以曹家镇天主教堂德勒撒堂为中心的圣合·圣心玫瑰文化产业园建设，圣合·圣心玫瑰文化旅游项目占地 12 公顷，总投资 3 亿元。老教堂修缮完成；情景街区、酒店、酒店式公寓等主体结构竣工，外墙面装修完毕，进入室内装修装饰阶段；休闲区初具规模，运动场馆进入施工阶段。

新增绿化造林 366.67 公顷，其中租地造林 274.87 公顷；切实加强农村畜禽养殖场环境污染治理，全镇共建化粪池 71 个，建成 4 个生态健康养殖场；落实全域沟河保洁和道路绿化管护发包机制；推进生态文明村建设，曹家镇村获江苏省生态文明村称号。

【社会事业和平安创建】 改善办学条件，完成新义幼儿园活动板房建设。发展农村文化事业，实现"农家书屋"村村全覆盖，农村广播入户率超过 90%，体育普查工作全面完成。推进新型农村合作医疗保险，参合率达 99.93%；推进免费义诊活动，完成全镇老年人健康体检工作。计划生育利益导向机制正常运作,完成全镇1063人的奖励扶助申报审批工作。不断健全社会保障体系,完成新农保参保20603人;为全镇61名困难户办理低保审批,发放大病医疗救助资金550686元,为20户困难户进行危房改造。

强化大调解机制、大防控体系和基层基础建设,组建七级矛盾排查化解责任体系,开展重点信访、矛盾纠纷大排查工作,全年共计调处矛盾纠纷64起,调处成功率达98.4%以上。

【党建和精神文明建设】 2014年,镇党委坚持围绕发展抓党建,抓好党建促发展,强化三级党组织建设,形成以村党总支部为领导核心、片区党支部为管理主体、网格党小组为工作支撑的三级基层组织网络,实现党的组织和工作覆盖城乡每个角落。

加强村干部队伍建设,公开招考村级后备干部,经过公开报名、笔试、面试、综合考察、公示等环节,2014年录用后备村干部8名,其中大专以上文化6人。

2014年合作镇主要经济社会指标

表40

项　目	单　位	数　量	项　目	单　位	数　量
总面积	平方公里	88.7	粮食总产量	吨	19460
年末户籍人口	人	63850	棉花总产量	吨	816
耕地面积	公顷	4983	油料总产量	吨	6515
地区生产总值	亿元	18.7	水产品产量	吨	2205
第一产业增加值	亿元	3.2	工业总产值	亿元	18.53
第二产业增加值	亿元	9.16	企业实交税金	亿元	0.35
第三产业增加值	亿元	6.34	建筑业总产值	万元	5540
财政收入	万元	4690	小学校数	所	3
农民人均纯收入	元	16500	中学校数	所	3
设施农业占地面积	公顷	908	医疗卫生机构	个	22

2014年合作镇各行政村基本情况

表41

村　名	人口(人)	耕地面积(公顷)	党组织书记	村委会主任
兴隆村	4480	372	杨永新	杨永新
达育村	4679	389	朱培生	朱培生
周云村	4901	391	陈建生	宋家辉
曹家镇村	5379	397	黄　新	黄　新
洋桥村	2169	188	顾振辉	顾振辉
臣义村	2586	213	顾晓焱	顾晓焱
竖海村	3169	259	蔡　英	蔡　英
新义村	3336	225	蔡卫刚	周建康
四楼村	2601	209	庄贵昌	庄贵昌
五星村	5262	383	朱卫忠	朱卫忠
庙店村	2619	226	袁菊香	袁菊香
蟠龙村	3321	253	倪红梅	倪红梅
二效镇村	2366	181	陆卫锋	陆卫锋
竖河镇村	3819	237	苏国飞	苏国飞
中央镇村	3263	242	蒋冬冬	龚振涛

续表 41

村　名	人口(人)	耕地面积(公顷)	党组织书记	村委会主任
无畏村	3262	228	黄新辉	黄新辉
志良桥村	3062	242	丁建森	丁建森

(顾海东)

王鲍镇

【概况】 王鲍镇行政区划面积126平方公里,耕地面积6886公顷,其中高标准农田面积2734公顷,总户籍人口91029人,其中农业人口86017人,下辖22个行政村。2014年,实现地区生产总值30.87亿元,同比增长11.6%;完成财政收入1.39亿元,比上年增长24.0%,其中国税7095万元,地税6322万元;农民人均可支配收入16500元,同比增长6.9%。

【工业经济】 2014年,全镇实现规模工业总产值40.7亿元,比上年增长9.0%,其中高新技术产值23.72亿元,同比增长42.4%,新兴产业产值15.05亿元,同比增长23.3%。全镇规模工业应税销售9.1亿元,同比增长12%。规模工业入库税收5145万元,同比增长27%。固定资产投资总额18.16亿元,比上年增长10%;规模以上工业增加值实现8.20亿元,比上年增长31.49%。全年新签约项目13个,计划总投资12.5亿元,注册资本3.75亿元,项目总占地20.87公顷。实施工业技改项目27个,其中5000万元以上投入项目8个,超亿元项目1个。完成工业投入10.1亿元,完成新开工建筑面积3.5万平方米。全镇新增小规模纳税人235户,净增增值税一般纳税人10家,期末个体工商户数5339户,私营企业数1670户,私营企业注册资本26.42亿元。

【农业经济】 2014年,全镇共完成项目农业投入1.6亿元,其中农业园区(种植园区、畜禽养殖、水产养殖)投入4000万元,农业龙头企业投入1.2亿元,千万元以上项目投入额1.35亿元。新增高效设施农业(含喷滴管)346.67公顷,新发展露地蔬菜213.33公顷,其中6.67公顷(100亩)以上16个。完成土地流转386.67公顷,其中13.33公顷(200亩)以上8个,33.33公顷(500亩)以上2个。完成绿化造林527.33公顷,农村道路绿化23.27公顷,农户庭院绿化29.67公顷,苗木基地20.07公顷。高标准农村水利建设完成近15万立方米的轮浚土方;完成17条小型公益事业农桥建设,久隆河镇区护坡工程基本完成,农产品质量安全监管完成样本检测550个。新建土地股份合作社2个,规范化合作社组织12个,工商认定家庭农场12个。

【村镇建设】 2014年,新港花苑建筑面积1.7万平方米,房屋一期开发建筑面积5000平方米,主体结构工程完工,完成总工程量的70%。恒亚四期开发项目用地3.33公顷,规划商铺建筑面积3万平方米,进入评估程序,准备挂牌出让。投入100万元,完成总长1600米的老街改造;投入330万元,铺设3.5米宽财补农路11公里;投入100万元,完成险危桥梁改造9座;投入120万元,安装路灯1000盏;投入400万元,完成聚南护理院改建项目。

【社会事业】 2014年,全镇新农保参保27530人,参保率76.7%,新农合参合79384人,参合率99.9%;有民政对象4884人,共计发放各类补助1586.11万元;有低保户1322户,低保金共计发放684.55万元;投资19.95万元,统一为1700户低保户购买农村合作医疗保险;为285名大病患者提供医疗补助,发放救济金121.08万元;向80周岁以上老人发放尊老金,共计355.01万元。农村改厕2800座。建筑面积约1000平方米的文体中心基本建成,内设的图书馆藏书达1.2万册,通过省及南通市的达标验收。投资近100万元修缮4处(王鲍烈士纪念馆、崇启海常备旅成立纪念地、张辛殉难地、九龄镇战斗纪念地)慰烈工程。

【平安法治】 2014年,镇健全重大决策社会稳定风险评估机制,做好源头预防,重点落实“三个一”(村干部和网格员每天进包片网格巡查一次;网格指导员每周进村、企业工作一天;分管领导每月进村或企业工作一次)工作制度,全面推行“四议两公开”工作法。全年接访117件,处理51件,化解信访积案1起。加强镇村两级法治文化阵地建设,投入3万元建设1个镇级法治文化示范点和2个村级法治文化示范点,全镇村级法治文化园覆盖率达100%,新增家庭普法站8家。加强村综治办建设,每个村配齐1名综治专干、1名社区民警、2名专职调解员、2名专职保安、1名大学生综治社工、1名政法干警综治特派员,巩固完善“一委一居一监一站一办”村居管理服务体制。

2014年王鲍镇主要经济社会指标

表42

项目	单位	数量	项目	单位	数量
总面积	平方公里	126	粮食总产量	吨	24397
年末户籍人口	人	91029	棉花总产量	吨	1341
耕地面积	公顷	6886	油料总产量	吨	11217
地区生产总值	亿元	30.87	水产品产量	吨	4272
第一产业增加值	亿元	4.06	工业总产值	亿元	61.05
第二产业增加值	亿元	16.41	企业实交税金	亿元	1.76
第三产业增加值	亿元	10.40	建筑业总产值	万元	9426
财政收入	亿元	1.39	小学校数	所	4
农民人均纯收入	元	16500	中学校数	所	1
设施农业占地面积	公顷	1311	医疗卫生机构	个	24

2014年王鲍镇各行政村基本情况

表43

村名	人口(人)	耕地面积(公顷)	党组织书记	村(居)委会主任
建群村	3820	354.07	王永刚	王永刚
安良村	2595	204.15	朱建英	朱建英
三岔店村	3106	261.28	顾建雷	顾建雷
中施村	5025	408.44	宋正新	宋正新
长安村	2687	242.71	费海荣	秦建美
松桥村	3625	295.08	倪礼兵	倪礼兵
洪桥村	5708	467.75	李祥飞	李祥飞
聚星村	6382	438.12	陶　平	陶　平
黄英村	2218	186.94	袁允辉	袁允辉
九令村	3529	314.91	马卫锋	马卫锋
义南村	4685	444.88	倪亚兵	倪亚兵
元北村	2733	222.54	施耀辉	施耀辉
二厂村	2532	217.95	徐晓燕	徐晓燕
新港村	2937	225.41	黄菊飞	黄菊飞
大生村	5505	323.10	周　义	陈　勇
合南村	3670	415.97	陈　辉	陈　辉
庙桥村	2721	224.69	施豪杰	周永新
新桥镇村	5060	433.68	郁　健	郁　健
久西村	4967	364.07	陈建雷	陈建雷
久隆村	4602	300.75	华玄章	华玄章
久东村	2585	210.90	沈　波	沈锦新
更生村	4489	370.25	徐向东	徐向东

（包鑫华）

吕四港镇

【概况】 2014年,全镇完成规模工业产值392亿元,同比增长10.5%;规模工业应税销售95.5亿元,同比增长4.5%;工业入库税收8.7亿元,同比增长16.7%。实现财政总收入11.08亿元,其中国税8.66亿元,地税2.42亿元。

【工业经济】 2014年,吕四港镇注重培优扶强,新培育增长点10个,新增规模企业5家。注重科技创新,组织13家企业参与科学发展能力评价,8家企业申报信用管理贯标;完成各类专利申报788个,促成产学研合作项目15个,与扬州大学检测中心开展食品加工与电动工具质量控制与技术问题诊断合作;申报高新技术产品12个、高新技术企业4家、南通市工程技术中心2家、研究生工作站1个。

【农业经济】 2014年,全镇完成项目农业总投资额3.8亿元,完成率100%;实施土地流转473.33公顷,完成率118%;新增高效农业226.67公顷,完成率106%;发展家庭农场8家、农民专业合作社9家,落实农机合作社粮食生产全托管与承包面积236.2公顷;新建(扩建)农业项目14个,其中1000万元以上农业项目10个。发展海洋渔业,更新改造大马力渔船86艘,建造远洋渔船8艘,推动"渔跃贷"政策惠及100多艘渔船。全年实现渔业总产量18.1万吨,总产值20.4亿元。

【第三产业】 2014年,全镇实现服务业税收5019.4万元,服务业应税销售增幅达50.8%;新开工总投资1000万元以上服务业项目8个,完成服务业投入13.95亿元;规模服务营业收入3.18亿元,完成全年目标任务的106%。百源基业五星级酒店、江苏省水产品加工集中区加快建设。鹤城公园一期改造工程加快推进,吕四进士府修缮工程完成设计。实现限上企业社会消费品零售增幅21.7%。

【港口开发】 2014年,吕四港镇港口功能日趋完善。环抱式港池匡围、防沙导流堤工程均已完工。进港航道初步设计获省发改委批复,控规编制完成。完成进港航道一期工程航道疏浚土方量2500万立方米,满足小庙洪水道5万吨航道开挖耙吸船所需的水深条件。东港池航道疏浚工程开工建设,完成疏浚土方500万立方米。完成卓达集团地块吹沙量。渔港扩建区项目基础设施初步设计通过评审并获得省发改委批复。由上海海洋大学研究策划吕四新渔港经营、管理模式创新方案,拍卖市场初步策划方案已形成。新材料产业园主干道路、给水管网、消防站等基础设施建设加快推进,港区承载力不断增强。启动雷管所建设,完成雷管所工程的工可编制、图纸设计、施工招投标工作。

【项目建设】 2014年,吕四港镇实施领导干部挂钩结对服务机制,加快推动项目早开工、快投产。大唐电厂二期完成可研报告编制,上报国家能源局;3月,广汇能源项目获省发改委核准批复,基础设施全面开工;11月,卓达项目正式开工建设;华峰7500平方米超纤项目完成能评、环评、公司注册项目名称等工作年底开工建设;东成二期、祥之杰、合昌机电、裕润机床、友盛印染、彭氏激光电子、大富士木工机械、华信食品等一批超亿元传统项目开工建设。全年累计新开工5000万元以上项目25个,其中亿元以上项目10个,新建1000万元以上项目竣工投产15个。完成工业投入61亿元,完成年度目标任务的100%。建设江苏东成工具、江苏祥之杰机电科技、合昌机电、友盛印染、华信食品、彭氏激光电子、大富士木工机械、裕润机床附件、南田工机等25个重大项目。

【招商引资】 2014年,吕四港镇加大临港产业招商力度。组织举办吕四港(北京、沈阳)投资合作恳谈会、第十五届中国·启东天汾科技五金交易会,参与2014启东国际经贸洽谈会、上海启东投资环境推介会、科技节等节会活动,吸引广东、上海、沈阳等地19批次客商到吕四考察,成功引进东凌粮油加工中转、江苏东特传动技术、南通三环乐喜新材料、南通美洲虎工具、合昌机电、卓达新材料等项目。累计签约项目8个,其中5000万元以上6个,超10亿元项目4个;新注册项目5个,协议总投资127.7亿元;新增工商注册外资2424.4万美元。

【民生工程】 2014年,吕四港镇以失地农民、困难渔民、低收入家庭等各类弱势群体、困难群体为重要对象,进一步规范城乡低保管理。累计救助困难群众5835人次,发放春荒款、临时救助款、应急救助款、医疗救助款330.8万元,完成慈善募捐18万元,处理农民工欠薪59起,为农民工讨回欠薪近200万元。实现新型农村合作医疗参保率99%,完成新农保收缴任务53868人,完成率达85%,继续领先全市。申报农村关爱之家、居家养老服务中心站、居家养老服务站10个。

鹤城公园改造 (袁 竞/摄)

【公共服务】 2014年,吕四港镇完成西宁、大洋港幼儿园回购工作,实施鹤城中学异地新建工程;全年改厕7000座;新发展数字电视420户;吕四血透中心试运行；村居文化活动阵地创建到位、活动规范，各村居农家书屋、健身路径正常开放，群众广场舞活动蓬勃兴起，第六次体育场地普查工作顺利开展。推行免费孕前优生健康检查制度，落实各类计生奖励扶助政策，服务水平不断提升。

【城镇建设】 2014年，吕四港镇完成五星级宾馆、东成三期(南星桥村)、边防农民集中安置区、通吕运河升级改造等地块的拆迁让地工作；扬启高速、天江公路等前期工作加快推进，全年累计完成拆迁签约260户，腾房236户，交净地18块。军工河路、鹤城南路建成通车；环城南路、环城西路、来鹤东路加紧建设；鹤城北路、香堂路主车道加紧改造。百源公寓、福港公寓等一批精品楼宇启动建设，吕北、来鹤路、环城东路等安置区加快推进，全年累计竣工交付商品房、安置区13.8万平方米。洋章、通兴、巴掌、元鹏、锡康、袁家灶、海晏等农民集居区建设全面启动。完成水利疏浚土方28万立方米，改造险危桥梁50座，实施绿化造林693.33公顷。实施鹤城公园改造工程。

【城镇管理】 2014年，吕四港镇强化城市管理，制订出台《集中居住区、拆迁安置区管理办法》，规范居民小区、安置房物业管理。注重监管并举，全年累计改造巷道11条，安装路灯134盏，镇区道路、路灯、绿化、下水道管护到位。加强综合执法，开展违章建筑、交通秩序、户外广告、集贸市场、渔业港口等专项整治，全年执法650多次，查处重大问题101起，拆除违建53起，拆除面积2600余平方米，城乡公共秩序不断规范。

【改善生态环境】 2014年，吕四港镇深入开展村庄环境整治，加强源头管控和工程治污。推进第三轮化工、电镀企业专项治理，完成吕四电镀厂关闭转产，封堵三石镀饰的排污口，铺设污水管网3公里，改造村垃圾中转点6个，建成畜禽养殖沼气池4座。

【创新社会治理】 2014年，吕四港镇全面完善群众工作"三强化三提升"工作机制，建立七级矛盾排查化解责任体系，健全领导接访日、包案工作、每周例会以及警地联访等工作机制，调优调强网格管理服务团队，确保矛盾纠纷第一时间掌握，第一时间化解。全年新培植社区社会组织67个，申报示范社区社会组织14个；建成社区"一站式"服务工作平台36个；收集社情民意725条，妥善处理234件；接待群众来访6000余人次，调解各类矛盾689件，成功化解重大社会矛盾、信访积案49件。严厉打击"法轮功""实际神"等邪教组织，开展以防范打击暴恐犯罪为重点的社会治安综合整治专项行动，维护社会的和谐稳定。

【推进行政体制改革】 2014年，724项事权承接到位，行政审批实现"三集中、三到位"，全年累计受理群众办件151429件。

【依法治镇】 2014年，吕四港镇建立健全民主决策"三议"、村民代表议事等工作机制，严格落实重大事项社会稳定风险评估制度，全年完成稳评项目9个，完成法治文化广场、法治长廊等法治文化阵地建设。

【行政权力网上公开透明运行】 2014年，吕四港镇办理答复人大代表建议意见48条，办复率100%，满意率98%。累计处理领导信箱、12345公共服务热线、网络舆情等信访2000多件。

【社区建设】 社区党建。2014年，吕四港镇街道办事处坚持"三会一课"制度，开展党员"统一活动日"活动，严格党的组织生活。定期组织居民召开居民代表会议，听取居民代表对社区工作的意见和建议，社区干部开展批评和自我批评，促进社区工作者改进工作方法，提高工作效率。社区居委会加强社区居民自治建设，做好社区综合治理、文化教育、计划生育、环境卫生、社会保障等方面的工作。仙鹤社区被评为全国和谐社区建设示范社区。

社区服务。2014年，吕四港镇街道办事处创新社区服务管理模式，投入约5万元启动建设社区居委会"一站式"服务平台，合理设置工作窗口和人员配置，为社区居民提供优质服务。镇关工委给每个社区配备6台电脑和相关设备，成立青少年电子阅览室。开展便民服务活动，建立社区居委会居家养老服务站和党员志愿者服务队，为社区空巢老人、下岗职工、留守儿童等困难群体提供服务和帮助。对社区内近5000名企业退管人员进行年检，协同镇医院多次组织中老年人义诊活动，为35~65周岁妇女免费"两癌"普查体检1000余人次。整修镇区范围内的小道，安装路灯，方便居民出行。开展"关爱空巢老人、牵手留守儿童"为主题的巾帼志愿者服务活动，服务人员2000余人次。

民政工作。2014年，吕四港镇街道办事处做好民政救济工作，帮助社区弱势群体，逐户走访低保家庭，填写走访记录。落实城乡低保规范化管理工作，严格把关，不符合条件的坚决不报，对以前的低保做好复审工作，对新增低保做好初审、复审、申报工作。至年底，社区有低保户25户，重残户31户。

劳动保障。2014年，吕四港镇社区共有失业人员1200人。全年为420名4050人员办理社会养老保险、医疗保险；同时在社区居委会会议室定期开办远程教育技能培训，帮助4050人员再就业。

计生工作。2014年，吕四港镇街道办事处做好政策宣传、生殖健康服务、药具宣传服务、随访亲情服务、孕前优生健康检查；做好流动人口的管理工作，定期对社区流动人口进行登记走访，宣传落实计生服务均等化；每季度开展"关爱女孩""婚育新风进万家活动""幸福家庭"等活动。

社区治安。2014年，吕四港镇街道办事处做好矛盾纠纷调处工作，每月开展4次矛盾纠纷排查工作；开展平安和谐社区创建工作，仙鹤社区被民政部评为全国和谐社区建设示范社区；开展法制进社区活动，社区居委会每月举办一次法制讲堂，向居民发放法律知识宣传资料，普及法律、法规知识；完善综合治理组织网络，加强红袖标义务巡逻队巡防，确保社区内无重大刑事案件。

2014 年吕四港镇主要经济社会指标

表 44

项 目	单 位	数 量	项 目	单 位	数 量
总面积	平方公里	152.8	粮食总产量	吨	27152
年末户籍人口	人	178422	棉花总产量	吨	1268
耕地面积	公顷	8147	油料总产量	吨	11342
地区生产总值	亿元	145.64	水产品产量	吨	181228
第一产业增加值	亿元	21.16	工业总产值	亿元	512.31
第二产业增加值	亿元	62.40	企业实交税金	亿元	6.03
第三产业增加值	亿元	62.08	建筑业总产值	万元	23730
财政收入	亿元	11.08	小学校数	所	9
农民人均纯收入	元	17500	中学校数	所	4
设施农业占地面积	公顷	1303	医疗卫生机构	个	49

2014 年吕四港镇各行政村基本情况

表 45

村 名	人口(人)	耕地面积(公顷)	党组织书记	村(居)委会主任
东皇山村	5309	111	汤金妙	汤金妙
念总村	4281	268.32	唐美玲	唐美玲
太阳庙村	3047	177.83	钱丽辉	钱丽辉
菜园村	6066	179.82	张立新	张立新
袁家灶村	3342	94.74	周玉玲	周玉玲
吕滨村	4100	93.77	陶新华	陶新华
吕北村	4153	64.91	朱小林	朱小林
三甲村	5073	224.49	彭雪华(副书记当家)	
十甲村	4175	234.69	高建兴	江晓君
十二总村	2849	164.98	王海坤	王海坤
海晏村	6272	184.08	彭井池	彭井池
海渔村	6238	0	杨来生	杨来生
石堤村	5617	441.79	倪伯兴	倪伯兴
垦北村	3493	291.10	汤振东	汤振东
二补村	4128	333.45	严玉如	严玉如
边防村	5508	47.40	李 忠	李 忠
秦潭村	5363	95.92	崔林华	崔林华
培根村	6243	445.28	陆圣英	陆圣英
吕复村	4833	360.79	严裕群	严裕群
南星桥村	3570	209.83	陈 卫	陈 卫
锡康村	4528	304.16	王 欣	王 欣

续表 45

村　名	人口(人)	耕地面积(公顷)	党组织书记	村(居)委会主任
通兴镇村	6296	414	陈学红	陈学红
巴西村	2784	204.68	瞿友林	瞿友林
平东村	2617	197.15	王金美	
巴掌村	3181	253.84	万洪彬	万洪彬
元鹏村	3060	221.83	顾红伟	顾红伟
洋章村	2962	198.63	姜卫东	姜卫东
如意村	4366	161.15	成宝兴	成国华
天汾镇村	5706	294.18	汤国祥	汤国祥
闸河村	5752	369.86	潘雪华	潘雪华
六斧头村	4974	220.72	蒋春华	蒋春华
念四总村	2441	145.25	陶建军	
念五总村	3827	247.44	李洪昌	李洪昌
西宁村	3042	184.62	王建生	张国兰
范龙村	3196	203.28	董志松	董志松

2014 年吕四港镇街道各社区基本情况

表 46

社区名	人口(人)	党组织书记	居委会主任
鹤南社区	3459	张海英	张海英
鹤东社区	2782	孙爱华	孙爱华
晓明社区	3218	顾　慧	顾　慧
公园社区	2668	陶丽玉	陶丽玉
仙鹤社区	4787	丁　玉	丁　玉

(严叶朵)

启隆乡

【概况】 启隆乡总面积 48.6 平方公里，全乡辖 2 个社区，总人口 3874 人。2014 年，全乡实现地区生产总值 5.68 亿元，同比增长 9.4%，完成固定资产投入 9.83 亿元。累计完成公共财政预算收入 10531 万元，完成全年计划的 234.8%，同比增长 183.2%，其中国税 1435 万元，完成 1032.4%，同比增长 856.7%；地税 9096 万元，完成 209.3%，同比增长 154.9%，完成率和增幅在全市 12 个镇(乡)中排名均第一。农民人均收入 1.85 万元。

【招商引资】 2014 年，启隆乡先后赴北京、广东、宁波、安徽等地开展小型的招商推荐会。全年新批注册外资 780 万美元；引进内资项目 5 个，分别是落户滨海工业园区的顺天纺织、落户当地的江天建筑材料有限公司、上海展福建设工程有限公司启隆分公司、香河爱晚置业有限公司和泰国城旅游项目。其中，香河爱晚项目完成土地收购、企业注册，进行概念设计和规划设计。泰国城旅游项目完成企业注册，注册资本金 5 亿元。

【项目建设】 2014 年，启东江洲生态科技发展有限公司长江口北支新村沙水域河道综合整治工程，进入基础设施配套工程施工阶段，B、C 区的路网、给排水、燃气、强弱电、绿化带及景观工程、水系工程等全线开工建设。新村沙全长 12.6 公里的主干道一号路即将竣工，三号桥基本竣工。上海绿地集团与启东江洲生态科技发展有限公司合作开发新村沙项目实质性启动，绿地集团新村沙启动区占地 20 公顷，建筑面积约 26 万平方米，土建工程开工建设，其会所、售楼中心将即将竣工投用，马术会所开工建设，别墅样板房完成，多层住宅即将封顶，四星级酒店进行桩基工程。江苏君之地置业蔚林半岛项目竣工7万平方米，部分办理交房手续，2014年开工的酒店式公寓4万平方米结构封顶，商业用房在建。蓝湾绿岛项目5万平方米结构封顶。总建筑面积7.3万平方米的裕隆家园(保障房)完成竣工验收。

【农业农村】 2014年，全乡项目农业投入超过1.2亿元，超额完成全年任务。总投资6000万元的崇启花卉城景点交易房竣工，景观树，道路及相关设施基本建成，搭建近7000平方米智能温室钢结构；鼎丰饲料公司投资2400万元改建饲料车间、添置饲料混合机和建设高标准化验室；总投资5000万元的融欣生态农庄A栋结构封顶；设施栽培(竹架)面积达271.47公顷，超额完成全年任务；完成植树造林147.27公顷，水利轮浚土方9.15万立方米；为全市多次提供农机工作现场会景点；农村环境长效管理工作扎实推进。在市年度、季度农业农村工作考核中，名列前茅。

【基础设施建设】 2014年，总投资约2400万元的隆海路、蔚林路东延新建工程完成施工单位招标，开工建设。总投资2600多万元的蔚林路市政道路新建工程完成12.5万立方米的备土工程。裕隆家园东西两侧隆海路、规划一路完成行道绿化。总投资约1000万元总长约5.2公里的镇区污水管道新建并网工程竣工。江申二路及永兴路镇区段道路亮化工程竣工投入使用。老滧河至第二军医大学启隆综合保障基地的给水管道竣工投入使用；乡自来水站3000立方米蓄水池扩建工程进入竣工阶段；启隆消防站开工建设。

【民生工程】 2014年，整合乡级便民服务、政法综治和社区"四室合一"社会管理功能，建立启隆乡社会管理服务中心，实现从社区到乡镇两级社会管理服务平台集中办公和一站式服务管理模式。全年共临时救助困难群众35人次，合计15200元。春节慰问困难群众154人，合计57760元。发放重点优抚对象和农村退伍老兵生活补助12万元。80岁以上享受尊老金56人，发放尊老金38700元。为17名重残人员发放补助75480元。完成老年人安康关爱保险373份。全年新增农村计划生育奖扶54人，持证企业退休人员一次性奖励120人。邀请市计生指导站到乡为300多名育龄妇女开展RTI防治检查。抓好秸秆禁烧工作，禁烧期间无一例秸秆焚烧事件发生。完成全年农村合作医疗收缴任务。新建幼儿园完成地勘、图纸设计、资金来源审批、风险灾害评估、环评、土地划拨等手续，即将开工建设。7月底，回购原启隆医院，委托市第七人民医院管理。

【平安建设】 围绕建设"平安启隆""法治启隆"，构建和谐社会、实现长治久安的总目标，深入推进社会管理创新，紧紧抓住矛盾排查调处、信访稳定、防控体系、长安法治创建四个重点工作，完善大调解、大防控、大接访三个工作机制，充分发挥政法综治工作中心的作用。2014年，乡社会矛盾纠纷调处中心共受理各类矛盾纠纷9起，涉及人数190人，成功调解9起，调处成功率为100%。开展法律援助工作，全年共推送法律援助案件101起。加强对长安法治建设宣传工作的组织领导，逐步完善集中宣传和经常性宣传相结合的工作机制，广泛发动群众参与平安法治建设，先后组织开展"送法进社区""情系农民工普法活动周""610反邪教宣传日""12·4"法制宣传日等系列活动，全年发放普法资料300多份，受教育群众达600多人次。

2014年启隆乡主要经济社会指标

表47

项　目	单　位	数　量	项　目	单　位	数　量
总面积	平方公里	48.6	粮食总产量	吨	5899
年末户籍人口	人	3875	棉花总产量	吨	0
耕地面积	公顷	2191	油料总产量	吨	71
地区生产总值	亿元	5.68	水产品产量	吨	1640
第一产业增加值	亿元	0.39	工业总产值	亿元	21.41
第二产业增加值	亿元	4.56	企业实交税金	亿元	1.05
第三产业增加值	亿元	0.73	建筑业总产值	亿元	0
财政收入	亿元	1.92	小学校数	所	1
农民人均纯收入	元	17300	中学校数	所	1
设施农业占地面积	公顷	388	医疗卫生机构	个	1

2014年启隆乡各社区基本情况

表48

社区名	人口(人)	耕地面积(公顷)	党组织书记	居委会主任
永隆社区	3031	512.27	倪和生	倪和生
兴隆社区	843	729.73	张爱华	张爱华

(陈 利)

南城区街道

【概况】 2014年,南城区街道办事处发挥主导作用,加强居民群众主体参与意识,不断创新社区管理机制,全力推进城市管理、社区服务、综治法治、精神文明、队伍建设等工作。办事处共获各类荣誉12项。东洲新村社区和建都新村社区被评为江苏省和谐示范社区,建都新村社区被评为省级"平安家庭"示范社区,彩臣二村社区被评为省级"民主法治"示范社区,东珠新村社区被评为江苏省节水型社区。1位市民被南通市委、市政府评为南通市优秀校外辅导员。发挥典型示范社区引领作用。省信访局、南通市委宣传部、南通市委组织部、南通市司法系统等上级领导先后到世纪家园、建都新村、香榭水岸、城河新村等社区调研。

【社区党建与精神文明建设】 社区党组织建设。2014年,南城区街道13个社区共设1个党委、11个党总支部、1个党支部,各社区共下设42个二级党支部,179个网格党小组负责协助社区党总支部履行居务办理、党员活动开展、反映社情民意等职能,汇总社情民意,化解矛盾纠纷,增强管理服务针对性。2014年,街道党工委共落实各项惠民服务805件,化解邻里矛盾纠纷101起。

社区服务平台建设。全面实行"一站式"服务。建立健全党工委班子成员直接挂钩联系制度。第一时间掌握民情信息,把握群众思想动态,协助解决区域影响发展稳定的问题。先后走访群众120户,慰问困难群众952人,发放慰问资金41.53万元,解决实际问题15个。

精神文明创建。开展"传递正能量、共建好家园"主题系列活动。建设13个正能量加油站站点;先后创建省级文明社区1个、南通市级文明社区5个、启东市级文明社区6个。南城区街道率先开通"南城区街道微信公众平台";实施社区同步工作法;街道、社区开展党的群众路线教育实践活动,共召开座谈会85次;街道、社区干部每月定时开展"党员统一活动日"及"温暖南城"系列志愿服务活动。

南城区第二届全民健身节健身风采集中展示 (南城区街道办/提供)

【民政保障】 2014年,街道办事处成立南城区街道自助配餐中心,为辖区内60岁以上老人提供配餐、送餐服务。全年新增低保3户,注销37户,普遍提标104户,在享受对象93户,160人,月保障金5.43万元。新增重残疾救助对象12人,注销1人,至年底有在享受救助对象122人,月保障金540元。优抚享受对象171人,季保障金33.39万元。发放优抚门诊定补63人10450元。全年共实施临时救助194人次、医疗救助41人次,救助金额34.87万元。

【劳动保障】 2014年,办事处为221名军转干部发放45.46万元慰问金,为97名土地保养工发放生活补贴42.60万元。对辖区内近8000名退休职工进行年检认证。为30名年满60周岁,享受企业职工基本养老保险待遇的城镇居民办理基础养老金。

【计生服务】 2014年,办事处共办理一孩服务证372份,独生子女父母光荣证158份,流动人口婚育证明98份,在线及上门为生育二孩居民上报生育材料140份。建立新婚、出生信息卡504多张。开展多项"生育关怀零距离服务"活动,关怀育龄群众生殖健康,完善"失亲妈妈"爱心救助站,关怀计生特困家庭。将流入人口与户籍人口同等对待,免费为流入人口提供政策法规、生殖健康、优生优育知识咨询、免费发放避孕药具,开展送政策、送知识、送服务上门活动,及

11 月 1 日，南城区街道网格员工作会议召开　　(南城区街道办/提供)

时帮助解决流入人口在办证、就业、子女入托入学等方面遇到的问题。

【特殊群体管理与服务】 社区服刑人员管理。2014 年，办事处对在册的 40 名社区服刑人员落实各项规定。全年共对 7 名人员进行诫勉谈话，对 18 名人员进行警告处分。

服务流动人口。为外来流动人口提供全方位的服务，切实加强对流动人口和出租房屋的管理，将流动人口管理纳入社区管理的范畴，为流动人口提供就业岗位、法律援助、计生服务、科普宣传，开展各种文体活动，促进流动人口与当地人口的融合。

关爱未成年人。各社区党支部利用辖区教学资源，探索"家庭—学校—社区"教育的新模式，在寒暑假期间，开展"消防安全进家庭""讲红色经典小故事，伴我成长"为主题的演讲比赛、"弘扬启东精神""创卫小标兵""廉政书画展"等系列青少年教育活动。

帮扶刑释解教人员。建立"一对一"帮教机制，实行定对象、定小组、定措施的"三定"制度。

关怀特殊困难群体。构建困难群体公益服务体系。组织社区大学生村官定期到孤寡老人、残疾人家中义务劳动；街道为辖区内弱势群体进行"全程代办"服务，建立以街道专业社工中心为基础，以辖区法律服务点、律师事务所为补充的法律援助服务体系，开展"法律进社区"活动，上门为辖区内弱势群体开展免费法律服务。

【环境卫生综合整治】 2014 年，办事处整治"六乱"(即乱搭乱建、乱堆乱放、乱设摊点、乱拉乱挂、乱贴乱写乱画、乱扔乱吐)，全面清理楼道"牛皮癣"，定期组织专项治理、联合执法，全面整治背街小巷、阳台棚顶、绿化带环境卫生。全年共计清除暴露垃圾 360 车，清理卫生死角 153 处，拔除小菜园 260 余处，拖运绿化带漂浮物 2000 多吨，修理破损窨井盖 200 多只。开展巡查、互查，共查找出楼道堆积物、饲养家禽、绿化带堆积物等问题 95 处。各社区均落实整改。接收和处理市"12345"公共服务热线物业派单。全年共接到涉及环境卫生投诉 1245 件，成功解决 1215 件。

2014 年南城区街道各社区基本情况

表 49

社区名	人口数		社区面积(公顷)	党组织书记	居委会主任
	户籍人口数	外来人口数			
彩臣二村	5305	1959	52.68	陈　美	陈　美
彩臣三村	3021	2422	184.12	沙春娟	沙春娟
东洲新村	6246	1246	36.65	应红娟	应红娟
南苑一村	5914	1804	29.12	王　佳	黄翠英
南苑二村	6813	1509	34.73	施卫东	施卫东
世纪家园	1657	1353	36.52	陈松英	陈松英
城河新村	8166	998	136.52	赵海娟	赵海娟
建都新村	9171	2334	54.36	黄　静	黄　静
职工新村	5606	1666	13.77	王春燕	王春燕
华联新村	4415	1705	31.96	张　群	张　群
东珠新村	10259	1054	34.33	王素娟	王素娟

续表 49

社区名	人口数		社区面积(公顷)	党组织书记	居委会主任
	户籍人口数	外来人口数			
香榭水岸	5685	2583	33.87	蔡　丹	蔡　丹
汇东新村	878	1516	33.92	黄丽历	黄丽历

（陈凯健）

北城区街道

【概况】 2014年，北城区街道办事处召开志愿服务、物业管理工作等10次座谈会，征集13个方面95条意见建议，解决物业管理、小区改造等服务群众“最后一公里”问题230多个。建立健全《机关干部作风问题追究办法》《社区工作人员选拔培养实施意见》等长效制度规范。推进服务型党组织建设。街道办共投资40多万元，建成12个小区一站式服务平台。各社区开展“微心愿大家帮”“拍拍拍、改改改”等活动，提升党组织的社区服务功能。街道办在南通市级党建课题“在服务中教育引导群众”实践中得到上级一致肯定，长江新村社区代表街道办在启东市基层党组织在服务中教育引导群众工作推进会上作经验交流。长龙二村社区在软弱涣散党组织整改中获南通市委组织部和社区居民的高度评价。街道党建工作在年度党建创新杯考核中获银杯奖。

【精神文明建设】 2014年，街道社区开展“正能量加油站”、践行“居民公约”“北街志愿星光行动”等活动，弘扬社区正能量。组织开展网格道德讲堂、好人事迹宣讲、法治文化放送、科普健身宣传等活动。至年末，街道社区志愿者突破8000人，全年组织开展150多次专项活动，受益居民近2万人次。组织“五星”志愿者参加“东疆一日游”等体验活动，激励社区志愿者，引导志愿服务规范发展。全年开展“雷锋精神我传承、文明礼仪我行动”暑期实践活动以及“八礼四仪”各类活动70多项。“北街之窗”新浪官方微博开通。组织

“北街好人”推介会　　（北城区街道办/提供）

“北街好人”评选，评出好人15人，其中提名5人。全年有7人被评为“启东好人”。社区阅览室、市民学校等阵地不断巩固。街道社区完成省文明城市复查各项工作。

【社会治理】 2014年，街道办改进社会治理方式，开展“邻里听音集民智、邻里互助帮民困、邻里协商办民事”的“三邻三民”活动。全年街道社区干部共下访3000余人次，收集舆情信息2000多条，形成社情民意分析会、网格员工作例会、邻里议事会、情况反馈通报等长效工作制度。开展“社情民意熟熟熟”比拼活动，以赛促学，以赛代训，推动街道社区干部深入网格。培育发展社区社团，启动“百家社团服务万家百姓”工程。出台《优秀社区社团、优秀社区社团带头人评选办法》等系列文件，发展壮大“幸福邻里互助队”等社团组织76个，举办社区社团风采观摩会，其中朝晖读书看报阅读社等7个社团得到市政府的表彰奖励。《组织人事报》《南通日报》等媒体对“三邻三民”做法做了经验介绍。

【平安法治建设】 2014年，街道办全面建设“社区平安网格”。发放《平安网格创建倡议书》，开展家庭触电、火灾逃生与自救等演练活动。为每个社区培训安全专干，建立健全工作衔接、信息收集、工作例会和评优奖励四大机制。强化“红袖标”队伍建设。开展日间巡逻守望活动3万多人次，开展排查和治安情况分析800多次。“家庭普法站”实现社区全覆盖，“法治北街讲堂”顺利开讲。重点化解信访积案，街道办与法院、汇龙镇、人社局等部门沟通协调，召开各种协调会30多场次，成功化解4起老信访事项。针对邪教“法轮功”、矫正对象、刑释解教等重点人员，坚持定期回访，做好思想疏导和教育管理工作，确保全年没有发生有影响性负面事件。街道政法综治工作在年度考核中获银杯奖。

【物业属地化管理】 2014年，街道办3次召开物业属地管理工作会议，出台《物业管理考核奖励办法（试行）》《物业公司岗位责任制实施细则》等制度。做好业委会成立（换届）工作，依法选举产生34个小区业主委员

"社情民意"熟熟熟知识竞赛　　(北城区街道办/提供)

会。举办两期业委会主任专题培训班。成立城北物业服务管理有限公司,对辖区内老旧小区提供"三基本"(基本保洁、基本保绿、基本养护)物业服务。

【数字城管】 8月起,街道办按照市政府要求,开展数字城管工作,办理"12345"涉及小区环境问题的任务单750件,满意率95%。办理数字城管任务单1062件,办结率达98%。

【民生服务工程】 2014年,街道办受理并初审1400名持证企业退休职工计生奖励申请。办理一孩服务通知单、独生子女父母光荣证、流动人口婚育证等近1000份,受理100多份再生育一孩材料。在"单独两孩"生育新政实施后,针对新政下高龄产妇可能增多的情况,利用宣传橱窗、横幅、培训班等形式,普及孕前优生知识,实现孕前优生健康检查应检尽检。开展"亲情牵手、生育关怀"活动,组织失独家长一日游。组织参加"生育关怀携手行"联谊活动。严肃查处违法生育25人。做好各类民政对象生活补助、抚恤金、物价补贴的核算,并及时发放到位。按时完成低保、城市三无、孤儿等对象的提标工作。完成医疗救助、困难家庭日常救助等项目的核查工作。办理老年证573份,为1485人办理安康关爱保险。为40人办理新农保。为830人办理城镇就业困难人员灵活就业社会保险补贴,完成企业退休人员年检和2014届离校未就业高校毕业生实名调查登记。完成镇居民医疗保险参(续)保缴费手续。做好对辖区各类规模以上企业60家的月报、年报工作,顺利完成人口抽样调查和劳动力抽样调查工作。

2014年北城区街道各社区基本情况

表50

社区名	人口(人)		社区面积(公顷)	党组织书记	居委会主任
	户籍人口	外来人口			
民乐新村	7268	1892	210	陆爱华	陆爱华
幸福一村	4138	450	36	吴卫卫	吴卫卫
幸福二村	7058	1706	30	顾金花	顾金花
和平新村	6013	238	55	袁赛花	袁赛花
万豪花园	6282	680	65	朱培培	朱培培
文汇新村	6926	2820	60	朱洵颐	朱洵颐
长江新村	5150	2369	25	王　慧	王　慧
明珠新村	4493	1712	50	陈东伶	陈东伶
紫薇花苑	2797	4588	45	陈　鸿	陈　鸿
紫薇一村	2750	322	50	江秀泉	江秀泉
长龙一村	3822	1138	54	顾红梅	顾红梅
长龙二村	2788	1071	60	陈　燕	陈　燕
紫薇二村	7630	450	95	陈靖贤	陈靖贤
紫薇三村	4820	1194	50	黄锋霞	黄锋霞
长龙三村	2059	6594	100	岑峻巍	岑峻巍

(王胜花)

新任市领导

顾云峰

顾云峰,男,汉族,1965年11月出生,江苏启东人,1982年8月参加工作,1986年9月入党,研究生学历。启东市政协主席、党组书记。

1979年9月~1982年8月,南通农校植保专业学习;1982年8月~1985年1月,启东县三甲公社农业公司副经理、农技站副站长;1985年1月~1988年10月,启东县志良乡农技站副站长(当家);1988年10月~1992年12月,启东县(市)西宁乡农技站站长;1992年12月~1995年1月,启东市天汾镇农技站站长、多种经营办公室主任;1995年1~10月,启东市天汾镇镇长助理兼农技站站长、多种经营办公室主任;1995年10月~1996年11月,启东市天汾镇副镇长(1996年9~12月,南通市委党校第十期中青班学习);1996年11月~1999年12月,启东市天汾镇党委副书记、镇长(1998年9月~2001年7月,扬州大学经济管理专业大专函授学习,1999年9~12月,南通市委党校第十四期中青班学习,1999年9月~2001年12月,苏州大学人文学院应用社会学专业研究生课程班学习,1999年9月~2002年7月,省委党校经济管理专业大专函授学习);1999年12月~2000年8月,启东市天汾镇党委书记、人大主席;2000年8月~2002年7月,启东市天汾镇党委书记(2001年2月~2002年1月,省委党校一年制青年干部班学习;2001年2月~2003年6月,省委党校政治经济学专业在职研究生学习);2002年7~8月,启东市委常委;2002年8月~2005年7月,启东市委常委,新疆伊宁市委副书记;2005年7月~2006年6月,启东市委常委;2006年6~8月,启东市人民政府副市长、党组成员;2006年8月~2011年6月,启东市人民政府副市长、党组成员,兼市江海滩涂资产管理委员会主任;2011年6~8月,启东市委常委,市人民政府副市长、党组副书记,兼市江海滩涂资产管理委员会主任;2011年8~9月,启东市委常委,市人民政府副市长、党组副书记,兼市政府采购与招投标中心主任、行政服务中心主任、江海滩涂资产管理委员会主任;2011年9月~2012年1月,启东市委常委,市人民政府副市长、党组副书记,兼市政府采购与招投标中心主任、行政服务中心主任;2012年1~4月,启东市委副书记,市人民政府副市长、党组副书记,兼市政府采购与招投标中心主任、行政服务中心主任;2012年4月~2014年5月,启东市委副书记,兼市委党校校长,上海城投(启东)江海产业园投资控股有限公司副董事长;2014年5月~2015年1月,启东市委副书记,兼市委党校校长;2015年1月起,启东市政协主席、党组书记。

汤 雄

汤 雄,男,汉族,1967年6月出生,江苏海门人,1992年8月参加工作,1993年6月入党,研究生学历。启东市委副书记,兼市委党校校长。

1988年9月~1992年8月,扬州师院南通师专教学班中文专业学习;1992年8月~1996年8月,南通教育学院办公室秘书、中文系助教;1996年8月~1998年1月,南通教育学院办公室副主任(1997年9月~1998年1月,借南通市委组织部组织科工作);1998年1~6月,南通市委组织部组织科工作;1998年6月~2000年9月,南通市委组织部副科级组织员;2000年9月~2001年11月,南通市委组织部正科级组织员;2001年11月~2002年9月,南通市委组织部组织科副科长、正科级组织员;2002年9月~2003年8月,南通市委组织部组织处副处长、正科级组织员;2003年8月~2004年6月,南通市委组织部组织处副处长、正科级组织员(主持工作);2004年6月~2006年12月,南通市委组织部组织处处长(2005年9月~2008年7月,中央党校经济管理专业在职研究生学习;2005年10月~2006年1月,借省委组织部工作);2006年12月~2008年2月,南通市委组织部副处级组织员、组织处处长;2008年2~3月,南通市委新经济新社会组织工作委员会副书记,市委组织部组织处处长;2008年3~12月,南通市委新经济新社会组织工作委员会副书记,市委组织部部务会成员、组织处处长;2008年12月~2015年1月,启东市委常委、组织部部长;2015年1~4月,启东市委副书记、组织部部长,兼市委党校校长;2015年4月起,启东市委副书记,兼市委党校校长。

兰生峰

兰生峰,男,土族,1970年6月出生,青海互助县人,1992年7月参加工作,1994年12月入党,大学学历。青海省同德县委副书记、县长,启东市委副书记(挂职)。

1988年9月~1992年7月,青海民族学院汉语文系汉语言文学专业学习;1992年7月~1994年11月,青海省西宁市城东区中庄乡政府干部;1994年11月~1998年4月,青海省西宁市城东区政府办公室办事员、科员;1998年4~11月,青海省西宁市城东区政府办公室副科级督查员;1998年11月~1999年8月,青海省西宁市城东区政府办公室副主任;1999年8月~2002年1月,青海省西宁市委办公厅综合处副处长、处长;2002年1月~2003年3月,青海省西宁市委办公厅助理调研员(2000年7月~2002年6月,中国社会科学院经济系政治经济学专业研究生课程进修班学习);2003年3月~2004年3月,青海省西宁市城北区委副书记(挂职);2004年3月~2006年3月,青海省大通县县委常委、副县长;2006年3~11月,青海省大通县委副书记;2006年11月~2007年12月,青海省大通县委副书记(正处级);2007年12月~2008年2月,青海省西宁市委宣传部副部长(正县级);2008年2月~2010年9月,青海省西宁市委宣传部常务副部长(2009年9~12月青海省委党校中青班学习);2010年9月~2011年3月,青海省同德县委副书记、代县长;2011年3月~2015年4月,青海省同德县委副书记、县长;2015年4月起,青海省同德县委副书记、县长,启东市委副书记(挂职)。

姜 平

姜 平,男,汉族,1968年4月出生,江苏启东人,1990年8月参加工作,1992年10月入党,研究生学历。启东市委常委、宣传部部长。

1986年9月~1990年8月,华中理工大学新闻系学习;1990年8月~1993年10月,启东市委办公室秘书;1993年10月~1994年12月,启东市委办公室新闻科副科长;1994年12月~1995年5月,启东市委办公室经济科副科长;1995年5月~1997年5月,启东市委办公室综合二科副科长(1996年5月~1997年5月,下派汇龙镇城北村任党总支部副书记);1997年5月~1998年8月,启东市委办公室秘书科科长;1998年8月~2001年3月,启东市委办公室副主任;2001年3月~2002年10月,启东市海复镇党委书记(2002年3~12月,省委党校青干班学习);2002年10月~2004年2月,启东市委办公室主任(2002年12月~2004年7月,省委党校政治经济学专业在职研究生学习);2004年2月~2006年6月,启东市委秘书长、办公室主任;2006年6月~2008年7月,启东市委常委、秘书长、办公室主任;2008年7~9月,启东市委常委、秘书长、办公室主任,兼汇龙镇党委书记;2008年9~10月,启东市委常委,兼汇龙镇党委书记;2008年10月~2010年8月,启东市委常委,兼汇龙镇党委书记、市科技创业园(留学生创业园)党工委书记;2010年8~9月,启东市委常委,兼汇龙镇党委书记;2010年9月~2011年11月,启东市委常委,兼汇龙镇党委书记、江苏省启东现代农业产业园区党工委书记;2011年11月~2012年4月,启东市委常委,兼滨海工业园党工委书记;2012年4月~2013年6月,启东市委常委,兼滨海工业园党工委书记,外高桥集团(启东)产业园有限公司副董事长;2013年6月~2014年5月,启东市委常委,兼滨海工业园党工委书记,近海镇党委书记,外高桥集团(启东)产业园有限公司副董事长;2014年5月~2015年4月,启东市委常委,兼滨海工业园党工委书记,近海镇党委书记;2015年4月起,启东市委常委、宣传部部长。

赵男男

赵男男,女,汉族,1975年4月出生,江苏通州人,1995年8月参加工作,1995年6月入党,研究生学历。启东市委常委、组织部部长。

1990年9月~1995年8月,南通师范学校五年制大专班学习;1995年8月~1998年1月,南通师范学校第二附属小学教师(1997年7月,省高等教育汉语言文学专业本科自学考试毕业;1997年9月~1998年7月,徐州师范大学中文系古典文学专业研究生课程班进修);1998年1~10月,南通师范学校语文教师,教工团支部书记;1998年10月~2000年2月,南通师范学校教师、校团委干事;2000年2月~2001年1月,南通师范学校团委副书记;2001

年1月~2009年1月，共青团南通市委副书记、党组成员(2003年9月~2006年7月，省委党校区域经济学专业在职研究生学习；2008年12月，南京航空航天大学工程专业硕士学习毕业)；2009年1月~2010年9月，如皋市人民政府副市长(挂职)，共青团南通市委副书记、党组成员；2010年9月~2011年6月，如皋市人民政府副市长；2011年6月~2013年12月，启东市委常委、宣传部部长；2013年12月~2014年12月，启东市委常委、宣传部部长，兼启东圆陀角旅游度假区党工委书记；2014年12月~2015年4月，启东市委常委、宣传部部长；2015年4月起，启东市委常委、组织部部长。

朱志强

朱志强，男，汉族，1974年9月出生，江苏海门人，1995年8月参加工作，1999年6月入党，研究生学历。启东市委常委、政法委书记，兼市依法治市办公室主任、市社会调解服务中心党工委书记、主任。

1992年9月~1995年8月，江苏公安专科学校公安管理系内勤专业大专学习；1995年8~11月，海门市公安局巡逻大队办事员；1995年11月~1998年6月，海门市公安局海门港派出所办事员；1998年6月~1999年9月，海门市公安局治安大队办事员(1999年8月~2001年12月，中央党校法律专业本科函授学习)；1999年9月~2000年12月，共青团海门市委副书记；2000年12月~2003年2月，共青团海门市委书记、党组书记；2003年2~3月，海门市东灶港镇党委副书记(主持政府工作)；2003年3月~2006年4月，海门市东灶港镇党委副书记、镇长；2006年4~12月，海门市天补镇党委副书记、镇长；2006年12月~2007年3月，海门工业园区党工委副书记、管委会常务副主任；2007年3~5月，海门工业园区党工委副书记、管委会常务副主任，三星镇镇长；2007年5月~2008年6月，海门工业园区党工委副书记、管委会常务副主任，三星镇镇长，江苏叠石桥市场管委会主任(2007年9月~2010年7月，省委党校党的学说与党的建设专业研究生函授学习)；2008年6月~2010年10月，海门市副市长，昭苏县委副书记(援疆)；2010年10月~2013年3月，海门市副市长；2013年3月~2014年8月，海门市副市长、残联主席；2014年8月起，启东市委常委、政法委书记，兼市依法治市办公室主任、市社会调解服务中心党工委书记、主任。

汤葱葱

汤葱葱，男，汉族，1968年12月出生，江苏南通人，1989年9月参加工作，1993年6月入党，研究生学历。启东市人民政府副市长、党组成员。

1986年9月~1989年9月，淮海交通职业专科学校运输管理专业学习；1989年9月~1991年12月，南通县交通局平潮交管所交管员；1991年12月~1993年2月，南通县十总交管所副所长；1993年2月~1994年5月，通州市十总交管所所长；1994年5~10月，通州市运输管理所副所长；1994年10~12月，通州市五接乡乡长助理；1994年12月~1995年12月，通州市五接乡副乡长；1995年12月~1996年1月，通州市五接乡党委副书记；1996年1~11月，通州市五接乡党委副书记、乡长；1996年11月~2000年10月，通州市新坝乡党委书记；2000年10月~2002年1月，通州市平潮镇党委书记；2002年1~11月，通州市平潮镇党委书记、人大主席(2002年9月~2004年12月，江苏省委党校经济管理专业本科函授学习)；2002年11月~2003年1月，通州市交通局党委书记；2003年1月~2009年6月，通州市交通局局长、党委书记(2007年9月~2010年7月，江苏省委党校函授学院研究生学习)；2009年6月~2010年5月，通州区交通局局长、党委书记；2010年5月~2011年10月，通州区交通运输局局长、党委书记，通州区港口管理局局长；2011年10月~2012年4月，通州区交通运输局局长、党委书记；2012年4月~2014年8月，通州区住房和城乡建设局局长、党委书记，区政府投资项目工程建设中心主任，区建工局党委书记；2014年8月起，启东市人民政府副市长、党组成员。

(市委组织部)

先进人物

江剑波

江剑波，男，1965年11月出生。启东市农业机械化技术推广站站长。1986年7月毕业于南京农机校，在基层农机战线先后从事农机管理、培训和推广工作28年，担任农机校校长、农机推广站站长15年。他自觉落实国家强农惠农富农政策，服务“三农”意识强，热爱农机事业，任劳任怨、勤奋工作，具有强烈的事业心和责任感。2014年，他被农业部授予全国粮食生产突出贡献农业科技人员称号。

江剑波注重农机与农艺的融合，积极引进新技术和新机具，加强示范推广，示范效应明显；不管是技术推广工作还是教学工作，他都身体力行、深入第一线，开展技术指导服务。单位农机培训鉴定和推广示范成绩显著。近五年,在他的带领下,启东市农机培训和推广工作取得很好的成绩,共培训农机行业职业技能鉴定人员2398人、阳光工程培训850人、新型职业农民培训200人、基层农机人员培训152人以及拖拉机、联合收割机驾驶员培训503人。农机推广工作扎实推进,近两年承担省级农机三新工程项目2个、南通市和启东市级农机新机具新技术研发推广项目2个,都取得较好的经济效益和社会效益。他先后参与编写《拖拉机驾驶员》教材,主持编写《油菜秸秆粉碎经营主体管理手册》《玉米生产全程机械化技术集成推广培训手册》,并有多篇论文在《农机科技推广》《江苏农机化》《科学种养》杂志上发表。

在他担任单位领导期间,不论是农机校还是合并后的农机推广站,单位每年都受到省、市农机局和启东市政府的表彰;2011年,启东市农机校在农机阳光工程培训考核验收评比中名列江苏省各县(市)之首;2013年,启东市农机推广站首次获得省级设施农业机械技术推广先进集体称号。

(江剑波)

周 香

周香,女,1980年5月出生。启东市海复镇计划生育中心服务站卫技人员。1999年,从江苏省人口学校毕业被分配至海复镇,她在卫技岗位上严格要求自己,认真、踏实对待各项工作,以真诚、负责对待育龄群众。她所做的工作得到上级领导和海复育龄群众的认可,曾获江苏省计划生育科技工作先进个人、南通市和启东市计划生育先进个人等称号。2014年,在全国妇幼健康技能竞赛中被国家卫生和计划生育委员会、中华全国总工会评为计划生育技术服务组个人二等奖、综合笔试单项奖。

工作中的周香刻苦钻研,熟练掌握卫技岗位所需的知识和技能,努力为育龄群众提供孕前优生健康检查服务、避孕药具不良反应监测与上报工作、上取环等计划生育技术服务、避孕节育知情选择服务、避孕节育随访服务等系列优质服务。为提供更高质量的服务,周香积极地参加市计生委组织的业务培训,平时经常阅读相关书刊杂志,学习计划生育的法律、法规知识和计划生育技术服务的新知识、新技能,不断提高自己的业务知识和技能水平。

2014年7月,周香作为启东市卫技人员代表参加南通市计划生育技术服务竞赛获第一名。同年8月,参加江苏省妇幼健康技能竞赛获二等奖和江苏省总工会五一创新能手称号。9月,周香在江苏省卫技委参加集训,她每天不停地看书,或是练习手术操作或进行知识竞答。经过一个多月的集训,周香的理论、操作水平得到大幅度提高,知识竞答的成绩越来越好。10月27日,在模拟比赛中,她从16名参训队员中脱颖而出,与另3名队员组成江苏省代表队参加全国妇幼健康技能竞赛。

10月29日,在北京的国家会议中心举办的全国妇幼健康技能竞赛中,周香最终获得计划生育技术服务组个人二等奖、综合笔试单项奖,并和江苏队的队员们共同获得团体二等奖的好成绩。

(周 香)

李红英

李红英,女,1966年1月出生。启东市安全生产监督管理局副主任科员。2014年被国家安全监督管理总局授予安全生产监察先进个人称号。

2005年,李红英调至市安监局工作。她全面创新监管工作机制,围绕"安全第一、预防为主、综合治理"的安全方针,协助配合领导做好安全生产综合监管工作,全面落实安全生产"党政同责""一岗双责"等制度,明确各级领导和有关部门的安全生产责任,并纳入领导班子和部门负责人年度目标考核内容。在综合借鉴先进地区好的经验做法的基础上,她提出自己的工作思路,制订下发《基层安监所(局)建设规范》《生产经营单位安全生产管理台账》《村(居)安全生产工作站台账》等基础性工作文件,健全全市安全生产责任监管体系,形成市、镇乡(园区、街道、部门)、村(居)三级安监网络。起草《关于安全生产领域联合执法的实施意见》,并以市政府名义下发,提高执法效率。

针对中小型企业多,普遍存在安全基础薄弱、安全管理知识缺乏、管理能力不强、员工安全素质偏低等现象,她组织企业主要负责人和安全生产管理人员的教育培训工作,提高企业安全管理水平;认真学习有关安全生产法律法规及安全监督管理的新技术和新手段,有较强的专业知识技能和执法水平,指导和帮助基层和企业进行巡全管理和安全隐患的整改工作,工作成绩突出。她先后获江苏省安全生产培训工作先进个人、南通市安全生产先进个人、南通市职工安全生产知识电视培训先进个人等称号。

(李红英)

李 英

李英,女,1962年6月出生。启东市民政局局长。2014年8月,被省委、省政府、省军区授予江苏省第十届双拥模范城(县、区)先进个人称号。

李英始终高度重视双拥、情系双拥,将拥军优属工作作为贯彻落实科学发展观的重要内容来抓,列入民政系统精神文明建设的规划和目标管理。在她的努力和带领下,启东

市连续六年成功创建双拥模范城。在南通市组织的双拥工作考核评比中，启东市的考核成绩一直名列前茅。

多年来，李英认真学习研究《全国双拥模范城(县)考评标准》《江苏省创建全国双拥模范城(县)考评标准》,准确理解和把握全国、省考评标准的基本精神及内容,结合实际细化任务,遵照标准抓好落实。创新双拥优抚工作方式、方法和思路,深入基层关爱各类重点优抚对象,在她的主持下,启东市制订出台《关于调整部分在乡重点优抚对象医疗保障》的相关政策,提前完成全市所有重点优抚对象均可享受重点优抚对象医疗优惠政策和"一站式"即时结算服务的目标任务,解决长期以来困扰5000多名重点优抚对象医药费自己垫付的问题,受到社会各界的好评。

她主动与驻启部队主官联络,关心驻启子弟兵,共商共建事宜。在她的推动下,解决驻启部队基础设施建设、数字电视的免费安装、基层俱乐部建设所需的多项经费、部队生活垃圾处理工作等实事。每逢"八一"、春节为驻启每名官兵送去一份倾情关爱的慰问品，每个季度为随军家属送上生活补助金,每年年终为驻启子弟兵送去立功奖励金。通过一系列拥军优属活动的开展,密切军民关系,增进民政系统干部职工的国防观念和奉献意识、责任意识,提升干部职工立足本职的责任感、使命感,促进了双拥、优抚工作的跨越式发展。

(市民政局)

年度启东好人

2014年,全市共推荐各类道德先进典型500多个,其中月度上榜人物63名个人和1个集体。经社会推荐、审核公示和群众投票、专家评议等程序,有9名个人和1个集体当选2014年"年度启东好人",10人获"年度启东好人"提名奖。

明珠新村"常青藤"志愿服务队
(助人为乐好人)

"常青藤"志愿服务队是一支由退休人员、下岗工人、居民骨干等组成的社区志愿服务队,年纪最小的27岁,最大的86岁。2005年11月成立,"常青藤"本着"服务社区,服务居民"的宗旨,为小区义务打扫卫生,帮助居民解决生活困难,陪独居老人聊心事……

社区孤寡老人是"常青藤"志愿服务队的重点帮扶对象。72号103室的陆成元老人瘫痪在床多年,子女常年在外,仅靠着老伴照顾起居。常年的辛劳,老伴的身体也愈发弱了。此时,社区"常青藤"走进了他们的生活。嘘寒问暖、买

米买盐,志愿者们把老人视如自己的亲人。提起"常青藤",孤寡老人吴玉英直说:"这是我俚亲人呢。"吴玉英身体不适,独自去医院挂盐水。"常青藤"退休教师沈珏得知后,赶忙追到医院陪护老人,端茶、擦汗。盐水挂到一半时,细心的沈珏突然发现老人有点不对劲,嘴角抽动,不停颤抖,意识模糊,她怀疑老人产生了盐水反应,她赶忙叫来医生,并立即拔掉吴玉英手上的吊针。经医生施救,吴玉英慢慢苏醒。类似的事情在明珠新村还有很多。

关爱老人,更关心孩童。在常青藤志愿服务队,还有着一支小分队——"关心下一代"志愿服务队。每年7月,社区都会举办"七彩夏日"暑期夏令营活动,"常青藤"志愿者们分成3个小组开展特色活动和兴趣班活动，赢得社区小朋友们的喜爱。2014年6月,"常青藤"的骨干倪松祥不幸查出重病,急需手术,但他仍忍着病痛,在手术前一天,将"七彩夏日"系列活动全部安排妥当。

社区里的鸡毛蒜皮,"常青藤"志愿服务队也一把揽过。一对80多岁的老夫妇拄着拐杖找到志愿者,反映隔壁出租房里开设棋牌室,空调机声、打牌声闹哄哄,严重影响他们的正常生活,请志愿者帮忙协调。志愿者立即想办法联系上房东及房客,动之以情,晓之以理,最终房客答应严格遵行作息时间,尽量做到不扰民。

考虑到明珠社区是一个老小区,流动人员多,安全设施不齐全,除了管好社区的"闲事"外,志愿者们还当起义务巡逻队员。他们每天派出2人在小区周围巡逻，发现可疑情况,立即向居委会汇报。小区的治安状况明显好转,偷盗案件少了不少。

创卫创模创生态,小区是创建工作的主阵地,志愿者们自告奋勇担当起社区创建的重任。在巡逻的同时，不少志愿者"兼职"当上小区保洁员。志愿者们发现楼道内堆放杂物、楼外乱搭乱建等现象,及时监督整改,确保小区环境整洁卫生。

此外,"常青藤"志愿者的身影还常常出现在社区的文体活动中,沈季江便是其中之一。他是每年纳凉晚会的"总策划人",从节目安排到现场筹备,他都忙里忙外,一手操办。2014年,沈季江创作的《唱唱明珠常青藤》节目,在"网格绚丽耀明珠"纳凉晚会上得到不少戏迷的肯定。为丰富小区居民的"夜生活",他还组织紫丁香文体健身俱乐部。

居委会6名工作人员也都是"常青藤"志愿者。为33号

楼陆辉生重病的妻子申请民政救助，并联系结对帮扶单位送上救助物资；“一对一”帮扶得白血病的施卫平，为他家办理低保、申请红十字基金会救助，帮助他子女申请助学金。

“常青藤”志愿服务队的事迹先后多次被启东电视台、南通电视台、《今日启东》《南通日报》等媒体报道，得到各级领导、各界群众的称赞。

包仲贤
（助人为乐好人）

包仲贤，男，1946年11月出生，南阳镇佐鹤村退休教师。

2010年，佐鹤村党总支经讨论决定聘请教育经验丰富的包仲贤担任关工委常务副主任、校外教育辅导员。包仲贤在与家人沟通交流后，欣然答应。经过筹备，包仲贤首先牵头办起家庭辅导站，组织周边8个学生给予文化科学知识方面的辅导。此举得到村支部的全力支持。他亲自发动，组建队伍，慰问“五老”，走访或用电话联系学生与家长，共家访1218多人次。

2011年7月，他开办中心校外辅导站，每周六上午开展集中活动，累计开展活动233次，219名青少年到站接受教育辅导。期间，他所编写的《学习新时期启东精神》和《让国旗在孩子们心中飘扬》教案分别获市关工委鼓励奖和二等奖。他充分利用校外辅导站这一平台，有计划地开展各类主题教育活动，都收到很好教育效果。

为办好校外辅导站，方便学生学习，他自掏腰包，为学生复印资料，几年来花费近7万元。包仲贤组织开展的活动经验在市及市级以上关工委会议上交流58次，受到南通市、启东市关工委领导的肯定与表扬。2013年，他被评为南通市优秀校外辅导员。

葛海林
（见义勇为好人）

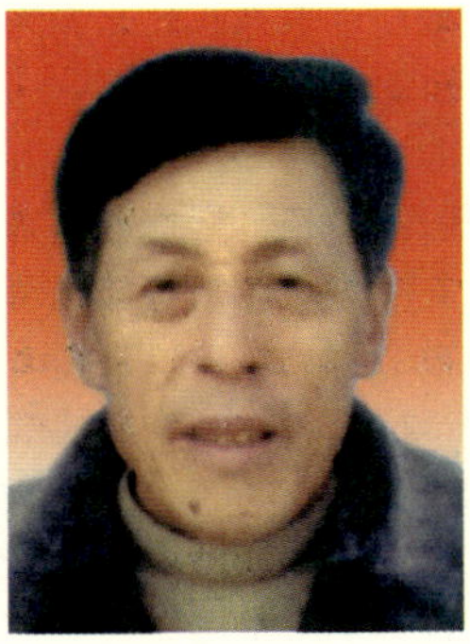

葛海林，男，1948年出生，苏启渔03149渔船船长。

2014年5月18日下午1时许，距离海岸70多海里的吕四渔场147区第6小区，苏启渔03149渔船上的渔民们收起渔网，准备在甲板上清理渔货。在驾驶室驾船的船老大葛海林，惊讶地发现渔船后面的海面上出现一团浓烟，并伴随着大火。“调头，救人！”葛海林高喊一声，并向渔民们鸣笛示意。“肯定是渔船起火了！”凭着多年海上行船的经验，他目测出起火渔船大约距离两海里，立即满舵调头。

葛海林加足马力全速向失火渔船靠近。十多分钟后，距离失火渔船不到200米，葛海林看清了。“是苏通渔01120号！”大火几乎烧遍了整条渔船，只留下船头一小块安全区域，十几个船员正拼命挥舞着手中的衣服大声呼救。“对接船头！”葛海林沉着地下了命令。对接船头就是用自己渔船的船头撞对方渔船的船头，万一控制不好速度，很有可能造成翻船事故。葛海林赶紧减速：“距离100米，船速2节，50米；1节，10米；0.5节……”

同时，苏启渔03149渔船轮机长袁金付带着船上的十多个渔民奔向船头准备接应。“船头靠上来了，抓稳啦！”袁金付高喊道。随着“咣”的一声闷响，两船船头对接成功，失火渔船上的船员陆续登上苏启渔03149，而在驾驶室里的葛海林也密切关注着船头的营救工作。当看到一个全身被严重烧伤的渔民被同伴抬上来时，葛海林心头一紧，握着船舵的手更加用力了。“要让船更稳一点，万一烧伤的人掉下海，被海水一泡就危险了。”他紧握着船舵，利用自己渔船比对方高的优势紧紧扣住对方船头。十多分钟后，苏通渔01120上的11名船员全部成功营救。

因为有一名渔民被烧伤，葛海林立即用船上通信设备通知伤者家属并联系海事部门。在与海事部门取得联系后，葛海林放弃捕捞作业立即返航。5月18日晚9时，伤者被送上岸到医院进行抢救。

滕建德
（诚实守信好人）

滕建德，男，1936年出生，启东市交通运输局退休职工。2006年起义务为小区出黑板报，丰富社区居民的精神文化生活。每年，都要出20多期，年末自己花钱把一年黑板报手稿打印装订成册，至2014年积累近十本。

2006年初，南苑二村居委会打算利用南苑二村48号楼的黑板报，丰富社区居民的精神文化生活。得知这一消息，一直想为社区做点事的滕建德第一时间到居委会毛遂自荐。为出好黑板报，平常只要一得空，他就仔细阅读各种报刊，看到精彩的文字和图片就剪下来贴在剪贴本上，然后精心挑选、整合。

对于滕建德黑板报事业，老伴范玉芳十分支持。每次黑板报的内容，滕建德都要先写在方格纸上，范玉芳就成了他的忠实读者，时常提出中肯的修改意见。由于年岁已高，尽管每期黑板报的内容只有七八百字，但他写写停停总得花上两个多小时。

说起出黑板报的意义，滕建德有话讲：“别看这黑板报是‘老式货’，宣传效果可不差，好多人都觉得挺稀奇。连经常在小区收废旧物品的外地人也会停下来，在黑板报前站上几分钟。”邻居李兆林的话印证了他的想法。“我们这儿是个老小区，中老年人居多。年纪大的人看报纸嫌字小，看电视又记不住,更别说上网。滕老这个板报都是经过提炼的内容,来看的人可不少呢。"

黄锦未
(敬业奉献好人)

黄锦未,男,1975年7月出生,启东市第七人民医院外科副主任。三年前,他放弃上海三甲医院优越的待遇,到启东市第七人民医院,成为骨伤科的技术带头人。他凭着高超的医术、高尚的医德、无私的敬业精神,使许多病人恢复健康,重拾生活的信心。

2013年7月的一天,在手术室成功抢救一个车祸病人后,回到病房的他感到异常的疲惫,作为医生,他感到身体上的变化给他敲响了警钟。体检结果显示他的肝脏已出现严重不良病灶。作为一直工作在临床一线,每天面对生死的他,从未真正想到过有一天自己会罹患疾病,而且这一天来得那么早、那么快、那么突然……他觉得世界一下子就灰暗了,所有的梦想都成了泡影。

但是求生的本能、救死扶伤的信念一直支撑他。虽然他到上海东方肝胆医院坚持接受了一次次痛苦的治疗,服用了一包包反应强烈的药物,经受了一个个噩梦般检查,但他总是带着阳光般的笑容回到医院,一次次向院领导要求重回岗位上班,坚信自己能行。院领导被他的执着和敬业精神所打动,接受了他的请求。就这样,被上海医学专家判定日子不多的他,挺过了三个月常人无法坚持的治疗,再次出现在病房,站在无影灯下。即使在上海接受治疗,他也未放弃过关心病床上的病人;即使遇到大手术、重症病人,他都坚守在第一线,一直等到病人情况基本稳定。他作为学科带头人,回到科室还不停息,而是认真地与科室年轻医生讨论、分析,将经验与大家分享,促使年轻人更快地成长。

经过与病魔不屈的抗争,他越来越顽强,不但在工作上取得了很大的成绩,而且自身的病症得到完全控制。

李洪斌
(敬业奉献好人)

李洪斌,男,1949年7月出生,启东市港口开发研究会秘书长。

20世纪90年代初,李洪斌为了家乡的建设从大城市回到家乡,长期从事吕四港、崇启大桥和其他重大项目的规划研究工作,为家乡的经济建设和长远发展做出重要贡献。2009年9月,从市发改委退休后,继续从事港口规划、区域经济研究和重大项目论证等工作。他编写的《长江北支深水大港战略研究》一书和《中国的北上海战略构想》一文曾提供给上海2040总规编制参考;他争取东海天然气登陆点落户启东,为沿江造船企业出谋。曾多次被评为启东市"勤政廉政好干部""十佳科技功臣",获南通市、江苏省、全国"五一"劳动奖章等称号。

2008年8月,启东市委、市政府为了落实省政府沿海开发战略,建立吕四港海洋经济开发区。当时,开发区只有20多位工作人员,都是从乡镇和机关抽调的公务员,港口专业知识懂得很少,急需专业人才参与,他们就聘请李洪斌为顾问。他作为顾问尽心尽责,常常与开发区的青年同志一起,到港口现场勘测、到规划研究单位研究课题、到北京南京上海开会论证、跑省跑部报批项目,从不叫苦叫累。他先后参与《吕四港总体规划修编》《吕四渔港外拓工程可行性研究》《吕四港挖入式港池工程可行性研究》等重大项目的规划研究工作,还利用业余时间编写《吕四港内河航道建设方案》和《吕四渔港水体交换建设方案》,得到市委、市政府、开发区和专家的采纳。2010年10月,他放弃吕四海洋经济开发区的高薪聘用,受邀到港口开发研究会和港口开发建设咨询委员会工作,担任研究会秘书长职务,负责港口研究会的日常工作,提出和研究一个个有关港口的重大课题。2011年1月,为储备启东港口战略岸线资源,提升启东港口航道等级,他大胆提出塘芦港30万吨深水大港的设想,得到市委、市政府和研究会领导的大力支持。在他的策划下,委托国内规划研究单位联合研究,在一年多时间内完成七个专题研究报告。研究结果表明:塘芦港可形成5万吨~20万吨级深水岸线17公里,港口陆域面积26平方公里,水域面积10平方公里。经交通运输部专家评审,一致认为塘芦港水域开阔,可围滩涂面积较大,航道走向与潮流方向基本一致,又靠近长江口和上海港,是一个十分难得的深水港口地址,采用挖入式港池建设深水大港是可行的。之后又进行《吕四港塘芦港区产业发展战略研究》和《吕四港区塘芦港作业区陆域形成及进港航道初步方案研究》等课题研究,都已通过专家评审。

2012年11月,他得悉《上海横沙新港方案》通过专家评审,后马上进行上海横沙新港与北支大港方案的比较研究,撰写的《浅谈北支大港与横沙新港方案比较》一文,其目的是将上海国际航运中心主体港争取建在启东长江北支河口,战略意义不可估量,引起有关方面的注意。

2013年11月,南通市通州湾港区规划方案确定进入模型试验阶段,他通过分析研究后提出,吕四港区规划方案需要跟随通州湾港区规划方案同步拓展调整,并与通州湾港区规划方案一起做模型试验,可以节省启东港口研究经费;可以并入一起上报审查审批减少麻烦;可以减少港区水流泥沙的互相影响;可以提高吕四港区将来竞争能力。他的建议方案得到南通市领导的认可,同意在下阶段规划研究中给予统筹考虑。2014年1月,中石化上海东海天然气销售部到启东考察东海油气田登陆点,他按时提交有关参考资料图纸。3月下旬,全程陪同中海油带领的12位专家在启东进行技术调研。

黄佳楠
（孝老爱亲好人）

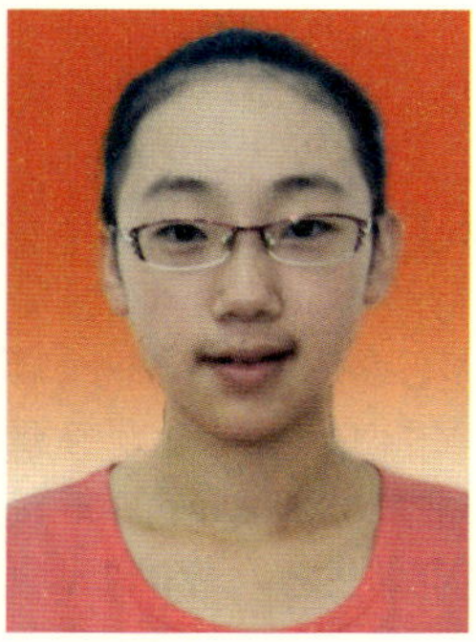

黄佳楠，1998 年 4 月出生，江苏省启东中学高二学生。

在学校里，她关心集体，乐于为班级同学服务。在社会上，她是一个好公民，积极主动参与"每日一捐，慈善你我"的活动，助老扶幼；加入高考志愿者队伍，以志愿者的身份劝阻高考期间跳广场舞，为参加高考的高三同学创造良好的作息环境；参与为高三白血病学姐集资的活动。

在家中，身为妹妹的她更是姐姐的依靠，是个让父母骄傲的好孩子。黄佳楠的姐姐在幼年时因一场重病变成了二级智残，生活无法自理。为了给姐姐治病，父亲常年在外打零工，母亲一边上班一边照顾家庭，全家的生活十分清苦。自黄佳楠懂事起，她就帮着照顾姐姐，为姐姐端水递药、穿衣刷牙，稍大些就搀扶姐姐上卫生间，单薄的黄佳楠不知为此摔了多少次，身上淤青不断，但她从没叫过一声疼喊过一声累，细心的她还不厌其烦地一次次教姐姐如厕，使姐姐慢慢地学会自己去卫生间。由于姐姐是智障，出门走动锻炼时常被同龄人欺负，黄佳楠总是冲在最前面保护姐姐。

黄佳楠上初中时，母亲需要去农村照顾奶奶，可家中的姐姐托付谁呢？懂事的黄佳楠看出妈妈的担忧，主动挑起照顾姐姐的担子。升入高中后，学习越来越紧张，没有那么多时间去帮助妈妈，但是她始终坚持自己的事情自己做，因为她相信这也是减轻妈妈负担的一个方法。

从小到大，经常会有人嘲笑她的家庭，但黄佳楠从来不会这么想，每次她都会告诉那些人："她们都是我最爱的人，正是因为她们，才让我想要成为更好的自己，所以请你尊重我还有我的家人"。

十一年的守护，四千多日，每一天都繁忙劳累，但黄佳楠始终坚信她就是上帝派来守护姐姐的人，无论她将来身在何处，都将守护姐姐一辈子。

任广裕
（孝老爱亲好人）

任广裕，女，1971 年出生，启东市陈邱翠凤幼儿园教师。十八年前，儿子出生不久，被查出重度耳聋。她跑了一家家医院，询问了一个个专家，都说没有希望。但她选择坚强与责任，她要教儿子说话，让他做个只聋不哑的人。这是在向医学权威挑战，更在向自己能力极限挑战。然而，她实现了这样的奇迹。

让一个完全听不见的孩子开口说话谈何容易，每天，让他看着嘴巴，感觉着气息学发音，每一个拼音，每一个声调都要教几千次、几十万次。记得在教儿子拼音 ei 的时候，教了好几天，他始终说不到位，儿子看到她生气的表情，吓哭了，她用动作跟儿子说，"即使哭也要说"。于是他一边哭一边说，竟然在哭的时候，发音正确了，但是当停止哭的时候又说错了，她揪心地再把他骂哭、吓哭、打哭，一次次帮他找到发 ei 的感觉，继而巩固下来。经过长达五年多的不懈努力，儿子终于学会了说话，虽然听不到声音，但能够看着嘴巴和他人交流。

2001 年，一个偶然的机会，听说聋儿植入人工耳蜗能恢复听力，她变卖家产，借了所有能借到的钱，毅然为孩子做了人工耳蜗。做了人工耳蜗手术后，也不是一帆风顺。不同事物发出的声音，音质都不一样，需要恰当的适应性训练。例如，英语学习中，平时口述的单词他能听懂，但录音机里发出的他却完全听不懂。为突破这一障碍，她慢慢把自己的声音跟录音机里的声音建立联系，告诉儿子妈妈说的这个声音和录音机里的那个声音是同样的意思，就这样母子俩，每天早晨醒来听，中午回家听，晚上做完作业听，每天坚持，从不落下。为了让他适应不同的声音，她买了各种版本的英语磁带；为了让他听出细微的差别，她操作录音机倒带卡到某一个音标；为了让他巩固听到的声音，同一本磁带同一句英语要听无数遍。一学期下来，感觉还可以。但是期末的英语抽测，又让母子俩几乎绝望。她无论如何都忘不了当时的情景，因为听力考试的内容是喇叭里播放的，这个声音是儿子从来没有接触过的，她知道这会意味着什么。她悄悄地到儿子教室旁边观察，听力部分开始了，儿子完全听不懂，无助的眼泪夺眶而出，此时此景，她的心都碎了。她知道丧失信心对儿子意味着什么。她不顾一切冲进教室，蹲在儿子课桌前，为他重复喇叭里播放的英语，让他答卷。考试结束后，她告诉儿子，她们训练的还不够好，还要继续努力。功夫不负有心人，最终使儿子的听力水平与正常的孩子一样。

伴随着儿子的成长，她发现作为母亲的不幸，并非只发生在她身上。还有更多陷入悲痛、却束手无策的家庭需要这方面的帮助。她接触了更多的聋儿家长，尽可能地帮助他们，把她长期积累下来的语训资料和教学经验传授给他们。

十八年来，她放弃了属于自己的快乐，背负的却是母亲的责任。她成功将儿子从无声世界带到有声世界。今后，她要帮助更多像她儿子一样的人，她要努力成为无声世界走向有声世界的摆渡者。

韩　兵
（自强不息好人）

韩兵，男，1958 年 11 月出生，东海镇兴垦村村民。1992 年，韩兵在厂里上班时，不慎被机器轧伤，导致整个右手被截去。突然从一个四肢健全的正常人成为残疾人，

韩兵的生活也因此发生了翻天覆地的变化。一开始，韩兵无法适应失去右手的生活，没有了工作，甚至连穿衣吃饭这种小事都无法自理。这种打击让他一度陷入消极悲观中。通过家人和亲友的不断鼓励和支持，他的心态开始逐渐转变。凭借着乐观坚强的精神，慢慢地，他克服了生活中各种各样的困难。

1995年，他选择了自主创业，在家中开了一家出售日用百货的经销店。由于他为人热情大方，不拘小节，从不占人便宜，经销店的生意也越做越红火。2008年，韩兵被小组村民选举为村民组长。对村委会的事务，他热心积极，认真负责。2013年，兴垦村16组浇筑水泥路，他主动在村民小组发起捐款，并带头捐献500元。16组里有一个村民叫花玉军，是外来人口，在村里租地大面积种植小麦、玉米等作物，他购买了大型农机。对于具体如何办理补贴手续，他却并不清楚。韩兵知道后，主动带着花玉军找到村委会，办理相关手续。2014年，韩兵成为兴垦村第三网格的网格员。他挨家挨户走访网格内农户，在民情日志上认真做好记录，宣传党的路线方针政策，宣传法律知识，排查纠纷，调解矛盾，及时参加例会，从不缺席，真正担当起"六大员"的职责。

虽然，韩兵身负残疾，自身行动存在诸多不便，但是他却特别喜欢帮助他人。他有一辆电动三轮车，平时主要用于经销店进货送货，接送外孙上学放学。韩兵的邻居龚志康，年逾古稀，由于家里青壮年的劳动力都外出打工，老人就帮忙带小孙子。老人年纪大了，不会骑自行车，更不会骑电动车，于是小孙子只能自己徒步去上学。韩兵了解到这一情况后，在接送自己的外孙时，就主动带上了龚志康的孙子。龚志康逢人便说，韩兵是个乐于助人的大好人。

农忙时，独居老人朱玉兰由于年事已高，黄豆收割之后，眼睁睁地看着这些黄豆却没有力气打，韩兵在送货的途中看到后，主动帮她把黄豆铺到水泥地上，然后开着三轮车在黄豆上行驶几个来回，老人家只需简单整理一下就可以了。朱玉兰要给韩兵一些辛苦钱，韩兵笑着摇了摇手，继续送货去了。

韩兵的经销店就在兴垦镇区，一到晚上，他家经销店的水泥场心就成了人们饭后闲话家常、休闲健身的地方。但是由于没有专业的音响设施，想跳舞健身的村民只能开着手机，听着手机音乐健身，效果不是很好，没有办法将娱乐健身项目广泛地开展起来。韩兵得知村委会申请到一台"正能量加油站"的音响，就到村委会，申请将音响放到他的经销店去。村委会经过实地查看后，同意了韩兵的申请。

吴海平
(融和进取好人)

吴海平，男，1979年出生，启东供电公司职工。他出生于徐州丰县，毕业后到启东工作。2006年5月，启东市供电公司成立"光明使者"志愿服务队，他主要负责日常志愿活动的开展工作。2008年4月，该志愿服务队被共青团启东市委员会、启东市青年联合会授予"启东市十佳青年志愿者(集体)"称号。

作为一名志愿者，他清楚地知道，志愿活动不能只停留在口头上，而应付诸于行动。他积极组织、参与关爱贫困家庭、志愿植树造林、绿色节能广场宣传等活动，充分发挥广大青年志愿者在社会主义精神文明建设中的积极作用，赢得了社会的普遍赞誉。

为积极响应市委、市政府2008年全面达小康，提高林木覆盖率的工作要求，他组织策划志愿服务队开展绿色造林植树活动，共计种植香樟树800棵。2008年7月，启东市供电公司在建都社区成立"供电爱心服务站"。他组织成员为社区孤独老人、下岗夫妻或家中有重病、残疾人等21户困难家庭建立爱心联系卡，为他们提供物资捐赠、线路维修、结对帮扶等服务。他还根据各个志愿者的特长，分成环境保护、医疗护理、文体活动、校外辅导等专项小组，更好地为社区居民提供志愿服务。

一次偶然机会，他得知启东市惠萍中学有三位品学兼优的贫困学子由于家庭原因，面临辍学的境地，他及时号召公司团员为这三名名学生捐款2000多元，并决定每年捐款资助其中一名贫困学生至学业结束。2008年2月，他得知志愿者服务队成员陈勇等到安徽阜南县资助贫困儿童，自己却因举行婚礼不能前往，就让同事带去500元的"爱心款"。同样帮助贫困学生的事情在他身上还有多次……

(市文明办)

先进集体

启东市获得的部分荣誉

表 51

荣 誉 称 号	授 予 单 位
城市贡献奖	环太湖国际公路自行车赛组委会
江苏省第十届双拥模范城	江苏省委、省政府、省军区
江苏省文明城市	江苏省文明委
江苏省园林城市	江苏省政府办公厅
全省司法行政系统先进集体	江苏省人力资源和社会保障厅、江苏省司法厅、江苏省公务员局
2014 年度全省福利彩票销售十强县(市)	江苏省福利彩票发行中心
2014 年度南通市推动企业研发机构建设工作先进单位	南通市委办、市政府办

国家部委(协会)、省委、省政府表彰的部分先进集体

表 52

荣誉称号	获得单位	授予单位
国家农民合作社示范社	启东市农武蔬果专业合作社	农业部
全国和谐社区建设示范社区	吕四港镇仙鹤社区	民政部
文明接待室	启东市检察院	最高人民检察院
全国文明镇	汇龙镇	中央文明委
全国“示范青年文明号集体”	启东市国家税务局第三税务分局	全国创建“青年文明号”活动组委会
老区宣传工作优秀奖	汇龙镇老促会、寅阳镇老促会	中国老区建设促进会
县供电企业管理提升工程成绩突出单位	启东市供电公司	国家电网公司
全国实施用户满意工程先进单位	启东市供电公司	中国质量协会、全国用户委员会
2014 年度全国检察宣传先进单位	启东市检察院	检察日报社
2011~2014 年度全省社会治安综合治理先进集体	王鲍镇	江苏省委、市政府

续表 52

荣誉称号	获得单位	授予单位
全国一村一品示范村镇	东海镇兴垦村	农业部
全国重点镇	吕四港镇 寅阳镇	住房和城乡建设部、国家发改委、财政部、国土资源部、农业部、民政部、科技部
中国特色农庄	启东盈康农庄	中国村社发展促进会资源开发专业委员会

省厅级表彰的部分先进集体

表 53

荣誉称号	获得单位	授予单位
江苏省节水型社区	东珠新村社区	江苏省水利厅、江苏省发改委
江苏省和谐社区建设示范社区	和平新村社区、东洲新村社区、建都新村社区	江苏省民政厅
江苏省平安家庭“创建活动”示范社区	建都新村社区	江苏省妇女联合会
江苏省民主法治社区	彩臣二村社区	江苏省依法治市省领导小组
江苏省第六次全国体育场地普查先进集体	启东市体育局	江苏省第六次全国体育场地普查领导小组
群体工作组织奖	启东市体育局	环太湖国际公路自行车赛组委会
江苏省知识产权工作先进集体	启东市知识产权局	江苏省知识产权局
江苏省创新型试点乡镇	北新镇	江苏省科学技术厅
2013 年度江苏省青年文明号	南通市启东地方税务局第七税务分局	共青团江苏省委
2013 年度江苏省五四红旗团支部	南通市启东地方税务局耕地占用税和契税管理所团支部	共青团江苏省委
第 16 批江苏省五四红旗团委创建单位	北城区街道团工委	共青团江苏省委
2013~2014 年度全省国税系统省级“青年文明号”	启东市国家税务局第一税务分局办税服务厅	江苏省国家税务局
全省计划生育系列保险工作先进单位	启东市计划生育协会	江苏省卫生和计划生育委员会、中国保险监督管理委员会、江苏监管局、江苏省计划生育协会
全省“六五”普法中期先进集体	启东市司法局	江苏省法制宣传教育工作领导小组
全省司法行政系统先进集体	启东市法律援助中心	江苏省人力资源和社会保障厅、江苏省司法厅、江苏省公务员局
江苏省民主法治示范社区	紫薇花苑社区	江苏省依法治省领导小组
江苏省第三次全国经济普查先进集体	启东市经普办、东海镇	江苏省第三次全国经济普查领导小组
江苏省基层优秀统计宣传作品示范项目、全省第二批基层规范统计岗位标兵	启东市统计局	江苏省统计局
江苏省公共机构节能示范单位	启东市行政中心、启东市法院	江苏省机关事务管理局、江苏省经济和信息化委员会
2014 年省级卫生村	近海镇利民村	江苏省爱国卫生运动委员会
巾帼建功先进集体	启东市财政局	江苏省妇女联合会
全省维护妇女权益示范岗	启东市法院	江苏省妇女联合会
全省优秀人民法庭	启东市法院吕四法庭	江苏省高级人民法院
实施妇女儿童发展规划(2011~2015 年)示范乡镇	汇龙镇	江苏省人民政府妇女儿童工作委员会

续表 53

荣誉称号	获得单位	授予单位
全省城乡社区校外教育辅导站电子阅览室优秀活动视频案例优秀奖	启东市圆陀角旅游度假区连兴港村辅导站报送的视频《暑假活动》	江苏省关工委
2014 年度全省红领巾读书征文评奖活动组织奖	启东市图书馆	江苏省文化厅
集体二等功	启东市检察院	江苏省人民检察院

南通市委、市政府表彰的部分先进集体

表 54

荣誉称号	获得单位	授予单位
新农村新家庭先进集体	近海镇	南通市委、市政府
南通市关心下一代工作先进集体	启东市关工委、启东市教育局关工委、汇龙镇关工委、吕四港镇关工委、近海镇关工委	南通市委、市政府
南通市优秀校外教育辅导站	圆陀角旅游度假区连兴港村校外教育辅导站、吕四港镇南星桥村校外教育辅导站、合作镇曹家镇村校外教育辅导站、东海镇星宏村校外教育辅导站	南通市委、市政府
南通市水利工作先进乡镇	近海镇	南通市委
南通市渔业养殖先进乡镇	海复镇	南通市政府
2014 年度安全生产先进乡镇	汇龙镇	南通市政府

启东市委、市政府表彰的部分先进集体

(一)考核夺杯单位

表 55

镇(乡)、园区综合考核夺杯单位	
综合优胜杯 竞赛一组： 金杯奖：汇龙镇 银杯奖：滨海工业园(近海镇) 铜杯奖：吕四港经济开发区(吕四港镇) 竞赛二组： 金杯奖：南阳镇 银杯奖：王鲍镇	
单项考核夺杯单位	
经济发展杯 竞赛一组： 金杯奖：滨海工业园(近海镇) 银杯奖：汇龙镇 铜杯奖：滨江医药化工园(北新镇) 吕四港经济开发区(吕四港镇) 竞赛二组： 金杯奖：南阳镇 银杯奖：王鲍镇 铜杯奖：东海镇 海复镇	项目建设杯 竞赛一组： 金杯奖：滨江医药化工园(北新镇) 银杯奖：海工船舶工业园(寅阳镇) 铜杯奖：滨海工业园(近海镇) 吕四港经济开发区(吕四港镇) 竞赛二组： 金杯奖：南阳镇 银杯奖：王鲍镇 铜杯奖：东海镇 惠萍镇
招商引资杯 竞赛一组： 金杯奖：海工船舶工业园(寅阳镇) 银杯奖：滨海工业园(近海镇) 铜杯奖：汇龙镇 滨江医药化工园(北新镇) 竞赛二组： 金杯奖：惠萍镇 银杯奖：东海镇	三农工作杯 竞赛一组： 金杯奖：吕四港经济开发区(吕四港镇) 银杯奖：滨江医药化工园(北新镇) 铜杯奖：启隆生态科技产业园(启隆乡) 滨海工业园(近海镇) 竞赛二组： 金杯奖：合作镇 银杯奖：南阳镇 铜杯奖：王鲍镇 东海镇

(二)工业、建筑业、房地产金、银、铜牌企业

表 56

授予称号	获奖单位
工业金牌企业	江苏大唐国际吕四港发电有限责任公司、韩华新能源(启东)有限公司、中远船务(启东)海洋工程有限公司、拜耳医药保健有限公司启东分公司、江苏宏强船舶重工有限公司、向海重工集团股份有限公司、江苏林洋电子股份有限公司、江苏东成电动工具有限公司、启东盖天力药业有限公司、江苏神通阀门股份有限公司、启东胜狮能源装备有限公司
工业银牌企业	启东华拓药业有限公司、启东益鑫电力器材有限公司、南通世邦机器有限公司、江苏昂彼特堡散热器有限公司
工业铜牌企业	启东鼎盛机电有限公司、江苏启尖丝杠制造有限公司、江苏天宇石化冶金设备有限公司、南通金洲水泥制品有限公司、江苏德威涂料有限公司、南通森田消防装备有限公司、启东润泽机床附件有限公司、启东市瑞丰化工有限公司、江苏希迪制药有限公司、南通蒂龙针织制衣有限公司、江苏邦金展示设备制造有限公司、启东神农机械有限公司、南通巴兰仕机电有限公司、南通蓝岛海洋工程有限公司、江苏正恒轻工机械有限公司、南通东方船用设备制造有限公司、宏华海洋油气装备(江苏)有限公司、启东市海纳特钢有限公司、江苏百特电器有限公司、启东市吕四海港建筑材料有限公司、南通海鹰机电集团有限公司
建筑业金牌企业	江苏南通二建集团有限公司、江苏八建集团有限公司
建筑业银牌企业	启东建筑集团有限公司、江苏中信建设集团有限公司
建筑业铜牌企业	江苏启安建设集团有限公司、南通启益建设集团有限公司、江苏骅东投资有限公司、启东市电力安装有限公司
房地产金牌企业	恒大地产集团启东公司、江苏西欧集团、江苏银洲集团、启东崇和置业有限公司
房地产银牌企业	外高桥集团(启东)产业园有限公司
房地产铜牌企业	启东中邦房地产开发有限公司、启东绿城香格置业有限公司

(三)纳税 20 强企业、工业企业 50 强

表 57

授予称号	获奖单位
纳税 20 强企业	江苏大唐国际吕四港发电有限责任公司、江苏南通二建集团有限公司、恒大地产集团启东公司、江苏西欧电子集团、江苏林洋电子股份有限公司、江苏银州集团有限公司、韩华新能源(启东)有限公司、中远船务(启东)海洋工程有限公司、江苏东成电动工具有限公司、启东君瑞实业有限公司、江苏省电力公司启东市供电公司、拜耳医药保健有限公司启东分公司、启东建筑集团有限公司、江苏中信建设集团有限公司、启东盖天力药业有限公司、江苏好收成韦恩农化股份有限公司、江苏神通阀门股份有限公司、江苏启安建设集团有限公司、启东绿城香格置业有限公司、启东碧桂园房地产开发有限公司
工业企业 50 强	江苏大唐国际吕四港发电有限责任公司、韩华新能源(启东)有限公司、中远船务(启东)海洋工程有限公司、江苏林洋电子股份有限公司、江苏东成电动工具有限公司、江苏好收成韦恩农化股份有限公司、启东胜狮能源装备有限公司、南通太平洋海洋工程有限公司、南通永安纺织有限公司、江苏海四达集团有限公司、江苏神通阀门股份有限公司、拜耳医药保健有限公司启东分公司、启东盖天力药业有限公司、江苏宏强船舶重工有限公司、南通艾德旺化工有限公司、启东乾朔电子有限公司、江苏国强工具有限公司、江苏捷捷微电子股份有限公司、启东姚记扑克实业有限公司、南通方鑫化工有限公司、恒升化工(启东)有限公司、南通润邦海洋工程装备有限公司、启东金美化学有限公司、启东尤希路化学工业有限公司、江苏科本医药化学有限公司、南通迪皮茜电子有限公司、江苏皇室食品工业有限公司、启东润滑设备有限公司、宏华海洋油气装备(江苏)有限公司、南通协鑫热熔胶有限公司、南通东泰新能源设备有限公司、江苏康耐特光学有限公司、向海重工集团股份有限公司、江苏希迪制药有限公司、启东市南方润滑液压设备有限公司、江苏三上机电制造股份有限公司、江苏瑞帆环保装备股份有限公司、启东松川液压科技有限公司、江苏西欧电子有限公司、启东市联通测功器有限公司、启东市汇通螺丝厂、启东泰安建材有限公司、江苏德威涂料有限公司、南通华滋奔腾船业有限公司、江苏云帆化工有限公司、启东锦桥轴承有限公司、南通市南方润滑液压设备有限公司、江苏嘉盟电力设备有限公司、南通东泰电工器材有限公司、南通市滨海装饰材料有限公司

先进个人

国家部委和省委、省政府、省军区表彰的部分先进个人

表 58

姓名	单　　位	授予称号	授予单位
江剑波	启东市农业机械化技术推广站	全国粮食生产突出贡献农业科技人员	农业部
卞成昌	启东市卫生和计划生育委员会	2013~2014 年度全国优秀卫生计生工作者	国家卫生和计划生育委员会
周　香	海复镇计划生育中心服务站	全国妇幼健康技能竞赛计划生育技术服务组二等奖和单项奖	国家卫生和计划生育委员会、中华全国总工会
李红英	启东市安全生产监督管理局	安全生产监察先进个人	国家安全监管总局
萧卫平、张春雷、周　超	吕泗国家基准气候站	全国质量优秀测报员	中国气象局
李　英	启东市民政局	江苏省双拥先进个人	江苏省委、江苏省政府、江苏省军区

省厅级表彰的部分先进个人

表 59

姓　名	单　位	授予称号	授予单位
黄晶晶	吕四港镇人武部	全军海上侦察行动先进个人	江苏省国防动员委员会
樊建浩	协兴港村		
周　兵	临海村		
沈　凯	东海镇人武部		
李　燕	启东市体育局	江苏省第六次全国体育场地普查先进个人	江苏省第六次全国体育场地普查领导小组
王建新	海工园(寅阳镇)	江苏省离退休干部先进个人	江苏省委组织部、省委老干部局
黄　皓	海工园(寅阳镇)	江苏省沿海开发先进个人	江苏省沿海办
杨凌捷	启东市国税局第一税务分局	江苏好人	江苏省文明办
薛青青	启东市国税局第三税务分局	2013 年度江苏省优秀共青团员	共青团江苏省委
杨　娟	启东市人民医院	第二届江苏省“百名医德之星”	中共江苏省委宣传部、江苏省文明办、江苏省卫生和计划生育委员会
杨　娟、朱　健	启东市人民医院	第一期“卫生拔尖人才”培养对象	江苏省人才工作领导小组办公室、江苏省卫生厅
周　香	海复镇计划生育中心服务站	江苏省妇幼健康技能竞赛计划生育技术服务项目二等奖、江苏省五一新创能手	江苏省卫生和计划生育委员会、江苏省总工会
陆　庆	启东市人民医院	2014 年度江苏省“千红杯”优秀药师	江苏省药学会
季卫东、龚敏健	启东市人口和计划生育委员会	江苏省哲学社会科学界第八届学术大会优秀论文三等奖	江苏省哲学社会科学界联合会
朱小东	启东市司法局	全省“六五”普法中期先进个人	江苏省法制宣传教育工作领导小组
黄晓东	启东市司法局	全省刑满释放人员安置帮教先进个人	江苏省综治委特殊人群服务管理工作领导小组
汤水娣	启东市司法局	全省社区矫正工作先进个人	江苏省司法厅
周红标	启东市司法局	2014 年“互帮共建”先进个人	江苏省司法厅
刘和生、钱剑波	启东市统计局	江苏省第三次全国经济普查先进个人	江苏省第三次全国经济普查领导小组
秦建新	东海镇统计办		

续表 59

姓　名	单　位	授予称号	授予单位
胡圣鹏	启东市民政局	江苏省民政工作先进个人	江苏省民政厅
周　超	吕泗国家基准气候站	江苏省五一创新能手	江苏省总工会
周　超	吕泗国家基准气候站	江苏省五一劳动奖章	江苏省总工会
周　超	吕泗国家基准气候站	江苏省技术能手	江苏省人力资源和社会保障厅
周　超	吕泗国家基准气候站	气象行业综合业务标兵	江苏省气象局
黄　巍	启东市法院	个人二等功	江苏省高级人民法院
顾　光	启东市公安局	全省公安机关群众工作标兵	江苏省公安厅
茅永斌	启东市公安局	全省公安机关公调对接工作先进个人	江苏省公安厅
陈　裕	启东市公安局	全省公安机关执法示范岗位	江苏省公安厅
陈益新	启东市公安局	全省公安国保工作转型发展成绩突出个人	江苏省公安厅
吴应平	启东市公安局	全省公安机关重点信访案件专项治理工作成绩突出个人	江苏省公安厅
黄健雄	启东市公安局	全省公安机关执法规范化建设成绩突出个人	江苏省公安厅
黄　锋	启东市机要局	嘉奖	江苏省机要局

南通市委、市政府、南通军分区表彰的部分先进个人

表 60

姓　名	单　位	授予称号	授予单位
杨秀芳	东珠新村社区	南通市优秀校外辅导员	南通市委、市政府
顾　光	启东市公安局	群众路线教育优秀党员典型	南通市委、市政府
顾决心	启东市关工委办公室	南通市关心下一代工作先进个人	南通市委、市政府
王建新	寅阳镇关工委		
高飞昌	王鲍镇关工委		
薛丕芳	汇龙镇北城区街道关工委		
吴永生	南阳镇关工委		
邱献荣	惠萍镇关工委		
王志强	发改委关工委		
邢汉东	政法委关工委		
顾大荣	江苏省启东中学关工委		
陈善昌	近海镇东进中心校外教育辅导站	南通市优秀校外教育辅导员	南通市委、市政府
陆鼎新	海复镇校外教育鼎新家庭辅导站		
张家旗	北新镇富民村校外教育辅导站		
杨秀芳	汇龙镇南城区街道东珠社区校外教育辅导站		
茅红艳、李　琴、高蜀君、姚红玉、陈陶阳、曲春枫	启东市人民医院	南通市第八届自然科学优秀学术论文三等奖	南通市政府
黄祖辉	启东市人民医院	2014 年南通市先进工作者	南通市政府
陆健泉	启东市中医院		
袁裕兵	近海镇向北村	冲锋枪射击课目第一名	南通军分区

（陆金红　整理）

重要文件摘编

关于2014年度全市开放型经济工作的意见

为积极应对宏观形势新变化，全面放大桥港新优势，进一步强化开放型经济的龙头主导地位，全力开创开放型经济发展新局面，现对2014年全市开放型经济工作提出如下意见：

一、指导思想

认真贯彻落实市委十二届六次全体（扩大）会议精神，牢固确立“领跑沿海、融入上海、包容四海”的战略定位，创新招商理念，拓展引资渠道，更高水平“引进来”，更大步伐“走出去”，着力推进开放型经济发展方式转变，着力推进发展结构优化，着力推进外资、外贸、外经、外包、外智“五外联动”、协调发展，着力提高国际竞争力，奋力开创启东开放型经济发展新局面。

二、工作目标

1.利用外资：新增工商登记注册外资确保5.3亿美元，力争6.3亿美元；实际到账外资确保3.3亿美元，力争4.3亿美元。

2.对外贸易：外贸进出口额35亿美元，增幅10%以上。

3.外经合作：境外投资中方协议投资额1亿美元；对外承包劳务营业额4.5亿美元。

4.服务外包：引进服务外包企业10家；服务外包合同执行额8000万元。

三、工作举措

（一）强化组织领导，加强招商队伍建设。各园区、镇（乡）要建立健全由主要负责人亲自挂帅、分管负责人具体落实的招商机构，选派精干力量充实到招商引资第一线。园区要充分发挥招商主力军作用，所有资源要围绕招商调配、全部力量要围绕招商摆布；要选优配强、壮大充实专业招商队伍，选拔一批精通外语、掌握经济知识、熟悉国际招商惯例和项目谈判业务的招商人员组成精干团队，在重点区域设置驻外招商机构，由1~2名分管负责人带队开展专业化、精细化招商。市招商局要加强对驻外招商分局和产业招商分局的管理，完善招商业绩考核办法，不断提高专业招商队伍的战斗力和工作成效。

（二）精心策划组织，持续掀起招商热潮。科学谋划好全年的招商活动，提高招商组织化和专业化程度，把重大招商活动和各类小规模、专题化招商活动有效结合起来，确保月月举办招商活动，季季打响招商战役，全年开展重大招商活动不少于10场。市内，重点举办好2014中国·启东国际经贸洽谈会、2014中国·启东科技节；市外，重点组织好在上海、广东、北京等地的投资环境推介活动；境外，把新加坡、韩国、欧美等国家以及香港、台湾等地区作为主攻对象，围绕重点产业、重大项目开展有针对性的小分队招商活动。

（三）突出招商重点，提高招商引资实效。加大重点区域招商力度，突出长三角、珠三角、环渤海以及港台、新加坡、韩国等重点区域，开展高频率、多层次、专业化的招商推介活动。加大对接上海招商，抢抓上海加快推进两个国际中心和上海自贸试验区建设的机遇，加大对上海的跨国公司和先进制造业项目的对接和招商力度，吸引已在沪落户的外资企业和溢出企业到启投资。加大重点产业招商力度，围绕海工及装备制造、新能源及光电、新材料、通用航空、新兴服务业等重点产业，主攻央企国资、高端外资、优质民资，通过定点定向，主动出击、对接项目，有重点、有针对性地开展专项招商，着力引进产业关联度高、带动性强的龙头项目和配套企业。加大重大项目招引力度，组织开展好“重大项目突破年”活动，全力捕捉重大项目信息集中力量予以攻坚突破,力争全年引进总投资3000万美元以上外资项目不少于20个。

(四)围绕转型升级,促进五外均衡发展。一是加快转变外贸发展方式。全力做大海工船舶、新能源、电动工具和医药化工四大产业板块进出口规模,推进外贸稳定增长。鼓励外贸企业加大科技兴贸力度,提高自主知识产权、自主品牌和高新技术、高附加值产品出口比重,推进外贸产品提档升级。引导企业调优出口市场结构,巩固日韩、港台、美国等传统市场,稳定欧盟市场,开拓东盟、中东、南美、非洲等新兴市场,推进出口市场多元化。二是加快推进“走出去”步伐。积极引导和支持有条件的企业到境外开展对外直接投资、国际工程总承包,并购研发机构、营销网络和知名品牌。发挥市建筑企业施工能力和项目管理优势,鼓励企业开拓海外市场,做大做强对外承包工程。三是加快推进服务外包取得新突破。以创新型经济园加快建设为契机,加大服务外包专项招商力度,大力招引软件开发、数据处理、动漫设计、创意设计等现代服务外包企业,加快推进服务外包发展。四是加快推进外智引进。坚持招商引资和招才引智并举,大力招引企业领军人才、高端技术人才和创业团队,加快吸收国外先进技术和管理经验,推动开放型经济转型升级、创新发展。

四、激励措施

(一)利用外资方面。

1.总量贡献奖。对园区、镇和招商分局当季单个项目(房地产项目除外,下同)实际到账外资达1000万美元以上(含1000万美元)的,获得项目总量贡献奖。第一季度按到账外资额的0.15%给予奖励;第二季度按到账外资额的0.1%给予奖励;第三季度按到账外资额的0.05%给予奖励。对园区、镇和招商分局完成全年实际到账外资目标任务且总量排名前三位的,获得年度外资总量贡献奖,分别给予10万元、8万元和5万元的奖励。

2.提前完成奖。园区、镇和招商分局一季度完成全年实际到账外资任务的奖励5万元;二季度完成全年实际到账外资任务的奖励3万元;三季度完成全年实际到账外资任务的奖励2万元。

3.超额完成奖。园区、镇和招商分局超额完成全年实际到账外资确保目标任务的,其超额部分按每万美元奖100元人民币的标准进行奖励;超额完成全年实际到账外资力争目标任务的,其超额部分按每万美元300元人民币的标准进行奖励。

4.重大项目奖。对新批或净增总投资1000万美元(含)至3000万美元且实际到账外资20%以上的项目,给予1万元奖励;对新批或净增总投资3000万美元(含)至1亿美元且实际到账外资20%以上的项目,给予2万元奖励;对新批或净增总投资1亿美元以上且实际到账外资20%以上的项目,给予5万元奖励。因审批时间等因素在2014年末有实际到账的项目可结转下一年度进行奖励。

上述奖励情况由市商务局根据园区、镇和招商分局利用外资情况进行审核,并经市委常委会讨论通过后予以奖励。提前完成奖、项目总量贡献奖每季度兑现,年度外资总量贡献奖、超额完成奖、重大项目奖在下一年年初兑现。项目总量贡献奖和重大项目奖中,对新批项目的奖金全部奖励给项目引荐单位;对增资项目的奖金全部奖励给项目落地单位。上述奖金由市财政拨付50%奖励给园区、镇和招商分局主要领导及与利用外资工作相关人员(其中项目总量贡献奖不超过15万元),其余部分用于弥补招商经费。

(二)对外贸易方面。

1.鼓励企业培育自主知识产权、自主品牌的出口商品,创建国际知名品牌,支持企业到境外注册商标,引导企业积极申报“中国出口名牌”“江苏省国际知名品牌”。对新获得“中国出口名牌”“江苏省国际知名品牌”的企业,一次性分别奖励5万元、2万元。凡在境外注册商标的,按注册费用的50%给予补助,每项注册的补助金额最高不超过1万元。

2.鼓励企业参加各类管理体系和产品认证,不断提高市出口产品的市场竞争力。对企业首次获得质量管理体系、环境管理体系等国际通行认证的,按其认证费用的50%给予补助,最高不超过1万元。

3.鼓励企业参加境内外各类产品交易会,拓展国际市场空间。对企业参加境外和国内省级以上政府组织的各类产品交易会和博览会的,所需摊位费在省补助后仍有缺口的,按缺口金额的50%给予补助,国内参展(广交会除外)每次最高补助不超过1万元,国外参展每次最高补助不超过2万元。

4.鼓励企业参加进出口信用保险。对一般贸易项下的出口信用保险,按其实缴保费额的20%给予资助。单个企业年度累计支持金额不超过50万元。

(三)外经合作方面。

1.鼓励企业承揽境外承包工程。对具有对外承包工程经营资格的企业,积极开拓本企业以往未涉及的国家(地区)市场,完成年度营业额分别达200万美元、800万美元的,一次性给予2万元奖励。对直接承揽境外总包工程的企业,单个项目合同额达1000万美元、1亿美元以上的,每个项目分别一次性补贴2万元、5万元。对年度对外承包工程营业额达到2000万美元、5000万美元、1亿美元以上的企业,分别给予2万元、5万元、10万元一次性补贴。

2.鼓励企业到境外投资。对经批准到境外从事加工贸易、技术研发、资源开发等项目的投资企业,按实际投资额给予补贴。其中,年度投资额在200万美元以上的企业补贴3万元;投资额在500万美元以上的企业补贴5万元;投资额在1000万美元以上的企业补贴10万元。

(四)服务外包方面。

以《市政府关于进一步加快发展服务外包产业的实施意见》(启政发〔2013〕19号文件)为准。对外贸易、外经合作、服务外包方面的奖励情况由市商务局根据企业实际完成情况进行审核,并经市政府常务会议讨论通过后在下一年年初由市财政拨付。

上述奖励标准与以往文件不一致的,以本文件为准。

(中共启东市委 启东市人民政府 启发〔2014〕3号)

关于2014年加快现代都市农业建设的意见

根据中央、省和南通市有关三农工作政策精神，结合市大力发展现代都市农业实际，打造重点农业园区，促进现代都市农业规模集聚发展，激励各类经营组织，增强现代都市农业发展活力，促进农业增效，带动农民增收，推进农业现代化建设。现就加快市现代都市农业建设提出如下意见：

一、积极鼓励产业结构调整，加快高效农业集聚发展

（一）鼓励农业产业化项目向园区集聚。

1.上级支农项目优先扶持六大重点园区发展。启东现代农业示范园、吕四渔业精品园、吕四水产品集中加工区、临海高效设施渔业园、丰盈现代农业产业园、吕四港农业产业园等六大园区作为本市重点发展的园区。农业综合开发、高标准农田建设、农村水利、土地复垦整治、财政“一事一议”奖补、高效农业、农业产业化等项目资金申报时，对“六大园区”的项目优先申报。

2.市级涉农资金重点用于“六大园区”建设。对“六大园区”农业项目、基础配套设施实行集中扶持。

3.鼓励镇乡按规划发展农业园区。对照镇乡现代农业发展规划和事先申报的年度实施计划，镇乡农业园区核心区建设经验收合格，对园区核心区内道路、水系、电力等基础设施建设的投资，经审计确认的实际投资额，剔除本级及上级补助后，再按70%给予补助。

（二）鼓励发展高效设施农业。

4.扶持市级重点园区设施农业建设。对市级重点园区内按规划建设并符合省定标准的钢架设施大棚，补助标准为：当年建成连片500亩以上标准钢架大棚，按4000元/亩补助；建成连片10亩以上标准连栋大棚，按1万元/亩补助；建成5000平方米以上标准智能温室，按150元/平方米补助。

5.鼓励镇乡发展设施农业。各镇乡在设施农业发展规划区域内按省定标准建设钢架设施大棚，补助标准为：建成连片500亩以上标准钢架大棚，按2000元/亩补助；建成连片10亩以上标准连栋大棚，按6000元/亩补助；建成5000平方米以上标准智能温室，按100元/平方米补助。

6.鼓励农业生产基地提档升级。对于所有符合财政补助标准的钢结构设施农业，如以自筹资金新建且符合以下条件的配套设施，在享受基本钢架设施大棚财政补助的基础上，可同时分项享受补助，标准如下：

（1）建有农产品检测室，且有健全规范的农产品生产记录和质量追溯电子平台的，每个基地补助2万元。

（2）生产过程采用物联网技术智能化管理的，补助100元/亩。

（3）有“两网一灌”和粘虫色板、杀虫灯等绿色植保设备的，按实际建设量补助50元/亩。

以上补助项目须在2014年11月底前建成，有一项补一项。

7.支持原有基地升级改造。对已正常运作五年以上（以市联合验收组丈量当年开始计算）且钢架设施保存率在70%以上的设施农业基地，从第六年起，在原有设施大棚基础上全面进行升级改造的（新钢管替换原有钢管率达30%以上，新钢管使用量以任意抽取五个区域抽样检查及购置新钢管实际到场量为准），一次性给予财政资金补助，补助标准为：连片300亩以上标准钢架大棚500元/亩。

8.鼓励农户发展设施农业。以行政村为单位，农户单户当年新增标准钢架大棚面积1亩以上且全村累计新增相对连片面积30亩以上，按1500元/亩补助；农户单户当年新建标准连栋大棚面积5亩以上，按6000元/亩补助；农户单户当年新建标准智能温室面积3000平方米以上，按100元/平方米补助。经登记认定的家庭农场，设施农业发展规模达到要求的，按相同标准补助。

9.鼓励申报上级补助项目。符合上级补助政策的设施农业项目，必须积极申报上级项目，否则市级补助不予拨付。对成功获得上级补助的设施农业项目，市在统筹使用项目补助资金的前提下，另行给予项目申报补助资金，其中申报中央、省项目的补助500元/亩，申报南通市项目的补助200元/亩。实施国家农业综合开发高标准农田建设示范工程项目和省级滩涂开发项目面积在5000亩以上的镇乡，经市级验收通过，给予承担镇乡2万元补助。对项目规模、档次实现南通领先的，按照“一事一议”的方式，给予专项补助。

（三）鼓励发展高效露地种植。

10.凡当年新增种植露地蔬菜（不包括四青作物）的家庭农场、农民专业合作社、农业龙头企业等主体，连片净面积50亩以上，补助100元/亩。

按照设施农业园区提档升级内容分项建设的高效露地种植园区，按第6条执行。

11.补助采用“建前申报，先建后补，分年到位的原则。建设单位在土地流转后，种植前先向市主管部门提出建设申请，在第一茬蔬菜产品收获前，提出初验申请，待完成所有建设内容后，向主管部门提出复验申请，补助资金分两年下拨。

（四）鼓励现代农机建设。

12.凡列入《启东市地方特色农机购置补贴目录》的农机具，给予30%的购机补贴，单台补贴额不超过5万元。农机合作社当年新购耕整、播种、植保、收获补贴机具每10万元，给予2万元的农机实物奖励，单个农机合作社奖励额不超过20万元。农户及农机合作组织利用农机专项贷款购买农机的，给予所付利息50%的补贴。

13.列入当年启东市级以上现代农业园区、优质农产品基地等项目建设规划的单位及新获得启东市以上农机化科技示范基地称号的单位，对其当年新购农机具的自筹资金

部分,分别按省级 1:1、南通市级 1:0.5、启东市级 1:0.3 的标准给予农机实物补贴,最高分别不超过 20 万元、10 万元、6 万元。

14.鼓励开展先进适用农机研发、应用试验及特色农作物全程机械化试验推广,经建前申报、批准及建后通过验收的项目,市财政给予一定的专项经费补助。凡市农机制造企业研发、制造新型适用农机并通过省产品鉴定的,每有一个产品补助 5 万元,取得省农机推广证书的再补助 5 万元。

15.新评定的三星、四星、五星级农机合作社,分别给予 5 万元、10 万元、20 万元价值的农机具实物补助。新评定的农机合作社三星、四星、五星级维修示范点,分别给予 3 万元、5 万元、10 万元价值的农机具及维修设备实物补助。

16.农机合作社按省同类机库建设项目标准新建机库,面积在 250 平方米以上的,经建前申报、批准及建后通过验收,给予 10 万元补贴。农机合作社按照南通市级奖补条件及标准建设粮食烘干中心,经建前申报、批准及建后通过验收,给予累计 30 万元的补助。

17.农民参加拖拉机、联合收割机驾驶技术培训,并取得 R 照、S 照、T 照、G 不准照的,给予 1000 元的补助,取得 H 照、K 照的,给予 600 元的补助。

(五)鼓励发展现代高效渔业。

18.在本市海域内新发展紫菜浅海养殖,补助 1000 元/亩;新增浅海设施养殖(贝类设施养殖)200 亩以上,补助 20 万元;新增浅海底播 1 万亩以上,补助 20 万元。

19.启东渔业精品园内,养殖池塘应用物联网信息技术的,每购置 1 台物联网设施补助 5 万元;建成水质在线自动监测系统平台的,补助 30 万元。

20.经向省海渔局申报,当年获得省海渔局、财政厅批准并取得省补助的更新改造渔船,可享受当年地方出台的渔船更新改造资金补助,补助标准与省实行 1:1 配套。对虽已取得省补资格,但没有按省要求建造,实际不能享受省补助资金的,以及自行建造的渔船不得享受地方补助。

21.渔民参加海洋捕捞技能培训,取得船员证书的,补助 300 元,取得职务船员证书的,补助 600 元。

二、积极培育各类经营主体,增加现代农业发展实力

(一)扶持农业龙头企业发展。

22.鼓励农业龙头企业提档升级。对首次获国家级、省级、南通市级、启东市级农业龙头企业称号的分别一次性补助 30 万元、15 万元、5 万元、1 万元。农产品加工企业首次年度农产品应税销售额达到 2000 万元和 500 万元以上的,分别奖励 3 万元和 1 万元。年度农产品应税销售额达到 3 亿元、1 亿元、5000 万元和 3000 万元以上且与前两年最高纪录相比增幅超过 15%的,分别奖励 15 万元、10 万元、5 万元和 3 万元。

23.鼓励农业龙头企业发展外向型经济。对已取得自营出口权,当年首次自营出口 100 万美元以上,给予自营出口企业 3 万元补贴;当年首次自营出口 200 万美元以上,给予自营出口企业 5 万元补贴。对原自营出口企业,当年自营出口 200 万美元以上,且增幅 15%以上的,给予自营出口企业 5 万元补贴。

24.鼓励农业龙头企业新增投入。扶持可促进本市农业增效、带动农民增收的农业龙头企业新建或技改,新增固定资产投资总额达 1000 万元以上,其中设备投资不低于总投资 60%的项目(设备投资额以正式发票为认定依据),按设备投资额的 5%给予补助,最高不超过 100 万元。

(二)扶持农民合作组织发展。

25.鼓励合作社规范化建设。对获得国家、省级、南通市级“五好”或示范性合作社及相当级别荣誉称号的,分别奖励 8 万元、5 万元、3 万元。组织开展合作社规范化建设星级评比,评出三星级合作社不超过 10 个,每个补助 2 万元,二星级合作社不超过 30 个,每个补助 1 万元,一星级合作社 120 个,一星级以上列入政府重点扶持合作社名录。

(三)鼓励家庭农场发展。

26.扶持鼓励发展家庭农场 100 家。对经市相关主管部门验收通过,符合家庭农场发展标准的每个补贴 1 万元。

三、积极鼓励创新创优,加快现代农业转型升级

(一)鼓励经营模式创新。

27.鼓励发展规模经营。对土地流转用于项目农业建设并成立土地股份合作社,或开展全托管与承包经营的农机合作社,经营面积达 200 亩以上的,补助 1.5 万元,500 亩以上的补助 3 万元,1000 亩以上的补助 5 万元;土地股份合作社按 50%实行农机实物补助,50%作为合作社发展基金,农机合作社全额实行农机实物补助。土地入股或农机合作社全托管面积达到 300 亩、500 亩、1000 亩规模的,对所在村分别给予 1 万元、2 万元、3 万元的工作经费补助。农村承包土地确权登记工作通过验收合格的,每个村补贴 3 万元。

28.鼓励发展配送直销经营。农产品销售组织(个人)有固定的基地和农民专业合作组织,在上海设立以启东农产品直销门店(含直销摊位,海产品专营店除外),直销门店建设实行建前申报,符合相关部门制订的标准,经市相关部门考察论证确认列入直销门店名录,销售本地鲜活农产品,并在醒目位置悬挂启东农产品授权销售统一标识的,给予一定财政补助,其中门店每个补助 2 万元,标准化菜市场和大型批发市场直销摊位每个补助 0.5 万元。

(二)鼓励项目建设创优。

29.优秀农业项目建设补助。被推荐为优秀农业项目,代表本市接受南通市政府考核验收的每个补助 0.5 万元。

30.优秀农业项目招商奖励。积极吸引民间资本、工商资本和外来资本投入农业领域,增强农业发展后劲。对引进市外资金投资农产品加工企业、农产品市场建设,按启发〔2008〕23 号文件给予奖励。对引进境内市外资金投资农产品加工企业、农产品市场建设的,总投资 3000 万~5000 万元的奖励 3 万元,5000 万~1 亿元的奖励 5 万元,1 亿元以上的奖励 10 万元。以上按投资总额分档奖励的,其注册资金必须达总投资额总数的 1/3 以上。其他奖励事项均参照启发〔2008〕23 号文件执行。

(三)鼓励优质农产品基地建设。

31.鼓励"一村一品"特色村(镇)建设。获得全国示范村(镇)称号的,每村(镇)补助10万元;获得省级示范村(镇)称号的,每村(镇)补助5万元,补助资金用于扩大特色村专业特色经营的生产规模,提升专业村建设档次。

32.鼓励农业园区和示范基地建设。成功申报获评国家现代农业示范区的镇乡(园区),补贴30万元。成功申报获评省级现代农业示范区的镇乡(园区),补贴10万元。认定为农业部健康养殖示范场的单位,补助3万元。

(四)鼓励农产品质量创新创优。

33.申报农业技术规程。对新获评的省、南通市级农业技术规程,分别奖励制订申报单位5000元、2000元。

34.三品认证及农产品地理标志。新获得省级以上无公害农产品基地、无公害农产品、绿色食品、有机农产品认证的,经市主管部门申报,并符合相关部门标识使用要求的,每个产品补助金额分别为5000元、5000元、1万元、3万元。同一企业新获无公害农产品证书20个以下的,补助金额不超过3万元,新获证数20个以上(含20个),补助金额不超过10万元。绿色食品证书同一企业补助金额不超过5万元。有机农产品证书同一企业补助金额不超过10万元。当年成功申报国家级农产品地理标志的,每个给予申报单位10万元补助。

35.成功续转的三品。经市主管部门申报,当年成功续无公害农产品基地、无公害农产品、绿色食品、有机农产品的每个产品分别补助申报单位2000元、2000元、5000元、2元。同一企业补助金额不超过5万元。

36.农业新品种认定。新获得省(含上海市)和国家认定的农业新品种的,分别给予申报单位3万元、5万元补助。

37."三名"商标和名牌农产品。经市主管部门申报新获得南通知名、省著名和国家驰名商标,南通、省和国家名牌农产品的,每个分别给予2万元、5万元、50万元的补助。通过复评获得上述称号的,每个分别给予申报单位5000元、1万元、3万元补助。

38.优质农产品推介补助。农业龙头企业和农民专业合作社参加国家级和省级展示展销会的,分别补助2万元和1万元。

四、积极推进生态农业建设,促进现代农业持续发展

39.大力实施造林绿化。实施十大造林绿化工程,按启政发〔2013〕80号文件实施补助。

40.积极推进高标准农村水利建设。按启政办发〔2013〕75号文件实施补助。

41.全面完成畜禽粪污处理。对当年全面完成畜禽粪污治理总任务的,按启政办发〔2013〕57号文件实施补助。

42.鼓励秸秆综合利用。对从事秸秆还田作业和收贮运及加工的单位,当年新购置的秸秆还田、捡拾、打捆、装卸、田间运输、计重、粉碎机械,给予购机自筹资金50%的补贴,单台补助不超过5万元。农机合作社实施秸秆机械化还田作业,经申报、验收后,给予作业补贴20元/亩,同时安排工作经费1元/亩。

对从事秸秆收贮运的农机合作社或农民经纪人,年收购本市秸秆量在50吨以上的,凭秸秆收购企业汇款凭证(不得现金支付)和收购小票,给予补贴100元/吨,同时对秸秆收购企业的秸秆收购总量通过耗电量、产品销售量等相关数据进行测算和控制。对年收贮秸秆总量100吨以上的所在村集体经济组织(凭证同上),给予工作经费补助20元/吨,最高不超过2万元。

对秸秆固化成型企业进行补贴。秸秆固化成型项目实行建前申报审批制。当年建成并通过验收的年加工秸秆能力达到4000吨以上的秸秆固化成型企业,给予30万元的一次性补贴。秸秆固化成型企业用电,按农用电价计费。

对年利用秸秆量3000吨以上的秸秆食用菌生产企业、饲料(肥料)化利用企业或农民专业合作社,每年补贴5万元。

以上秸秆利用企业应积极申报省市级项目,在项目资金统筹使用的基础上,另给予每个项目申报单位补助资金1万元。

五、相关规定

43.以上所列款项中,同一建设内容同时符合本级及上级相关奖补的,就高不就低,不重复享受。获得财政扶持资金的奖补对象,必须有规范的财务核算体系。严禁弄虚作假,否则一经查实取消所有财政补贴,并依法追究相关当事人法律责任。

44. 凡以农民专业合作社名义承担财政项目或获得政府资金扶持的,必须列入农民专业合作社名录。

45. 对未参加省农业产业化龙头企业动态监测或者未按序时进度要求及时申报数据的企业,取消财政奖补资格。

46.凡本文件所涉补助事项,应及时由所在镇乡组织建设单位实行建前申报,并由主管部门会同财政等相关部门组织相关业务人员,必要时通过专家会审等办法进行审核,经会审未取得许可的不予补助。

47.市有关部门牵头加强沟通协调,防止奖补项目不必要的重复申报、重复建设,杜绝恶意套取财政奖补行为。各主管部门根据各自职责加强对奖补项目建设进程的指导、监督力度,提升财政扶持项目的绩效。

48.对所有过程性补助,一般均采取分阶段兑现办法给予补助。设施农业项目补助资金分三年拨付。

本意见涉及的扶持政策由相关主管部门会同财政局牵头制定相关考核标准和实施细则,并由相关主管部门负责解释。

(中共启东市委　启东市人民政府　启发〔2014〕9号)

关于深入开展党的群众路线教育实践活动的实施意见

在全党深入开展以为民务实清廉为主要内容的党的群众路线教育实践活动，是党的十八大作出的重大部署，是新形势下坚持从严治党、加强党的建设的重大决策。抓好市党的群众路线教育实践活动，对于教育引导各级党组织和党员、干部牢固树立宗旨意识与群众观点，切实改进工作作风，密切联系服务群众，进一步凝聚全市上下的智慧和力量，全力“打好八大攻坚战，实现八大新突破”，奋力开启全面小康社会建设新征程，具有十分重大而深远的意义。根据中央精神和省市委部署，结合实际，现就市深入开展党的群众路线教育实践活动提出以下实施意见。

一、指导思想和总体要求

开展党的群众路线教育实践活动，要高举中国特色社会主义伟大旗帜，以党的十八大和十八届三中全会精神为指导，认真贯彻习近平总书记系列重要讲话精神，认真贯彻中发〔2013〕4号和苏发〔2013〕9号、通委发〔2014〕3号文件确定的指导思想、目标要求和方法步骤，以为民务实清廉为主题，贯彻落实南通市委提出的“双创双争”(创建陆海统筹发展综合配套改革试验区、争当苏中发展领头雁；创建全省最佳办事环境、争当作风建设先行军)要求，坚持对照“理论理想、党章党纪、民心民声、先辈先进”四面镜子，以补精神之钙，除四风之害，祛行为之垢，立为民之制为重点，严格落实中央八项规定和省委十项规定精神，严格执行《党政机关厉行节约反对浪费条例》等规定，突出作风建设，贯彻整风精神，坚决反对形式主义、官僚主义、享乐主义和奢靡之风，着力解决人民群众反映强烈的突出问题，提高做好新形势下群众工作的能力，使党员、干部思想进一步提高、作风进一步转变，党群干群关系进一步密切，为民务实清廉形象进一步树立，基层基础进一步夯实。

党的群众路线教育实践活动全过程，要贯穿习近平总书记提出的“照镜子、正衣冠、洗洗澡、治治病”的总要求，坚持自我净化、自我完善、自我革新、自我提高。“照镜子”，主要是学习和对照党章，对照党的纪律、群众期盼、先进典型，对照改进作风要求，在宗旨意识、工作作风、廉洁自律方面摆问题、找差距、明方向。“正衣冠”，主要是按照为民务实清廉的要求，勇于正视缺点和不足，严明党的纪律特别是政治纪律，敢于触及思想，正视矛盾和问题，改正缺点、端正行为，保持共产党人良好形象。“洗洗澡”，主要是以整风精神开展批评和自我批评，深入剖析原因，既要解决实际问题，更要解决思想问题，保持共产党人政治本色。“治治病”，主要是坚持惩前毖后、治病救人方针，区别情况、对症下药，对作风方面存在问题的党员、干部进行教育提醒，对问题严重的进行查处，对不正之风和突出问题进行专项治理。

开展党的群众路线教育实践活动，要发扬认真精神，坚持正面教育为主，坚持开展批评和自我批评，坚持讲求实效，凡是影响党的创造力、凝聚力、战斗力的问题都要及时解决，凡是损害党的先进性和纯洁性的病症都要认真医治，凡是滋生在党的健康肌体上的毒瘤都要坚决祛除。要紧紧围绕省委明确的“四查四治”这条主线，查宗旨意识牢不牢，治脱离实际、脱离群众之病；查工作作风实不实，治急功近利、不负责任之病；查精神状态振不振，治慵懒散漫、贪图享乐之病；查廉洁自律严不严，治挥霍奢靡、铺张浪费之病。

在查找共性问题的基础上，分层次分类别着力查找解决“四风”方面存在的突出问题。市级领导班子和领导干部重点查找解决：政绩观不正确，搞一些“形象工程”、透支资源搞“债务政绩”；不敢担当，习惯“和稀泥”、做老好人，当“太平官”、“逍遥官”；科学决策、民主决策还存在不足，听不进他人意见；存在功利色彩，板凳还没坐热就琢磨要再上一个台阶；工作精力不够集中，少数甚至放纵私欲、腐化堕落等问题。市级机关及其直属单位重点查找解决：对待群众高高在上、官气十足；“小圈子”利益至上，看问题、作决策缺乏大局意识；懒懒散散、得过且过，在岗不在行、在行不在状态；存在“中梗阻”现象，上级政令、决策“滞留”在中层、“消磨”在基层；工作粗枝大叶、马马虎虎，推诿扯皮、落而不实。执法监管部门和窗口单位、服务行业重点查找解决：工作方法简单粗暴，不尊重群众的感情和人格，对待群众冷硬横推拖；对群众既没爱心又没耐心，门难进、脸难看、事难办，百般刁难、敷衍塞责，甚至与民争利；滥用职权，搞权力寻租、利益输送、借权营生，办关系案、人情案、金钱案；“吃拿卡要”，不给好处不办事，拿了好处乱办事。乡镇、园区、街道领导班子和领导干部重点查找解决：“机关化”倾向严重，不关心群众冷暖；选择性执行上级的政策、决策和部署，落实惠民政策缩水走样；主观武断、作风霸道，对群众态度恶劣、简单粗暴；只求过得去、不求过得硬，工作多年始终难有起色等问题。村、社区等基层组织和基层干部重点查找解决：组织体系不完善，制度不健全，凝聚力和号召力不强，党组织软弱涣散，后继乏人；村干部带头致富、带领群众共富能力不强；党组织规范化建设存在明显不足，组织生活制度得不到落实，对党员的管理和监督失之于宽、失之于软；服务群众能力不足、手段不多；民主法治意识淡薄，为政不廉、办事不公，甚至以权谋私、贪污腐败，侵占集体资产、损害群众利益等问题。

二、基本原则

开展党的群众路线教育实践活动，要着重把握以下基本原则：坚持正面教育、思想引导，把学习教育、思想理论武装摆在第一位，引导党员、干部树立宗旨意识、增强群众观念，模范践行社会主义核心价值观，坚守共产党人精神追求。坚持严格要求、动真碰硬，以整风精神开展批评和自我批评，开展积极健康的思想斗争，真正让党员、干部思想受到教育、作风得到改进、行为更加规范。坚持敞开大门、群众参与，开门搞活动，请群众参与，让群众评判，受群众监督，努力使教育实践活动经得起历史、群众和实践的检验。坚持聚焦“四风”、解决问题，切实解决形式主义、官僚主义、享乐主义、奢靡之风方面突出问题，在动真碰硬、正风肃纪上取得实效。坚持分类指导、有序推进，针对机关、企事业单位和基层的不同情况，找准各自需要解决的突出问题，提出适合各自特点的目标要求和办法措施。坚持领导带头、层层示范，上级带下级、主要领导带班子成员、领导干部带一般干部，一级抓一级、层层抓落实。

三、方法步骤

根据中央和省市委部署，参加我市党的群众路线教育实践活动的为市级领导班子和领导干部，市级机关及其直属单位，市属企事业单位，乡镇、园区、街道和村、社区等基层组织。活动大体安排8个月时间，具体到每个单位，集中教育时间一般不少于3个月。按照统一部署、梯次展开、压茬进行的办法，层层搞好组织发动，市级领导机关先行一步，乡镇、园区、街道和村、社区及其他基层组织依次推进。坚持时间服从质量，统筹协调、合理安排时间进度。活动正式开始前，要扎实做好准备工作，认真学习传达中央、省委和南通市委有关精神，深入开展调查研究。市委制定实施意见，各部门各单位制定实施方案，报上一级教育实践活动办公室审批后组织实施。

开展教育实践活动，要坚持问题导向，坚持教育实践并重，坚持边学边查边改，把学习教育贯穿始终，把整改落实贯穿始终，使教育实践活动各个环节工作有效衔接、相互贯通。重点抓好3个环节，每个环节分别制定具体实施办法。

（一）学习教育，听取意见。重点是搞好学习宣传和思想教育，深入开展调查研究，广泛听取干部群众的意见。

1.结合实际抓好学习教育。采取多种形式，组织党员、干部认真学习党的十八大、十八届三中全会精神和习近平总书记系列重要讲话精神，学习中发〔2013〕4号、中办发〔2014〕4号和苏发〔2013〕9号、苏办发〔2014〕4号文件规定的学习内容，学习省委十二届六次全会、南通市委十一届六次全会、启东市委十二届六次全会精神。联系学习吴仁宝、兰辉、尤建华等先进典型，开展“为了谁、依靠谁、我是谁”大讨论，组织马克思主义群众观点和党的群众路线专题学习研讨，使党的群众路线在全体党员、干部中深深扎根，使践行党的根本宗旨成为党员、干部的普遍自觉。市级领导机关，市级机关及其直属单位和企事业单位，乡镇、园区、街道要组织集中学习、专题讨论，领导班子集中学习时间不少于3天，专题研讨不少于2次，机关、村、社区、国有企业、学校、医院等基层组织要严格落实“三会一课”等制度，以开展党组织“统一活动日”为抓手，认真组织召开1次党员集中学习交流会。通过远程教育网络、手机报、微博等新媒体资源，运用灵活多样、务实管用的方式，组织好基层党员、干部的学习教育活动，促进组织生活正常化、制度化、规范化。

2.多种形式征求意见。深入群众直接征求意见，既“面对面”更“背靠背”，既“真听声音”更“听真声音”，持续深化“三解三促”，直接到群众中听取意见，特别是听取普通干部群众、服务对象、离退休老同志、党外人士等各个方面的意见，问效、问怨、问症、问策。召开座谈会征求意见，党委（党组）主要负责同志至少召开2次座谈会，其他每位班子成员至少主持召开1次座谈会，建立联系点的负责同志结合指导联系点工作，听取基层群众意见，同条线、同系统可根据需要合并召开基层座谈会。采取其他多种形式征求意见，通过现场体验、随机走访、接访下访等方式，注重运用12345政务平台、政风行风热线、启东政府网站、启吾东疆论坛等载体和渠道，组织引导党员、干部深入矛盾集中、意见多的地方查找问题，走到基层群众中间、服务对象身边征求意见。综合运用“机关效能建设”、“基层站所民主评议”等作风建设成果，认真梳理分析活动前期准备阶段征集到的意见建议，重视来信、来访等送上门的意见。各级纪委、组织、审计、信访部门，分别对参加教育实践活动的领导班子和领导干部作风方面问题的反映进行集中梳理。要统筹做好征求意见工作，防止相互征求意见“公文旅行”“函来函往”，防止“一窝蜂”下基层、重复征求意见。

（二）查摆问题、开展批评。重点是组织召开一次高质量的专题民主生活会，进行党性分析和自我剖析，以整风精神开展批评与自我批评。

1.找准找实突出问题。围绕为民务实清廉，学习和对照党章，对照廉政准则，对照改进作风要求，对照群众期盼，对照先进典型，采取群众提、自己找、上级点、互相帮、集体议等方式，认真查找“四风”问题具体表现，注重查找关系群众切身利益、群众身边发生的“四风”问题。各级机关还要对照中央八项规定、《党政机关厉行节约反对浪费条例》和省委、南通市委及我市十项规定等改进作风有关规定，乡镇、村还要对照《农村基层干部廉洁履行职责若干规定（试行）》进行检查。

2.深入开展谈心谈话。坚持把话讲在当面、把问题摆上桌面、把矛盾化解在前面，深入开展谈心谈话活动，找准问题、理顺情绪、化解矛盾、增进团结。党委（党组）主要负责同志与班子成员必谈，班子成员之间必谈，班子成员与分管部门、直属单位负责同志必谈，单位中层正职与副职必谈，该提醒的提醒，该批评的批评，并征求对自己的意见。同时，主动接受党员、干部和群众的约谈。

3.认真撰写对照检查材料。市级领导班子、班子成员，市级机关及其直属单位和乡镇、园区、街道领导班子、班子成员要认真进行党性分析和自我剖析，撰写对照检查材料。对照检查材料要开门见山讲问题，逐项列出“四风”问题的具体表现、典型事例，对“三公”经费支出、职务消费、人情消费、公务用车、办公用房和住房、家属子女从业等情况要作出说明，并从理想信念、宗旨意识、党性修养、政治纪律等方面剖析思想根源和深层次原因，明确努力方向和整改措施。党委（党组）主要负责同志要主持起草领导班子对照检查材料，并在一定范围内征求意见。班子成员要自己动手撰写个人对照检查材料。上级党组织、党委（党组）负责同志要严格审核把关。其他基层组织是否撰写对照检查材料，可区别情况提出要求，村、社区正职要撰写个人对照检查材料。

4.开好专题民主生活会和组织生活会。把专题民主生活会和组织生活会作为关键来抓，充分做好各项准备工作，确保开出高质量。市级领导班子、市级机关及其直属单位领导班子和乡镇、园区、街道领导班子要召开专题民主生活会。会上,要开门见山、直奔问题,开展严肃认真的批评和自我批评,既揭丑亮短、动真碰硬,又实事求是、出以公心,不发泄私愤、不搞无原则纠纷。党委(党组)主要负责同志要带头查摆问题,班子成员既要有深刻的自我批评,也要有诚恳的相互批评,并对群众提出的意见进行回应。其他基层党组织要开好组织生活会,开展民主评议党员工作,针对存在问题提出改进措施和办法;村、社区党组织要进行对照检查。上级机关党员领导干部要参加下级单位领导班子的专题民主生活会,党员领导干部要以普通党员身份参加所在党支部组织生活会。

市委派出的督导组要全程参与下级领导班子的专题民主生活会。在民主生活会准备阶段,督导组要向党委(党组)主要负责同志和班子成员通报掌握的班子建设情况和存在的突出问题。对反映存在问题较多的班子成员,由督导组会同主要负责同志进行谈话提醒;对其他班子成员也要进行个别谈话提醒。督导组要会同主要负责同志对班子成员开展批评和自我批评情况进行评价,并采取适当形式反馈。

5.召开情况通报会。专题民主生活会后,党委(党组)要召开情况通报会,通报领导班子专题民主生活会情况。领导班子和党员领导干部的对照检查材料要作进一步修改完善,在通报会前发放给与会人员。

(三)整改落实、建章立制。重点针对作风方面存在的问题,提出解决目标和对策,制定和落实整改方案;针对一些突出问题,进行专项整治。

1.认真抓好整改落实。针对查摆出来的"四风"问题,从具体事抓起、从身边事做起、从群众最不满意的事改起,按照整改有目标、推进有措施、落实有责任、完成有时限的"四有"要求,领导班子要认真制定整改方案,领导班子成员要制定个人整改措施。村、社区和非公有制经济组织、社会组织及其他基层组织可列出问题清单,明确整改措施。实行开门整改,制定整改方案、出台有关制度,特别是在基层单位,涉及群众切身利益的,可请群众直接参与讨论、评估、表决;向群众作出整改承诺,在一定范围内公示整改方案,及时公布整改进展情况,请群众评价和监督。要加强上下联动、协同整改,上级党组织积极为下级党组织整改提高创造条件、提供帮助,下级党组织把抓好自身问题的整改与对接落实上级党组织整改部署结合起来,以上带下、以下促上,真抓实改、攻坚克难,持续用劲、步步为营,以落到基层的整改成效检验活动成果。督导组要对整改方案进行审阅把关。上级党组织要定期对整改落实情况进行督促检查,及时进行通报。

2.集中抓好专项整治。不折不扣落实中央和省委确定的专项整治任务,对文山会海、检查评比泛滥,行政审批改革不到位,门难进、脸难看、事难办,违反财经纪律,公款送礼、公款吃喝、奢侈浪费,超标配备公车、多占办公用房、新建滥建楼堂馆所,党政机关、事业单位人员超编、超职数和超规格配备,"三公"经费开支过大,侵害群众利益行为等问题,结合实际确定专项整治重点,尤其要把整治侵害群众利益行为作为重中之重,下猛药、出重拳,一项一项整治,不达目的不罢休。各部门各单位要围绕省委在第一批教育实践活动期间部署的十大专项整治行动和治理"会所中的歪风"等一系列整改举措,根据各自职能和作风建设情况,毫不松劲深化整治工作,巩固扩大整改成果。

3.严格抓好正风肃纪。坚持严的标准、严的措施、严的纪律,坚决查处发生在群众身边的不正之风和腐败问题,坚决整治特权病、冷漠病、懒散病、享乐病、挥霍病。对有问题不整改、大问题小整改、边整改边再犯的,要严肃批评教育,必要时采取组织措施和纪律措施。加强领导班子建设,严格教育管理干部,综合运用教育实践活动成果,集中开展一次领导班子和领导干部分析研判,着重关注重点班子和关键岗位干部。对软、懒、散的领导班子进行整顿;对存在一般性作风问题的干部,立足于教育提高,促其改进;对群众意见大、不能认真查摆问题的干部、没有明显改进的干部,进行组织调整。在活动中发现的重大违纪违法问题,及时移交纪检监察机关或有关方面严肃查处。加强基层党组织建设和党员教育管理,抓好"双预警"制度的贯彻执行,对软弱涣散的基层党组织,进行集中整顿;对长期不起作用或者起负作用的党员,进行严肃教育或者组织处理。树立正确用人导向,让与群众有感情、为群众办实事、得到群众拥护的干部得到提拔重用,让作风不好的干部受到警醒和惩戒。

4.系统抓好建章立制。按照于法周延、于事简便的原则,围绕解决"四风"方面突出问题,做好废、改、立工作,建立健全行得通、指导力强、能长期管用的制度规定,推动作风建设常态化长效化。注意承接好、贯彻好第一批教育实践活动中中央和省委出台的制度和办法,抓好上级和市委出台的作风建设制度规范的贯彻执行,坚决纠正有令不行、有禁不止、无视制度的问题。

教育实践活动从一开始就要坚持立行立改、即知即改,让群众看到成效、增强信心。坚持从具体问题抓起,对群众反映强烈的"四风"问题、民生问题,逐一梳理、列出清单,一件一件改,改一件成一件。

活动结束时,各部门各单位要认真召开总结大会,并对党委(党组)领导班子及其成员开展教育实践活动情况进行民主评议,重点评议改进作风、解决问题情况,群众认可度不高、走过场的,要返工补课。

四、分类实施

坚持从实际出发,根据不同层级、领域、对象的特点,提出不同目标要求,分类组织推进活动,切实增强针对性和实效性。市级和乡科级领导班子、领导干部要紧紧聚焦反对"四风"不走神、不散光,不折不扣把各个环节的"规定动作"做到位做扎实,结合实际灵活安排富有针对性的"自选动作",在找准和解决"四风"突出问题上下功夫、见实效。

执法监管部门和窗口单位、服务行业要根据联系民生紧密、服务群众直接的实际,针对自身存在的"四风"问题,围绕改进工作作风、提高服务效能,开展教育实践活动。要把执法监管部门和窗口单位、服务行业教育实践活动摆上突出位置,会同上级主管部门,精心谋划,认真组织实施。市级机关部门要发挥行业系统优势,加强对口指导,采取一些富有特点的工作措施，推动本行业本系统作风建设有一个大的提升。

各类基层党组织要以服务型党组织建设为抓手，突出服务群众这个着力点，扎实开展教育实践活动。以南通党建创新“八大体系建设”和市委提出的党建创新攻坚战为主抓手，深化“四建双得”服务型党组织建设，扩大党的组织覆盖和工作覆盖，建好“群众家门口”的党组织，提升服务群众的功能和水平。推广“三中心三理”、群众事务党员代理制和窗口单位群众工作品牌建设等有效载体，组织党员干部开展为民服务系列活动，打通联系服务群众“最后一公里”。按照服务意识强、服务能力强，服务作风好、群众评价好的“双强双好”标准，继续深化村党组织书记星级化管理，切实加强基层党组织书记队伍建设，更好地组织带领广大党员为群众服务。完善服务保障体系，推动人、财、物向基层倾斜，落实关爱基层干部政策，充分调动服务群众的积极性。非公有制经济组织、社会组织党组织注重采取小型、业余、分散的方式开展活动。流动党员参加教育实践活动以流入地党组织为主、流出地党组织为辅。可采取送学上门等方式，组织离退休党员及年老体弱党员参加学习教育。

五、组织领导

1.落实领导责任。全市党的群众路线教育实践活动在市委领导下开展。为加强对教育实践活动的领导，市委成立教育实践活动领导小组，市委主要负责同志担任组长。领导小组下设办公室，负责日常工作。市委常委、党员副市长至少确定一个乡镇(园区、街道)、市级机关部门作为教育实践活动联系点，参加动员大会和党委(党组)领导班子专题民主生活会，加强调查研究和督促指导，示范带动和推进教育实践活动深入开展。各部门各单位要及时组建领导机构和工作机构，具体负责教育实践活动，领导机构由党委(党组)主要负责同志负责。乡镇、园区、街道党(工)委要担负起双重责任，在抓好本级班子教育实践活动的同时，负责组织村、社区等基层党组织和党员的教育实践活动。基层党组织要积极发挥作用，认真搞好本辖区本单位的教育实践活动。各级党委(党组)主要负责同志要承担起第一责任人责任，把教育实践活动紧紧抓在手上，发挥示范推动作用。建立督导组全程跟踪、上级党组织随机抽查、“一把手”定期述职的督查机制，实行“一把手”约谈和问责制，适时组织群众评议“一把手”，把“一把手”履行职责情况纳入干部考核的重要内容。纪检、组织、宣传等有关部门要密切配合，形成工作合力。行业系统主管部门要充分发挥对本行业本系统的指导作用。

2.强化督察指导。在南通市委督导组对市级领导班子和乡镇、园区、街道党(工)委班子及党政正职直接督导的同时，市委派出督导组，对市级机关及直属单位和乡镇、园区、街道领导班子和领导干部全面督导，对村、社区正职直接督导，形成一贯到底、上下联动、层层推进的督导态势。要选派政治强、原则性强、责任心强的同志担任督导组成员。督导组要认真审阅活动实施方案、对照检查材料、整改方案等，全程参与专题民主生活会并进行点评，督促抓好每个环节各项工作落实。要沉下去面对面开展工作，及时发现和解决问题，有效传导压力。要督促开展“回头看”，坚持标准、严格把关，确保活动质量。

3.搞好舆论宣传。充分发挥传统主流媒体的优势，通过新闻报道、典型宣传、言论评论、工作综述、专题专访等形式，广泛宣传中央、省委、南通市委和我市精神，充分反映全市教育实践活动进展和成效。创新宣传形式和载体，重视发挥网站、微博、手机报等新兴媒体的作用，做好正面宣传和舆论引导。注重发挥典型的示范作用，推出和宣传一批为民务实清廉的先进典型，营造良好活动氛围。强化舆论监督，通过以案说法、典型曝光、事件评述等形式，发挥监督警示作用，促进教育实践活动深入开展。

4.突出务求实效。用好的作风组织开展教育实践活动，力戒形式主义，做到“四不四防止”，即不提过多口号，不搞注重声势的活动排场，不设定形式大于内容的量化考核指标，不追求“盆景”的选树；防止借业务工作冲淡活动主题，防止以全员参与掩盖重点对象，防止以“自选动作”淡化“规定动作”，防止以自我感觉代替群众对“四风”整治的评价。

5.坚持统筹兼顾。把开展教育实践活动与贯彻落实党的十八大、十八届三中全、省委十二届六次全会和南通市委十一届六次全会精神结合起来，与落实市委市政府决策部署、推动全面深化改革结合起来，与做好当前各项工作结合起来，与保障和改善民生结合起来，做到两手抓、两不误、两促进，以改进作风实际成效，推进经济社会又好又快发展，奋力开启全面小康社会建设新征程，为南通奋力建设长三角北翼经济中心、争当苏中新一轮发展“领头雁”作出新的更大的贡献！

(中共启东市委　启发〔2014〕12号)

关于进一步推进简政放权深化行政审批制度改革的实施意见

一、指导思想和总体目标

(一)指导思想。深入贯彻党的十八大、十八届三中全会精神，认真落实省委和南通、启东市委全面深化经济体制改革的决策部署，按照“使市场在资源配置中起决定作用和更好地发挥政府作用”的要求，进一步深化行政审批制度改革，精简行政审批事项，规范行政审批行为，提高行政审批效率，健全行政审批服务体系，推动政府职能向创造良好发展环境、提供优质公共服务、维护社会公平正义转变，为建设职能科学、结构优化、廉洁高效、人民满意的法治政府和服务型政府提供有力保障。

(二)总体目标。抓好国务院、省、南通市政府取消和调整行政审批事项的衔接落实，进一步精简行政审批事项，下放管理权取，转变管理方式，减少行政审批收费，本届政府任期内市政府部门行政审批事项减少三分之一以上，保留的一般性审批事项承诺期限动态保持全省最短，行政审批收费按全省最低标准执行，着力构建以“5张清单、5个平台、5项重点改革、5大监管体系”为主要内容的简政放权、转变职能的基本框架，把启东打造成为全省行政审批事项设置最科学、审批环节最简、行政成本最低、投资环境最优、企业负担最轻、人民群众最满意的地区之一。

二、基本原则

(一)全面清理、有序下放。进一步清理规范现有行政审批事项，切实加强行政审批事项清单化管理，最大限度减少政府对微观事务的干预。坚持权责利相统一，积极有序推进政府向市场放权、向社会放权、向基层放权，激发市场、社会和基层的创造力。

(二)突出重点、讲求实效。突出抓好重点领域和关键环节的行政审批制度改革，重点取消行政相对人反映强烈、影响社会创造活力和市场自主调节作用发挥的事项，努力处理好政府与市场、政府与社会、政府层级间的关系。

(三)规范审批，提高效能。按照高效便民、公开透明的要求，进一步健全政务服务体系。优化流程、简化手续、压缩时限、提高效率，建立岗位职责清晰、审批权限明确、工作标准具体的行政审批运行机制。

(四)健全机制，强化监管。加强对行政审批运行的监督管理，充分发挥网上权力公开透明运行机制，健全监督制约机制，促进全面正确履行职能。强化后续监管，切实改变“重审批、轻监管”,“重制约、轻服务”的状况。

三、主要任务

(一)全面理清政府职责，建立规范透明高效的权力运行机制。

1.精神行政审批事项和环节，建立行政审批事项目录清单。做好上级取消和调整行政审批事项的落实衔接工作，凡国务院、省政府、南通市政府决定取消的审批事项，我市的初审事项和对应的行政审批事项一律取消。国务院、省政府、南通市政府决定转移给社会力量的事项，我市相类似事项且具备承接条件的，一并转移给社会力量。继续取消和下放投资项目审批、生产经营活动审批、资质资格许可和认定、评比达标表彰、评估等与经济增长、促进就业创业密切相关的审批事项。对已明确保留的行政审批事项进行核实核准，弄清设立依据、子项划分等情况，2014年底前公布市政府各部门行政审批事项目录清单。大幅度减少和简化前置性审批，取消没有法定依据、自行设定的前置审批条件和重复性的前置预审，或将前置审批改为后置审批。2015年制定前置审批目录清单。

加强行政审批事项目录管理，实行最严格的行政审批准入制度。2014年底同时出台行政审批事项目录清单管理办法，依托行政权力网上公开透明运行系统和政府门户网站创建目录管理系统，实行清单化、标准化、动态化管理。各部门不得以“红头文件”等方式设定审批事项，不得以各种形式变相设置审批事项，实现“清单之外无审批”。

2.梳理明晰政府职权，建立政府行政权力清单。根据相关法律法规规章，对政府各部门的行政权力进行全面梳理，按行政许可、行政处罚、行政强制、行政确认、行政裁决、行政征收、行政征用、行政给付、行政奖励、其他行政权力等进行分类，编制市级行政权力事项。2014年年底前以清单形式向社会公布，主动接受社会监督。在行政权力清理过程中，要按照职权法定、转变职能和简政放权的要求，研究提出现有行政权力取消、转移、下放、整合、加强的意见，确保权力清单真实准确完整。加强行政权力清单管理，梳理规范权力名称、编码和运行流程，明晰权责主体，控制与规范行政自由裁量行为，做到“法无授权不可为”。

进一步依法向基层下放权力。按照“放得下、接得住、运转得好”的原则，凡直接面向基层、量大面广、由基层管理更方便有效的经济社会事项，一律下放基层管理。依法逐步赋予省级经济发达镇、沿海前沿地区重点中心镇、市级中心镇部分县级行政审批权限，最大限度地激发基层政府的发展活力。权力下放后，要统筹机制编制配置和技术力量支撑，权力下放部门要加强工作指导和业务培训，切实提升承接能力，强化权力运行监管。

3.推进投资审批制度改革，建立投资审批“负面清单”。贯彻落实上级修订的核准投资项目管理办法，根据国家、省、南通市修订情况及时向社会公布核准投资项目目录并组织实施。项目核准机关不得干预企业的投资自主权，项目的市场前景、经济效益、资金来源、产品技术方案等均由企业自主决策、自担风险。全面清理企业投资项目前期工作的现有流程，研究提出减少、整合前置审批及中介服务的范围，制定建立前置性审批事项联动工作机制的意见。贯彻落实省、南通市修订的企业投资项目备案暂行办法，简化备案方式和内容，缩短流程和时限，防止以备案的名义变相审批。深化落实省、南通市制定的外商投资项目核准和备案管理办法、境外投资项目备案管理办法。主动学习对接上海自贸区，试行外商投资准入“负面清单”制度，推行“清单化审核，备案化管理”的外商投资企业设立快速审批方式，探索实行统一的市场准入制度，推进各类市场主体依法平等进入。

4.规范收费行为，建立行政事业性收费目录清单。按照“减少项目、降低标准、优化环境”的要求，做好国家、省、南通市取消调整的行政事业性收费项目和标准的落实衔接工作，对行政事业性收费进行全面清理，取消的行政事业性收费项目坚决按规定取消，落实好国家、省降低、减免收费的价费优惠扶持政策，严格收费公示、听证制度。2014年底前公布行政事业性收费和政府性基金项目目录清单，实行“目录之外无收费”“目录之内严收费”。保留的行政事业性收费，能减则减，能免则免，收费标准有浮动和下限的一律按下限执行，切实降低服务对象的办事成本。进一步规范涉及政府定价或政府指导价的行政审批中介服务收费行为。根据国家、省、市要求，放开具备竞争条件的行政审批中介服务，对政府定价或政府指导价的中介服务收费，按照保本微利原则从严核定服务收费。部门设定的行政审批中介服务，按照“谁设定、谁付费”的原则，2015年起试行由部门承担相关成本，免费提供服务。

5.清理项目资金,建立政府部门专项资金管理清单。对上级补助和本级预算安排，具有指定用途的资金进行清理规范,按照“分类归并、创新模式,划分事权、强化绩效”的原则整合政府部门专项资金,2014年底前公开政府部门专项资金管理清单。推行因素法分配专项资金,并逐步从事前申请转变为事中、事后奖励。改革财政性资金对竞争性领域的支持方式,逐步减少、退出竞争性领域的无偿支持政策。

(二)着力打造“五合一”服务平台,构建公开便捷诚信的政务服务体系。

1.完善政务中心平台。拓展行政审批“三集中、三到位”工作内涵,进一步强化事项落地、职能归并、流程优化、成本降低等工作,坚决杜绝集中后分散、到位后再分离的回潮现象。进一步完善市、乡镇(街道)、社区(村)三级政务服务体系建设,制定政务服务标准。整合政务服务资源,积极探索三级政务网络一体化管理。对保留的行政审批事项进行流程再造,进一步减少中间层级和交叉环节,优化审批流程,规范审批程序,提高审批效率。严格执行首问首办负责、一次性书面告知、AB角办事、限时办结、延时预约、否定报备、服务承诺、服务评价等制度,优化便民服务举措,建立办事叫号排队系统、满意度评价等制度,建立健全岗位职责清晰、流程简化、审批权限明确、工作标准具体的行政审批运行机制,为市场主体和人民群众提供更高质量的行政审批服务。

2.做强网上审批平台。充分运用现有电子政务平台和网络,完善审批信息交换平台,努力实现与市级各单位行政审批业务系统、上级和乡镇(园区)行政审批网上平台、行政审批电子监察系统和法制监督系统的有效对接。符合条件的审批项目,试行网上咨询、网上申报、网上审批制度,让企业和群众不出家门就能办理审批事项。健全行政权力电子监察系统,加强对行政审批网上运行情况的实时监控,及时纠正违法不当行为。充分利用信息化手段加强行政审批数据分析,为政府决策和企业发展提供信息支撑。

3.健全资源交易平台。按照“统筹规划、整合资源、因地制宜、扎实推进”的总体要求,坚持政府主导、“监、管、办”分离工作机制,充分发挥市场配置公共资源的决定性作用,打破行业垄断和地区封锁,建立统一规范和“公开、公平、公正、诚实信用”的公共资源交易市场,促进公共资源交易取得最大经济和社会效益。

4.整合公共服务平台。按照“统一受理、归口办理、限时办结、过错问责”的要求,2014年年底前整合“12345”政府服务热线和部门服务热线资源，尽快建立群众诉求随时表达、诉求快速反应、诉求及时解决的联动机制,切实解决政务热线群众记不住、搞不清、打不通等问题。拓展“民生政务、百姓之家”服务内涵,进一步延伸服务领域,着力打造政府便民利民的公共服务平台。

5.规范信息公开平台。及时向社会公开行政审批事项的设定依据、实施主体、提交材料清单、办理流程、审核标准、承诺期限、收费依据及标准等信息,并实时公开办理过程和结果,让社会公众在办理审批事项时有据可依、有章可循。按照方便群众知情、便于群众监督的原则,进一步深化政务服务信息公开内容,丰富公开形式,创新公开载体,通过门户网站、信息公开查阅点、个人通讯终端等形式公开政务服务信息,让群众知晓办事流程、及时了解服务动态。

充分利用市政务中心优势,适时整合市行政服务中心、公开资源交易中心等相关职能,将行政审批网上平台、政府信息公开平台及“12345”政府服务平台网上、线上办事大厅和实体大厅链接,形成“线上线下、虚实一体”的“五合一”政务服务平台,构建功能齐全、效能一体的科学化的政务服务体系。

(三)深化重点领域改革,着力提升政府治理能力。

1.深化建设项目审批制度改革,消除权力梗阻弊端。深化建设项目“三个一”联合审批模式,涉及两个及两个以上部门审批的项目,由市行政服务中心牵头,全部实行并联审批。完善容缺预审、联合踏勘、联合验收、多证联办机制,积极探索联合审图,实现建设项目审批“一窗受理、集中审查、联合办理”。减少、归并审批前置中介(技术)服务项目,压缩服务时间,降低服务收费。畅通重点建设项目服务“绿色通道”,探索代办、帮办等服务,加快重大项目报审进度。

2.深化工商注册登记制度改革,发挥市场资源配置作用。按照便捷高效、规范统一、宽进严管的原则,创新公司登记制度,放宽注册资本登记条件,将注册资本实缴登记制改为认缴登记制。推进工商注册登记制度便利化,按照上级统一部署,大力减少前置审批,由“先证后照”改为“先照后证”。放宽市场主体住所(经营场所)登记条件。推行电子营业执照和全程电子化登记管理。将企业年检制度改为年度报告制度,建立公平规范的抽查制度,提高政府管理的公平性和效能。完善工商企业注册登记并联审批机制,探索实行工商营业执照、组织机构代码证和税务登记证“三证合一”登记制度。

3.深化重点镇(区)行政审批制度改革,探索明晰政府层级间的关系。进一步理顺市与镇（区)、市级部门与镇(区)、镇(区)与行政村的职责关系,切实增强重点镇(区)统筹协调、科学决策、依法行政和公共服务的能力。支持省级以上开发园区开展外商投资企业设立快速审批方式和投资项目前置审批改革试点。省级经济发达镇、沿海前沿地区重点中心镇、市级中心镇率先推行统一受理、集中办理镇(区)辖区范围内所有行政许可、非行政许可审批和公共服务事项,实行“一次性申请、一次性告知、一次性受理办结”的“一站式”服务,进一步明确审批权取、精简流程、优化服务,提高审批效能。

深化社会组织和中介机构管理制度改革，促进社会中介组织健康发展。实施行业协会商会类、科技类、公益慈善类、城乡社区服务类社会组织直接登记制度,试行行业协会一业多会。大力培育有利于经济社会发展的各类社会团体、民办非企业单位和基金会。制定政社脱钩方案,开展行业协会商会与行政机关脱钩试点工作，严格按规定限制现职和离退休公务员在社会组织中任职，加快实现种类社会组织在职能、机构、人员、财务等方面与行政机关脱钩,切实解决社会组织行政化倾向严重以及依赖政府开展活动等问题。健全社会组织管理制度,引导社会组织完善法人治理结构,加强政治法律类、宗教类社会组织登记审查和日常行为监管。建立登记管理机关、行业主管部门与相关部门联合执法体制,依法查处社会组织违法行为和非法组织。加快形成政社分开、权责明确、依法自治的现代社会组织体制,以及统一登记、各司其职、协调配合、分级负责、依法监管的社会组织管理体制。

规范行政审批中介服务,全面清理现有技术审查、评估、鉴证、咨询等有偿中介服务事项,能取消的取消,确需保留的要规范时限和收费,并向社会公示。打破部门行政垄断和地区垄断,引入竞争机制,鼓励符合资质条件的中介机构全面进入,不得指定或变相指定中介服务机构或部门下属事业单位、社会组织实施中介服务。2015年制定加强行政审批中介服务机构监管办法,强化行业主管部门监管职责,进一步规范行政审批中介服务收费行为。推行中介机构限时办结制度,将涉及审批的中介服务机构纳入作风评议范围,提升服务水平。

5.深化民生领域行政服务改革,提升人民群众幸福指数。聚焦民生改善,按照“减程序、减时限、减费用”的要求,将与人民群众生产、生活密切相关,涉及人民群众切身利益的就业、医疗、住房、交通、户籍、生育、入学等民生领域的行政服务事项,进一步下放基层政府,减少管理层级,优化办事流程,缩短服务周期,降低收费标准,方便群众办事。大力推动供水、供电、供气等便民服务事项进社区、进村居,切实做到主动办、及时办、优先办、协调办、代理办。

(四)强化监管体系建设,推动政府管理由事前审批向事中事后监管转变。

1.建立监管制度体系。精简行政审批事项后,实施主体要转变管理理念,改进工作方式,加强事中事后监管。2014年年底前制定出台市加强事中事后监管的办法;相关部门要在食品安全、环境保护、工程建设等关键领域试点出台监管办法;在总结推广试点部门监管经验的基础上,各相关部门制定本部门具体监管办法。建立科学、规范的抽查制度、责任追溯制度、经营异常名录和违法经营者黑名单制度。完善常态化监管机制,采取随机抽查、飞行检查、专项督查、事后稽查等方式,提高监管水平。

2.健全政府责任体系。进一步强化部门监管责任,加强事关人民群众身体健康和生命安全的食品安全、环境保护、工程建设、安全生产等重点领域的监管,着力规范市场秩序,重拳打击不法行为和不法分子,有效防范、坚决遏制重特大事故的发生,切实把政府该管的事情管住管好,防止监管不力、失位缺位。2015年探索建立部门监管责任清单。进一步理顺部门之间职责关系,一件事情由一个部门负责;确需两个以上部门负责的事情,明确主办部门和协办部门及其工作职能和管理权限,推动部门联合行动,促进信息共享,形成多部门协同联动的监管机制。进一步明晰市、镇(乡)两级职责关系,合理划分事权、财权和监管责任,防止出现审批和监管真空地带。

3.完善行政执法体系。开展综合执法试点,减少执法层级,推动市场监管重心下移,建立权责统一、权威高效、群众认可的行政执法体制。加强市场监管能力建设,着力解决地方政府工作量和监管责任增加、承接能力不足等问题,确保取消下放的事项能够落得实、管得住。整合规范行政执法主体,推进城市管理、市场监管等领域跨部门、跨行业综合执法。规范行政执法程序,全面落实行政执法责任制和执法经费由财政保障制度,切实做到严格规范、公正文明执法。完善行政执法与刑事司法衔接机制,完善案件移送标准和程序,细化并严格执行执法协作相关规定。

4.构建社会诚信体系。加强诚信建设,推行信用承诺、信用报告、信用审查制度,加强信用基础和信用监管平台建设,建立跨部门、跨地区、跨行业的失信行为联合惩戒制度。探索建立市场主体信用信息公示制度和部门监管信息共享机制,动员社会力量共同参与社会治理和监管。充分发挥法律法规的规范作用、行业组织的自律作用、舆论和社会公众的监督作用,重点解决一些行业领域监管不力问题,实现社会共同治理,推动市场主体自我约束、诚信经营,建立横向到边、纵向到底的监管网络和科学有效的监管机制。

5.优化考核评价体系。对行政审批工作实行依法科学的定期评价,以社会满意度为重要评判标准,引导公众、专家、媒体对行政审批制度改革工作开展多方位评估,逐步建立第三方评估机制。各部门行政审批制度改革工作作为部门职能履行情况的重要内容,纳入市级机关综合绩效考评以及对部门领导班子年度考核的内容。各部门、单位也要把内部机构、所属单位及相关负责人开展行政审批制度改革情况,纳入年度考核的内容。通过绩效考评,及时发现薄弱环节,解决突出问题,保证行政审批制度改革推进有力、落实到位、取得实效。围绕推动责任落实、转变政府职能、提升行政效能、优化发展环境等方面,开展行政问责工作。对严重破坏发展环境、损害群众利益的,以及群众、企业投诉较多未能及时妥善处理的,要对其主要负责人和相关责任人一并实施问责。对违法审批、越权审批和因审批不当造成严重后果者,要依法追究法律责任,以确保审批的公正性,防止腐败行为的发生。

四、组织保障(略)

(中共启东市委　启东市人民政府　启发〔2014〕39号)

关于启东市人民政府机构改革的实施意见

根据《中共中央、国务院关于地方政府职能转变和机构改革的意见》(中发〔2013〕9 号)、《中共江苏省委办公厅、江苏省人民政府办公厅关于印发(江苏省市县政府职能转变和机构改革的意见)的通知》(苏办发〔2014〕31 号)和《南通市委办公室、南通市人民政府办公室关于印发<启东市人民政府职能转变和机构改革方案>的通知》(通办发〔2014〕80 号)精神,为积极稳妥地做好市政府机构改革的组织实施工作,保证完成各项改革任务,现提出如下实施意见。

一、指导思想和基本原则

(一)指导思想(略)

(二)基本原则(略)

二、机构改革的主要任务

按照精简统一效能原则,结合启东实际,强化机构和职责整合,规范机构设置,理顺权责关系,完善体制机制,加快形成精干高效的市政府组织体系。

(一)优化组织结构,调整市政府机构

1.组建市卫生和计划生育委员会。将市卫生局的职责、市人口和计划生育委员会的计划生育管理和服务职责整合,组建市卫生和计划生育委员会,为市政府工作部门。不再保留市卫生局、市人口和计划生育委员会。

2.组建市市场监督管理局。将市食品安全委员会办公室的职责、南通市启东工商行政管理局的职责、南通市启东质量技术监督局的职责、市食品药品监督管理局的职责、市卫生局的食品安全监管职责整合,组建市市场监督管理局,挂市食品药品监督管理局、市工商行政管理局、市质量技术监督局牌子,为市政府工作部门。不再保留南通市启东工商行政管理局、南通市启东质量技术监督局、市食品药品监督管理局。市卫生和计划生育委员会负责食品安全风险监测评估工作。市农业委员会负责农产品质量安全监管职责。市海洋与渔业局负责水产品质量安全监管职责。

3.市民族宗教事务局由与市委统战部一个机构、两块牌子调整为单独设置,为市政府工作部门。

4.将市农业资源开发局农业资源开发的职责、市农业机械管理局的行政管理职责整合划入市农业委员会,市农业委员会增挂市农业资源开发局、市农业机械管理局牌子。不再保留市农业资源开发局、市农业机械管理局。

5.将市建筑工程管理局的职责整合划入市住房和城乡建设局,市住房和城乡建设局增挂市建筑工程管理局牌子。不再保留市建筑工程管理局。

6.市发展和改革委员会不再挂市中小企业局牌子。

7.市口岸办公室、市旅游局由在市政府办公室挂牌调整为在市商务局挂牌;市人民防空办公室由在市政府办公室挂牌调整为在市住房和城乡建设局挂牌。

8. 市城市管理行政执法局更名为市城市综合管理局,挂市城市管理行政执法局牌子。

9. 市信访局由在市政府办公室挂牌调整为单独设置,正科级建制,列市委机构序列,既是市委工作机构,又是市政府工作机构。

10. 市沿海地区发展办公室由在市发展和改革委员会挂牌调整为单独设置,为市政府派出机构,正科级建制。

11.组建市政务中心。将市行政服务中心的职责、市公共资源交易管理中心的职责整合,组建市政务中心,挂市公共资源交易管理办公室牌子,为市政府派出机构,正科级建制。不再保留市行政服务中心、市公共资源交易管理中心。

市政府机构改革后,设置工作部门 25 个(详见附件)。

(二)整合部门职责,规范机构设置

加大部门职责整合力度。全面清理部门间职责交叉和分散事项,整合部门间相同相近职责,坚持同一件事情由一个部门负责,确需多个部门负责的事项,明确牵头部门,分清主办和协办关系,建立健全政府部门间的协调配合和磋商机制,探索完善综合设置机构的有效运行机制。

1. 市应急管理办公室的行政管理职能划入市政府办公室。

2.原市人口和计划生育委员会的研究拟订人口发展战略、规划及人口政策职责划入市发展和改革委员会。

3.原市农业资源开发局滩涂资源开发的职责划入市海洋与渔业局。

4.推进土地登记、房屋登记、林地登记、草地登记、海域登记等不动产登记职责整合到市国土资源局。

严格规范各类机构设置。综合设置政府工作部门内设机构。从严规范和管理合署办公机构、政府派出机构、开发区管理机构、挂牌机构、议事协调机构和临时机构。挂牌机构不设为实体机构,议事协调机构不单设办事机构,具体工作由相关职能部门承担。进一步清理议事协调和临时机构,对工作任务基本相同或相近的进行归并整合,凡其工作任务可交由职能部门承担的,工作任务已完成或即将完成的,原则上撤销。

(三)注重协调配套,统筹推进相关改革

按照政府职能转变和机构改革的总体要求,统筹推进事业单位分类改革。把事业单位中的行政职能划归相关行政机关。按照“严控总量、盘活存量、优化结构、增减平衡”的要求,采取切实措施,核减职能减少、工作任务不饱和单位的人员编制。归并整合职责相近、职能交叉事业单位;撤并整合部分编制在 3 名以下小散事业单位;进一步提高编制使用效益,市属事业单位现有空编原则上按照 80%收回,统筹用于保障民生等重点领域的基本公共服务。探索推进检验、检测、认证机构改革,整合质监、食品药品监管、农业、粮食等部门的各类技术资源,组建综合性检验检测机构,承担本行政区域检验检测职责,为机关行使行政职能提供必须的技术支撑。推进从事公益服务事业单位在与主管部门理顺关系、去行政化、取消行政级别、建立法人治理结构等方面取得积极进展。同时推进有条件的事业单位转为企业或社会组织。抓紧制定人事、收入分配、社会保险、财政等事业单位改革配套政策。做好与教育、科技、文化、卫生等行业体制改革的衔接。

继续推进省级经济发达镇行政管理体制试点改革、沿海前沿地区重点中心镇"区镇合一"试点改革、市级中心镇行政管理体制改革,落实有关政策措施,以扩大事权和充实财力为重点,完善乡镇政府功能,做实做强基层政府,切实巩固执政基础,探索适合现代小城镇发展特点的行政管理体制,为推进城镇化提供有力保障。

按照分级管理要求和监管职责重点,改革监管执法体制,切实解决多头执法、多层执法、重复执法的问题,把监管触角延伸到乡镇、村(社区)。

(四)严格控制机构编制,努力降低行政成本。

按照"财政供养人员只减不增"的要求,加强机构编制管理创新,强化制度建设,严肃机构编制纪律,解决机构庞杂、人员臃肿、人浮于事等现象,严格控制政府规模,努力降低行政成本,把更多财力用于改善民生。

党政机关人员配备不突破中央核定的行政编制总额和各类专项编制员额;全市事业编制总额以2012年底统计数为基数实行总量控制,进一步规范机构编制管理,严格控制人员编制。领导职数、非领导职务严格按规定配备。对现有机构和人员编制情况进行彻底核查,采取切实有效措施清理编外人员。

坚持向改革要编制,向管理要编制,向信息技术要编制,不断提高机构编制资源效用。按照"严控总量、盘活存量、优化结构、增减平衡"的要求,采取切实措施,核减职能减少、工作任务不饱和单位的人员编制,加强事关中心、全局工作和民生保障方面的人员力量,推动编制资源向基层和一线倾斜。市场监管部门将机关人员编制压缩20%,以充实一线执法力量。强化机关事业单位职能常态化管理,梳理机关事业单位职权事项,逐步建立机关事业单位职能事项库,建立职能管理与机构编制管理的动态调整机制,由市机构编制委员会对市级行政、事业编制实行集中管理和统筹使用。进一步完善机构编制和组织、人力资源和社会保障、财政等部门的协调配合机制,全面推行机构编制实名制管理,编制和领导职数使用须经机构编制部门审核后,再由组织、人力资源和社会保障、财政部门办理相关事项,从源头上把好编制使用关,确保"财政供养人员只减不增"。

任何组织、单位和个人都必须严格遵守机构编制各项法律法规和政策。严格执行干部退休制度,不得随意或变相降低退休年龄。各部门不得以会议、文件、领导讲话、项目经费、测评考核和评比达标等内容提出增加机构编制事宜。将机构编制政策规定执行情况纳入市委、市政府督察工作范围,作为绩效管理和考核领导干部的重要内容,将机构编制管理情况特别是落实财政供养人员只减不增要求情况列入纪检监察、干部人事、财政审计监督工作范围,健全机构编制监督检查协调机制,加大对机构编制违纪违法行为的查处力度,涉嫌犯罪的,移送司法机关依法处理。对违反机构编制纪律的责任人员,按照有关党纪政纪规定严肃处理,维护机构编制管理的严肃性和权威性。

三、机构改革的组织实施

分类开展组织实施。一是新组建的机构,如市卫生和计划生育委员会、市市场监督管理局等,需要重新制定"三定"规定。按照精简统一效能的原则,将相关工作机构、人员编制及工作人员合并到新的部门中,由市政府分管领导召集新组建机构的领导班子组织开展机构的组建、"三定"规定制定及组织实施工作,确保各项工作的正常开展。二是职责调整较大的机构,需要提出职能、机构调整和编制、人员划转方案,并重新制定"三定"规定。按照"人员编制随职能走"的原则,相关部门要认真研究制定职能调整和编制划转方案,积极配合做好相关职能、机构、编制、人员的划转工作。在调整工作完成以前,各有关部门仍按现有的职责分工开展工作,防止工作脱节、造成损失。三是其他部门要按照简政放权、推进政府职能转变的要求,理顺职责关系,创新体制机制、提高行政效能。

认真开展"三定"工作。定职责、定内设机构、定人员编制和领导职数的"三定"工作,是机构改革的重要内容。新组建的部门要按照上下衔接的原则,合理界定本部门的职权范围,明确部门责任,切实把职能转变的要求落到实处。按照精简统一效能的原则,全面整合部门内设机构,内设机构数量应低于南通对口部门内设机构总数和整合前相关部门内设机构总数。

明确实施时间步骤。年内基本完成政府机构改革工作,需要制定"三定"规定的部门,要抓紧时间研究制定和上报"三定"规定草案。"三定"规定经市编办审核后,由市政府审批。"三定"规定批复下达后,各部门抓紧组织实施,尽快完成职能调整、内设机构整合、人员编制定编定岗等工作。"三定"规定实施一段时间后,市编办要组织力量进行执行情况评估,总结改革的成绩和经验,对违反政策规定的做法予以纠正。

四、加强对改革工作的组织领导(略)

(中共启东市委　启东市人民政府　启发〔2014〕48号)

关于深化教育领域综合改革推进教育现代化建设工作的意见

按照中央和省、南通市关于全面深化改革的总体部署，根据《省政府关于深化教育领域综合改革的实施意见》(苏政发〔2014〕56号)、《省政府办公厅关于推进教育现代化建设的实施意见》(苏政办发〔2013〕85号)和《中共南通市委、南通市人民政府关于深化教育领域综合改革推进教育现代化市级示范区建设的意见》(通委发〔2014〕15号)精神，结合市实际，现就深化教育领域综合改革，推进教育现代化提出如下意见：

一、指导思想

坚持教育优先发展战略，按照《启东市中长期教育改革和发展规划纲要(2011~2020年)》(启发〔2011〕11号)的总体部署，以《江苏教育现代化指标体系》为引领，坚持立德树人、全面发展，以让每个孩子都成为有用之才为目标，以提高质量为核心，以促进公平为重点，以破解制约教育科学发展的关键领域和薄弱环节为突破口，加快转变教育发展方式，完善教育改革发展体制机制，全面深化教育领域的综合改革，不断提升各级各类教育现代化水平，努力办好人民满意的启东教育，为市率先基本实现现代化建设提供更为有力的人才支撑、知识贡献和智力支持。

二、主要目标

到2016年底，全市构建体系完备的终身教育，形成惠及全民的公平教育，提供更加丰富的优质教育，健全充满活力的体制机制，实施富有成效的社会服务，人民群众对教育的满意度不断提高，全面实现省定教育现代化指标体系要求，建成教育现代化县(市)。

三、基本原则

1.*政府主导、各方联动*。各级政府是教育现代化建设的责任主体，要将教育现代化放到经济社会现代化全局中考量和谋划，坚持教育优先发展的战略位置，真正做到经济社会发展规划优先安排教育发展，财政资金优先保障教育投入，公共资源优先满足教育和人力资源开发需要。各有关部门密切配合，针对关键领域和薄弱环节研究推出一批政策举措，形成分工合作、齐抓共管的良好局面。

2.*育人为本、人民满意*。牢牢把握育人为本的战略主题，把提高质量作为根本目的，更加突出教育理念、制度、体系、内容、方法、队伍等核心要素的建设，使教育现代化真正成为实现人的全面发展和推动社会文明进步的重要力量。坚持教育为人民服务的宗旨，把人民满意作为检验教育现代化成效的第一标准，积极化解社会关注的教育热点和难点问题，大力推进基本公共教育服务均等化，让人民群众共享教育改革发展成果。

3.*改革创新、增强活力*。以改革创新为教育发展的强大动力，勇于破除束缚教育发展的体制机制性障碍，积极转变教育发展方式，构建充满活力、富有效率、更加开放的教育体制机制。加快解决经济社会发展对高质量多样化人才需要与教育培养能力不足、人民群众期盼良好教育与资源相对短缺、增强教育活力与体制机制约束的矛盾，不断增强教育事业持续健康发展的动力和活力。

4.*统筹兼顾、突出重点*。全面推进教育现代化建设，把握教育现代化建设的目标要求，更加注重普惠公平，更加注重质量内涵，更加注重完善终身教育体系。统筹教育的规模、质量、结构与效益，统筹城乡教育和区域教育，统筹各级各类教育，统筹教育改革、发展与稳定。针对与教育现代化建设目标差距较大、实现难度较大的领域和环节，采取扎实有效的措施，攻坚克难，着力抓重点、破难点、解热点，大力推进教育现代化建设步伐。

5.*强化监测、以评促建*。充分发挥教育现代化指标体系的导向、激励和监测评估作用，建立教育现代化建设水平动态监测评估推进机制，以监测评估促进教育改革发展。按照基于县市特点的指标群、检测点和相对目标值，每年开展教育现代化建设情况监测评估，动态了解、分析年度教育现代化建设工作和指标实现程度，不断推动提升教育现代化建设水平。

四、重点工作

(一)*提升各级各类教育现代化建设水平*。

1.学前教育优质普惠发展。全面贯彻实施《学前教育五年行动计划》和《镇乡(园区)公办幼儿园管理暂行办法(试行)》，完善幼儿园布局规划，在旧城镇改造、新区建设和实施安居工程时，同步规划建设与居住人口规模相适应的配套幼儿园，确保适龄儿童逐步实现就近入园。按照江苏省学前教育改革发展示范区创建标准，加快优质公办幼儿园和省优质幼儿园创建力度，确保到2015年底，所有幼儿园为省合格幼儿园，优质公办幼儿园占比达到70%以上，省优质幼儿园占比达到80%以上。控制幼儿园班额，85%的幼儿园达到适度班额要求。到2016年，学前3年教育毛入园率达99%以上，江苏省优质幼儿园达90%以上。

2.义务教育优质均衡发展。健全城乡义务教育一体化发展机制，资源配置向农村学校和薄弱学校倾斜，小学、初中办学条件校际均衡差异分别控制在0.26和0.32以内。学校布局与规模合理，小学规模不高于8轨、初中规模不高于10轨的学校比例达90%以上。加强学校标准化现代化建设，确保所有义务教育学校达省现代化学校办学标准。加快实施中小学校安工程建设和运动场地塑胶化改造步伐，到2015年底完成所有中小学建设改造任务。实施教育信息化建设，强化功能教室、专用教室、图书资料、仪器设备等配套设施建设，到2015年底所有义务教育学校教育装备达省I类标准。组建义务教育管理共同体，健全校长和教师合理流动机制，专任教师流动人数占全部专任教师总数的15%以上。控制义务教育学校班额,85%的学校达到适度班额要求。完善义务教育保障机制,保障外来务工人员随迁子女等困难群体接受义务教育,外来人员子女在公办学校就读并享受同等待遇的比例达到100%。义务教育巩固率达到99%以上。健全特殊教育保障机制,到2016年全面实施残疾儿童少年15年免费教育。

3.普通高中教育优质特色发展。高水平普及高中阶段教育,高中阶段教育毛入学率达99.5%以上,19周岁人口高等教育入学率达60%以上。优化普通高中资源布局,加快启东市第一中学建设进度,2015年秋季学期启东市第一中学启用后,大江中学、东南中学、江海中学高一停招,并从下一学年起招收初一学生。2014年汇龙中学、2016年吕四中学创建省四星级高中。全面实施高中质量提升和特色建设工程,优化完善高中发展评价体系,努力提升普通高中整体办学水平。坚持优质发展,高度重视学校内涵建设,着力提升学校管理水平,打造学校优质品牌。坚持特色发展,增强普通高中自主发展能力,鼓励学校根据普通高中教育的性质和任务,立足自身文化传统、办学基础、学生发展要求和教育现状,建成具有独特文化和教育特色的普通高中。大力推进学校办学模式和育人方式多样化、个性化,积极开展研究性学习、社区服务和社会实践,注重培养学生自主学习、自强自立、创新精神和适应社会的能力。

4.职业教育优质创新发展。紧紧围绕启东经济发展和产业需求,以全面对接上海的"139工程"为引领,加快现代职业教育体系建设。稳定职业学校办学规模,班额控制在35人左右。加强职业学校基础能力建设,启东中专启动数字化校园建设,第二中专创建省四星级职业高中。深化职业教育课程改革,实施中等职业教育"2.5+0.5"人才培养模式,探索中高等职业教育相衔接的课程体系。加强职业教育专业建设,以市场需求为导向设置专业,提高专业结构与产业结构的匹配度,到2015年底建成国家级实训基地1个、省级实训基地4个、省级品牌专业6个。全面推行工学结合、校企合作、顶岗实习的技能人才培养模式,推进校企一体化办学,定期举行职业教育活动周,到2015年底建成省级校企合作示范组合5对。实施"强技工程",每1万劳动力中高技能人才数达600人左右。强化职业学校毕业生就业引导,加强就业服务和就业质量监控,实现职业学校毕业生双证书获取率达95%以上、就业率达96%以上。

5.社区教育多元立体发展。积极发展成人高等学历教育、远程教育和自学考试,加强启东电大和启东社区学院建设,逐步提高劳动力整体素质。加快社区教育基础能力建设,形成以启东市社区学院为龙头,镇乡、街道社区教育中心为骨干,村(居)社区服务站为基础的社区教育网络。90%以上的社区教育中心达到省级标准。大力发展老年教育,加快形成以社区教育中心为依托,以养教结合为重要形式的老年教育体系。构建现代远程教育体系,推进终身教育与学习资源共享平台建设,建立"启东学习在线"数字化学习平台,形成覆盖全市、面向全体社会成员的终身学习网络和服务平台。居民学校建成率、终身学习平台使用率均达90%以上。

扎实开展进城务工人员等新市民培训,继续实施农村人才工程和现代农村教育培训工程。到2016年,从业人员继续教育年参与率达60%,城市和农村居民社区教育活动年参与率分别达60%和40%以上,其中老年人参与率达20%;新增劳动力人均受教育年限15年以上,主要劳动年龄人口受教育年限12.2年以上,其中受过高等教育的比例达25.8%以上。

(二)增强教育现代化建设保障能力。

1.加强高素质教师队伍建设。按照课程改革实施需要,进一步落实城乡统一的中小学教职工编制标准,适当增加南通市小班化教学实验学校教师编制。保持中小学教师总量稳中有降,在逐步消化超编矛盾的同时科学制定各学段新教师招聘计划。在继续实行定向委培的同时,进一步加大学前教育阶段教师招聘力度,缓解学前教育师资严重不足的问题。推进教科研训"四位一体"的中小学教师研修中心建设,到2015年底建成江苏省示范性教师发展中心。强化师德建设,建立健全教师师德考核管理机制,学生对教师的师德满意度达90%。实行每5年一周期的中小学、中等职业学校教师和校长全员培训制度,教师全员培训完成率为100%。加大骨干教师培养培训力度,完善启东市名校长、名教师、学科带头人、骨干教师、教坛新秀等优秀教育人才培养、遴选和奖惩管理制度,鼓励并专项奖励获评省和南通市级各类优秀教育人才,培养和造就一批社会广泛认可、成绩突出的名师名校长。以岗位设置为基础,深化岗位聘用制改革,完善以岗位绩效综合评价为重点的人才考核与评价体系。完善中小学和中等职业学校校长选拔任用机制,探索建立校长职业资格制度和职级制度。鼓励教师更新知识结构,提高学历水平。中小学幼儿园县级以上骨干教师占专任教师比例达15%以上,职业学校"双师型"教师比例达75%以上。

2.进一步加大教育投入。健全政府投入为主、多渠道筹集教育经费的体制,确保政府教育财政拨款的增长比例高于财政经常性收入的增长比例,财政教育支出预算、决算增长比例高于公共财政预算、决算支出增长比例,全社会教育投入增长比例高于地区生产总值增长比例。加大各级各类教育经费保障力度,逐年提高各级各类教育的生均公用经费财政拨款标准,确保义务教育、高中阶段教育预算内生均公用经费高于省定基准定额标准。财政性学前教育经费在同级财政性教育经费中占比高于5%,并逐步增长。高中阶段财政性教育经费占高中阶段教育经费比例达60%以上。安排教育现代化建设专项资金,积极支持学前教育、义务教育重点工程,教育技术装备,塑胶化操场等教育现代化建设重大项目。加快校安工程建设进度,启动城区新增教学布点建设工作。按照不低于中小学、幼儿园和中等职业学校核定工资总额(含奖励性绩效工资)1.5%安排教师培训专项经费。落实教育费附加、地方教育附加、土地出让金净收益中提取教育资金等政策,按规定全部用于支持教育事业发展。完善家庭经济困难学生资助体系,提高资助标准,家庭经济困难学生按省定补助标准受帮扶比例达100%。

3.推进教育信息化建设。实施《启东市教育信息化三年行动计划(2014~2016)》,推进宽带网络校校通、优质资源班班通、网络学习空间人人通和教育资源公共服务平台、教育管理公共服务平台“三通两平台”建设。实施数字化校园建设工程，建成覆盖各级各类学校的教育宽带网络。扎实推进国家数字教育资源公共服务平台规模化应用试点工作，加大教育管理基础数据库、资源中心和应用系统建设力度，构建教育信息化公共服务体系。加强优质数字教育资源建设与共享，强化信息技术在教学、科研和管理等核心业务中的有效应用，促进信息技术与教育教学的深度融合。到2016年，国家教育信息化标准达标率达90%以上。其中，优质资源“班班通”覆盖率达100%，网络学习空间“人人通”覆盖率达90%，省级教育资源服务平台覆盖率达100%。

4.着力推进依法治教。探索依法办学、自主管理、民主监督、社会参与的现代学校制度建设，推进管、办、评分离。明确各级各类学校的办学权利和责任，完善学校法人治理结构，落实和扩大学校办学自主权，健全学校目标管理和绩效管理机制。落实中小学和中等职业学校校长负责制，构建校长负责、党组织发挥政治核心作用、教职工代表大会、校务监督委员会和工会参与管理与监督的运行机制，提高学校管理科学化、民主化、规范化水平。建立健全学校信息公开制度，方便社会参与学校管理和监督。建立健全中小学家长委员会。推进城乡教育共同体建设，实行捆绑考核、抱团发展，薄弱学校对口帮扶比例达100%。到2016年，教育部门达到依法行政示范单位建设标准，所有学校成为市级以上依法治校先进学校，所有学校建立家长委员会、校董事会(理事会)。

(三)推进教育综合改革和创新发展。

1.深化教育体制机制改革。转变政府管理职能，强化服务意识，运用法规、规划、标准、政策、公共财政、信息服务等手段引导和支持学校发展，探索建立政事分开、权责明确、统筹协调、规范有序的教育管理体制。落实市政府统筹、镇乡(园区)人民政府(管委会)为主、教育行政部门业务主管、其他部门各司其职的学前教育管理机制；完善以市政府为主管理的义务教育管理体制，注重发挥镇乡(园区)发展教育的作用，加快实现城乡教育一体化；健全政府统筹、行业参与、社会支持的职业教育管理体制；依法加强对民办学校的监督管理，健全民办学校登记、法人产权制度和内部治理结构等管理制度。完善教育决策机制，建立健全教育决策公示、听证制度。强化教育督导，建立健全督导评估制度和监督问责机制。

2.深化人才培养体制改革。坚持立德树人、能力为重、全面发展的素质教育工作导向，促进德智体美全面发展。加强社会主义核心价值体系教育，完善中华优秀传统文化教育，形成爱学习、爱劳动、爱祖国活动的有效形式和长效机制。加强中小学心理健康教育，心理健康教育课程开设(普及)率达100%，身心发展困难学生受帮扶比例达100%，在校学生犯罪率控制在0.03%以内。强化课程改革，深化活动教学研究，倡导启发式、探究式、讨论式、参与式教学，实现师生互动、教学结合、全面发展。切实减轻中小学生过重课业负担，中小学生学业负担指数达90%。充分发挥乡村(城市)学校少年宫、青少年素质教育实践基地等阵地作用，开发实践课程、活动课程，完善科技实践、社会实践、社团活动等培养环节，增强学生社会责任感、创新和社会实践能力。强化体育课和课外锻炼，扎实推进“阳光体育”运动，促进青少年身心健康、体魄强健。改进美育教学，丰富学校艺术教育内容和形式，提高学生审美和人文素养。推进中小学教育质量综合评价改革，建立以学生的品德发展水平、学业发展水平、身心发展水平、兴趣特长养成、学业负担状况为主要内容的绿色评价体系。到2016年，参加社团活动学生比例为85%以上，学生对学校提供的多样化和选择性课程满意度达85%。中小学生学业合格率、体质健康测试合格率均达95%以上。学生素质综合评价优良率达95%的中小学校比例达95%。

3.积极推进教育国际化。采取政府与民间并举、双边与多边并行的办法，开展全方位、多层次、宽领域的教育国际交流与合作。继续办好启东中学中新合作班和剑桥国际班，为学生接受国外高等教育提供服务。鼓励各学校建立适合自身特色和优势的国际合作交流项目，积极参加国际教育组织活动，在开放交流中吸收世界先进的办学理念、办学经验。到2016年，15%以上的学校与国(境)外学校建立友好学校关系或有国际交流合作项目。选派优秀教师到国(境)外学习进修，提高参加国(境)外培训进修的教师比例。职业学校积极引进国际通用职业资格证书，职业学校专业课与国际通用职业资格证书对接比例达20%以上。完善资源共建共享机制，所有社会公益性公共文化、科普场馆和体育设施供学校及学生免费使用，具备开放条件的学校体育场馆、文化场所等公共设施向社会开放的比例达100%。学生、社会对学校的满意度，学校对政府管理和服务的满意度均达90%以上。

五、保障措施(略)

(中共启东市委　启东市人民政府　启发〔2014〕49号)

启东市生态文明建设清水工程(2014～2016年)行动计划实施方案

为加快推进全市水环境综合整治，全面改善水环境状况，大力提升人居环境质量，根据生态创建要求，市政府决定在全市范围内实施清水工程，特制定本三年行动计划实施方案。

一、指导思想

深入贯彻落实党的十八大、十八届三中全会精神，坚持环保优先、生态优先理念，认真落实《关于印发南通市生态文明建设三年行动计划(2013~2015)的通知》(通委发〔2013〕15号),围绕市委“生态建设攻坚战”的总体部署,以持续改善河道水质为重点,扎实推进达标排放、截污治污、清淤疏浚、畅通水系、粪污治理等系列工程,优化提升全市水环境质量,努力建设经济繁荣、环境优美、生态文明、社会和谐的美丽启东,为全市经济社会持续稳定发展提供保障。

二、工作目标

通过清水工程三年行动,全市三级以上河道得到彻底整治,全面消除黑臭现象,水环境功能区Ⅲ类水质达标率不低于70%。城市建成区(北至站前路,西至华石路,东至惠阳路,南至世纪大道)生活污水全部纳管,城区河道消灭劣Ⅴ类水质。城市规划区(除去城区建成区范围,东至崇启大桥,西至红阳河,南至长江,北至宁启高速)完成排污管网体系建设,乡镇污水处理实现全覆盖。沿江、沿河工业企业排口得到规范整治,污染治理设施全面提标升级,实现达标排放。完成畜禽粪污专项整治,农业面源污染得到有效控制。加强农村河道疏浚整治,全面恢复河网引排功能,盘活水系,达到“水清、岸绿、景美、人和”的综合整治目标。

三、主要工作内容

(一)备用饮用水源保护工程。

1.开展专项整治。规范备用饮用水源保护区划界、立标、设置围栏等基础工作。全面排查备用饮用水源地取水口上游10公里、下游2公里范围内的污染隐患,对违规建设项目进行清理,确保备用饮用水源地水质达标率100%。编制备用饮用水源地水质保护规划,开展规划实施情况评估。

责任单位:市住建局牵头,市环保局、汇龙镇等单位配合

2.抓好断面防治。重点抓好省控断面的水环境整治,确保5个省控断面达到水质目标要求。

责任单位:市水务局牵头,市环保局、吕四港镇、近海镇、王鲍镇、汇龙镇等单位配合

3.建设平原水库。在新城区兴建中型平原水库(总库容不小于1000万立方米,占地面积2~3平方公里)。2014年4月份确定建设选址、工程规模、建设方案,2014年底前开展好水资源论证、防洪评价、水土保护、土地预审、环评等前期研究工作;2015年底前完成可研编制、项目报批等工作;2016年底前完成工程设计、建设征地等工作,力争开工建设。

责任单位:市水务局牵头,市环保局、国土局、汇龙镇等单位配合

(二)污水集中处理工程。

4.完善污水配套管网。加快启东经济开发区部分未纳管区域和主城区其他未纳管区域的污水管网建设,确保上述区域全部纳管排放(详见附件1)。迅速实施台角工业园江海北路、和平北路、庙港河路等排污管道建设,确保台角工业园污水经集中处理后达标排放。加快镇乡污水管网、圆陀角旅游度假区污水配套管网建设,2016年底前完成圆陀角旅游度假区11公里生活污水管网建设。

责任单位:市住建局牵头,各镇乡、园区负责。

5.新建改造污水处理厂。全力推进北部区域污水集中处理工程,2014年8月底前完成排口用海审批手续,2014年底前完成工程实施相关准备工作,2015年开工建设。抓紧恢复滨海污水处理厂正常运行,2014年6月底前完成环保竣工验收。积极推进滨江污水处理厂三期工程立项、报批,2014年内完成相关前期工作,2015年建成并正常运行。加快完成江海污水处理厂管网改造工程,确保2014年上半年完成环保竣工验收,并正常运行。城市污水处理厂(4万吨/日)提标改造项目2014年底前完成主体工程建设,2015年6月底完成相应配套设施建设并投入试运行。

责任单位:市住建局牵头,相关镇乡、园区负责。

6.提高规划区雨污分流处理率。按城镇化、工业化建设要求,对河道进行清淤疏浚,兼顾区域水系可控可调所需涵闸、泵站等建设,规划建设所需排污管网工程,实现雨污分流。

责任单位:市住建局牵头,汇龙镇负责。

7.加快集镇及农民集中居住区生活污水处置。全市实现农村集镇和农民集中居住区生活污水集中处理站全覆盖,所有建成的农民集中居住区生活污水集中处理率达100%。农村分散住户生活污水推行“三格式”化粪池收集,由点向面拓展。进一步扩大农村生活污水收集处理范围,确保2014、2015、2016年底各镇乡、园区污水处理厂运行处置率分别达到设计标准的50%~70%、70%~85%、85%以上。

责任单位:市住建局牵头,市水务局、农委、卫生局配合,各镇乡、园区负责。

(三)城乡河道畅通工程。

8.畅通建成区河道水系。对城区河道实施综合整治,通过河道清淤、泵站涵闸改造等方式,大力改善河道水环境质量(详见附件1)。加强城区生态补水力度,加大补水频次和管护,确保城区河道水系通畅。

责任单位:市住建局牵头,市环保局、水务局、城管局、汇龙镇配合。

9.加强规划区河道科学管理。全面推行“河长制”,配全配足相应管护设施和设备,切实加强河道及相关工程管护,科学调度各类工程运行,控制雨污分流,严控入河排污,始终保持健康的河网状况和良好的水环境。

责任单位:市住建局牵头,市环保局、水务局、城管局、汇龙镇配合。

10.加大农村沟河疏浚整治力度。结合冬春农田水利建设,进行沟河复标清淤疏浚,年疏浚土方200万立方米,拓浚民沟2000条;采取拆除坝头坝埂、埋设贯通涵管等措施,畅通水系网络,年埋设贯通涵管10000座。全市各镇、村(组)的黑臭横河、民沟得到彻底整治,确保2014年、2015年、2016年底农村黑臭沟、“冬瓜沟”治理率分别达到50%、80%、100%。

责任单位:市水务局牵头,各镇乡、园区负责。

11. 建立农村水环境长效管护机制。2014年4月底之前,建立农村河道长效管护和财政保障机制。设立全市河道管护专门机构,明确河道分级管护责任及奖惩机制,实施河

道管理“河长制”。全面推行河道管护市场化保洁机制，强化日常监管考核，确保河道无恶性水生植物和生活垃圾漂浮物，做到水面清洁、河坡整洁、水系畅通、水体洁净。

责任单位：市水务局牵头，市委农工办配合，各镇乡、园区负责。

12.深入推进“以河养河”。实施三、四级河道“以河养河”，充分利用水面资源，大力发展淡水养殖，做到应养尽养。坚决打击电捕鱼行为，实现农渔民增收。

责任单位：市海渔局牵头，市水务局、公安局配合，各镇乡、园区负责。

(四)农村面源污染防治工程。

13.加快完成畜禽养殖污染治理任务。按照《启东市畜禽养殖粪污治理实施方案》(启政办发〔2013〕57号)文件精神，各镇乡确保2014年底前完成整治任务，全市建设完成10立方米化粪池239只、20立方米化粪池1239只、小型沼气池46座，市畜禽粪便集中处置中心2014年4月份动工，确保2014年9月底竣工投运。2014年6月底前制定新的畜禽禁(限)养规划，逐步减少和取缔现有小规模、非标准化养殖。2014年7月份起实行畜禽养殖申报制和备案制，新建的畜禽养殖场全面实施申报审核制，原有的畜禽养殖场全面实行备案制。

责任单位：市农委牵头，市环保局配合，各镇乡、园区负责。

14.控制农村面源污染。为全市159万亩次农田进行测土平衡施肥，建立配方肥推广网络，推广应用配方肥2.7万吨。建设7个主要作物病虫监测点，确保病虫发生期预报准确率98%以上，发生量预报准确率95%以上。加大省“四主推”农药推广力度，高效、低毒农药品种覆盖率82%以上。扶持专业化服务组织建设，推进病虫害专业化统防统治，全市专业化统防统治覆盖率达到62%。

责任单位：市农委牵头，市环保局、水务局配合，各镇乡、园区负责。

(五)工业企业废水达标排放整治工程。

15.认真开展前期调研。全市所有生产性废水排放单位为整治对象，重点整治化工、印染、电镀、重金属排放企业和各集中式污水处理厂。结合生态市、环保模范城市创建和日常环境监察工作，在摸清全市所有生产性废水排放单位分布情况的基础上，按照要求建立规范台账资料，即包括污染物产生、防治基本台账和企业日常管理台账；设立统一标准的台账目录，建立电子式基本台账。

责任单位：市环保局牵头，市水务局、各镇乡、园区配合。

16.开展化工企业专项整治。按照市政府办公室《全市第三轮化工生产企业专项整治方案》(启政办发〔2013〕23号)精神，2014年10月底前完成整治。

责任单位：市发改委牵头，市环保局、安监局配合，各镇乡、园区负责。

17.实施化工园区环保专项整治。按照《关于在我省沿海地区开展化工园区环保专项整治的通知》(苏经信材料〔2014〕21号)要求，制订滨江精细化工园环保专项整治方案，并组织实施，确保尽快通过上级验收。

责任单位：市环保局牵头，市发改委、经信委配合，滨江精细化工园负责。

18.开展沿江沿河排口专项整治。全面排摸沿江、沿河企业排口情况，清理拆除非法设置的排污管道，严肃查处各类违法排污行为。督促企业规范化设置排污口，入河排口须离水明建，并树立排口公示监督牌，规范企业排放行为，落实各项长效管理措施。其中2014年完成整治任务的60%，2015年完成30%，2016年11月底全部完成。

责任单位：市环保局牵头，市水务局配合，各镇乡、园区负责。

19.开展印染企业废水达标整治。所有印染企业开展提标改造，改造完善废水处理设施，确保外排废水达到新的国家标准，有条件的企业开展中水回用工程，其中2014年力争完成整治任务的60%，2015年完成30%，2016年11月底全部完成。

责任单位：市环保局牵头，各镇乡、园区负责。

20.废水污染物排污许可证专项整治。2014年10月底对废水污染物排放单位全面实行排污许可证制度，要求所有废水排放单位持证排污、按证排污。通过核发排污许可证促使废水排放企业的生产能力、工艺、设备、产品符合国家和省产业政策以及行业发展规划，污染防治设施、污染物处理能力、污染物排放符合国家和地方规定的标准与要求，排污口设置符合规范建设要求。

责任单位：市环保局牵头，市水务局配合，各镇乡、园区负责。

21.集中式污水处理厂达标整治。对全市所有园区、城镇集中式污水处理厂开展达标整治，按规范建立完善日常运行管理台账，治污设施满足处理需求，且能正常运行，确保做到稳定达标排放。其中2014年力争完成整治任务的60%，2015年完成30%，2016年11月底全部完成。

责任单位：市环保局牵头，市住建局、水务局配合，各镇乡、园区负责。

四、保障措施

(一)加强领导，进一步明确责任体系。各镇乡、园区和各有关部门要进一步统一思想，提高认识，充分认清市河道水质、水环境的严峻形势，认清开展清水工程的重要性和紧迫性，切实按照全市总体部署，主要领导亲自抓，分管领导具体抓，任务层层分解，责任落实到人。要结合本地、本部门实际，确定重点，制定方案，落实措施，确保工作取得实效。

(二)加强协作，进一步形成工作合力。要进一步强化属地管理和分级分部门负责原则，强化部门协作配合，健全上下联动、各方配合的工作机制。要切实加大水环境保护执法力度，创新水环境联合执法机制，严厉查处水环境污染违法行为，积极探索行政强制方式方法，提高涉水案件的办结率，增强法律的震慑力。

(三)加强保障，进一步加大资金投入。各镇乡、园区和相关部门要多道渠筹措建设资金，整合各方力量，切实加大投入，确保清水工程建设质量和进度。市住建、财政、环保、水务、交通、农委等部门要积极向上争取资金，通过健全和完善资金筹措机制,建立良性资金保障体系,从根本上保障清水工程的有序有效开展。

(四)加强宣传,进一步营造良好氛围。要协调广播、电视、报纸等新闻单位开辟清水工程专题节目(栏目),做到集中宣传与日常宣传、正面典型宣传与反面案例曝光的有机结合,引导和营造全社会关心、支持、参与清水工程的良好机制和舆论氛围。各镇乡、园区要以实施清水工程为契机,加强爱水护水清水宣传,及时劝阻不文明行为,不断提高公众环境意识和文明意识。

(五)加强管理,进一步健全管护机制。"三分建、七分管",建设是基础,管理是关键。各镇乡、园区要及时协调清水工程推进过程中存在的问题,一手抓建设,一手抓管理,做到建管并举,建管并重。各职能部门要积极探索群众参与、社会监督的科学管理机制,使清水工程纳入规范化、制度化轨道。

(六)加强督察,进一步完善考核机制。市政府将清水工程列入对各镇乡、园区和相关部门的年度目标绩效考核责任体系。市清水工程领导小组办公室牵头,健立完善以水质逐步达标为重点、兼顾工作实际的考核办法,形成以年度和季度考核为主,月度考核与明察暗访相结合的考核机制。市监察局要加强对治理工程的日常检查,对考核情况定期通报。市财政每年安排专项资金,用于工作经费及考核奖励。

附件 1:城市建成区清水工程一览表(略)

(启东市人民政府　启政发〔2014〕30 号)

启东市深化医药卫生体制改革建立现代医疗卫生体系实施意见

为进一步深化医药卫生体制改革,加快建立现代医疗卫生体系,根据国家、省和南通市有关医药卫生体制改革相关文件精神和省深化医改先行先试工作要求,结合市实际,制定本实施意见。

一、指导思想

按照"保基本、强基层、建机制"要求,坚持医药同改、城乡同步、部门同推、上下同心、目标同向的理念,夯实基层医疗卫生基础,稳步推进市属公立医院综合改革,优化资源配置,健全医疗卫生服务网络,切实提升医疗卫生服务质效,不断改善人民群众看病就医感受,建立健全现代医疗卫生体系,促进全市卫生事业又好又快发展。

二、目标任务

以深化医改为契机,切实巩固基层医改成果;以破除"以药养医"机制为关键环节,稳步推进市属公立医院改革;通过完善功能,优化配置,积极构建启东特色医疗卫生服务新格局;通过调整政策,强化制度,建立科学合理的现代诊疗新机制;通过提升质效,诚信自律,营造良好的医疗生态环境。力争通过 1~3 年努力,逐步建成规划科学、定位明确、功能完善、布局合理、结构优化、富有效率的启东特色的现代医疗卫生体系,实现市域内就诊率达 90%的目标。

三、实施内容

(一)科学规划,优化医疗卫生资源配置,健全医疗卫生体系

1.夯实基层医疗卫生基础,切实巩固基层医改成果

按照乡镇卫生院、社区卫生服务站(村卫生室)标准化、示范化建设要求,全面进行达标化改造,力争所有建制镇所在地乡镇卫生院和 20%的社区卫生服务站(村卫生室)达到省示范化要求。同时,加大基层医疗机构各级各类人员的培训,提高防病治病能力。

以建制镇医院为中心,联合辖区内基层医疗机构组建医疗联合体,实行统一人员调配,统一规章制度,统一业务管理,统一财务管理,统一绩效考核,统一后勤保障的一体化管理,切实巩固和完善市、镇两级,镇、村一体的医疗卫生服务网络。

巩固完善基本药物制度。在确保基本药物制度镇、村全覆盖的基础上,着力加强二级医院基本药物的配备和使用。严格基本药物采购、使用等环节的管理,健全考核机制,推动基本药物制度由全覆盖转向规范实施,切实让群众得实惠。

提高新农合保障水平。加大政府投入,不断提高补偿比例,完善优化实施方案,确保新农合参合率达 99.9%以上。加强基金日常监督和管理,落实医院监管责任,完善公示公开制度,确保新农合基金安全平稳运行。全面实行支付方式改革,门诊实行总额预付乡镇统筹使用,住院实施 20 种病种按病种付费和按床日付费,控制医药费用不合理增长。提高重大疾病医疗保障水平,开展 20 种重大疾病救治工作,救治医药费用实际补偿比例达 70%以上。实施大病医疗保险制度,减轻参合患者大病医疗费用负担。

推进基本和重大公共卫生服务项目。进一步细化基本和重大公共卫生服务项目,建立经费保障机制,确保人均基本公共卫生服务项目经费不低于 35 元。完善专业公共卫生机构、综合性医院和基层医疗卫生机构分工协作机制,统筹承担组织推进、项目培训、技术指导和绩效考评工作,不断提高项目实施效果。切实加强居民健康档案建设及应用管理,保证信息的完整性、实时性和准确性,电子建档率达 90%。规范老年人健康管理,老年人健康体检率达 90%。进一步推进落实农村妇女宫颈癌和乳腺癌检查项目、农村孕产妇住院分娩补助项目、农村妇女增补叶酸预防神经管缺陷项目和预防艾滋病、梅毒和乙肝母婴传播项目。

2.优化医疗卫生资源配置,建立启东特色医疗卫生服务新格局

从满足城乡不断增长的居民医疗服务需求出发,根据

适应发展、调整存量、优化增量、城乡统筹、特色鲜明的原则,进一步完善全市区域卫生规划和医疗机构设置规划,健全医疗卫生服务体系。一是建设好“三个龙头”。人民医院按照三级综合医院功能定位,三年内完成创等升级,建设成为全市医疗教学和科研的龙头;中医院按照三级中医院功能定位,三年内完成创等升级,建设成为全市中医医疗、康复、教学科研的龙头。加快推进市第一医院建设,按照二级甲等综合医院标准,形成综合医疗有优势、专科医疗有影响、特色医疗有名气的综合性公益医疗机构。二是建设好“两个区域医疗中心”。适应吕四大港开发,市第二人民医院按照二级甲等综合医院功能定位,三年内完成创等升级,建设成吕四港地区医疗中心;适应滨海工业园发展,按照二级综合医院功能定位,明年规划建设一所综合性医院(作为市人民医院分院的公立医院,暂定名为市滨海医院),成为辐射滨海工业园和近海镇地区的医疗中心。三是建设好乡镇卫生院。除吕四、近海镇外,市第三人民医院建设成为省城市示范社区卫生服务中心,其余镇乡分别按一级甲等中心卫生院和一级甲等乡镇卫生院的功能定位,建设成为省示范乡镇卫生院,其他乡镇卫生院的分中心、分院(非建制镇所在地原乡镇卫生院)进行医养结合型转型改造,充分合理盘活存量资源,发挥资源最大效益。四是建设好相关专科医疗机构。按照二级专科医院功能定位,改造建设精神病专科医院;以市中医院为建设和运行主体,在南阳镇建设市康复护理院,同时整合南阳镇乡镇医疗卫生资源,组建医疗康复联合体;依托市第一医院单独建设感染病区;适时启动市妇幼保健院建设。五是建设好一批中心。依托卫生信息化平台,全力推进区域影像中心、临检中心、心电中心、远程会诊教育中心、病理中心等建设,巩固加强区域集中消毒供应中心建设。六是建设好中医药服务体系。以创建全国农村中医药服务先进地区为契机,全面实施中医药服务能力提升工程,积极倡导全市医疗机构推广应用中医药适宜技术,各镇社区卫生服务中心均建有中医药综合服务区,努力提升中医药对健康的贡献率。

3.加强急救体系建设,提升卫生应急处置能力

进一步完善规范全市院前急救体系,依托人民医院建设市120急救指挥调度中心,整合全市院前急救资源,建设七个急救分站,形成覆盖全市、功能完善、反应灵敏、运转协调、管理规范、保障有力的院前急救网络,做到统一调度、统一标识、统一服装、统一配置、统一管理,着力提高全市院前急救水平。同时建设市卫生应急指挥中心,加强应急管理,提高应对公共卫生突发事件的能力。加强全市医院急诊科建设,着力改善急诊科硬件配置,加大对急诊人才的引进和培养力度,提升全市急诊急救学科水平。

4.鼓励社会办医,形成多元化办医格局

在坚持公立医院为主体的前提下,给非公立医疗机构发展留出空间,增加医疗卫生资源供给。强化行业指导,将社会办医纳入区域医疗机构设置规划,统筹考虑。优先支持、鼓励、引导社会资本举办非营利性医疗机构,加快形成以非营利性医疗机构为主体,营利性医疗机构为补充的社会办医体系。加大发展社会办医的支持力度,放宽举办主体要求,放宽服务领域要求,放宽大型医疗设备配置,完善配套支持政策,支持重点专科建设,支持引进和培养人才,允许医师多点执业,引导社会资本重点投向专科、中医、康复、养老护理等领域。鼓励扶持现有专科医院和城区医院提档升级,做优做强,持续提高社会办医的管理和质量水平,引导非公立医疗机构向规模化、多层次方向发展,力争通过2~3年的努力,非公立医疗机构的床位数量不低于全市总床位的18%,不断满足人民群众多层次、多元化的医疗服务需求。

(二)突出公益性,积极推进市属公立医院(以下简称公立医院)改革,建立公立医院运行新机制

1.调整“以药补医”机制

以破除“以药补医”机制为关键环节,从2014年8月10日起,所有公立医院全部取消药品加成政策,所有药品(中药饮片和医院制剂除外)实行零差率销售。医院减少的药品收入80%通过调整医疗服务价格、20%通过增加财政投入予以补偿。提高各级医疗机构基本药物使用比例,严格控制非医保药品使用比例,切实减轻群众负担。

2.调整政府补偿机制

加大财政保障力度,履行政府出资人责任,体现公立医院公益性。符合区域卫生发展规划的公立医院基本建设、大型设备购置、重点学科建设、高层次人才引进等发展建设支出由市财政统筹安排,对公立医院承担的公共卫生服务给予专项补助,对政府指定的紧急救治、救灾、援外支边等公共服务经费,按照服务成本予以保障。逐步化解公立医院已经形成的历史性债务,确保公立医院经济正常运行,充分调动医务人员积极性。中心卫生院继续实行打包定额补助。所有公立医院实行药品零差率销售后减少的药品收入按20%给予补偿。

3.调整医疗服务价格政策

完善医疗服务收费结构,实行药品零差率销售的同时,按照“总量控制、结构调整”原则,降低药品、高值医用耗材、大型设备检查价格,合理提高体现医务人员劳动价值的诊察、治疗、手术、床位、护理和传统中医项目等价格,使医院通过提供优质服务获得合理补偿。医疗服务价格调整总量控制在药品差价的80%,不增加患者的实际医药费用负担。医疗服务价格调整方案报物价部门批准后与其他调整政策同步实施。

4.改革公立医院管理体制

建立和完善法人治理结构。推进政事分开,合理界定政府和公立医院在人事、财务、资产等方面的权责关系。组建市公立医院理事会,负责确定公立医院的发展规划,行使公立医院重大事项决策权。组建市公立医院监事会,负责对公立医院的经济运行、财务管理、资产保值增值进行检查、审计及监督。逐步完善理事会统一管理下的院长负责制,规范管理层的产生和任用,制定医院院长任职资格、任期考核等方面的管理制度,推进院长职业化、专业化建设。形成决策、执行、监督相互分工、相互制衡的权力运行机制。

优化医院内部运行管理。逐步取消医院行政级别,落实公立医院独立法人地位和自主经营管理权。健全院内决策执行机制,建立以成本和质量控制为中心的管理模式,严格

执行绩效评估制度、年度报告制度、决策失误追究制度、审计制度和信息公开制度等。

5.改革公立医院人事分配制度

科学管理使用编制。根据医院的功能定位、工作量、床位数和现有编制使用情况等合理确定医院编制数。探索建立公立医院编制年度计划申报制和备案制。医院可根据发展现状和人员的退休情况合理制定编制使用计划，报编办批准后，每年在核定的范围内实行总量控制、动态管理。

健全人事管理制度。落实公立医院用人自主权，完善公立医院岗位管理制度、全员聘用制度和竞聘上岗制度。坚持因事设岗、竞聘上岗、按岗聘用、分类管理、以岗取酬，实现由身份管理向岗位管理的转变。严格人员准入标准，新进人员实行公开招聘、择优聘用。规范人员招聘，编内卫生专业技术岗位由卫生局会同人社局组织实施，编外卫生专业技术岗位由卫生局组织实施。逐步建立健全单位自主用人、科学分类管理的新体制。加大政府对卫生人才建设的投入力度，建立高层次人才引进、区域内专业人才合理流动机制。

改革考核分配方式。建立以公益性和运行效率为核心的公立医院绩效考核体系，把控制医疗费用、提高医疗质量和服务效率以及社会满意度等作为量化考核指标，全面推行三级绩效考核方式，即理事会对医院考核，确定医院绩效工资总额；医院对科室考核，确定科室绩效工资总额；科室对个人考核，确定个人绩效工资收入。积极探索实行院长、学科带头人、高层次人才年薪制，合理拉开收入差距，做到多劳多得、优绩优酬，体现医务人员的劳动价值，充分调动医务人员的积极性。

6.改革新农合支付方式

建立新农合基金收支预算管理，形成医药费用增长控制机制。推行总额预付，实行按床日付费、按病种付费、门诊总额预付乡镇统筹、重大疾病保障等混合支付方式，建立大病保险制度，不断完善新农合支付方式，引导医疗机构主动控制成本，规范诊疗行为，控制医药费用不合理增长，有效提高基本医疗保障水平。

加大对医疗机构的激励和惩戒力度，形成约束机制。通过新农合支付政策进一步向基层倾斜，促进分级诊疗和双向转诊制度形成。采用基药使用率及自费药品控制率、药占比、次均费用、平均住院日等指标考核与新农合基金支付挂钩，约束自负费用和医疗费用的不合理增长，切实保障基金运行安全。

(三)完善制度，建立科学合理的现代诊疗新机制，提升医疗卫生服务水平

1.构建分级诊疗新格局

按照资源共享、合理配置、上下联动、分工协作、引导规范、相互促进、确保安全、统筹兼顾原则，通过“双引导，双规范”(即政策引导、宣传引导；规范制度、规范考核)，形成市属医院与基层医疗机构分工合理、服务规范、基层首诊、分级诊疗、双向转诊、急慢分治、运转有效的诊疗服务新格局，引导一般常见病、慢性病、康复等患者下沉到基层医疗机构，为广大群众提供安全、有效、方便、价廉的基本医疗服务，努力实现小病不出村、常见病不出镇、大病不出市和市域内就诊率达到90%的目标。

2.鼓励医师多点执业

为稳步推动医务人员的合理有序流动，充分发挥中高级职称医师的专业特长和技术优势，提高使用效能，促进城乡医疗机构均衡发展，提高人民群众对优质医疗资源的可及性，充分调动医务人员积极性，根据《中华人民共和国执业医师法》《医师执业注册暂行办法》《江苏省医师多点执业管理办法(试行)》要求，明确医师多点执业的条件、操作流程、管理要求、奖惩措施等，规范有效地开展医师多点执业。

3.推进智慧卫生建设

按照“统一规划、分步实施、统筹协调、资源共享”和“以需求为导向，遵循标准化、规范化”原则，完善全市卫生信息化建设总体规划，从加强组织领导、多方筹措资金、健全管理制度、严格督导考核入手，全力推进落实。以已经建成的全市卫生数据中心，卫生专网，基层医疗机构综合业务管理系统，人民医院、中医院、二院、三院数字化医院系统，120急救，卫生应急，卫生监督，妇幼保健，计划免疫，传染病管理，结核病防治，基本药物采购，新农合管理等系统为基础，着力推进基于居民健康档案和电子病历为核心，以基层应用、业务协同、卫生决策、数据交换、增值服务等为主体的区域卫生信息平台，实现全市医疗卫生资源的互联共享。全力推进区域影像、区域临检、区域心电、远程会诊、远程教育、双向转诊、移动查房、移动护理等协同应用系统建设，着力提升全市优质资源共享、上下联动、合作共赢、提升质量、方便群众的能力。与建设银行合作，着力推进集健康信息储存、就诊挂号预约、医保结算、金融支付等功能一体的居民健康卡系统和医院自助付款终端，努力实现跨机构、跨区域、全人群、全过程的健康服务。全力推进医院管理系统和综合服务平台、门户网站等建设，简化与计生、药监、民政、社保、公安等部门的交互模式，着力提升医院精细化管理和便民惠民水平，为广大人民群众提供优质、高效、方便的医疗卫生服务。

4.加强区域卫生合作

按照“领跑沿海、融入上海、包容四海”的战略要求，充分利用地域优势，主动接轨上海，在卫生管理、医疗服务、人才培养、技术引进、专科建设等领域，全面加强区域合作、院际合作，通过引入上海大医院的品牌、技术等优质资源，进一步提升全市医疗服务水平。巩固市人民医院与上海交通大学附属第一人民医院、市中医院与上海同济大学附属第十人民医院的全面合作，不断提高紧密程度，力求实效。全力引进上海知名三甲医院的优势科室，融入市第一医院建设，力求使第一医院建设成为区域合作、院际合作的典范，建设成为家门口的上海医院，同时不断加强与南通市等大医院的合作，努力促进城乡均衡发展、合作共赢。

(四)加强自律，建立和谐互信的医患关系，营造良好的医疗生态环境

1.改善医疗服务环境

进一步开展“三好一满意”活动和星级医院评比，充分调动医务人员的积极性和主动性，不断提高医疗质量、医疗安全和医疗服务水平。进一步改善医疗服务环境，优化

服务流程,建立"绿色通道",逐步推进预约挂号服务,开展便民利民服务,加强一站式服务和巡视力度,全面提升医疗服务能力。进一步规范医疗服务行为,大力推进临床路径管理,规范实施医院等级评审,严格医疗服务要素准入管理,落实预防和控制医院感染行动计划,切实保障医疗质量和安全。

2.提升医疗服务质量

继续加强"三基三严"培训考核力度,进一步提高医疗技术水平。着力加强学专科建设,开展市级临床重点专科、专科诊疗中心动态考核,以奖代补,支持创建省、市级临床重点专科、专科诊疗中心,大力发展儿科、急救等薄弱临床专科,制定并落实专科发展规划。加强人才队伍建设,按照"三名战略"加大培养和引进学科带头人力度。不断加强医疗质控建设,构建全过程监控的医疗质控体系,通过确立标准、实施控制、衡量成效、纠正偏差,达到持续改进医疗质量的目的。狠抓核心制度落实,强化全员质量和安全教育,牢固树立质量和安全第一的意识,探索建立医疗质量安全管理长效机制。

3.构建和谐医患关系

坚持以病人为中心,加强医疗安全风险防范,建立不良事件报告制度,严格执行医疗安全责任追究制度。加强医患沟通制度建设,充分尊重患者知情同意权和选择权,注重医务人员人文素养和医患沟通技能培训,建立医患沟通科,设置具备摄录功能的医患沟通室,健全医疗纠纷应急处理平台,完善医疗纠纷应急处置预案。继续推行医疗责任保险,建立独立的医患纠纷第三方调解机制,完善医疗纠纷责任认定和理赔制度,建立健全调解与诉讼衔接机制,使医疗纠纷解决走上理性的法律轨道。

4.创建平安医院

加强法制建设,全面提高医务人员法律素质。强化综治安全,全面执行医院安全保卫工作规范,落实各项保卫措施。落实安全责任制,开展经常性安全检查,及时消除安全隐患,制定和完善各类应急处置预案,建立人防、物防、技防三位一体的管控体系,维护医院正常医疗秩序和安全的执业环境。严厉打击医闹,对专门捏造、寻找、介入他人医患矛盾,故意扩大事态,寻衅滋事,向医务人员、医疗机构敲诈勒索的医闹分子,坚决依法查处,构成犯罪的,依法追究其刑事责任。

5.加强卫生行风建设

加强行业自律和监督,建立诚信制度,形成和谐互信医患关系。切实抓好医德医风建设,努力践行社会主义核心价值体系,深入开展"阳光用药"工程,扎实推进"无红包医院"建设,大力整治医药购销领域不正之风,深入推进"修医德、强医能、铸医魂"主题实践活动,继续开展"开门评医"活动,建立完善医德医风电子考评制度,全面推行医疗单位第三方函调制,继续强化院务监督委员会制度,积极推进党务院务公开,规范运行卫生系统会计核算中心,巩固完善重点岗位轮岗交流制度,全力打造"境界高远、医德高尚、医术高明、学识高深、言行高雅"的"五高"型医务人员队伍。

四、保障措施(略)

(市政府办公室 启政办发〔2014〕71 号)

启东市城乡医疗救助实施办法

第一条 为进一步完善医疗救助制度,快速高效地开展医疗救助工作,切实缓解贫困群众看病就医困难问题,根据《社会救助暂行办法》(国务院第 649 号令)、《省政府办公厅关于加快建立和完善城乡医疗救助制度的意见》(苏政办发〔2007〕105 号)、《关于进一步做好城乡医疗救助工作的意见》(苏民保〔2009〕11 号、苏民助〔2011〕7 号、民发〔2009〕81 号)文件精神,结合本市实际,制定本办法。

第二条 医疗救助对象

(一)农村五保和城镇"三无"对象;

(二)城乡低保对象;

(三)享受民政部门定期定量生活补助费的 60 年代精减退职老职工(简称民政精减老职工);

(四)享受民政部门定期抚恤补助的重点优抚对象(一至六级残疾军人除外);

(五)市总工会核定的特困职工;

(六)经民政部门认定的低收入家庭中的大重疾病患者。

本办法所称的大重疾病是指:(1)尿毒症(血透、腹透);(2)各种恶性肿瘤(放化疗);(3)再生障碍性贫血和白血病;(4)肝硬化、重症肝炎;(5)重症结核病;(6)重症糖尿病(长期使用胰岛素);(7)重性精神病;(8)系统性红斑狼疮(活动期或伴有脏器损害)。

第三条 医疗救助的方式和标准

建立"资助参合参保、诊疗费用减免、门诊定额补助、住院即时救助"四位一体的城乡医疗救助模式。

(一)资助参合参保

资助各类医疗救助对象参加新型农村合作医疗、城镇居民基本医疗保险,其个人缴费部分由市医疗救助基金支付。

(二)诊疗费用减免

各类医疗救助对象,到市内各新型农村合作医疗、城镇居民(职工)基本医疗保险定点医疗机构就诊就医。凭农村合作医疗证卡、城镇居民(职工)基本医疗保险证卡以及与身份相对应的证件,享受免收普通门诊挂号费、诊疗费、观察床位费的优惠。

(三)门诊定额补助

各类医疗救助对象因患有第二条第二款规定大重疾病确需长年门诊治疗的,每年发给 600 元门诊定额救助金。

(四)住院即时救助

医疗救助对象因患病住院治疗,经新型农村合作医疗、城镇居民(职工)基本医疗保障补偿或报销后,符合补偿范围和报销范围的自负医疗费用（以下简称符合报销的自负医疗费用)即时给予相应的住院医疗救助：

1.农村五保和城镇“三无”对象、城乡最低生活保障对象的家庭成员、享受民政部门定期定量生活补助费的60年代精减退职职工、市总工会核定的特困职工、民政认定的低收入家庭的大重病患者，在定点医疗机构住院治疗发生的医疗费,经新型农村合作医疗、城镇居民基本医疗保险或城镇职工基本医疗保险补偿或报销后，符合报销的自负医疗费用按70%比例救助,每年累计救助不超过3.5万元。

2.享受民政部门定期抚恤补助的重点优抚对象(一至六级残疾军人除外）的住院医疗救助根据市专项重点优抚对象医疗保障优惠办法实施。

医疗救助对象发生下列情况的医疗费用不予补助：打架斗殴、交通事故、自杀、酗酒伤害、器官移植、擅自就医、自购药品、吸食毒品、工伤事故、康复医疗等以及新型农村合作医疗、城镇居民基本医疗保险和城镇职工基本医疗保险规定不予报销的其他费用。

第四条　医疗救助程序

(一)资助参合参保。农村五保和城市“三无”对象、城乡低保对象、民政精减老职工、民政认定的低收入家庭大重病患者参加新型农村合作医疗或城镇居民基本医疗保险,由各镇乡、街道每年10月根据确认的对象落实下年度资助人员,填制《启东市新型农村合作医疗参合资助对象登记表》、《启东市城镇居民基本医疗保险参保资助对象登记表》,制成电子文档报市民政局审核。市民政局核审后，测算资助所需资金,制定用款计划,报市财政局审批后,由市财政局直接支付到市新型农村合作医疗和城镇居民基本医疗保险专户,资助上述对象缴纳个人应负的资金。重点优抚对象参加城镇居民基本医疗保险，其参保费用按专项办法实施并结算。市总工会核定的特困职工由所在企业办理并资助参加城镇职工基本医疗保险。

(二)门诊定额补助。各类医疗救助对象患有本文件规定的重大疾病,确需长年门诊治疗的,可申请门诊定额补助。每年3月前申请人(户)向所在镇乡、街道民政部门领取并填写《启东市医疗救助门诊补助审批表》,并附报以下材料：

1.申请人身份证、户口簿复印件；

2.农村五保、城乡低保、民政精减老职工、特困职工、低收入家庭证等相关证件复印件,城镇“三无”对象须有镇乡、街道证明；

3.病情诊断和相关诊疗资料；

4.若继续享受者,只需提供就诊医院门诊复印资料,不再报送以上材料。

相关材料经村(居)委会初审及所在镇乡、街道民政部门复核后,由镇乡、街道编报《启东市医疗救助门诊补助汇总表》，于每年4月5日前以电子表格报市民政局审批,民政局于4月底前完成审批后,由申请人所在地村(居)张榜公示7天,无异议的由市财政局将定额补助打卡发放到户。

(三)住院即时救助。各类医疗救助对象患病在本市住院,凭新型农村合作医疗证卡、城镇居民基本医疗证卡或城镇职工基本医疗证卡在定点医疗机构收费窗口即时结算，定点医疗机构、市新型农村合作医疗管理办公室或市医保中心垫支的医疗救助资金,按季度向市民政局申报,经市民政局核定后，市财政局从医疗救助基金专户划拨各定点医疗机构和垫支单位；转市外就诊的按市新型农村合作医疗管理办公室或市医保中心规定程序结报并补偿后，其医疗救助经费由市新型农村合作医疗办公室或市医保中心直接垫支。民政局按季度对市新型农村合作医疗办公室和医保中心垫付医疗救助资金进行审核汇总,市财政局划拨。

(四)低收入家庭大重疾病患者的前置认定。按照《启东市城乡低收入家庭认定办法》的操作规定,先由民政局进行低收入家庭认定,再由卫计委进行大重疾病诊断鉴别,符合条件的返回所在镇(乡、街道)村(居)委会公示7天,无异议的由市民政局发给启东市低收入家庭成员大重疾病医疗救助管理服务证,方可享受相应救助待遇。为便于与新农合和居民(职工)医疗保险的参保衔接,前置认定工作一般安排在每年第三季度进行。

第五条　救助基金筹集管理

医疗救助基金按人口数筹集，市镇两级按8:2比例分担,纳入政府年度预算。市福彩公益金10%、省市医疗救助专项补助作为医疗救助基金的补充。鼓励和倡导社会各界捐赠和资助。

市财政设立城乡医疗救助基金专户,实行专账核算,专项管理,专款专用。当年结余部分转下年度使用,超支部分市财政全额承担。

医疗救助基金年度筹集标准,根据省市要求,随救助对象、救助标准、救助限额适时调整,每年由民政局会同财政局、卫计委、人社局等部门编报具体调整方案,报市政府同意后组织实施。

第六条　医疗救助组织实施

医疗救助工作由市民政局牵头,市卫计委、人社局、财政局分工协作,充分利用新型农村合作医疗、城镇居民基本医疗保险和城镇职工基本医疗保险的信息服务、监管结算平台,建立起制度衔接合理、信息资源共享、服务平台共用、数据互联互通、结算支付同步、监管及时有效的运行机制。市成立由市政府分管领导任组长,市民政局、财政局、卫计委、人社局、监察局、审计局为成员的城乡医疗救助领导小组。领导小组下设办公室,办公地点在市民政局,定期研究分析实施情况,加强协调配合,确保医疗救助工作顺利开展。

(一)市民政局负责研究制定医疗救助总体方案,做好上下衔接,会同相关部门修订救助政策,完善救助办法。建立健全基础台账,及时将各类救助对象核定造册,定期向新型农村合作医疗办公室、城镇居民医疗保险和城镇职工基本医疗保险管理部门提供救助对象的实时名册，实行动态管理。通过网络平台了解把握救助运行情况,研究动态,做好信息反馈,加强监督。

(二)市卫计委、人社局要按照救助政策及民政部门核定的人员名册,制作、调整结算管理软件并实施网上运行,指导监管医疗服务机构即时救助并及时结算。

(三）市财政局具体负责医疗救助基金的筹集和核拨,及时拨付救助资金,并加强财务监督,确保基金专款专用。

（四）市监察局、审计局对城乡医疗救助资金的使用和救助情况实施监督和审计，确保救助资金合理正确使用，杜绝弄虚作假、挤占、挪用等现象发生。

（五）各有关单位、组织和个人，应积极协助市城乡医疗救助领导小组办公室就医疗救助工作进行的有关走访和调查工作，如实反映情况，并提供所需材料。

第七条　监督与处罚

（一）医疗救助管理机构、定点医疗卫生机构和医务人员、医疗救助对象，必须接受社会和群众的监督。

（二）对骗取医疗救助资金的单位和个人，将如数追回全部救助金，并视情节轻重，依法处理。

（三）定点医疗卫生机构和医务人员，如在医疗救助的诊断、治疗等医疗环节中，有弄虚作假、徇私舞弊等行为的，由卫生行政部门依法规作出处理。

（四）对侵占、挪用医疗救助资金的机构责任人，由所在单位或主管机关严肃处理；造成损失的，应予赔偿；构成犯罪的，移送司法机关，依法追究刑事责任。

（五）医疗救助经办单位及经办人员因工作失职或徇私舞弊、滥用职权造成救助资金流失的，追究有关部门和有关人员的责任；构成犯罪的，移送司法机关，依法追究刑事责任。

第八条　本办法自 2015 年 1 月 1 日起施行。2012 年 10 月 17 日印发的《市政府办公室关于印发启东市城乡医疗救助实施办法的通知》（启政办规〔2012〕5 号）同时废止。

（启东市政府办公室　启政办规〔2014〕10 号）

重要文件目录索引

2014 年中共启东市委重要文件目录

表 61

文　号	文件标题	发文日期
启发〔2014〕2 号	中共启东市委印发《关于当前全面深化改革的工作任务责任分解表》的通知	2014.1.20
启发〔2014〕3 号	中共启东市委　启东市人民政府关于 2014 年度全市开放型经济工作的意见	2014.1.29
启发〔2014〕5 号	中共启东市委　启东市政府办公室关于表彰 2013 年度先进集体和先进个人的决定	2014.2.7
启发〔2014〕8 号	中共启东市委　启东市人民政府关于做好 2014 年全市农业农村工作的意见	2014.2.7
启发〔2014〕9 号	中共启东市委　启东市人民政府关于 2014 年加快现代都市农业建设的意见	2014.2.7
启发〔2014〕10 号	中共启东市委关于批转启东市人大常委会 2014 年工作要点通知	2014.2.7
启发〔2014〕11 号	中共启东市委关于批转政协启东市委员会 2014 年工作要点的通知	2014.2.17
启发〔2014〕12 号	中共启东市委关于深入开展党的群众路线教育实践活动的实施意见	2014.2.18
启发〔2014〕14 号	中共启东市委　启东市人民政府关于印发 2014 年度镇（乡）和园区机关效能建设考核办法的通知	2014.3.4
启发〔2014〕15 号	中共启东市委　启东市人民政府关于印发 2014 年市级机关（单位）效能建设考评实施办法的通知	2014.3.4
启发〔2014〕16 号	中共启东市委　启东市人民政府关于 2014 年度各镇（乡）、园区工作目标管理绩效考核的意见	2014.3.6
启发〔2014〕17 号	中共启东市委　启东市人民政府关于开展单项夺杯竞赛活动的意见	2014.3.6
启发〔2014〕22 号	中共启东市委关于践行群众路线　创新社会治理　完善群众工作“三强化三提升”工作机制的实施意见	2014.3.31
启发〔2014〕25 号	中共启东市委印发《关于贯彻落实中共中央〈建立健全惩治和预防腐败体系 2013~2017 年工作规划〉的实施意见》的通知	2014.4.21
启发〔2014〕27 号	中共启东市委关于表彰 2013 年度启东好人的决定	2014.5.13
启发〔2014〕35 号	中共启东市委关于建立“市四套班子领导挂钩联系园区推动项目建设”工作机制的通知	2014.9.16
启发〔2014〕36 号	中共启东市委　启东市人民政府关于印发《启东市安全生产“党政同责、一岗双责”实施细则》的通知	2014.9.23
启发〔2014〕39 号	中共启东市委　启东市人民政府关于进一步推进简政放权深化行政审批制度改革的实施意见	2014.10.20

续表 61

文　号	文件标题	发文日期
启发〔2014〕40 号	中共启东市委　启东市人民政府关于表彰 2014 年启东市“东疆英才计划”资助对象杰出人才成就奖　高技能人才贡献奖　优秀农村实用人才奖的决定	2014.10.27
启发〔2014〕44 号	中共启东市委关于进一步加强和改进人大工作的意见	2014.12.16
启发〔2014〕45 号	中共启东市委关于进一步加强和改善人民政协政治协商工作的意见	2014.12.16
启发〔2014〕46 号	中共启东市委关于加强和改进全市干部教育培训工作的实施意见	2014.12.26
启发〔2014〕48 号	中共启东市委　启东市人民政府关于启东市人民政府机构改革的实施意见	2014.12.26
启发〔2014〕49 号	中共启东市委　启东市人民政府关于深化教育领域综合改革　推进教育现代化建设工作的意见	2014.12.31
启发〔2014〕50 号	中共启东市委关于进一步组织推动学习贯彻习近平总书记系列重要讲话精神的意见	2014.12.31
启办发〔2014〕1 号	市委办公室关于切实做好全市党内规范性文件制定、备案工作的通知	2014.1.17
启办发〔2014〕3 号	市委办公室　市政府办公室转发市委党史办(市地方志办)《〈启东年鉴〉(2014)编纂实施方案》的通知	2014.1.17
启办发〔2014〕19 号	市委办公室　市政府办公室关于下达 2014 年全市国民经济和社会事业指导性目标的通知	2014.3.6
启办发〔2014〕21 号	市委办公室　市政府办公室关于印发《2014 年法治启东建设工作要点》的通知	2014.3.13
启办发〔2014〕22 号	市委办公室　市政府办公室关于印发启东市 2014 年度沿海开发重点工作责任分解表的通知	2014.3.20
启办发〔2014〕25 号	市委办公室关于印发 2014 年度“传递正能量　共建好家园”文明创建主题活动实施方案的通知	2014.3.20
启办发〔2014〕27 号	市委办公室　市政府办公室关于印发启东市 2014 年生态文明建设工作要点的通知	2014.3.24
启办发〔2014〕32 号	市委办公室印发《关于加强和改进领导干部学习的规定》和《关于建立党委(党组)班子谈心谈话制度的规定》的通知	2014.3.31
启办发〔2014〕34 号	市委办公室　市政府办公室关于印发 2014 年镇(乡)、园区三农常规工作和特色工作考核细则的通知	2014.4.21
启办发〔2014〕42 号	市委办公室　市政府办公室关于加快全市重特大工业项目建设和挂钩服务重点工业项目的实施意见	2014.5.5
启办发〔2014〕46 号	市委办公室　市政府办公室关于加强革命纪念地管理保护工作的通知	2014.6.5
启办发〔2014〕49 号	市委办公室关于在群众路线教育实践活动中强化基层党组织教育引导群众功能的实施意见	2014.7.3
启办发〔2014〕57 号	市委办公室印发《关于加强基层服务型党组织建设的实施意见》的通知	2014.8.11
启办发〔2014〕61 号	市委办公室　市政府办公室关于做好首个烈士纪念日纪念活动的通知	2014.9.28
启办发〔2014〕63 号	市委办公室　市政府办公室关于加强启东国有资产投资控股有限公司、启东市城市投资经营中心管理工作的意见(暂行)	2014.9.29
启办发〔2014〕65 号	市委办公室　市政府办公室关于进一步精简各类会议和文件的意见	2014.9.29
启办发〔2014〕66 号	市委办公室关于印发《启东市 2014 年迎接江苏省文明城市测评责任单位及其目标任务》的通知	2014.9.30
启办发〔2014〕67 号	市委办公室转发市委组织部《关于加强“二线”干部干部管理的意见》的通知	2014.10.8
启办发〔2014〕68 号	市委办公室　市政府办公室关于印发《启东市机关工作人员作风问题责任追究办法(试行)》的通知	2014.10.8
启办发〔2014〕73 号	市委办公室　市政府办公室关于印发《启东市全面深化经济体制改革工作要点》的通知	2014.10.20
启办发〔2014〕76 号	市委办公室　市政府办公室关于规范市级机关结对帮扶共建项目的实施意见	2014.10.22
启办发〔2014〕78 号	市委办公室　市政府办公室印发《关于党政机关、事业单位主要领导“四个不直接分管”的规定》的通知	2014.10.24

续表 61

文　　号	文件标题	发文日期
启办发〔2014〕80 号	市委办公室　市政府办公室印发《贯彻落实〈关于进一步简政放权深化行政审批制度改革的实施意见〉分工方案》的通知	2014.11.6
启办发〔2014〕87 号	市委办公室　市政府办公室关于对 2014 年全市农业农村工作实行目标管理考核的意见	2014.12.10

2014 年启东市人民政府重要文件目录

表 62

文　　号	文件标题	发文日期
启政发〔2014〕6 号	市政府关于表彰 2013 年度启东市十强建筑业企业和优秀建筑业企业家的决定	2014.1.20
启政发〔2014〕7 号	市政府关于表彰 2013 年度“鲁班奖”等单项奖获奖单位的决定	2014.1.20
启政发〔2014〕11 号	市政府关于表彰 2013 年度全市农业农村工作先进集体和先进个人的决定	2014.2.25
启政发〔2014〕13 号	市政府关于分解落实 2014 年度重点工作任务及为民实事项目的通知	2014.2.25
启政发〔2014〕17 号	市政府关于印发启东市重大项目推进管理办法的通知	2014.3.19
启政发〔2014〕23 号	市政府关于调整镇、园区财政管理体制的意见	2014.4.15
启政发〔2014〕25 号	市政府关于印发进一步促进创业带动就业和建设创业型城市意见的通知	2014.4.21
启政发〔2014〕27 号	市政府关于进一步加强全市海洋渔业安全生产工作的意见	2014.4.8
启政发〔2014〕30 号	市政府关于印发启东市生态文明建设清水工程(2014~2016)行动计划实施方案的通知	2014.4.21
启政发〔2014〕33 号	市政府关于开展服务业企业发展质量提升年活动的意见	2014.5.15
启政发〔2014〕39 号	市政府关于印发启东市生态红线区域保护规划的通知	2014.5.13
启政发〔2014〕41 号	市政府关于 2014 年全市秸秆禁烧与综合利用工作的意见	2014.5.6
启政发〔2014〕42 号	市政府关于印发启东市大气污染防治行动计划实施方案的通知	2014.6.16
启政发〔2014〕59 号	市政府关于公布 2014 年启东市园丁奖获奖名单的通知	2014.9.9
启政发〔2014〕65 号	市政府关于实行最严格水资源管理制度的实施意见	2014.9.19
启政发〔2014〕66 号	市政府关于印发 2015 年全市绿化工作实施意见的通知	2014.10.8
启政发〔2014〕68 号	市政府关于表彰 2014 年启东市科学技术进步奖的决定	2014.10.28
启政发〔2014〕85 号	市政府关于赋予北新镇、近海镇、寅阳镇部分县级经济社会管理权限的通知	2014.12.3
启政发〔2014〕92 号	市政府关于公布市级行政审批事项目录清单的通知	2014.12.30
启政发〔2014〕95 号	市政府关于印发启东市政府核准的投资项目目录(试行)的通知	2014.12.28
启政发〔2014〕97 号	市政府关于印发《启东市城市供水应急预案》的通知	2014.12.30
启政办发〔2014〕3 号	市政府办公室关于印发《启东市大气污染预警与应急处置工作方案》的通知	2014.1.8
启政办发〔2014〕7 号	市政府办公室关于转发市公安局、市财政局《启东市见义勇为专项资金管理办法》的通知	2014.2.8
启政办发〔2014〕21 号	市政府办公室关于印发 2014 年全市民政重点工作任务分解表的通知	2014.3.24
启政办发〔2014〕22 号	市政府办公室关于印发启东市 2014 年度服务业重点项目计划及责任分解表的通知	2014.3.26
启政办发〔2014〕33 号	市政府办公室关于印发启东市集中式饮用水备用水源地突发污染事件应急预案的通知	2014.4.23
启政办发〔2014〕36 号	市政府办公室关于印发启东市镇乡(园区)公办幼儿园管理暂行办法(试行)的通知	2014.4.30
启政办发〔2014〕38 号	市政府办公室关于规范拆迁安置住房保障中调查核实农村宅基地住房情况工作流程的通知	2014.5.5
启政办发〔2014〕46 号	市政府办公室关于印发启东市交通重点工程农村房屋拆迁补偿安置办法的通知	2014.6.3

续表 62

文　　号	文件标题	发文日期
启政办发〔2014〕54 号	市政府办公室关于编制“政社互动”事权目录工作方案的通知	2014.6.17
启政办发〔2014〕55 号	市政府办公室关于印发进一步清理削减和下放行政审批事项的通知	2014.6.20
启政办发〔2014〕56 号	市政府办公室关于印发启东市重污染天气应急预案的通知	2014.6.19
启政办发〔2014〕59 号	市政府办公室关于印发启东市城市综合管理案件接处工作规程(试行)的通知	2014.6.26
启政办发〔2014〕60 号	市政府办公室关于印发集中开展以保障环境质量为重点的环境保护专项行动实施方案的通知	2014.6.25
启政办发〔2014〕70 号	市政府办公室关于印发启东市推行“政社互动”指导意见和操作办法的通知	2014.8.5
启政办发〔2014〕71 号	市政府办公室关于印发启东市深化医药卫生体制改革建立现代医药卫生体系实施意见的通知	2014.8.6
启政办发〔2014〕72 号	市政府办公室关于印发启东市市属公立医院综合改革实施方案的通知	2014.8.6
启政办发〔2014〕73 号	市政府办公室关于建立和完善启东市公立医院法人治理结构的通知	2014.8.6
启政办发〔2014〕78 号	市政府办公室关于印发启东市 2015 年度农村水利建设实施意见的通知	2014.8.29
启政办发〔2014〕80 号	市政府办公室关于印发实施启东市知识产权战略纲要 2014 年行动计划的通知	2014.8.29
启政办发〔2014〕83 号	市政府办公室关于进一步加强财政预算绩效管理工作的意见	2014.9.4
启政办发〔2014〕87 号	市政府办公室印发《关于进一步清理市级部门职责　建立完善市级政府行政权力清单及审批事项目录清单的工作方案》的通知	2014.9.21
启政办发〔2014〕88 号	市政府办公室关于印发 2014 年启东市创建国家生态市工作目标任务分解方案的通知	2014.9.28
启政办发〔2014〕92 号	市政府办公室关于印发启东市哲学社会科学优秀成果评奖办法的通知	2014.10.13
启政办发〔2014〕103 号	市政府办公室关于印发启东市安全生产事故应急预案的通知	2014.11.25
启政办发〔2014〕108 号	市政府办公室关于完善启东市优秀教育人才奖励基金实施办法的通知	2014.12.22
启政办发〔2014〕109 号	市政府办公室关于印发启东市关于进一步加强教师队伍建设意见的通知	2014.12.22
启政办发〔2014〕112 号	市政府办公室关于印发启东市市级行政权力事项目录清单管理办法的通知	2014.12.30
启政办发〔2014〕113 号	市政府办公室关于印发启东市市级行政审批责任追究暂行办法的通知	2014.12.30
启政办发〔2014〕115 号	市政府办公室关于规范政府专项资金管理的实施意见	2014.12.28
启政办发〔2014〕116 号	市政府办公室关于公布启东市市级行政事业性收费目录清单的通知	2014.12.31
启政规〔2014〕1 号	市政府关于印发启东市征地补偿和被征地农民社会保障办法的通知	2014.4.21
启政办规〔2014〕1 号	市政府办公室关于印发《关于加快企业在新三板等场外市场挂牌交易的意见》的通知	2014.1.13
启政办规〔2014〕2 号	市政府办公室关于印发启东市企业信贷突出事件应急处置办法的通知	2014.1.13
启政办规〔2014〕3 号	市政府办公室关于进一步加强政府投资建设工程项目监督管理意见的通知	2014.3.18
启政办规〔2014〕5 号	市政府办公室关于印发启东市社会救助居民家庭经济状况核对办法的通知	2014.6.19
启政办规〔2014〕6 号	市政府办公室关于调整城镇居民基本医疗保险基金筹资标准的通知	2014.8.28
启政办规〔2014〕7 号	市政府办公室关于印发 2015 年启东市新型农村合作医疗管理办法的通知	2014.11.11
启政办规〔2014〕10 号	市政府办公室关于调整启东市城乡医疗救助实施办法的通知	2014.12.26
启政办规〔2014〕11 号	市政府办公室关于做好 2015 年全市农业保险工作的通知	2014.12.29

（黄亦美　整理）

统计资料

全市概况

表 63

指标名称	计量单位	2014 年	2013 年
一、行政区划			
镇政府	个	8	11
园区	个	6	5
经济开发区	个	2	2
居民委员会	个	58	58
村民委员会	个	261	261
村民小组	个	6319	6319
二、行政区域			
(一)行政区域总面积	平方公里	1714.59	1714.59
# 长江区域面积	平方公里	184.42	184.42
黄海区域面积	平方公里	296.32	296.32
(二)年末耕地面积	万亩	106.51	106.96
(三)江海堤防长度	公里	153.0	153.0
# 江堤	公里	47.3	47.3
海堤	公里	83.3	83.3
洲堤	公里	22.4	22.4
(四)江海岸线总长度	公里	203	203
# 海岸线	公里	77.5	77.5
江岸线	公里	67.5	67.5
洲堤线	公里	58.0	58.0
三、人口			
(一)总户数	户	453653	455496
(二)总人口	人	1123163	1123545
# 城镇人口	人	601406	557641
(三)人口密度	人/平方公里	910	911
(四)年末常住人口	万人	95.60	95.78
# 城镇人口	万人	51.34	50.09
(五)年末城市化率	%	53.7	52.3
四、公路里程	公里	3535	3513
(一)国家级公路	公里	62	40
(二)省级公路	公里	97	97
(三)县级公路	公里	377	377
(四)乡村公路	公里	2999	2999

注:人口密度按陆地面积 1234 平方公里计算。

城区基本情况

表 64

指标名称	计量单位	2014 年	2013 年
人口	万人	25.19	24.86
#建成区人口	万人	21.20	20.00
城区面积	平方公里	50.00	50.00
建成区土地面积	平方公里	26.30	24.00
城市建设用地面积	平方公里	24.80	23.80
#居住用地	平方公里	6.82	6.72
公共管理与公共服务用地	平方公里	2.43	2.32
工业用地	平方公里	5.65	5.60
绿地	平方公里	4.78	4.63
本年征用土地面积	平方公里	0.80	0.80
#耕地	平方公里	0.80	0.80
水厂综合生产能力	万吨/日	24.5	24.5
供水管道长度	公里	732.6	699.7
供水总量(市区)	万吨	2591	2585
#生产用	万立方米	779	772
生活用量	万吨	595	591
天然气供气总量	万立方米	1350	1230
#家庭用量	吨	726.44	575.00
供应天然气户数	户	62958	53450
#家庭用户数	户	62695	52580
道路长度	公里	198.3	184.8
道路面积	万平方米	373.06	328.25
人行道面积	万平方米	74.78	73.16
年末实有公共汽车营运车辆	辆	169	181
出租汽车数	辆	434	434
城市排水管道长度	公里	455.2	432.2
生活污水年排放量	万立方米	2073	2068
绿化覆盖面积	公顷	1093	973
#建成区	公顷	1067	963
园林绿地面积	公顷	1022	902
#建成区	公顷	997	893
公园绿地	公顷	220	204
公园个数	个	8	8
公园面积	公顷	132	125
#水域面积	公顷	36	35
生活垃圾转运站座数	座	4	4
公共厕所数量	座	83	83
#三类以上	座	83	83

农村基本情况

表 65

镇区名称	耕地面积(公顷)	村民委员会(个)	村民小组(个)	乡村户数(户)
合　计	71009	261	6319	386813
汇龙镇	5416	27	560	36124
惠萍镇	6408	15	403	28932
东海镇	5536	18	450	28907
南阳镇	7782	29	383	42274
海复镇	4127	17	334	22359
合作镇	4983	17	481	24906
王鲍镇	6886	22	717	35506
经济开发区	944	8	200	9060
吕四港经济开发区(吕四港镇)	8147	35	1019	62504
滨海工业园(近海镇)	4951	20	204	25603
滨江医药化工园(北新镇)	6016	24	622	29515
海工船舶工业园(寅阳镇)	6096	26	827	34186
启隆生态科技产业园	2191			2031
圆陀角旅游度假区	1171	3	119	4906

启东的一天

表 66

指标名称	单位	2005年	2006年	2007年	2008年	2009年	2010年	2011年	2012年	2013年	2014年
一、每天创造的财富											
1.地区生产总值(当年价)	万元	5461	6512	7712	8904	9849	11782	14251	16141	18036	20250
2.工农业总产值(当年价)	万元	14317	19584	25158	31787	35440	44235	48300	55780	60740	64636
农业总产值	万元	1677	1775	1868	2129	2422	2662	2738	2984	3170	3329
工业总产值	万元	12639	17809	23290	29658	33018	41573	45562	52796	57570	61307
3.规模以上工业企业现价总产值	万元	5638	8362	11662	15068	18110	23439	28192	32925	37421	41099
4.规模以上工业企业主营业务收入	万元	5490	8231	11582	14828	17913	23169	26910	30887	36765	40719
5.规模以上工业企业利税总额	万元	470	681	1096	1593	2199	2711	3410	3899	4836	4932
6.财政收入	万元	439	548	717	954	1243	2056	2837	3379	3822	4614
二、每天消费量											
1.社会消费品零售总额	万元	1988	2305	2708	3367	3998	4613	5390	6267	7052	7299
2.全社会用电量	万千瓦时	263	312	364	407	471	545	613	663	733	736
3.农村居民每人生活消费支出	元	3801	4185	4487	5743	6895	7792	9018	10620	11784	11931
4.城镇居民每人生活消费支出	元	7599	8541	9263	10217	11274	12571	15164	17575	19543	26249
三、每天固定资产投资完成额	万元	3014	3968	4689	5514	6479	7692	8301	9850	11155	13244

续表 66

指标名称	单位	2005年	2006年	2007年	2008年	2009年	2010年	2011年	2012年	2013年	2014年
四、每天人口变动											
出生人数	人	18	20	21	16	18	23	19	21	21	22
死亡人数	人	23	22	22	24	22	21	22	23	22	22

注:2013 年地区生产总值数据根据经普数据调整,使用时以此为准。

地区生产总值

表 67　　单位:万元

指标	按当年价格计算		按可比价格计算		2014 年为 2013 年%
	2014 年	2013 年	2014 年	2013 年	
地区生产总值	7391280	6695048	6675064	6035267	110.6
第一产业	685500	652583	602378	583725	103.2
第二产业	3690256	3384517	3685902	3339406	110.4
工业	2874056	2631700	2948602	2658818	110.9
建筑业	816200	752817	737300	680588	108.3
第三产业	3015524	2657948	2386784	2112136	113.0
交通运输、仓储和邮政业	183944	168002	139796	129134	108.3
批发和零售业	897169	823308	749706	699193	107.2
批发业	614900	559800	512600	475400	107.8
零售业	282269	263508	237106	223793	105.9
住宿和餐饮业	197397	176713	142548	130938	108.9
住宿业	11697	10301	11148	9943	112.1
餐饮业	185700	166412	131400	120995	108.6
金融业	332668	279802	273463	233798	116.9
房地产业	328445	300709	250965	235304	106.6
房地产业(K 门类)	137300	121709	125700	116038	108.3
居民自有住房服务	191145	179000	125265	119266	105.0
其它服务业	1075901	909414	830306	683769	121.4
其他营利性服务业	481310	359306	373360	285270	130.9
其他非营利性服务业	594591	550108	456946	398499	114.7

注:2013 年地区生产总值数据根据经普调整,使用时以此为准。

全社会固定资产投资完成情况

表 68

指标名称	计量单位	2014 年	2013 年
一、全社会固定资产投资	万元	4834148	4071717
第一产业	万元	3500	

续表 68

指标名称	计量单位	2014 年	2013 年
第二产业	万元	3019381	2736746
第三产业	万元	1811267	1334971
#房地产	万元	470347	441821
二、工业投资			
项目数	个	482	374
#高新技术产业	个	175	175
投资额	万元	3019381	2736746
#设备投资	万元	1820041	1698084
高新技术产业投入	万元	1379194	1360056

气象情况

表 69

指标名称	计量单位	2014 年	2013 年
一、年平均气温	℃	16.0	16.4
年极端最高气温	℃	35.8	39.1
年极端最低气温	℃	-4.9	-4.6
二、年总降水量	mm	1296.7	1112.8
三、年日照总时数	小时	1858.8	2215.3
四、年极大风速	m/s	17.3	21.9
年最多风向		ESE	ESE
五、年“0”厘米平均地温	℃	17.6	18.6
年极端最高地温	℃	56.0	60.0
年极端最低地温	℃	-4.8	-3.3
六、全年雾天	天	46	31
全年大风天	天	1	7
全年降雪天	天	5	6
全年降水天	天	145	122

注:风向栏各字母代表方向,E 东,S 南,N 北,W 西。

月度气温降水情况

表 70

月　份	月平均气温(摄氏度)		月降水量(毫米)	
	2014 年	2013 年	2014 年	2013 年
一　月	5.5	3.4	18.3	13.2
二　月	5.4	5.6	128.9	106.9
三　月	10.2	9.6	75.1	46.9

续表 70

月份	月平均气温(摄氏度)		月降水量(毫米)	
	2014 年	2013 年	2014 年	2013 年
四　月	14.6	13.7	163.2	75.5
五　月	20.4	19.8	57.4	75.6
六　月	22.4	22.9	181.4	178.2
七　月	26.3	30.5	128.2	88.3
八　月	25.5	29.7	284.6	83.7
九　月	23.4	24.4	187.2	90.9
十　月	19.2	19.1	23.4	302.5
十一月	13.9	12.7	39.7	22.2
十二月	4.6	5.5	9.3	28.9

环境保护情况

表 71

指标名称	计量单位	2014 年	2013 年
一、环境质量			
1.空气质量			
AQI 指数	%	80.3	88.2(API)
二氧化硫(SO_2)年均值	mg/m^3	0.016	0.016
二氧化氮(NO_2)年均值	mg/m^3	0.020	0.020
可吸入颗粒物 PM_{10} 年均值	mg/m^3	0.064	0.084
细颗粒物 $PM_{2.5}$ 年均值	mg/m^3	0.043	0.052
一氧化碳(CO)(24 小时平均第 95 百分位数)	mg/m^3	0.974	
臭氧(O_3)(8 小时平均第 90 百分位数)	mg/m^3	0.135	
2.水环境质量			
长江(启东段)水质		II 类	II 类
主要内河水质		均达标	均达标
城区地表水水质		均达标	均达标
城市水环境功能区达标率	%	100	100
3.噪声环境质量			
区域环境噪声平均等效声级	dB(A)	54.3	54.2
市区交通干线噪声等效声级	dB(A)	67.9	67.8
二、污染物排放情况			
1.工业废水排放量	万吨	850.75	1079
# 废水排放达标量	万吨	850.75	1079
2.工业废气排放量	亿标立方米	527	563
# 废气排放达标量	亿标立方米	527	563

续表 71

指标名称	计量单位	2014 年	2013 年
3.工业固体废物产生量	万吨	131	145
#综合利用量	万吨	129	142
4.化学需氧量(COD)排放总量	吨	10073	9645
#工业 COD 排放量	吨	3198	3050
城镇生活源 COD 排放量	吨	4358	4016
5.氨氮排放总量	吨	1829	1821
#工业氨氮排放量	吨	88	94
城镇生活源氨氮排放量	吨	1074	1054
6.二氧化硫(SO_2)排放总量	吨	11100	11744
7.氮氧化物(NO_x)排放总量	吨	11492	19396
8.工业烟粉尘排放量	吨	2370	3055
三、环境科技			
1.环保科技业务总人数	人	60	58
#中级职称以上人数	人	26	25
2.环保科研机构数	个	1	1
四、环保投资			
环境保护投资总额	亿元	15.60	12.17
#城市环境基础设施投入	亿元	7.10	2.03
工业污染防治投入	亿元	8.50	10.06
五、生态建设			
1.启东长江口(北支)湿地省级自然保护区面积	万平方米	21491	21491
2.环境优美乡镇(建成累计数)	个	21	21
#省级以上	个	12	12
3.建成生态村(建成累计数)	个	305	303
#省级以上	个	21	19

注:污染物排放情况中数据非最终反馈数据。

文化事业基本情况

表 72

指　　标	计量单位	2014 年	2013 年
一、影剧院	个	4	1
市级	个	4	1
乡镇级	个		
二、文化馆、站	个	13	13
文化馆	个	1	1
乡镇文化站	个	12	12

续表 72

指　　标	计量单位	2014 年	2013 年
三、电影事业			
电影放映队	个	12	12
乡镇	个	12	12
电影放映场次	场次	11513	9900
观众人次	万人次	41	40
四、艺术事业			
文艺团体	个	2	5
演职员工人数	人	65	68
演出场次	场次	3280	3240
观众人数	万人次	31	30
五、图书馆			
机构数	个	13	13
市图书馆	个	1	1
乡镇图书馆	个	12	12
藏书册数	万册	62.3	59.8
市图书馆	万册	41.7	32.3
乡镇图书室	万册	20.6	27.5

教育事业基本情况

表 73

指标名称	计量单位	合计	学前教育(幼儿园)	小学	初中	高中	职业教育(含电大)	特殊教育学校(聋哑学校)
学校数	所	142	61	49	23	6	2	1
班级数	个	2222	554	851	415	248	141	13
毕业生数	人	20024		6128	7152	4448	2286	10
招生数	人	17135		5822	6123	3140	2043	7
在校学生数	人	92082	18015	37557	19624	10982	5789	115
一年级	人	17134		5822	6123	3146	2043	
二年级	人	18726		6353	6634	3709	2030	
三年级	人	19055		6345	6867	4127	1716	
四年级	人	6078		6078				
五年级	人	6622		6622				
六年级	人	6337		6337				
教职员工数	人	8798	1801	2657	2125	1630	549	36
专任教师	人	6755	314	2556	2125	1228	496	36

注：九年一贯制学校的班级数、学生数、教职工数、专任教师数分别统计在小学与初中内。

科学事业情况

表 74

指标名称	计量单位	2014 年	2013 年
一、全部专业技术资格人员	人	74982	72886
高级	人	3503	3315
中级	人	19901	19413
初级	人	51578	50158
二、全社会研发投入占 GDP 的比重	%	2.4	2.3
三、申报省以上科技计划项目	个	62	97
# 立项省以上科技计划项目	个	41	45
四、累计高新技术企业	个	84	53
# 新认定高新技术企业	个	43	6
五、省以上高新技术产品	个	118	153
六、市以上科技进步奖	个	20	18
七、专利申请量	件	3676	4671
# 授权量	件	1378	2047
八、发明专利申请量	件	1419	1104
# 授权量	件	57	82

体育事业情况

表 75

指　　标	计量单位	2014 年	2013 年
一、等级运动健将	人	353	226
# 运动健将	人	2	2
一级运动员	人	3	3
二级运动员	人	12	12
三级运动员	人	336	209
二、等级裁判员	人	225	131
# 一级	人	18	16
二级	人	28	9
三级	人	179	106
三、全年举办竞赛次数	次	12	23
参赛运动员	人	3956	4798
七、向国家、省、地区输送运动员人数	人	48	27
八、社会体育指导员	人	2493	2839
# 国家级	人	3	1
一级	人	44	6
二级	人	493	339
三级	人	1953	2839

民政事业情况

表 76

指　　标	计量单位	2014 年	2013 年
一、年末优抚对象			
1.革命伤残人员	人	922	945
2.烈军属	人	330	354
3.复员军人	人	1075	1172
4.退伍军人年末人数	人	47100	46400
#当年退伍	人	487	535
二、优抚对象抚恤情况			
1.享受伤残抚恤人数	人	922	945
2.享受定期抚恤金人数	人	330	354
3.享受定期补助人数	人	13425	12921
4.优待烈属户数	户	193	201
5.优抚费用	万元	9761	8988
三、救灾救济费	万元	8931	7118
#救灾款	万元	60	20
四、社会福利事业			
1.敬老院	个	8	8
集体供养人数	人	1036	1035
分散供养人数	人	464	443
2.社会办福利工厂数	个	5	5
安置"四残"人数	人	159	159
五、婚姻登记			
1.年内准予登记结婚数	对	9912	11130
初婚	人	15325	18047
2.年内准予登记离婚数	对	2556	2533
六、全年火化尸体	具	8905	9451
七、民间组织	个	1206	1069
1.社会团体	个	511	400
2.民办非企单位	个	695	669

计划生育情况

表 77

指　　标	计量单位	2014 年	2013 年
一、女性初婚人数	人	3996	5806
#晚婚人数(23 周岁以上)	人	2591	3472
晚婚率	%	64.8	59.8

续表 77

指　　标	计量单位	2014 年	2013 年
二、已婚育龄妇女数	人	185894	194082
三、现家庭一孩妇女人数	人	155974	163370
四、出生总人数	人	6325	6077
1.计划内出生人数	人	6248	5969
计划内生育率	%	98.8	98.2
# 一孩	人	5027	4994
二孩	人	1251	948
2.计划外出生人数	人	77	108
计划外生育率	%	1.22	1.78
# 一孩	人	4	3
二孩	人	62	92
五、采取节育措施的人数	人	160426	167799
节育率	%	86.3	86.5

社会保障情况

表 78

指　　标	计量单位	2014 年	2013 年
城镇登记失业率	%	2.09	2.22
年末城镇登记失业人数	人	4800	4780
年末离退休、退职人员数	人	50290	49361
城乡基本社会保险覆盖率	%	96.24	96.21
城乡基本养老保险覆盖率	%	95.99	95.91
城乡基本医疗保险覆盖率	%	96.09	96.09
失业保险覆盖率	%	96.65	96.63
社会福利收养性单位数	个	53	51
# 国有和民营老年公寓	个	53	51
社会福利收养性单位床位数	张	7705	7024
# 国有和民营老年公寓	张	7104	7024
社区服务设施数	个	340	340
居民最低生活保障已保人数	人	13723	20133
# 城镇居民	人	550	813
农村五保供养人数	人	1500	1478
参加农村合作医疗的人数	万人	85.23	85.47
参加农村养老保险的人数	万人	30.20	31.80

（市统计局）

说 明

一、索引采用主题分析索引方法,依据首字汉语拼音字母同音字同词语顺序排列。

二、主题词后的数字表示内容所在的页码,数字后面的a、b、c分别表示从左至右主题词所在栏别。“特载”“媒体聚焦”“年度大事”“附录”篇目及“概况”条目不收入索引。

A

B

C

D

F

G

H

J

K

L

M

R

S

T

W

X

Y

Z

江苏省启东经济开发区

JIANG SU SHENG QI DONG JING JI KAI FA QU

省长李学勇（前排右二）视察韩华新能源

省委常委、省纪委书记弘强（中）在开发区调研

2014年，启东经济开发区以“争创国家级开发区”为目标，注重创新发展，加快提档升级，着力推进创新型经济园建设，新能源、电子信息、海工装备、生物医药等先进制造业集聚发展，总部经济、服务外包、科技孵化等现代服务业初具规模，全区经济社会呈现大发展、快发展的良好态势。全年实现地区生产总值75.95亿元，同比增长12.3%；工业总产值512亿元，其中规模以上工业总产值456亿元，占全市总量的30.7%，同比增长8.9%；实现入库税收8.39亿元；完成全社会固定资产投资55.5亿元。招商引资成效明显，积极主动承接上海产业转移与要素溢出，与上海都市工业园、上海国家外包服务基地等建立常年合作关系，产业链招商进一步扩大。总投资18亿元的姚记泰城项目，总投资13.6亿元的国际高端原木家俱生产基地，总投资10亿元的海四达新能源、总投资10亿元的大富豪精品黄酒等15个项目完成签约。现代产业初具形态，国动通信、中信科技等项目加紧开工建设，晟峰软件园、雅鼎资产、国动产业园等已签约项目正在全力推进。2013年，在全省89家省级开发区科学发展综合评价中启东经济开发区名列第三。

科创大楼形象图

新建的居民别墅区

汇龙镇

HUI LONG ZHEN

党的群众路线教育实践活动动员大会

2014年，汇龙镇在市委市政府的正确领导下，团结依靠全镇人民，紧紧围绕年初各项目标任务，一手抓教育实践活动，一手抓经济社会发展，坚持工作项目化、项目责任化、责任具体化，全力以赴、狠抓落实，城市建设加快推进，重大项目取得突破，转型升级步伐加快，为民实事有效落实，全镇经济社会各项工作按时按序稳步推进。全年实现地区生产总值130.12亿元，财政总收入21.27亿元。农民人均纯收入16820元。镇获得“全国文明镇”、“创建国家卫生城市先进单位”“第三次经济普查江苏省先进集体”等称号，南郊村、东郊村获省“三星级康居乡村”称号，城北村、南郊村获省第四批“新农村建设示范村”称号。

庆“七一”表彰文明新风典型

镇政府向网格赠送健康文化包

农民运动会拔河比赛

全市“正能量加油站”主题活动在汇龙镇临江村启动

汇龙镇第八届村村乐汇演

安置小区——南郊家园

安置小区——城东花园

惠萍镇 HUI PING ZHEN

党员冬训大会

企业安全网格化培训

2014 年，惠萍镇行政区域面积 75 平方公里，户籍总人口 70885 人，辖 15 个行政村。全镇地区生产总值 36.32 亿元，财政收入 8839 万元。农民人均纯收入 17050 元，比上年增长 11%。年初行政区划调整，惠萍镇从一个拥有沿江岸线的资源镇变为一个内陆镇。全镇招商引资成绩显著，全年拜访客商 30 多次，邀请客商来启考察 20 批次 80 多人次，全年实际到账外资 225 万美元，获全市招商引资年终考核金杯奖。民生事业、社会保障全力推进，“新医合”参合率达 99.9%；新型农村社会养老参保人数 21047 人；农村居民最低生活保障人数 1335 人，发放救助金 634630 元，实现动态管理下的应保尽保；镇、村自筹资金 700 多万元，继续新建农村公路 25 公里；总投资近 700 多万元的“农村公路亮化”工程，使所有村中心路路灯亮化到位；40 多万方的小型水利工程在全市率先完成；通过购买社会化服务、镇村联动等模式，村镇环境卫生有明显改善。服务城建、平安创建、效能建设均取得优异成绩。

士连村党员参加冬训学习

镇村干部慰问敬老院老人

农业龙头企业——恒富隆农产品合作社

农民集中居住区

万亩梨园

东海镇

DONG HAI ZHEN

市委书记徐锋（中）视察海生冲压件有限公司

市领导在镇调研协兴港开发

东海镇行政区划面积85.4平方公里，耕地面积8.16万亩，总人口69198人，其中农业人口66021人，下辖18个行政村。2014年，全镇实现地区生产总值23.12亿元，增长11.1%；入库税收5403万元，增长21.5%，完成年计划的100.5%。其中国税收入3149万元，增长10.8%，完成全年任务的87.1%；地税收入2254万元，增长29.2%，完成全年任务的111%；规模工业实现产值15.36亿元，完成年计划的103.3%，增长18.5%；实施技改项目9只，完成全部工业投入5.1亿元，完成年计划的102%；新开工5000万元以上项目5只；新建竣工投产项目3只；全镇新增注册外资2500万美元，实际到账外资150万美元；完成全社会固定资产投资8.76亿元；建设农业项目14只，已建设的农产品加工企业4只，农业园区建设项目10只，截止累计投入4.42亿元；全年全镇新农保参保人数20769人，其中新增人数1070人，完成全年任务的78.4%；新型农村合作医疗制度全面普及，农民参合率在99.6%以上。在年底综合表彰中获经济发展杯铜杯奖、招商引资杯银杯奖、项目建设杯铜杯奖、三农工作杯铜杯奖和基层基础杯铜杯奖。

机关青年志愿者结对帮扶活动

党员志愿者参加整治水环境活动

志愿者在敬老院开展服务活动

大学生村官开展“践行社会主义核心价值观”代言活动

志愿者活动

东安中学新貌

南阳镇

NANYANGZHEN

基层党组织在服务中教育引导群众工作推进会在启兴村召开

全镇总面积126.8平方公里，总耕地面积7779公顷，总人口104891人，辖29个行政村，1个居委会。2014年，南阳镇实现地区生产总值36.81亿元，增长19.5%；完成规模工业投入量13.43亿元，实现规模工业入库税收8431万元；实现高新产业产值6.6亿元，新实施产学研合作3个；新增注册外资1100万美元，共签约项目30个，其中，亿元以上项目10个；全年农业龙头企业投入量2.27亿元，农业园区投入量4.29亿元，引进上海启龙现代农业、星尚苗木等12个重大农业项目落户园区，总注册资金3.5亿多元，完成基础设施投入超亿元；实现财政总收入1.86亿元，增长33.5%；全年城乡居民参保人数30842人，新增2022人，1688名低收入困难群众享受低保待遇，新型农村合作医疗参合参合率达100%；农民人均纯收入16000元，增长10.3%。镇域总体发展建设规划（2012—2030）通过南通市级评审，其余5个专项规划完成编制。开展物流商贸园、机械阀门园、省级农业示范园三大专业园产业发展总体规划的编纂，其中省级农业园区规划被纳入国家级农业园区组成部分。神通能源装备基地配套到位，省级农业园区配套的农业生产条件初步具备，启东市现代农业规划、农产品展示中心建设完成整体设计。

启兴村公共服务中心打造成全市标志性村级公共服务中心

江苏神通能源装备基地

南阳镇计生大楼亲子园

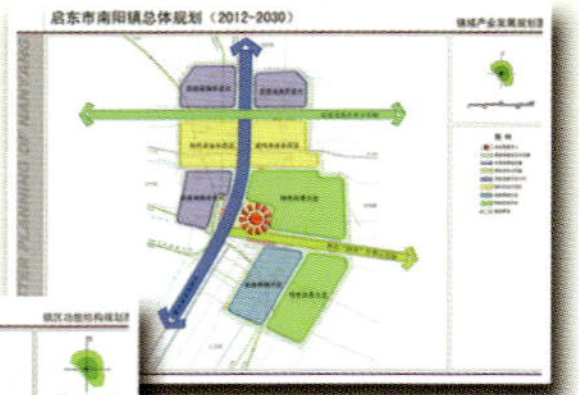

镇域产业发展规划图

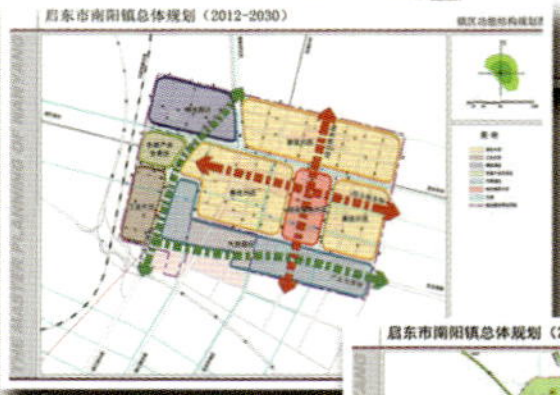

镇区功能结构规划图

江苏省启东现代农业产业园

南阳镇合丰社区服务中心

镇域空间利用规划图

南阳镇法治文化广场

海复镇

HAI FU ZHEN

海复镇行政区划面积74.04平方公里，户籍人口5.57万人，其中常住人口5.12万人，下辖17个行政村。2014年，全镇实现地区生产总值20.93亿元，实现规模工业总产值9800万元，增长8.9%；规模工业应税销售实现3.07亿元；规模工业入库税收4911万元；固定资产投资总额63374万元，工业增加值实现9.61亿元，增加8.2%。完成工业投入工作量6.2亿元，占全年任务的103.3%，增长206.7%；新开工1000万元以上项目3只；完成新开工建筑面积3.15万平方米，新建项目竣工投产2只。完成项目农业投入实物工作量1.2亿元，农业龙头企业2个，新建农业（水产）园区13个。完成财政收入3212万元，农民人均纯收入15200元。

党委书记宋亚昌(右二)作冬训动员

镇领导班子民主生活会

龙源风力发电

创鑫农业生态园

苏北抗大九分校旧址

圣安德烈教堂

合作镇

HE ZUO ZHEN

市委书记徐锋（左三）在合作镇朱永继个人党史室调研

镇党委书记李荣昌作党建优化作风工作报告

合作镇行政区划面积 88.7平方公里，耕地面积4636公顷，总人口63850人，辖17个行政村。2014年，全镇实现规模工业产值5.3亿元，增长18.2%；工业应税销售2.37亿元；工业入库税收1638万元，增长17.9%。共签约项目8个；完成新增工商登记注册外资1215万美元；实现项目农业总投入1.45亿元，新增扩建农业龙头企业5家，新增扩建农业园区4家；新增高效设施农业2500亩，其中新建扩建规模以上设施大棚700亩；新增露地蔬菜850亩；新增规范化合作社8个，家庭农场32家，实现村级总收入1049万元，村级经营收入807万元，所有村全部达到20万元以上；实现财政总收入4690万元；推进以曹家镇天主教堂德勒撒堂为中心的圣合•圣心玫瑰文化产业园建设，圣合•圣心玫瑰文化旅游项目占地180亩，总投资3亿元，老教堂修缮完成；新增绿化造林5500多亩，其中租地造林4123亩；推进生态文明村建设，曹家镇村荣获江苏省生态文明村称号；推进新型农村合作医疗保险，参合率达99.93%；完成新农保参保20603人；发放大病医疗救助资金550686元。

市委副书记汤雄（右）在合作调研

党风廉政建设专题会议

江苏圣合旅游发展有限公司

王鲍镇

冬训工作动员大会

王鲍镇行政区划面积126平方公里，耕地面积10.39万亩，其中高标准农田面积4.6万亩，总人口91029人，其中农业人口86017人，下辖22个行政村。2014年，实现地区生产总值30.87亿元，增长11.6%；实现规模工业总产值40.7亿元，增长9.0%，其中高新技术产值23.72亿元，增长42.4%，新兴产业产值15.05亿元，增长23.3%；规模工业应税销售9.1亿元，增长12%；固定资产投资总额13.01亿元，增长10.0%；规模以上工业增加值实现1.40亿元，增长10.0%；新签约项目13个，计划总投资12.5亿元，注册资本3.75亿元；完成项目农业投入1.6亿元，其中农业园区（种植园区、畜禽养殖、水产养殖）投入0.4亿元，农业龙头企业投入1.2亿元，千万元以上项目投入额1.35亿元；完成财政收入1.61亿元，增长24.0%，其中国税7095万元，地税6322万元；新农保参保27530人，参保率76.7%，新农合参合79384人，参合率99.9%；农民人均可支配收入16500元，增长8.6%。

集镇开发新貌

纪念王澄、鲍志椿烈士诞辰100周年、牺牲70周年

宁启铁路开工建设

大西洋焊接材料有限责任公司

新港花苑一期结构封顶

裕德隆生态农业发展有限公司

启隆生态科技产业园
启东市启隆乡

全乡总面积48.6平方公里，全乡辖2个社区，总人口3874人。2014年，全乡实现地区生产总值5.68亿元，同比增长9.4%，完成固定资产投入12.29亿元。全年新批注册外资780万美元。累计完成公共财政预算收入8831万元，同比增长40%，完成率和增幅在全市13个镇（乡、园区）中排名均第一。项目农业投入超过1.2亿元，超额完成全年任务，完成植树造林2209亩，水利轮竣土方9.15万方，农民人均收入17300元。江苏君之地置业蔚林半岛项目竣工7万平米，部分办理交房手续，2014年开工的酒店式公寓4万平米结构封顶，商业用房在建。蓝湾绿岛项目5万平米结构封顶。总面积建筑面积7.3万平方米的裕隆家园（保障房）完成竣工验收。

党的群众路线教育实践活动动员大会

市委常委、政法委书记朱志强带领公安、消防、安监等部门在乡安全生产检查

技能培训现场

六五普法活动现场

七一活动

绿地新村沙项目-长岛大桥施工现场

启隆乡项目建设一景

启东市科学技术局

2014年，启东市科技局以推进创新型城市建设为核心，着力加强产业技术创新、企业自主创新和社会发展创新，加快推进创新人才、创新载体和创新环境建设，加速高新技术产业发展，促进产业转型升级，实现科技进步与经济社会发展的紧密结合、相互促进与协调发展，全面提升沿海开发水平，为争当江苏沿海开发排头兵，率先基本实现现代化提供强有力的科技支撑。全市实现高新技术产业产值678.71亿元，占规模工业的比例达45.3%，增长19.5%。企业研发投入占GDP比例达2.4%。有118个产品被认定为省级以上高新技术产品，43家企业新被认定为高新技术企业，其中3家被认定为国家火炬计划重点高企。组织实施产学研合作项目168项，技术交易额2.16亿元，带动企业投入28.56亿元，项目实施后可新增销售71.4亿元。实现专利申请量3676件，授权量1378件，其中发明专利申请1419件。万人发明专利拥有量达8.75件。科技企业孵化器总面积累计达45万平方米，新增入驻企业25家，全市累计拥有国家级科技企业孵化器1家，省级科技企业孵化器5家。新增省级工程技术研究中心3家，南通市级工程中心10家。新增省企业研究生工作站10家。新增省企业重点实验室1家，实现启东零的突破。2014年，启东市科技局被评为江苏省知识产权工作先进集体，启东市北新镇被评为省创新型试点乡镇。

科技节产学研合作清华大学展位

科技节产学研合作洽谈会省农科院展位

启东与上海技术转移中心产学研合作洽谈会

联通测功与上海理工大学开展产学研合作洽谈

科技进步奖颁奖

科技节产学研合作高校信息发布会

科技节产学研洽谈会开幕式

科技节签约仪式

国家电网
STATE GRID

国网启东市供电公司
STATE GRID QIDONG COUNTY ELECTRIC POWER SUPPLY COMPANY

市领导指导供电工作

2014年，启东市供电公司完成供电量26.35亿千瓦时，增长0.4%，售电量25.2亿千瓦时，增长0.3%；最高负荷48.1万千瓦，下降10.8%；全口径线损率为4.4%；完成固定资产投资2.83亿元；业扩报装完成2.45万户，新增容量37.61万千伏安，增长5.0%。被国家电网公司评为实施“县供电企业管理提升工程”先进单位，被中国质量协会评为“全国实施用户满意工程(服务类)先进单位”，被江苏省电力公司评为安全生产先进集体。

市供电公司做好220千伏沿海、110千伏惠阳输变电工程及220千伏邢柏－新安线路工程的属地管理工作。完成部分110千伏变电站准化整治、35千伏变电站主变调换等工作。推进“一流配电网”建设改造，全年累计完成配网投资1.85亿元。加快推进农网升级改造工程，共完成农网投资1.47亿元，着力提高农村电网供电可靠率、电压合格率。

启动“智慧苏电、幸福民生”优质服务主题活动、“整治用电安全隐患”专项行动，开展了供电所服务环境集中整治和供电所服务水平提升活动，组建1.96万人的台区服务网络，提高居民安全用电意识，提升供电服务质量。坚持“客户导向”业扩报装服务理念，简化冗余办事程序，全力打造业扩报装“直通车”式服务。建立《特殊客户服务档案》，定期为残疾人、五保户上门服务，充分展示公司的良好企业形象。

共产党员服务队真诚服务敬老院

开展节能宣传入万家活动

开展电力设施保护宣传活动

变电站

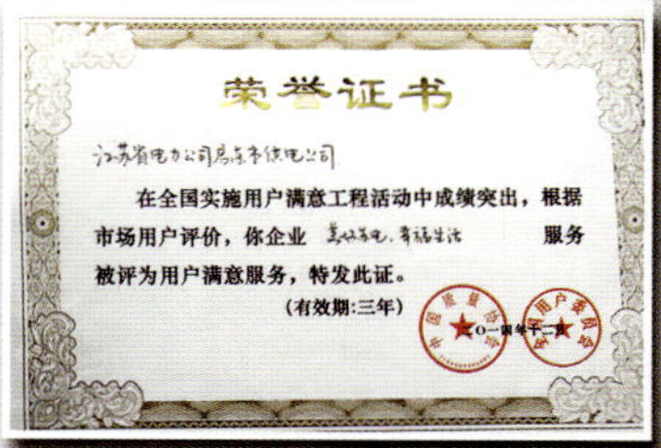

荣誉证书

江苏省电力公司启东市供电公司

在全国实施用户满意工程活动中成绩突出，根据市场用户评价，你企业 服务被评为用户满意服务，特发此证。

(有效期:三年)

启东市民政局

市民政局出台《启东市社会救助居民经济状况比对办法》。落实城乡低保标准自然增长机制，7月1日起，城乡低保标准分别提高到每人每月540元、370元；60年代精减老职工生活补助费城乡居民每人每月调增至540元、520元。

国家级“启东市养老服务标准化试点”验收现场

民政业务培训

专项治理 组织开展城乡低保对象全面复核暨规范化管理专项督查活动，上门走访10994户农村低保、485户城市低保，走访率100%，核减农村低保3116户、城市低保97户，每月核减低保金94万元。

救灾救济 加强临时救助力度，全市投入233.4万元救助5660户10264人；发放春荒52万元、冬令款192万元，救助24446人次。

医疗救助 全市投入医疗救助资金2260万元，资助困难群众参合参保、即时、门诊和住院医疗救助。

国家级养老服务业标准化试点通过验收 4月25日，启东国家级养老服务业标准化试点通过考评组验收，成为江苏省首个通过验收的该类项目。《启东市社会养老设施布局专项规划》（2012～2030）正式发布实施。投资200万元，完成北新中心敬老院综合楼项目建设和汇龙等6所中心敬老院医务室项目建设。全市建成民办养老院2家、护理院1家、老年关爱之家6家，新增床位949张。

居家养老服务 修订出台《关于推进居家养老服务中心(站)建设的实施意见》，新增4家AAA级中心(站)和35家AA级站。虚拟养老院(老年呼叫服务中心)在城区范围内试点运行，全年服务享受政府补贴的老人146人，自费老人2637人。

安康关爱行动 全市7.74万名老年人参加意外伤害保险，参保率达30%。2014年全市老年人意外险共赔付541例，理赔128万元。

尊老金发放 全市80～89周岁老人44451人、90～98周岁老人6897人、百岁老人258人，全年发放尊老金3804万元。

社会福利 7月1日起农村五保供养综合标准从每人每年6480元提高到7070元，集中、散居城市“三无”老人基本生活费标准为每人每月1200元、980元。孤儿集中、分散供养标准分别提高到每人每月1340元、810元。

优抚安置 为619名重点优抚对象免费医疗巡诊，为残疾军人配发假肢及病理鞋24人次。向406位伤残军人配发康复器具703件。组织对878份烈士证、814份伤残军人证材料的调查核实和证件换发工作。全面实施退役士兵城乡安置一体化安置，义务兵安置补助金基数提高到3.13万元。开展退役士兵免费职业技能培训，393名2013年冬季退役士兵参加培训。

烈士纪念设施保护 出台《关于加强和改进对重要纪念设施管理保护工作的通知》，投入90余万元，组织对15处零散烈士纪念设施和革命纪念地实施抢修。

政社互动 制订推行“政社互动”工作的指导意见和操作办法，完成基层群众自治组织协助政府工作事项和基层群众自治组织依法履行职责事项两清单，试点工作有序推进。

城乡社区建设 制订《关于推进城乡社区“一站式”服务平台建设工作的实施意见》。全市297家社区全部建成“一站式”服务平台。深化城乡和谐社区建设，城乡和谐社区建设合格率分别达95%、87%。

社区社会组织 出台《关于进一步培育和扶持社会组织发展的通知》，建立政府购买社会组织服务机制，明确政府购买服务内容，细化示范社区社会组织评估考评细则。全市新培育社区社会组织518个，完成社会组织评估数176个。

安全生产业务培训

“慈善一日捐”

新华社采访养老服务标准化

启东市行政服务中心

南通市市委常委、组织部部长张兆江在中心调研

涟水县政务服务中心在启东调研考察

行政服务中心召开联合项目联合预审会议

2014年，启东市行政服务中心以巩固“三集中、三到位”工作成果、推行“三个一”联合审批为重点，进一步优化服务流程、压缩承诺时限、提升服务效能，行政审批服务工作迈上新台阶。中心进驻部门47个，设置窗口380个，工作人员370多人，中心日均办件量7479件，年总办件量1884956件；共计取消精简行政审批事项32项，优化简化办事事项25项，压缩服务承诺时限751个工作日。

推进“三个一”联合审批。中心会同发改委、住建局、国土局、环保局、消防大队等15个部门联合制订《建设项目联合审批办法（试行）》《启东市房地产项目竣工联合验收实施办法》。针对建设项目审批服务的特点和规律，编制《基本建设项目服务手册》《房地产项目竣工验收服务手册》，按照“一窗受理、提前介入、分段实施、并联审批、限时办结”的要求，把立项、规划、用地、建设、验收等多个审批环节全面整合，简化办事程序，缩短了服务时限，提高办事效率。

公权网上运行。中心设计开发行政审批监督系统，除少数业务专用网络因上级主管部门特殊管理要求外，其余部门审批网络均与行政审批监察系统对接联网。同时，各窗口单位利用网上平台，对进驻事项实行“服务内容、办事程序、申报材料、承诺期限、审批依据和收费标准”六公开，促使服务效能和服务质量的全面提升。

改进作风。中心改进完善便民服务设施，在各楼层设置窗口分布图和常用事项一览表，在各楼层放置饮水机、报刊和便民工具箱，竭力为群众提供周到服务；组织全体窗口工作人员深入开展让群众少跑一趟路、少进一扇门、少找一个人、少等一分钟、少费一点心“五个一”主题实践活动，密切党群干群关系；制订《行政服务中心窗口工作人员作风问题责任追究办法》。

中邦上海城因“三个一”联合审批为行政服务中心送来锦旗

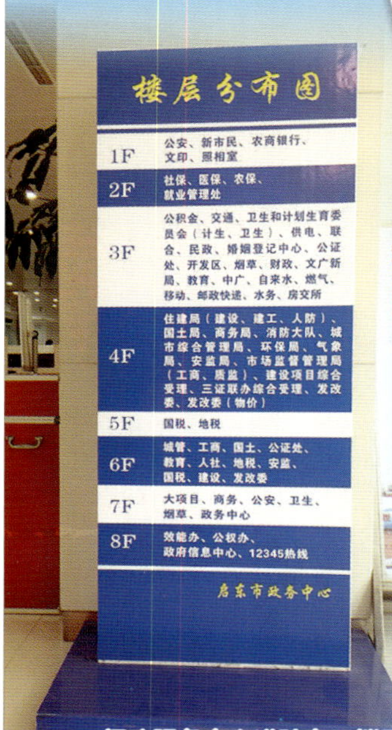

行政服务中心进驻窗口楼层分布图

行政服务中心进社区提供信息咨询服务

行政服务中心参加政风行风热线

启东广播电视台

Qidong GuangBo Dianshi Tai

启东广电起舞东疆

2014年，市广播电视台巩固壮大积极健康的主流舆论，策划实施多项重大主题宣传活动，包括十八届三中、四中全会精神的学习贯彻落实、对接上海自贸区系列报道、践行群众路线改进工作作风、践行社会主义核心价值观、阔步迈进大港时代，以及首季“开门红”、全市重点工作“听看考”、城市建设、创新社会治理“三强化三提升”等专题报道。电视访谈节目《社会关注》、广播对农直播《金色大地》分获南通市创新创优栏目二等奖。全年电视新闻被中央电视台用稿3条、江苏电视台用稿50多条、南通台用稿160多条，并有多条视频新闻被网易、凤凰网等主流网站刊播。在南通市记能大比武新闻策划、消息写作、现场新闻特写和言论写作竞赛中，市广播电视台共夺得3个二等奖、2个三等奖，综合成绩在南通市各（县、市）新闻媒体中位居前列。

工作人员在直播车工作现场

广电室外音柱

启东广电少儿春晚

启东市总工会

QI DONG SHI ZONG GONG HUI

企业工会主席论坛

2014年，启东市总工会紧紧围绕经济发展中心，以服务职工为抓手，以“工会在身边”为主题，认真践行群众路线，突出“作风”和“工作”的“双突破”，较好地完成启东市委和上级工会组织布置的各项任务。全市新建基层工会474家，新发展会员14966人，工会会员242992人，工会组建率95%，职工入会率98%。全市有1295家企业建立协商制度，独立签订集体合同和工资协商专项集体合同1253份，签订率达96.8%，覆盖职工12.4万人，小微企业签订区域性集体合同和工资协商专项集体合同36份，其中行业性集体合同和工资专项集体合同4份，覆盖企业3272家，覆盖职工20.7万人。元旦、春节共慰问10家企业、3000余名职工，发放3000多份大礼包。慰问金额达19.45万元，关爱外来职工慰问资金达10万元，1万外来农民工受惠。开展“服务职工·金秋行”活动，共投入帮扶资金110.5万元。全年共接待职工来信、来访、来电227人次，其中提供法律援助咨询服务219人次，成功调解劳资纠纷5起。

启东市总工会先后获南通市工资集体协商优胜单位、启东市委五星级机关、党建工作先进集体、市文明单位、综合治理先进单位、市安全生产目标管理先进单位、法治建设先进集体、新市民管理服务先进集体、“双联双争”惠民服务活动先进单位、市级机关先进基层党组织、基层党组中心组理论学习先进集体、档案工作先进单位，全国总工会《工会信息》发行先进集体。

启东工会 2014 首届微友会合影

职工之家小候鸟暑期团活动

市总工会举办健康知识讲座

启东市庆三 · 八工会女职工健身操比赛

市总工会服务职工 · 金秋行启动仪式

启东市科学技术协会

QI DONG SHI KE XUE JI SHU XIE HUI

中科院院士方成(中)在副市长叶辉(右二)、市科协主席朱咏梅(左一)的陪同下考察南通大学(启东分校)

2014年,市科协立足"三服务一加强",围绕市委、市政府工作大局,紧扣科学发展主题,协力打好科技引领攻坚战。成功引荐葡萄牙博士后研究员李军服务中国科学院上海技术物理研究所启东光电遥感中心,任工程部部长;从上海引荐由美国加州大学医学院博士后田晓丽领衔的海归专家团队创办中美医学转化项目;加强与上海市科协、上海留学人员联合会的沟通和交流,并成为上海欧美同学会长三角发展圆桌会议成员单位。组织医学会开展健康大讲堂进基层活动,开展讲座、义诊等服务活动300多场次。共建社区安全用药科普站247个,城乡社区覆盖率99%;共建社区健康步道15处,城市社区覆盖率80%以上。有效借助"村村乐"文艺演出平台,将科普知识融入文艺表演。与上海、南京等地合作的长三角院士公益科普讲座、快乐科学校园行——院士与渔家孩子面对面活动,3D科学艺术展等高端科普活动精品点亮科普周和科普日等大型科普活动舞台。全年评选表彰市级先进个人20名,先进集体10个。启东市科协先后3次在省科协专题会议上作经验交流。

流动科技馆校校行

北城区街道社区科普活动

中科院院士方成(中)在启作报告

南通市启东工商行政管理局

省局领导视察电动工具产业

5·10思廉日

南通市启东工商行政管理局下设工商分局10个，机关内设科室15个。2014年，全市实有各类市场主体9.45万户，注册资本(金)1145.43亿元，分别增长7.02%和13.53%。其中，内资企业2.67万户，注册资本1124.72亿元，分别增长9.88%和13.52%；外商投资企业489户，注册资本31.92亿美元，外方认缴28.39亿美元，分别增长4.8%、14.6%和16.65%；个体工商户6.78万户，资金数额20.70亿元，分别增长7.11%和14.36%；农民专业合作社960户，出资总额17.32亿元，分别增长15.8%和11.9%，市场主体总体呈现数量持续增加、资金规模持续扩大趋势。深入推进实施商标战略，全年获得新认定国家驰名商标1件，江苏省著名商标7件，南通市知名商标18件。全年立案查处一般程序案件519件，已办结412件，罚没款入库360余万元，其中商标侵权案件30件，食品案件83件，产品质量案件50件，反不正当竞争案件4件，广告案件60件，农资案件1件，登记类案件140件，其他类型案件151件。

第一张新版营业执照

群众路线教育实践活动动员大会

3·15广场活动

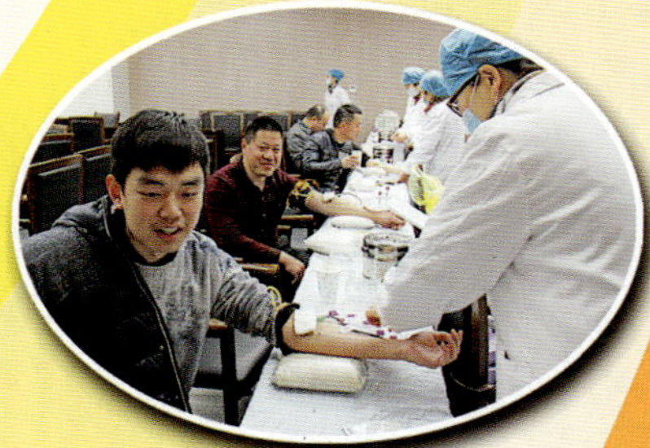

义务献血

销毁假冒伪劣产品

工商局大楼

南通市启东质量技术监督局

NAN TONG SHI QI DONG ZHI LIANG JI SHU JIAN DU JU

省质监局纪检组长刘显浩在启调研

年度工作总结大会暨党风廉政建设会议

国家级养老服务标准化验收

群众路线教育活动

能源计量监督管理办法培训会议

启东市食品药品监督管理局

5.10思廉日，“一把手”上廉政党课

药监志愿服务队在惠萍幼儿园开展儿童安全用药知识宣传

举办家庭过期失效药品回收活动启动仪式

销毁假劣药品现场

市药监局对保健食品、化妆品市场进行检查

中国烟草·江苏 CHINA TOBACCO JIANGSU

启东市烟草专卖局

上级领导在启东调研卷烟市场

与社区共建文明

2014年，市烟草专卖局(分公司)以党的群众路线教育实践活动为主题，以构建“大监督”格局为抓手，突出“规范、创新、发展”工作主线，努力实践“三大课题”、提升“五大形象”、争当“三个楷模”，奋力攻坚突破，狠抓工作落实，各项工作保持稳中求进、稳中向好的发展态势，全年共完成卷烟销售34912箱，同比增长1.2%，实现含税销售额10.48亿元，同比增长8.5%、税利24832万元，同比增长9.4%，销售结构120.08元／条，同比增长7.6%，主要经济运行指标在高平台上继续攀升。全年共查获涉烟违法案件100起，查获各类违法卷烟76.22件，没收各类假冒卷烟2.36件，到帐罚没款11.92万元，1万元以上案件18起，其中20万元以上案件1起，5万元以上4起，发放许可证281份，延续许可证791份，履行专卖“看好门、守好土”的职责，为启东卷烟市场提供良好的市场环境。

“爱心妈妈”团队慰问智残儿童

识别真假烟技能比武

卷烟零售户座谈会

职工趣味运动会

支部心连心活动

启东市国家税务局

QI DONG SHI GUO JIA SHUI WU JU

省国税局局长胡道新在启东参观税收管理改革成果

2014年，启东市国家税务局共组织入库地方级税收收入33.3亿元，增长16.95%，其中：两税入库24.91亿元，增长12.63%；市本级企业所得税入库8.43亿元，增长31.9%。全年实现公共预算收入突破10亿元大关，创历史新高，税收总量及增幅均排名六县(市、区)第一，在"量""质"双赢的情况下保持与地方经济的协调增长。在政府考核中，局连续第九年获"五星级机关(单位)"称号。

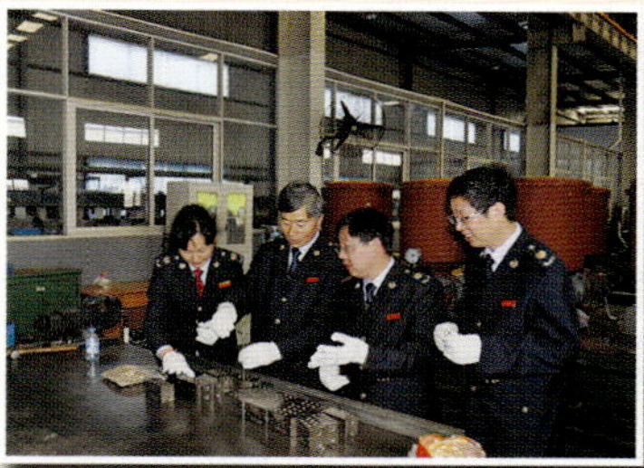

国税干部换位体验"企业生产线"

召开税收管理改革推进会，率先启动税收管理改革

国税干部向纳税人宣传"瀛舟"绩效文化

开展"我身边的最美税务人"主题演讲比赛

启东市畜禽屠宰行业协会

QI DONG SHI XU QIN TU ZAI HANG YE XIE HUI

会长：曹云

启东市畜禽屠宰
行 业 协 会

启东市畜禽屠宰行业协会（原启东市生猪屠宰行业协会）成立于2006年6月，2015年4月因业务拓展需要，经市农委、市民政局审核同意，变更为启东市畜禽屠宰行业协会。

协会是以在启东市范围内取得畜禽定点屠宰资格的屠宰场和规模化畜禽养殖企业为主体，自愿结成的全市性行业组织，是具有法人资格的非营业性的社会团体。

协会以为政府管理部门和会员单位双向服务为宗旨。遵守国家法律法规，贯彻执行国务院《畜禽屠宰管理条例》，执行畜禽屠宰行业政策；发挥沟通政府间的桥梁和纽带作用；当好政府部门的参谋，反映畜禽屠宰企业、生猪养殖企业的愿望和要求，维护畜禽定点屠宰企业的合法权益，努力为企业的整体利益服务；加强行业自治自律，规范畜禽屠宰行为，保障政府"放心肉"工程的实施；促进企业团结协作、规范管理和技术进步，发挥行业群体优势，推进全行业健康发展。

协会属启东市农业委员会领导，接受政府社团登记管理机关的业务指导和监督管理。

协会会址在启东市江海南路476号。（城南菜场北二楼）

启东市胶鞋厂有限公司

QI DONG SHI JIAO XIE CHANG YOU XIAN GONG SI

启东市胶鞋厂有限公司创建于1984年，公司占地面积17816㎡，建筑面积达到9000多㎡，固定资产1300多万元，拥有员工近400人。本公司是专业生产各类胶鞋，并具有自营进出口权，产品主要销往美国、欧洲、日本、南美、中东等国家和地区，是美国SEARS/KMART、TRU/BRU、HASBRO（孩之宝）及英国MOTHERCARE 公司认证企业，致力于达欧美环保标准硫化鞋的开发和生产。

公司多年来一直是启东市重点企业、定报企业，并多次荣获南通市、启东市“文明单位”、“重合同守信用企业”、“劳动保障诚信示范企业”、“南通市最佳信贷企业”、“安全生产先进企业”、“信用AAA级企业”、“启东市最具发展活力30强企业”、“启东市铜牌企业”、“江苏省民营科技企业”、“启东市慈善之星企业”、“南通市职业卫生管理示范企业”，公司技术开发科获南通市、江苏省“模范职工小家”等荣誉称号。

公司已通过ISO9001—2008质量管理体系认证，有一套完整的质量管理网络，并拥有技术雄厚的研发中心及设备先进的测试中心。

公司坚持“诚信创伟业”的经营理念，以“创一流企业，上名优产品”为宗旨，不断提升软实力，全面提高员工素质，不断提高产品档次，引进新 技术，开发新产品。公司凭借高质量的产品，良好的信誉，优质的服务，竭诚与国内外客商双赢合作，共同发展，共创辉煌！

公司领导与美国客人洽谈业务

联系电话：0513-83461256

传真：0513-83462861

电子邮箱：qidong200@126.com

地址：启东市近海镇东进村8号（向阳镇南首）

公司产品

美国客人参加工厂

花园式工厂一瞥

启东市人民检察院

QI DONG SHI REN MIN JIAN CHA YUAN

市检察院检察长瞿忠作检察院工作报告

市检察院邀请人大代表、政协委员、部分群众参加“检察开放月”活动

2014年，市检察院把握“抓牢业务、抓强创新、抓紧队伍”三项主业，坚持以改革精神、法治思维和民生理念，深挖检察工作内涵，努力打通联系服务群众“最后一公里”，各项检察工作取得新进展新成绩。全年受理审查逮捕案件321件397人，审查起诉案件638件808人，依法批准逮捕各类犯罪嫌疑人287人，提起公诉794人。从重从快起诉故意杀人、绑架、毒品犯罪等案件107件146人。严肃查处重点领域职务犯罪大要案，共立案侦查16件20人，大要案率100%。通过办案，挽回直接经济损失851万元。强化证据审查，坚守预防冤假错案的底线，建立“双向证据核查法”，对涉案证据进行纵向和横向核查，保证了案件审查质量，被《检察日报》头版报道，案件审结率居南通市第一。全年共获得市级以上集体类奖项17个，有54人次受到市级以上表彰奖励，检察院获“全国检察宣传先进单位”称号，被江苏省检察院记集体二等功一次。

省院监所处组长章钟元一行检查指导院驻所检察室安全防范工作

市检察院副检察长方海军在“全省检察机关反贪侦查方式转型升级推进会”上作经验介绍

市检察院救助交通肇事案被害人近亲属获赠锦旗

市检察院开展12.4国家宪法日宣传活动

市检察院女干警参加南通市检察机关健美操组队比赛

市检察院与结对村开展“护苗行动”

启东市公安局

QI DONG SHI GONG AN JU

省委常委、省纪委书记弘强（左四）一行视察市行政中心公安窗口

财政部国防司副司长魏伏生、公安部边防局后勤部部长高连斌一行在启东调研公安边防经费保障工作

省委610办公室主任、省公安厅副厅长李国华一行在启东检查督导工作

2014年，市公安局突出创建平安法治建设示范区目标，抓住完善立体化、现代化社会治安防控体系建设主线，创新工作机制，筑牢矛盾控制防线、反恐防恐防线、专项安保防线及舆情监管防线，不断增强战斗力和影响力，为启东经济社会发展创造安全有序环境。截至12月31日，共破获刑事案件1168起，其中八类案件92起；抓获刑事作案成员1023人，其中刑事拘留746人、执行逮捕443人、移送起诉801人；行政拘留1141人。共查处各类交通违法行为18万起，其中饮酒驾驶776起，醉酒驾驶100起，破获交通肇事逃逸15起。全年完成环崇明岛女子国际公路自行车赛、上海亚信峰会、南京青奥会、十八届四中全会、环太湖国际公路自行车赛、APEC会议等12项大型系列安全保卫任务。

省委610办公室主任、省公安厅副厅长李国华一行听取启东市公安工作汇报

组织反恐处突实战演练

南京青奥会安保

节假日安保

启东市消防大队

市领导慰问消防官兵

大队领导在乡镇派出所检查指导

2014年，市消防队共接警658起，其中社会救助32起、抢险救援58起、抢救被困人员40人、疏散被困人员11人，抢救财产总价值5000余万元，相继成功处置南通东泰新能源设备有限公司、世纪家园小区等有影响火灾。全年未发生较大以上火灾事故。至年底，市消防大队共受理消防设计备案老年关爱之家28起，已验收合格26家。

火灾防控　消防大队集中开展以制药化工企业为重点的易燃易爆场所专项治理和市政消火栓专项治理。全年共检查单位2325家，发现火灾隐患或违法行为1928处，督促整改火灾隐患或违法行为1870处，下发责令改正通知书1107份，临时查封单位37家，责令“三停”单位50家，拘留9人，罚款206余万元。

消防队伍及设施建设　全市有8支政府专职消防队（4支在建）、5支乡镇保安消防队、2支企业消防队以及80名专职消防员。市政府投入860万购置抢险救援车，投入340万用于购置抢险器材装备。由市财政与5个乡镇共同出资40万元用于乡镇保安消防站的营房建设和日常运行维护。消防大队11种基本个人防护装备和32种特种个人防护装备逐步配齐，并先后配备攻坚组装备、大功率机动消防泵、机动链锯、无齿锯等装备。

消防安全宣传教育　消防大队累计开展消防宣传“五进”活动 60余次，举行消防知识讲座20次，受教人数达5000多人。结合安全生产月、“3•15”和“11•9”消防日等特殊时段，通过设立宣传站点和辖区LED屏幕，累计播放消防宣传片20余条、发放宣传资料近万份。在国家级媒体刊登新闻16条、省级媒体刊播新闻32条、市区级媒体23条。

专职队训练

文娱活动

大队领导在建筑工地检查

反恐演习

模拟地震演练

体能训练

车操训练

启东市教育局

教育系统党的群众路线教育实践活动动员大会

全市教育现代化建设推进大会

各类教育全面发展 出台《镇乡（园区）公办幼儿园管理办法》，加强了对幼儿园的规范化管理。全市小学入学率、巩固率100%；初中入学率、项固率100%、99.8%；初中后升学率98.7%；三类残疾儿童少年入学率96.6%。各项指标均达到或超过省定标准。汇龙中学创建为省四星级高中。建成5个省级品牌专业，5个省和国家级实训基地。

素质教育大力实施 中考成绩稳中有升，高考、对口单招成绩继续保持全省领先，义务教育学业水平测试合格率、优秀率等指标省市领先。学科竞赛中学生获奖人数和层次位居全省前列。海复小学男子、长江中学女子排球队获南通市少儿排球比赛冠军。少直小学、南苑中学、启东中专篮球队包揽南通市对应学段女子组冠军。二胡齐奏荣获全国“魅力校园”春节联欢晚会一等奖。

教育均衡化程度不断提升 校安工程实施新建单体22个，新建面积9180平方米。实施加固项目15个，总加固面积31269平方米。完成26所学校运动场地塑胶改造。出台《义务教育管理共同体组建实施方案》《启东市义务教育学校教师流动实施方案》，为师资水平均衡发展提供制度保障。全市符合交流条件的教师交流比例为18.1%，超过省定15%的标准。

队伍活力进一步焕发 全市幼儿园、中小学教师全员培训优秀率100%、95%，培训成绩列南通前茅。全年有38人次获南通市优课评比一等奖以上，教师研修中心王晓东获得省教学成果特等奖、首届国家级教学成果二等奖。教师论文评比的参与人数、获奖人数居南通市前列。

校园安全工作扎实开展 全市所有学校均创建为“启东市平安学校”和“南通市最安全学校”，36所学校获江苏省“平安校园”称号。全市69所中小学食堂中，10所被评为南通市A级示范食堂，34所被认定为启东市A级食堂。

省教育厅副厅长朱卫国在实验小学调研

市四套班子领导走访慰问教育系统教师代表

市局相关职能科室现场协调解决汇龙中学四星级高中创建问题

邀请专家共同商定启东市教育信息化建设方案

启东市体育局

承办第五届环太湖国际公路自行车赛“中国移动·启东滨海工业园”启东-崇明赛段

承办环崇明岛女子国际公路自行车赛（上海崇明-江苏启东）赛段

2014年，启东市体育局成功承办2014年环崇明岛女子国际公路自行车赛（上海崇明—江苏启东赛段）启东段赛事、2014第五届环太湖国际公路自行车赛（启东-崇明赛段）比赛及省门球比赛、省体育传统项目学校小学生排球夏令营比赛、南通市少儿羽毛球比赛和全国女子围棋甲级联赛启东站比赛、中国姚记扑克江苏省掼蛋大赛启东赛区“体彩杯”选拔赛等。举办启东市2014年庆元宵万众健步走活动、市篮球比赛、游泳比赛、轮滑比赛、交谊舞比赛、乒乓球比赛、羽毛球比赛等第十七届全民健身节系列活动。在人民公园首次举办“传递正能量 共建好家园”全民健身·体彩专场乘凉晚会。

承办南通市少儿羽毛球比赛

健身家庭展示

全民健身体彩专场晚会

承办江苏省门球比赛

“江天杯”游泳比赛

庆元宵健步走

启东市卫生局

QI DONG SHI WEI SHENG JU

省卫计委副主任黄祖瑚(中)在启调研医改工作

南通市市长张国华(左二)视察中医院新门诊大楼

卫生应急示范市创建工作通过省级评估验收

医疗纠纷人民调解委员会揭牌成立

2014年，深入开展“阳光用药工程”，巩固“无红包医院”创建成果，深化“开门评医”活动，全面推行群众满意度第三方函调制度。完善医德医风诚信档案建设，构建医德诚信体系，推进诚信建设规范化、常态化。健康大讲堂、送医下乡等“十大卫生惠民举措”广受群众欢迎。在南通地区率先成立医疗纠纷人民调解委员会。120急救指挥调度中心整合完成，全市建成7个急救分站。公共卫生大楼、中医院门诊大楼启用，人民医院新病房大楼、第三人民医院病房大楼加快建设，积极筹建市精神卫生中心和残疾人托养康复中心。6家镇中心卫生院完成两个数字化预防保健门诊改造，5家乡镇卫生院通过省示范乡镇卫生院验收，5家村卫生室通过省示范村卫生室验收，25家村卫生室按省示范村卫生室标准基本完成改造。启东市两大医疗管理集团完成组建，正式运行。人民医院中医科成为南通市重点专科，人民医院病因室被评为南通市医学重点学科，中医院五官科通过省重点建设专科中期评估。人民医院转升三级综合医院，中医院通过国家中医药局三级乙等中医医院评审，第三人民医院转升二级综合医院。11类43项基本公共卫生服务项目全面开展，居民电子健康档案建档率97%。60岁以上老年人免费健康体检率92.2%。居民健康知识知晓率89%，健康行为形成率87%。启东市顺利通过国家卫生城市评估，吕四港镇通过省级卫生镇复审暗访，新增省级卫生村22个。

启东市深化医药卫生体制改革建立现代医疗卫生体系推进大会

部分医院中医药综合服务区

每月两次送医下乡活动广受市民欢迎

公共卫生大楼正式启用

启东市人口和计划生育委员会

省计划生育协会会长赵龙为启东部分“太阳岛”家长送去新春祝福

省“思源工程—生育关怀行动”帮扶基地揭牌仪式

2014年，市人口和计划生育工作以党的十八大精神为指导，按照省、南通市人口计生委的决策部署，在市委、市政府的关心支持下，紧紧围绕统筹解决人口问题、促进人口长期均衡发展这一工作主线，科学部署，真抓实干，人口计生各项工作得到稳定、持续、健康发展，其中，免费孕前优生健康检查、全面落实奖励扶助政策、组织实施单独二孩政策、关爱女孩行动和失独家庭关爱服务等工作被列为市政府“民生改善攻坚战”。全市共出生6325人，出生率5.57‰，其中，政策内出生6248人，一孩5023人，二孩1189人，多孩36人。全市共死亡8245人，死亡率7.26‰。自然增长率为-1.69‰。出生人口性别比为105.22，持续保持在正常范围之内。免费孕前优生健康检查省下达任务完成率100.28%。

周香喜获全国计划生育技术服务组个人二等奖

市人口和计划生育委员会办公大楼

开展以送上一份关爱、帮做一件家务、提供一次抚慰、陪伴一天生活为主要内容的入户走访活动

启东市农业委员会

省委副书记石泰峰（右二）视察锦荣农机合作社

全市农业工作会议

2014年，启东市农业实现产效并举。现代农业稳步发展。全市高效设施农业面积累计达1.43万公顷，占总耕地面积的20.02%，高效设施农业全面推进。全市新建规模以上设施大棚面积931.8公顷。规模养殖占比上升至97.46%。农产品出口创汇1.068亿美元，列南通六县（市、区）第二，全省各县（市）第五。传统农业生产形势总体平稳。油菜亩产190公斤，小麦亩产404.4公斤。玉米亩产414公斤，大豆亩产151公斤，棉花亩产80公斤。全市蔬菜播种面积4.77万公顷，蔬菜总产量115.78万吨，蔬菜总产值15.95亿元。全市获无公害农产品认证的农产品222个，产量31.05万吨；获绿色食品认证的农产品7个，产量为3175吨；获有机食品认证的农产品38个。

农产品地理标志鉴评会

全市生猪出栏量33.26万头，其中规模养殖出栏量32.42万头，规模占比达97.46%，其中大中型养殖场规模比重为57.6%。家禽年末总出栏量1578.79万羽，奶牛年末存栏1045头，其中规模养殖1045头，规模占比100%。

惠农政策全面落实，全年共组织送科技“三下乡”活动10多次，发放各类技术资料20万余份。举办各类农业职业技能、农民创业和新型职业农民培训班22期，免费培训农民2984人，全年全市获南通市级三等奖以上的科技成果4项，四大主导产业良种覆盖率达95%以上，新技术应用覆盖率达95%以上。

全市新增成片造林合格面积4106.6公顷，超过南通全市新造林的三分之一，列南通市第一，全省第二。经省林业局林资源监测中心核查：新造林抽查吕四港镇，合格率达99.7%；上年度造林保存率抽查南阳镇，达98.3%。投产桑园面积5001亩，共发蚕种8025张，全年生产蚕茧333.6吨，平均张种产茧41.6公斤，蚕茧总产值1035.36万元，全年平均茧价31.04元/公斤。全市蚕桑总产值1292.02万元，亩均产值2583.52元，与上年持平。

全市农机装备总量持续增长，新增各类农机具3119台（套）。其中，拖拉机联合收割机100台。农机总动力达54.13万千瓦，增长6%。全年共计发放中央、省补贴资金407.832万元、启东市级财政补贴资金112.366万元，购机补贴惠及全市1240户。

全市农业综合开发项目有高标准农田建设项目、一般土地治理项目、产业化经营财政补助项目、滩涂配套项目四类，争取各级财政资金3295万元。其任务为高标准农田建设项目1.8万亩，滩涂配套项目1个。产业化经营财政补助项目5个。

蔬菜大棚

启隆乡园区道路绿化

农技人员下乡指导种栽

启东市水务局

省水利厅厅长李亚平视察启东市江堤

2014年，市水务局在市委、市政府和上级业务部门的正确领导下，拓宽思路，奋力进取，扎实工作，经过全系统坚持不懈的努力，超额完成全年目标任务。农村水利建设成效显著，全市共完成疏浚土方230万方，占年计划数的110%；沟河贯通专项工程超额完成，埋设过路涵10027座，水系畅通状况得到改善。重点县项目涉及汇龙、合作、南阳3个镇。项目总投资3006万元，建成节水灌溉设施1100亩，过路涵303座、横河衬砌护坡43公里，新增400万元土地出让金项目（南阳农业园区）全面完成。开展一二级河道保洁工作，成立"河长制"办公室，加强保洁工作的考核和督查。改造县管河道水利危桥2座、维修2座。水利工程建设进展顺利，连兴港闸开工建设，完成协兴闸、新港闸水电配套等附属工程，完成五效闸、三条闸、桃花洪闸初步设计编制。实施头兴港、灯杆港、桃花洪、连兴港护坡加固；实施灯杆港两侧防汛道路建设、自围堤及小闸除险等维修项目，及时消除工程隐患。对东部一线海堤隐患地段实施除险加固。防汛防旱和抗台经受住严峻考验，成功防御台风和暴雨对启东市的袭击；水政水资源工作管理严格规范，全市水事活动秩序进一步规范，节水型社会建设持续深入推进，水资源费、水利工程水费和河道占用费的征收任务均提前超额完成；党建、精神文明建设和党风廉政建设取得优异成绩，机关作风、政风行风得以改进，机关效能明显提升。2014年，水务局获"五星级机关"、全市文明单位、党建工作先进单位。

水务局党的群众路线动员大会

水利部稽查启东市安全饮水工作

连兴港闸实施上
游围堰施工

高标准农田水利建设现场

水利重点县护坡工程

江苏省启东实验小学

校长：袁炳飞

江苏省启东实验小学，现有教学班90个，学生4000名，教职工307人，有江苏省特级教师2名，南通市名校长1人，南通市名师培养一梯队成员2人，导师1人，南通市学科带头人10人，南通市骨干教师12人，南通市教坛新秀1人，启东市学科带头人7人，启东市骨干教师23人，启东市教坛新秀15人，研究生3人，在读研究生2人。

学校占地面积71027平方米；建筑面积52752平方米；室外活动场地17778平方米；绿化面积26711平方米；穿梭在教学楼间的活性水面3500平方米。学校建有少儿科学院、师生作品展览收藏馆、启东市少儿版画苑、金海豚少儿电视台，搭建起较为成熟的校本课程体系。

校园环境体现园林化、艺术化、教育化。

学校设施齐全，办学条件达到省实验小学标准建设要求，拥有藏书79300册，学生计算机网络教室(电子阅览室)5个，多媒体教室100个，课件制作室1个，校园网络管理中心1个，美术专用教室9个，音乐专用教室12个，舞蹈房1个，科学实验室5个；整个校园建有安全监控系统。

学校秉承江苏省启东实验小学八十年的丰厚教育教学文化传统，坚持以“办有质量的教育，过有品质的生活，建有文化的学校”为工作目标，在上级主管部门的领导下，依靠全校教职员工的共同努力，通过独特的校园文化环境营造，优秀的教师队伍创建，丰富的课程资源建设，学校各项工作得以不断完善与推进。季国栋被评为江苏省小学数学特级教师。汪东玮荣获全国苏教版小学语文课堂教学大赛特等奖、倪正辉在江苏省中小学教学研究室组织的江苏省中小学机器人课堂教学视频展示中荣获一等奖、戴海美在江苏省中小学教学研究室组织的江苏省小学劳动与技术优秀课评比活动中荣获一等奖。学校承担省、市“十二　五”教育规划课题23项，学校先后被评为全国百强特色学校、全国教科研百强校、全国幸福教育联盟江苏区骨干学校、江苏省文明单位、江苏省名校、教育先进单位、江苏省教育科研先进集体、江苏省书法水平等级证书考试优秀学校、江苏省优质诚信办学机构、南通市青少年科学教育特色学校、南通市基础教育改革先进集体、南通市教育技术工作先进集体等。学校先后被确认为全国艺术教育实验学校、全国信息技术道德教育实验学校、江苏省教育科学研究所科研基地、中国尝试教学理论研究会实验基地、中国青少年科技发明实验基地、全国中小学师生藏书票教学基地、南通市中小学德育工作研究基地学校、南通市依法治校示范校。

省领导在校视察

美国德翰音乐学院到校交流

香港校长代表团在校访问

体育节

台湾宜兰文化交流

童声合唱

南通市名师培养第一梯队专业发展汇报活动

启东市气象局

启东市气象局属全民事业单位，是实行上级主管气象机构与本级人民政府双重领导，以上级气象主管部门为主的管理体制。根据国务院授权承担本行政区域内气象工作的政府行政管理职能，依法履行气象主管机构的各项职能。

启东市气象局在编干部职工8人，聘用人员12名，其中工程师7人，高级技术人员占在职人数的100%，分别从事气象业务、科技服务等工作，目前已基本建成一只结构合理，政治业务素质过硬的气象科技队伍。

至2015年底，市气象局建成9210卫星通讯、卫星云图接收、人工影响天气设备、省市县视频会商系统、吕四海洋气象广播电台，以及由2个有人值守的国家级气象观测站、24个无人值守的新型野外多要素气象自动观测站组成的大气连续探测网络，加上本年度新购置的一辆集卫星通讯系统、远程视频会商系统、大气多要素探测系统和应急保障系统于一体的多功能应急保障探测指挥车，目前已形成了布局合理、覆盖全面、功能先进、保障有力的现代化气象监测网络和预报服务体系。

启东市气象局全体同志始终把着眼点放在服务上，着力点投在高效上，以提高气象服务水平、争创诚信文明窗口和“观云测天惠万家”服务品牌等活动为切入点，完善气象服务制度，落实服务承诺，不断提高基本业务质量，打实优质服务基础，公众气象服务的满意率达90%以上。在各项工作中，做到有目标、有计划、有组织、有措施，取得了显著成效。先后获得江苏省文明单位、南通市文明行业、南通市气象部门特别优秀达标单位、启东市安全生产先进单位等荣誉称号。

南苑中学气象科普课堂

为农服务

启东市南苑中学 QI DONG SHI NAN YUAN ZHONG XUE

校长、党支部书记：王爱冬

学生参加模拟法庭

学生女篮比赛

消防演练

学校校区主入口 效果图

教工乒乓球赛

中国农业银行 启东市支行

AGRICULTURAL BANK OF CHINA

大堂经理在营业大厅向储户宣传防范金融诈骗常识

中国农业银行启东市支行，是一家“立足县域、服务三农”的大型现代商业银行——中国农业银行股份有限公司的分支机构，现有员工331名，内设六个部室，拥有遍布启东城乡的23个营业网点。该行依托覆盖面广泛的网点网络体系、门类齐全的金融产品系列和便捷可靠的信息科技手段，为企事业单位和广大市民提供优质、安全、高效的全方位金融服务。

2014年，中国农业银行启东市支行在地方各界的鼎力支持下，以服务“三农”为己任，大力支持地方经济发展，以支持骨干企业、服务现代农业、扶持中小企业、突出城乡统筹、发展个人客户为切入点，完善经营机制，创新三农服务，实现了经营效益和社会效益共兴双赢。截至2014年底，全行各项存款余额127.11亿元，各项贷款余额44.47亿元，各项重点业务经营指标均列南通农行系统前列。

网点转型总结大会之晨会展示比赛

送金融产品之走进启东市中医院活动

金融服务进社区

中国建设银行 China Construction Bank

江苏省启东支行

好消息

PK余额宝的产品来了

——建行“聚财宝”！

- 建行“聚财宝”——真正的银行存款，保本保收益，活期的便利，定期的收益，安全方便又增值。
- 建行“聚财宝”——活期账户3个月保持1万元以上即能享受定期利率，每万元多收益53元以上。
- 建行“聚财宝”——4万元存3个月即能享受定期1年的利率。小投入大收益。
- 建行“聚财宝”——真正的T+0，取款无金额限制，无时间限制。我的钱我作主。

快来签约“聚财宝”

早签早收益，让您最高获得活期利率8.28倍的收益！

详询建行各网点或0513-80798028

贷

启东农商银行

QI DONG NONG SHANG YIN HANG

第一届股东大会第三次会议

“七一”演讲比赛

2014年，江苏启东农村商业银行股份有限公司积极应对复杂多变的经济金融形势，顺应国家宏观政策的新要求，紧扣服务“三农”主线，履行支持实体经济职责，努力打造市场领军银行、客户首选银行、公众满意银行和员工幸福银行，呈现出业务发展与内部管理齐头并进的良好发展局面，金融竞争实力得到进一步提升。

资产负债规模稳定增长 总资产347.52亿元，比年初增加54.98亿元，增幅18.8%；负债总额330.19亿元，比年初增加51.96亿元，增幅为18.7%；所有者权益合计17.33亿元，比年初增加3亿元，增幅为21.1%。

存贷款总量、份额不断扩大 各项存款269.95亿元，比年初增加46.03亿元，增幅20.6%，本地存款市场份额28.7%，比年初上升1.45个百分点；各项贷款168.92亿元，比年初增加24亿元，增幅16.6%，本地贷款市场份额30.7%，比年初上升0.97个百分点；存贷比62.6%，比年初下降2.14个百分点。

信贷资产质量基本稳定 五级分类划分不良贷款余额2.68亿元，比年初微升3810万元，不良贷款占比1.6%，与年初持平。

总体经营效益平稳增长 实现营业收入18.89亿元，比上年增收3亿元，增幅19.3%。实现净利润27716万元，比上年增盈5116万元，增幅22.6%。

党的十八届四中全会精神宣讲会

青年风采大赛

“农商之夜”纳凉晚会

在启召开南通中小金融机构特色支行建设推进会

开展反假币宣传进校园活动

PICC 中国人民财产保险股份有限公司

PICC PROPERTY AND CASUALTY COMPANY LIMITED

启东支公司

总经理：盛　伟

中国人民财产保险股份有限公司(PICCP&C,简称“中国人保财险”,下同)是经国务院同意、中国保监会批准,于2003年7月由中国人民保险集团公司发起设立的、目前中国内地最大的非寿险公司,注册资本122.5598亿元。其前身是1949年10月20日经中国人民银行报政务院财经委员会批准成立的中国人民保险公司。

中国人保财险是“世界500强”企业中国人民保险集团股份有限公司(PICC)旗下标志性主业。2003年11月6日,公司在香港联交所成功挂牌上市,成为中国内地大型国有金融企业海外上市“第一股”。凭借综合实力,公司相继成为北京2008年奥运会、2010年上海世博会保险合作伙伴,为北京奥运会和上海世博会提供全面的保险保障服务。2008年,公司保费收入突破1000亿元,成为国内第一家年度保费突破千亿元大关的非寿险公司,进入全球非寿险业务前十强。2011年,中国人保财险在全球可比上市非寿险公司中排名攀升至第七位,亚洲排名稳居第一。

在六十多年的卓越历程里,中国人保财险以“人民保险、服务人民”为使命,秉承“以人为本、诚信服务、价值至上、永续经营”的经营理念,弘扬“求实、诚信、拼搏、创新”的企业精神,坚持以市场为导向、以客户为中心,积极履行优秀企业公民责任,为促进改革、保障经济、稳定社会、造福人民提供了强大的保险保障。同时,在服务经济社会发展全局和广大客户的实践中,创造和积累了市场领先的企业核心竞争优势。

人保财险启东支公司作为人保财险在启东市的分支机构,六十多年来深深扎根于启东大地,与全市经济相互依存,与社会各界携手合作,业务得到长足发展,服务得到进一步完善,管理水平得到显著提高,对全市经济的补偿作用日益明显。目前,经营除养老保险以外的财产损失保险、责任保险、信用保险、保证保险和人身意外保险、健康保险等国内、涉外业务品种,开办险种60多个,每年承担风险总额近500亿元,并独家与政府联办共保政策性农业保险业务。2014年,公司累计实现保费收入15574万元,完成年度计划的101%,同比增长20.22%。公司的保险服务已经渗透到全市经济和社会生活的各个领域,雄厚的资金实力和较好的市场占有率水平为提高服务质量和确保偿付能力提供坚实的后盾

保险事业的发展离不开政府和相关部门的支持。近年来,在启东市委、市政府、上级监管部门的正确领导下,人保财险启东支公司紧密围绕“抓服务、严监管、防风险、促发展”的基本思路,牢固树立大局意识和责任意识,充分发挥“社会稳定器”和“经济助推器”的作用,公司在自身发展的同时也为服务地方经济发展作出了应有的贡献。

启东市人民医院
启东肝癌防治研究所

医院领导班子

启东市人民医院/启东肝癌防治研究所位于城区江海路、民乐路交汇处，是一所集医疗、教学、科研、预防和急救为一体的综合性二级甲等医院，是卫生部肝癌早诊早治示范基地，全国肿瘤登记示范基地，中国医学科学院肿瘤医院、上海中山医院肝癌防治合作中心，上海第一人民医院合作医院，南京医科大学、南通大学教学医院，国际癌症登记协会（IACR）的会员单位之一，登记资料收录在《五大洲癌症登记汇编》。

江苏省卫生厅、江苏省中医药局授予“全国综合医院中医药工作示范单位”称号；江苏省总工会授予“十佳基层工会”； 省万人评议“最佳满意医院”；江苏省首批准许开展血液净化技术医疗机构及省级培训基地；全省临床检验质量管理先进单位；是南通市平安医院、价格诚信先进单位、红十字会系统先进集体、红十字人道救助荣誉单位、无红包医院、文明单位。

医院现有职工1162人，其中高级职称141人(三级专业技术人员11人)，享受国务院政府特殊津贴2人，江苏省有突出贡献中青年专家4人。医院占地面积63926平方米，拥有总建筑37000平方米的现代化病房楼和普通病房楼，以及建筑面积为20866平方米标准化门急诊楼和15000平方米的医疗辅助用房。新规划的50095平方米的十九层内科大楼正在筹建之中。医院现有编制床位800张，实际开放床位1018张，净资产6.42亿元。年门急诊量约52万多人次，住院病人4.6万多人次，为启东百万人民的健康作出了应有的贡献。

医院实施建名院、创名科、树名医的“三名”战略，注重人才队伍建设，通过外出进修学习、同国内外医院合作开展项目、引进新技术等多种办法，培养专业技术人才，促进业务技术建设。长期与国际癌症研究中心、国际癌症登记协会、美国国家癌症研究所、美国约翰霍普金斯大学、英国皇家癌症基金会以及中国医学科学院肿瘤医院、上海市肿瘤研究所、复旦大学医学院、上海东方肝胆外科医院等国内外科研机构、医学院校的协作课题。先后承担并实施了省级课题53项，国家级课题38项目，国际间协作课题29项；曾获国际癌症免疫奖1个，先后获国家、卫生部、中华医学会、省、市多项科技进步奖和中华医学科技奖等成果奖励41项。在国际和国内杂志上发表论文数百篇。

医院科室设置齐全，其中心血管内科、呼吸科、骨科、儿科、妇产科、肝胆外科、中医科和影像科为南通市重点临床专科，检验科为南通市重点专科建设单位，流行病学室为南通市重点学科。医院还设有启东市120急救中心、南通市中心血站启东采血点、司法鉴定所、上海心脏中心启东分中心、白内障复明中心、体检中心、血液净化中心。为有效发挥两院合并后在肿瘤治疗方面的综合优势，成立了拥有近300张床位的肿瘤诊疗中心，配有直线加速器、聚焦刀、射频治疗仪、DSA等高端肿瘤诊疗设备，形成了放疗、化疗、介入、手术、超声聚焦、中医中药等多种治疗方法为一体的肿瘤综合治疗体系。

医院拥有1.5T高场磁共振、64层螺旋CT、大型C臂数字减影血管造影机、高级医用直线加速器、DR-X线数字摄片机等100多件大中型现代化医疗设备，为临床新技术、新项目的开展提供了强有力的硬件保障。医院利用区位优势，加强同上海、南京、南通等大医院的合作，建立就医快速通道，通过请进来会诊、送出去治疗的办法，使危重患者及时得到救治。

医院在抓好业务技术建设的同时，注重文化内涵建设，坚持树立“以人为本，诚信服务”的理念，围绕一切为了病人这一主题，强化政治思想建设和职业道德建设，发扬“精医崇德尽责至善”的卫生精神，大力营造亲情、温馨、便捷、和谐的诊疗环境，打造相互包容、相互理解的和谐医患关系，塑造新时代医务人员的新形象。

路虽远行将必至，事虽难做将必成。启东市人民医院/启东肝癌防治研究所全体医职员工正以饱满的精神和昂扬的斗志，迎难而上，负重奋进，竭诚为启东百万人民提供优质的医疗保健服务。

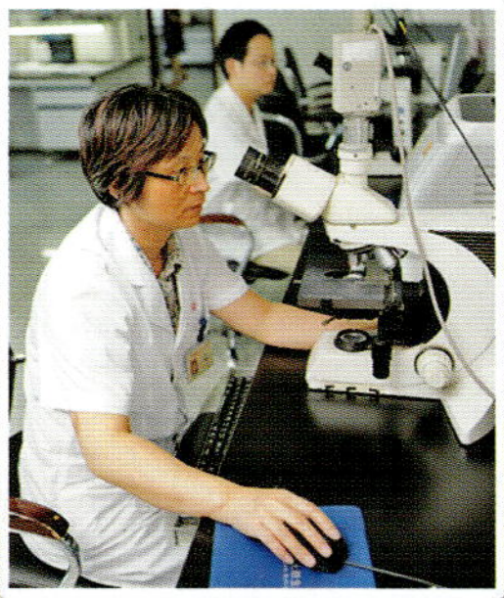
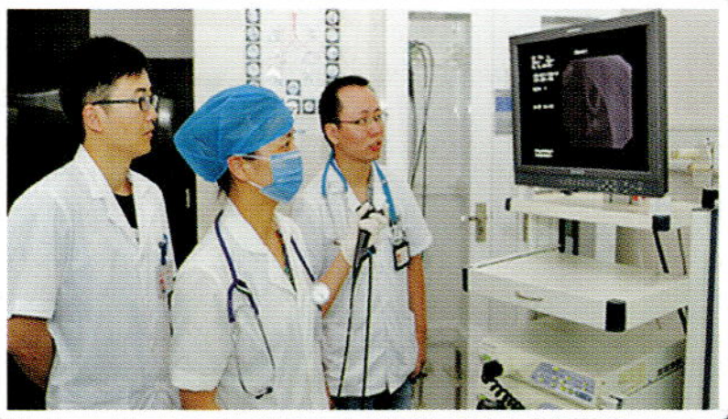

启东市中医院

启东市中医院于1991年1月迁址城区紫薇中路458号，经过二十多年的努力，医院规模与声誉日益扩大，现已成为一所具有中西医结合特色的,集医疗、教育、科研为一体的三级乙等中医医院、国家级爱婴医院、南京中医药大学教学医院、上海第十人民医院启东分院、启东市华侨诊疗中心。

医院占地面积19018.9平方米，建筑面积42222平方米，业务用房41222平方米。拥有16层高、建筑面积为22000平方米的综合病房大楼以及10层13560平方米的门诊楼等现代化诊疗环境。装修风格独特的新门诊大楼，不但在视觉上给了患者舒心的感觉，更在服务上，以“患者为中心”，推行了迎宾式导医、全程式陪同、一站式服务的优质服务；智能自动化药房，极大程度上提高了工作效率，缩短了患者等待时间；各门诊均设有收费窗口，病人可以在同一个楼层完成治疗、收费。同时医院着力打造了富有传统文化的国医馆、针灸推拿科、中医文化长廊和病人休闲小区，营造了温馨和谐的就医环境。

上级领导视察中医院

同时，医院高度重视突出中医药特色，开展了冬病夏治、内病外治、冬令进补、治未病等传统中医项目，充分彰显了中医药的服务优势。医院目前设有临床科室18个，医技科室8个，其中耳鼻咽喉科为江苏省中医重点专科建设专科、外科、骨伤科为南通市中医重点专科；妇科、康复科、心病科为南通市中医重点建设专科。医院核编床位数500张，开放床位650张。现有职工565人（除社会化人员以外），其中高级职称70人，中级职称135人，硕士研究生32人。现有江苏省突出贡献中青年专家1人、省“333工程”培养对象1人、南通市科技专业技术拔尖人才2人、南通市新世纪科学技术带头人培养对象3人、南通市名中医4人、启东市“312”工程对象3名。

全省中医药工作会议

医院拥有进口1.5T高场核磁共振、64层128排螺旋CT，双板DR摄片机，高清腹腔镜、彩色超声诊断仪、多功能血透仪30台、多人高压氧舱、进口高清腹腔镜、科手支气管镜等等大中型医疗设备。我院长期与上海十院合作，采用“请进来”和“走出去”的方式，大力培养拔尖人才，尤其是启东中医院普外术微创团队，能开展腹腔镜下胆囊切除术（LC）及双镜联合肝内胆管取石术、腹腔镜下肝囊肿去顶、肾囊肿去顶、腹腔镜下肠粘连松解术、腹腔镜下阑尾切除术、腹腔镜下腹膜外疝修补术（TEP）、直肠癌根治术等多种微创手术，其腹腔镜手术水平一直在启东腹腔镜手术的前列。

近三年来，医院以“厚德、精术、继承、创新”的院训，以“中西医并进”的发展理念，以创建“三乙”为契机，全院上下团结协作和刻苦耐劳的精神，创新管理手段，强化管理环节，2014年12月建成了南京中医药大学的教学医院，同年顺利通过国家三级乙等中医医院的审核，在2015年2月顺利取得三级乙等中医医院称号。医院深入贯彻全心全意为病人提供优质细致的人性化服务，涌现出了以周浩同志为代表的大批敬业奉献的先进典型，为广大启东百姓的健康事业做出贡献。

迎宾式导医

学术交流会

周浩同志先进事迹报告会

针灸推拿科

启东市第三人民医院

团结奋进的领导班子

党的群众路线教育实践宣讲

启东市第三人民医院位于启东市市区东大门，是一所集医疗、预防、科研、教育于一体的二级综合性医院，同时也是启东市各类传染病人和精神病人的唯一法定收治医院，医保、农保定点单位。

医院占地面积27730平方米，建筑面积16580平方米，在建新综合病房大楼15929.3平方米。医院现有职工497人，具有高级职称55人，中级职称154人。

医院门诊常规科室设置齐全，并设有传染病专科、精神病专科、脂肪肝、酒精肝专科、失眠专科、癫痫专科、疼痛门诊、小针刀专科等特色门诊，各科室均有资深专家常年坐诊。

住院部开设病床350张，设有内科、外科、妇产科、传染科、精神科、急诊科、手足外科七大科室十一个病区，设有血透中心、腹腔镜治疗中心、碎石专科。医院拥有德国西门子全身螺旋CT、西门子彩超、GE彩超、美国史赛克腹腔镜系统、日本进口电子胃镜、电子肠镜、进口脑电图机、脑地形图仪、进口AK95血透机、全自动生化分析仪、日本富士CR机、体外震波碎石仪等先进的医疗仪器和设备，同时与上海、南京、苏州、南通等多家三甲医院保持常年业务往来，为医院发展提供强大的技术保障。

医院发展始终秉承“严谨 博爱 奉献”的宗旨，在追求医疗质量安全的同时注重医院文化品牌建设，2014年医院参加了启东市巾帼文明岗、启东市青年文明岗等一系列文明创建工作，取得喜人成绩。

2014年6月，医院被南通市卫生局确认为二级医院。医院以此为契机，内强素质、外树形象，以优质的诊疗技术、温馨的医疗服务，一如既往服务好全市百万市民！

健康讲堂活动

工会换届选举

地址：启东市汇龙镇人民东路78号
联系电话：0513-83313036
邮编：226200

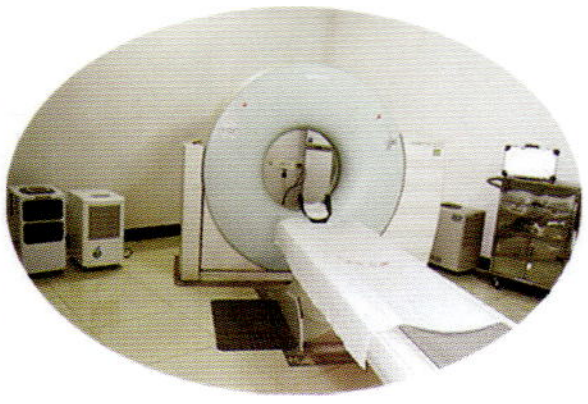
全身螺旋CT机

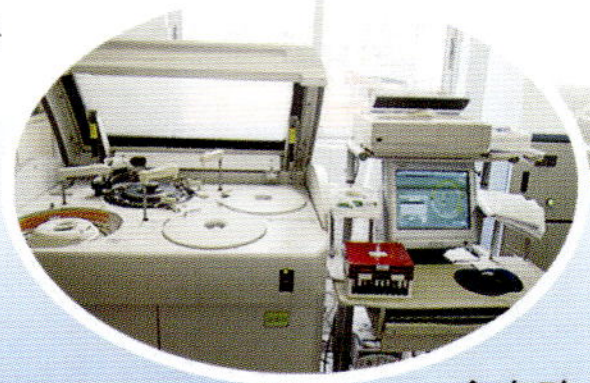
全自动生化分析仪

在建新病房大楼效果图

医院门诊部

启东市第七人民医院

党支部“统一活动日”

门诊部大厅

启东市第七人民医院是南通市卫生局首批命名的一级甲等中心卫生院、江苏省爱婴医院、江苏省示范乡镇卫生院，获得“无红包医院”、“平安医院”、“文明单位”等多种荣誉称号，是职工医疗保险、新型农村合作医疗定点医疗机构，同时承担北新镇社区卫生服务中心的职能，下设一个分中心、三个分院。

医院现有医职员工205名，卫技人员占95%，其中高级职称10名，中级职称85名，设有内科、外科、妇产科三个临床一级科室，门诊部设有口腔科、眼耳喉鼻科、肛肠科、皮肤科、中医骨伤、中医针灸、理疗科、中西医结合专科等门诊科室，各科室均由临床经验丰富的专家医师坐诊。为了满足患者的需求，本院成立启东首个风湿病诊治专科，定期邀请南通附院专家来院坐诊，方便广大群众。医院设置了检验、超声影像、内镜、心电图、DR、CT、病理等辅助科室，拥有CT、DR、电子胃镜、彩超、C臂机、心电工作站、24小时动态心电图、全自动生化分析仪、尿液分析仪、前列腺汽化仪、血球计数仪、电视透视等一批先进的检查设备，为临床诊疗提供真实可靠的依据。

医院临床、辅助检查科室均实行24小时值班，节假日不休息；对特殊病人开通绿色救护通道，为诊疗赢得时间，为广大群众的健康保驾护航。

联系电话：83812274
地址：启东市城西汽车站（原新港车站）东首

江苏省示范化计免接种门诊

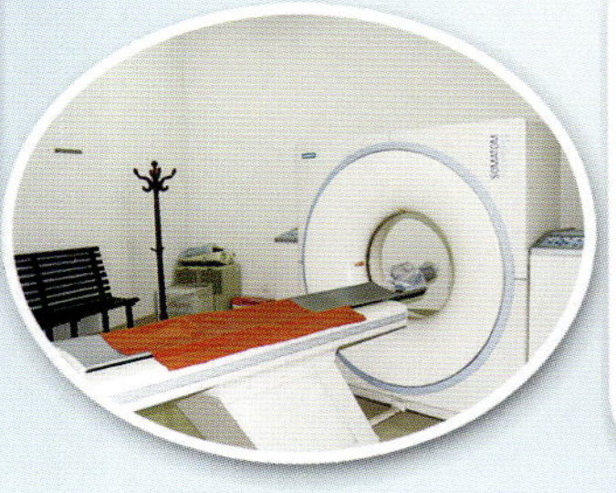

放射科

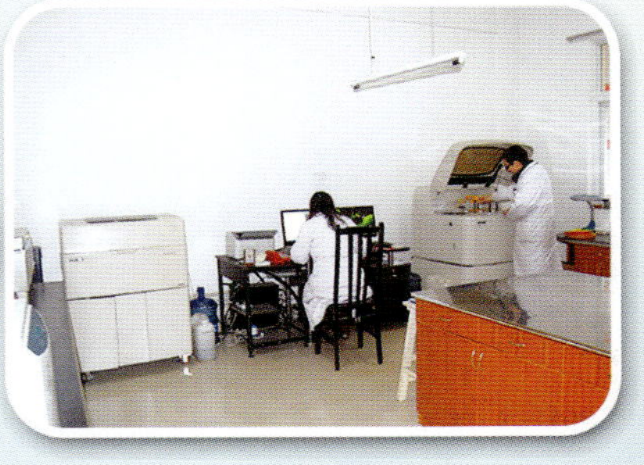

检验科

启东市自来水总公司

QI DONG SHI ZI LAI SHUI ZONG GONG SI

市领导检查指导工作

2014年，自来水公司全体职工紧紧围绕安全供水中心，抓重点求突破，拼搏进取，采取有效措施使各项工作得以顺利开展，各项任务和指标有了新的突破和提升，取得喜人的成绩。全年共完成售水量3625万吨，水费回收率97.54%，漏损率20.5%；水质综合合格率100%。

全年，累计完成大小修理14000多次，其中乡镇管道抢修10000多次，DN100管以上修理800次；签订久隆小学、中邦上海城、城市一品等管道安装合同80多份。

做好供水核心工作，确保安全供水 确保自来水出厂安全。2014年，将2007年建成的北新泵站进行升级改造，不仅采用次氯酸钠替代液氯消毒，还增加活性炭深度处理装置，进一步提升水质安全；而且将泵站的设备、阀门进行一次全面更换，提升了生产安全性；同时还对汇龙地面水厂的清水池实施并网工程，使得清水池有效库存由原来的8千吨升级为2万5千吨，大大提升供水安全性。确保自来水输送安全。在全市设立200多个测压点，并安装手机报警系统，一旦管线发生故障，异常的压力数据便会传送到手机上，工作效率大大提升。

工作现场

制水车间

廉政专题讲座

志愿服务咨询现场

2015年市自来水总公司还将通过以下几个措施，尽力确保自来水安全供应。

建立数字化中控中心，将全市管道运行情况、工作现场记录、生产区域情况等全部反馈至中控中心，并建立24小时值班制度，实时监控、实时分析，通过全市的管道压力、流量、运行等数据可准确判断供水情况，如发现异常，相关负责人便能尽快做出对策。加强巡查。由原来的每月一次缩短至每月至少两次的巡查，以确保第一时间发现漏点，减少损失。针对使用年代长久的管网出现铁屑等杂质的情况，自主研发管网集污装置，首先将安装在城区主管网，希望能达到有效净化管网、提升管网运行功能的效果。将在输水、配水管网投资在线监测设备，可在线观察余氯、浊度、耗氧量等指标，尤其是可对管网末梢水作出水质评估，确保居民的用水安全。

增打深井。预计共需增打30口深井，增加约8万吨的应急供水能力。加强备用水源地的水质监测。

对汇龙地面水厂进行一次全面技改。汇龙地面水厂于1996年12月正式投入生产，经历近20年的运行，设备不止陈旧，也已跟不上发展需求，比如控制台仪表、流量计等均已无法使用，因此我们计划今年对地面水厂的设备设施、工艺流程等进行一次全面的技改，确保10万吨的供水能力。

行风建设。自来水公司参与争创“人民满意服务窗口”的重点单位，同时也是民主评议政风行风工作的重点单位，公司领导高度重视，在总公司、每个乡镇供水站挂上意见箱，倾听用户心声，解决用户之难，并做好12345服务热线、启吾东疆论坛、市长信箱等用户回复，确保事事有结果，件件有答复。年初，根据住建局要求，还制定《自来水公司来电来信来访办理制度》，明文规定相关部门对待用户投诉、咨询的规范处理程序，特别要求负责人把关，提高回复质量。全年通过各类平台，共接到咨询、热线230多次，通过现场核实、处理，均已回复，答复满意率99%。

2014年，自来水公司全体职工在本职岗位上兢兢业业，能“想用户所想、急用户所急”，为启东人民的日常供水服务作出贡献。为此，市自来水总公司将继续全力保障自来水正常供应，全面推动供水事业发展。

中国移动通信
CHINA MOBILE
移 动 通 信 专 家

中国移动江苏公司启东分公司

ZHONG GUO YI DONG JIANG SU GONG SI QI DONG FEN GONG SI

总经理接待日

信息化安全会议

2014年，中国移动通信集团江苏有限公司启东分公司在启东市委、市政府正确指导下，紧紧围绕地方经济中心工作，以科学的发展观统领全局，秉承“正德厚生、臻于至善”的企业核心价值理念，以4G建设发展和信息化应用为重要手段，加快市场发展进程，2014年公司发展取得了显著业绩，先后被评为江苏放心消费创建活动先进单位、启东市四星级单位、南通市优秀志愿服务集体等称号。

2014年，启东移动坚持依法经营。通过技术创新、管理创新、服务创新提升自身竞争力，自觉维护市场竞争秩序，促进移动通信市场持续、健康、和谐发展。在启东建有460多个基站，网络容量超过80万用户。公司进一步提升渠道优势，加强城市、乡村的网络布点，全市共有180多家营业厅，特约代理店遍布启东城乡，周到便捷的服务赢得用户的广泛认可。

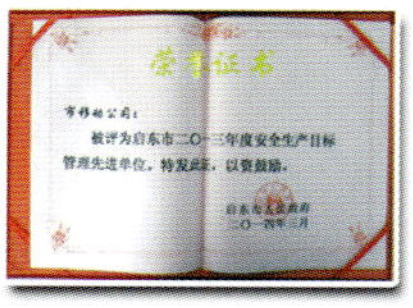

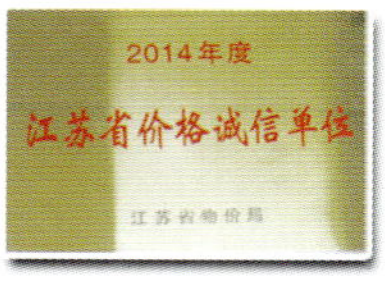

启东3. 15

走进社会关注

爱心捐衣人士